Allgemeine Wirtschaftslehre

Lehr- und Arbeitsbuch für Volks- und Betriebswirtschaftslehre, Rechtskunde und Organisationslehre für Kaufmännische Berufsschulen

von

Prof. Dr. rer. pol. Kurt Gönner
Dipl.-Kfm. Dr. rer. pol. Siegfried Lind
Dipl.-Kfm., Dipl.-Hdl. Hermann Weis

unter Mitarbeit von

Dipl.-Hdl. Helmut Hübel
Prof. Rolf Krug
Dipl.-Hdl. Ulrich Jörg Künzler

13., überarbeitete Auflage

1995

Verlag Dr. Max Gehlen · Bad Homburg vor der Höhe
Gehlenbuch 07036

UMWELTFREUNDLICH

... weil auf Papier aus 100 % chlorfrei gebleichtem Zellstoff gedruckt.

Abbildungen: DLR, Stuttgart; Globus-Kartendienst GmbH, Hamburg; Historisches Museum, Münzkabinett, Frankfurt am Main; imu-bildinfo, Essen; iwd-Informationsdienst des Instituts der deutschen Wirtschaft, Köln; Wolfgang Müller, Bad Homburg vor der Höhe; Erich Schmidt Verlag GmbH, Berlin.

ISBN 3-441-07036-4

Herstellung: Buchdruckerei Dr. Alexander Krebs · Bad Homburg vor der Höhe

Liebe Schüler!

Dieses Lehrbuch für Volks- und Betriebswirtschaftslehre will die **Zielsetzungen** des Faches **„Allgemeine Wirtschaftslehre“** für die kaufmännische Grundbildung erfüllen.

Im Lehrplan für dieses Fach heißt es:

1. Die Lernbereiche sollen Schüler dazu befähigen, die typischen kaufmännischen und verwaltenden Aufgaben eines Betriebes zu verstehen und sie im Zusammenhang der Aufgaben der Volkswirtschaft zu stehen.

   Im Rahmen eines einzelnen Betriebes lassen sich Grundfunktionen kaufmännischer und verwaltender Arbeit erlernen und erfahren. Zur Grundbildung gehört ergänzend Verständnis für die Grundfunktionen der Wirtschaft im Rahmen eines Staates und Einblick in weltwirtschaftliche Gegebenheiten und Zusammenhänge. Dieses Ziel haben die gesamtwirtschaftlichen Bezüge innerhalb der „Allgemeinen Wirtschaftslehre“. Hier liegt der besondere Bildungsauftrag der Berufsschule im dualen System.

2. „Allgemeine Wirtschaftslehre“ geht davon aus, daß jeder Betrieb als Einzelwirtschaft eine individuelle und einzigartige Organisationsstruktur hat und auch eine ganz spezifische Aufgabe im Rahmen der Gesamtwirtschaft wahrnimmt.

   Im Lernbereich „Allgemeine Wirtschaftslehre“ werden die grundlegenden wirtschaftlichen Einsichten vermittelt, auf denen die notwendigen Fachkenntnisse und Fachfertigkeiten aufbauen, die die einzelnen Ausbildungsberufe im Bereich der Wirtschaft erfordern.

3. Der Schüler soll in diesem Lernbereich daher einzel- und gesamtwirtschaftliche Kenntnisse und Einsichten erwerben und sie aus unterschiedlichen Interessenlagen, z. B. der Konsumenten und Produzenten, der Arbeitnehmer und Arbeitgeber, des Bürgers und des Politikers, beleuchten.

   Er soll dabei insbesondere
   - das zum Verteilen, Handeln und Entscheiden notwendige wirtschaftliche und rechtliche Grundwissen erwerben;
   - befähigt werden, konkrete wirtschaftliche Sachverhalte, Entwicklungen und Spannungsverhältnisse zu verstehen;
   - wirtschafts- und sozialpolitische Zielvorstellungen kennenlernen und Maßnahmen zu ihrer Verwirklichung verstehen.

4. Der Schüler soll aufgrund sachlicher Informationen befähigt werden zu
   - Kritik, Urteilsvermögen und Verantwortungsbewußtsein im wirtschaftlich-sozialen Bereich;
   - sinnvoller Kooperation in arbeitsteiligen Funktionen;
   - ständiger Überprüfung und selbständiger Ergänzung des eigenen Wissens und Könnens.

   Es soll lernen
   - wirtschaftliche und rechtliche Daten zu sammeln und auszuwerten;
   - Gesetzmäßigkeiten abzuleiten und auf neue Sachverhalte zu übertragen;
   - wichtige Arbeitstechniken in seinem Beruf anzuwenden;
   - mit Literatur und Gesetzestexten zu arbeiten;
   - aktuelle Wirtschaftsnachrichten zu verfolgen.

Der Stoff dieses Lehr- und Arbeitsbuches ist in *geschlossene Unterrichtseinheiten* gegliedert, die sich folgendermaßen zusammensetzen:

- **Problem:** Ein Beispiel weist Sie auf die Problemstellung des Kapitels hin, damit Sie wissen, worum es geht.

- **Sachdarstellung:** Hier erhalten Sie die Sachinformation, erläutert durch viele anschauliche mehrfarbige Skizzen.

- **Wesentliche Lerninhalte:** Der Lernstoff wird auf das Wichtigste beschränkt zusammengefaßt. Um lange Wiederholungen zu vermeiden, werden teilweise am *Textrand senkrechte farbige Balken* angebracht. Diese entsprechen der Zusammenfassung, die für Sie lerntechnisch von großer Bedeutung ist.

  Ein Lehrbuch muß bei seiner Darstellung der Lerninhalte eine Maximalposition in Übereinstimmung mit den Zielen und Inhalten des Lehrplans ausweisen. Von ihr wird der Lehrer ausgehen und seinen Unterricht den Rahmenbedingungen der Klasse einerseits und den Prüfungsanforderungen andererseits anpassen.

- **Aufgaben zur Sicherung des Lernerfolgs:** Anhand der dort gestellten Fragen und Aufgaben können Sie sich prüfen, ob Sie die Probleme erfaßt und verstanden haben. Knifflige Fragen sind mit einem ★ bezeichnet. Bilden Sie sich ein Urteil und diskutieren Sie mit Ihren Freunden! Besorgen Sie sich zusätzlich Informationen, und schlagen Sie auch die jeweiligen Gesetze nach[1]!

Das ausführliche **Sachwortverzeichnis** am Schluß des Buches soll Ihnen das Auffinden des jeweiligen Problemkreises erleichtern. Außerdem finden Sie – gleichfalls am Schluß – **Fremdworterklärungen** und ein **Verzeichnis der Gesetzesabkürzungen**.

Schreiben Sie uns bitte auch Ihre Anregungen und Ihre Kritik.

Vorwort zur 13., überarbeiteten Auflage

Das Werk befindet sich durchgehend auf dem **Stand der Gesetzgebung zum 1. Januar 1995.** Die neuen **Postleitzahlen** wurden eingebracht. Statistiken wurden, soweit möglich, aktualisiert.

Die Verfasser

[1] Zum Beispiel mit Hilfe der Gesetzessammlung von Gönner-Wiegel, Verlag Dr. Max Gehlen, Bad Homburg vor der Höhe (Gehlenbuch 00432).

Inhaltsverzeichnis

1 Grundlagen des Wirtschaftens

Problem

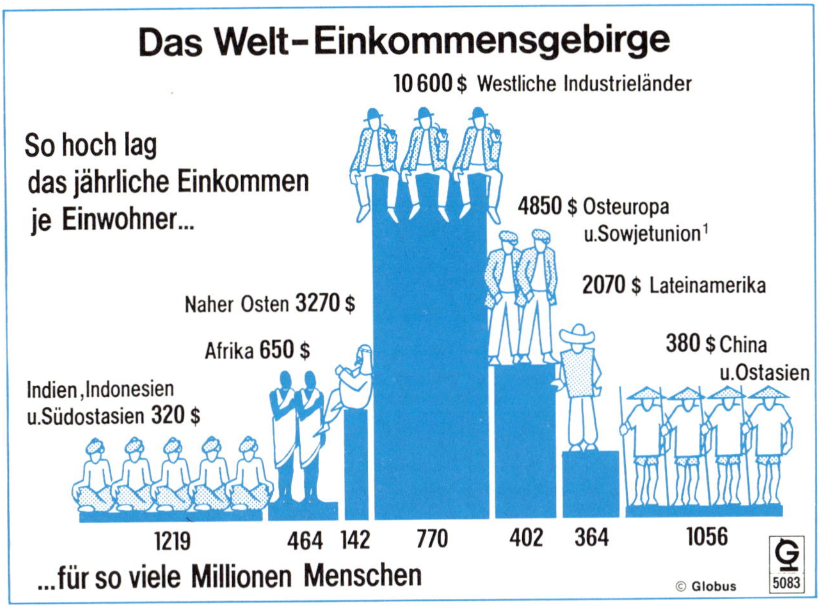

Trotz der ungeheuren Fortschritte in der Wissenschaft und in der Technik lebt noch immer der größere Teil der Menschheit in bitterer Armut; alljährlich verhungern Millionen von Menschen.

Selbst in den hochentwickelten Staaten z. B. Westeuropas und Nordamerikas gibt es nicht wenige Menschen, die ein kärgliches Dasein fristen müssen. Sie sind sich ihrer Not besonders bewußt, leben sie doch in einer Welt des scheinbaren Überflusses, ohne daran teilhaben zu können.

Aber auch Menschen, denen es „gut" geht, sind mit dem Erreichten oft noch nicht zufrieden. Wachsender Wohlstand erzeugt immer neue Wünsche. Es wird also stets ein Mißverhältnis bestehen zwischen den Ansprüchen an das Leben und den Möglichkeiten, sie zu befriedigen.

Welche Probleme werden hier angesprochen?

Sachdarstellung

1.1 Die Bedürfnisse

Um existieren zu können, benötigt der Mensch wie alle Lebewesen *ausreichende Nahrung* sowie – je nach den klimatischen Bedingungen – *Kleidung* und *Unterkunft.* Außerdem braucht er ein *Mindestmaß an Ausbildung.* Diese **lebensnotwendigen Bedürfnisse (Existenzbedürfnisse)** treten jedoch mit der fortschreitenden kulturellen, sozialen und wirtschaftlichen Entwicklung eines Volkes immer mehr in den Hintergrund zugunsten nicht lebensnotwendiger Güter.

[1] Ende Dezember 1991 ist die Sowjetunion (UdSSR) als Staat untergegangen. 11 unabhängige Republiken liquidierten die seit 1917 bestehende kommunistische Sowjetunion und gründeten die Gemeinschaft Unabhängiger Staaten (GUS).

Wenn wir uns einen neuen Mantel kaufen, dann geschieht dies meist nicht, um uns besser vor der Kälte zu schützen. Vielleicht erscheint uns der alte Mantel abgetragen oder unmodern, oder er paßt nicht mehr zu anderen Kleidungsstücken. Vielleicht ahmen wir nur das Beispiel eines Bekannten nach, oder wir wollen anderen zeigen, daß wir uns etwas leisten können. Es mag aber auch sein, daß es uns einfach Freude macht, etwas Neues und Schönes zu besitzen.

Die **nicht lebensnotwendigen Bedürfnisse** gehören in einer gut entwickelten Volkswirtschaft zu den entscheidenden Antriebskräften für das menschliche Handeln. Hierzu rechnen wir nicht nur den Wunsch nach *gefälliger* Kleidung, *wohlschmeckendem* Essen und einer *behaglichen* Wohnung, sondern auch das Verlangen nach *Musik, Büchern, Theaterbesuchen, Reisen* usw. Die Grenzen zwischen lebensnotwendigen und nicht lebensnotwendigen Bedürfnissen sind fließend.

Das Bestreben, der Zeit und der persönlichen Eigenart entsprechend gekleidet zu sein, können wir als ein Kulturbedürfnis bezeichnen; dagegen muß der Wunsch nach besonders teurer oder auffälliger Kleidung als Luxusbedürfnis gelten.

Die Bedürfnisse des einzelnen sind in seiner seelischen und geistigen Eigenart begründet. Sie werden als **Individualbedürfnisse** bezeichnet. Da der Mensch in der Gesellschaft lebt, werden seine Bedürfnisse sehr stark von seiner Umgebung und vom Zeitgeist geprägt.

Aus dem Zusammenleben der Menschen ergibt sich aber auch noch ein anderes: die von allen gleichermaßen empfundene Notwendigkeit, bestimmte Aufgaben gemeinsam zu lösen, Aufgaben also, die der einzelne nicht bewältigen kann. Zu diesen **Kollektivbedürfnissen** gehören z. B. der Wunsch nach Ausbau des *Bildungswesens,* Erhaltung der *natürlichen Umwelt,* Verbesserung des *Verkehrs- und Nachrichtennetzes,* Errichtung von *Krankenhäusern,* Versorgung mit *Wasser und Energie.*

Je komplizierter die technischen, wirtschaftlichen und sozialen Verhältnisse werden, desto mehr bedarf es im Interesse aller gemeinschaftlicher Regelungen und Maßnahmen. Bei den modernen Industriegesellschaften läßt sich daher auch eine ständige Zunahme der Kollektivbedürfnisse beobachten.

Gemeinsam ist allen Bedürfnissen, daß wir einen *Mangel* mehr oder minder stark empfinden und daß wir danach *streben,* diesen Mangel zu *beseitigen.* Abgesehen von den Existenzbedürfnissen sind die Bedürfnisse so gut wie *nicht begrenzt.*

Die Bedürfnisse der Menschen sind der Ausgangspunkt für den Wirtschaftsprozeß. Aus ihnen entsteht der **Bedarf,** d. h. die mit Kaufkraft (Einkommen oder Vermögen) ausgestatteten Bedürfnisse.

Wesentliche Lerninhalte

- Die Bedürfnisse des einzelnen werden als **Individualbedürfnisse** bezeichnet.
- **Bedarf** sind die mit Kaufkraft ausgestatteten Bedürfnisse.
- Die Individualbedürfnisse werden unterteilt in *Existenzbedürfnisse,* wie einfache Nahrung, Kleidung und Unterkunft sowie Grundbildung (lebensnotwendige Bedürfnisse), und *nicht lebensnotwendige Bedürfnisse,* wie Streben nach Erhöhung des Lebensstandards und des Lebensgefühls.
- Die Bedürfnisse der Gesellschaft heißen **Kollektivbedürfnisse.**

Aufgaben zur Sicherung des Lernerfolgs

1 Notieren Sie 30 Bedürfnisse, die Sie selbst haben, und ordnen Sie diese nach ihrer Dringlichkeit! Kennzeichnen Sie durch die Buchstaben E (= Existenzbedürfnisse), N (= nicht lebensnotwendige Bedürfnisse), I (= Individualbedürfnisse) und K (= Kollektivbedürfnisse) jeweils die Bedürfnisart!

2 Welche Folgen ergäben sich in einer hochentwickelten Volkswirtschaft, wenn sich die Menschen von heute auf morgen mit der Befriedigung ihrer Existenzbedürfnisse begnügten?

3 Durch welche Einflüsse werden immer neue Wünsche der Verbraucher geweckt?

4 Was würde sich in Ihrem Tagesablauf ändern, wenn plötzlich die Leistungen der Gemeinwesen, z. B. Ihrer Gemeinde, entfielen?

5 Welche Gefahr entsteht für die Menschheit durch ungezügelte Befriedigung wirtschaftlicher Bedürfnisse (Wegwerfgesellschaft)?

6 Welche Gefahren können sich für die Menschheit aus den ungleichen Einkommensverhältnissen – siehe Abb. auf S. 15 – ergeben?

1.2 Die Güter

Problem

Energievorräte der Welt (in Mrd. Tonnen Steinkohleeinheiten)

Energieart	Bisher entdeckte Vorräte	Verbrauch bis 1985	Reichweite bei gleichbleibendem Verbrauch	Reichweite bei steigendem Verbrauch
Erdöl	214	34 %	34 Jahre	19 Jahre
Erdgas	119	19 %	65 Jahre	27 Jahre
Steinkohle	544	23 %	168 Jahre	60 Jahre

a) Welche Erkenntnisse gewinnen Sie aus dieser Statistik?

b) Welche Probleme ergeben sich hieraus für die Befriedigung der Bedürfnisse?

Sachdarstellung

Alles, was geeignet ist, unsere Bedürfnisse zu befriedigen, wird als **Gut** bezeichnet. Es können **Sachgüter** sein, aber auch körperliche oder geistige **Leistungen,** die von anderen für uns erbracht werden. Werden die Güter bei ihrer Verwendung verbraucht, z. B. Nahrungs- und Genußmittel sowie Rohstoffe, gehören sie zu den **Verbrauchsgütern;** erlauben sie hingegen eine Nutzung über einen längeren Zeitraum hinweg, nennen wir sie **Gebrauchsgüter.** Dazu gehören z. B. Häuser, Einrichtungen, Maschinen, Werkzeuge.

Auch **Rechte,** z. B. ein Patent, ein Guthaben auf einem Bankkonto, ein Wertpapier, eine Fahrkarte, eine Kapitalbeteiligung an einem Unternehmen usw., zählen zu den Gütern.

Jede wirtschaftliche Tätigkeit ist letztlich auf die Befriedigung von Bedürfnissen gerichtet. Güter, die unmittelbar der Bedürfnisbefriedigung dienen, heißen **Konsumgüter.** Es können Verbrauchs- oder Gebrauchsgüter sein.

Dient ein Gut hingegen zur Herstellung eines anderen Gutes, zählt es zu den **Produktionsgütern.** Hierbei kann es sich um Stoffe handeln, die bei der Produktion verbraucht werden, oder aber um Gebrauchsgüter, die zur Leistungssteigerung bei der Produktion eingesetzt werden.

Es hängt also von der jeweiligen Verwendung ab, ob ein Gut zu den Konsumgütern oder zu den Produktionsgütern gehört.

Koks, der im Haushalt für Heizzwecke eingesetzt wird, ist ein Konsumgut. Dient er dagegen in einem Stahlwerk zur Verhüttung von Eisenerz, ist er ein Produktionsgut.

Die Arten der Güter

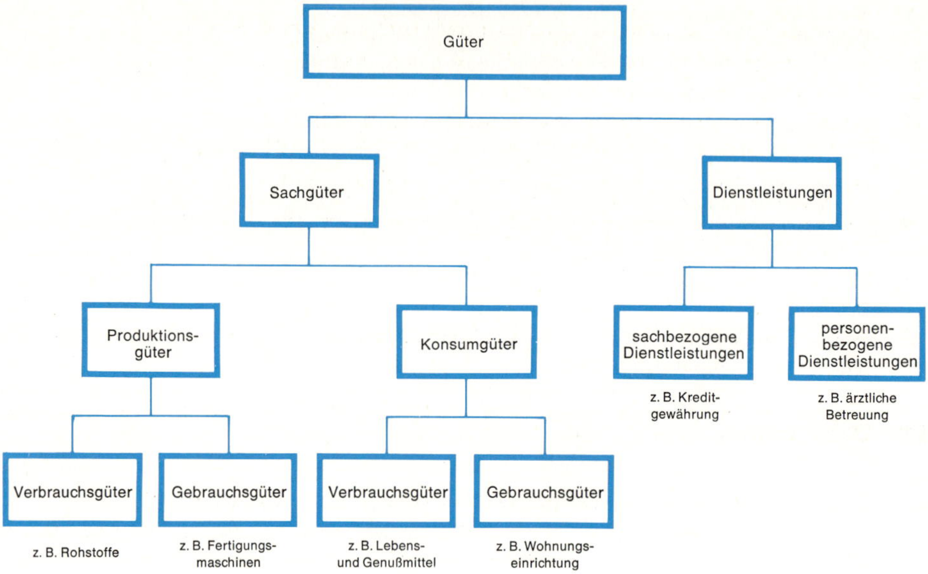

Einige Güter, z. B. Edelsteine, kommen nur sehr selten vor. Bei anderen Gütern ist das zwar nicht der Fall, aber auch sie stehen nicht unbeschränkt zur Verfügung. Häufig müssen sie der Natur erst mühselig abgerungen werden. Auch die menschliche Arbeitskraft ist begrenzt.

Wir müssen also davon ausgehen, daß die Güter bei weitem nicht ausreichen, um alle Bedürfnisse zu befriedigen. Die Güter sind **knapp.**

Ein Gut wird dadurch knapper, daß — bei gleichbleibendem Angebot — die Nachfrage steigt. *Freie Güter,* d. h. im Überfluß vorkommende Güter, gibt es kaum. Selbst Wasser und Luft können zu *wirtschaftlichen,* d. h. knappen *Gütern* werden.

Wesentliche Lerninhalte

- Alle Mittel zur Befriedigung von Bedürfnissen werden **Güter** genannt.
- Nach der Art des Gutes sind *Sachgüter* und *Dienstleistungen* zu unterscheiden; nach der Nutzungsdauer werden die Sachgüter in Gebrauchsgüter und Verbrauchsgüter unterteilt.
- Güter, die unmittelbar zum Gebrauch oder Verbrauch durch die Menschen bestimmt sind, heißen *Konsumgüter;* Güter, die zur Herstellung anderer Güter verwendet werden, nennen wir *Produktionsgüter.*
- Die meisten Güter sind knapp.
- Im Überfluß vorhandene Güter werden „freie“ Güter genannt.

Aufgaben zur Sicherung des Lernerfolgs

1 In welchen Fällen kann auch die Luft zu einem wirtschaftlichen Gut werden?

2 In welcher Situation ist ein l Wasser „wertvoller“ als ein kg Gold?

3 Wodurch unterscheiden sich Gebrauchs- und Verbrauchsgüter?

4 Welche Beispiele könnte man bei der folgenden Einteilung anführen?

	Verbrauchsgüter	Gebrauchsgüter
Konsumgüter	× × ×[1]	× × ×
Produktionsgüter	× × ×	× × ×

5 Wie könnte man die Konsumgüter entsprechend der Rangfolge der Individualbedürfnisse einteilen?

6 Welche wirtschaftlichen Folgen entstehen aus der zunehmenden Güterknappheit, z. B. von Erdöl, Zinn (Automobilindustrie!), Kupfer?

1.3 Das ökonomische Prinzip

Problem

Bei einer Autofahrt steht der Fahrer vor folgender Entscheidung bezüglich des Benzinverbrauchs:

a) mit einer vorhandenen Menge Benzin, z. B. einer Tankfüllung von 45 Litern möglichst viele Kilometer zurückzulegen

b) von Stuttgart nach Hannover so schnell wie möglich mit möglichst geringem Benzinverbrauch zu fahren.

In beiden Fällen handelt der Autofahrer wirtschaftlich. Wo liegt der Unterschied zwischen beiden Fahrweisen?

Sachdarstellung

Es entspricht dem allgemeinen Vernunftprinzip, auch **Rationalprinzip** genannt, daß wir danach trachten, mit einem bestimmten Einsatz von Mitteln einen möglichst großen Erfolg zu erzielen oder aber einen bestimmten Zweck mit einem möglichst geringen Einsatz von Mitteln zu erreichen. Dieser Grundsatz gilt selbstverständlich auch für jede wirtschaftliche Tätigkeit, der ja immer eine Mittel-Zweck-Beziehung zugrunde liegt. Wir sprechen dann vom **ökonomischen Prinzip.** Je nachdem, ob die verfügbaren Mittel oder aber der Zweck festgelegt sind, stellt sich das ökonomische Prinzip als **Maximalprinzip** oder als **Minimalprinzip** dar.

Angenommen, eine Unternehmung verfügt nur noch über einen begrenzten Vorrat eines Rohstoffes, während nach dem hieraus hergestellten Produkt dringend gefragt wird. Sie wird versuchen, aus diesem Stoff möglichst viele Erzeugnisse herzustellen (Maximalprinzip).

Kann sie hingegen nur eine bestimmte Anzahl dieser Güter absetzen, so wird sie bestrebt sein, mit einem möglichst geringen Rohstoffverbrauch auszukommen (Minimalprinzip).

Das Maximalprinzip

Das Minimalprinzip

[1] Die Kreuze dienen zur Entwertung der Leerstellen des Schemas, was teilweise von Schulbuchzulassungsbehörden (Kultusministerien) verlangt wird.

Wir haben bereits erkannt, daß das Ziel jeder wirtschaftlichen Tätigkeit die Befriedigung menschlicher Bedürfnisse ist. Wir haben weiterhin festgestellt, daß die Bedürfnisse unbegrenzt sind, während die zur Bedürfnisbefriedigung geeigneten Mittel, d. h. die Güter, nur in beschränktem Umfange zur Verfügung stehen. Diese Knappheit der Güter zwingt die Menschen zu wirtschaften, d. h. die verfügbaren Güter so einzusetzen, daß insgesamt ein möglichst großes Maß an Bedürfnisbefriedigung erreicht wird.

Das ökonomische Prinzip gilt sowohl bei der Gütererzeugung als auch für die Güterverteilung und den Güterverbrauch. Die Wirtschaft umfaßt alle Einrichtungen und Maßnahmen zur Befriedigung von Bedürfnissen durch die **planvolle Erzeugung, Verteilung** und **Verwendung** von Gütern.

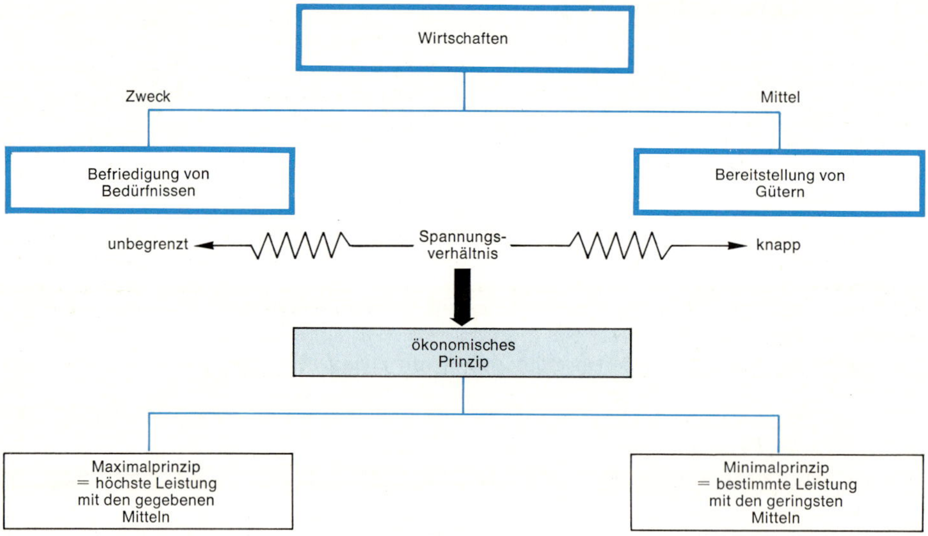

Wesentliche Lerninhalte

- Die Knappheit der Güter, der Mittel, im Vergleich zu den Bedürfnissen, dem Zweck, zwingt den Menschen zu wirtschaften.
- Es entspricht dem aus dem allgemeinen Vernunftsprinzip abgeleiteten **ökonomischen Prinzip,** ein möglichst günstiges Verhältnis zwischen den einzusetzenden Mitteln und dem zu erreichenden Zweck herzustellen.
- Je nachdem, ob die Mittel oder die Zwecke festgelegt sind, gilt das **Maximalprinzip** oder das **Minimalprinzip.**

Aufgaben zur Sicherung des Lernerfolgs

1 Weshalb ist Wirtschaften ohne planvolles Handeln nicht denkbar?

2 Warum wäre bei freien Gütern das Wirtschaften sinnlos?

3 Welche Beispiele können Sie aus Ihrer täglichen Anschauung für die Anwendung des Maximalprinzips und des Minimalprinzips angeben?

4 Warum muß auch eine Hausfrau wirtschaften?

5 Nennen Sie Beispiele für wirtschaftliche Entscheidungen, die nicht nur nach vernünftigen (rationalen) Gesichtspunkten getroffen werden!

1.4 Der Zusammenhang zwischen Produktion und Verbrauch: Einfacher Wirtschaftskreislauf zwischen Unternehmungen und Haushalten

Problem

Unternehmungen, Haushalte und den Staat bezeichnet man als Wirtschaftssubjekte. Die Unternehmungen stellen Güter her, kaufen, lagern und verkaufen Güter. Haushalte erhalten Einkommen für gewährte Arbeitsleistung oder in Form von Zinsen für Kapitalanlagen. Die Haushalte verbrauchen und sparen Einkommen oder nehmen Kredite auf. Der Staat tritt als Käufer auf und begegnet uns insbesondere als Steuereinnehmer. Import- und Exportgeschäfte verbinden die Volkswirtschaft mit dem Ausland.

Jede dieser täglich millionenfach vorkommenden Handlungen, auch „ökonomische Transaktionen" genannt, ist ein Teil des überaus komplizierten *Wirtschaftsprozesses.* Es ist sehr schwierig, dieses Geschehen „in den Griff" zu bekommen, also überschauen, verstehen, beeinflussen oder gar lenken zu können. Seit Mitte des 18. Jahrhunderts dient als Erkenntnishilfe die sogenannte Kreislaufbetrachtung, vergleichbar dem Blutkreislauf des Menschen.

Überlegen Sie, welche wirtschaftlichen Größen in diesem Kreislauf fließen müssen!

Sachdarstellung

1.4.1 Der einfache Wirtschaftskreislauf

Bei der einfachsten Betrachtung des volkswirtschaftlichen Kreislaufs werden folgende Bedingungen vorausgesetzt:

1. Als Wirtschaftssubjekte gibt es **private Haushalte** und **Unternehmungen** (Sektoren).
   Der Staat und die Außenwirtschaft werden also in dieses Kreislaufmodell nicht mit einbezogen.
2. Die privaten Haushalte sind sowohl *Arbeitnehmer*- als auch *Unternehmerhaushalte.* Sie verfügen ausschließlich über die Produktionsfaktoren Arbeit, Boden und Kapital (siehe Kapitel 1.6!).
3. Die Haushalte verbrauchen ihre Einkommen, ohne Ersparnisse zu bilden.
4. Der Güterverbrauch der Haushalte entspricht genau der Güterproduktion der Unternehmungen (Einkommensverwendung = Einkommensbildung). Es gibt also keine Neu- und keine Ersatzinvestitionen, z. B. Bau einer Fabrikhalle, Kauf einer neuen Maschine.
5. Zwischen den Haushalten bzw. zwischen den Unternehmungen gibt es keinen Austausch von Faktorleistungen (Lohn, Zins, Güter).

Das Kreislaufgeschehen zeigt nun folgende Abbildung:

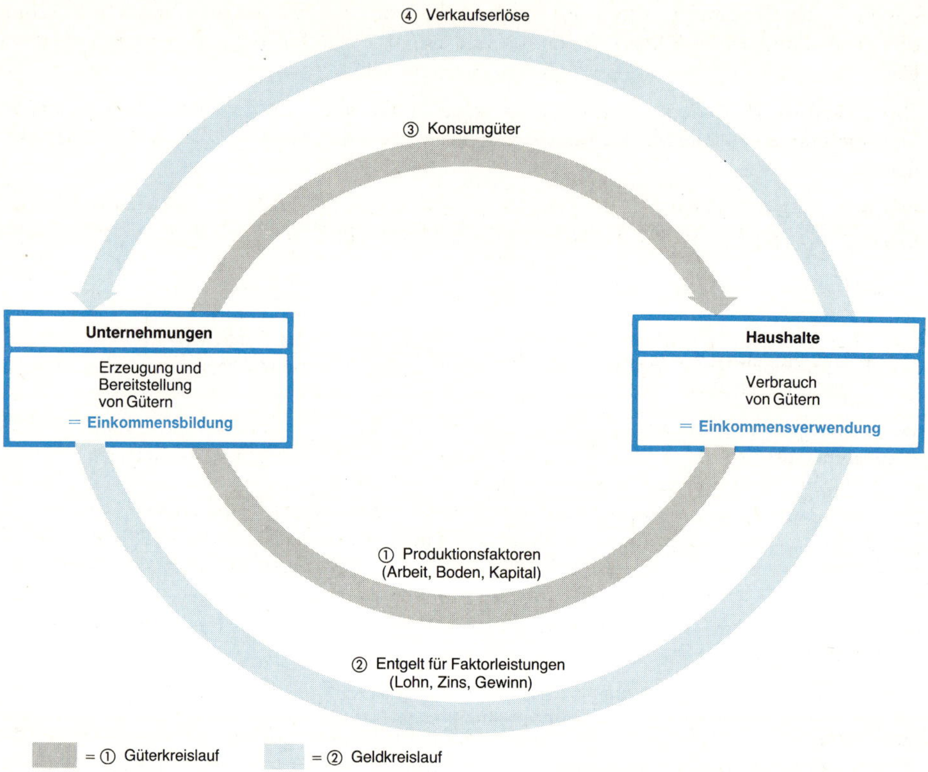

Für die Unternehmungen stellt das Entgelt, das an die Haushalte für die Bereitstellung der *Produktionsfaktoren* zu zahlen ist, *Kosten* dar, für die Haushalte hingegen bildet dieses Entgelt das *Einkommen*. Faktorkosten und Faktorentgelte sind also gleich groß. Die Gesamtheit der in einer Volkswirtschaft produzierten Güter ist das **Sozialprodukt.** Bewerten wir das **Sozialprodukt zu Faktorkosten,** so muß es mit dem Gesamtbetrag der den Haushalten zugeflossenen Faktorentgelte, dem **Volkseinkommen,** übereinstimmen.

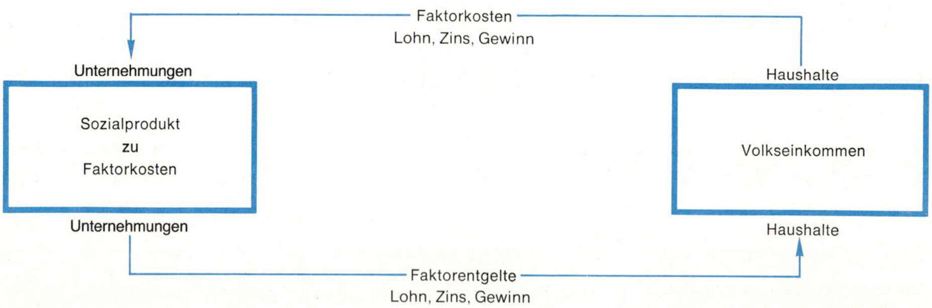

Das Volkseinkommen wird zur Nachfrage nach Gütern verwendet, d. h. das Volkseinkommen kauft das Sozialprodukt. Die beim Erwerb des Sozialprodukts durch die Haushalte entstehenden Verkaufserlöse fließen wieder in die Betriebe zurück. Dort wird das Geld wiederum für die Zwecke der Produktion, also für neu entstandene Kosten ausgegeben. Diese Faktorkosten bedeuten aber gleichzeitig Faktorentgelte, d. h. neue Geldeinkommen der Haushalte, die dafür wieder die von den Betrieben hergestellten Güter erwerben können usw. Die Güter- und Geldströme verlaufen dabei in entgegengesetzter Richtung.

Der **Kreislauf der Güter** entsteht durch die produktiven Beiträge der Haushalte; er führt über die Betriebe wieder in die Haushalte zurück, wo die erzeugten Güter verbraucht werden.

Der **Kreislauf des Geldes** entsteht in den Betrieben bei den Leistungen für das Sozialprodukt und führt über die Haushalte wieder zurück in die Betriebe.

(Statistiken zum Sozialprodukt und Volkseinkommen siehe Seite 432ff.)

1.4.2 Der einfache Wirtschaftskreislauf mit Einbeziehung von Sparen und Investieren

Die bisherige Kreislaufbetrachtung war stark vereinfacht. Es wurde u. a. angenommen, daß die erzeugten Güter sofort verbraucht werden, und daß andererseits die Haushalte ihr gesamtes Geldeinkommen für Konsumzwecke ausgeben. In Wirklichkeit wird jedoch ein erheblicher Teil der Güter zur Vergrößerung und Verbesserung des volkswirtschaftlichen Produktionsapparates verwendet, d. h. diese produzierten Güter werden nicht an die Haushalte weitergeleitet, sondern verbleiben in den Unternehmungen und erhöhen dort das Sachvermögen. Wir bezeichnen diesen Vorgang als **Investierung.** Auf der anderen Seite wird nur ein mehr oder weniger großer Teil des Einkommens verbraucht, der Rest wird gespart. **Sparen** heißt nichts anderes als Konsumverzicht.

1.4.2.1 Die Gleichheit von Sparen und Investieren

Einkommen (Y) entsteht durch die Produktion von Gütern. Diese Güter können in den Haushalten verbraucht (C) oder aber zur Verbesserung der Produktionsbedingungen in den Unternehmungen eingesetzt, d.h. investiert werden (I). Das durch die Produktion entstandene Geldeinkommen (Y) kann entweder zu Verbrauchsausgaben verwendet (C) oder aber gespart werden (S). Hieraus ergibt sich:

als Gleichung für die **Einkommensbildung (Einkommensentstehung):**

$$\mathbf{Y = C + I}$$

als Gleichung für die **Einkommensverwendung:**

$$\mathbf{Y = C + S}$$

Daraus kann aber abgeleitet werden, daß Investierung und Sparen insgesamt gleich groß sein müssen, also

$$\mathbf{I = S}$$

Der Kreislauf ist insoweit wieder geschlossen.

1.4.2.2 Das Gleichgewicht zwischen Sparen und Investieren

Nun ist zwar **Sparen** vom einzelnen her gesehen eine Tugend und eine Notwendigkeit, volkswirtschaftlich bedeutet es jedoch zunächst einmal Konsumverzicht und damit einen Ausfall an kaufkräftiger Nachfrage. Sofern also der Nachfrageausfall bei Konsumgütern nicht durch eine verstärkte Nachfrage nach Investitionsgütern ausgeglichen wird, geht insgesamt die Nachfrage zurück, damit aber auch die Beschäftigung und damit das Einkommen. Nachträglich betrachtet entspricht zwar einer zusätzlichen Ersparnis immer eine zusätzliche Investierung, diese Investierung kann aber unplanmäßig erfolgen, indem z. B.

Waren nicht abgesetzt werden konnten. **Die Volkswirtschaft befindet sich nur dann im Gleichgewicht, wenn die freiwilligen Ersparnisse mit den geplanten Investierungen übereinstimmen.** Das ist jedoch nicht ohne weiteres zu erwarten. Die Entscheidung über die Verwendung des Einkommens für Verbrauchsausgaben oder Ersparnisse treffen die Haushalte. Diese Entscheidung ist weitgehend durch die Konsumgewohnheiten bestimmt, die *Sparquote* ist daher bei gleichbleibendem Einkommen verhältnismäßig *konstant.*

Investierungen hingegen werden von den Unternehmen geplant. Da sich diese Entscheidungen vor allem an der künftigen Entwicklung des Absatzes, der Kosten und damit des Gewinns mit all ihren Unsicherheiten orientieren müssen, sind sie sehr starken Schwankungen unterworfen. Die *Investierungen* erweisen sich somit als der *entscheidende* Faktor der volkswirtschaftlichen Beschäftigung und damit der Einkommensbildung. Gerade in den hochentwickelten Volkswirtschaften mit ihren großen Ersparnissen kommt es daher darauf an, daß ständig genügend *Anreize* für neue Investierungen vorhanden sind, wenn Vollbeschäftigung und Wachstum der Wirtschaft weiterhin gesichert sein sollen (siehe auch Statistik auf S. 434!).

Wirtschaftskreislauf mit Einbeziehung von Sparen und Investieren

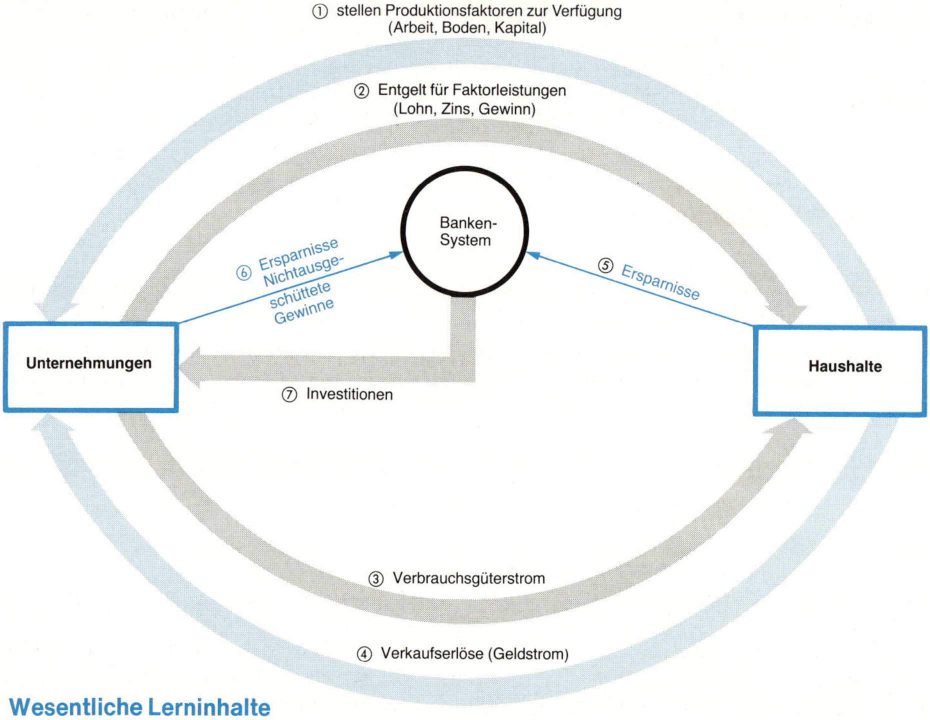

Wesentliche Lerninhalte

- **Sparen** bedeutet Verzicht auf den Verbrauch von Gütern. Die Sparquote hängt im wesentlichen von der Höhe des Einkommens ab. **Investitionen** sind die Schaffung von Produktivvermögen.
- Ein **Gleichgewicht zwischen Sparen und Investieren** besteht nur dann, wenn insgesamt die Investitionspläne der Unternehmungen und die Sparpläne der Haushalte übereinstimmen. Dies ist jedoch nicht zu erwarten.
- Entscheidend für die Entwicklung des Volkseinkommens und für das Wachstum der Volkswirtschaft sind die Investierungen der Unternehmungen.

Aufgaben zur Sicherung des Lernerfolgs

1 Beschreiben Sie den einfachen Wirtschaftskreislauf auf Seite 24!

2 Warum entspricht das Sozialprodukt dem Wert des Volkseinkommens? Erläutern Sie den Sachverhalt mit Hilfe des Kreislaufschemas!

3 Wie entsteht die Formel I = S?

4 Welche Bedeutung hat der technische Fortschritt für die Investierungen?

5 Inwiefern bilden steuerliche Sonderabschreibungen einen Anreiz für vermehrte Investitionen? Abschreibungen erhöhen den Aufwand und vermindern den zu versteuernden Gewinn.

6 In welcher Form können Ersparnisse durch die Haushalte angelegt werden?

7 Überlegen Sie die volkswirtschaftlichen und politischen Folgen, wenn ein Drittel der Arbeitnehmer arbeitslos wäre! (Auswirkungen auf Sparen, Investieren, Preise, Löhne, Wirtschaftswachstum, Geldwertstabilität, Außenwirtschaft).

8 a) Stellen Sie aus der Statistik auf S. 412 (Entstehung des Bruttosozialprodukts und des Volkseinkommens) die Entwicklungen des Sozialprodukts und des Volkseinkommens graphisch dar (Kurven- und Kreisdiagramme)!
b) Versuchen Sie, die dargestellten Entwicklungen zu begründen?

9 Warum befindet sich eine Volkswirtschaft bei der Übereinstimmung von Investieren und Sparen im Gleichgewicht?

1.5 Angebot und Nachfrage auf Güter- und Faktormärkten

Siehe Kapitel 5.1 Die Funktion des Marktes

1.6 Die Produktionsfaktoren

Problem

Wenn wir uns vorstellen, wie die Güter unseres täglichen Bedarfs entstehen, dann stoßen wir immer auf die Gaben und Kräfte der Natur.

Das Brot entsteht aus Weizen oder Roggen, die Kleidung aus Baumwolle, Schafwolle oder Kunststoffen, die Schuhe werden aus Tierhäuten, die Möbel aus dem Holz der Bäume hergestellt usw. Wäre Güterherstellung ohne diese Faktoren möglich? Reichen diese aus oder müssen weitere hinzukommen?

Sachdarstellung

1.6.1 Die volkswirtschaftlichen Produktionsfaktoren

1.6.1.1 Der Boden (Natur)

Er ist der *Träger* der organischen und anorganischen *Grundstoffe,* auf die letztlich alle Güter zurückgeführt werden können. Dies gilt auch für die Materialien, welche durch chemische Umwandlungsprozesse entstehen. Wind und Wasser können als *Energiequelle* genutzt werden; man denke nur etwa an Mühlen und Wasserkraftwerke. Die *klimatischen* Bedingungen, wie Wärme und Feuchtigkeit, beeinflussen nicht nur entscheidend den Erfolg in der Land- und Forstwirtschaft, sondern sie wirken in erheblichem Maße auf die gesamte Wirtschaftsweise eines Volkes ein. Es ist kein Zufall, daß die größten wirtschaftlichen Fortschritte in den Ländern erzielt wurden, die in der gemäßigten Klimazone liegen.

Nur ein Drittel der Erdoberfläche ist festes Land und selbst davon kann wiederum nur etwa ein Zehntel landwirtschaftlich genutzt werden. Die Vorräte der Erde an Erzen, Kohle und Erdöl sind auf viele Stellen verteilt; sie sind oft nur sehr schwer zugänglich, und es ist schon jetzt abzusehen, wann sie erschöpft sein werden. Der Reichtum der Natur ist also begrenzt.

Um so wichtiger ist es, daß mit der Umwelt schonend umgegangen wird. Dies verlangt in erster Linie folgende Maßnahmen:

- Sparsamer Verbrauch von Rohstoffen und Energie;
- Ersatz knapper Rohstoffe durch weniger knappe;
- Recycling, d. h. Wiederverwendung bereits genutzter Rohstoffe, z. B. Papier, Glas, Aluminium u. ä.
- Schonung der Umwelt: Weniger Abgase, Rauch und Staub, weniger Lärm, weniger Müll (Abfälle) und weniger Abwässer, weniger Chemikalienverbrauch in der Landwirtschaft und in der Industrie.

1.6.1.2 Die Arbeit

Überdies fallen uns die Schätze dieser Erde nicht in den Schoß. Sie müssen dem Boden oft mühselig abgerungen werden; vielfach müssen sie umgeformt und umgewandelt werden, damit sie sich zur Befriedigung menschlicher Bedürfnisse eignen. Schließlich müssen sie dorthin gebracht werden, wo man sie gerade benötigt. Hierzu ist jeweils **Arbeit** erforderlich, und zwar *körperliche* wie *geistige* Arbeit.

Um bei unserem einfachen Beispiel zu bleiben: es muß erhebliche Arbeit aufgewandt werden, bis wir unser tägliches Brot verzehren können. Felder müssen gedüngt und gepflügt werden; es folgt die Aussaat, und später, wenn nicht ein Unwetter alle Mühe vergeblich werden ließ, kann die Ernte eingebracht werden. Der Weizen muß gedroschen und zur Mühle gebracht werden. Von dort bezieht der Bäcker das Mehl, aus dem er Brot oder Brötchen herstellt.

Wir sind so daran gewöhnt, die Güter verbrauchs- oder gebrauchsfertig angeboten zu bekommen, daß wir uns häufig keine Gedanken mehr darüber machen, welche Mühe und Überlegung erforderlich sind, bis ein Gut konsumreif ist.

1.6.1.3 Das Kapital

Die Arbeit ist — ebenso wie der Boden — ein ursprünglicher, natürlicher **Produktionsfaktor.** Nicht alle Menschen sind fähig oder willig zu arbeiten. Alte und kranke Menschen können ebensowenig arbeiten wie Kinder und unzureichend ausgebildete Menschen. In Europa und Nordamerika arbeitet im Durchschnitt etwa die Hälfte der Bevölkerung. Die Zahl der Arbeitskräfte hängt vom Altersaufbau, dem Gesundheitszustand und letztlich auch dem Bildungsniveau der Bevölkerung ab. Aber selbst der arbeitsfähige und arbeitswillige Mensch kann nur eine begrenzte Zeit am Tag arbeiten. Wenn die Anstrengung zu groß wird oder die Arbeit zu eintönig ist, treten rasch Unlustgefühle auf; dies gilt auch, wenn der Mensch seinen Aufgaben nicht gewachsen ist.

Dem Produktionsfaktor Arbeit sind somit durch die *Arbeitsfähigkeit* und *Arbeitswilligkeit* Grenzen gesetzt.

Eine rein mengenmäßige Ausweitung des Produktionsfaktors Arbeit ist — zumindest in den hochentwickelten Volkswirtschaften — nur noch in bescheidenem Umfang möglich. Es kommt also für die wirtschaftliche Entwicklung entscheidend darauf an, den Erfolg der Arbeit zu steigern. Dies geschieht durch Werkzeuge, Maschinen und Vorrichtungen aller Art. Die Entwicklung dieser Hilfsmittel von den einfachen Geräten der Vergangenheit bis hin zu den komplizierten Apparaten und Automaten der Gegenwart bildet einen Teil der Kulturgeschichte der Menschheit. Diese Sachgüter sind nicht unmittelbar zum Konsum bestimmt; sie werden produziert, um die Produktion anderer Sachgüter zu ermöglichen und die Arbeit ergiebiger zu gestalten. Wir bezeichnen in der Volkswirtschaftslehre diese *produzierten Produktionsmittel,* zu denen auch die Produktionsstätten, also die gewerblich genutzten Gebäude und Räume, und die bei der Sachgütererzeugung eingesetzten Stoffe gehören, als **Kapital.** Im Gegensatz zum Boden und zur menschlichen Arbeitskraft ist *das Kapital kein ursprünglicher, sondern ein abgeleiteter Produktionsfaktor;* die Kapitalgüter – oder sagen wir: die Produktionsgüter – werden vom Menschen geschaffen, um als „Mittel" bei der Produktion anderer Sachgüter eingesetzt zu werden.

Der Bau von Werkstätten und die Herstellung von Werkzeugen, Maschinen usw. ist jedoch zeitraubend und erfordert Material und Arbeitskraft, so daß auch die Produktion von Kapitalgütern nicht unbegrenzt möglich ist. Kapitalbildung ist nur durch Konsumverzicht, d. h. Sparen, möglich.

1.6.2 Betriebswirtschaftliche Produktionsfaktoren

Die volkswirtschaftlichen Produktionsfaktoren Boden, Arbeit und Kapital gelten für die Gesamtwirtschaft eines Volkes. Es muß nun überlegt werden, wie diese Produktionsfaktoren im **betrieblichen Leistungsprozeß,** insbesondere bei der Güterherstellung zu betrachten sind.

Die Güterherstellung verlangt folgende Produktionsfaktoren:

1. den Einsatz von **menschlicher Arbeitskraft;**
2. den Einsatz von **Betriebsmitteln.**
   Dies sind in erster Linie Maschinen und maschinelle Anlagen, z. B. Förderbänder, Röhrensysteme und Werkzeuge aller Art. Zu den Betriebsmitteln gehören aber auch die Grundstücke und Gebäude, in denen der Produktionsprozeß stattfindet, sowie die Transporteinrichtungen, Büroausstattung usw.;
3. die Verwendung von **Werkstoffen.**

Dies sind alle Güter, aus denen durch Umformung oder Einbau neue Fertigprodukte erstellt werden, z. B. Brot aus Mehl, eine Autokarosserie aus Stahlblech, Stahlrohr und Kunststoffteilen, Beschläge für Möbel usw. Man unterscheidet *Rohstoffe, Hilfsstoffe* und *Betriebsstoffe.*

Rohstoffe sind die Hauptbestandteile eines Fertigerzeugnisses, z.B. das Holz eines Möbelstücks, die Steine für ein Haus, Stahlblech und Stahlrohr für die Fahrzeugherstellung, Leder für einen Sessel, Stoff für ein Kleid oder einen Anzug.

Hilfsstoffe werden auch Bestandteil eines Fertigungserzeugnisses, spielen aber dabei wertmäßig und/oder mengenmäßig keine Rolle, z.B. Knöpfe, Faden und Reißverschluß eines Kleidungsstücks; Lack oder Politur für die Möbelherstellung.

Betriebsstoffe werden nicht Bestandteil des Fertigerzeugnisses, werden aber bei der Herstellung verbraucht, z.B. Strom, Heizöl, Benzin, Schmierfett.

In einem Betrieb werden Arbeit, Betriebsmittel und Werkstoffe so miteinander *kombiniert,* daß das geplante Produktionsziel, z.B. ein Pkw Diesel Turbo, erreicht wird. Dabei ist das *ökonomische Prinzip* stets zu erfüllen. Diese Kombination ist die Aufgabe der im Betrieb leitenden, planenden und organisierenden Arbeitskräfte. Diese Arbeit zählt nicht zum Produktionsfaktor Arbeit, sie bildet vielmehr einen *selbständigen betriebswirtschaftlichen Produktionsfaktor.*

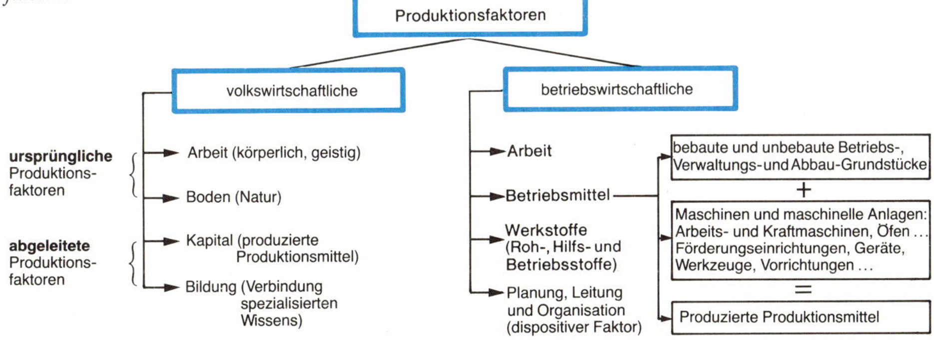

Der wirtschaftliche und technische Fortschritt ist vor allen Dingen auf diesen vierten Faktor zurückzuführen, den man als *Planung, Leitung und Organisation in Verbindung mit wissenschaftlichen Erkenntnissen* bezeichnen kann.

Umwälzende Erfindungen waren früher das Werk einzelner bedeutender Männer, heute ergeben sie sich aus der *Teamarbeit* von Wissenschaftlern aller möglichen Fachrichtungen. Ähnliches gilt für die Leitung großer Betriebe. Die Unternehmerpersönlichkeit wird immer mehr durch Führungsgruppen ersetzt, die aus hervorragenden Spezialisten gebildet werden.

Bei der gewaltigen *Ausweitung des Wissens* in den letzten Jahrzehnten vermag der einzelne, sei er auch noch so begabt, auf sich allein gestellt nichts mehr auszurichten. Entscheidend ist vielmehr die sinnvolle **Verbindung wissenschaftlicher Erkenntnisse** (spezialisiertes Wissen) mit der Planung, Leitung und Organisation einer Unternehmung.

1.6.3 Kombination und Substitution der Produktionsfaktoren

Kombinieren heißt, Teile miteinander verbinden, *substituieren* bedeutet, eine Sache durch eine andere ersetzen, z. B. Energie aus Erdöl durch Kohleenergie.

Bei der Güterproduktion werden die Produktionsfaktoren Boden, Arbeit und Kapital kombiniert oder substituiert. Der vierte betriebswirtschaftliche Faktor Planung, Leitung und Organisation spielt dabei die entscheidende Rolle, um beim Produktionsprozeß das ökonomische Prinzip zu verwirklichen, d. h. mit gegebenen Faktoren einen höchsten Ertrag zu erzielen (Maximalprinzip) oder mit geringstem Faktoreinsatz einen bestimmten Ertrag zu erzielen (Minimalprinzip).

Es gibt aber neben den **substitutionellen Produktionsbedingungen** auch Herstellungsweisen mit fest vorgegebenem Einsatzverhältnis der Produktionsfaktoren, z. B. 1 Taxifahrt. Man bezeichnet dies als **limitationale** (begrenzte) **Produktionsbedingungen.**

Die Produktionsfaktoren werden mit Preisen *bewertet.* Die Mengen der Produktionsfaktoren, multipliziert mit den Preisen je Einheit ergeben die **Kosten der Produktion.**

Im betriebswirtschaftlichen Produktionsprozeß wird in der Regel die **Minimalkostenkombination** angestrebt, d. h. also, eine bestimmte Gütermenge mit geringsten Faktorkosten zu erzeugen.

Beispiel

Angenommen, eine Arbeitsstunde kostet das Unternehmen 25,00 DM, eine Maschinenstunde 15,00 DM. Es ergeben sich durch Faktorkombination drei Verfahren:

Verfahren	Arbeitsstunden	Kosten/DM	Maschinenstunden	Kosten/DM	Kosten insgesamt
I	2	50,00	1	15,00	65,00
II	1	25,00	2	30,00	55,00
III	3	75,00	0	0,00	75,00

Ergebnis: Die kostengünstigste Faktorkombination ist Verfahren II.

Welche technischen und wirtschaftlichen Probleme diese Zielsetzung mit sich bringt, kann die Herstellung eines Personenkraftwagens verdeutlichen. Menschliche *Arbeitskraft* (Löhne, Gehälter, Sozialkosten) muß tausendfach entlohnt werden. Durch Tarifverträge und Sozialgesetze sind Einsparungsmöglichkeiten enge Grenzen gesetzt. Um so mehr wird versucht, durch Rationalisierung und Automatisierung den Einsatz der *Betriebsmittel,* also der Maschinen zur Blech- und Metallverarbeitung, der Schweißmaschinen, der Maschinen und Anlagen zur Motorenherstellung usw., kostengünstig zu gestalten.

Werkstoffe, wie die Rohstoffe Stahl, Blech, Kunststoffe, Glas, Polsterstoffe u. a., Hilfsstoffe wie Schrauben und Kleinteile, Betriebsstoffe, wie Öl, Schmierfett, Gas, Druckluft, Benzin usw., müssen preisgünstig beschafft und sparsam verwendet werden.

Die Minimalkostenkombination zu verwirklichen, ist die Aufgabe des vierten Produktionsfaktors: des menschlichen Geistes, der so plant, leitet und organisiert, daß die Probleme tatsächlich auch optimal gelöst werden. Ob dies gelingt, zeigt früher oder später in einem marktwirtschaftlichen Wirtschaftssystem der Preis des hergestellten Gutes.

Selbstkostenpreis zuzüglich Gewinn ergibt einen Verkaufspreis, mit dem z. B. eine Automobilfabrik ihre Erzeugnisse mit ähnlichen Fahrzeugen anderer Automobilhersteller, der Konkurrenz, vergleichen muß. Meßinstrument für das Gelingen der Minimalkostenkombination ist der erzielbare Gewinn. Ist er zu gering, um ein Unternehmen konkurrenzfähig zu halten, hat in der Regel das Management, also der Produktionsfaktor Planung, Leitung und Organisation versagt.

(Voraussetzung dafür ist natürlich Chancengleichheit der Produktionsbetriebe bezüglich der Faktorkosten. Sie ist z. B. im Wettbewerb mit japanischen Produkten nicht gegeben, da im Fernen Osten die Arbeitslöhne und Sozialkosten geringer als in unserem Land sind).

Bei der Minimalkostenkombination kann der **Substitution,** d. h. dem Austausch eines Produktionsfaktors durch einen anderen, eine erhebliche Bedeutung zukommen.

Der Einsatz von Maschinen kann beispielsweise menschliche Arbeitskraft ersetzen. Der Faktor Kapital substituiert den Faktor Arbeit.

Die Substitution kann hierbei den Produktionskosten gegenüber *indifferent,* d. h. unterschiedslos, sein. Beim Ersatz von Arbeitskraft durch Maschinen müßte dann die Einsparung von Personalkosten durch die Erhöhung der Kapitalkosten sich ausgleichen. Ist dagegen die Substitution der Produktionsfaktoren gegenüber den Produktionskosten nicht indifferent, sind Kosteneinsparungen möglich. Die Minimalkostenkombination kann auf diese Weise erreicht werden.

Wesentliche Lerninhalte

- **Die Produktionsfaktoren**

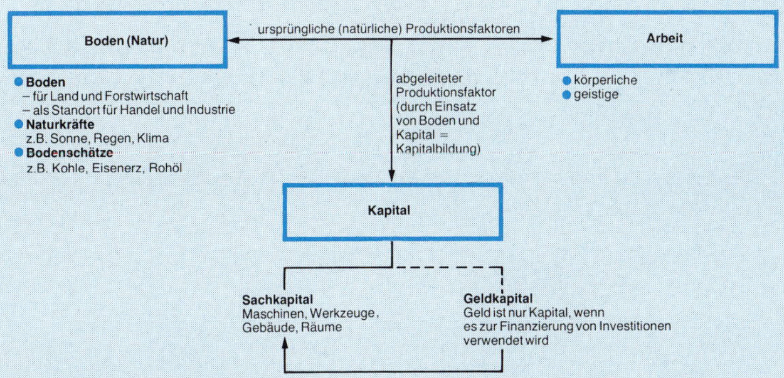

- **Betriebswirtschaftliche Produktionsfaktoren** sind Arbeit, Betriebsmittel, Werkstoffe sowie die Planung, Leitung und Organisation.
- Unter dem Begriff **Kapital** werden in der Volkswirtschaftslehre Produktionsstätten und alle die Güter zusammengefaßt, die zur Herstellung anderer Güter dienen. Hierzu gehören auch die Hilfsmittel und die bei der Produktion eingesetzten Stoffe.
- Die Kapitalgüter sind nicht von Natur aus vorhanden, sondern müssen erst vom Menschen geschaffen werden.
- Der wirtschaftliche und technische Fortschritt entsteht vor allem aus der **Verbindung wissenschaftlicher Erkenntnisse mit der Planung, Organisation und Leitung eines Unternehmens.**

- Die **Kosten der Produktion** ergeben sich aus der Menge der Produktionsfaktoren, multipliziert mit dem Preis je Faktoreinheit einer bestimmten Gütermenge.
- Die **Minimalkostenkombination** ist das Ziel der betrieblichen Produktion. Eine bestimmte Gütermenge soll mit geringsten Faktorkosten erzeugt werden. Bei der Minimalkostenkombination wird das *ökonomische Prinzip* als Minimalprinzip verwirklicht.
- Die **Substitution** ist der Austausch eines Produktionsfaktors durch einen anderen, z. B. Arbeit durch Kapital (Maschinen). Sie ist wesentlich für die Minimalkostenkombination.

Aufgaben zur Sicherung des Lernerfolgs

1 Weshalb sind der Boden und die menschliche Arbeitskraft nicht beliebig zu vermehren?

2 An welchen Beispielen wird besonders deutlich, daß sich das Klima erheblich auf die Wirtschaftsweise eines Volkes auswirkt?

3 Weshalb ist es falsch, nur die körperliche Arbeit als produktiv anzusehen?

4 In welcher Beziehung stehen Bildungsniveau und Lebensstandard eines Volkes zueinander? Welche Schlußfolgerungen ergeben sich daraus z. B. für die Entwicklungshilfe?

5 a) Überlegen Sie, welche betriebswirtschaftlichen Produktionsfaktoren für die Herstellung eines Schultisches notwendig sind!

b) Nennen Sie Beispiele für die planende, leitende und organisierende Arbeit hierzu!

6 Beschreiben Sie die Werkstoffe, die in Ihrem Ausbildungsbetrieb Verwendung finden (nur für Auszubildende in Industriebetrieben).

7 Zählen Sie die betriebswirtschaftlichen Produktionsfaktoren Ihres Ausbildungsbetriebs auf!

8 Vergleichen Sie die volks- und betriebswirtschaftlichen Produktionsfaktoren miteinander!

9 Was versteht man

a) unter Kombination,
b) unter Substitution der Produktionsfaktoren?

10 Beispiel für die Ermittlung der Minimalkostenkombination: Bei der Herstellung von Rasenmähern wird Handarbeit zunehmend durch Maschinenarbeit und Fließbandfertigung ersetzt.

Faktorkombination	Faktormenge		Produktionsfaktorenkombination in Geldeinheiten
	Arbeit Preis: 5 Geldeinheiten je Menge	**Kapital** Preis: 20 Geldeinheiten je Menge	
I	12	2	—
II	6	4	—
III	4	6	—
IV	2	12	—

a) Berechnen Sie die günstigste Kombination von Arbeit und Kapital!

b) Führen Sie die gleiche Berechnung mit 30 Geldeinheiten für den Faktor Arbeit bei gleichbleibenden Kapitalkosten durch!

(1) Welche Kombination ist die günstigste?
(2) Was ist wirtschaftlich hierbei vorgegangen?

1.7 Die Arbeitsteilung

Problem

Angenommen, ein Personenauto würde in Handarbeit hergestellt, wozu 100 Arbeitskräfte 1 Jahr benötigen würden (durchaus realistisch). Dann würde für eine Jahresproduktion von 450 000 Pkw nicht weniger als 45 Millionen Arbeitskräfte benötigt. Tatsächlich beschäftigt eine Automobilfabrik dafür nur rund 200 000 Arbeitskräfte, die auch noch Lastkraftwagen und Omnibusse erzeugen, also dreihundertmal weniger.

Welche Ursachen hat dieser Sachverhalt?

1.7.1 Die gesellschaftliche Arbeitsteilung

Die ursprünglichste Form der **Arbeitsteilung** ergab sich aus Alter und Geschlecht, wie wir das heute noch bei primitiv lebenden Völkern vorfinden.

Die Männer errichten die Hütten, stellen die Waffen her, gehen auf die Jagd oder zum Fischfang, während die Frauen und die Alten Beeren und Kräuter sammeln, die Nahrung zubereiten und die Kleidungsstücke herstellen.

Mit der dichteren Besiedlung und der Entstehung von Dörfern und Städten bildeten sich dann die ersten handwerklichen Grundberufe heraus, wie Schmied, Weber und Töpfer. Aus der Aufteilung dieser Grundberufe entstanden weitere Berufe. So wurde etwa aus dem Schmied der Grob- oder der Feinschmied, der Schlosser oder der Klempner. Die Handwerker konnten nur noch den geringsten Teil der Güter, die sie herstellten, für sich selbst verwenden. Sie waren darauf angewiesen, daß sie als Gegenleistung für ihre handwerklichen Erzeugnisse Güter erhielten, die sie brauchten, aber nicht selbst herstellten, z. B. Nahrungsmittel. Die **berufliche** Arbeitsteilung steigerte also nicht nur den Arbeitserfolg, sondern sie brachte auch den *Zwang zum Güteraustausch* mit sich, und damit die gegenseitige *Abhängigkeit.*

Während sich ursprünglich die Erzeugung und der Verbrauch der Güter innerhalb einer Wirtschaftseinheit, der Großfamilie, vollzogen, geschah nunmehr die Produktion bestimmter Güter in den *Betrieben,* während der Konsum von Gütern in den *Haushalten* vor sich ging.

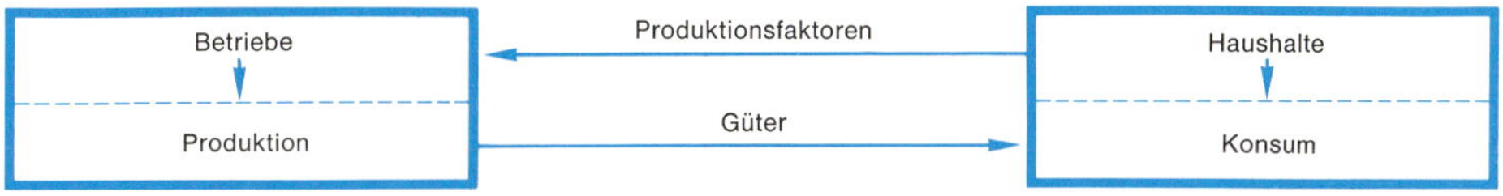

Stark vereinfacht stellt sich jetzt das Bild der Wirtschaft so dar: Die Haushalte verzichten auf die Produktion der Güter, die sie benötigen. Sie stellen den Betrieben die Produktionsfaktoren, z. B. Arbeitskraft, zur Verfügung und erhalten zum Ausgleich einen Anspruch auf einen entsprechenden Anteil an den Gütern, die in den Betrieben durch die gemeinsame Arbeit aller geschaffen wurden.

Der *Handwerksbetrieb* bildet die ursprüngliche Form des gewerblichen Betriebs. Bei ihm stehen die Geschicklichkeit, das Wissen und die Erfahrung des einzelnen im Vordergrund. Häufig führt jeder der dort Beschäftigten sämtliche im Betrieb vorkommenden Arbeiten aus. Die verwendeten Werkzeuge und Geräte sind vielseitig einzusetzen und vorwiegend zur Unterstützung der menschlichen Arbeit gedacht.

1.7.2 Die technische Arbeitsteilung

Die entscheidende Verbesserung des Arbeitserfolges ergab sich erst, als man daran ging, die *einzelnen Arbeitsvorgänge innerhalb* des Betriebes in Verbindung mit einem *verstärkten Einsatz von Maschinen* auf *mehrere* Personen aufzuteilen. Diese **technische** Arbeitsteilung durch *Arbeitszerlegung* (siehe S. 39) war aber nur in größeren Betrieben, insbesondere in *Industriebetrieben*, möglich. Damit stieg die Zahl der *unselbständig* Beschäftigten, eine Entwicklung, die bis heute noch nicht abgeschlossen ist.

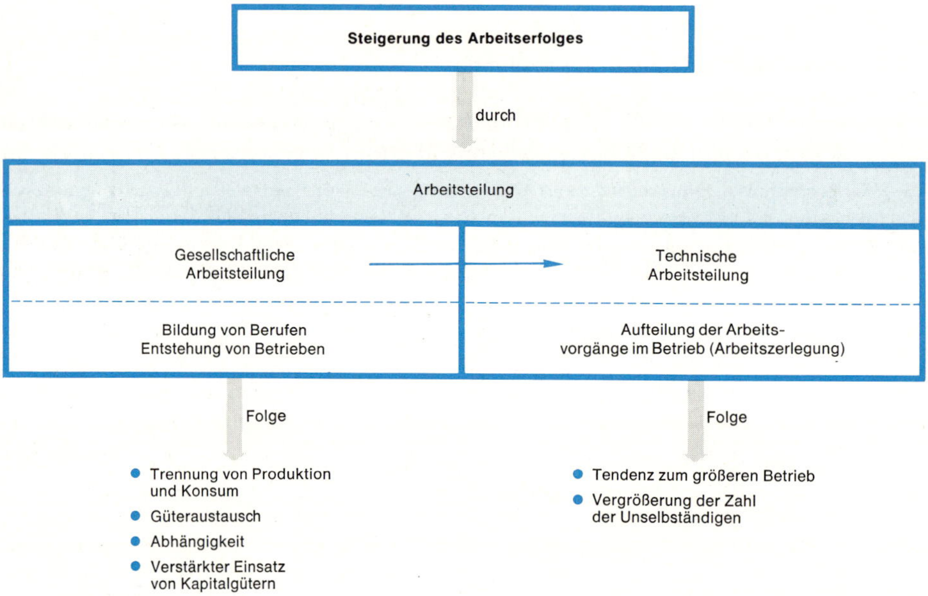

1.7.3 Die volkswirtschaftliche Arbeitsteilung

1.7.3.1 Die Stufen der Wirtschaft

Nur wenige Güter verbraucht man so, wie sie in der Natur vorkommen. Meist müssen vorher Veränderungen an ihnen vorgenommen werden. Diese Aufgabe übernehmen die Wirtschaftsbetriebe (Unternehmungen). Sie sind tätig in den folgenden **Wirtschaftsbereichen:**

- Urerzeugung (primärer Beeich)
- Weiterverarbeitung (sekundärer Bereich)
- Verteilung und sonstige Dienstleistungen (tertiärer Bereich)

Der Wirtschaftsbereich Verbrauch wird von den Haushalten (Konsumenten) beherrscht.

Die Arbeitsteilung infolge der Stufen der Wirtschaft nennt man auch **vertikale Arbeitsteilung.**

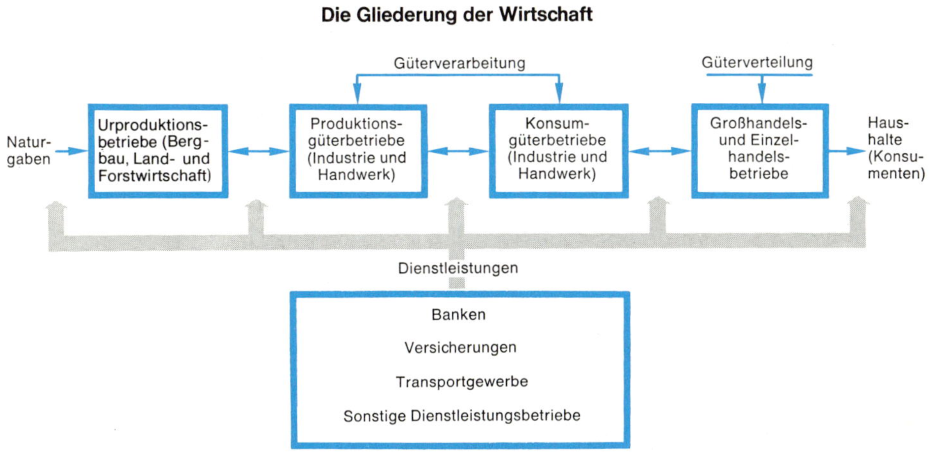

Die Produktion von Sachgütern wird in den Betrieben durch eine möglichst *zweckmäßige Kombination der Produktionsfaktoren* vollzogen. Hierbei spielt zwar die menschliche Arbeitskraft eine wichtige Rolle, es bedarf jedoch auch des Einsatzes von Stoffen und Kräften, die aus dem Boden gewonnen wurden, sowie der Verwendung von allerlei Hilfsmitteln, wie Werkzeugen, Maschinen usw. Ziel der Produktion ist immer die Befriedigung von Bedürfnissen.

1.7.3.2 Das Zusammenwirken der Wirtschaftsbereiche

Der einzelne Betrieb hat in der modernen *arbeitsteiligen* Wirtschaft bei der Herstellung eines Gutes nur einen mehr oder weniger großen Anteil am gesamten Produktionsprozeß.

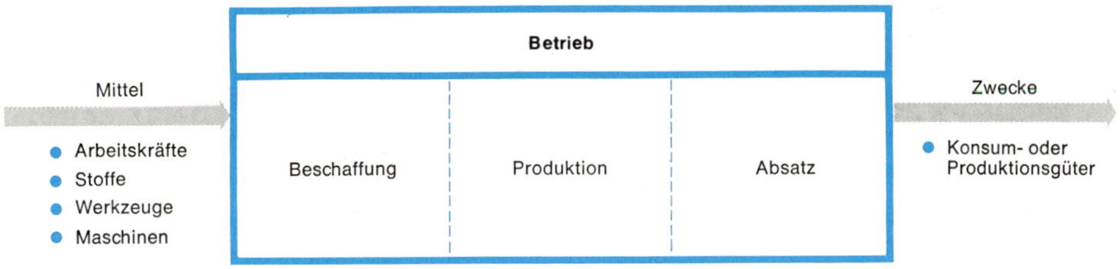

Dies soll am Beispiel einer Papierfabrik gezeigt werden: Papier wird u. a. aus Holzschliff und Zellstoff sowie aus Lumpen und Altpapier hergestellt. Die Papierfabrik bezieht den Holzschliff, sofern sie ihn nicht selbst herstellt, von einer Holzschleiferei, den Zellstoff vom Zellstoffwerk. Diese wiederum erhalten das Material vom Sägewerk, das seinerseits von forstwirtschaftlichen Betrieben beliefert wird.

Verfolgen wir den Weg des Gutes Papier in der Richtung zum menschlichen Konsum, stellen wir fest, daß sich an die Papierfabrik Druckereien sowie die papierverarbeitende Industrie anschließen, etwa eine Papierwarenfabrik, die Schreibblöcke, Tüten oder Servietten herstellt.

Der einzelne Betrieb ist allerdings nicht, wie es zunächst den Anschein haben mag, als ein Glied in einer Kette anzusehen, die geradewegs von der Natur zu den Haushalten führt, sondern er ist in Wirklichkeit in ein ganzes *Geflecht von Beziehungen* eingeordnet.

Das folgende Schaubild zeigt, welche Betriebe am Zustandekommen eines farbig bedruckten Briefbogens beteiligt sein können, bis er dem Verbraucher zur Verfügung steht. Vermittelnd zwischen diesen zahlreichen Betrieben, sorgt der Markt immer wieder für die Weiterleitung des Gutes. Seine dauernde Ausgleichswirkung ermöglicht den reibungslosen Austausch der Waren.

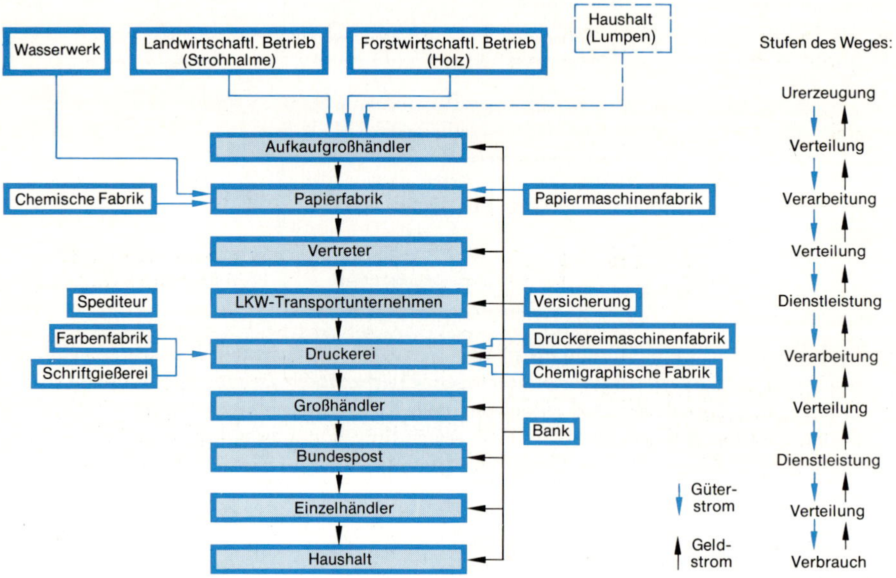

Das Beispiel ist stark vereinfacht. In Wirklichkeit sind noch viele weitere Unternehmen für die Erstellung und Verteilung dieses Gutes unmittelbar oder mittelbar beschäftigt. Dies zeigt, wie eng die Wirtschaftseinheiten miteinander verflochten sind und wie sie gegenseitig voneinander abhängen.

1.7.4 Die internationale Arbeitsteilung

Vor 150 Jahren umfaßt die gesamte Tonnage der Handelsflotte dieser Welt kaum mehr als fünf Millionen Tonnen; heute beträgt die Welthandelstonnage fast 460 Millionen Bruttoregistertonnen ...

Das Eisenbahnnetz der Welt ist länger als 1,3 Millionen Kilometer. Es überzieht die Kontinente wie ein Adernetz, durch welches das Blut pulst ...

Wir merken es selbst, wie der Wohlstand wächst. In Preußen wurde um 1800 je Kopf der Bevölkerung erst ein Kilogramm Zucker jährlich verbraucht; mehr gaben der Boden, der Handel und die finanziellen Mittel nicht her. Mittlerweile ist der Zuckerverbrauch je Bundesbürger auf etwa 34 Kilogramm gestiegen. Sein Konsum wird mehr durch gesundheitliche Rücksichten als durch Mangel an Ware oder Geld beschränkt. Südfrüchte waren früher etwas Exotisches – ein Luxusgut, das nur wenigen Reichen vorbehalten blieb. Statistisch betrug der Verbrauch um das Jahr 1800 pro Kopf 70 Gramm jährlich; heute verzehrt jeder Bundesbürger im Durchschnitt jährlich über einen halben Zentner Südfrüchte.

Doch alle diese Fortschritte sind nur möglich mit einer weltweiten Arbeitsteilung. Die Einwohner Malaysias könnten mit ihren Bodenschätzen ebensowenig anfangen wie arabische Beduinen mit den Ölvorkommen in ihren Wüsten. Umgekehrt wären viele Erfindungen unserer Technik unterblieben, wenn dem Menschen die weit entfernt liegenden Reichtümer dieser Erde nicht zur Verfügung stünden. Der Handel holt sie heran. Leblose Reichtümer verwandeln sich in lebendigen Wohlstand.

Die internationale Arbeitsteilung zeigt sich in den Außenhandelsbeziehungen – Export und Import – der einzelnen Volkswirtschaften.

Beispiel

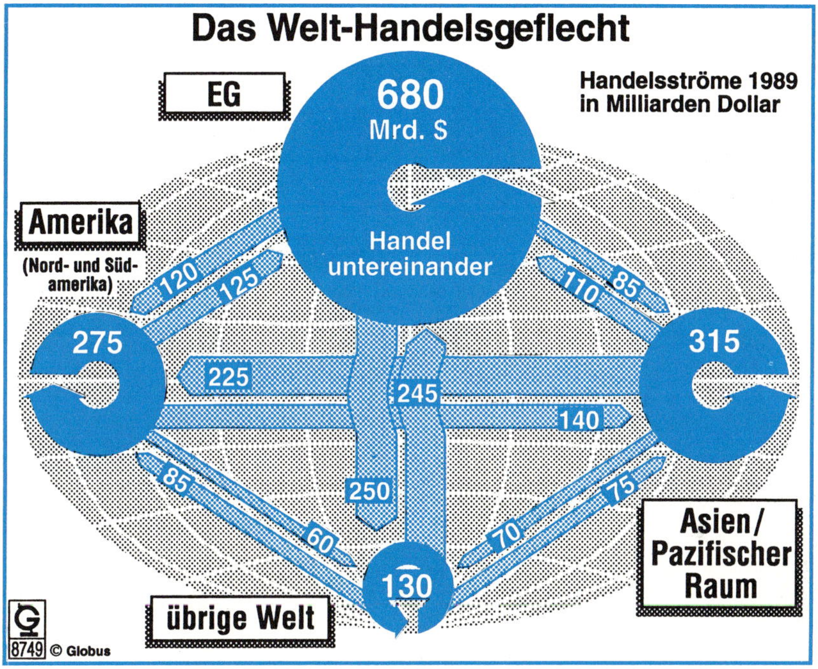

(siehe auch Abbildung auf S. 470!)

Folgendes kann **Ursache für die internationale Arbeitsteilung** sein:

1. Bestimmte Güter müssen vom Ausland bezogen werden, da sie *im Inland nicht oder mengenmäßig nicht ausreichend vorkommen,* z. B. Südfrüchte, Kautschuk, Erdöl, Kupfer;

2. Güter werden *im Ausland billiger produziert* und liegen einschließlich der Transportkosten und eventueller Zölle unter dem inländischen Preisniveau (bei gleicher Qualität), z. B. Photoapparate aus Japan, Wein aus Frankreich, Erdgas aus den GUS-Staaten oder aus Norwegen;

3. *Erhebliche Qualitätsunterschiede,* z. B. bei Maschinen und Fahrzeugen, die oft trotz vergleichsweise höherer Preise an erster Stelle des deutschen Exports stehen;

4. *Komparative (vergleichsweise) Kostenvorteile.*

Beispiel (angenommene Zahlen)

Güterart	Produktionseinheit	Arbeitskosten (Währungsunterschiede ausgeglichen)	
		USA	Bundesrepublik Deutschland
Weizen Autoreifen	1 1	5 Einheiten 8 Einheiten	12 Einheiten 9 Einheiten
insgesamt		13 Einheiten	21 Einheiten

Die Bundesrepublik Deutschland produzierte also im Gegensatz zu den USA sowohl Reifen wie Weizen teurer. Relativ aber, also vergleichsweise, ist die Reifenherstellung in der Bundesrepublik Deutschland billiger als in den USA (5 zu 8 Einheiten in den USA, aber 12 zu 9 Einheiten in der Bundesrepublik Deutschland).

Angenommen, die USA würden die Reifenproduktion einstellen und die Bundesrepublik Deutsch land auf den Weizenanbau verzichten und dafür das am relativ günstigsten herzustellende Gut produzieren, so ergäbe sich folgendes Bild:

Güterart	Produktionseinheit	Arbeitskosten (Währungsunterschiede ausgeglichen)	
		USA	Bundesrepublik Deutschland
Weizen Autoreifen	2 2	10 Einheiten keine Produktion	keine Produktion 18 Einheiten
insgesamt		10 Einheiten	18 Einheiten
Einsparung		13 – 10 = 3 rund 23 %	21 – 18 = 3 rund 14 %

Bei sonst ungehindertem Güteraustausch sparen beide Länder jeweils drei Einheiten an Arbeitskosten, die USA rund 23 %, die Bundesrepublik Deutschland rund 14 %.

Wesentliche Lerninhalte

- Die **Arbeitsteilung ergibt sich aus dem ökonomischen Prinzip.** Sie ermöglicht es dem einzelnen, sich seinen Neigungen und Fähigkeiten entsprechend an der Erzeugung und Verteilung von Gütern zu beteiligen.
- Durch die Arbeitsteilung wird das Arbeitsergebnis der Menge nach und in der Güte erheblich verbessert.
- Aus der **gesellschaftlichen Arbeitsteilung** entstanden die verschiedenen Berufe. Sie bewirkte eine Trennung von Produktion und Konsum.

- Durch die gesellschaftliche Arbeitsteilung ergibt sich die Notwendigkeit zum Austausch von Gütern.
- Eine weitere Verbesserung des Arbeitsergebnisses entsteht aus der **technischen Arbeitsteilung** in den Betrieben. Sie ermöglicht den wirkungsvollen Einsatz von Hilfsmitteln der Produktion, also von Kapitalgütern.
- Gesellschaftliche und technische Arbeitsteilung werden als **horizontale Arbeitsteilung** bezeichnet.
- **Arbeitsteilung, Tauschwirtschaft und der Einsatz von Kapitalgütern bilden die Merkmale einer modernen Volkswirtschaft.**
- Am Anfang des weitverzweigten Produktionsprozesses stehen die **Urproduktionsbetriebe.** Sie gewinnen die Stoffe und Kräfte der Natur aus dem Anbau oder Abbau des Bodens und der Nutzung seiner Energiequellen. Zu den Urproduktionsbetrieben gehören insbesondere die Land- und Forstwirtschaft, die Fischerei, der Bergbau, Wasserkraftwerke und die Erdölgewinnungsbetriebe.
- An die Urproduktionsbetriebe schließen sich die **Verarbeitungsbetriebe** in der Form von *Handwerksbetrieben* und *Industriebetrieben* an. Sie stellen Produktionsgüter oder Konsumgüter her.
- In dem komplizierten System von Güterströmen, die von der Natur hin zu den Haushalten fließen, sind mannigfaltige *Umgruppierungen der Güter* erforderlich. Diese Aufgaben übernimmt weitgehend der **Handel.**
- **Dienstleistungsbetriebe** im engeren Sinne sind z. B. die Verkehrsbetriebe, Makler, Anzeigenagenturen und Auskunfteien, vor allem aber auch die Banken und Versicherungen.
- In der modernen arbeitsteiligen Wirtschaft hat der einzelne Betrieb nur noch einen mehr oder minder großen Anteil an der Herstellung eines Gutes.
- Jeder Betrieb ist in ein Geflecht wirtschaftlicher Beziehungen eingebettet.
- Die **volkswirtschaftliche Arbeitsteilung** ergibt sich aus den Produktionsstufen. Sie wird auch **vertikale** Arbeitsteilung genannt.
- **Ursachen für die internationale Arbeitsteilung sind:**
  - mangelnde Rohstoffvorkommen im Inland
  - billigere oder qualitativ bessere Produktion im Ausland
  - komparative (vergleichsweise) Kostenvorteile

Aufgaben zur Sicherung des Lernerfolgs

1 Warum ist Arbeitsteilung in unserer Wirtschaft notwendig?

2 Was ist die Ursache für die produktionssteigernde Wirkung der Arbeitsteilung?

3 Weshalb bewirkt die Arbeitsteilung eine gegenseitige wirtschaftliche Abhängigkeit?

4 Warum schafft die Arbeitsteilung günstigere Voraussetzungen für die Verwendung von Maschinen und Werkzeugen?

5 Wo liegen die Grenzen der Arbeitsteilung? Welche Nachteile kann die Arbeitsteilung bringen?

6 Worin liegt die Ursache dafür, daß der einzelne Betrieb nur noch einen mehr oder minder großen Anteil an der Herstellung eines Gutes hat?

7 Nennen Sie 20 Verarbeitungsbetriebe Ihres Heimatbereichs und ordnen Sie diese nach Industrie- und Handwerksbetrieben!

8 Mit welchen Betrieben kann ein Lebensmitteleinzelhandelsbetrieb verflochten sein?

9 Weshalb wäre es falsch, die Produktion eines Gutes als einen Strang aufzufassen, der von der Natur zu den Haushalten führt?

10 a) Was versteht man unter horizontaler (waagrechter) und vertikaler (senkrechter) Arbeitsteilung?

b) Weshalb werden die Begriffe horizontal und vertikal für die Unterscheidung verwendet?

11 Welche Ursachen hat die internationale Arbeitsteilung?

12 Berechnen Sie die Einsparung bei folgenden komparativen Kosten:

Güterart	Produktionseinheit	Arbeitskosten (Währungsunterschiede ausgeglichen)	
		Land A	Land B
Wein	1	7	13
Tuch	1	9	10

1.7.5 Die Arbeitsteilung im Betrieb

1.7.5.1 Die Abteilungsbildung

Problem

In einem Ein-Mann-Betrieb muß sich der Inhaber um alles kümmern, was sein Geschäft betrifft. Wenn aber der Betrieb größer wird und mehrere Personen dort beschäftigt sind, muß festgelegt werden, welche Aufgaben der einzelne zu erfüllen hat, damit nicht ein völliges Durcheinander entsteht. Warum ist es zweckmäßig, zuvor zu untersuchen, welche Arbeiten regelmäßig im Betrieb vorkommen und wie sie zueinander in Beziehung stehen?

Sachdarstellung

Es entspricht dem ökonomischen Prinzip, eine Person oder eine Gruppe von Personen ständig mit bestimmten gleichartigen Aufgaben zu betrauen. Dabei muß beachtet werden, welche Anforderungen von den Aufgaben her an die betreffenden Personen gestellt werden müssen. Mit der *Zusammenfassung gleichartiger Aufgaben* ist der erste Schritt zur **Abteilungsbildung** getan. Wenn die Arbeiten der Abteilung zur Erledigung zugeteilt sind, muß die *Zuständigkeit* geregelt werden, d. h. es muß festgelegt werden, ob eine Person oder eine Personengruppe die Arbeit allein oder nur in Verbindung mit anderen ausführen darf, wer verantwortlich und wem gegebenenfalls *Rechenschaft* abzulegen ist. Schließlich müssen noch die *Beziehungen zu anderen Abteilungen und zur Geschäftsleitung* sowie der *Informationsfluß* im einzelnen geregelt werden.

Die Gliederung des Betriebes in Abteilungen ist vor allem von dem Betriebszweck und der Betriebsgröße abhängig. Allgemein können **Grundaufgaben, Verwaltungsaufgaben** und **Leitungsaufgaben** unterschieden werden, wobei in Großbetrieben zur Unterstützung der Geschäftsleitung **Stabsstellen** eingerichtet werden, die jedoch keine Anordnungen treffen können.

In einem Industriebetrieb z. B. können wir — vereinfacht dargestellt — folgende Gliederung vorfinden:

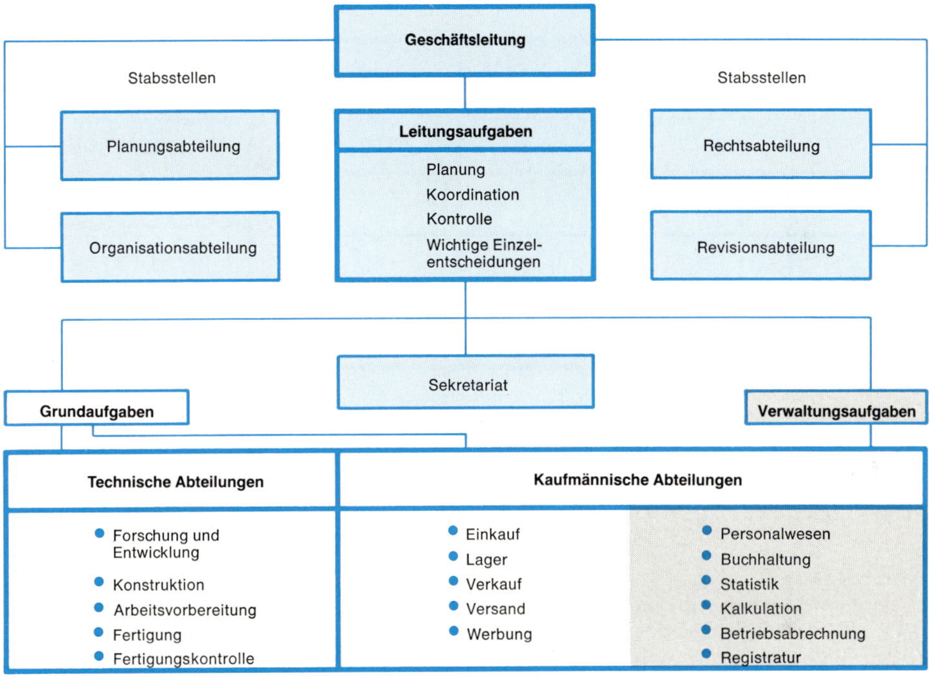

1.7.5.2 Die Arbeitszerlegung

Mit der Zusammenfassung gleichartiger Aufgaben in einer Abteilung sind die Möglichkeiten der Arbeitsteilung im Betrieb noch lange nicht erschöpft.

Wenn in der Fertigungsabteilung einer Nadelfabrik 10 Arbeiter in der Weise beschäftigt würden, daß jeder auf sich allein gestellt Stecknadeln herstellt, könnten höchstens einige hundert — vermutlich geringwertige — Nadeln je Tag erzeugt werden. Wird dagegen der Produktionsvorgang in mehrere einfache, unselbständige Handlungen zerlegt, also in Drahtziehen, Strecken, Schneiden, Zuspitzen, Schleifen, Anfertigen des Kopfes, Glühen und Verpacken, und übernimmt jeder Arbeiter nur eine oder zwei dieser Arbeiten, können dieselben Arbeiter vielleicht fünfzigtausend hochwertige Nadeln oder mehr erzeugen.

Die Aufteilung des betrieblichen Produktionsprozesses in einzelne **Arbeitsverrichtungen,** die entweder *nacheinander* oder, soweit erforderlich, teilweise auch *nebeneinander* ausgeführt werden, steigert den Erfolg der Arbeit um ein Vielfaches.

Diese **Arbeitszerlegung** ermöglicht den wirkungsvollen Einsatz von Maschinen und Werkzeugen, vermeidet Leerlauf bzw. Stauungen im Betrieb, verkürzt die Transportwege für das Material, verringert die Einarbeitungszeiten und gestattet die Beschäftigung angelernter Arbeitskräfte. Die Qualität der Erzeugnisse wird verbessert, der Ausschuß verringert.

Arbeitszerlegung

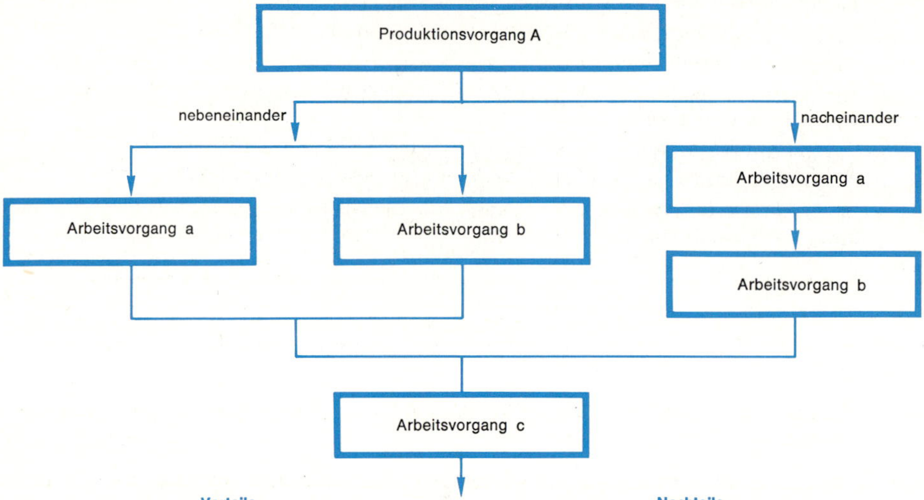

Vorteile

- Wirkungsvoller Maschineneinsatz
- Vermeidung von Leerlauf
- Verkürzung der Transportwege
- Verkürzung der Einarbeitungszeit
- Beschäftigung angelernter Kräfte
- Verbesserung der Qualität
- Verringerung des Ausschusses

Nachteile

- Einseitige Belastung
- Abstumpfung
- Rasche Ermüdung
- Körperliche und seelische Schäden
- Umstellungsschwierigkeiten

Eine übertriebene Arbeitszerlegung führt allerdings wegen der Gleichförmigkeit der Arbeit leicht zur Abstumpfung der Menschen. Der einzelne kann den Sinn seines Tuns nicht mehr erkennen; er verrichtet seine Arbeit mehr oder weniger gleichgültig; ihn interessiert an seiner Tätigkeit nur noch die Höhe der Entlohnung. Eine einseitige Arbeit bewirkt eine rasche Ermüdung, Unlustgefühle treten auf. Bei solchen Verrichtungen können sich auf die Dauer schwere körperliche und seelische Schäden einstellen. Hinzu kommt, daß mit zunehmendem Alter eine Umstellung auf andere Tätigkeiten häufig nicht mehr gelingt; der Wille zur beruflichen Fortbildung erlahmt. Den Veränderungen in der Wirtschaft und Technik stehen diese Menschen dann hilflos gegenüber. Diese Probleme sind bis heute noch nicht befriedigend gelöst worden.

Die Entwicklung der Arbeitszerlegung wurde vor allem durch den amerikanischen Ingenieur Frederick Winslow Taylor (1856—1915), den „Automobilkönig" Henry Ford (1863—1947) sowie durch den 1924 errichteten deutschen „Reichsausschuß für Arbeitszeitermittlung" (REFA), jetzt „Verband für Arbeitsstudien REFA e. V.", gefördert.

Wesentliche Lerninhalte

- Sind mehrere Personen in einem Betrieb beschäftigt, muß festgelegt werden, welche *Aufgaben der einzelne* zu erfüllen hat.
- Es entspricht dem ökonomischen Prinzip, eine Person oder eine Gruppe von Personen ständig mit bestimmten *gleichartigen Aufgaben* zu betrauen.
- Die organisatorische Zusammenfassung gleichartiger Aufgaben führt zur Bildung von *Abteilungen.*
- Eine wirkungsvolle Arbeit in den Abteilungen ist jedoch nur möglich, wenn die *Zuständigkeit* geregelt ist.
- Aus der Zuständigkeit ergibt sich die Pflicht, *Rechenschaft abzulegen* und *Verantwortung zu übernehmen.*
- Die Beziehungen der Abteilungen untereinander sowie zur Geschäftsleitung müssen ebenfalls geregelt werden.
- Bei der **Arbeitszerlegung** handelt es sich um die Aufteilung eines einheitlichen Produktionsvorganges im Betrieb in mehrere einfache, unselbständige Arbeiten.
- die Arbeitszerlegung bewirkt (nebeneinander und/oder nacheinander) eine erhebliche Steigerung des Arbeitserfolges, also der Produktivität oder des betrieblichen Ergebnisses.

Aufgaben zur Sicherung des Lernerfolgs

1 In welche (Haupt-)Abteilungen ist Ihr Ausbildungsbetrieb gegliedert? Fertigen Sie eine Skizze an!

2 Welcher Zusammenhang besteht zwischen den Aufgaben des Betriebes und seiner Gliederung in Abteilungen?

3 Weshalb kann kein allgemeingültiges Schema für die Abteilungsbildung in den Betrieben aufgestellt werden?

4 Welche Aufgaben sind der Geschäftsleitung vorbehalten?

5 Nennen Sie Beispiele für a) gleichartige, b) nicht gleichartige Arbeitsverrichtungen, die in einem Betrieb a) nebeneinander, b) nacheinander ausgeführt werden müssen! (Zeichnen Sie ein Schema in Ihr Arbeitsheft!)

6 Bei welchem Fertigungsprinzip werden Arbeiten in technisch idealer Weise nacheinander miteinander verbunden?

7 Wodurch können nach Ihrer Meinung die schädlichen Folgen der Arbeitszerlegung vermindert werden?

8

> Auf 182 000 DM belief sich 1986 der Neuwert der in einen Arbeitsplatz investierten Anlagen, wie Gebäude, Maschinen, Fahrzeuge und Geschäftsausstattung, im Durchschnitt aller Wirtschaftsbereiche. In diesem Betrag sind Lohnkosten also nicht enthalten. Die Kosten für die Ausstattung eines Arbeitsplatzes mit Produktionsanlagen lagen damit fast neunmal so hoch wie 1960. Damals waren für die Ausstattung eines Arbeitsplatzes mit Produktionsanlagen durchschnittlich rund 21 000 DM anzusetzen. Berücksichtigt man, daß in diesen 26 Jahren die Preise der Anlagegüter um 175 Prozent gestiegen sind, so haben sich die realen Kosten eines Arbeitsplatzes im Schnitt mehr als verdreifacht. (Quelle: Statistisches Bundesamt)

a) Weshalb sind seit 1960 die Preise um 175 % gestiegen?

b) Erklären Sie diese Aussage, daß die realen Kosten eines Arbeitsplatzes sich durchschnittlich mehr als verdreifacht haben?

c) Welche volkswirtschaftlichen Auswirkungen hat diese Entwicklung?

2 Rechtliche Rahmenbedingungen

2.1 Einteilung des Rechts

Problem

1 Der Graphiker Holzmann hat seine Kunst so verfeinert, daß er 100 DM-Scheine täuschend ähnlich nachdrucken kann. Er wird erwischt und zu einer Freiheitstrafe von 5 Jahren verurteilt.

Strafgesetzbuch § 146
↑
Hier will die Rechtsordnung die Interessen des Staates schützen.

2 Fräulein Humboldt und Herr Müller erklären bei der Eheschließung gegenüber dem Standesbeamten, daß sie beide künftig Humboldt heißen wollen.

Bürgerliches Gesetzbuch § 1355
↑
Hier ermöglicht es die Rechtsordnung, die Interessen des einzelnen zu verwirklichen.

3 In der Textilwaren-GmbH erhalten die Betriebsangehörigen auf freiwilliger Basis, ohne daß es vertraglich vereinbart ist, seit 8 Jahren ein Weihnachtsgeld in Höhe eines halben Monatsgehalts. Wegen schlechter finanzieller Lage der Unternehmung soll in diesem Jahr nichts bezahlt werden. Die Arbeitnehmer wehren sich und pochen auf ihre Weihnachtsgratifikation, sie sei inzwischen „Gewohnheitsrecht" und müsse bezahlt werden. Was meinen Sie dazu?

Sachdarstellung

Ohne eine *Rechtsordnung* ist ein sicheres, friedliches Zusammenleben der Menschen nicht möglich. Dies gilt für das Zusammenleben der einzelnen untereinander, wie auch für das Verhältnis des einzelnen zur Gesellschaft, d. h. des Bürgers zum Staat.

Das *Recht* soll dabei auf den allgemein gültigen *Sitten- und Moralgesetzen* beruhen. Die für den jeweiligen Staat geltenden *Rechtsvorschriften – Rechtsnormen* – werden vom Gesetzgeber, z. B. Bundestag, in Form von Gesetzen festgelegt.

Diese *Gesetze* unterliegen dem *ständigen Wandel,* da sie sich stets den Erfordernissen der Gegenwart anpassen müssen, z. B. Herabsetzung der Volljährigkeit, Reform des Ehe- und Familienrechts, Gleichberechtigung von Mann und Frau.

Vielfach müssen völlig *neue Gesetze* geschaffen werden, wie z. B. das Berufsbildungsgesetz (1969), das Ausbildungsplatzförderungsgesetz (1976), das Mitbestimmungsgesetz (1976), das Bundesdatenschutzgesetz (1977), das Energieeinsparungsgesetz (1976), das Arbeitnehmerüberlassungsgesetz (1985), das Bundeserziehungsgeldgesetz (1985, Neufassung 1994), das Altersteilzeitgesetz (1988), das Produkthaftungsgesetz (1989), das Verbraucherkreditgesetz (1990), die Insolvenzordnung (1994[1]), das Pflegeversicherungsgesetz (1994).

Da der Wandel der Gesellschaftsordnung aber immer erst abgewartet werden muß, bis er klar erkennbar ist, hinkt die Rechtsordnung oft den tatsächlichen Verhältnissen nach. Recht und Gerechtigkeit stehen daher in einem Spannungsverhältnis, wie beim Ehescheidungsrecht oder dem § 218 des Strafgesetzbuches (Abtreibung).

[1] In Kraft ab 1. Januar 1999.

2.1.1 Privates und öffentliches Recht

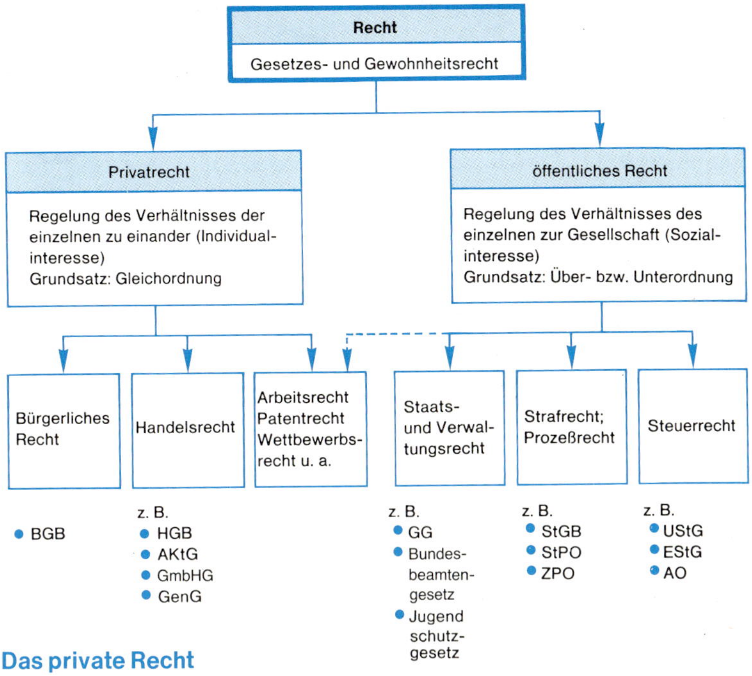

2.1.1.1 Das private Recht

Das **Privatrecht** *(Zivilrecht)* regelt die rechtlichen Beziehungen von untereinander **gleichgeordneten Personen.** Das Privatrecht ist vielfach *„nachgiebiges"*, *änderbares* Recht, d. h. es kann durch vertragliche Vereinbarungen geändert werden. So kann z. B. die Gewinnverteilung bei der OHG in einem Gesellschaftsvertrag vom Gesetz abweichend festgelegt werden (vgl. HGB §§ 109, 121!). Zwingende, also nicht änderbare Rechtsvorschriften im Privatrecht sind z. B. die Bestimmungen über Formvorschriften, Nichtigkeit, Anfechtung, Testamentsformen, Firma, Prokura.

Privatrechtliche Ansprüche richten sich im allgemeinen auf *Vertragserfüllung, Unterlassung* und *Schadenersatz*, jedoch *nicht* auf *Strafen*. Es kann deshalb z. B. keine Strafe verlangt werden, wenn der Mieter die Miete nicht bezahlt oder der Lieferer nicht liefert.

Der Staat darf nur eingreifen, wenn durch die privaten Handlungen oder Unterlassungen gleichzeitig öffentlich-rechtliche Belange berührt werden, z. B. bei Körperverletzung, Betrug.

Die wichtigsten Teile des Privatrechts sind das **Bürgerliche Recht** und das **Handelsrecht.**

- Das bürgerliche Recht ist im **Bürgerlichen Gesetzbuch (BGB)** geregelt.

Es umfaßt:

BGB (5 Bücher)				
Erstes Buch **Allgemeiner Teil** §§ 1 – 240	Zweites Buch **Recht der Schuldverhältnisse** §§ 241 – 853	Drittes Buch **Sachenrecht** §§ 854 – 1296	Viertes Buch **Familienrecht** §§ 1297 – 1921	Fünftes Buch **Erbrecht** §§ 1922 – 2385

- Der **allgemeine Teil** enthält grundlegende Vorschriften über das gesamte bürgerliche Recht, z. B. Rechts- und Geschäftsfähigkeit, Willenserklärung und Vertrag, Verjährung.
- Im **Recht der Schuldverhältnisse** werden u. a. die rechtlichen Beziehungen zwischen den Vertragspartnern, Vertragsstörungen und einzelne Schuldverhältnisse geregelt, wie Kauf, Tausch, Schenkung, Miete usw.
- Das **Sachenrecht** befaßt sich mit Besitz und Eigentum an beweglichen und unbeweglichen Sachen.
- Das **Familienrecht** umfaßt die Vorschriften über das Verlöbnis, das eheliche Güterrecht, die Ehescheidung, über die Verwandtschaft und die Vormundschaft.
- Im **Erbrecht** sind insbesondere die Erbfolge, rechtliche Stellung des Erben und Erbvertrag behandelt.

Das *Handelsrecht* ist im **Handelsgesetzbuch (HGB)** und in zusätzlichen *Nebengesetzen,* wie Aktiengesetz (AktG), Gesetz betreffend die Gesellschaften mit beschränkter Haftung (GmbHG), Gesetz betreffend die Erwerbs- und Wirtschaftsgenossenschaften (GenG) festgelegt.

Als *besonderes Recht* der Kaufleute gehen die Vorschriften des Handelsrechts *dem allgemeinen Recht* des BGB stets *vor.*

Beispiele:

Nach HGB § 350 verbürgt sich ein Kaufmann mündlich (vgl. BGB § 766!); eine Vertragsstrafe nach HGB § 348 ist vom Kaufmann in voller Höhe zu bezahlen (vgl. BGB § 343!).

2.1.1.2 Das öffentliche Recht

Das **öffentliche Recht** regelt die Rechtsbeziehungen des **einzelnen zur Gesellschaft.** Der einzelne ist **untergeordnet.**

Das öffentliche Recht ist im allgemeinen *„zwingendes", unabänderliches* Recht. Es kann nicht durch private Vereinbarungen geändert werden, z. B. Strafrecht, Steuerrecht. Die öffentliche Gewalt, z. B. die Polizei, achtet darauf, daß die gesetzlichen Vorschriften eingehalten werden. Durch **Gebote,** z. B. Rechtsfahrgebot, und **Verbote,** z. B. Fahrerflucht, wird ein bestimmtes menschliches Verhalten erwartet und verlangt. Bei Verstößen sorgt die *Rechtsprechung* dafür, daß die Straftat verfolgt wird, um die Ordnung in der Gesellschaft zu erhalten (Mord, Raub, Totschlag, Diebstahl, Betrug, Körperverletzung, Sittlichkeitsverbrechen). Es gibt aber auch Verstöße gegen die Rechtsordnung, die nur dann verfolgt werden, wenn der Geschädigte es verlangt (Beleidigung, Verleumdung, Hausfriedensbruch).

Gegen **rechtswidrige** Entscheidungen und Maßnahmen des Staates, der Länder, Kreise oder Gemeinden kann sich der Bürger wehren, indem er das *Verwaltungsgericht* anruft.

Im *internationalen Verkehr* wird das öffentliche Recht als Völkerrecht zwischenstaatlich *gleichberechtigt* angewandt.

Bestimmte Rechtsgebiete, z. B. das Arbeitsrecht, umfassen sowohl Inhalte des privaten wie auch des öffentlichen Rechts. In vielen Fällen greifen öffentliches und privates Recht bei demselben Tatbestand ineinander: bei einem Autounfall wird der Schuldige nach *öffentlichem Recht* – Strafgesetzbuch – bestraft *(Strafprozeß)* und muß nach dem *Privatrecht* – BGB – Schadenersatz leisten *(Zivilprozeß).*

2.1.1.3 Das Verhältnis des privaten zum öffentlichen Recht

Je *liberaler* ein *Staat* ist, desto geringer ist die staatliche Einflußnahme auf die Rechtsbeziehungen der Bürger untereinander. Die rechtliche Gestaltungsfreiheit von Verträgen geht sehr weit, selbst wenn es zu sozialen Ungerechtigkeiten kommt; z. B. Arbeitsverträge mit Kindern, kein Schutz vor Entlassung.

Im *sozialen Rechtsstaat* wird insbesondere auf dem Gebiet der sozialen Gesetzgebung die Freiheit des Liberalismus eingeschränkt. Das öffentliche Recht tritt stärker in den Vordergrund.

Im *totalitären Staat,* z. B. im Sozialismus östlicher Prägung, wird die Gestaltung der individuellen Rechtsbeziehungen in vielen Fällen stark behindert, wenn nicht sogar unmöglich gemacht, z. B. Verbot von Eigentumserwerb an Industrieunternehmungen – da diese Unternehmen etwa „volkseigen" sind – , u. U. Einschränkung der Vererbungsmöglichkeit von Vermögen, Beschränkung der Freizügigkeit, Zuteilung von Waren (z. B. Wartelisten für Autos).

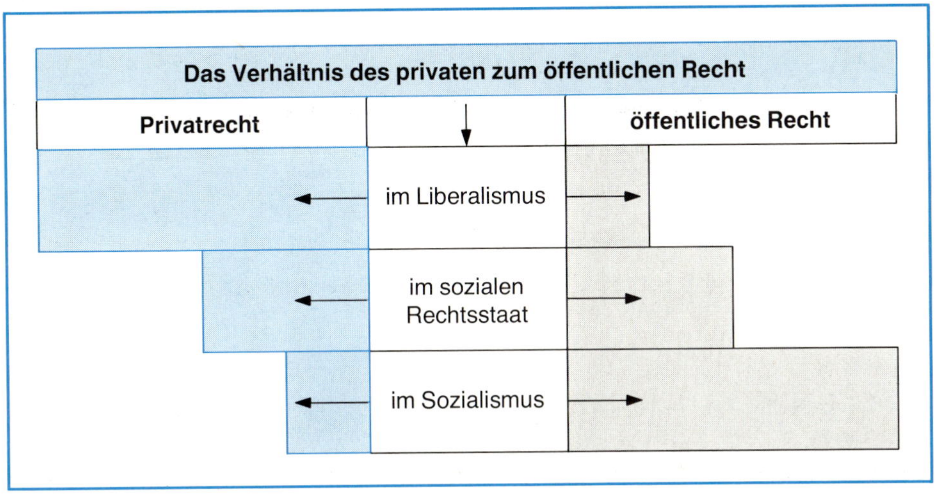

2.1.2 Objektives und subjektives Recht

2.1.2.1 Das objektive Recht

Das **objektive Recht** ist in der **Rechtsordnung** eines Staates festgelegt. Es umfaßt die **Gesetze** und **Verordnungen** der verschiedenen Rechtsgebiete, z. B. Steuerrecht (wie Einkommensteuer-, Vermögensteuer-, Umsatzsteuergesetz, Abgabenordnung u. a.), Arbeitsrecht (wie Kündigungsschutzgesetz, Jugendarbeitsschutzgesetz, Tarifvertragsgesetz u. a.). Sozialrecht (wie Sozialgesetzbuch, Reichsversicherungsordnung, Bundeskindergeldgesetz u. a.).

Die einzelnen **Rechtsvorschriften (Rechtsnormen)** haben als Voraussetzung einen *Tatbestand,* an welchen sich eine *Rechtsfolge* anschließt, sobald der Tatbestand erfüllt ist.

Beispiel
Tatbestand: Verkauf von Waren, Rechtsfolge: u. a. Umsatzsteuerschuld;
Tatbestand: Diebstahl eines Autos, Rechtsfolge: Verurteilung wegen Diebstahls;
Tatbestand: geringes Einkommen, Rechtsfolge: auf Antrag erfolgt Zahlung von Wohngeld.

2.1.2.2 Das subjektive Recht

Der **einzelne** erhält durch die Rechtsordnung **persönliche (subjektive) Rechte** und Machtbefugnisse, seine *Ansprüche* und *Interessen* im Rahmen der Gesetze *durchzusetzen, zu befriedigen* oder auch *zu verteidigen.* Der Staat wird dabei nicht tätig, sondern überläßt die Initiative dem einzelnen, z. B. beim Abschluß eines Kaufvertrages können Käufer und Verkäufer – im Rahmen der geltenden Gesetze – Liefer- und Zahlungsbedingungen usw. festlegen; der Eigentümer eines Hauses kann dieses je nach seinem Interesse vermieten, verkaufen oder beleihen lassen; beim Zahlungsverzug kann der Gläubiger einen Mahnbescheid beantragen oder Klage erheben.

2.1.3 Die Rechtsquellen

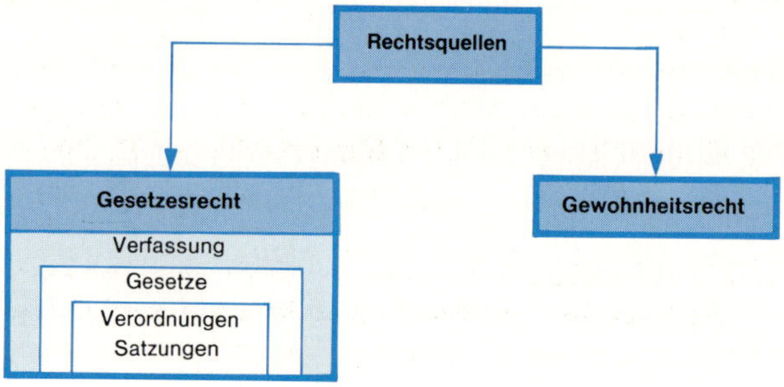

2.1.3.1 Das Gesetzesrecht

Gesetze

Das **Gesetzesrecht** – *geschriebenes (kodifiziertes*[1]*) Recht* – ist die Grundlage der Rechtsordnung eines Staates.

Um alle Rechtsbeziehungen zu regeln, wurden in der Bundesrepublik Deutschland seit deren Bestehen Tausende von Gesetzen von Bundestag und Bundesrat beschlossen und im *Bundesgesetzblatt* verkündet. Bestehende Gesetze – z. B. BGB, HGB – wurden ggf. geändert und neuen Rechtssituationen angepaßt. Ebenso wurden Tausende von Ländergesetzen erlassen.

Es ist die Aufgabe des Gesetzgebers, bestehende *Gesetzeslücken* zu *füllen.* Die *Gesetze* stehen *im Rang unter der Verfassung* **(Grundgesetz – GG –)** und dürfen dieser nicht widersprechen. Ländergesetze dürfen keine den Bundesgesetzen widersprechende Bestimmungen enthalten. Ist dies trotzdem der Fall, so gilt das Bundesgesetz; vgl. GG Art. 31 **„Bundesrecht bricht Landesrecht".**

Rechtsverordnung

Die **Rechtsverordnung** steht *im Rang unter dem Gesetz.* Inhalt, Zweck und Ausmaß der Rechtsverordnung muß in einem Gesetz geregelt sein (GG Art. 80). Sie gilt für eine **unbestimmte Zahl von Personen** und eine **unbestimmte Zahl von Fällen,** z. B. Gewerbesteuerdurchführungsverordnung, Lohnsteuerdurchführungsverordnung, Autobahn-Richtgeschwindigkeitsverordnung, Durchführungsverordnung zum Vereinsgesetz. Rechtsverordnungen werden im *Bundesgesetzblatt* bzw. in den Gesetzblättern der Länder veröffentlicht.

[1] Kodex, lat. = Schreibtafel, Gesetzbuch

Satzung

Satzungen sind ebenfalls *gesetztes Recht,* das sich der jeweilige *Verband* (Gesangverein, Arbeitgeberverband, Gemeinde, Aktiengesellschaft usw.) selbst geben kann. Diese Satzungen werden auf ihre Gesetzmäßigkeit überprüft; z. B. Landkreissatzung durch das Regierungspräsidium bzw. die Bezirksregierung, Vereinssatzung durch das Registergericht.

Satzungen gelten für einen **bestimmten Personenkreis** und sind für diesen bindend, z. B. Vereinsmitglieder.

2.1.3.2 Das Gewohnheitsrecht

Das **Gewohnheitsrecht** – *nicht geschriebenes Recht* – ist *geltendes Recht,* obwohl es nicht Gesetzesrecht ist. *Gewohnheitsrecht* und *Gesetzesrecht* haben *denselben Rang.*
Das Gewohnheitsrecht entsteht durch *langdauernde,* nach allgemeiner Überzeugung *richtige Anwendung bestimmter Regeln;* z. B. durch mehrjährige, nicht durch Vorbehalte eingeschränkte Zahlung von Weihnachtsgeld entsteht ein Gewohnheitsrecht darauf; langjähriges Dulden einer nichtöffentlichen Zufahrt auf ein fremdes Grundstück kann ein Gewohnheitsrecht (Wegerecht) begründen.

Rechtsprobleme, die bei der Abfassung eines Gesetzes noch nicht erkennbar waren, werden durch die fortwährende *Rechtsprechung* zum *Gewohnheitsrecht.* Typisches Beispiel hierfür ist die in keinem Gesetz geregelte, im Geschäftsleben jedoch übliche Sicherungsübereignung.

Wesentliche Lerninhalte

- Das **Privatrecht** regelt die Rechtsbeziehungen Gleichgeordneter; meist *nachgiebiges* Recht.
- Das **öffentliche Recht** regelt die Rechtsbeziehungen des einzelnen zur Gesellschaft nach dem Grundsatz der Über- und Unterordnung; i. a. *zwingendes* Recht.
- Durch **Gebote** und **Verbote** wird das äußere menschliche Zusammenleben gesteuert.
- Das spezielle (Handels-) Recht ist stärker als das allgemeine (bürgerliche) Recht.
- **Subjektives Recht** wird dem einzelnen zur Durchsetzung oder Vertretung seiner Ansprüche vom **objektiven Recht**, der Rechtsordnung, eingeräumt und garantiert.
- Rechtsquellen: **Gesetzesrecht** – **Gewohnheitsrecht**
  - → Verfassung
  - → Gesetze
  - → Verordnungen
  - → Satzungen

Aufgaben zur Sicherung des Lernerfolgs

1 Was bedeutet „Bundesrecht bricht Landesrecht"?

2 a) Erklären Sie, was man unter nachgiebigem Recht versteht!

b) Welches Rechtsgebiet umfaßt das nachgiebige Recht?

3 Worin unterscheidet sich eine Rechtsverordnung von einer Satzung im Hinblick auf den Personenkreis?

4 Nennen Sie Vertragsarten, welche im 2. Buch des BGB geregelt sind! Schlagen Sie in Ihrer Gesetzessammlung nach!

5 Nennen Sie je 3 Beispiele für (im Lehrbuch noch nicht genannte) Gesetze, Rechtsverordnungen, Satzungen!

6 Geben Sie an, ob die unten aufgeführten Fälle Gesetze des privaten oder öffentlichen Rechts betreffen und begründen Sie Ihre Meinung!

a) Herr Schulze schenkt seinem Freund zum 50. Geburtstag 10 Flaschen Wein.

b) Herr Mayer pachtet von der Gemeinde Bogenheim ein Obstgrundstück.

c) Das Finanzamt Ravenshausen verlangt vom Fabrikanten Müller eine Einkommensteuervorauszahlung.

d) Frau Groß fährt mit ihrem BMW an dem vom Fahrrad gestürzten am Boden liegenden Schüler Karl vorbei.

e) Der Schüler Fritz weigert sich, im Omnibus seinen Platz für Herrn Schrade freizumachen.

f) Herr Vetter und Herr Sommer ziehen nach Mitternacht gröhlend durch die Stadt.

7 Was versteht man unter Gewohnheitsrecht?

8 Nennen Sie Beispiele für Verbote und Gebote aus der Straßenverkehrsordnung!

2.2 Überblick über ausgewählte Rechtsbegriffe

2.2.1 Rechtssubjekte und Rechtsobjekte

Problem

Die Witwe Müller hat keine Verwandten mehr und schreibt in ihr Testament, daß Erbe ihres Vermögens ihre beiden Hunde ‚Hektor' und ‚Bella' sein sollen. Können die Hunde erben?

Marion erzählt ihrer Freundin Gabriele: „Meine Eltern besitzen in der Schweiz eine Ferienwohnung. Zur Zeit macht ein Geschäftskollege meines Vaters dort Urlaub." Gabriele meint: „Das stimmt aber nicht. Deine Eltern besitzen die Wohnung gegenwärtig nicht!" Hat sie recht?

Die Auszubildenden Hubert und Franz haben festgestellt, daß ihrem Ausbildungsbetrieb, der Elektrogroßhandlung Vogel & Co., Heizlüfter mit dem Zusatz geliefert wurden: „Die Ware bleibt bis zur vollständigen Bezahlung unser Eigentum." Hubert meint: „Wenn die Heizlüfter also dem Lieferer noch gehören, dürfen wir sie nicht weiterverkaufen." Franz dagegen ist der Ansicht: „Wenn das so wäre, hätte doch die Lieferung für uns gar keinen Sinn!" Wer hat recht?

Sachdarstellung

2.2.1.1 Die Rechtssubjekte

Jedes in der Rechtsordnung verankerte Recht und auch jede dort festgelegte Pflicht setzt einen Träger voraus. Dieser **Träger von Rechten und Pflichten ist immer eine Person**[1].

Wir unterscheiden dabei zwei Arten von Personen:

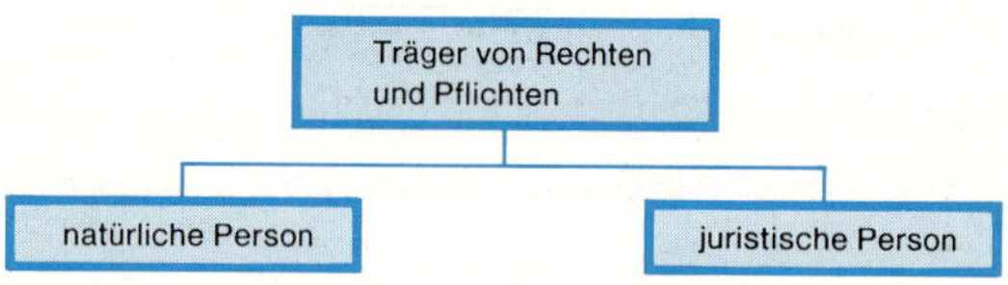

[1] Siehe auch S. 53!

Natürliche Personen

Jeder lebende Mensch ist eine **natürliche Person** *(Rechtssubjekt)*, gleichgültig ob alt oder jung, intelligent oder dumm, gesund oder krank.

Tiere sind keine Personen (siehe S. 50!).

Juristische Person

Eine **juristische Person** ist *keine natürliche Person*, sondern eine **Personenvereinigung** (von natürlichen Personen) oder eine **Vermögensmasse** *(Rechtssubjekt)*, BGB §§ 21 ff.

Es kann unterschieden werden:

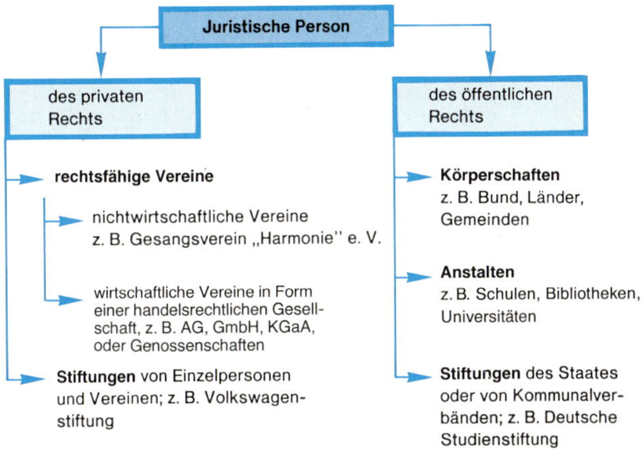

Jede juristische Person kann – vertreten durch eine natürliche Person – *klagen und verklagt werden.*

Beispiel:

Die Eisenhütten-AG kommt ihrer Streupflicht bei Glatteis nicht nach. Herr Mauser fällt und bricht sich das Bein. Er kann seine Ansprüche gegen die Eisenhütten-AG, nicht aber gegen ein Vorstandsmitglied direkt geltend machen.

2.2.1.2 Die Rechtsobjekte

Den *Rechtssubjekten* (natürlichen und juristischen Personen) dienen die **Rechtsobjekte**. Das sind **Gegenstände** im rechtlichen Sinne. Rechtsobjekte können wie folgt unterschieden werden:

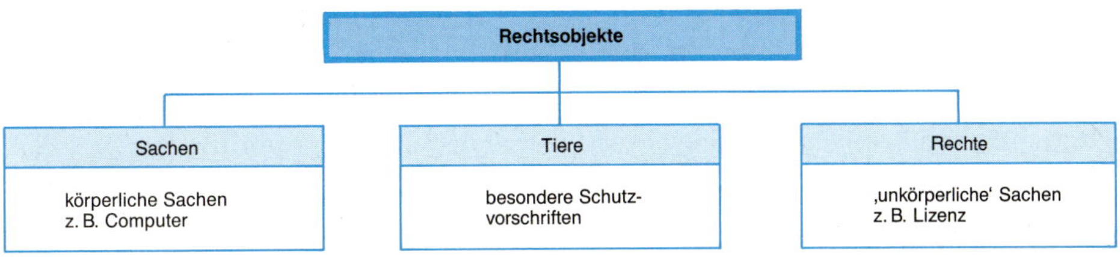

Sachen

Sachen sind nur **körperliche Gegenstände** *(Rechtsobjekt)*, BGB § 90.

Sie können *fest, flüssig* oder *gasförmig* sein. Flüssigkeiten oder Gase gelten jedoch nur dann als Sache, wenn sie in einem entsprechenden Behälter sind; z. B. das Propangas in der Camping-Flasche ist eine Sache, nicht dagegen die freie Luft.

Sachen können u. a. wie folgt unterschieden werden:

nach der Beweglichkeit	**bewegliche Sachen** **Mobilien,** alle Sachen außer Grundstücke	**unbewegliche Sachen** **Immobilien,** Grundstücke
nach der Vertretbarkeit	**vertretbare Sachen, Gattungssachen,** ersetzbar durch andere nach *Maß, Gewicht* und *Zahl* bestimmbare Sachen, z. B. alle mehrfach gefertigten Gegenstände, wie Bücher, Möbel, Konserven	**nichtvertretbare Sachen, Speziessachen;** z. B. Modellkleid, Originalgemälde, Formel-1-Rennwagen

Tiere

Tiere sind keine Sachen. Sie werden durch besondere Gesetze geschützt, z. B. Tierschutzgesetz. Auf sie sind die für die *Sachen geltenden Vorschriften entsprechend* anzuwenden, soweit nicht etwas anderes bestimmt ist (BGB § 90 a).

Rechte

Rechte sind **unkörperlich** *(Rechtsobjekt)*, z. B. Forderungen, Patente, Lizenzen, Bezugsrechte, Pfandrechte.

2.2.2 Besitz und Eigentum

Im täglichen Leben wird zwischen *Besitz* und *Eigentum* oft nicht genau unterschieden. Marions Eltern sind zwar Eigentümer, können aber während des Aufenthalts des Geschäftskollegen nicht Besitzer sein; dieser ist andererseits Besitzer, ohne Eigentümer zu sein.

Ein anderes Beispiel macht dies deutlich:

Der Büromaschinengroßhändler Wolf stellt der Maschinenfabrik Klein & Co. einen Farbkopierer zum Ausprobieren zur Verfügung.

Klein u. Co. sind **Besitzer,** solange sie den Apparat ausprobieren, sie also die **tatsächliche Herrschaft** ausüben können. Wolf bleibt **Eigentümer;** er kann **rechtlich** verfügen, z. B. durch Kaufvertrag. Geben Klein & Co. den Farbkopierer zurück, wird Wolf gleichzeitig auch wieder Besitzer (BGB § 854). Besitz und Eigentum können demnach sowohl getrennt als auch vereinigt sein.

Die Herrschaft über eine Sache ist möglich durch:

Eigentum: rechtliche Herrschaft über eine Sache; z. B. Vermieter eines Autos. Der Eigentümer einer Sache kann im Rahmen der Gesetze mit ihr nach Belieben verfahren und andere von jeder Einwirkung ausschließen. BGB § 903	**Alleineigentum:** Eigentümer ist *eine* Person	**Gemeinsames Eigentum:** a) *Miteigentum nach Bruchteilen,* jedem gehört ein frei verfügbarer Anteil; Recht, jederzeit Teilung zu verlangen; Verwaltung gemeinsam BGB § 1008 ff., z. B. Sammelverwahrung von Wertpapieren b) *Eigentum zur gesamten Hand,* allen gehört alles. Die Gesellschafter können nur gemeinsam über die Anteile verfügen; BGB § 718 ff., z. B. Einlagen der OHG-Gesellschafter
Besitz: tatsächliche Herrschaft über eine Sache; z. B. Mieter eines Autos BGB § 854	**Alleinbesitz**	**Mitbesitz** BGB § 866
	mittelbarer – unmittelbarer Besitz BGB §§ 854, 868	

Eigentum und Besitz werden übertragen durch:

Eigentum	Einigung und Übergabe von beweglichen Sachen	BGB § 929
	Auflassung und Eintragung im Grundbuch von unbeweglichen Sachen	BGB §§ 873, 925
Besitz	Übergabe von beweglichen Sachen	BGB § 854
	Gebrauchsüberlassung von unbeweglichen Sachen	BGB § 854

Gutgläubiger Erwerb. Verkauft jemand eine Sache, ohne Eigentümer zu sein, so erwirbt der Käufer trotzdem das Eigentum, wenn er annehmen konnte, der Verkäufer sei Eigentümer (BGB § 932).

Kein Eigentum erwirbt der Käufer bei *gestohlenen* oder *verlorengegangenen* Sachen. Dies gilt nicht für Geld oder Inhaberpapiere sowie für Sachen, welche bei einer öffentlichen Versteigerung erworben wurden (BGB § 935).

Wirtschaftliche Bedeutung des Eigentums. Die Möglichkeit der freien Entfaltung der Persönlichkeit verbunden mit dem Streben nach Eigentum ist ein Element der freien Marktwirtschaft. Dieses Streben ist in allen Bevölkerungsschichten anzutreffen, da Eigentum mit als wesentliches Merkmal der gesellschaftlichen Stellung angesehen wird. Durch Umverteilung der Gewinne wird eine gerechtere Eigentumsbildung angestrebt.

Eigentumsbildung durch Sparen, d. h. durch Konsumverzicht, wäre reizlos, wenn nicht die Möglichkeit bestünde, das Eigentum zu vererben. **Privateigentum** und **Erbrecht** sind **unabdingbar** verbunden. Allerdings übt der Staat durch die nach Verwandtschaftsgrad gestaffelte Erbschaftsteuer eine Ausgleichsfunktion aus.

Eigentum wird allgemein als **Vermögen** bezeichnet. Es umfaßt also alle Sachen und Rechte, welche einer Person zustehen.

Eigentum schließt gleichzeitig das Recht ein, damit *nach Belieben zu verfahren,* wenn nicht das Gesetz oder die Rechte Dritter verletzt werden.

Das *Privateigentum* kann, wenn es uneingeschränkt eingesetzt werden darf, die Gefahr bergen, daß der wirtschaftlich Stärkere den wirtschaftlich Schwächeren ausbeutet. Jedoch "*Eigentum verpflichtet.* Sein Gebrauch soll zugleich dem Wohle der Allgemeinheit dienen" (GG Art. 14).

Durch vielerlei gesetzliche Beschränkungen wird die **soziale Verpflichtung** dokumentiert, Eigentum auch zum Gemeinwohl einzusetzen. Vorschriften über die *Mitbestimmung*, des *Wohnungsrechts*, des *Nachbarrechts*, des *Baurechts* und des *Umweltschutzes* engen wie allgemeine Bestimmungen über den *Wucher* den Spielraum der absoluten Verfügungsmöglichkeit über das Privateigentum ein und betonen seine soziale Bindung.

Wesentliche Lerninhalte

- **Rechtssubjekte**
  → natürliche Person: jeder lebende Mensch
  → juristische Person: Personenvereinigung oder Vermögensmasse
- Es gibt **juristische Personen** des *privaten* und des *öffentlichen* Rechts.
- **Rechtsobjekte**
  → Sachen: körperlich
  → Tiere: besondere Rechtsvorschriften
  → Rechte: unkörperlich
- Tiere sind rechtliche Sachen
- **Besitz** ist die tatsächliche Verfügungsgewalt über eine Sache.
- **Eigentum** ist die rechtliche Verfügungsgewalt über eine Sache.
- Das Eigentum wird übertragen:
  bei beweglichen Sachen → durch Einigung und Übergabe,
  bei unbeweglichen Sachen → durch Auflassung und Eintragung ins Grundbuch.
- Bei gestohlenen Sachen ist kein gutgläubiger Erwerb möglich.
- Die Möglichkeit der Eigentumsbildung ist eine Triebfeder der freien Marktwirtschaft.
- Privateigentum bedingt die Möglichkeit der Vererbung.

Aufgaben zur Sicherung des Lernerfolgs

1 Nennen Sie Beispiele für juristische Personen des privaten Rechts!

2 Der Auszubildende Mayer meint: „Wir haben in der Rechtsabteilung unserer Firma einen Juristen, Herrn Dr. Volz. Das ist auch eine juristische Person!“ Nehmen Sie dazu Stellung!

3 Wann sind Gase Sachen?

4 Um welche Arten von Sachen handelt es sich (Mehrfachnennung ist möglich)?

a) Skistiefel
b) Wochenendgrundstück
c) PKW mit Sonderausstattung
d) 10 Eier, Größe 3

5 Herr Groß stiehlt einen Rubin-Ring und schenkt ihn Fräulein Müller. Diese schenkt ihn ihrer Mutter, welche ihn an Frau Scholz verkauft. Ist Frau Scholz Eigentümerin geworden?

6 Könnten Klein & Co. den Farbkopierer verkaufen (vgl. S. 50!)? Begründen Sie Ihre Meinung!

7 Jörgen verkauft Ihnen ein Buch, von dem er behauptet, daß es ihm gehört. Beim Durchblättern entdeckten Sie einen Namensstempel auf Seite 2 des Buches: Fritz Müller. Sie kaufen trotzdem.

a) Sind Sie Eigentümer geworden, und dürfen Sie das Buch behalten, wenn sich herausstellt, daß das Buch ausgeliehen war und Fritz Müller es zurückfordert? Begründen Sie Ihre Meinung!

b) Wie wäre die Sachlage zu beurteilen, wenn das Buch gestohlen worden wäre?

2.3 Die Rechts- und die Geschäftsfähigkeit

Problem

Der verwitwete Unternehmer Heinz Braun, Eigentümer einer Textilgroßhandlung, ist gestorben und hinterläßt seinen vier- und zwölfjährigen Söhnen Hans und Hermann das Geschäft. Die beiden Auszubildenden Kurt Fink und Alois Brandtner rätseln. Kurt fragt: „Ja müssen wir denn jetzt Anweisungen von Hermann befolgen?“ Da meint Alois: „Ich glaube nicht, obwohl – ihm gehört doch nun die Firma zusammen mit Hans!“ – Wie sollen sie sich verhalten?

Der fünfjährige Fritz kauft ein. Damit er nichts vergißt, hat die Mutter ihm alles aufgeschrieben. Den Zettel gibt er dem Einzelhändler ab. Als alles gerichtet ist, sagt Fritz: „Jetzt möchte ich noch 300 g Rahmbonbons!“ – Wie soll sich der Einzelhändler verhalten?

Sachdarstellung

2.3.1 Die Rechtsfähigkeit

Rechtsfähig ist jeder, der Träger von *Rechten* und *Pflichten* sein kann.

Zu unterscheiden sind *natürliche* und *juristische* Personen. Natürliche Personen sind alle Menschen, juristische Personen dagegen Zusammenschlüsse, die rechtlich als „Person“ betrachtet werden und deshalb u. a. Eigentum besitzen können, z. B. eine Aktiengesellschaft. Während juristische Personen sofort volle Handlungsfreiheit haben, ist diese bei natürlichen Personen teilweise beschränkt oder sogar ausgeschlossen. Hans und Hermann sind zwar Eigentümer geworden, können aber über ihr Eigentum noch nicht verfügen. Das Vormundschaftsgericht bestellt für sie einen *Vormund.*

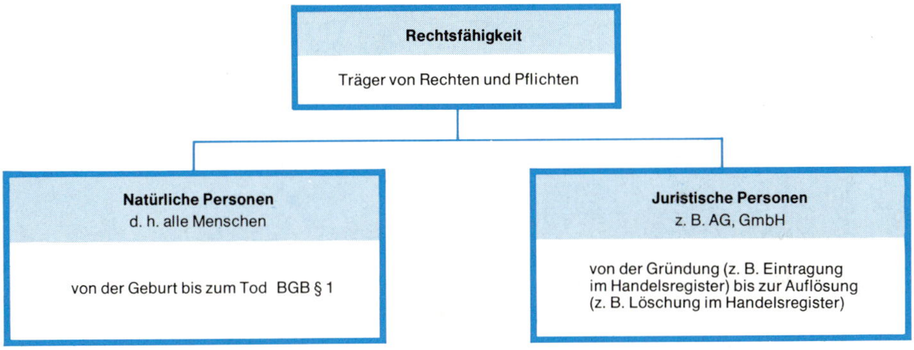

2.3.2 Die Geschäftsfähigkeit

Fritz kann auf Grund seines Alters noch keinen Vertrag rechtskräftig abschließen. Mit dem Zettel erklärt er lediglich als *Bote* den Willen seiner Mutter. Er ist zwar rechtsfähig, aber **geschäftsunfähig.** Das Recht, *Verträge gültig abschließen* zu können, setzt *Rechts- und Geschäftsfähigkeit* voraus.

Geschäftsfähigkeit ist die Fähigkeit, Rechtsgeschäfte *selbständig* und *rechtswirksam* abzuschließen.

Geschäftsunfähig ist

- wer das 7. Lebensjahr nicht vollendet hat;
- wer dauernd geistesgestört ist (BGB § 104).

Geschäftsunfähige können *keinerlei* Rechtsgeschäfte gültig abschließen. Für sie handelt stellvertretend der gesetzliche Vertreter – die Eltern oder der Vormund bzw. ein Betreuer (siehe S. 54!).

Beschränkt geschäftsfähig sind

- alle vom vollendeten 7. bis zum 18. Lebensjahr (BGB § 106).

Sabine, 17 Jahre alt, hat sich ein „unmögliches" Kleid gekauft. Der Vater schimpft, dafür gebe er sein Geld nicht her, und – läßt die Sache auf sich beruhen.

Der Vertrag ist zunächst in der Schwebe, d. h. **schwebend unwirksam,** und gilt erst, wenn der gesetzliche Vertreter zustimmt. Die Zustimmung kann auch *stillschweigend* erteilt werden, es sei denn, der Vertragspartner des Minderjährigen hat den gesetzlichen Vertreter ausdrücklich zur Genehmigung aufgefordert. Ist der **Minderjährige** inzwischen **unbeschränkt geschäftsfähig** geworden, so tritt *seine* Genehmigung an die Stelle der Genehmigung des gesetzlichen Vertreters. Er muß also auch *ausdrücklich zustimmen* (BGB § 108).

Beschränkt Geschäftsfähige können aber unter bestimmten Voraussetzungen auch frei und unabhängig entscheiden. Der 17jährige Maschinenschlosser darf ohne weiteres im Rahmen des mit Zustimmung seines gesetzlichen Vertreters geschlossenen Arbeitsvertrags Vereinbarungen treffen, z. B. den Urlaub festlegen, ohne nochmals den Vater fragen zu müssen (BGB § 113).

Ein beschränkt Geschäftsfähiger darf **ohne Einwilligung** des gesetzlichen Vertreters vollgültig Geschäfte abschließen, die

- ihm nur rechtliche Vorteile bringen, z. B. Schenkung (BGB § 107);
- er mit Geld bezahlt, das ihm für diesen Vertrag oder zur freien Verfügung gegeben wurde, z. B. Taschengeld (BGB § 110);
- er im Rahmen eines mit Zustimmung des gesetzlichen Vertreters selbständig betriebenen Erwerbsgeschäftes vornimmt (BGB § 112); z. B. Lebensmittelgeschäft, Frisörsalon.
- im Rahmen des mit Zustimmung des gesetzlichen Vertreters geschlossenen Arbeitsvertrages anfallen (BGB § 113).

Voll oder **unbeschränkt geschäftsfähig** sind

- **alle Volljährigen**

  Kann ein **Volljähriger** aufgrund einer *psychischen Krankheit* oder einer *körperlichen, geistigen oder seelischen Behinderung* seine Angelegenheiten ganz oder teilweise nicht besorgen, so bestellt das Vormundschaftsgericht auf seinen Antrag oder von Amts wegen für ihn einen **Betreuer** (BGB § 1896).

Wesentliche Lerninhalte

- **Rechtsfähig** sind alle natürlichen und juristischen Personen.
- Die **Geschäftsfähigkeit** gliedert sich in drei Stufen

1. **Geschäftsunfähigkeit**	Rechtsgeschäfte sind nichtig
2. **beschränkte Geschäftsfähigkeit**	Rechtsgeschäfte sind schwebend unwirksam
3. **volle Geschäftsfähigkeit**	Rechtsgeschäfte sind voll gültig

- **Schwebend unwirksame Verträge** bedürfen der Genehmigung des gesetzlichen Vertreters. Sie können auch stillschweigend genehmigt werden, außer wenn der Erziehungsberechtigte ausdrücklich zur Genehmigung aufgefordert wurde. Ist der **Minderjährige** inzwischen **unbeschränkt geschäftsfähig** geworden, so tritt *seine* Genehmigung an die Stelle der Genehmigung des gesetzlichen Vertreters. Er muß also auch *ausdrücklich zustimmen* (BGB § 108).

- Auch beschränkt Geschäftsfähige können in bestimmten Fällen vollgültige Verträge schließen.

Aufgaben zur Sicherung des Lernerfolgs

1 Worin unterscheiden sich Rechts- und Geschäftsfähigkeit bei natürlichen und bei juristischen Personen?

2 Warum sind u. U. auch Erwachsene geschäftsunfähig?

3 Beurteilen Sie folgende Fälle, und begründen Sie Ihre Ansicht:

a) Die 16jährige Ursula kauft von ihrem gesparten Taschengeld eine Perücke zu 95,00 DM. Der Vater verlangt, daß sie diese zurückgibt. Der Verkäufer weigert sich, die Perücke zurückzunehmen.

b) Kurt, sechs Jahre alt, hat für seine Mutter eingekauft. Vom Rausgeld nimmt er 1,00 DM und kauft fünf Wundertüten. Die aufgerissenen Tüten bringt die Mutter ins Geschäft zurück und will das Geld dafür haben.

c) Der 17jährige Maschinenschlosser Franz kündigt seinen mit Einwilligung des gesetzlichen Vertreters geschlossenen Arbeitsvertrag zum 31.03. Der Vater teilt der Firma mit, daß er als gesetzlicher Vertreter die Kündigung rückgängig mache.

d) Die 14jährige Barbara hat von einer Tante zum Geburtstag ein Fahrrad erhalten. Da die Eltern mit der Tante Streit haben, erklären sie: „Von der lassen wir uns nichts schenken", und geben das Fahrrad zurück.

4 Wovon hängt die Gültigkeit von Verträgen mit beschränkt Geschäftsfähigen ab?

5 Wie würden Sie einen schwebend unwirksamen Vertrag beurteilen, wenn der Minderjährige inzwischen volljährig wird [vgl. BGB § 108 (3)]?

2.4 Grundlagen des Vertragsrechts

2.4.1 Das Zustandekommen von Verträgen

Problem

Herr Kufler, Inhaber einer Maschinengroßhandlung, erhält am 22.09. .. von seiner Bank ein Schreiben: „Hiermit kündigen wir Ihnen das gewährte Darlehen über 85 000 DM gemäß § 8 Ziff. 1 des mit Ihnen abgeschlossenen Darlehensvertrags auf 31.12. .." Da die Aufträge in der letzten Zeit stark zurückgegangen sind, braucht Herr Kufler das Geld dringend. Er ist deshalb in großer Aufregung. Darf denn die Bank einseitig von sich aus die Rückzahlung verlangen?

Herr Lehmann, Prokurist der Lampenfabrik Hofmann GmbH & Co., 8200 Rosenheim, ruft beim Elektrogroßhändler Brauner, 8000 München, an: „Herr Brauner, ich habe noch einen Restposten von 12 Stück der Nachttischlampen, die Sie letzten Monat bezogen haben." Herr Brauner erwidert: „Ausgezeichnet, die kann ich gleich brauchen!" – Ist ein Kaufvertrag zustande gekommen?

Sachdarstellung

2.4.1.1 Ein Vertrag kommt zustande

Eine Willenserklärung ist die *rechtlich wirksame Äußerung* einer geschäftsfähigen Person, durch welche sie bewußt eine *Rechtsfolge* herbeiführen will, z. B. Angebot, Kündigung, Anfechtung, Rücktritt vom Vertrag.

Demnach ist die *Willenserklärung* der Bank im obigen Beispiel für den Kunden bindend, ob er es will oder nicht. Durch sie ist ein **Rechtsgeschäft** entstanden, er muß das Darlehen zurückzahlen.

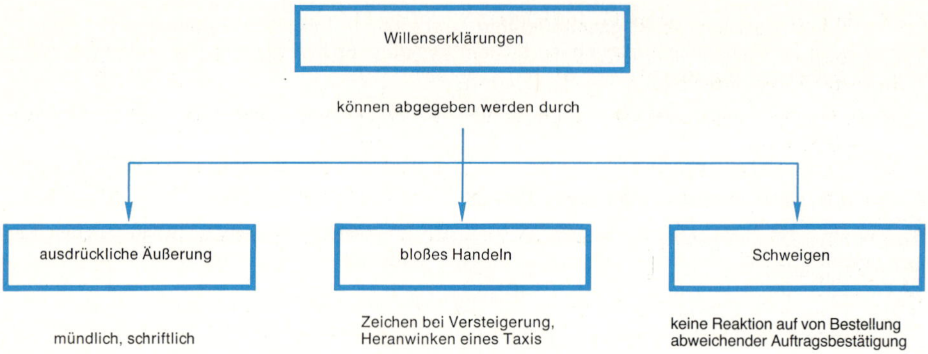

Bei **einseitigen Rechtsgeschäften** ist lediglich die *Willenserklärung einer Partei* nötig, z.B. beim Testament, bei der Kündigung oder der Anfechtung.

Einseitige Rechtsgeschäfte können *empfangsbedürftig* und *nicht empfangsbedürftig* sein. Nicht empfangsbedürftige Rechtsgeschäfte sind z. B. Testamente, zu den empfangsbedürftigen Rechtsgeschäften gehören z. B. die *Mahnung* und die *Kündigung*.

Bei **zwei- oder mehrseitigen Rechtsgeschäften** sind *Willenserklärungen aller Beteiligten* notwendig. Diese Erklärungen müssen **inhaltlich übereinstimmen,** damit ein **Vertrag** entsteht (BGB § 151).

Schweigen als Willenserklärung auf einen Antrag gilt in der Regel als *Ablehnung* (vgl. z. B. BGB §§ 146, 147). Geht einem **Kaufmann,** der *regelmäßig* für einen anderen Kaufmann *Geschäfte ausführt,* z. B. Handelsvertreter, Handelsmakler, Kommissionär, ein Antrag von diesem zu, so gilt *Schweigen als Annahme* des Antrags. Will er den Auftrag nicht übernehmen, so muß er *unverzüglich* antworten (HGB § 362). Erteilt z. B. ein Großhändler seiner Hausbank den Auftrag, 150 Daimler-Benz-Aktien zu kaufen, so muß die Bank unverzüglich antworten, wenn sie den Antrag nicht annehmen will.

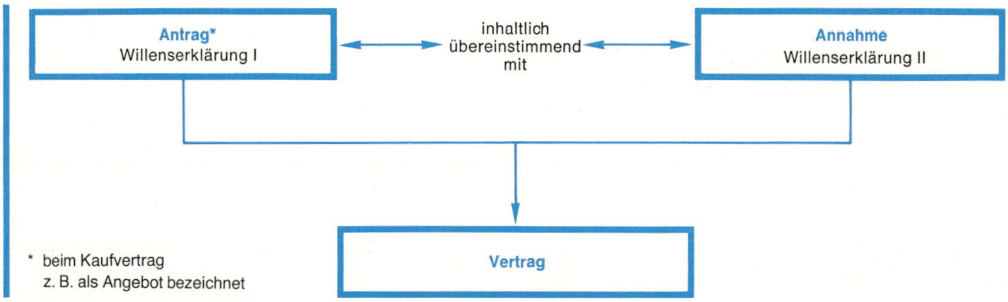

2.4.1.2 Die Bindung an die Willenserklärung

Auf dem Antragsvordruck für die Kraftverkehrsversicherung einer Versicherungsgesellschaft steht u. a.: „Die Haftpflichtversicherung gilt als angenommen, wenn der Versicherer nicht binnen zweier Wochen die Annahme abgelehnt hat. Im übrigen hält sich der Antragsteller einen Monat an diesen Antrag gebunden."

Sind keine besonderen Abmachungen getroffen, so ist ein **Antrag** so lange **bindend,** bis der Empfänger unter verkehrsüblichen Umständen, wie Hinsendung, angemessene Überlegungsfrist, Rücksendung, eine Antwort erwarten kann. Es muß auf mindestens gleich schnellem Wege geantwortet werden, z.B. Antrag durch Telefax, dann Annahme durch Telefax oder Telefon. Der Anbietende kann die **Bindung** von vornherein **ausschließen,** z.B. freibleibendes Angebot, Zwischenverkauf vorbehalten (BGB § 145).

Die **Bindung** an den Antrag **erlischt**, wenn dieser

- dem Antragenden gegenüber **abgelehnt** oder
- **verspätet angenommen** wurde (BGB § 146):
  - ▶ Ein *Antrag gegenüber Anwesenden* kann nur *sofort* angenommen werden. Dies gilt auch bei telefonischem Antrag.
  - ▶ Ein *Antrag gegenüber Abwesenden* kann nur bis zu dem Zeitpunkt angenommen werden, bis unter regelmäßigen Umständen – Hinsendung, Überlegungsfrist, Rücksendung – eine Antwort erwartet werden kann (BGB § 147).
  - ▶ Ist eine Frist gesetzt, z. B. „... gilt bis 15. März 19..", dann ist die Annahme nur *innerhalb der Frist* möglich (BGB § 148).

Wird ein Antrag z. B. vom Käufer *verspätet angenommen* oder *abgeändert*, so gilt die Annahme als *neuer Antrag*, der dann selbst wieder angenommen werden muß (BGB § 150).

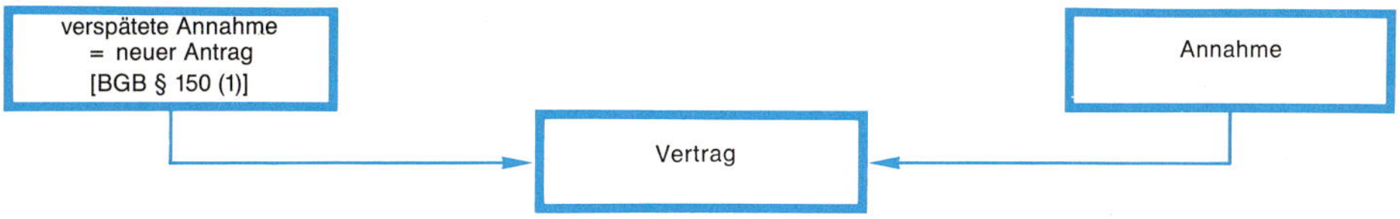

Außerdem gibt es Rechtsgeschäfte, die von *vorneherein* ungültig, d. h. **nichtig** sind; z. B. die Willenserklärung eines geschäftsunfähigen Kindes. Andere Rechtsgeschäfte können *nachträglich* **angefochten** werden. Sie sind dann als von Anfang an nichtig anzusehen; BGB §§ 105, 116 ff.[1]

2.4.1.3 Abschluß und Erfüllung des Kaufvertrags

Für den Abschluß eines Kaufvertrags gibt es zwei Möglichkeiten:

- Stimmt die *Bestellung (Annahme) inhaltlich* mit dem *Angebot (Antrag)* überein, so ist der Kaufvertrag geschlossen.

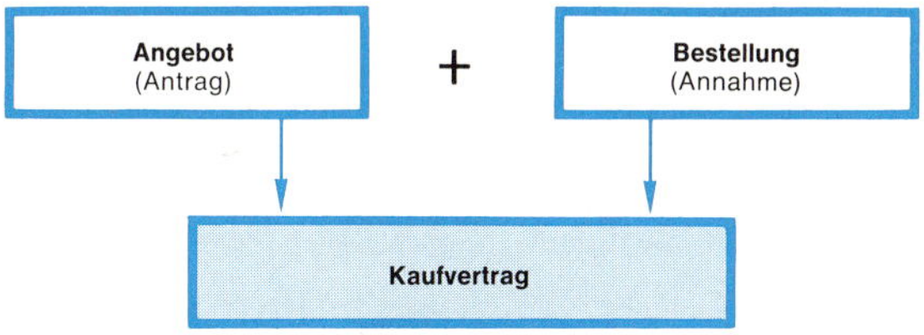

- Erfolgt eine Bestellung ohne Angebot, so wird der Kaufvertrag durch die *Bestellung (Antrag)* und die *Bestellungsannahme (Annahme)* geschlossen. Wird unverzüglich geliefert, kann die Bestellungsannahme entfallen.

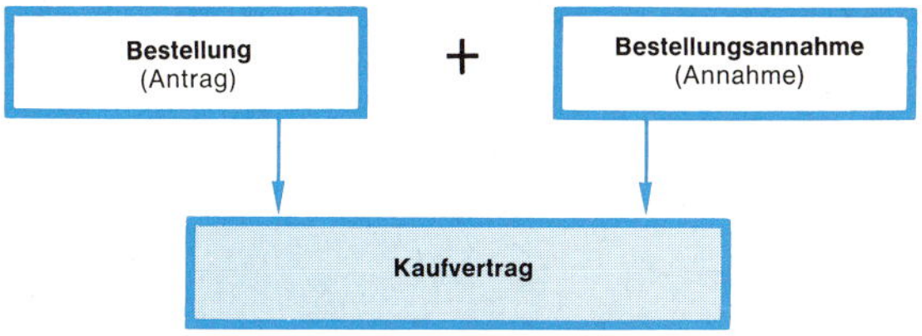

[1] Siehe S. 79 ff. Die Nichtigkeit und die Anfechtbarkeit von Verträgen.

Dem **Verpflichtungsgeschäft** in Form des Kaufvertrags muß das **Erfüllungsgeschäft** zur ordentlichen Vertragsabwicklung folgen (BGB §§ 433, 929).

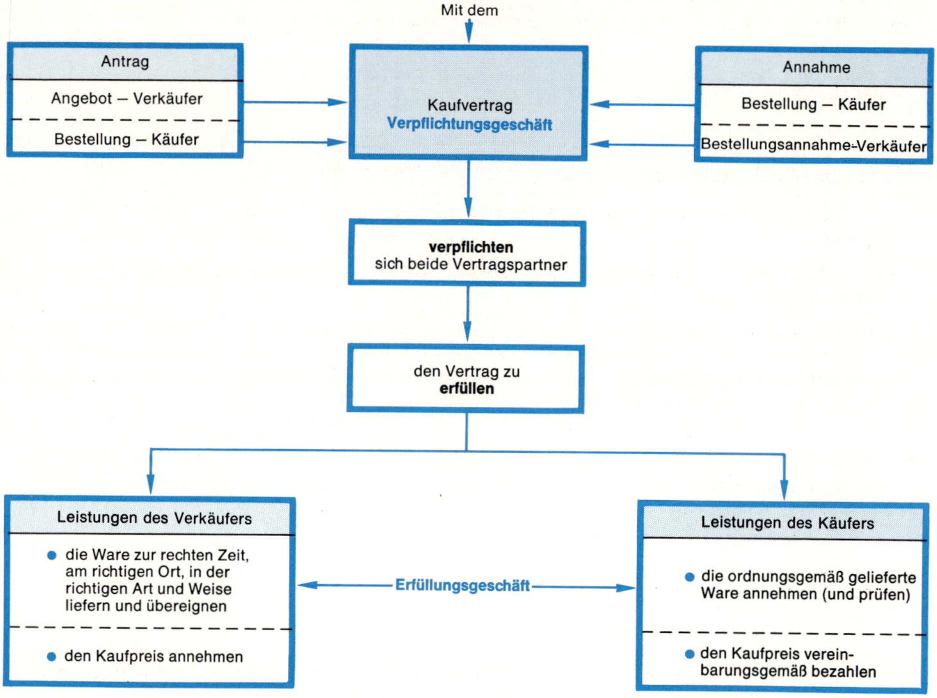

Nach Abschluß des Kaufvertrags vorgebrachte Verkaufsbedingungen, z. B. auf der Rückseite der Rechnung aufgedruckte Liefer- und Zahlungsbedingungen, haben *rechtlich keine Bedeutung*. Lediglich der Vertragsinhalt ist maßgebend.

Stimmen die Willenserklärungen von Käufer und Verkäufer nicht überein, so ist kein Kaufvertrag zustande gekommen:

- Angebot + abweichende Bestellung = **kein** Kaufvertrag
- Bestellung + abweichende Bestellungsannahme = **kein** Kaufvertrag

Je nachdem, ob die Vertragspartner *als Kaufleute oder Nichtkaufleute* (Privatpersonen) handeln, können unterschieden werden:

- **Bürgerlicher Kauf:** *Beide* Vertragspartner handeln als *Privatleute* (BGB § 433 ff.); z. B. Großhändler Schulze kauft für seinen Sohn den gebrauchten Pkw eines Nachbarn.
- **Einseitiger Handelskauf:** *Ein* Vertragspartner handelt als *Kaufmann*. Für ihn gilt insbesondere das HGB (BGB § 433 ff., HGB §§ 345, 373 ff.); z. B. Großhändler Schulze kauft für seinen Sohn einen Pkw vom Autohändler Groß KG.
- **Zweiseitiger Handelskauf:** *Beide* Vertragspartner handeln als *Kaufleute* (HGB §§ 345, 373 ff.); z. B. Großhändler Schulze kauft einen Pkw für sein Unternehmen vom Autohändler Groß KG.

Werden einer Privatperson *nicht bestellte Waren* ins Haus geschickt, so ist *kein* Kaufvertrag zustande gekommen. Die Ware braucht auch nicht – selbst wenn der Absender dies ausdrücklich wünscht – zurückgesandt werden. Der Empfänger der Gegenstände muß diese lediglich eine angemessene Frist mit derselben Sorgfalt aufbewahren, mit der er seine eigenen Sachen behandelt.

Eine Ausnahme kann der **Handelskauf** bilden. Zwischen zwei Kaufleuten, die in *regelmäßiger* Geschäftsverbindung stehen, z. B. einem Importgroßhändler und einem Sortimentsgroßhändler, ist es z. B. *dauernd üblich*, das der Importeur alle Neuheiten *ohne besondere Bestellung* dem Sortimenter liefert. Dieser übernimmt in der Regel die Ware ohne weiteres. Hier gilt Schweigen als Zustimmung. Will der Sortimentsgroßhändler die Ware (ausnahmsweise) nicht, so muß er unverzüglich ablehnen.

Wesentliche Lerninhalte

- Beim **einseitigen Rechtsgeschäft** ist *eine* Willenserklärung nötig.
- **Zwei- oder mehrseitige Rechtsgeschäfte,** d. h. **Verträge,** bestehen aus *mindestens zwei* inhaltlich übereinstimmenden Willenserklärungen.
- Die **Bindung an eine Willenserklärung** besteht so lange, bis unter verkehrsüblichen Umständen eine Antwort erwartet werden kann.
- Die verspätete Annahme eines Antrags gilt als neuer Antrag.
- **Verpflichtungsgeschäft**
  - → Angebot und Bestellung → **Kaufvertrag**
  - oder
  - → Bestellung und Bestellungsannahme → **Kaufvertrag**

  ↓

  Erfüllungsgeschäft
  - → Leistungen des Verkäufers
  - → Leistungen des Käufers

Aufgaben zur Sicherung des Lernerfolgs

1 Nehmen Sie dazu Stellung, ob in folgenden Fällen ein Vertrag zustande gekommen ist! Beschreiben Sie gegebenenfalls Antrag und Annahme:

a) Herr Braun nimmt wortlos an einem Kiosk eine Zeitung, legt eine DM hin und geht mit einem Gruß weiter.

b) Frau Groß winkt ihrer Freundin zu, die sie auf dem Gehweg jenseits der Straße entdeckte. Ein vorbeifahrender Taxifahrer sieht dieses Zeichen, hält an und will Frau Groß einsteigen lassen, da sie ihn ja mit dem Winken angehalten habe.

c) Der Hotelier Maurer ruft seinen Metzger Schulz an: ,,Schicken Sie mir bis 10 Uhr das gleiche wie gestern." Schulz antwortet: ,,In Ordnung."

d) Herr Gruber will eine neue Geschäftsverbindung anbahnen und hat mit Telefax beim Weingut „Sonnenhalde" 200 Flaschen Kaiserstühler Weißherbst bestellt. Nach 14 Tagen trifft die Mitteilung mit der Briefpost ein, daß der Wein in den nächsten Tagen geliefert werde.

e) Wie würden Sie im Fall d) urteilen, wenn das Weingut nach zwei Tagen telefonisch die Lieferung ankündigt?

2 Warum ist die zeitliche Bindung an einen Antrag eingeschränkt?

3 Auf welche Weise kommt ein Kaufvertrag zustande, wenn ein Kunde schreibt: „Liefern Sie mir bis in 14 Tagen nochmals 200 Dosen Ananas wie gehabt."?

4 Wie erfüllt der Käufer den Kaufvertrag?

5 Nennen Sie Beispiele, wo Verpflichtungs- und Erfüllungsgeschäft zeitlich zusammenfallen!

6 Warum sind die Geschäftsbedingungen auf der Rechnung für die Gültigkeit des Vertrages ohne Bedeutung?

7 Welche Gefahr bestünde, wenn unbestellte Ware zurückgesandt werden müßte?

2.5 Wichtige Vertragsarten für die Wirtschaft

Problem

Nicht nur Kaufverträge sind für den Kaufmann wichtig. Auf dem Gebiet der Elektronischen Datenverarbeitung (EDV) und neuerdings auch bei anderen Investitionsgütern nimmt z. B. das „Leasing" (Vermietung von Investitionsgütern) immer größeren Raum ein. Mit den Arbeitnehmern werden Arbeitsverträge, mit der Autoreparaturwerkstätte Reparaturverträge usw. geschlossen. Ist allen diesen Verträgen etwas gemeinsam?

Sachdarstellung

Bei aller Vielfalt der Vertragsarten ist allen gemeinsam, daß sie durch *Antrag* und *Annahme* zustande kommen. Die *Rechte* des einen Vertragspartners sind die *Pflichten* des anderen und umgekehrt. Mit dem *Vertragsabschluß* (**Verpflichtungsgeschäft**) verpflichten sich die Vertragspartner, den Vertrag zu *erfüllen* (**Erfüllungsgeschäft**).

Beispiele:

1. Mietvertrag

Pflichten des Mieters = Rechte des Vermieters:

- Zahlung der Miete;
- pflegliche Behandlung des gemieteten Gegenstandes;
- Rückgabe des gemieteten Gegenstandes in einwandfreiem Zustand.

Pflichten des Vermieters = Rechte des Mieters:

- Überlassung des gemieteten Gegenstandes zum Gebrauch;
- Annahme der Miete;
- Rücknahme der vermieteten Sache.

2. Gesellschaftsvertrag

Pflichten der Vertragspartner
z. B. Aufbringung der Kapitaleinlage, Arbeitspflicht, Haftung.

Rechte der Vertragspartner
z. B. Gewinnanteil, Privatentnahmen, Kündigungsrecht, Anteil bei der Auflösung der Gesellschaft.

Die wichtigsten Verträge für die Wirtschaft sind:

Vertragsart	Vertragsinhalt verpflichtet beide Vertragspartner *(Verpflichtungsgeschäft)*, den Vertrag zu erfüllen *(Erfüllungsgeschäft)*	Gesetzliche Regelung
• Kaufvertrag	Übereignung von Sachen oder Rechten gegen Geld, z. B. Waren, Patente, Wertpapiere	BGB §§ 433 – 514
• Tauschvertrag	Gegenseitige Übereignung von Sachen oder Rechten	BGB § 515
• Werkvertrag	Verrichtung einer bestimmten Arbeit durch einen Dritten gegen Entgelt, z. B. Autoreparatur, Malerarbeiten im Büro	BGB §§ 631– 650
• Werklieferungsvertrag	Neben der Arbeit (siehe Werkvertrag) liefert der Unternehmer auch das Material gegen Bezahlung, z. B. Reiseprospekt, Werbefilm, Anfertigung eines Einbauschrankes	BGB § 651
• Dienstvertrag (meist Arbeitsvertrag)	Leistung von Diensten, z. B. Arbeiten eines Angestellten gegen Entgelt	BGB §§ 611– 630
• Berufsausbildungsvertrag	Ausbildung in einem anerkannten Ausbildungsberuf	BBiG §§ 3 –16
• Reisevertrag	Der Reiseveranstalter muß dem Reisenden eine Gesamtheit von Reiseleistungen (Reise) erbringen.	BGB §§ 651a–k
• Gesellschaftsvertrag	Regelung der Zusammenarbeit von Geschäftsteilhabern, z. B. bei OHG, KG, GmbH	BGB §§ 705 – 740 AktG § 16 GmbHG § 2 usw.
• Leihvertrag	*Unentgeltliche* Überlassung von beweglichen Sachen oder Grundstücken zum Gebrauch; später Rück(Frei-)gabe *derselben* Gegenstände, z. B. Leihfässer für Öl	BGB §§ 598 – 605
• Darlehensvertrag	*Entgeltliche* oder *unentgeltliche* Überlassung von (vertretbaren) Sachen zum Verbrauch; später Rückgabe *gleichartiger* Dinge, z. B. Geldkredit, 1 kg Markenbutter	BGB §§ 607 – 610
• Mietvertrag	*Entgeltliche* Überlassung von Sachen zum *Gebrauch*, z. B. Benutzung einer Werkzeugmaschine – Leasing –, Mietwohnung	BGB §§ 535 – 580
• Pachtvertrag	*Entgeltliche* Überlassung von Sachen zum *Gebrauch und Fruchtgenuß*, z. B. landwirtschaftlicher Betrieb samt Erträgen	BGB §§ 581– 597
• Versicherungsvertrag	*Ersatz* des Vermögensschadens bzw. Zahlung eines vereinbarten Betrags oder einer Rente nach Eintritt des Versicherungsfalls gegen vorherige *Prämienzahlung*	Versicherungsvertragsgesetz § 1 ff.
• Kontovertrag	*Entgeltlicher Geschäftsbesorgungsvertrag* durch die Bank (Kontoführung, Ausführung von Aufträgen wie Überweisung, Scheckeinzug)	BGB § 675 (siehe auch HGB § 355)

Wesentliche Lerninhalte

- Alle Verträge entstehen durch **Antrag** und **Annahme.**
- Jedesmal müssen die **Willenserklärungen inhaltlich übereinstimmen.**

Aufgaben zur Sicherung des Lernerfolgs

Beurteilen Sie folgende Fälle! Um welche Vertragsarten handelt es sich? Begründen Sie Ihre Ansicht!

1 Die Maschinenfabrik Ulm schickt Rohre an die Galvanisieranstalt Ulm zum Vernickeln.

2 Zeitungsanzeige: „Leihwagen billigst! Geringe Gebühren! Nur 0,25 DM je km."

3 Aus einem Kostenvoranschlag: „Installation einer Zentralheizung ... Materialkosten 22 000,00 DM, Löhne 8 000,00 DM."

4 Wir geben einem Angestellten 2 000 DM Baukostenzuschuß, rückzahlbar in Monatsraten von 100 DM.

5 Anzeige in der Tageszeitung: Briefmarken: Biete Deutsches Reich vor 1914, suche Bundesrepublik 1955 – 1960.

6 Anzeige in einer Fachzeitschrift: Ingenieur mit konkurrenzloser Erfindung sucht Geldgeber zur gemeinsamen Auswertung.

7 Frau Krüger bekommt überraschend Besuch und geht zu Frau Braun: „Bitte können Sie mir bis morgen 10 Eier leihen?"

2.6 Störungen bei der Erfüllung des Kaufvertrags

Problem

Prokurist Neumann, Chef der Beschaffungsabteilung einer Maschinen-, Stahl- und Eisengroßhandlung, hat wie immer alle Hände voll zu tun. Heute will es wieder einmal gar nicht klappen. Drei Lieferungen müssen beanstandet werden: falsche Blechstärken wurden geliefert, eine neue Punktschweißmaschine funktioniert nicht, ihre elektronische Anlage ist nicht in Ordnung. Eine Lieferung Hartmetallwerkzeuge weicht in mehreren Positionen von der Bestellung ab. Soeben meldet der Sachbearbeiter für Terminüberwachung, daß die Maschinenfabrik Mühlbauer GmbH trotz Mahnung zwei Stanzmaschinen nicht geliefert hat. Ein Engpaß in der Herstellung wird die unausweichliche Folge für den Kunden sein. Herr Neumann will gleich in der Verkaufsabteilung anfragen, ob wir hierdurch nicht selbst in Lieferungsschwierigkeiten geraten. Das kann Schadenersatzprobleme geben.

Herr Neumann läßt sich aber nicht aus der Ruhe bringen. Kauf und Verkauf laufen eben nicht immer reibungslos ab.

Sachdarstellung

Erfüllen Verkäufer oder Käufer ihre vertraglichen oder gesetzlichen Verpflichtungen aus einem Kaufvertrag nicht oder nicht vollständig, so liegen *Sachmängel, Verzug des Gläubigers* oder *Verzug des Schuldners* vor. Der Kaufmann nennt diese Störungen:

auf der **Beschaffungsseite**
- Lieferungsverzug und
- mangelhafte Lieferung

auf der **Absatzseite**
- Annahmeverzug und
- Zahlungsverzug

Bei allen Störungen in der Erfüllung der Vertragspflichten kann der geschädigte Partner seine Rechte nach **gesetzlichen Bestimmungen** (BGB, HGB) und den **Geschäftsbedingungen des Kaufvertrags** wahren. Dabei sollen im Geschäftsleben die kaufmännischen Gesichtspunkte zur Behebung der Störungen ausschlaggebend sein.

So wird sich der Kaufmann erst mit seinem Geschäftspartner in Verbindung setzen, um die Ursachen für die Vertragsstörung zu erfahren. Erst wenn gütliche Verhandlungen scheitern, wird von den vertraglichen Vereinbarungen und den gesetzlichen Bestimmungen Gebrauch gemacht.

Im Einzelfall kann die Rechtslage sehr kompliziert sein, so daß die Hilfe des Rechtsanwalts in Anspruch genommen werden muß.

2.6.1 Der Lieferungsverzug

Ein Lieferer kann in Lieferungsverzug kommen, wenn er seine Lieferpflicht aus einem rechtsgültig abgeschlossenen Kaufvertrag nicht erfüllt.

Voraussetzungen

- Die Lieferung muß **fällig** sein, d. h. der Schuldner muß nicht oder nicht rechtzeitig geleistet haben [BGB § 284 (1)].
- Die Lieferung muß nach Fälligkeit durch eine **Mahnung** angefordert werden, wenn der Liefertermin *nicht* kalendermäßig bestimmt ist. Die Mahnung muß aber keine Fristsetzung enthalten [BGB § 284 (1)].

  Kalendermäßig bestimmt ist ein Termin durch die Angabe eines Tages, aber auch durch Angaben wie „Mitte März" (= 15. März), „Ende Mai" (= 31. Mai). Es genügt aber nicht die bloße Berechnungsmöglichkeit nach dem Kalender, z. B. 2 Wochen nach Abruf.
- Der Lieferer muß **schuldhaft,** d. h. *vorsätzlich* oder *fahrlässig* die Lieferung verzögern oder unterlassen (BGB §§ 276, 285). Bei Gattungssachen ist Verschulden nicht Voraussetzung (vgl. BGB § 279).

Vorsätzlich handelt, wer absichtlich eine rechtswidrige Handlung vollzieht und den Eintritt des Schadens voraussieht.

Fahrlässig handelt, wer die den Umständen nach angemessene Sorgfalt außer acht läßt.

Beispiel: Eine Baumaterial-Großhandlung unterläßt die Beleuchtung und Abschrankung einer Lagerstraße in der Hoffnung, es werde schon nichts passieren. Der Inhaber handelt fahrlässig und wird bestraft, wenn jemand in den Graben stürzt und sich verletzt.

Eine Mahnung ist nicht erforderlich:

- Wenn der Liefertermin *kalendermäßig genau bestimmt* oder bestimmbar ist.
- Beim *Fixgeschäft,* wenn die genaue Lieferzeit in Verbindung mit einem Zusatz, wie „genau", „fix", „präzis" angegeben ist und das Geschäft mit Einhaltung dieses Termins stehen und fallen soll (BGB § 361, HGB 376).
- Bei der *Selbstinverzugsetzung,* d. h. wenn der Lieferer vorher ausdrücklich erklärt, daß er nicht liefern will.

Rechte des Käufers

Unter diesen Voraussetzungen kann der Käufer

- *ohne Nachfristsetzung*

Lieferung verlangen. Beispiel: Der Käufer kann eine Ware von keiner anderen Firma erhalten.

Lieferung und Schadenersatz wegen verspäteter Lieferung verlangen, wenn ein Verzögerungsschaden eingetreten ist. Beispiel: Ein Käufer erleidet deshalb einen Verspätungsschaden, weil er mit einem wichtigen Ersatzteil für eine Maschine nicht rechtzeitig beliefert wurde und auch von keiner anderen Seite eine Lieferung erreichen kann. Produktionsstockung ist die Folge [BGB § 286 (1)].

- *nach Stellung und Ablauf einer angemessenen Nachfrist*

Lieferung ablehnen und vom Vertrag zurücktreten. Beispiel: Wird innerhalb der Nachfrist nicht geliefert, verzichtet der Käufer auf die Lieferung, wenn die Preise inzwischen gesunken sind oder er ein günstigeres Angebot erhielt [BGB § 326 (1)];

oder

Lieferung ablehnen und Schadenersatz wegen Nichterfüllung verlangen. Beispiel: Wenn Verkäufer innerhalb der Nachfrist nicht liefert, aber der Käufer die Ware so dringend braucht, daß er sie zu einem höheren Preis von einer anderen Firma beschaffen muß (Deckungskauf [vgl. BGB § 326]). Den Preisunterschied muß der Lieferer bezahlen.

Keine Nachfrist wird gesetzt:

- Beim **Fixkauf.** Besonders bedeutsam für den Kaufmann ist der vom bürgerlichen Fixgeschäft zu unterscheidende Fixkauf. Er liegt vor, wenn bei einem *Handelskauf* der Liefertermin genau bestimmt oder bestimmbar ist und die Einhaltung des Liefertermins wesentlicher Vertragsbestandteil ist (Zusatz „fix", „fest"). Der Käufer kann ohne Rücksicht auf Verschulden des Verkäufers vom Vertrag zurücktreten. Zur Geltendmachung eines Schadens wegen Nichterfüllung muß aber auch hier ein Verschulden des Verkäufers vorliegen, ausgenommen *Gattungssachen.* Besteht der Käufer trotz der Lieferungsverzögerung auf Erfüllung des Kaufvertrags, muß er unverzüglich nach Ablauf des Liefertermins dem Verkäufer ausdrücklich mitteilen, daß er auf Lieferung bestehe (BGB § 279, HGB § 376, BGB § 361).

Bei *Gattungssachen* kann auch Schadenersatz wegen Nichterfüllung verlangt werden, wenn den Lieferer kein Verschulden trifft.

- Beim **Zweckkauf,** d. h. wenn die verzögerte oder unterlassene Lieferung für die Käufer keinen Sinn mehr hat. Beispiel: Lieferung von Christbäumen nach Weihnachten.

  Bei der **Selbstinverzugsetzung,** d. h. der Erklärung des Lieferers, daß er nicht liefern werde.

Schadensberechnung beim Lieferungsverzug

Steht im Gesetz „Schadenersatz wegen Nichterfüllung", muß der Geschädigte so gestellt werden, als sei wirklich der Vertrag erfüllt worden. Der Schaden ist stets durch Geld zu ersetzen (BGB § 249).

Verlangt nun der Käufer von seinem Lieferer Schadenersatz wegen Nichterfüllung, muß er dem Lieferer den Schaden durch eine Schadenersatzberechnung beweisen können. Hat der Kunde z. B. bei einem Deckungskauf einen höheren Preis bezahlen müssen, so kann auf Grund der Rechnung ein **konkreter – tatsächlicher – Schaden** nachgewiesen werden. Ein **abstrakter – angenommener – Schaden** entsteht dadurch, daß einem Käufer durch verspätete Lieferung oder Nichtlieferung Gewinn entgangen ist – ein Auftrag konnte z. B. nicht ausgeführt werden – oder daß sein Ruf als ordentlicher Geschäftsmann nachweisbar geschädigt wurde. Dieser abstrakte Schaden ist meist schwierig nachzuweisen und zu berechnen, da konkrete Beweise fehlen. Deshalb vereinbart der Käufer mit dem Lieferer häufig eine **Vertragsstrafe** *(Konventionalstrafe).* Im Kaufvertrag wird dann vereinbart, daß bei Lieferungsverzug eine bestimmte Geldsumme an den Käufer zu zahlen ist. Derartige Vereinbarungen werden vielfach im Baugewerbe getroffen (BGB §§ 249, 252, 339).

Haftung beim Lieferungsverzug

Befindet sich der Lieferer im Lieferungsverzug, erweitert sich seine Haftung auch auf Beschädigung oder Vernichtung der Ware durch **Zufall** (BGB § 287).

In der Regel haftet der Kaufmann nicht für Zufall, d. h. für Schäden, die er nicht verschuldet hat. Eine besondere Art des Zufalls ist die **höhere Gewalt.** Sie liegt dann vor, wenn ein Schaden auch nicht durch Anwendung äußerster Sorgfalt vermieden werden kann, z. B. bei Naturkatastrophen, wie Überschwemmungen, Hagel und Blitzschlag, aber auch bei einem Streik oder bei Transportunglücksfällen. Der sich im Lieferungsverzug befindliche Kaufmann haftet aber auch für Schäden, die durch höhere Gewalt entstehen.

Wesentliche Lerninhalte

- **Mögliche Störungen des Kaufvertrags:**

  Pflichten aus dem Kaufvertrag
  - wenn ordnungsgemäß erfüllt: reibungsloser Ablauf des Kaufvertrags
  - wenn nicht ordnungsgemäß erfüllt: **Kaufvertragsstörungen**
    - auf der **Beschaffungsseite**
      - Lieferungsverzug
      - Mangelhafte Lieferung
    - auf der **Absatzseite**
      - Annahmeverzug
      - Zahlungsverzug

- **Lieferungsverzug = Nichterfüllung der Lieferpflicht**

  Voraussetzungen
  - Fälligkeit
  - Verschulden (bei Gattungsschulden nicht)
  - Mahnung
    - nicht erforderlich bei
      - Zweckkauf
      - Fixgeschäft
      - Selbstinverzugsetzung

  Käuferrechte
  - ohne Nachfristsetzung
    - Lieferung verlangen
    - Lieferung + Schadenersatz
  - mit Nachfristsetzung
    - Lieferung ablehnen + Rücktritt vom Kaufvertrag
    - Lieferung ablehnen + Schadenersatz wegen Nichterfüllung

  Schadenersatzberechnung
  - abstrakt z. B. entgangener Gewinn
  - konkret z. B. Deckungskauf
  - Vertragsstrafe z. B. 1 000 DM je Tag der Verzögerung

Aufgaben zur Sicherung des Lernerfolgs

1 Welche Störungen des Kaufvertrags liegen in folgenden Fällen vor?

a) Bei einer Lieferung von 20 Kisten Wein sind zehn Flaschen zerbrochen.

b) Verschiedene Stoffe werden zum 01.12. fest bestellt. Sie treffen bis zu diesem Zeitpunkt nicht ein.

c) Ein Käufer verweigert die Annahme einer Waschmaschine, die wir ordnungsgemäß geliefert haben.

d) Ein Käufer zahlt nicht entsprechend den Zahlungsbedingungen des Kaufvertrags.

2 Welche Voraussetzungen müssen erfüllt sein, damit der Lieferer sich im Lieferungsverzug befindet?

3 Wie beurteilen Sie folgende Fälle:
a) Ein Lieferer kann nicht rechtzeitig liefern, da in seinem Betrieb ein Brand ausbrach, der das Warenlager zerstörte.
b) Es war bei einem Kauf kein Liefertermin vereinbart. Die Lieferung erfolgt nicht innerhalb vier Wochen, was seither die übliche Lieferzeit war.

4 In welchen Fällen ist eine Mahnung des Lieferers nicht erforderlich?

5 Welche Rechte hat der Käufer, wenn sich der Lieferer im Lieferungsverzug befindet?

6 Von welchem Käuferrecht würden Sie in den folgenden Fällen Gebrauch machen:
a) Eine Haushaltswarengroßhandlung erhält ein Tafel-Service ,,Monika" nicht rechtzeitig geliefert. Der Kunde, der das Service bestellte, ist wegen der Lieferungsverzögerung sehr verärgert und verlangt deshalb einen Nachlaß von 5 %.
b) Ein Lebensmittelgroßhändler bestellte einen Posten Gemüsekonserven auf 15.03. fix zum Preis von 1 230,00 DM. Die Lieferung erfolgt nicht rechtzeitig. Gleich nach der Bestellung erhielt der Händler ein Angebot eines anderen Lieferers, bei dem er die gleichen Konserven in noch besserer Qualität um 1 150,00 DM erhalten hätte.

7 Eine Konservensendung, die „Mitte Januar" hätte geliefert werden sollen, trifft erst heute (17.02. d. J.) ein. Der Angestellte behauptet: „Der Lieferer ist in Verzug; wir brauchen die Konserven nicht mehr abzunehmen. Außerdem haben wir die Konserven inzwischen günstiger eingekauft."

Hat er recht? Begründen Sie Ihre Meinung!

8 Becker will sein Geschäft am 1. März eröffnen und hat deshalb im Kaufvertrag mit Firma Koch vereinbart, daß die Ware bis 10. Februar *fix* zu liefern sei. Die Sendung ist am 12. Februar noch nicht eingetroffen.
a) Wann tritt der Lieferungsverzug in diesem Fall ein?
b) Welche Rechte kann Herr Becker nun geltend machen?

9 ★ Die Elektrogerätefabrik Kuhnle OHG, Mannheim, unterbreitet dem Elektro-Center, Hannover, am 3. März folgendes Angebot:
Kühltruhen NX 3, Preis 650,00 DM je Stück, Preis freibleibend, lieferbar sofort ab Fabrik.
Am 6. März bestellt das Elektrogeschäft 15 Kühltruhen, worauf am 8. März Kuhnle die Bestellung schriftlich bestätigt.
a) Muß das Elektro-Center die Kühltruhen abnehmen, wenn am 10. März von Kuhnle die Nachricht eintritt, daß er den Angebotspreis wegen Kostensteigerung auf 680,00 DM erhöhen müsse und ihm die Lieferung nur zu diesem Preis möglich sei. Wie ist die Rechtslage?
b) Das Elektrogeschäft ist mit dem Preis einverstanden, doch die Kühltruhen werden ihm innerhalb von drei Wochen nicht geliefert. Was muß unternommen werden, und welche Rechte stehen dem Elektro-Center zu?
c) Wie wäre die Rechtslage, wenn das Elektrogeschäft die Kühltruhen fix zum 13. März bestellt und die Kuhnle OHG den Liefertermin bestätigt hätte?
d) Welche Schadenersatzsumme müßte die Kuhnle OHG leisten, wenn das Elektro-Center wegen eines dringenden Großauftrags bei einem anderen Lieferer gleichartig Kühltruhen zum Preis von 750,00 DM gekauft hätte (Deckungskauf)?

2.6.2 Die mangelhafte Lieferung

Problem

Ein Möbelgroßhändler erhält von einer Möbelfabrik 30 verschiedene Hängeschränkchen aus Kunststoff für Badezimmer geliefert.

Die unverzügliche Prüfung durch den Lagerleiter zeigt, daß der Inhalt der Lieferung nicht einwandfrei war.

Auf der Mitteilung des Lagers an den Einkauf steht:

1. 2 Schränkchen der Serie „Lux 300" weisen in der Rückwand mehrere dünne Haarrisse auf; die Schränkchen wären eventuell noch verkäuflich.

2. Statt 5 Schränkchen der Serie „Compact“ enthält die Lieferung 7 Schränkchen der Serie „Quick 100“; „Quick“ wurde vor einem halben Jahr wegen mangelnder Nachfrage aus dem Verkaufsprogramm entfernt.
3. 3 Schränkchen der Serie „Box 250“ weisen sehr starke Farbfehler und Unebenheiten auf; sie sind auf jeden Fall unverkäuflich.

Wie beurteilen Sie die Rechtslage in den drei Fällen der mangelhaften Lieferung?

Sachdarstellung

Der Käufer muß feststellen, ob die vom Lieferer gesandte Ware im Zeitpunkt des Gefahrenübergangs, spätestens bei ihrem Eintreffen, mit Mängeln behaftet war. Falschlieferung bedeutet grundsätzlich Nichterfüllung des Vertrags.

Prüfungspflicht

Er hat die Pflicht zur Prüfung bei

zweiseitigem Handelskauf: **unverzüglich,** d. h. ohne schuldhaftes Verzögern;

einseitigem Handelskauf: **innerhalb von sechs Monaten** nach Lieferung. Hierbei ist aber zu beachten, daß nach einigen Monaten die Entstehung des Mangels schlechter zu beweisen ist (HGB § 377, BGB § 477).

Beispiele:

- Bei verpackten Waren muß der Käufer Stichproben machen.
- Gelieferte Maschinen müssen probeweise in Betrieb genommen werden.
- Bei einer Konservenlieferung werden einige Dosen geöffnet.
- Verderbliche Waren müssen so rasch wie möglich geprüft werden.

Durch die Prüfung können folgende **Mängel** festgestellt werden:

Mangel in der **Art,**	z. B. falsche Ware (Stockschirme statt Taschenschirme).
Mangel in der **Qualität,**	z. B. Fehlen bestimmter Eigenschaften (Stoff mit einfach statt doppelt gezwirntem Faden).
Mangel in der **Menge,**	z. B. zu viel Ware (110 statt 100 Flaschen Wein), zu wenig gelieferte Ware gilt als Teil-Lieferungsverzug.
Mangel in der **Beschaffenheit,**	z. B. verdorbene, beschädigte oder fehlerhafte Ware (Stoffe mit Webfehlern).
Offene Mängel	sind ohne weiteres sofort erkennbar, z. B. ein Kratzer in einem Möbelstück.
Versteckte Mängel	werden meist erst später ersichtlich, z. B. verdorbene Konserven, Materialfehler einer Maschine.

Rügepflicht des Käufers

Auf Grund der unverzüglichen Prüfung einer Lieferung hat der Käufer das Recht, eine mangelhafte Ware zurückzusenden, falls der Verkäufer ausdrücklich oder stillschweigend zustimmt. Ansonsten besteht nach HGB § 379 Aufbewahrungspflicht. Hierzu muß er aber den Verkäufer von dem Mangel in Kenntnis setzen und ihm in einer **Mängelrüge** die Art des Mangels genau mitteilen.

Der Käufer muß aber hierbei bestimmte **Rügefristen** beachten:

	Rügefrist für **offene Mängel**	**Rügefrist** für **versteckte Mängel**
Käufer und Verkäufer sind Kaufleute (HGB § 377)	unverzüglich	unverzüglich nach Entdeckung, jedoch innerhalb 6 Monaten nach Lieferung
Nur ein Vertragspartner ist Kaufmann *oder* **beide sind Privatleute** (BGB § 477)	innerhalb 6 Monaten nach der Lieferung	

Unterläßt der Käufer die Mängelrüge, so gilt die Lieferung als angenommen oder genehmigt. Der Käufer verliert dann seine ihm zustehenden Rechte. Dies gilt aber nicht, wenn der Verkäufer die mangelhafte Lieferung arglistig verursacht hat (HGB § 377 Abs. 2 und 5).

Diese gesetzlichen Fristen gelten aber nur, wenn Käufer und Verkäufer keine längeren oder kürzeren Rügefristen im Kaufvertrag vereinbart haben. Vermerke auf Lieferungsanzeigen und Rechnungen, die nach Vertragsschluß versandt worden sind, gelten nicht als gültige Vereinbarungen.

Die Mängelrüge kann **formlos** erteilt werden; auch ein Handlungsreisender muß sie entgegennehmen (HGB § 55).

Im kaufmännischen Geschäftsgebrauch ist es aber üblich, eine Rüge schriftlich zu erteilen. Mündliche, fernmündliche oder per Telefax erteilte Rügen sollten schriftlich bestätigt werden. In jedem Falle ist es aber wichtig, die *Art der Mängel* genau zu *beschreiben.*

Rechte des Käufers

Gewährleistungsansprüche werden in der Geschäftspraxis meist durch vertragliche Vereinbarungen ausgeschlossen, falls gesetzliche Vorschriften, z. B. durch das AGBG, nicht zwingend sind. Hierbei ist die Marktposition des Käufers oder Verkäufers entscheidend. Ein kleiner Zulieferer eines Automobil-Konzerns wird jede Vertragsbedingung annehmen, wenn er hierdurch eine langfristige, umsatzstarke Absatzchance wahrnehmen kann. Besitzt der Lieferant weitgehend eine Monopolstellung für seine Erzeugnisse, so wird er dem Käufer die Vertragsbedingungen diktieren.

Der Anspruch auf kostenlose Fehlerbeseitigung kann dem Käufer einer neuen Sache aber nie genommen werden.

Liegen keine vertraglichen Vereinbarungen vor, stehen dem Käufer bei rechtzeitig erteilter Mängelrüge folgende **gesetzliche Gewährleistungsansprüche** zu, die er aber nur *wahlweise* geltend machen kann (BGB § 459 ff.):

- **Wandelung (Rückgängigmachung des Vertrags)**

Beispiel: Mangelhafte Ware wird zurückgegeben, der Kaufpreis – falls schon bezahlt – wird zurückverlangt.

Der Rücktritt ist auch dann noch möglich, wenn ein versteckter Mangel vorlag, der erst bei der Verarbeitung der Ware ersichtlich wird.

- **Minderung (Herabsetzung des Kaufpreises)**

Beispiel: Bei einem kleinen Fehler, der die Verwendungsmöglichkeit der Ware kaum beeinträchtigt, wie Webfehler bei Stoffen, kaum sichtbare Kratzer bei Möbeln, leichte Brennfehler bei Porzellan und Glas, Fehlfarben usw., wird der Käufer die Ware behalten, aber eine Herabsetzung des Kaufpreises verlangen.

- **Ersatzlieferung**, wenn es überhaupt möglich ist, einen gleichartigen und gleichwertigen Ersatz zu liefern (Gattungssachen).

Beispiel: Ein altes Rosenthal-Porzellan, das beschädigt wurde, kann nicht ersetzt werden. Dagegen ist der Umtausch eines modernen Porzellans, Katalog-Nr. 334, möglich. Der Käufer wird stets auf Umtausch bestehen, wenn er günstig eingekauft hatte, wenn für ihn geschmacklich keine andere Ware in Frage kommt oder wenn in der Zwischenzeit die Preise gestiegen sind.

- **Schadenersatz**

Der Käufer hat Anspruch auf Ersatz jeglichen Schadens, der durch die mangelhafte Lieferung entstanden ist, auch für Folgeschäden, z. B. Kauf eines kranken Schafes, das die ganze Herde ansteckt. Der Verkäufer muß aber den Schaden verschuldet haben, also fahrlässig oder vorsätzlich gehandelt haben.

Folgeschäden werden, meist vom Hersteller, gerne in den Allgemeinen Geschäftsbedingungen des Kaufvertrags ausgeschlossen.

Der Käufer kann aber **Schadenersatz wegen Nichterfüllung des ganzen** Vertrags (siehe S. 64) nur in den folgenden Fällen verlangen:

▶ **wenn der Ware eine bei Vertragsschluß ausdrücklich zugesicherte Eigenschaft fehlt**

Beispiel: Eine Textilgroßhandlung erhält von einer Weberei Stoff für mehrfarbige Markisen mit der Zusicherung, der Stoff sei absolut farbecht. Ein Kunde reklamiert den Stoff, da die Farben ineinanderfließen. Er ist so verärgert, daß er erklärt, in diesem Geschäft nichts mehr zu kaufen. Dem Großhändler entsteht ein Schaden durch den Verlust des Kunden, denn es entgehen ihm Gewinne, die er bei weiteren Käufen des Kunden erzielt hätte. Für diesen Schaden muß die Weberei einstehen.

▶ **wenn er einen Warenmangel arglistig verschweigt**

Beispiel: Ein Autoreifenhändler verkauft einem Kunden, der fabrikneue Reifen verlangt, runderneuerte Reifen. Nach 5000 km Fahrt entsteht hierdurch ein Verkehrsunfall. Der Reifenhändler muß den gesamten Schaden ersetzen.

Keine Gewährleistungsansprüche kennt das Gesetz in den Fällen, in denen

1. die Mängel unerheblich sind;
2. der Käufer die Ware trotz Kenntnis des Mangels ohne Vorbehalt annimmt und nicht rügt;
3. die Ware auf einer öffentlichen Versteigerung oder „in Bausch und Bogen" gekauft wurde.
   (BGB §§ 459 ff., 460, 461, 464)

Alle oben genannten Rechte aus einem Kaufvertrag können auch bei einem **Werklieferungsvertrag** geltend gemacht werden, sofern es sich um eine vertretbare Ware (Gattungssache) handelt.

Ist die Ware aber nicht vertretbar (Speziessache), so gelten die Vorschriften über den **Werkvertrag.** Hier kann die Beseitigung des Mangels durch Reparatur verlangt werden, wenn sie für den Hersteller nicht mit einem unverhältnismäßig hohen Aufwand verbunden ist. Ist die nicht möglich, hat der Käufer die üblichen Gewährleistungsansprüche (BGB §§ 631, 633, 638, 651).

Eine über die gesetzliche Gewährleistungspflicht hinausgehende **Garantie** berechtigt grundsätzlich nur zur **Reparatur,** wenn nicht vertraglich ausdrücklich etwas anderes vereinbart wurde (BGB § 477).

Produkthaftung. Ein Hersteller innerhalb der Europäischen Union muß grundsätzlich für den Schaden haften, der durch einen Mangel seines Produkts beim privaten Verbraucher entsteht, z. B. den Schaden eines Autounfalls infolge werksmäßig mangelhafter Bremsanlage eines Fahrzeugs. Der Geschädigte muß aber eine Selbstbeteiligung von 500 ECU[1] tragen. Kleine Schäden werden also nicht ersetzt (ProdHaftG v. 15.12.89).

Der Hersteller kann sich von der Haftungsverpflichtung befreien, wenn er entlastende Umstände geltend machen kann, z. B. Entwicklungsrisiken bei einem Arzneimittel (s. auch S. 350!)

[1] ECU = European Currency Unit (Europäische Währungseinheit – 1 ECU = 1,84694 DM).

Wesentliche Lerninhalte

- **Mängel in der**
  - Art = falsche Ware
  - Menge = zuviel oder zuwenig
  - Beschaffenheit = anders als bestellt
  - Qualität
    - ▶ fehlerhafte Ware
    - ▶ Fehlen zugesicherter Eigenschaften

  ▶ offene Mängel: sofort erkennbar
  ▶ versteckte Mängel: nicht sofort erkennbar

- **Prüfungspflicht des Käufers**
  - beim zweiseitigen Handelskauf: *unverzüglich*
  - beim einseitigen Handelskauf: *innerhalb von sechs Monaten nach Lieferung*

- **Rügepflicht des Käufers**
  - ▶ Formlose Erteilung
  - ▶ Besondere Rügefristen bei
    - offenen und versteckten Mängeln
    - zweiseitigen und einseitigen Handelskäufen

  Gesetzliche Rügepflicht gilt nur dann, wenn vertraglich keine anderen Vereinbarungen getroffen worden sind.

- **Gesetzliche Gewährleistungsansprüche des Käufers**
  - Wandelung
  - Minderung = Preisnachlaß
  - Ersatzlieferung
  - Schadenersatz wegen Nichterfüllung
    - → bei Fehlen *zugesicherter Eigenschaften*
    - → bei arglistiger Täuschung

- **Vertragliche Regelungen** schließen gesetzliche Gewährleistungsansprüche meist aus.
- **Produkthaftung** besteht für Hersteller innerhalb der EG für Mängel ihrer Produkte bei privaten Verbrauchern.

Aufgaben zur Sicherung des Lernerfolgs

1 Welche Mängelarten liegen in den folgenden Fällen vor:
a) Statt 25 werden 35 Bücher geliefert.
b) Es wird nicht die Küchenmaschine Nr. 345 E, sondern 345 C geliefert.
c) Eine Sendung Hausschuhe zeigt leichte Verfärbung des Oberleders.
d) Es werden Äpfel Güteklasse B statt Güteklasse A geliefert.
e) Eine Sendung Stoffe hat Webfehler.
f) Es wird nicht die Papiersorte Nr. 1003, sondern Nr. 1803 geliefert.
g) Statt der bestellten sechs erhalten wir 60 Kartons Obstkonserven.
h) Ein Fernsehgerät weist Kratzer am Gehäuse auf.

2 Schildern Sie aus Ihrer Geschäftserfahrung:
a) Fünf Fälle eines offenen Mangels,
b) fünf Fälle eines versteckten Mangels!

3 Welche Pflichten hat der Käufer beim Eintreffen einer bestellten Warensendung?

4 Was müssen Sie tun, wenn die gelieferte Ware einen Mangel aufweist?

5 Wann muß in den folgenden Fällen reklamiert werden? Begründen Sie Ihre Entscheidung!
a) Ein Lebensmittelgroßhändler erhält von einer Brotfabrik verschimmeltes Brot.
b) Herr Müller entdeckt beim Lesen eines Buches, daß verschiedene Seiten fehlen. Er hat das Buch vor zwei Wochen in einer Buchhandlung gekauft.
c) Ein Kunde bringt neun Monate nach dem Kauf einen Orientteppich zu einem Teppichhändler zurück mit der Reklamation, die Farben seien nicht echt und hätten beim Reinigen abgefärbt.
d) Eine Lebensmitteleinkaufsgenossenschaft kauft in einer Konservenfabrik verschiedene Gemüsekonserven. Die Fabrik räumt in ihren Vertragsbedingungen für offene und versteckte Mängel eine Rügefrist von einem Monat ein. Die Konserven werden nach sechs Wochen verkauft. Immer wieder bringen Kunden verdorbene Konserven zurück.

6 Welche gesetzlichen Rechte hat der Käufer, wenn er mangelhafte Ware erhält?

7 Von welchem Käuferrecht können Sie in den Fällen der Frage 1 a–h und 5 a–d Gebrauch machen? Begründen Sie Ihre Ansicht!

8 Durch eine Unwetterkatastrophe hat die gesamte Belegschaft eines Großhandelsbetriebs mit Aufräumungsarbeiten zu tun. Hierdurch wird die rechtzeitige Prüfung eingetroffener Lieferungen versäumt. Wie beurteilen Sie die Rechtslage?

9 Ein Großhandelsbetrieb lehnt eine ordnungsgemäß erteilte Mängelrüge eines Einzelhändlers wegen verdorbener Ware mit dem Hinweis ab, sowohl Lieferschein wie Rechnung enthielten den Vermerk „Bei verdorbener Ware sind keine Gewährleistungsansprüche möglich". Wie beurteilen Sie diesen Fall?

10 Der Spezialboden in einer Lagerhalle einer Ledergroßhandlung, welche die Bodenplatten selbst besorgt hat, wurde nicht sachgemäß verlegt. An verschiedenen Stellen lösen sich die Platten, wodurch sie leicht zerspringen.
a) Welcher Gewährleistungsanspruch steht der Großhandlung zu?
b) Warum sind Wandlung, Minderung oder Schadenersatz wegen Nichterfüllung in diesem Fall nicht möglich?

11 a) Was versteht man unter Produkthaftung?
b) Bilden Sie ein Beispiel hierzu!
c) Was versteht man unter Selbstbeteiligung bei der Produkthaftung?

2.6.3 Der Annahmeverzug

Problem

In der Verkaufsabteilung der Textilgroßhandlung Friedrich Baumann OHG in Friedrichshafen gibt es Ärger: Laut Mitteilung der bahnamtlichen Spedition Heilbronn hat das Textilgeschäft Moser in Heilbronn-Böckingen unsere Lieferung Nr. NZ 3008 über 100 Herrenanzüge nicht angenommen. Herr Hinterleitner, der Leiter der Verkaufsabteilung, vergleicht sofort unsere Lieferpapiere mit den Kaufvertragsunterlagen. Alles ist in Ordnung. Wir haben die richtige Ware zur richtigen Zeit an den richtigen Kunden gesandt. Es ist auch kein Schreiben des Textilgeschäfts Moser da, das die Annahmeverweigerung begründet.

Die Ware liegt nun im Lager der bahnamtlichen Spedition in Heilbronn und verursacht täglich Lagerkosten. Was soll Herr Hinterleitner nun unternehmen, um den aus der Annahmeverweigerung entstehenden Schaden abzuwenden?

Sachdarstellung

Wesen des Annahmeverzugs

Der Käufer gerät in Annahmeverzug, wenn er die *ordnungsgemäß gelieferte Ware nicht annimmt.* Hierbei ist es gleichgültig, aus welchen Gründen er die Warenannahme verweigert (BGB §§ 293f.).

Ordnungsgemäße Lieferung heißt Lieferung *zur rechten Zeit, an den rechten Ort,* und *in der richtigen Güte und Menge.*

Die Gefahr für die Beschädigung oder Zerstörung der Ware trägt im Falle der Nichtannahme bei Gattungsschulden jetzt der Käufer. Der Lieferer haftet nur noch für Vorsatz und grobe Fahrlässigkeit.

Die Rechte des Verkäufers

- Der Lieferer hat das Recht auf Gegenleistung. Er kann daher die Ware zurücknehmen und in seinem Lager aufbewahren **oder** am Ort des Käufers auf dessen Rechnung und Gefahr in einem öffentlichen Lagerhaus einlagern und *den Käufer auf Abnahme der Ware verklagen.*

  Eine Einlagerung kommt aber nur bei nicht hinterlegungsfähigen Sachen in Frage, z. B. einem Waggon Weizen. Hinterlegungsfähige Sachen, meist Geld, müssen beim Amtsgericht verwahrt werden [HGB § 373 (1), aber BGB § 372 (1)!]

- Der Lieferer kann auf die Klage verzichten und durch eine öffentliche Versteigerung einen **Selbsthilfeverkauf** vornehmen lassen [HGB § 373 (2)–(4)].

Von welchem dieser Rechte der Lieferer Gebrauch macht, richtet sich nach Art und Umfang des Geschäfts, nach Art und Dauer der Geschäftsverbindung mit dem Kunden usw. Der Kaufmann zieht der Klage meist den Selbsthilfeverkauf vor, da er dadurch schneller und sicherer zu seinem Geld kommt und zunächst ihm und dann auch dem Käufer Gerichts- und Anwaltskosten erspart bleiben. Die Kosten der Versteigerung trägt stets der Käufer.

- Der Lieferer kann die Ware entgegenkommenderweise *zurücknehmen und anderweitig verkaufen,* z. B. bei gutem Absatz, kleinem Rechnungsbetrag, gutem Kunden usw.

Der Selbsthilfeverkauf

Zur Durchführung des Selbsthilfeverkaufs legt das Gesetz zum Schutz des Käufers dem Lieferer Pflichten auf:

- Er muß dem Käufer den *Ort* der Aufbewahrung der Ware mitteilen.
- Er muß dem Käufer eine Frist zur Abnahme der Ware stellen und den Selbsthilfeverkauf androhen (BGB § 384; HGB § 373).
- Er muß dem Käufer, wenn dieser die Ware dennoch nicht annimmt, rechtzeitig *Ort* und *Zeitpunkt* des Selbsthilfeverkaufs mitteilen, damit er Gelegenheit hat, selbst an der Versteigerung teilzunehmen.

  Beim Selbsthilfeverkauf werden die Waren meist öffentlich versteigert. Bei Waren mit einem Börsen- oder Marktpreis ist eine Versteigerung nicht notwendig. Sie können auch durch einen vom Gericht bevollmächtigten Makler *freihändig* verkauft werden. Käufer und Verkäufer können bei der Versteigerung mitbieten. Der Ort der Versteigerung ist in der Regel der Wohnort des Käufers. Ist dort kein befriedigender Versteigerungserlös zu erwarten, z. B. in einem kleinen Dorf, kann ein anderer, geeigneter Ort gewählt werden (BGB §§ 383, 385; HGB § 373).

- Er muß dem Käufer das *Ergebnis des Selbsthilfeverkaufs* unverzüglich mitteilen. Die entstandenen Kosten sowie die Differenz zwischen Rechnungspreis und Mindererlös muß der Käufer tragen, da der Selbsthilfeverkauf auf seine Rechnung erfolgt. Ein etwaiger Mehrerlös, der durch sprunghafte Preiserhöhung möglich sein kann, gehört dem Käufer (BGB § 304).

Die Pflicht zur *Androhung* des Selbsthilfeverkaufs *entfällt,* wenn es sich um leicht verderbliche Waren handelt, z. B. Obst. Diesen besonderen Selbsthilfeverkauf nennt man **Notverkauf** (BGB § 384).

Haftung beim Annahmeverzug

Wie beim Lieferungsverzug der Verkäufer, haftet hier der Käufer auch für Schäden durch Zufall.

Wesentliche Lerninhalte

- Der **Annahmeverzug** tritt ein, wenn der Käufer die ordnungsgemäß gelieferte Ware nicht annimmt.
- **Rechte des Verkäufers**
  - ▶ **Rücktritt vom Vertrag,** da anderweitiger Verkauf vorteilhafter
  - ▶ **Lagerung der Ware** auf Kosten und Gefahr des Käufers und **Klage** gegen den Käufer auf Abnahme der Ware
  - ▶ **Selbsthilfeverkauf** = Verkauf der Ware durch
    – *öffentliche Versteigerung*
    – *freihändigen Verkauf,* wenn die Ware einen Börsen- oder Marktpreis besitzt.

Aufgaben zur Sicherung des Lernerfolgs

1 Wann gerät der Käufer in Annahmeverzug?

2 Was versteht man unter „ordnungsgemäßer Lieferung"?

3 Wie beurteilen Sie folgende Situationen:

a) Eine Sendung Weihnachtsgebäck, die auf 15. 12. bestellt war, trifft am 20. 12. ein. Der Großhändler nimmt die Ware nicht an.

b) Ein Schuhgroßhändler erhält eine Paketsendung Schuhe in seine Privatwohnung statt in sein Geschäft. Da dies schon mehrfach geschah, ist er so verärgert, daß er die Annahme der Pakete verweigert.

c) Das Ehepaar Großmann bestellt zur Lieferung auf 18. März Möbel. Herr Großmann verweigert die Annahme am 15. März, da er inzwischen ein neues Auto gekauft hat und die Möbel nicht bezahlen kann.

4 Welche Rechte hat der Verkäufer, wenn sich der Käufer im Annahmeverzug befindet?

5 Erklären Sie den Begriff „Selbsthilfeverkauf"!

6 Welche Pflichten hat der Verkäufer bei der Durchführung eines Selbsthilfeverkaufs?

7 Was geschieht beim Selbsthilfeverkauf a) mit einem Mindererlös, b) mit einem Mehrerlös?

8 Begründen Sie Ihre Entscheidung in den folgenden Fällen:

a) Ein langjähriger guter Kunde verweigert aus unerklärlichen Gründen die Annahme einer Lieferung über 2 500,00 DM.

b) Ein Kunde gerät in Annahmeverzug für einen Warenwert von 70,00 DM.

c) Eine Schwerlastlieferung, die über 800 km transportiert worden ist, wird vom Kunden nicht angenommen. Soll die Ware in einem öffentlichen Lagerhaus am Ort des Käufers eingelagert oder ins eigene Lager zurücktransportiert werden?

d) Nehmen wir an, es handle sich im Fall c)
1. um Fertigteile für einen Brückenbau,
2. um einen Scraper (Erdbewegungsmaschine) für den Straßenbau.
Entscheiden Sie über Klage oder Selbsthilfeverkauf!

e) Eine Teppichlieferung wird von einem Großhändler nicht angenommen. Der Großhändler hat seinen Geschäftssitz in einem kleinen Dorf nahe der Autobahn bei Heilbronn. Wo würden Sie den Selbsthilfeverkauf durchführen lassen?

9 ★Wie beurteilen Sie die Rechtslage in folgenden Fällen:

a) Eine ordnungsgemäß gelieferte Warensendung wird nicht angenommen, weil der Empfänger kurzfristig verreist ist. Der Verkäufer hat den Zeitpunkt der Lieferung nicht angekündigt, weil hierzu kein Anlaß vorhanden war (BGB § 293).

b) Eine nicht angenommene Maschine wird vom Verkäufer ohne weitere Mitteilung an den Käufer versteigert und der Mindererlös dem Käufer in Rechnung gestellt (BGB § 384, HGB § 373).

c) Wie wäre die Rechtslage im Fall b), wenn es sich um eine Lkw-Ladung Tomaten aus Italien gehandelt hätte?

d) Ein Lieferer erzielt bei einem Selbsthilfeverkauf überraschend einen Mehrerlös, da sich die Warenpreise plötzlich stark erhöht haben. Der Käufer, der den Annahmeverzug verursachte, verlangt Herausgabe des Mehrerlöses.

e) Der Käufer einer Möbellieferung verweigert schuldhaft die Warenannahme. Beim Rücktransport (Werkverkehr) verursacht der Lkw-Fahrer durch leichte Fahrlässigkeit einen Unfall, bei dem die Ware völlig vernichtet wird. Wer muß den Schaden tragen (BGB §§ 300, 324, 278, 276)?

f) Wie wäre die Rechtslage im Falle e), wenn bei dem Lkw-Fahrer ein Alkoholgehalt von 2,9 Promille festgestellt worden wäre?

2.6.4 Der Zahlungsverzug

Problem

Papiergroßhandel Treffaur & Munz KG, Nürnberg

1273 Konto: F. Müller, Ulm — Zahlungsbedingungen 14 Tage 2 % oder 30 Tage netto

Buchungsdatum	Rechnungsdatum	Journalseite	Soll	Haben	Saldo
01.01.	–	13	1300,00		1300,00
03.01.	02.01.	14	2800,00		4100,00
04.02.	04.02.	14	3400,00		7500,00
05.02.	–	18		1300,00	6200,00
08.02.	07.02.	19	800,00		7000,00

Sie kontrollieren dieses Debitorenkonto (Forderungen an Kunden) am 05.03.! Wie beurteilen Sie die Zahlungssituation der Firma Müller aus Ulm? Was muß gegen Müller unternommen werden?

Sachdarstellung

Der Käufer gerät in Zahlungsverzug, wenn er seine Zahlungspflicht aus einem rechtsgültig abgeschlossenen Kaufvertrag *nicht erfüllt*. Bei gesetzlicher Regelung hat der Schuldner dann erfüllt, wenn er an seinem Wohnort die Zahlung veranlaßt hat (Geldschulden sind Schickschulden!)

Dabei ist zu beachten:

- Ist dem Käufer in den Zahlungsbedingungen des Kaufvertrages ein bestimmter Zahlungstermin gesetzt, befindet er sich vom *Fälligkeitstag ab* in Verzug.
- Ist keine bestimmte Zahlungsfrist vereinbart, gerät der Käufer erst nach einer *Mahnung* in Zahlungsverzug.

Im übrigen hat der Verkäufer die gleichen Rechte wie der Käufer beim Lieferungsverzug, insbesondere das **Rücktrittsrecht vom Vertrag,** welches ihm aber meist schon aus der Vereinbarung des Eigentumsvorbehalts zusteht (siehe Seite 63!).

Da dem Verkäufer durch den Zahlungsverzug des Käufers ein finanzieller Schaden entsteht, erlaubt ihm das Gesetz, **Verzugszinsen** sowie **Kostenersatz** zu verlangen.

Die Höhe der Verzugszinsen beträgt bei beiderseitigen Handelsgeschäften nach HGB § 352 mindestens 5 %, bei einseitigen Handelsgeschäften nach BGB § 288 mindestens 4 %. Weist der Lieferer nach, daß er höhere Bankzinsen zahlen muß, so kann er diese verlangen.

Wesentliche Lerninhalte

- **Zahlungsverzug** tritt ein, wenn der Schuldner seine Zahlungspflicht nicht erfüllt.

  - ab Fälligkeitstag, wenn Zahlungstermin fest vereinbart war
  - nach Mahnung mit Fristsetzung, wenn Zahlungstermin nicht fest vereinbart war

  Rechte des Verkäufers

  → Zahlung verlangen (außergerichtliches Mahnverfahren bis zur Klage)

  → Zahlung und Schadenersatz verlangen (Verzugszinsen und Auslagen)

  → Rücktritt vom Vertrag und Schadenersatz wegen Nichterfüllung, falls nachweisbar.

Aufgaben zur Sicherung des Lernerfolgs

1 Wann tritt der Zahlungsverzug ein, wenn die Zahlungsbedingungen lauten: Zahlung innerhalb 10 Tagen mit 2 % Skonto, in 30 Tagen netto Kasse (Rechnungsdatum 28.02.19. .)?

2 a) Was versteht man unter Verzugszinsen?

b) Wie hoch wären die Verzugszinsen in Frage 1, wenn der Rechnungsbetrag über 10 000,00 DM am 15.04. mit einer Rate von 6 000,00 DM und am 20.05. mit dem Restbetrag bezahlt worden wäre? Zinsfuß 12 %.

3 Formulieren Sie möglichst kurz den Text für eine Mahnung, um den Schuldner in Verzug zu setzen! Wählen Sie Absender und Empfänger selbst!

4 a) Welche möglichen Ursachen können zum Zahlungsverzug führen?

b) Welche Ursache kommt nach Ihren Erfahrungen am häufigsten vor? Unterhalten Sie sich hierzu mit dem Sachbearbeiter für das Mahnwesen Ihres Ausbildungsbetriebs!

5 Entscheiden Sie über die zu treffenden Maßnahmen bei folgenden Ursachen für den Zahlungsverzug:

a) Im Betrieb des Kunden ist durch eine Unwetterkatastrophe schwerer Schaden entstanden. Der Wiederaufbau benötigt Monate!

b) Der Kunde verweigert böswillig die Zahlung.

c) Der Kunde entschuldigt sich, da er durch den Konkurs eines Großhändlers erhebliche Verluste erlitten habe.

2.7 Vertragsfreiheit und Allgemeine Geschäftsbedingungen

Problem

① Herr Müller hat in einem Wohnblock zwei gleichwertige Wohnungen zu vermieten. Aus den 16 Bewerbungen, die auf seine Anzeige hin eingegangen sind, sucht er sich zwei Familien aus und vermietet eine Wohnung zu 880 DM, die andere zu 1030 DM. Ist dies zulässig?

② Der Einzelhändler Lehmann stellt fest, daß sein Vorrat an Rheinwein zu Ende geht. Er will 500 Flaschen beziehen. Kann er telefonisch beim Weingut „Freiherr von Limburg" in Rüdesheim bestellen oder muß die Bestellung über eine so große Menge schriftlich erfolgen, um rechtsgültig zu sein?

③ Ein ermüdeter Wanderer kommt durstig an einen Rastplatz und seufzt: „Jetzt würde ich 100 DM für eine Flasche Bier geben!" Herr Kunze hört dies, holt aus seinem Rucksack eine Flasche Bier und sagt: „Ich nehme Ihr Angebot an!"

④ Die Stenotypistin Ruth Müller vertippt sich und bestellt statt 60 Flaschen „Würzburger Stein" 600 Flaschen. Als am nächsten Morgen der Fehler bemerkt wird, ist die Bestellung bereits beim Lieferanten eingetroffen. Müssen 600 Flaschen, wie bestellt, abgenommen werden?

⑤ Aus den Allgemeinen Geschäftsbedingungen einer Kofferfabrik: „... Die Garantie erstreckt sich auf die Beseitigung von Mängeln, die nachweislich auf Fabrikations- oder Materialfehlern beruhen. – Weitergehende Ansprüche, wie Wandelung, Minderung, Schadenersatz, Umtausch, Folgeschäden direkter oder indirekter Art usw., sind ausgeschlossen ..." – Vergleichen Sie diese Bedingungen mit dem, was Sie im vorherigen Kapitel gelernt haben und mit dem Gesetz zur Regelung der Allgemeinen Geschäftsbedingungen (AGB-Gesetz)!

Sachdarstellung

2.7.1 Die Vertragsfreiheit

In der *Bundesrepublik Deutschland* gilt entsprechend dem GG Art. 2 und den entsprechenden Gesetzen – wie BGB, HGB – der **Grundsatz der Vertragsfreiheit.**

Dieser aus dem *Grundrecht auf freie Entfaltung der Persönlichkeit* abgeleitete Grundsatz ist für die unkomplizierte und unproblematische Abwicklung von Verträgen von unschätzbarem Vorteil. Gleichzeitig kann er jedoch unter Umständen dann von erheblichem Nachteil sein, wenn die Unerfahrenheit einzelner Vertragspartner in geschäftlichen Dingen zu unüberlegten Vertragsabschlüssen führt. Deshalb wird die *schrankenlose Vertragsfreiheit* durch *gesetzliche Bestimmungen begrenzt,* wie z. B. durch Vorschriften des AGBG, die Formvorschriften und die Bestimmungen über Nichtigkeit und Anfechtbarkeit von Verträgen.

Die Vertragsfreiheit umfaßt die

Freiheit	zum Abschluß zur Gestaltung zur Auflösung	von Verträgen

2.7.1.1 Die Abschlußfreiheit

Jeder *voll* (u. U. *auch beschränkt*) *Geschäftsfähige* kann im Rahmen des geltenden Rechts Verträge abschließen, mit wem er will. Dies trifft auch auf Herrn Müller zu (siehe oben!).

2.7.1.2 Die Gestaltungsfreiheit

- **Freier Vertragsinhalt:** Herr Müller kann *verschiedene Preise* verlangen (vgl. Problem ①, Seite 75!). Es entspricht der freiheitlichen Grundhaltung unserer Gesellschaft, daß der *Inhalt der Verträge frei bestimmt* werden kann. Nur wenn keine besonderen Abmachungen getroffen wurden, gilt die gesetzliche Regelung. Diese Möglichkeiten erlauben es, die Verträge so abzufassen, daß sie genau auf den Einzelfall passen.

  Obwohl Verträge grundsätzlich einzuhalten sind, schützt der Gesetzgeber den einzelnen und die Gesellschaft vor *Mißbrauch der Vertragsfreiheit.* Verträge sind ungültig **(nichtig),** wenn sie z. B. gegen die guten Sitten verstoßen, wie etwa bei Wucher. Bereits gültige Verträge können **angefochten werden,** wenn es sich z. B. herausstellt, daß ein Warenmangel *arglistig verschwiegen* wurde (vgl. S. 80 ff.).

- **Grundsatz von Treu und Glauben:** Die Vertragspartner sind beim Abschluß und bei der Erfüllung eines Vertrages darauf angewiesen, daß jeder seine Pflichten ordnungsgemäß beachtet. Es heißt deshalb im BGB § 242: „Der Schuldner ist verpflichtet, die Leistung so zu bewirken, wie Treu und Glauben mit Rücksicht auf die Verkehrssitte es erfordern." Dabei ist auch auf die allgemein geltenden *Handelsbräuche (Handelsusancen)* und *Gewohnheiten* Rücksicht zu nehmen. Selbst das Ausüben eines bestehenden Rechts kann gegen Treu und Glauben verstoßen. Wenn z. B. ein Hersteller längere Zeit geduldet hat, daß ein Konkurrent seine patentierte Maschine nachbaut, so darf er nicht warten, bis der Konkurrent viel verdient hat, um dann plötzlich auf Schadenersatz zu klagen. Ein solches Vorgehen wäre eine *unzulässige Rechtsausübung* (BGB §§ 157, 242, HGB § 346).
- **Formfreiheit:** Der Vertragsfreiheit entsprechend ist im allgemeinen keine besondere Form für die einseitigen Rechtsgeschäfte und Verträge vorgeschrieben. Dies gilt für alle Verkäufe wirtschaftlicher Produkte, doch wird, um Nachweise zu haben, im Verkehr unter Kaufleuten die schriftliche Form vorgezogen. Oft wird vereinbart, daß nur schriftlich bestätigte Abmachungen Bestandteil des Vertrages sind (vergleiche BGB § 127!).
- **Kontrahierungszwang:** In Sonderfällen *muß* ein Unternehmen kraft Gesetzes einen Vertrag schließen, sobald der Antrag gestellt ist. Dies gilt vor allem für die Bundesbahn und die Bundespost POSTDIENST, die sich nicht weigern kann, einen Brief zu befördern, da sie gleichzeitig das alleinige Recht zur Briefbeförderung hat *(Beförderungsmonopol).*

2.7.1.3 Die Freiheit zur Auflösung

Kaufverträge erledigen sich durch die ordnungsgemäße Vertragserfüllung durch die Vertragspartner.

Andere Verträge, z. B. Mietvertrag, Darlehensvertrag, Arbeitsvertrag, Leihvertrag, werden entweder auf *bestimmte* oder auf *unbestimmte Zeit* geschlossen. Bei bestimmter Zeit endigen die Verträge durch *Zeitablauf,* bei unbestimmter Zeit durch *Kündigung* durch einen Vertragspartner. Es sind jeweils gesetzliche Kündigungsfristen festgelegt, die im allgemeinen nicht durch vertragliche Vereinbarungen unterschritten werden dürfen; z. B. Kündigungsfrist bei Darlehen: Darlehensbetrag über 300 DM → 3 Monate, darunter → 1 Monat; Pachtvertrag: 6 Monate zum Ende des Pachtjahres (BGB §§ 584, 609).

Wird ein Vertrag nicht eingehalten, so ist u. U. auch eine *fristlose Kündigung* möglich; vgl. z. B. BGB §§ 554, 626!

Bei vermieteten Wohnräumen hat der Gesetzgeber aus sozialen Gründen die Kündigungsmöglichkeit des Vermieters stark eingeschränkt, BGB § 556a.

2.7.2 Grenzen der Vertragsfreiheit

2.7.2.1 Die Formvorschriften

Bei wenigen Verträgen und einseitigen Rechtsgeschäften, in denen übereilten Entschlüssen vorgebeugt werden soll und die für den einzelnen von besonderer Bedeutung sind, sind gesetzlich vorgeschriebene Formvorschriften einzuhalten. Formvorschriften bedeuten *Rechtssicherheit.*

Formvorschriften

Formen	Wesen	verlangt u. a. bei	Gesetzliche Regelung
• Schriftform	eigenhändige Unterschrift erforderlich	Schuldversprechen, Schuldanerkenntnis, Bürgschaft (unter Vollkaufleuten formlos!), Konkurrenzklausel beim Arbeitsvertrag (BGB §§ 766, 780, 781; HGB §§ 74, 350).	BGB § 126
• Öffentliche Beglaubigung[1]	eigenhändige Unterschrift wird von einem Notar beglaubigt	Anträge auf Eintragung ins Grundbuch, Handels-, Vereins-, Güterrechtsregister (BGB §§ 77, 1560; HGB § 12; GBO § 29).	BGB § 129 Beurkundungsgesetz § 39 ff.
• Notarielle Beurkundung	Über die Verhandlung wird vom Notar eine Niederschrift aufgenommen, den Beteiligten vorgelesen und von ihnen genehmigt und unterschrieben. Der Notar unterschreibt ebenfalls.	Veräußerung und Belastung von Grundstücken, Schenkungsversprechen, Beschlüsse der Hauptversammlung einer AG (BGB §§ 313, 518; AktG § 130).	BGB § 128 Beurkundungsgesetz § 6 ff.

Anmeldung meiner Firma

Am 1. April d. J. habe ich ein Feinkost- und Lebensmittelgeschäft unter der Firma

Friedrich H. Brinkmann, Hainholzweg 21, Göttingen,

eröffnet und beantrage die Eintragung meiner Firma in das Handelsregister.

Ich zeichne die Firma wie folgt:

Friedrich H. Brinkmann

Zum Nachweis der Eintragungsfähigkeit weise ich darauf hin, daß ich mit einem Betriebskapital von 300 000,00 DM arbeite.

Friedrich H. Brinkmann

Urkundenrolle 125/..

Vorstehende vor mir durch den Kaufmann Friedrich H. Brinkmann, Göttingen, Hainholzweg 21 – dem Notar persönlich bekannt – eigenhändig vollzogene Firmenzeichnung und seine Unterschrift beglaubige ich.

Göttingen, den 5. April 19.. *[illegible], Notar*

(Siegel des Notars)

[1] Auch andere Urkundspersonen (z. B. Standesbeamte) und sonstige Stellen (z. B. Behörden, Gerichte) können beglaubigen (z. B. Zeugnisabschriften, Fotokopien) bzw. beurkunden.

2.7.2.2 Die Nichtigkeit von Verträgen

Trotz Vertragsfreiheit kann nicht jedes beliebige Rechtsgeschäft abgeschlossen werden. Auf Grund gesetzlicher Vorschriften sind bestimmte Geschäfte *von vornherein ungültig,* d.h. **nichtig,** auch wenn die Willenserklärungen übereinstimmen.

Mangel	Art des Vertrags	gesetzliche Grundlage
in der **Geschäftsfähigkeit**	Verträge mit *Geschäftsunfähigen,* z.B. die sechsjährige Christel kauft ein Puppenkleidchen	BGB § 105 (1)
im **rechtsgeschäftlichen Willen**	Verträge, die im *Zustand der Bewußtlosigkeit oder* vorübergehender *Störung* der *Geistestätigkeit* abgeschlossen wurden, z.B. ein Betrunkener verkauft im Vollrausch seine wertvolle Armbanduhr	BGB § 105 (2)
	Scheingeschäfte, z.B. ein Grundstückskauf wird, um Grunderwerbsteuer zu sparen, mit einem niedrigeren Wert notariell beurkundet	BGB § 117
	Scherzgeschäfte, nicht ernstlich gemeinte Willenserklärung, die in der Erwartung abgegeben wird, daß die mangelnde Ernsthaftigkeit erkannt wird, z.B. „Ein Königreich für ein Glas Bier!"	BGB § 118
im **Inhalt des Rechtsgeschäfts**	Verträge, die gegen ein *gesetzliches Verbot* verstoßen, z.B. der Rauschgifthändler Lutz kauft 300 g Haschisch	BGB § 134
	Verträge, die gegen die *guten Sitten* verstoßen *(Wucher);* d.h. wenn unter Ausbeutung der Notlage, des Leichtsinns oder der Unerfahrenheit eines anderen dieser auffällig übervorteilt wird; z.B. von einem Gastarbeiter wird der doppelte Preis für Lebensmittel verlangt	BGB § 138
in der **Form**	Verträge, die gegen die durch *Gesetz* vorgeschriebene oder durch Rechtsgeschäft *bestimmte Form* verstoßen; z.B. Kaufvertrag über eine Eigentumswohnung ohne notarielle Beurkundung	BGB § 125

Verträge mit *beschränkt Geschäftsfähigen* sind **schwebend unwirksam.** Die *Wirksamkeit des Vertrags* hängt von der *Genehmigung des gesetzlichen Vertreters* ab. Fordert der Vertragspartner den gesetzlichen Vertreter zur Genehmigung auf und genehmigt dieser nicht innerhalb von zwei Wochen den Vertrag, so gilt die Genehmigung als verweigert. Der Vertrag ist nichtig. Ist der **Minderjährige** inzwischen **unbeschränkt geschäftsfähig** geworden, so tritt *seine* Genehmigung an die Stelle der Genehmigung des gesetzlichen Vertreters. Er muß also auch *ausdrücklich zustimmen* (BGB § 108).

2.7.2.3 Die Anfechtbarkeit von Verträgen

Verträge, die zunächst voll gültig sind, werden durch **Anfechtung** *rückwirkend ungültig*. Die Vertragspartner werden so gestellt, als ob kein Vertrag abgeschlossen worden wäre.

Anfechten kann:

- Wer bei Abgabe seiner Willenserklärung im **Irrtum** war:
  - *Irrtum in der Erklärung*, wer sich verschreibt oder verspricht, z. B. Angebotspreis 8,94 DM, tatsächlich geschrieben 8,49 DM [BGB § 119 (1)].
  - *Irrtum durch falsche Übermittlung*, z. B. ein Bote richtet etwas falsch aus, ein Telegramm geht verstümmelt ein (BGB § 120).
  - *Irrtum über verkehrswesentliche Eigenschaften einer Person oder einer Sache;* z. B. Abschluß eines Zielgeschäftes mit einem Geschäftspartner, der im Konkurs ist; Kauf eines Patents, das sich als nicht verwertbar herausstellt [BGB § 119 (2)].

Rechtlich unerheblich ist der *Motivirrtum;* z. B. wer Aktien gekauft hat in der Hoffnung, der Kurs werde rasch steigen, kann nicht wegen Irrtums anfechten. Bei falscher Kalkulation ist keine Anfechtung möglich, da im Erklärungsvorgang dem Dritten gegenüber kein Irrtum steckt.

- wer durch **arglistige Täuschung** zum Vertragsabschluß veranlaßt wurde, z. B. ein preisgünstiger Gebrauchtwagen wird vom Verkäufer als unfallfrei bezeichnet, obwohl der Unfallschaden in der Werkstatt des Verkäufers behoben wurde (BGB § 123).

- wer **widerrechtlich durch Drohung** einen Vertrag zu schließen gezwungen wurde; z. B. ein Vertreter droht einem entlassenen Vorbestraften, dessen Vorstrafen in der Nachbarschaft zu erzählen, wenn er nicht einen Kaufvertrag über eine Waschmaschine unterschreibe (BGB § 123).

Nicht jede Drohung ist widerrechtlich. So ist z. B. die Androhung einer gerichtlichen Klage wegen Zahlungsverzugs rechtlich nicht zu beanstanden.

Anfechtungsgrund	Anfechtungsfrist
Irrtum	**unverzüglich**, d. h. *ohne schuldhaftes Zögern*, nachdem der Irrtum entdeckt wurde. Nach 30 Jahren seit Abgabe der Willenserklärung ist die Anfechtung ausgeschlossen (BGB § 121).
Täuschung bzw. **Drohung**	**innerhalb eines Jahres** nach Kenntnis der Täuschung bzw. Aufhören der Zwangslage. Nach 30 Jahren seit Abgabe der Willenserklärung ist die Anfechtung ausgeschlossen (BGB § 124).

Schadenersatz muß bei *Anfechtung wegen Irrtums* unter Umständen der Anfechtende seinem Vertragspartner leisten. Dieser soll keinen Schaden dadurch erleiden, daß er auf die Gültigkeit des Vertrages vertraute. Deshalb wird ihm, sofern er den Anfechtungsgrund nicht kannte oder erkennen mußte, der *Vertrauensschaden* ersetzt, d. h. er wird so gestellt, als ob der Vertrag nicht geschlossen worden wäre.

2.7.3 Die Allgemeinen Geschäftsbedingungen

Um *nicht bei jedem Kaufvertrag* alle generell für eine **Vielzahl von Verträgen allgemeinen Vertragsbestandteile und -bedingungen** jedesmal neu festhalten zu müssen, haben viele Unternehmungen meist auf der Rückseite des Auftragsformulars ihre **Allgemeinen Geschäftsbedingungen (AGB)** stehen, das sogenannte „*Kleingedruckte*".

Damit es für den Käufer keine unliebsamen Überraschungen im Streitfall mehr gibt, sind im **Gesetz zur Regelung des Rechts der Allgemeinen Geschäftsbedingungen (AGB-Gesetz)** vom 9. Dezember 1976 genaue Vorschriften festgelegt.

Grundsätzlich sind die AGB nur dann **Vertragsbestandteil** in Verträgen mit *Nichtkaufleuten (einseitiger Handelskauf)*, wenn

- der Käufer ausdrücklich darauf hingewiesen wird[1];
- der Käufer vom Inhalt der AGB Kenntnis nehmen kann[1];
- der Käufer mit der Geltung der AGB einverstanden ist. (AGBG §§ 2, 24)

Wichtig ist, daß *persönliche Vertragsabsprachen* **Vorrang** vor den AGB haben (Individualabreden – AGBG § 4). Im Gesetz wird der AGB anwendende Kaufmann „Verwender" genannt.

Die **Generalklausel** der AGBG gibt an, daß Bestimmungen in den AGB unwirksam sind, wenn sie den Kunden „entgegen den Geboten von *Treu und Glauben unangemessen* benachteiligen" (AGBG § 9).

Das AGBG unterscheidet:

- **Klauselverbote mit Wertungsmöglichkeit.** Diese Bestimmungen sind zwar nicht generell verboten; sie können aber unwirksam sein, wenn der Kunde *unangemessen stark benachteiligt* wird. Im Zweifel entscheidet das Gericht (AGBG § 10).
- **Klauselverbote ohne Wertungsmöglichkeit.** Diese Bestimmungen dürfen nicht in den AGB stehen. Für Einzelheiten siehe AGBG § 11!

Beispiele für solche *Klauselverbote ohne Wertungsmöglichkeit* sind:

- **Kurzfristige Preiserhöhungen:** Die Klausel: „*Preiserhöhungen gehen zu Lasten des Käufers*" ist unwirksam, wenn die Lieferung innerhalb von vier Monaten vereinbart wurde, AGBG § 11 Nr. 1.
- **Leistungsverweigerungsrecht:** Die Klausel: „*Eine Verzögerung der Zahlungsverpflichtungen ist aus der Leistung eines Garantiedienstes nicht herzuleiten*" ist unwirksam, da sie das Zurückhaltungsrecht ausschließt, AGBG § 11 Nr. 1.
- **Mahnung, Fristsetzung:** Die Klausel: „*Bei verspäteter Zahlung müssen wir pro angefangenen Monat 2% Verzugszinsen berechnen*" ist unwirksam, da sie keine Mahnung und keine Nachfrist vorsieht, AGBG § 11 Nr. 4.
- **Beschränkung auf Nachbesserung:** Die Klausel „*Die Mängelhaftung beschränkt sich grundsätzlich auf die Nachbesserung*" ist unwirksam, da sie nicht beim Scheitern der Nachbesserung ein Wiederaufleben der gesetzlichen Gewährleistungsansprüche vorsieht, AGBG § 11 Nr. 10c.

Die §§ 10 und 11 des AGBG finden *keine Anwendung bei zweiseitigen Handelskäufen*, denn es wird davon ausgegangen, daß Kaufleute die Probleme und Nachteile, die evtl. in den AGB des Vertragspartners stecken, erkennen können und sich entsprechend wehren. Sie brauchen also nicht den strengen Schutz des AGBG (AGBG § 24).

Das *AGBG gilt nicht* u. a. für Arbeitsverträge, erbrechtliche Verträge, familienrechtliche Verträge, wie Ehe- und Unterhaltsverträge, Gesellschaftsverträge, vgl. AGBG § 23!

Wesentliche Lerninhalte

- **Grundsatz der Vertragsfreiheit** bedeutet:
  1. freie Entscheidung, ob ein Vertrag geschlossen werden soll oder nicht,
  2. freie Entscheidung über den Inhalt der Verträge,
  3. freie Entscheidung zur Auflösung der Verträge.
- **Bei fehlender vertraglicher Regelung gilt das Gesetz.**

[1] Ausnahme: z. B. Kauf aus einem Automaten, an der Theatergarderobe; hier genügt Aushang der AGB.

- Bestimmte Unternehmen haben **Kontrahierungszwang,** z. B. die Deutsche Bundespost.
- Verträge unterliegen *grundsätzlich* keinen Formvorschriften.
- **Nichtige Verträge** = von **vornherein** ungültig
  Anfechtbare Verträge = zunächst voll gültig, durch Anfechtung **rückwirkend** ungültig.
- **Nichtige Verträge** sind
  Verträge mit *Geschäftsunfähigen*
  Verträge, die im *Zustand der Bewustlosigkeit* oder vorübergehender *Störung der Geistestätigkeit* geschlossen werden
  Scheingeschäfte
  Scherzgeschäfte
  Verträge, die gegen ein *gesetzliches Verbot* verstoßen
  Verträge, die gegen die *guten Sitten* verstoßen
  Verträge, die gegen *Formvorschriften* verstoßen
- **Schwebend unwirksame Verträge** werden mit *beschränkt Geschäftsfähigen* geschlossen. Genehmigung durch gesetzliche Vertreter bzw. durch den inzwischen volljährig und damit voll geschäftsfähig gewordenen Minderjährigen.
- **Anfechtbare Verträge**
  Willenerklärung enthält rechtserheblichen *Irrtum*
  Willenserklärung durch *arglistige Täuschung* veranlaßt
  Willenserklärung *widerrechtlich durch Drohung* erzwungen
- **Anfechtung**
  bei Irrtum: unverzüglich nach Entdeckung
  bei arglistiger Täuschung und bei Drohung: innerhalb eines Jahres nach Kenntnis bzw. Aufhören der Zwangslage
  nicht mehr möglich, wenn seit Abgabe der Willenserklärung 30 Jahre vergangen sind.
- Das AGBG **schützt** den Kunden vor unseriösen AGB.
- Individuelle **Vertragsabsprachen** haben **Vorrang** vor den **AGB.**
- **Generalklausel des AGBG:** AGB sind unwirksam, wenn sie den Kunden entgegen den Grundsätzen von Treu und Glauben unangemessen benachteiligen.
- **Es gibt Klauselverbote** *mit* und *ohne* Wertungsmöglichkeit
- Die Klauselverbote *gelten nicht* bei *zweiseitigen Handelskäufen.*

Aufgaben zur Sicherung des Lernerfolgs

1 Warum hat der Gesetzgeber keine starren Vorschriften für alle Verträge festgelegt?

2 Warum wurden gesetzliche Bestimmungen geschaffen, die auch durch Verträge nicht geändert werden können, z. B. Dauer der Probezeit bei Berufsausbildungsverhältnissen mindestens ein Monat, höchstens drei Monate?

3 Warum *muß* die Post z. B. ein Telegramm befördern?

4 Eine Nebenstrecke der Bundesbahn ist unrentabel. Weshalb *muß* die Bahn auch solche unrentablen Strecken mit Bussen befahren, wozu sich kein Privatunternehmen bereit fände?

5 a) Weshalb gilt die Formfreiheit nicht für alle Rechtsgeschäfte?
b) Nennen Sie besondere Vorschriften und geben Sie Beispiele dazu!

6 Beurteilen Sie folgenden Fall hinsichtlich der Formvorschrift: Zwei Kaufleute schließen telefonisch einen Vertrag über die Lieferung von Feinblechen über 25 000 DM.

7 Welcher Unterschied besteht zwischen Nichtigkeit und Anfechtbarkeit von Verträgen?

8 Beurteilen Sie folgende Fälle im Hinblick auf Anfechtbarkeit und Nichtigkeit! Begründen Sie jeweils Ihre Ansicht!

a) Der Hof des Bauern Köhler ist stark verschuldet. Die Bank gewährt keinen weiteren Kredit. In seiner Not erhält er von einem Privatmann ein Darlehen zu 30 % Zins jährlich.

b) Herr Kopp übernimmt für seinen Stammtischfreund Funk eine mündliche Bürgschaft in Höhe von 15 000 DM (vgl. Sie auch BGB § 766!).

c) Die Firma Kost bestellte heute schriftlich statt 35 Stück 53 Stück.

d) Die sechsjährige Ruth kauft mit ihrem Taschengeld 10 Tafeln Schokolade.

e) Herr Meyers kauft im Hinterzimmer einer Gastwirtschaft zwei Pistolen und ein Jagdgewehr, ohne eine Waffenbesitzkarte zu haben.

f) Der Radiohändler Weis verkauft ein Fernsehvorführgerät als fabrikneu. Die Benützung verschweigt er dem Kunden.

g) Der Kaufmann Bullinger droht seinem säumigen Kunden: „Wenn Sie nicht bis übermorgen gezahlt haben, schicke ich Ihnen den Gerichtsvollzieher ins Haus!"

h) Im Unterricht werden Verträge besprochen. Beim Schenkungsvertrag zieht der Lehrer einen 50-DM-Schein aus der Brieftasche und gibt ihn Fritz mit den Worten: „Den schenke ich Dir!" Fritz sagte: „Danke!" und steckt den Schein ein.

9 Müller weiß, daß Schulze gerne Alkohol trinkt. Er lädt ihn in eine Kneipe ein, macht ihn betrunken und handelt ihm sein Auto weit unter dem tatsächlichen Wert ab. Nehmen Sie Stellung!

10 Groß verkauft Maier ein Wochenendgrundstück, ohne den Notar in Anspruch zu nehmen. Die Notargebühren sollen gespart werden. Ist der Vertrag gültig?

11 Wie beurteilen Sie folgende Angebote:

a) In der Kalkulation ist ein Rechenfehler enthalten. Als Angebotspreis erhalten wir je Stück 16,80 DM. Zu diesem Preis bieten wir die Ware an.

b) Eine mit 24,20 DM kalkulierte Ware bieten wir wegen eines Schreibfehlers zu 22,40 DM je Stück an.

12 In einer süddeutschen Großstadt ist die Wohnungsnot besonders groß. Der Vermieter Haug sagt: „Angebot und Nachfrage regeln den Preis" und vermietet eine Zweizimmerwohnung mit Bad (48 m²) für 1 450 DM.

13 Der Privatmann Schulze kauft vom Haushaltsgerätehändler Motz eine Waschmaschine. Die AGB der Firma Motz werden zugrunde gelegt. Darin steht u. a.:

a) Bei angezeigten Mängeln nehmen wir eine Nachbesserung vor. Arbeits- und Materialkosten gehen zu unseren Lasten. Wege- und Transportkosten sind vom Käufer zu tragen.

b) Weitergehende Ansprüche wegen Gewährleistung sind ausdrücklich ausgeschlossen.

c) Erfolgen Preiserhöhungen 8 Wochen nach Vertragsabschluß und ist die Ware noch nicht geliefert, so wird der neue Preis berechnet.

d) Versteckte Mängel sind unverzüglich nach Entdeckung, spätestens nach 8 Monaten anzuzeigen.

Beurteilen Sie diese AGB anhand des AGBG § 11!

14 Wie sind die Fälle a)–d) bei einem zweiseitigen Handelskauf zu beurteilen?

2.8 Die Kaufmannseigenschaft und ihre rechtliche Bedeutung

2.8.1 Kaufmann nach dem Gesetz – Mußkaufmann – Vollkaufmann und Minderkaufmann

Problem

Martin Haase, 18 Jahre alt, hat die Abschlußprüfung vor der Industrie- und Handelskammer als Industriekaufmann schriftlich und mündlich mit Erfolg bestanden. Ist er nun Kaufmann im Sinne des § 1 HGB?

Sachdarstellung

2.8.1.1 Kaufmann nach dem Gesetz

Kaufmann ist, wer ein Handelsgewerbe betreibt. Dies gilt nicht nur für natürliche, sondern auch für juristische Personen. Die meisten Betriebe gehören zum Handelsgewerbe, z. B. Groß- und Einzelhändler, Industriebetriebe u. a. Die besonderen rechtlichen Vorschriften für Kaufleute sind im HGB enthalten.

2.8.1.2 Mußkaufmann

Mußkaufmann ist jeder, der ein **Grundhandelsgewerbe** betreibt (Kaufmann kraft Gesetzes – HGB § 1).

Grundhandelsgewerbe nach dem Gesetz sind:

- Gewerbebetriebe, welche die Anschaffung und Weiterveräußerung von Waren (auch nach einer Be- und Verarbeitung) und Wertpapieren zum Ziele haben. Hierher gehören: Handel und Industrie, nicht Betriebe der Urerzeugung,
- Gewerbebetriebe, welche die Übernahme der Be- und Verarbeitung von Waren für andere (Werkvertrag) übernehmen, sofern der Betrieb über den Umfang des Handwerks hinausgeht (z. B. Färbereien),
- Versicherungsbetriebe (Übernahme von Versicherungen gegen Prämie),
- Banken (Betreiben von Bankier- und Geldwechslergeschäften),
- Verkehrsbetriebe und Frachtführer (Übernahme der Beförderung von Gütern oder Reisenden),
- Kommissionäre, Spediteure und Lagerhalter,
- Handelsvertreter und Handelsmakler,
- Verlage und Buchhandel (Übernahme von Verlags-, Buch- und Kunsthandelsgeschäften),
- Druckereien (sofern nicht handwerksmäßig betrieben).

Die Kaufmannseigenschaft entsteht bei Mußkaufleuten **nicht** erst mit der Eintragung in das Handelsregister, sondern unabhängig davon durch den Beginn des Gewerbebetriebes. Entsprechendes gilt für die Beendigung der gewerblichen Tätigkeit.[1] Als Gewerbebetrieb gilt jede berufsmäßige Tätigkeit mit der Absicht, dauernd Gewinn zu erzielen.

Bei Mußkaufleuten unterscheidet man nach der Geltung des HGB zwischen **Minder- und Vollkaufleuten**. Unternehmer, die weder Minder- noch Vollkaufleute sind, weil ihre Tätigkeit nicht als Gewerbe gilt, sind keine Kaufleute, z. B. die sogenannten freien Berufe, wie Rechtsanwälte, Ärzte, Künstler u. a.

[1] siehe S. 91 ff.

2.8.1.3 Vollkaufmann

Vollkaufmann sind Kaufleute, deren Grundhandelsgewerbe nach Art oder Umfang einen in kaufmännischer Weise eingerichteten Geschäftsbetrieb erfordert (doppelte Buchführung!).

Für sie kommen die Vorschriften des HGB „voll" zur Anwendung, insbesondere die Bestimmungen über Firma, Handelsbücher und Prokura.

Als Vollkaufleute gelten auch Gewerbetreibende, die kein Grundhandelsgewerbe betreiben, z. B. Werbeagenturen, Auskunfteien, die aber auf Grund der Art und des Umfangs des Gewerbes einen in kaufmännischer Weise eingerichteten Geschäftsbetrieb benötigen und deshalb im Handelsregister eingetragen sind. Bevor die Handelsregistereintragung nicht vollzogen ist, sind diese Gewerbetreibenden keine Kaufleute.

Vollkaufleute sind auch, allerdings erst nach der Eintragung ins Handelsregister, die Inhaber land- und forstwirtschaftlicher Betriebe größeren Umfangs sowie die Personengesellschaften OHG, KG und die Kapitalgesellschaften AG, GmbH, KGaA.

2.8.1.4 Minderkaufmann

Dies ist, wer ein Grundhandelsgewerbe betreibt, das weder *nach Art* noch *nach Umfang* einen in kaufmännischer Weise eingerichteten Geschäftsbetrieb erfordert (HGB § 4, Abs. 1), also mit einer einfachen Buchführung (= Gegenüberstellung von Einnahmen und Ausgaben) auskommt.

Die *Art des Geschäftsbetriebes* nach HGB wird bestimmt von dessen innerer Schwierigkeit, z. B. Geschäftsabwicklung mit sehr vielen Kunden und Lieferanten. *Der Umfang* ist gekennzeichnet durch die Umsatzhöhe, das eingesetzte Kapital und die Zahl der Beschäftigten.

Für die *Zuordnung als Voll- oder Minderkaufmann* kommt es nur darauf an, ob z. B. die doppelte Buchführung unter sachlichen Erwägungen zur Sicherstellung der geschäftlichen Übersicht erforderlich, nicht jedoch, ob sie tatsächlich vorhanden ist. Das heißt, es ist nur von Bedeutung, ob Art oder Umfang des Betriebes diese objektiv als erforderlich erscheinen lassen.

Der Kaufmann, der ein Kleingewerbe nach § 4 HGB betreibt, ist Minderkaufmann, z. B. ein kleiner Kioskhändler, ein Gastwirt u. a. Minderkaufmann nach § 4 HGB können aber auch Unternehmer mit großem Umsatz sein, z. B. eine Bundeswehrkantine mit 500 000 DM Umsatz, wenn deren Abrechnung einfach ist und keinen in kaufmännischer Weise eingerichteten Geschäftsbetrieb erfordert. Für diese Gewerbetreibenden gilt das HGB nur in vermindertem Umfang, da eine Reihe von Vorschriften für kleinere Unternehmen nicht passen, z. B. Vorschriften über Firma, Handelsbücher, Prokura.

Nach dem „Gesetz betreffend die Kaufmannseigenschaft der Handwerker" vom 31.03.1953 gilt folgendes:

Warenhandwerker (= Handwerker, die bewegliche Sachen anschaffen und nach Be- oder Verarbeitung verkaufen) sind als Mußkaufleute je nach Geschäftsart und Geschäftsumfang Vollkaufleute oder aber Minderkaufleute, z. B. Bäcker, Fleischer.

Lohnhandwerker (= Handwerker, die fremde Sachen be- oder verarbeiten oder sonst Lohnarbeit ausführen), sind entweder überhaupt keine Kaufleute, sondern nur Gewerbetreibende, oder Vollkaufleute, wenn der Geschäftsbetrieb eine kaufmännische Organisation erfordert, z. B. Färber, Reiniger.

Vergleich der Rechte und Pflichten des Voll- und Minderkaufmanns

Vollkaufmann	Rechte/Pflichten	Minderkaufmann
ja	**Firma**	nein
ja	**Eintragung ins Handelsregister**	nein
ja	**Prokuraerteilung**	nein
ja	**Handelsrichteramt**	nein
ja (HGB, AO)	**Buchführungspflicht einschließlich Inventar- und Jahresabschluß*)**	nur nach AO (Wareneingangs- und Warenausgangsaufzeichnungen, Kassenbuch)
auch bei unverhältnismäßiger Höhe nicht anfechtbar	**Vertragsstrafen (Konventionalstrafen)**	bei unverhältnismäßiger Höhe anfechtbar
selbstschuldnerisch, mündlich	**Bürgschaft**	drittschuldnerisch, schriftlich

*) Bilanz und Gewinn- und Verlustrechnung (ggf. mit Anhang und Lagebericht)

2.8.2 Sollkaufmann

Die übrigen, im HGB § 1 nicht genannten **Gewerbetreibenden (Handwerksbetrieb und sonstige gewerbliche Unternehmen), deren Betrieb nach Art und Umfang aber einen in kaufmännischer Weise eingerichteten Geschäftsbetrieb erfordert,** sind **Sollkaufleute** und zur Eintragung ins Handelsregister **verpflichtet** (HGB § 2, Kaufmann kraft Eintragung).

Entscheidend ist also nicht die Art des Gewerbes, sondern die Tatsache, daß Art und Umfang des Unternehmens einen kaufmännisch eingerichteten Geschäftsbetrieb verlangen. Bilanzerstellung, die Beschäftigung kaufmännischer Angestellter usw. sind dafür typische Merkmale. Zu den Sollkaufleuten gehören: Bergbau, Ziegeleien, andere Betriebe der Urerzeugung, soweit es sich nicht um Land- und Forstwirtschaft handelt, Bauunternehmen, Theater, Kinos usw.

2.8.3 Kannkaufmann

Land- und Forstwirte sind **berechtigt,** aber **nicht verpflichtet,** sich ins Handelsregister eintragen zu lassen [HGB § 3 (2)]! Die Bestimmungen für Sollkaufleute gelten für sie dann entsprechend. Ohne Eintragung ins Handelsregister sind Land- und Forstwirte keine Kaufleute, also auch nicht Minderkaufleute.

Für **Nebengewerbe** der Land- oder Forstwirtschaft, z. B. Mühlen, Sägewerke, Brennereien, Baumschulen, gilt obige Regelung entsprechend. Für die Eintragung ins Handelsregister ist es aber erforderlich, daß das Unternehmen nach Art und Umfang einen in kaufmännischer Weise eingerichteten Geschäftsbetrieb erfordert und vom land- und forstwirtschaftlichen Betrieb sachlich abhängig ist.

2.8.4 Formkaufmann

Alle **Kapitalgesellschaften sind Formkaufleute,** auch wenn sie kein Handelsgewerbe betreiben (z. B. AG, GmbH). Kaufmann wird nicht der Vorstand, sondern die Gesellschaft als juristische Person (HGB § 6, Kaufmann kraft Rechtsform).

Eingetragene Genossenschaften gelten als Vollkaufleute. Ähnliches gilt für Versicherungsvereine a. G.

2.8.5 Rechtliche Bedeutung der Kaufmannseigenschaft

Die Kaufmannseigenschaft bewirkt *Rechtssicherheit* und *Kreditwürdigkeit*.

Das Handelsgesetzbuch bestimmt selbständig, wer Kaufmann ist und wer nicht. Diese Begriffsbestimmung weicht von dem Kaufmannsbegriff der Umgangssprache ab. Nur der selbständige Unternehmer ist Kaufmann, nicht der angestellte Industriekaufmann, Bürokaufmann oder Diplomkaufmann.

Die **Kaufmannseigenschaft beginnt**

- beim *Mußkaufmann* mit der Aufnahme des Gewerbebetriebs;
- beim *Soll- und Kannkaufmann* mit der Aufnahme des Gewerbebetriebs **und** der Eintragung ins Handelsregister;
- beim *Formkaufmann* mit der Eintragung ins Handelsregister unabhängig davon, ob der Gewerbebetrieb seine Tätigkeit aufgenommen hat oder nicht.
  Der Gewerbebetrieb ist hier nicht Voraussetzung für die Kaufmannseigenschaft.

Die Kaufmannseigenschaft verleiht kaufmännische Sonderrechte und Sonderpflichten. Sie setzt das volle kaufmännische Verantwortungsbewußtsein voraus (Vollkaufleute). Bei Minderkaufleuten wird unterstellt, daß dieses Bewußsein nur in gewissem Umfange vorhanden ist, weshalb auf sie jene Vorschriften, die die kaufmännische Verantwortung besonders betonen, keine Anwendung finden.

Dennoch müssen sich Gewerbetreibende, die zu Unrecht im Handelsregister eingetragen sind (*Scheinkaufleute* nach HGB § 5), solange als Vollkaufleute behandeln lassen, als die Eintragung, also der Rechtsschein, besteht (HGB §§ 5,15). Der Rechtsschein kann in bloßem Auftreten als Kaufmann bestehen (BGB §§ 157, 242).

Die **Kaufmannseigenschaft endet**

- beim *Mußkaufmann* mit der endgültigen Auflösung des Gewerbebetriebs;
- beim *Soll- und Kannkaufmann* mit der Löschung im Handelsregister und der endgültigen Betriebsaufgabe;
- beim *Formkaufmann* mit der Löschung im Handelsregister nach Beendigung der Liquidation (= vollständige Auflösung des Betriebs).

Die Bedeutung der Kaufmannseigenschaft ist für das gesamte Handelsrecht außerordentlich groß. Dies kommt daher, daß das *Handelsrecht immer dann anzuwenden ist, wenn wenigstens eine Partei Kaufmann im Sinne des HGB ist.* In Ausnahmefällen, z. B. Handelskauf, müssen sogar beide Parteien Kaufleute sein. Die Vorschriften des BGB kommen in Handelssachen nur nachrangig (= subsidär)zur Anwendung (siehe auch Kapitel 2.1.1.1, S. 43 f.).

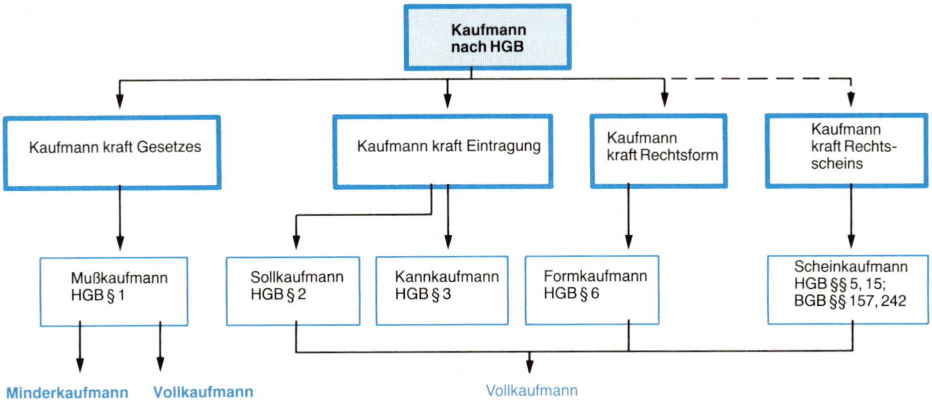

Wesentliche Lerninhalte

- Die **Kaufmannseigenschaft bewirkt Rechtssicherheit und Kreditwürdigkeit.** Ihre Bedeutung im Handelsrecht ist sehr groß.
- Die **Rechtssicherheit** entsteht, indem genau bestimmt wird, wer die Kaufmannseigenschaft besitzt, ab welchem Zeitpunkt dies der Fall ist, wer sich auf Grund des Rechtsscheins als Kaufmann behandeln lassen muß und wie sie endet.
- Die **Kaufmannseigenschaft** zu besitzen **bedeutet,** daß auf den Inhaber vorrangig die Bestimmungen des HGB mit ihren Sonderrechten und Sonderpflichten und erst danach die Vorschriften des BGB anzuwenden sind.

Aufgaben zur Sicherung des Lernerfolgs

Ziehen Sie zur Lösung der folgenden Aufgaben die einschlägigen Bestimmungen des HGB und des BGB heran!

1 Welche Kaufmannseigenschaft haben folgende Unternehmen? Begründen Sie Ihre Meinung!

Bayerische Hypotheken- und Wechselbank Aktiengesellschaft, Brauerei Hus GmbH, Spedition Brunner & Co., Druckerei Grasser KG, Secura Aktiengesellschaft – Versicherungsgeschäfte und Vermögensverwaltung.

2 Handelt es sich in folgenden Fällen um einen Voll- oder Minderkaufmann? Begründen Sie Ihre Entscheidung!

Gasthof Albert Kober, Kfz-Handels- und Reparaturbetrieb Gebrüder Bucher, Kleine Sportboutique Hanna Braun, Hugo Frei – Kleintransportunternehmen.

3 Minderkaufmann Friedrich Eckert erklärt der als Bürogehilfin auszubildenden Ulrike Sparer, welche Rechte er nach dem HGB im Gegensatz zu einem Vollkaufmann nicht hat. Was wird Eckert aufführen?

4 Die Bauunternehmung Helmut Kühn beschäftigt 60 Arbeiter und Angestellte. Jahresumsatz: 10 Mio. DM. Klären Sie für dieses Unternehmen folgende Probleme:

Ist Kühn Mußkaufmann nach § 1 HGB? Ist er Voll- oder Minderkaufmann? Ist er Kaufmann kraft Eintragung oder kraft Gesetzes? In welchem Register müßte, wenn überhaupt, dieses Unternehmen eingetragen sein? Kann Kühn eine vereinbarte Vertragsstrafe von 800 000 DM wegen unverhältnismäßiger Höhe anfechten? Welche Bücher müssen in dem Unternehmen Kühn geführt werden?

5 Besitzt ein Friseur die Kaufmannseigenschaft? Begründen Sie Ihre Auffassung!

6 a) Kann ein Minderjähriger die Kaufmannseigenschaft besitzen? Beantworten Sie das Problem unter Heranziehung der §§ 104, 112 BGB!

b) Stellen Sie dar, welche Rechtsgeschäfte der Minderjährige nach § 104 BGB und welche er bei Zutreffen der §§ 106, 114 BGB tätigen dürfte!

7 Worin liegt die rechtliche Bedeutung der Kaufmannseigenschaft?

2.9 Die Wahl des Namens eines Kaufmanns (Firma)

Problem

Torsten Egg, gelernter Industriekaufmann, möchte sich selbstständig machen. Seit Jahren schon arbeitet er systematisch auf dieses Ziel hin. Jetzt ist es so weit; er hat das erforderliche Eigenkapital beisammen. Durch Zufall bekommt er zu günstigen Bedingungen eine geeignete Halle mit Nebenräumen zu mieten. Er greift zu und gründet zusammen mit seinem Freund, der Diplombraumeister ist, eine Sprituosenfabrik. Unter welchem Namen kann das neugegründete Unternehmen geführt werden?

Sachdarstellung

2.9.1 Die Firma

Die Firma ist der **Name,** unter dem der **Vollkaufmann seine Geschäfte betreibt** und mit dem er unterschreibt. Er kann unter seiner Firma klagen und verklagt werden. Sie ist sein *kaufmännischer Name,* unter dem er bekannt wird und zu Ansehen gelangen kann (HGB § 17).

2.9.2 Allgemeine Grundsätze

Firmenwahrheit und -klarheit: Der Außenstehende soll erkennen, wer Geschäftsinhaber ist und welche Rechtsform die Unternehmung hat. Es dürfen keine unrichtigen Angaben über Art und Umfang der Unternehmung enthalten sein. Ein kleines Geschäft darf sich z. B. nicht „Möbelzentrale" nennen, eine Tischlerei nicht als Möbelfabrik bezeichnen (HGB § 18).

Firmenausschließlichkeit: Jede Firma muß sich von allen an dem selben Orte bereits bestehenden und schon in das Handelsregister eingetragenen Firmen unterscheiden (HGB § 30).

Der neue Unternehmer muß seiner Firma ggf. einen Zusatz beifügen, durch den sie sich von der eines anderen unterscheidet (z. B. Erich Mayer sen.). Sehr häufig wird in solchen Fällen ein weiterer Vorname hinzugefügt. Für Unternehmen mit überörtlicher Bedeutung ist diese Bestimmung nicht immer ausreichend. Falls die Gefahr einer Verwechslung besteht, können sich daher die älteren Unternehmen auf das Wettbewerbsrecht berufen.

Firmenbeständigkeit: Die Firma kann nicht ohne das Handelsgeschäft, für das sie geführt wird, veräußert werden. Dadurch sollen Irreführungen vermieden und die Gläubiger geschützt werden (HGB §§ 21–24).

Stimmen die bisherigen Geschäftsinhaber oder deren Erben **ausdrücklich** beim Verkauf eines Unternehmens zu, so darf der Erwerber die bisherige Firma fortführen. Es steht ihm frei, das Nachfolgeverhältnis durch einen Zusatz (Nachf.) anzudeuten. Dadurch kann der Firmenwert (Good will) erhalten bleiben.

Firmenöffentlichkeit: Jeder Vollkaufmann muß seine Firma in das zuständige Handelsregister eintragen lassen. Laden- und Gaststätteninhaber müssen ihren Familiennamen mit mindestens einem ausgeschriebenen Vornamen an der Außenseite oder am Eingang des Geschäftes deutlich sichtbar anbringen (GewO § 15 a).

2.9.3 Die Firma bei den einzelnen Unternehmungsformen[1]

Einzelunternehmung: Der Einzelkaufmann hat als Firma seinen Familiennamen mit mindestens einem ausgeschriebenen Vornamen zu führen. Geschäftsbezeichnungen, die aber nicht irreführen dürfen, sind als Zusatz erlaubt. Beispiel: **Erna Kratzer, Spielwarengroßhandlung.** Bei Namensänderung der Inhaberin durch Verheiratung kann die bisherige Firma fortgeführt werden (HGB § 18).

OHG: Bei der offenen Handelsgesellschaft (OHG) müssen der Name wenigstens eines Gesellschafters mit einem, das Gesellschaftsverhältnis andeutenden Zusatz (Co., OHG, Geschw., Gebr. usw.) oder die Namen mehrerer oder aller Gesellschafter in der Firma enthalten sein. Vornamen sind nicht erforderlich. Beispiel: Gesellschafter sind: Huber, Fischer und Braun. Mögliche Firmen u. a.: **Huber & Co., Huber, Fischer & Co., Fischer & Braun.**

KG: Bei der Kommanditgesellschaft (KG) muß der Name mindestens eines Vollhafters genannt sein. Die Namen der Teilhafter dürfen nicht in die Firma aufgenommen werden. Im übrigen gelten die Vorschriften der OHG. Der Außenstehende kann daher aus der Firmenbezeichnung nicht immer erkennen, ob er es mit einer OHG oder einer KG zu tun hat. Beispiel: **Huber KG, Huber & Co.** (HGB § 19).

1 Siehe auch Kapitel 2.11 Rechtliche Grundlagen der Unternehmungsformen und ihre betriebswirtschaftliche Bedeutung, S. 96 ff.

Ist kein persönlich haftender Gesellschafter eine natürliche Person, so muß die Haftungsbeschränkung aus der Firma ersichtlich sein, z. B. GmbH & Co., GmbH & Cie., auch wenn die Firma fortgeführt wird.

GmbH: Bei der Gesellschaft mit beschränkter Haftung (GmbH) können die Gesellschafter zwischen einer Personen- oder einer Sachfirma wählen. Als Personenfirma erhält sie den Namen eines oder mehrerer Gesellschafter. Als Sachfirma ist sie aus dem Gegenstand der Unternehmung entnommen. Beispiel: **Südfrüchte – Importgesellschaft mbH.** Der Zusatz „mbH" (mit beschränkter Haftung) muß geführt werden (GmbHG § 4).

AG: Aktiengesellschaften sollen eine Sachfirma mit dem Zusatz „Aktiengesellschaft" wählen. Beispiel: **Bayerische Motorenwerke Aktiengesellschaft.** Eine gemischte Firma ist ebenfalls zulässig. Eine reine Personenfirma kann nur mit Zustimmung des Registergerichts bei besonderem Interesse, z. B. Adam Opel Aktiengesellschaft, geführt werden. Der Zusatz Aktiengesellschaft ist aber unabdingbar zu führen (AktG § 4).

eG: Für Genossenschaften ist eine Sachfirma vorgeschrieben mit dem Zusatz „eingetragene Genossenschaft" (eG). Beispiel: **Molkerei Alpenland eG** (GenG § 3).

EWIV: Bei der Europäischen wirtschaftlichen Interessenvereinigung (EWIV) können die Mitglieder zwischen einer Personen- oder einer Sachfirma wählen. Die Firma muß den Zusatz EWIV enthalten.

2.9.4 Die Haftung bei Übernahme der Firma

Wird die Firma bei Veräußerung eines Unternehmens mit ausdrücklicher Einwilligung des bisherigen Eigentümers weitergeführt, so hat dies erhebliche rechtliche Folgen (HGB § 22).

Der **Erwerber haftet** in diesem Falle für alle beim Übergang des Betriebes bestehenden Verbindlichkeiten des früheren Inhabers [HGB § 25 (1)]. Letzterer haftet zusammen mit dem neuen Inhaber als Gesamtschuldner noch bis zum Ablauf von fünf Jahren nach dem Geschäftsübergang für Verbindlichkeiten, wenn diese vor Ablauf der fünf Jahre fällig sind, daraus Ansprüche gegen ihn geltend gemacht werden [HGB § 26 (1)] oder er den Anspruch schriftlich anerkannt hat [HGB § 26 (2)]. Diese Regelung dient dem **Gläubigerschutz.**

Allerdings kann der Erwerber des Handelsgeschäftes die **Haftung** für die früheren Betriebsschulden gegenüber den Gläubigern **ausschließen,** indem er den Haftungsausschluß ins Handelsregister eintragen und damit bekanntmachen läßt, oder den Ausschluß der Haftung den Gläubigern und Geschäftsfreunden unmittelbar mitteilt.

In der Praxis kommt dies allerdings selten vor, weil der Haftungsausschluß sich ungünstig auf die Kreditwürdigkeit des Unternehmens auswirkt; dieses Verhalten wirft nämlich ein negatives Licht auf die finanzielle Lage des Unternehmens.

Häufig wird in einem **Übernahmevertrag** zwischen dem Erwerber und dem bisherigen Inhaber der Haftungsausschluß des neuen Inhabers geregelt. Diese Vereinbarung wirkt aber nur im Innenverhältnis, also zwischen Erwerber und bisherigem Inhaber. Sie ist gegenüber Dritten, z. B. einem Lieferer, unwirksam. Denn der Grundgedanke dieser Haftungsvorschrift – nämlich die Gläubiger des Unternehmens, Lieferanten, Kreditinstitute, müssen sich darauf verlassen können, daß der jeweilige Betriebsinhaber für die Verbindlichkeiten haftet – soll nicht stillschweigend unterlaufen werden können.

Wesentliche Lerninhalte

- Die **Firma** ist der Name eines Vollkaufmannes.
- Allgemeingültige **Firmengrundsätze** sind: **Wahrheit, Klarheit, Ausschließlichkeit, Beständigkeit. Öffentlichkeit.**
- **Der Name des Unternehmens** kann, je nach Rechtsform, Personen- oder Sachfirma sein. Bei Gesellschaften ist ein das Gesellschaftsverhältnis andeutender Zusatz erforderlich.
- Bei der **Übernahme der Firma haftet der Erwerber** für die beim Geschäftsübergang vorhandenen Verbindlichkeiten. Die Haftung des früheren Inhabers endet in der Regel nach fünf Jahren.

Aufgaben zur Sicherung des Lernerfolgs

1 Kann Torsten Egg die Firma seiner Spirituosenfabrik nach seinem freien Belieben wählen?

2 In welchen gesetzlichen Bestimmungen ist das Firmenrecht geregelt?

3 Welche gesetzlichen Bestimmungen verpflichten bei Firmenübernahme den Erwerber zur Haftung?

4 Oskar Hunter betreibt eine kleine Bäckerei. Sein Vater, der ebenfalls Oskar heißt, hat am gleichen Ort seit Jahren eine große Nahrungsmittelfabrik und firmiert: Brotfabrikation Oskar Hunter. Der Sohn möchte dem Vater nicht nachstehen und legt sich ebenfalls die Firma Brotfabrikation Oskar Hunter zu. Gegen welche Firmengrundsätze verstößt er damit?

5 Hans Lotz, Möbelfabrikation, möchte sein Unternehmen in eine Gesellschaft umwandeln und dazu Partner aufnehmen. Wie könnte er, wenn die neuen Geschäftspartner nicht in dem Namen erscheinen sollen, firmieren, wenn er als Rechtsform wählt: OHG? KG? AG? GmbH? eG? Vgl. hierzu HGB § 19, AktG § 4, GmbHG § 4, GenG § 3!

6 Klaus Bauer führt mit ausdrücklicher Einwilligung des bisherigen Inhabers Albert Läpple dessen Baustoffhandlung unter der alten Firma Albert Läpple fort.

a) Für welche Schulden haften Bauer und Läpple in diesem Fall?
b) Hätte es eine Möglichkeit des Haftungsausschlusses gegenüber Dritten gegeben? Wenn ja, warum wurde sie nicht angewandt?
c) Wie kann die Haftung wenigstens im Innenverhältnis ausgeschlossen werden?
d) Was ist der Grundgedanke dieser Haftungsvorschrift?

2.10 Das Handelsregister

Problem

Das von Torsten Egg mit seinem Freund gegründete Unternehmen firmiert: „Spirituosenfabrik Torsten Egg & Co.“ Als vollkaufmännischer Betrieb muß das Unternehmen in das im zuständigen Amtsgerichtsbezirk geführte öffentliche Verzeichnis eingetragen werden.

Welche Tatsachen müssen in das Register aufgenommen werden und welche Wirkung haben diese Eintragungen?

Sachdarstellung

Das Handelsregister ist ein beim zuständigen Amtsgericht geführtes, öffentliches Verzeichnis aller Vollkaufleute der zugeordneten Gerichtsbezirke (HGB §§ 8–16).

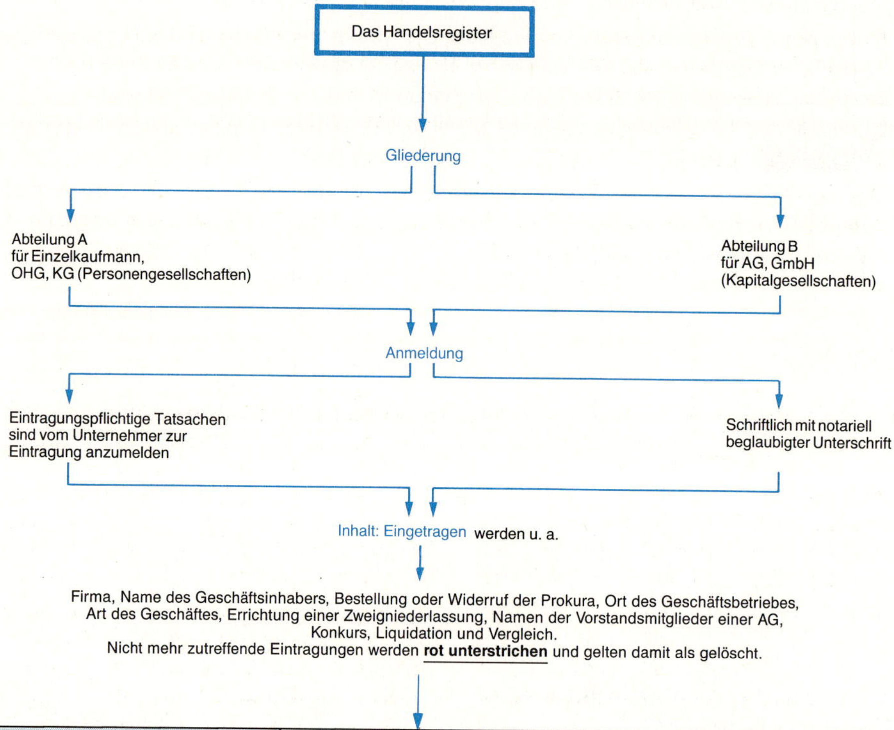

Wirkung der Eintragung	Bedeutung	Beispiele
rechtsbezeugend (deklaratorisch)	Auch ohne Eintragung würden die Tatsachen bestehen. Sie werden nur öffentlich bekannt gemacht.	– Prokuraeintragung, d. h. Bekanntgabe der umfassend erteilten Handlungsvollmacht – Eintragung der Firma eines Kaufmanns nach § 1 HGB (Mußkaufmann)
rechtserzeugend (konstitutiv)	Erst durch die Eintragung wird die Tatsache rechtswirksam.	– Ein Sollkaufmann erhält die Kaufmannseigenschaft erst durch die Eintragung. – Eine AG oder GmbH wird durch die Eintragung rechtsfähig.

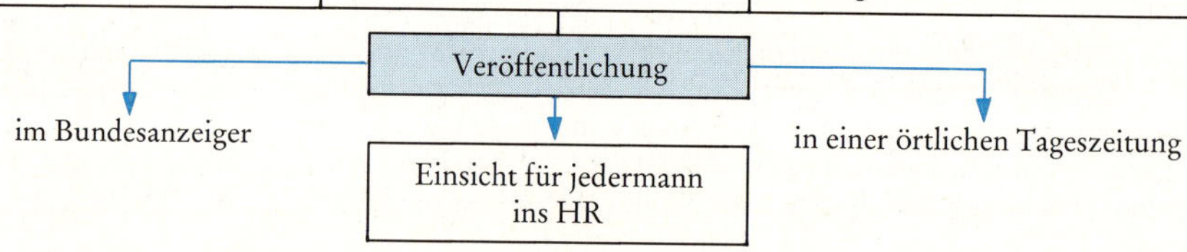

Das Handelsregister ist, um seinen Zweck – Schutz des Publikums – erfüllen zu können, ein **öffentliches Register.** Das bedeutet (HGB § 9):

1. Jedermann kann kostenlos in das Handelsregister und die zum Handelsregister eingereichten Schriftsücke Einsicht nehmen.
2. Jeder kann sich von den Eintragungen eine Abschrift geben lassen.
3. Durch einen Registerauszug kann der Nachweis geführt werden, wer Inhaber einer eingetragenen Firma ist und wer die Befugnis zur Vertretung, z. B. eines Einzelkaufmanns oder einer Handelsgesellschaft, hat.
4. Auf Verlangen hat das Gericht eine Bescheinigung darüber auszustellen, daß bestimmte Tatsachen nicht eingetragen sind.
5. Das Registergericht muß die Eintragung durch den Bundesanzeiger (= amtliches Verkündungsblatt für Bekanntmachungen der Bundesminister und für Eintragungen im Handelsregister) und mindestens ein anderes Blatt (meist Lokalzeitung) bekanntmachen (HGB § 10). Dies ist geschehen, wenn das letzte der Blätter erschienen ist.

Beispiel für Handelsregisterbekanntmachungen in einer Zeitung

Handelsregister

I. Neueintragungen

HRA 55 701 – 16.01.19.. – **Gaststätte und Kurpension Elisabeth Kowalewski, Bad Tölz** (Ludwigstraße 24), Inhaber: Kowalewski, Elisabeth, Gastwirtin, Bad Tölz.
HRA 55 702 – 16.01.19.. – **Briefmarkenversand Walter Klausen, Haar, Lkr. München** (Kirchenstraße 9), Inhaber: Klausen, Walter, Briefmarkenhändler in Haar.

II. Veränderungen

HRA 8 737 – 14.01.19.. – **Edmund Gans Verlag, Gräfelfing, Lkr. München.** Gans, Edmund ist nicht mehr Inhaber. Inhaberin ist nun Gans, Helene, Kaufmann, Astheim.
HRA 12 190 – 14.01.19.. – **Quetschwerk Mühlhauser & Sohn, Haar, Lkr. München.** Die Einlage eines Kommanditisten ist erhöht, eine Einlage ist herabgesetzt.
HRA 44 187 – 14.01.19.. – **Verla-Pharm-Arzneimittelfabrik Apotheker H. J. v. Ehrlich, Tutzing, Lkr. Starnberg.** Die Prokura Dr. Oberdorfer ist erloschen.

III. Löschungsankündigungen

Das Registergericht beabsichtigt, die im Handelsregister Abteilung A Nummer 14 244 eingetragene Firma Teresa Wohlgemuth in München, die in Abteilung A Nummer 40 334 eingetragene Firma Prinzendrogerie Fechner & Patzek in München, die in Abteilung A Nummer 40 352 eingetragene Firma O & P Objects and Posters Geschenkartikel und Plakate GmbH & Co. Vertriebsgesellschaft in München, die in Abteilung A Nummer 41 617 eingetragene Firma Witte GmbH Industriebetrieb für Montage-Knöpfe und -Gürtel KG in München vom Amts wegen nach § 31 Abs. 2 HGB zu löschen. Die Frist zur Erhebung eines Widerspruchs gegen die beabsichtigte Löschung wird auf drei Monate festgesetzt.

IV. Löschungen

HRA 12 778 – 19.01.19.. – **E. Strasser KG, Inhaber Erik Strasser, München.** Die Firma ist erloschen. Die Prokuren für Egginger Horst, Staps Rolf, Becker Adolf, Horschek Walter, Sippel Roland, Lücke Günter und Krause Werner sind erloschen.
HRA 40 135 – 19.01.19.. – **Selm KG, Eching, Lkr. Freising.**
HRA 40 520 – 19.01.19.. – **Akustik-Trockenausbau Küpper & Co. Dachau.**
HRA 41 313 – 19.01.19.. **Roman Natter, München.**

München, den 22.01.19..
Amtsgericht München – Registergericht

Auszug aus dem Handelsregister – Abt. B – des Amtsgerichts Crailsheim

Nummer der Eintragung	a) Firma b) Sitz c) Gegenstand des Unternehmens	Grundkapital oder Stammkapital DM	Geschäftsinhaber Persönlich haftende Gesellschafter Geschäftsführer Abwickler	Prokura	Rechtsverhältnisse	a) Tag der Eintragung und Unterschrift b) Bemerkungen
1	2	3	4	5	6	7
1	a) **Baden-Württembergische Bank** Aktiengesellschaft Filiale Bad Mergentheim b) Bad Mergentheim Zweigniederlassung der Firma »**Baden Württembergische Bank Aktiengesellschaft**« mit dem Sitz in Stuttgart c) Betrieb von Bankgeschäften aller Art und von damit zusammenhängenden Geschäften	60.000.000	Dr. Hanns Goeser, Bankdirektor, Stuttgart, Dr. Manfred Prechtl, Bankdirektor, Stuttgart, Erwin Funk, Bankdirektor, Kornwestheim, Dieter Maier, Bankdirektor, Stuttgart, Dr. Hans Braun, Bankdirektor, Heilbronn	Prokuristen, je vertretungsberechtigt mit einem Vorstandsmitglied oder einem Prokuristen: Johann Hermann Barr, Bietigheim, Siegfried Huck, Bietigheim, Dr. Rolf Meyer, Nürtingen, Hugo Schlag, Stuttgart, Martin Zipperer, Stuttgart, Dr. Peter Baumeister, Heilbronn,	Aktiengesellschaft. Satzung vom 20. Oktober 1871, mehrfach geändert, zuletzt geändert und neu gefaßt am 18. November 1977. Die Gesellschaft wird durch zwei Vorstandsmitglieder oder durch ein Vorstandsmitglied und einen Prokuristen vertreten.	a) Den 25. Jan. 1978 b) Satzung Bl. Sd. Bd. AG Stuttgart HRB 102

6. Eingetragene Tatsachen können gegenüber jedermann geltend gemacht werden, weil das Handelsregister **öffentlichen Glauben** genießt. Ist z. B. jemand ins Handelsregister eingetragen, so gilt er als Vollkaufmann, auch wenn die Voraussetzungen dafür nicht vorliegen (z. B. wenn er nach dem Umfang seines Betriebs nur Minderkaufmann wäre; HGB § 15).

Nicht eingetragene, aber einzutragende Tatsachen können Dritten gegenüber nicht entgegengesetzt werden, es sei denn, daß sie diesen bekannt waren. Hat z. B. ein Kaufmann seinem Prokuristen die Prokura entzogen, das Erlöschen aber nicht zur Eintragung angemeldet, so kann er im Falle des Mißbrauchs den Entzug Dritten nicht entgegenhalten.

Wesentliche Lerninhalte

- Das **Handelsregister** ist ein beim zuständigen Amtsgericht (Registergericht) geführtes **öffentliches Verzeichnis** aller Vollkaufleute des zugeordneten Registerbezirks.
- Das Handelsregister gliedert sich in die **Abteilungen A** (Einzelkaufleute und Personengesellschaften) und **B** (Kapitalgesellschaften), hat rechtsbekundende oder rechtsbegründende Wirkung der Eintragung zur Folge und genießt **öffentlichen Glauben,** d. h. der Inhalt gilt in bezug auf Rechtsgeschäfte als richtig und vollständig.
- Eintragungen werden im **Bundesanzeiger** und mindestens einem weiterem Blatt **bekanntgemacht.**

Aufgaben zur Sicherung des Lernerfolgs

1 In welcher Abteilung des Handelsregisters wird die neue Gesellschaft von Hans Lotz eingetragen, wenn er sich für die folgende Rechtsform entschlossen hat: a) OHG, b) AG, c) GmbH?

2 Hat die Eintragung im Falle der AG deklaratorische oder konstitutive Wirkung? Begründung?

3 Welche Gründe sprechen dafür, daß der Kaufmann die Veröffentlichungen des Registergerichts laufend verfolgt?

4 Welche Absicht hat der Gesetzgeber mit der Einrichtung des Handelsregisters verfolgt?

5 Welche Tatsachen werden ins Handelsregister eingetragen?

6 Wie wird eine Löschung kenntlich gemacht?

7 Kaufmann Wichmann hat seinem Prokuristen Berger die Prokura entzogen. Das Erlöschen ist im Handelsregister eingetragen und bekannt gemacht worden. Kurz darauf nimmt Berger im Namen von Wichmann bei der Handelsbank AG ein größeres Darlehen auf und verbraucht das Geld privat. Die Handelsbank AG verlangt nun von Wichmann die Rückzahlung des Darlehens. Zu recht? Begründen Sie Ihre Entscheidung!

8 Wie wäre der unter 7 genannte Fall zu beurteilen, wenn

a) die Löschung im Handelsregister noch nicht vorgenommen worden wäre, Wichmann aber sofort nach dem Entzug der Prokura dies der Handelsbank AG schriftlich mitgeteilt hätte;

b) Wichmann keinerlei Mitteilung über den Entzug der Prokura gemacht hätte und die beantragte Löschung zum Zeitpunkt der Darlehensaufnahme noch nicht durchgeführt worden wäre.

2.11 Rechtliche Grundlagen der Unternehmungsformen und ihre betriebswirtschaftliche Bedeutung[1]

Problem

Gerhard Zettl, Elektro-Ingenieur, macht sich selbständig. In der Garage seines Hauses richtet er sich eine Werkstätte mit Lager ein, konstruiert und baut Spezialgeräte für den Elektro-Fischfang, entwirft Prospekte und versucht auf allen Wegen, Kunden zu gewinnen. Sein Unternehmen steht. Er hat den Betrieb ordnungsgemäß angemeldet und die Rechtsform der Einzelunternehmung gewählt.

Welche Gründe könnten ihn dazu veranlaßt haben?

Sachdarstellung

Die Unternehmung tritt in verschiedenartigen **Rechtsformen** auf. Diese unterscheiden sich vor allem durch

1. die Zahl der Teilhaber und deren Verfügungsberechtigung (Eigentumsverhältnisse, Geschäftsführung, Vertretung),
2. die Kapitalaufbringung (Finanzierung),
3. die Haftung der Teilhaber gegenüber Dritten (Ergebnisverteilung, d. h. Risikotragung, Gewinnaufteilung),
4. die Kreditbasis (Möglichkeit, Kredite zu bekommen),
5. die Firmierung.

2.11.1 Einzelunternehmung und Gesellschaft

2.11.1.1 Die Einzelunternehmung

Wesen der Einzelunternehmung

Unternehmer ist jeder, der sich *selbständig* und *nachhaltig* am *Wirtschaftsleben* beteiligt in der Absicht, *Gewinn* zu erzielen.

Ein Angesteller, der seinen Pkw veräußert, wird durch diese einmalige wirtschaftliche Betätigung nicht zum Unternehmer. Dasselbe gilt für einen Briefmarkensammler, der Marken kauft, tauscht oder wieder verkauft, solange er diese Tätigkeit als Hobby betreibt.

Die ursprüngliche Form der Unternehmung ist die **Einzelunternehmung.** Sie kommt auch heute noch am häufigsten vor, nimmt aber ständig ab.

Der Einzelunternehmer als *alleiniger Eigentümer* des Geschäftsvermögens hat folgende Rechte und Pflichten:

- das ausschließliche Recht zur **Geschäftsführung.** Er kann deshalb schnell und ohne andere fragen zu müssen entscheiden. Auf ihm liegt aber auch die ganze Last der Verantwortung.
- die Pflicht, das ganze **Kapital** zur Verfügung zu stellen. Er hat dementsprechend auch den Gewinn für sich allein zu beanspruchen.
- allein die **Haftung** für eingegangene Verpflichtungen zu übernehmen. Die Haftung des Unternehmers erstreckt sich dabei auf das gesamte Vermögen, d. h. auch auf das private.
- eine verhältnismäßig schlechte **Kreditbasis.** Sein Kapital ist oft gering. Kredit wird ihm nur auf Grund seiner Vertrauenswürdigkeit gewährt (Personalkredit). Deshalb haben nur

[1] Vergleichende Übersicht über die Unternehmungsformen siehe Anhang S. 540 f.

Unternehmen mit hoher Rentabilität gute Kreditchancen. Langfristige Kapitalien sind nicht leicht zu bekommen, so daß Betriebserweiterungen nur in begrenztem Umfang möglich sind.

- seinen Familiennamen mit ausgeschriebenem Vornamen als **Firma** zu führen.

Bedeutung der Einzelunternehmung

Die Einzelunternehmung ist die geeignete Rechtsform für wagemutige Unternehmer, die ihre eigenen Ideen verwirklichen wollen; denn hier haben sie die größte Entfaltungsmöglichkeit für ihre Fähigkeiten. Die begrenzte Haftungsgrundlage dieser Unternehmungsform beschränkt sie aber in der Regel auf kleinere und mittlere Unternehmen.

Aus der Einzelunternehmung haben sich alle übrigen Rechtsformen der Gesellschaften entwickelt.

2.11.1.2 Die Gesellschaftsunternehmungen

Ursachen für die Gesellschaftsbildung

Rechtliche, wirtschaftliche, persönliche oder soziale Umstände können zu der Umwandlung einer Einzelunternehmung in eine Gesellschaft (Unternehmensform mit mehreren Inhabern) führen. Gründe dafür können sein:

- Krankheit, Alter oder Tod des bisherigen Einzelunternehmers (Erbfall),
- Heranziehung von Fachleuten (z. B. zum Kaufmann den Techniker),
- Suche nach weiteren, am Unternehmen direkt interessierten Führungskräften zur Verteilung der Verantwortung und Arbeit,
- Risikoverteilung, Kapitalvermehrung und Verbreiterung der Kreditbasis,
- Mitbeteiligung von Arbeitnehmern am Betrieb (z. B. durch Belegschaftsaktien),
- Abrundung des Fertigungsprogrammes oder Sortimentes (z. B. um größere Krisensicherheit zu erlangen) und Patentauswertung,
- Angliederung fremder Unternehmungen (durch Beteiligung oder Aufkauf), um deren Konkurrenz auszuschalten,
- Ausnutzung der steuerlichen Vorteile bestimmter Unternehmungsformen.

Kennzeichen einer Gesellschaft

Kennzeichen einer Gesellschaft sind:

- Das **Kapital** wird von *mehreren* aufgebracht, die dadurch Teilhaberrechte erwerben.
- **Haftung** und **Risiko** verteilen sich auf die Teilhaber.
- Die **Kreditwürdigkeit** steigt, weil die Sicherheitsgrundlage breiter geworden ist.
- Die **Verantwortung** (Geschäftsführungsbefugnis, Vertretungsbefugnis) liegt bei mehreren Teilhabern oder wird auf Angestellte übertragen.
- Die **Firma** ist eine Sach- oder Personenfirma mit einem das Gesellschaftsverhältnis andeutenden Zusatz.

Der Gesellschaftsvertrag

Bei der Gründung eines Unternehmens schließen die Gesellschafter einen gewöhnlich schriftlich abgefaßten Gesellschaftsvertrag, der ihre Beziehungen zueinander genau regelt. Bei Aktiengesellschaften, Gesellschaften mit beschränkter Haftung und wenn Grundstücke eingebracht werden, ist dabei notarielle Beurkundung erforderlich. Der Vertrag enthält z. B. Bestimmungen über die Kapitaleinlage des einzelnen Gesellschafters, das Recht zur Geschäftsführung, die Art der Gewinnverteilung usw. Von den wenigen, zwingenden Vorschriften des Gesellschaftsrechtes abgesehen, dienen alle in diesen Gesetzen vorgesehenen nachgiebigen Normen der Ergänzung dieses Vertrages.

Einteilung der Gesellschaften

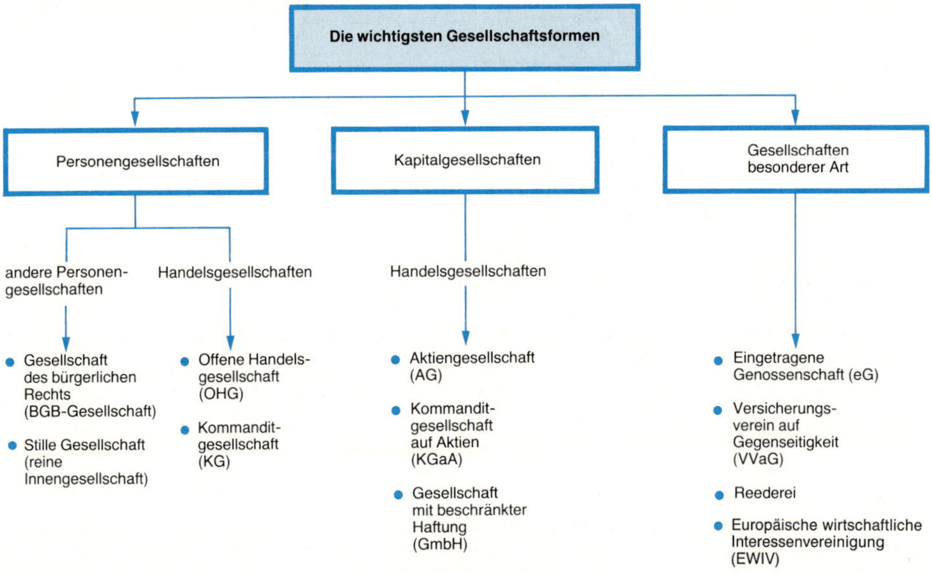

Bei **Personengesellschaften** stehen die persönliche Mitarbeit und die Haftung der Inhaber im Vordergrund, bei **Kapitalgesellschaften** (juristische Personen!) ist dagegen das aufgebrachte Kapital entscheidend. Die Teilhaber der letzteren (z. B. Aktionäre) haften Dritten gegenüber meist nur mit ihrem Einlagekapital und sind nicht in dem Unternehmen tätig. **Gesellschaften genossenschaftlicher Art** (juristische Personen!) verfolgen mit ihrem Geschäftsbetrieb im Gegensatz zu den übrigen Gesellschaftsformen hauptsächlich das Ziel, die wirtschaftliche Tätigkeit ihrer Mitglieder zu fördern und nicht vor allem einen hohen Gewinn zu erzielen.

Auf **Handelsgesellschaften** finden (neben BGB-Bestimmungen) die für Kaufleute gegebenen gesetzlichen Vorschriften Anwendung (HGB § 6).

Die Gesellschaft des bürgerlichen Rechts (Gelegenheitsgesellschaft)

Schließen sich mehrere Personen lose zur gemeinsamen Abwicklung eines Geschäfts zusammen, so benützen sie dazu die Rechtsform der BGB-Gesellschaft. Sie ist oft für Dritte nicht erkennbar und endet mit Abwicklung des Geschäfts. Die Gesellschaft führt keine Firma, z. B. Arztpraxengemeinschaft, Arbeitsgemeinschaft der Rundfunkanstalten Deutschlands (ARD).

Jeder Gesellschafter hat die festgelegten Beiträge zu leisten, die gemeinschaftliches Vermögen (**Gesamthandseigentum**) werden. Geschäftsführung und Vertretung stehen, ebenso wie die Einsicht in betriebliche Angelegenheiten, allen Gesellschaftern gemeinsam zu. Für Verbindlichkeiten haften alle gesamtschuldnerisch. Gewinn und Verlust werden nach Köpfen oder Gesellschaftsvertrag verteilt. Eine Kündigung ist jederzeit möglich, kann aber zu Schadenersatz verpflichten (BGB §§ 705 ff.).

Die stille Gesellschaft

Hier beteiligt sich ein Kapitalgeber an einem Handelsgewerbe, ohne daß dies Dritten gegenüber erkennbar zutage tritt. Der stille Gesellschafter ist vertraglich am Gewinn, aber gewöhnlich nicht am Verlust beteiligt und hat kein Widerspruchs-, wohl aber ein Kontrollrecht, das dem des Kommanditisten entspricht. Kündigung, Vereinbarung, Erreichen des vereinbarten Zweckes, Tod und Konkurs des Inhabers, nicht aber Tod des stillen Gesellschafters, lösen die Gesellschaft auf. Die stille Gesellschaft eignet sich als Rechtsform gut zur Beteiligung der Betriebsangehörigen am Unternehmen. Sie ist eine reine Innengesellschaft (HGB §§ 230 ff.).

Die Europäische wirtschaftliche Interessenvereinigung

Die **EWIV** darf nur den Zweck haben, die wirtschaftliche Tätigkeit ihrer Mitglieder zu erleichtern, zu entwickeln sowie die Ergebnisse dieser Tätigkeit zu verbessern oder zu steigern. Sie kann Träger von Rechten und Pflichten jeder Art sein und ist ihrer Rechtsstruktur nach mit der OHG vergleichbar. Ihr müssen mindestens zwei Mitglieder aus zwei verschiedenen Mitgliedsstaaten angehören. Sie soll die grenzüberschreitende Zusammenarbeit fördern.

Bedeutung der Gesellschaftsunternehmungen

Die Gesellschaft ist die geeignete Rechtsform für mittlere bis größere Unternehmen. Für jede gewünschte Art der Risikostreuung, Kapitalaufbringung, Verantwortungsteilung und Ergebnisbeteiligung kann eine zweckmäßige Gesellschaft nach geltendem Recht gebildet werden.

Wesentliche Lerninhalte

- Unternehmungsformen sind die **Rechtsformen,** in denen Unternehmen betrieben werden.
- Die **Unterschiede in den Unternehmungsformen** haben ihre Ursache in der Teilhaberzahl, der Kapitalaufbringung, den Eigentumsverhältnissen, der Verantwortungsübernahme, der Haftungsregelung und der Gewinnberechtigung.
- **Einzelunternehmen** sind geprägt durch die Vereinigung aller Rechte und Pflichten in der Person des alleinigen Eigentümers. Sie sind die ursprüngliche Form der Unternehmung.
- **Gesellschaften** sind gekennzeichnet durch die Aufteilung aller Rechte und Pflichten auf in der Regel mehrere Personen (Ausnahme: Einmann-Kapitalgesellschaften).
- Die **Gesellschaft des bürgerlichen Rechts** ist eine Gelegenheitsgesellschaft.
- Bei **der stillen Gesellschaft** beteiligt sich der Kapitalgeber mit einer Einlage am Handelsgewerbe eines anderen, ohne daß dies nach außen in Erscheinung tritt (Innengesellschaft).
- Einzelunternehmen oder Gesellschaften haben ihre besonderen Vorzüge und Schwächen. Sie sind für die Bewältigung unternehmerischer Probleme unterschiedlich gut geeignet. Die Wahl der richtigen Unternehmungsform muß deshalb sorgfältig überlegt und nach allen denkbaren Gesichtspunkten hin geprüft werden.

Rechtsform	Vorteile	Nachteile
Einzelunternehmung	• Unternehmer kann – allein, – frei, – rasch Entscheidungen fällen • Meinungsverschiedenheiten sind ausgeschlossen • Unternehmer hat alleinige Gewinnchance	• Unternehmer trägt das Risiko allein • Er haftet mit dem gesamten geschäftlichen und privaten Vermögen • Er hat nur begrenzte Möglichkeiten, sich Kapital zu beschaffen • Beeinflussung der betrieblichen Arbeit durch die persönlichen Eigenheiten, die privaten Vermögensverhältnisse und den Lebensstil des Unternehmers • oft unzureichende Organisation
Gesellschaftsunternehmung	• Entscheidungen werden von mehreren verantwortet • Risiko verteilt sich auf mehrere • Kapitalzuführung von mehreren • Erweiterte Kreditbasis durch breitere Haftungsgrundlage • u. U. steuerliche Vorteile	• Entscheidungen werden u. U. verzögert • Meinungsverschiedenheiten sind möglich • Gewinn wird aufgeteilt

Aufgaben zur Sicherung des Lernerfolgs

1 Welche persönlichen Gründe können einen Unternehmer veranlassen, seine Einzelunternehmung in eine Gesellschaft umzuwandeln?

2 Welche sachlichen Gründe können zur Aufnahme eines gleichberechtigten Teilhabers führen?

3 Welche Eigenheiten der Einzelunternehmung kommen in konjunkturschwachen Zeiten besonders zum Tragen?

4 a) Vergleichen Sie Einzelunternehmung und Gesellschaftsunternehmung hinsichtlich Leitung, Beteiligung und Haftung!

b) Prüfen Sie nach den obengenannten Gesichtspunkten die Eignung von Einzelunternehmung und Gesellschaft für kleine, mittlere, größere und ganz große Betriebe!

2.11.2 Die Personengesellschaften, ausführlich dargestellt am Beispiel der Rechtsform der offenen Handelsgesellschaft (OHG)

Problem

Schreinermeister Karl Schubert hat im Laufe der Jahre aus seinem Handwerksbetrieb eine kleine Fabrik gemacht und sich auf die Herstellung bestimmter Küchenmöbel für einige große Einrichtungshäuser spezialisiert. Um die daraus entstandene Abhängigkeit zu vermindern, plant Schubert eine Erweiterung seines Verkaufsprogrammes durch die Angliederung einer Möbelhandlung mit entsprechenden Ausstellungsräumen. Sein Freund Heinz Krug ist bereit, sich mit seinen Ersparnissen und einer Erbschaft an dem Geschäft zu beteiligen. Als langjähriger Angestellter eines Möbelgeschäfts ist er mit den kaufmännischen Problemen des Möbelhandels vertraut. Schubert und Krug beschließen, eine OHG zu gründen, in die Schubert seine Fabrik, Krug hingegen 130 000 DM in bar einbringt.

Wie ist vorzugehen?

Sachdarstellung

Die offene Handelsgesellschaft ist ein Zusammenschluß mehrerer Personen zum Betrieb eines vollkaufmännischen Handelsgewerbes unter gemeinsamer Firma (Personengesellschaft). Jeder Gesellschafter hat gleiche Rechte und Pflichten und haftet gegenüber den Gläubigern der Gesellschaft mit seinem ganzen Vermögen unbeschränkt.

Die OHG ist auf das Vertrauen der Gesellschafter zueinander aufgebaut und gilt rechtlich als Arbeits- und Vermögensgemeinschaft zur gesamten Hand; das bedeutet, die Gesellschafter müssen gemeinschaftlich arbeiten und können über das Vermögen nur gemeinsam verfügen (HGB §§ 105 ff.).

2.11.2.1 Gründung

Der **Gesellschaftsvertrag** wird im allgemeinen schriftlich abgeschlossen. Werden von den Gesellschaftern Grundstücke eingebracht, ist notarielle Beurkundung erforderlich.

Die OHG muß schriftlich mit notariell beglaubigten Unterschriften oder persönlich von allen Gesellschaftern beim zuständigen Handelsregister **angemeldet** und dort **eingetragen** werden. Die Eintragung enthält insbesondere die Namen der Gesellschafter, Firma, Sitz und Beginn der Gesellschaft (HGB §§ 106, 108, 123).

Im Verhältnis der Gesellschafter untereinander, d.h. im *Innenverhältnis*, entsteht die Gesellschaft zu dem vertraglich bestimmten Termin; Dritten gegenüber, d. h. im *Außenverhältnis*, entsteht sie im allgemeinen mit der vorgeschriebenen Eintragung in das Handelsregister. Sie gilt jedoch für Außenstehende schon *vor* der Eintragung als entstanden, wenn ein Gesellschafter unter der Firma bereits vorher Geschäfte abgeschlossen hat.

2.11.2.2 Firma

Die OHG wird unter einer gemeinschaftlichen Firma betrieben. Sie ist ihr Geschäftsname und enthält die Namen aller oder mehrerer Gesellschafter oder den Namen eines Gesellschafters mit einem das Gesellschaftsverhältnis andeutenden Zusatz. Die Beifügung von Vornamen ist bei der Firma der OHG im Gegensatz zu der des Einzelkaufmanns nicht erforderlich. Beispiele: Schubert & Co, Krug & Co, Schubert OHG usw. (HGB §§ 17, 19).

2.11.2.3 Kapitalaufbringung

Jeder Gesellschafter hat die Pflicht, die vereinbarten Beiträge aufzubringen. Dies sind übertragbare Vermögenswerte, wie Geldkapital, Sachen, Forderungen, Rechte aller Art oder Dienstleistungen. Alle Leistungen der Gesellschafter, die in das Vermögen der OHG nach dem Gesellschaftsvertrag übergehen sollen, sind Beiträge und heißen **Einlagen.**

Art und Höhe der Einlagen der Gesellschafter werden durch den Gesellschaftsvertrag festgelegt. Ist darin keine Vereinbarung getroffen, so müssen die Gesellschafter Beiträge in gleicher Höhe leisten. Eine Mindesthöhe der Einlagen ist nicht vorgeschrieben. Das Geschäftsvermögen wird *gemeinschaftliches* Vermögen der Gesellschafter, *Vermögen zur gesamten Hand.* Das hat zur Folge, daß der einzelne Gesellschafter keinen Anspruch auf einzelne Vermögensteile hat, z. B. auf einen bestimmten Lkw, einen Microcomputer u. a., sondern einen Anspruch auf einen Anteil am Gesamtvermögen (BGB §§ 706, 718 f.).

Der **Kapitalanteil des Gesellschafters** ist rechtlich von Bedeutung für

- die Gewinnverteilung (HGB §§ 120 f.);
- das Recht auf Privatentnahme (HGB § 122);
- die Berechnung des Abfindungsguthabens beim Ausscheiden eines Gesellschafters (BGB §§ 738 ff.);
- die Berechnung des Auflösungsguthabens im Falle der Liquidation (HGB § 155);
- u. U. für die Stimmrechtsausübung.

Die OHG
HGB §§ 105 ff.

Voraussetzungen

- Gesellschaftsvertrag
- Gemeinschaftlicher Zweck
- Handelsgewerbe
- Gemeinsame Firma

Rechtsnatur

Personengesellschaft

- auf Vertrauen gegründet
- Arbeits- und Vermögensgemeinschaft zur gesamten Hand

Gesellschafter

mindestens zwei

- juristische Personen
- natürliche Personen
- Handelsgesellschaften

Firma

Name mindestens eines Vollhafters + einen Zusatz, der ein Gesellschaftsverhältnis angibt

Entstehung

im Außenverhältnis (= gegenüber Dritten)

- Geschäftsbeginn
- Eintragung ins Handelsregister → nach Anmeldung
  - schriftlich (beglaubigte Unterschriften)
  - persönlich

  → von allen Gesellschaftern

im Innenverhältnis (= untereinander)

- Gesellschaftsvertrag

Rechtsverhältnisse der Gesellschafter

Innenverhältnis
(Vertragsvereinbarungen und HGB maßgebend)

Pflichten

- Kapitaleinlage
- Geschäftsführung
- Verlustbeteiligung (nach Köpfen)
- Treuepflicht
- Wettbewerbsverbot

Rechte

- Geschäftsführung
  - gewöhnliche Geschäfte → Einzelentscheidung
  - außergewöhnliche Geschäfte → Gesamtbeschluß
- Kontrollrecht
- Gewinnanteil (4% vom Kapitalanteil, Rest nach Köpfen)
- Privatentnahme (4% vom Kapitalanteil)
- Aufwandsersatz
- Kündigungsrecht (6 Monate auf Geschäftsjahresende)

Außenverhältnis
(HGB allein maßgebend)

Einzelvertretungsmacht

- unbeschränkt
- unbeschränkbar

Haftung

- solidarisch
- persönlich
- unbeschränkt
- unmittelbar

Auflösung

(= Beginn der Beendigung)

- Gründe: Tod, Beschluß, Konkurs u. a.
- Folgen: Anmeldung beim HR, Auseinandersetzung

→ Liquidation (i. L.)

→ Erlöschen → Verhinderung durch Vereinbarung im Gesellschaftsvertrag. Beschluß der restlichen Gesellschafter

→ Beendigung der Gesellschaft

2.11.2.4 Haftung

Jeder Gesellschafter **haftet** für die *Verbindlichkeiten der Gesellschaft:*

- *unbeschränkt,* d.h. er haftet nicht nur mit seinem Geschäftsvermögen, sondern auch mit seinem gesamten Privatvermögen;
- *unmittelbar,* d.h. die Gläubiger können sich direkt an jeden der Gesellschafter halten;
- *gesamtschuldnerisch,* d.h. jeder Gesellschafter haftet allein für die gesamten Schulden der Gesellschaft, kann also nicht die Einrede der Haftungsteilung geltend machen.

Beispiel:

Krug hat, ohne vorher Schuberts Zustimmung einzuholen, im Namen der Gesellschaft einen Lieferwagen gekauft. Er hat damit zwar seine Geschäftsführungsbefugnis überschritten, das Rechtsgeschäft ist jedoch für die OHG bindend. Der Lieferer kann sich für seine Forderung ganz oder teilweise entweder an die OHG, an Krug oder an Schubert wenden.

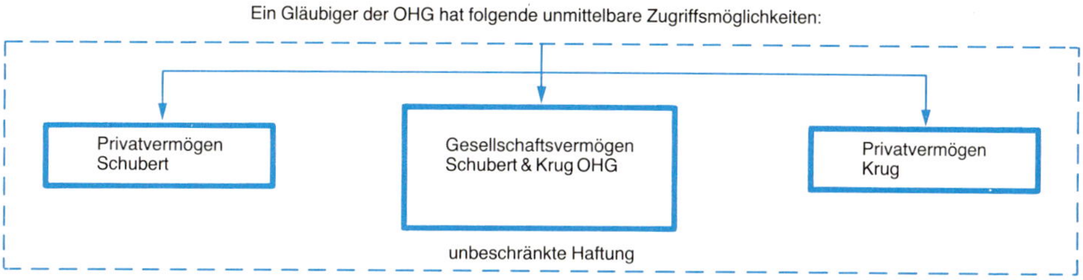

Bezahlt einer der Gesellschafter die gesamte Verbindlichkeit, so hat er gegen den oder die anderen einen Ausgleichsanspruch. Diese sehr weitgehende Haftung ist bei der Prüfung der *Kreditwürdigkeit* einer OHG von erheblicher Bedeutung.

Bei *Eintritt* in eine OHG **haftet** der neue Gesellschafter für alle bereits bestehenden Schulden; bei *Auflösung* **haftet** ein Gesellschafter noch fünf Jahre für die zu diesem Zeitpunkt vorhandenen Verbindlichkeiten (HGB §§ 130, 159). Scheidet er aus der Gesellschaft aus, so haftet er für die bis dahin begründeten Verbindlichkeiten, wenn diese vor Ablauf von fünf Jahren nach seinem Ausscheiden fällig, daraus Ansprüche gegen ihn gerichtlich geltend gemacht sind oder er den Anspruch schriftlich anerkannt hat [HGB § 160 (1) (2)].

2.11.2.5 Rechte und Pflichten der OHG-Gesellschafter

Die Bestimmungen des Gesetzes und der Gesellschaftsvertrag regeln, inwieweit die Gesellschafter im Verhältnis zueinander und gegenüber Dritten berechtigt und verpflichtet sind.

- **Recht auf/und Pflicht zur Geschäftsführung und Vertretung**

Grundsätzlich ist jeder Gesellschafter zur **Geschäftsführung** berechtigt und verpflichtet. Bei *gewöhnlichen* Geschäften (z.B. übliche Kreditgewährung) kann er die erforderlichen Entscheidungen und Anordnungen *allein* treffen, bei *außergewöhnlichen* Geschäften hingegen (z.B. Errichtung einer Zweigniederlassung) bedarf es eines *Gesamtbeschlusses* aller Gesellschafter (HGB §§ 114 ff.).

Jeder Gesellschafter hat darüber hinaus das Recht zur **Vertretung** der Gesellschaft, d.h. er kann *allein* Willenserklärungen abgeben, durch welche die Gesellschaft berechtigt und verpflichtet wird. Dies gilt sowohl für *gewöhnliche* (z.B. Abschluß eines Kaufvertrages über 5000 l Heizöl) als auch für *außergewöhnliche* Geschäfte (z.B. Aufnahme eines Großkredits). Zum Schutze eines Dritten ist zwingend vorgeschrieben, daß die Vertretungsbefugnis nur im Innenverhältnis wirksam beschränkt werden kann (HGB §§ 125ff.); nach außen gelten diese Beschränkungen nicht.

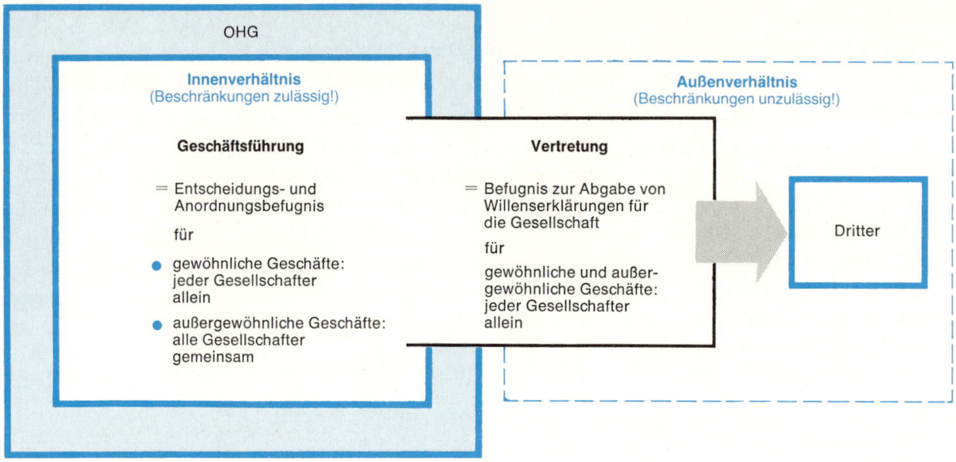

- **Recht auf Aufwandsersatz**

Entstehen einem Gesellschafter geschäftlich bedingte Aufwendungen (z. B. Hotelkosten bei Fachkongreß), so sind sie ihm von der Gesellschaft zu vergüten (HGB § 110).

- **Kontrollrecht**

Wer von der Geschäftsführung ausgeschlossen ist, hat das Recht, sich über die Angelegenheiten der Gesellschaft persönlich zu unterrichten, z. B. ihre Handelsbücher und Schriften einzusehen und sich daraus einen Jahresabschluß (Bilanz und GuV-Rechnung) anzufertigen (HGB § 118).

- **Kündigungsrecht**

Ist eine Gesellschaft für unbestimmte Zeit gegründet worden, so kann jeder Teilhaber spätestens sechs Monate vor Abschluß eines Geschäftsjahres zu dessen Ende kündigen. Damit ist die Gesellschaft aufgelöst. Auch der Tod eines Gesellschafters löst die OHG auf, sofern im Vertrag nichts anderes geregelt ist (HGB §§ 131 ff.).

- **Wettbewerbsverbot**

Die Gesellschafter dürfen ohne die Zustimmung der anderen keine eigenen Geschäfte im Bereich des Handelsgewerbes durchführen oder sich als persönlich haftende Gesellschafter an einer gleichartigen Unternehmung beteiligen. Ein Verstoß gegen dieses **Konkurrenzverbot** kann zur Auflösung der Gesellschaft führen.

Verboten sind Geschäfte im gleichen Handelszweig und die Beteiligung mit persönlicher Haftung an gleichartigen Handelsgesellschaften, z. B. Huber ist Gesellschafter der Bautransport OHG und betreibt daneben als vollhaftender Gesellschafter noch den Gabelstapler-Verleih und -Vertrieb Huber KG (HGB §§ 112 ff.).

2.11.2.6 Ergebnisverteilung (Gewinn- bzw. Verlustverteilung)

Sofern vertraglich nichts vereinbart wird, gilt die **gesetzliche Regelung** für die Gewinn- bzw. Verlustverteilung.

Danach erhält jeder Gesellschafter als **Gewinnanteil zunächst 4 % Verzinsung seines Kapitalanteils; ein Restgewinn wird nach Köpfen** verteilt. Der Gewinnanteil wird dem Kapitalkonto eines jeden Gesellschafters gutgeschrieben. Ergibt sich am Jahresende ein Verlust, wird er nach Köpfen verteilt; die Verlustanteile werden den Kapitalkonten belastet.

Unabhängig davon, ob ein Gewinn oder Verlust festgestellt wurde, kann jeder Gesellschafter bis zu 4 % seines Kapitalanteils für seine private Lebensführung entnehmen. Höhere Entnahmen bedürfen der Zustimmung der übrigen Gesellschafter.

Der Gewinn oder der Verlust werden auf Grund der für den Schluß jedes Geschäftsjahres aufzustellenden Bilanz ermittelt. Aus dem Vergleich der neuen Bilanz mit der des Vorjahres ergibt sich die Vermehrung (= Gewinn) bzw. die Verminderung (= Verlust) des Gesamtvermögens der Gesellschaft (HGB §§ 120 ff.).

2.11.2.7 Auflösung

Ein Gesellschafter kann auf den Schluß eines Geschäftsjahres kündigen. Er muß hierbei eine Frist von mindestens sechs Monaten einhalten. Außer durch Kündigung wird eine OHG aufgelöst durch Zeitablauf, Beschluß der Gesellschafter, Konkurseröffnung über das Gesellschaftsvermögen oder das Privatvermögen eines Gesellschafters sowie durch den Tod eines Gesellschafters (HGB §§ 131 ff.).

2.11.2.8 Bedeutung

Bei der OHG steht die Zusammenarbeit der Gesellschafter im Vordergrund. Sie beruht auf deren Vertrauen zueinander.

Ihr wirtschaftlicher Erfolg hängt von den Fähigkeiten ihrer Gesellschafter, deren Tatkraft und deren Vermögensverhältnissen ab. Sie ist die geeignete Rechtsform für einsatzbereite, schöpferische Unternehmer, die nur über eine begrenzte Kapitalsumme verfügen.

Die OHG ist wegen ihrer strengen Haftungsbestimmungen und der Risikostreuung kreditwürdiger als ein Einzelunternehmen.

Wesentliche Lerninhalte

- Eine **OHG** ist eine **vertraglich vereinbarte** Gesellschaft von zwei oder mehreren Personen zum Betrieb eines Handelsgewerbes unter einer gemeinschaftlichen Firma mit *unbeschränkter, unmittelbarer* und *gesamtschuldnerischer Haftung aller Gesellschafter.*
- Von der Einzelunternehmung unterscheidet sich die Rechtsform der OHG durch **andere Regelungen** für folgende wesentliche Sachverhalte: Firma, Kapitalaufbringung, Haftung, Geschäftsführung und Vertretung, Ergebnisverteilung.
- Das **Gesellschaftsvermögen** wird gemeinschaftliches Vermögen der Gesellschafter.
- Die Pflichten und Rechte der Gesellschafter regeln der **Gesellschaftsvertrag** und das Gesetz.
- **Pflichten der Gesellschafter** (soweit vertraglich nicht anders geregelt)
  - Leistung der festgesetzten Einlage
  - Persönliche Arbeitsleistung
  - Wettbewerbsenthaltung
  - Verlustbeteiligung (Anteil nach Köpfen).
- **Rechte der Gesellschafter** (soweit vertraglich nicht anders geregelt)
  - Geschäftsführung: für gewöhnliche Geschäfte allein, für außergewöhnliche Geschäfte nur mit Zustimmung der übrigen Gesellschafter
  - Vertretung: Einzelvertretungsbefugnis für alle Rechtsgeschäfte
  - Gewinnanteil: 4 % der Einlage, Restanteil nach Köpfen
  - Privatentnahme: bis zu 4 % der Einlage
  - Kündigung: 6 Monate auf Schluß des Geschäftsjahres.
- Für die **Verbindlichkeiten der OHG** haften die Gesellschafter nicht nur unbeschränkt, sondern auch unmittelbar und gesamtschuldnerisch.

Aufgaben zur Sicherung des Lernerfolgs

1 Vier junge Kaufleute, ein Industrie-, ein Großhandels-, ein Bank- und ein Versicherungskaufmann sind Teilhaber eines Unternehmens, das sich auf die Erarbeitung und die Vermarktung von „soft ware", also Problemlösungen für EDV-Anlagen, spezialisiert hat.

I ist mit 85 000 DM, G mit 1/4, B mit 1/5 und V mit 1/8 des Gesamtkapitals beteiligt.

a) Wie hoch sind die Einlagen von G, B und V?

b) Wie groß ist das Gesamtkapital?

c) Wieviel DM erhält jeder, wenn der Reingewinn von 80 000 DM im Verhältnis der Kapitaleinlagen auf die vier Gesellschafter verteilt werden soll?

2 Wem gehören die Sachwerte, Guthaben und Barmittel nach ihrer Einbringung in die OHG?

3 Was bedeutet „Vermögen zur gesamten Hand"? (Vgl. BGB §§ 718 f.!)

4 Weshalb können die gesetzlichen Bestimmungen über die OHG, die das Verhältnis der Gesellschafter zueinander regeln, z. B. über die Geschäftsführung sowie über die Gewinn- und Verlustverteilung, durch den Gesellschaftsvertrag geändert werden?

5 a) Wann wird ein Einzelunternehmer erwägen, in die Rechtsform einer OHG umzuwandeln?

b) Welche Vor- und Nachteile hat er vor seiner Entscheidung gegeneinander abzuwägen?

6 ∗ Angenommen, es würde folgendes vereinbart:

a) Der Gesellschafter Krug haftet nur bis zu einem bestimmten Betrag,

b) er kann die OHG nur zusammen mit einem Handlungsbevollmächtigten vertreten.

Welche Wirkung hätte dies einem Dritten gegenüber, der aus einem von Krug allein abgeschlossenen Geschäft Ansprüche gegen die Gesellschaft geltend macht?

7 a) Die Brumme OHG wurde am 15. Mai 19.. gegründet, in das Handelsregister wurde sie aber erst am 1. Juli des Jahres eingetragen. Der Geschäftsbetrieb wurde auch erst am 1. Juli aufgenommen. Fritz Brumme hat am 20. Mai einen Lieferwagen für das Geschäft gekauft. Ist der Kaufvertrag zwischen Fritz Brumme und dem Fahrzeughändler oder zwischen der OHG und dem Fahrzeughändler zustandegekommen?

b) Wie wäre es gewesen, wenn der Geschäftsbetrieb der OHG mit dem Gründungstag (15. Mai) begonnen und Brumme im Namen der OHG gehandelt hätte [HGB § 123 (2)]?

c) Welche Folgen würden sich in beiden Fällen ergeben, wenn der Lieferwagen nicht bezahlt worden wäre? An wen müßte sich der Gläubiger wegen der Haftung wenden?

2.11.3 Die Kapitalgesellschaften, ausführlich dargestellt am Beispiel der Rechtsform der Aktiengesellschaft (AG)

(Aktiengesetz vom 6. September 1965 mit Änderungen)

Problem

In der Bundesrepublik Deutschland gibt es über 20 privatwirtschaftliche Großunternehmen mit Jahresumsätzen zwischen 19 und 100 Mrd. DM und bis zu 384 000 Beschäftigten. Wie können diese Unternehmen die erforderlichen großen Kapitalsummen aufbringen?

Warum werden sie ausschließlich in der Rechtsform der Aktiengesellschaft geführt?

Sachdarstellung

2.11.3.1 Kapitalaufbringung, Haftung, Firma

Die Produktion und der Absatz hochwertiger Güter des Massenbedarfs erfordern so große Kapitalmengen, daß in der Regel weder eine einzelne Person noch eine kleine Gruppe von Personen imstande ist, diese Beträge bereitzustellen, geschweige denn, das damit verbundene Risiko zu tragen. Dasselbe gilt für die Abwicklung entsprechender Kredit- und Versicherungsgeschäfte.

Beispiel: Zur serienmäßigen Herstellung eines neuen Pkw-Modells bedarf es sehr großer Investitionen für Forschung, Entwicklung, Marktforschung und Versuche, für die Einrichtung von Fertigungsstraßen, für Werbemaßnahmen und für den Kundendienst. Die Kosten hierfür belaufen sich bei den gängigen Typen auf 1 bis 3 Mrd. DM. Ob sie gedeckt werden können, hängt ausschließlich von den Absatzmöglichkeiten ab, die aber im voraus nur abgeschätzt werden können.

Die Rechtsform der **Aktiengesellschaft** (AG) bietet die Möglichkeit, solche Riesensummen durch die *Beteiligung einer großen Zahl von Geldgebern* aufzubringen, die lediglich ihre *Ein-*

lage riskieren. Die Verwaltung dieser großen Betriebe wird *Managern* übertragen, Männern und Frauen also, die über das notwendige Wissen und Können verfügen, die aber nicht an der Gesellschaft finanziell beteiligt sein müssen.

Die **AG ist eine Kapitalgesellschaft.** Ihr **Grundkapital,** das in der Bilanz als **gezeichnetes Kapital** ausgewiesen werden muß, ist in zahlreiche Anteile, die **Aktien, zerlegt** (AktG §§ 6 ff., 152, HGB § 272). Die AG ist im Aktiengesetz (AktG) vom 6. September 1965 geregelt[1].

Zur **Gründung einer AG** ist eine Person oder sind mehrere Personen, ein Grundkapital von wenigstens 100 000 DM, ein notariell beurkundeter Gesellschaftsvertrag **(Satzung)** sowie die Eintragung ins Handelsregister erforderlich. Der oder die **Gründer übernehmen alle Anteile** (= Übernahme- oder Einheitsgründung) gegen Bareinlagen oder Sacheinlagen, z. B. Maschinen, Anlagen. Sacheinlagen werden besonders bei Umwandlung einer Unternehmung mit einer anderen Rechtsform in eine Aktiengesellschaft eingebracht. (AktG § 2, §§ 23 ff.)

Erst durch die **Eintragung ins Handelsregister** entsteht die AG als **juristische Person,** d. h. als Körperschaft des privaten Rechts mit eigener Rechtspersönlichkeit.

Die Firma soll eine **Sachfirma** sein und muß den Zusatz Aktiengesellschaft (siehe auch S. 88 ff.) tragen (AktG § 4), Beispiel: Nürnberger Spielwaren Aktiengesellschaft.

Die Aktionäre, also die Eigentümer der Gesellschaft, deren Anteil und Mitgliedschaft in Aktienurkunden verbrieft sind, halten nur eine kapitalmäßige Beteiligung an der AG. Sie haften der Gesellschaft gegenüber mit ihrer Einlage und sind weder zur Geschäftsführung noch zur Vertretung befugt.

Die Urkunde über die Beteiligung an der AG, die **Aktie,** ist ein Wertpapier. Ihr Mindestnennwert beträgt *5 DM,* höhere Beträge sind zulässig, wenn sie auf volle 5 DM lauten. Die Summe des Nennwerts aller Aktien der AG ergibt die Höhe des Grundkapitals. Der einzelne Aktiennennbetrag stellt den rechnerischen Anteil am Grundkapital dar. Die Höhe des Grundkapitals wird durch die Satzung festgelegt. (AktG §§ 6 ff.)

Beispiel: Der Aktionär Müller besitzt Aktien einer AG, deren Grundkapital 1 Million DM beträgt im Nennwert von 10 000 DM. Er ist daher mit $\frac{1}{100}$ an dieser AG beteiligt.

Aus dem Nennwert einer Aktie kann nur auf den **quotenmäßigen Anteil** an der AG, nicht aber auf ihren tatsächlichen Wert geschlossen werden; denn wirtschaftlich stellt die Aktie einen Anteil am Gesellschaftsvermögen dar, das meist höher ist als das Grundkapital. Aktien können veräußert und vererbt werden.

Der Aktionär ist lediglich zur Leistung der übernommenen Einlage verpflichtet (AktG § 54). **Jede persönliche Haftung aus dem Besitz von Aktien gegenüber der AG ist ausgeschlossen** (AktG § 1).

Die Ausgabe von Aktien unter ihrem Nennwert *(unter pari)* ist nicht zulässig (AktG § 9).

Arten der Aktien

• Unterscheidung nach der Übertragungsweise

Inhaberaktien. Sie lauten auf den Inhaber und werden durch einfache Übergabe übertragen (beinahe alle gehandelten Papiere).

Namensaktien. Diese sind auf einen bestimmten Namen ausgestellt und werden durch Indossament übertragen. Dies ist der AG zu melden und dort in das Aktionärsbuch einzutragen.

Vinkulierte Namensaktien. Eine Übertragung kann nur mit Zustimmung der AG erfolgen.

[1] Ergänzungen durch das Gesetz für kleine Aktiengesellschaften und zur Deregulierung des Aktienrechts vom 2. Aug. 1994.

- **Unterscheidung nach den mit dem Eigentum verbundenen Rechten**

Stammaktien. Sie gewähren die normalen Rechte des Aktionärs.

Vorzugsaktien. Sie bieten besondere Rechte, z. B. erhöhten Gewinn- oder Liquidationsanteil usw.; das Stimmrecht wird oft ausgeschlossen (AktG § 139 ff.).

- **Unterscheidung nach dem Ausgabezeitpunkt**

Alte Aktien. Sie waren vor einer Kapitalvermehrung vorhanden und werden bei ihr mit einem Bezugsrecht (Recht zum Ankauf junger Aktien) ausgestattet.

Junge Aktien. Sie werden bei Kapitalerhöhungen ausgegeben. (AktG §§ 8, 10, 11, 67, 68 u. a.)

2.11.3.2 Organe der AG – Geschäftsführung, Vertretung, Überwachung und Beschlußfassung

Die nach dem Gesetz vorgeschriebenen Organe zur Vertretung, Überwachung und Beschlußfassung der Aktiengesellschaft sind: **Vorstand (= leitendes Organ), Aufsichtsrat (= überwachendes Organ)** und **Hauptversammlung (= beschließendes Organ – Vertretung der Aktionäre).**

Organe der Aktiengesellschaft

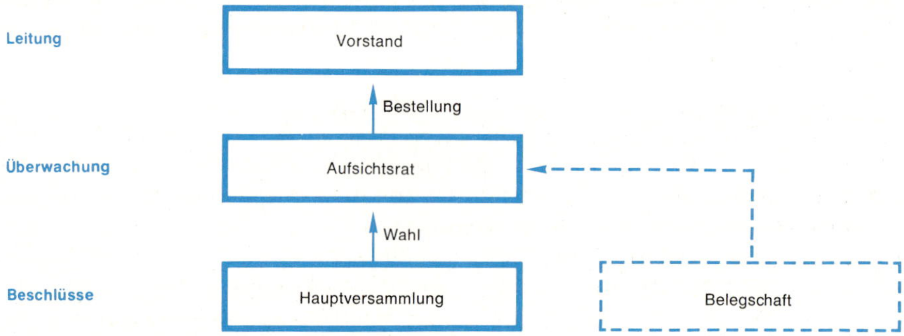

Vorstand – leitendes Organ (AktG §§ 76 ff.)

Der Vorstand wird vom Aufsichtsrat (AR) auf höchstens *fünf Jahre* bestellt. Wiederholte Bestellung ist möglich. Er besteht aus **einer oder mehreren Personen,** die nicht Aktionär zu sein brauchen, die aber auf keinen Fall Aufsichtsratsmitglieder sein dürfen (AktG § 105).

Bei einer AG von mehr als 3 Millionen DM Grundkapital besteht er aus mindestens zwei Personen, wenn die Satzung nichts anderes bestimmt.

Der Vorstand **leitet** die Unternehmung in eigener Verantwortung. Bei mehreren Personen besteht grundsätzlich **Gesamtgeschäftsführungsbefugnis** und **Gesamtvertretungsbefugnis.** Hiervon abweichende Bestimmungen in der Satzung müssen in das Handelsregister eingetragen werden. Der Vorstand muß dem AR regelmäßig über Stand und Entwicklung der Unternehmung berichten, in den ersten drei Monaten eines neuen Geschäftsjahres den Jahresabschluß und den Lagebericht für das vergangene Jahr erstellen und ihn dem Abschlußprüfer vorlegen. Außerdem muß er die ordentliche Hauptversammlung *einberufen.* Er hat seine Geschäfte mit der Sorgfalt eines ordentlichen Kaufmanns zu führen und das Wettbewerbsverbot zu beachten. Neben dem Gehalt kann den einzelnen Vorstandsmitgliedern eine Beteiligung am Jahresgewinn (Tantieme), eine Aufwandsentschädigung u. a. gewährt werden (AktG §§ 86, 87).

Für Unternehmen mit eigener Rechtspersönlichkeit, welche dem **Mitbestimmungsgesetz für Großbetriebe und Konzerne** unterliegen (AG, GmbH, GmbH & Co. KG, soweit sie **mehr als 2 000 Arbeitnehmer** beschäftigen) gilt eine besondere Regelung.[1]

Aufsichtsrat – überwachendes Organ

(AktG § 95 ff.)

Der Aufsichtsrat *überwacht* die Tätigkeit des Vorstandes, *prüft* den Jahresabschluß, Lagebericht und Prüfungsbericht sowie den Vorschlag des Vorstandes über die Verwendung des Bilanzgewinns und berichtet hierüber der Hauptversammlung. Er kann eine außerordentliche Hauptversammlung einberufen. Außerdem kann er den Vorstand abberufen, wenn ein wichtiger Grund vorliegt. Für seine Tätigkeit kann ihm ein Anteil am Jahresgewinn gewährt werden (AktG § 113).

- **Bei Gesellschaften bis zu 2 000 Arbeitnehmern:**

Der Aufsichtsrat wird zu 2/3 von der *Hauptversammlung* und nach dem Betriebsverfassungsgesetz 1952[2] (§ 76) zu 1/3 von den *Arbeitnehmern* der AG[3] auf *vier Jahre* gewählt. Er besteht aus *mindestens drei Mitgliedern;* eine von der Satzung festgelegte höhere Zahl muß durch drei teilbar sein.

- **Bei Gesellschaften mit mehr als 2 000 Arbeitnehmern:**

Sie unterliegen dem **Mitbestimmungsgesetz für Großbetriebe und Konzerne.** Der Aufsichtsrat wird mit der gleichen Zahl von Mitgliedern der Anteilseigner und der Arbeitnehmer besetzt.[4]

Hauptversammlung – beschließendes Organ

(AktG § 118 ff.)

Die Hauptversammlung ist die *Versammlung der Aktionäre*, die in der Regel einmal jährlich stattfindet. Sie *beschließt* – in Anwesenheit eines Notars – über alle *Grundfragen* der AG, die einer *Satzungsänderung* bedürfen, z. B. Kapitalerhöhung, Verschmelzung mit einer anderen Gesellschaft (Fusion) und Auflösung. Sie beschließt ferner über die *Verwendung des Bilanzgewinns*, über die *Entlastung* des Vorstandes und des Aufsichtsrats und über die Bestellung des Abschlußprüfers. Es wird nach *Aktiennennwerten*, d. h. nach Anteilen abgestimmt. *Großaktionäre* haben deshalb meist einen beherrschenden Einfluß nicht nur in der Hauptversammlung, sondern letztlich auch im Aufsichtsrat, da sie die Wahl der Aktionärsvertreter im Aufsichtsrat weitgehend bestimmen. Die Stellung des Vorstandes ist in solchen Fällen wesentlich schwächer als in einer Aktiengesellschaft mit stark gestreutem Aktienbesitz (Publikums-AG).

Grundsätzlich ist für die Beschlüsse der Hauptversammlung nur die einfache Mehrheit der abgegebenen Stimmen erforderlich. Beschlüsse über Satzungsänderungen bedürfen zusätzlich einer *qualifizierten Mehrheit* von mindestens 75 % des bei der Beschlußfassung vertretenen Grundkapitals.

Jeder **Aktionär** kann *Auskünfte* über Angelegenheiten der AG verlangen, allerdings nur insoweit, als dies zur sachgemäßen Beurteilung eines Gegenstandes der Tagesordnung erforderlich ist.

An der Hauptversammlung muß er nicht persönlich teilnehmen; er kann sich vertreten lassen. Geldinstitute üben für ihn im Umfang der im Bankdepot befindlichen Aktien das Stimmrecht aus, sofern seine schriftliche Vollmacht vorliegt (= **Depotstimmrecht).** Depot ist der Aufbewahrungsort der Wertpapiere.

[1] Vergleichen Sie Abschnitt 3.11 Betriebsrat und Mitbestimmung, S. 171 ff.!

[2] In Aktiengesellschaften mit weniger als 500 Arbeitnehmern kann die Belegschaft keine Mitglieder in den Aufsichtsrat entsenden. Für Aktiengesellschaften, die vor dem 10. August 1994 eingetragen worden sind, gilt dies nur, wenn sie Familiengesellschaften sind. Bei Gesellschaften der Montanindustrie besteht der Aufsichtsrat aus 11 Mitgliedern (darunter mindestens 4 Arbeitnehmer), die mit bestimmten Einschränkungen alle von der Hauptversammlung gewählt werden; siehe S. 175!

[3] Anhang zu § 129 des BetrVerfG von 1972 (Beteiligung der Arbeitnehmer im Aufsichtsrat gemäß §§ 76, 77 des BetrVerfG von 1952).

[4] Vgl. S. 173 ff.!

2.11.3.3 Rechnungslegung, Ergebnisverteilung und Ergebnisveröffentlichung

Unter Rechnungslegung versteht man die Aufstellung und das Bekanntmachen des Jahresabschlusses und des Lageberichts (HGB §§ 242, 264).

Spätestens drei Monate nach Ablauf eines Geschäftsjahres hat der Vorstand den fertigen **Jahresabschluß** und **Lagebericht** bereitzuhalten. Der Lagebericht (nicht erforderlich bei kleiner AG) ist eine Erläuterung zum Jahresabschluß, der diesen durch zusätzliche Informationen allgemeiner Art so ergänzt, daß ein den tatsächlichen Verhältnissen entsprechendes Bild vermittelt wird (HGB § 289). Auch auf die wirtschaftliche Lage des Unternehmens wird eingegangen.

Der **Jahresabschluß** besteht aus **Bilanz** und **Gewinn- und Verlustrechnung** (HGB § 242). Er ist durch einen **Anhang** zu erweitern (HGB § 264). Der Jahresabschluß zeigt in knapper Darstellung das Jahresergebnis, d. h. den Gewinn bzw. Verlust des Geschäftsjahres. Zwingende Gliederungs- und Bewertungsvorschriften des Handelsgesetzbuches und des Aktiengesetzes (HGB §§ 266 bis 283, AktG §§ 150 ff.) müssen bei seiner Aufstellung beachtet werden. Deren Einhaltung prüft der Abschlußprüfer (Wirtschaftsprüfer), der den Bestätigungsvermerk erteilt. Zusammen mit seinem Prüfungsbericht werden dann Jahresabschluß und Lagebericht dem Aufsichtsrat durch den Vorstand zur Kontrolle und Billigung vorgelegt (AktG § 170 ff.). Der Anhang ist neben Bilanz und GuV-Rechnung gleichwertiger Bestandteil des Jahresabschlusses bei allen offenlegungspflichtigen Unternehmen – siehe Seite 115 – (HGB § 264). In ihm müssen Bilanz und GuV-Rechnung entsprechend den Vorschriften der §§ 284–288 HGB erläutert werden.

Für die **Ergebnisverwendung,** d. h. Verteilung des Gewinns, sind die gesetzlichen Regelungen zu beachten (AktG §§ 58, 150 ff., 158 ff.,). Alle aus dem Ergebnis des Abschlußjahres und früherer Geschäftsjahre gebildeten Rücklagen heißen **Gewinnrücklagen** (= gesetzliche, satzungsmäßige Rücklagen, andere Gewinnrücklagen). **Kapitalrücklagen** sind bestimmte Zuzahlungen der Gesellschafter (= Agio, Zuzahlungen gegen Vorzugsgewährung u. a.) [HGB § 272 (2,3)].

Jahresüberschuß		Ausgleich eines **Verlustvortrages**	vom Gesetz [AktG § 150, HGB § 272 (2)] zwingend vorgeschrieben
		Einstellung von 5 % des Restbetrages in die **gesetzliche Rücklage** bis einschließlich der Kapitalrücklage 10 % des Grundkapitals erreicht sind.	
		Einstellung bis zu 50 % des dann verbleibenden Restbetrages in die **satzungsmäßigen Rücklagen.** Ein höherer Anteil kann durch die Satzung bestimmt werden.	Entscheidung des Vorstandes und des Aufsichtsrats (AktG § 58)
	Bilanzgewinn	Einstellung weiterer Beträge in die **Gewinnrücklagen** auf Grund eines HV-Beschlusses.	Beschluß der Hauptversammlung auf Grund eines Vorschlags des Vorstandes und des Berichtes des Aufsichtsrats (AktG § 174)
		Dividende	
		Gewinnvortrag	

Jahresabschluß und Lagebericht müssen beim Handelsregister eingereicht werden (= Offenlegung nach HGB § 325). Entsprechend den Bestimmungen auf Grund des Gesetzes oder des Gesellschaftsvertrages sind Jahresabschluß und Lagebericht in den Geschäftsblättern zu veröffentlichen und im Bundesanzeiger (bei Großunternehmen) bekanntzumachen (Publikationspflicht – HGB § 325 bis 329 i. V. m. HGB § 267, PublizitätsG § 10).

Die Aktiengesellschaft
AktG §§ 1 ff.

Rechtsnatur

Kapitalgesellschaft mit eigener Rechtspersönlichkeit

- allein auf Kapital begründet
- keine persönliche Bindung der Teilhaber

Gründung

- Ein oder mehrere Gründer
- Einheitsgründung
- Gesellschaftsvertrag = Satzung

Bar- oder Sacheinlagen

- Grundkapital mindestens 100 000 DM aufgeteilt in (= Gezeichnetes Kapital)

Aktien

Inhaber-aktien | Namens-aktien | vinkulierte Namens-aktien

Mindestbetrag 5 DM
höhere Beträge möglich,
wenn sie auf volle 5 DM lauten

Firma

- Sachfirma mit Zusatz Aktiengesellschaft
- Eintragung ins Handelsregister

Organe

Vorstand

Eigenverantwortliche Leitung, alleinige

Geschäftsführungsbefugnis (Innenverhältnis) | Vertretungsbefugnis (Außenverhältnis)

Aufsichtsrat(AR)

Kontrollorgan
Aufgaben:

- Überwachung der Geschäftsführung
- Prüfung von Jahresabschluß, Lagebericht und Vorschlag über Bilanzgewinnverwendung
- Bericht an HV
- Bestellung und Abberufen des Vorstandes

Mitglieder:

nach AktG/BetrVerfG (unter 2 000 Arbeitsnehmer)

- Zahl: 3–21
- Zusammensetzung: Arbeitnehmer[1] 1/3; Aktionäre 2/3
- Bestellung: 4 Jahre

nach Mitbestimmungsregelung (über 2 000 Arbeitnehmer)

- Zahl: 12–20
- Zusammensetzung: Arbeitnehmer 1/2 (unternehmensangehörige Arbeitnehmer, Vertreter der Gewerkschaften); Aktionäre 1/2
- Bestellung: 4 Jahre

Hauptversammlung (HV)

Versammlung der Aktionäre = beschließendes Organ

je Aktie eine Stimme

Aufgaben und Rechte:

- Entlastung von Vorstand und AR
- Beschluß über Gewinnverwendung
- Bestellung der Abschluß- und Sonderprüfer
- Beschluß über Satzungsänderungen und Auflösung
- Bestellung von 2/3 AR bzw. 1/2 AR
- Auskunftsrecht u.a.

Rechnungslegung

Jahresabschluß (= Bilanz, GuV-Rechnung, Anhang) | Lagebericht

Offenlegungspflicht

Bedeutung

- Typische Unternehmungsform des Großbetriebes
- Verwirklichung großer und größter Aufgaben
- Publikumsgesellschaft

[1] Sonderregelung für AG unter 500 Arbeitnehmer (Anhang zu § 129 BetrVerfG v. 1972 [Beteiligung der Arbeitnehmer gemäß § 76 (6) BetrVerfG v. 1952]).

2.11.3.4 Auflösung

Nach den zwingenden Vorschriften des AktG wird die AG aufgelöst durch: Zeitablauf, Beschluß der Hauptversammlung, Eröffnung des Konkursverfahrens, Verfügung des Registergerichts wegen eines Satzungsmangels und Löschung im Handelsregister wegen Vermögenslosigkeit. Die freiwillige Auflösung heißt *Liquidation*. Die Aktionäre erhalten bei Auflösung im Verhältnis der Nennbeträge einen *Anteil am Reinerlös* aus der Verwertung des Vermögens nach Begleichung der Schulden (AktG § 262 ff.).

2.11.3.5 Bedeutung

Die AG ist die geeignete Unternehmungsform für die Verwirklichung großer und größter wirtschaftlicher Aufgaben; sie ist die typische Form des Großbetriebs, vor allem in der Industrie, bei Banken und Versicherungen. Die enormen Aufwendungen für die Forschung, die Entwicklung neuer Produkte (z. B. Chemische Industrie, Elektronik usw.) können nur über eine große Zahl von Teilhabern aufgebracht werden. Die „kleine AG" ist auch für mittelständische Unternehmen geeignet, wenn sie, z. B. für eine raschere Expansion, vermehrt Eigenkapital benötigen.

Für die **Gesamtwirtschaft** hat die Rechtsform der AG große Bedeutung. Entscheidend ist die *Zerlegung* des Grundkapitals in eine Vielzahl von Anteilen, die leicht veräußert werden können, die *Beschränkung* der Haftung auf das Gesellschaftsvermögen, die klare *Trennung* von Geschäftsführung und Beteiligung sowie die *„Durchsichtigkeit"*, welche durch strenge Rechnungslegungsvorschriften, Pflichtprüfungen, Lagebericht und durch die Offenlegung des Jahresabschlusses erreicht wird.

Die großen Kapitalgesellschaften ziehen viele Arbeitskräfte an. Sie leisten damit einen wesentlichen Beitrag zur gesamtwirtschaftlichen *Beschäftigung* und *Einkommensbildung*. Das *Mitbestimmungsrecht* als Mittel zum Abbau der sozialen Spannungen zwischen Arbeitgebern und Arbeitnehmern ist bisher in der AG am weitesten entwickelt worden. Die Aktie kann im Rahmen einer modernen Sozialpolitik zu einem Mittel *breit gestreuter Vermögensbildung* (Volksaktien) werden, z. B. VW-Aktien, VEBA-Aktien.

Andererseits begünstigt gerade die Rechtsform der AG den *Konzentrationsprozeß* in der Wirtschaft.

Die geschäftspolitischen Entscheidungen in den Großunternehmen beeinflussen weite Teile der Wirtschaft; *Krisen* in solchen Unternehmungen können zu schweren gesamtwirtschaftlichen Störungen führen.

Das Aktienrecht ist ein politisch bedeutsames Recht. Neben den Interessen der Eigentümer treten stets die Interessen des Gemeinwohls, denn heute sind manche Gesellschaften der Hauptarbeitgeber einer ganzen Stadt (Daimler-Benz in Sindelfingen, Siemens in Traunreut, VW in Wolfsburg, Audi in Ingolstadt, BMW in Dingolfing u. a.). Die Bedeutung der AG geht damit weit über den Rahmen der übrigen Unternehmungsformen hinaus.

Wesentliche Lerninhalte

- Die **AG** ist eine Kapitalgesellschaft mit eigener Rechtspersönlichkeit und einem verselbständigten Vermögen (juristische Person).
  - Ihr **Grundkapital (= Gezeichnetes Kapital** von mindestens 100 000 DM) ist in Aktien (Nennwert mindestens 5 DM) zerlegt.
  - **Aktien** sind normierte, verbriefte Anteilsrechte, die leicht übertragbar sind und sich daher für den Börsenhandel eignen.
  - Die **Haftung** ist auf das Gesellschaftsvermögen beschränkt. Eine persönliche Haftung der Aktionäre ist ausgeschlossen.

- ▶ Der **Aktionär** hat einen Anspruch auf einen Teil am Bilanzgewinn (Dividende), auf den Bezug junger Aktien (Bezugsrecht) sowie auf einen Anteil am Liquidationsreinerlös, jeweils im Verhältnis der Aktiennennbeträge. Außerdem hat er Stimmrecht in der Hauptversammlung.
- ▶ Die **Hauptversammlung** (= beschließendes Organ) ist die Versammlung der Aktionäre. Sie beschließt u. a. über Grundfragen der AG, soweit hierfür Satzungsänderungen erforderlich sind, sowie über die Verwendung des Bilanzgewinns. Sie bestellt den Abschlußprüfer. Das Stimmrecht wird nach Aktiennennbeträgen ausgeübt.
- ▶ Der **Aufsichtsrat** (= überwachendes Organ) wird bei *Unternehmen bis zu 2 000 Arbeitnehmern* zu 2/3 von der Hauptversammlung und zu 1/3 von der Belegschaft gewählt. *Bei mehr als 2 000 Arbeitnehmern* wird der Aufsichtsrat von Anteilseignern und Arbeitnehmern zu gleichen Teilen gewählt und besetzt. Der Aufsichtsrat bestellt den Vorstand und überwacht seine Tätigkeit. In der Regel erhält er eine Tantieme.
- ▶ Der **Vorstand** (= leitendes Organ) leitet die AG in eigener Verantwortung und vertritt sie nach außen. Er erhält Gehalt und in der Regel eine Tantieme. Er muß den Jahresabschluß und den Lagebericht aufstellen und dem Prüfer vorlegen sowie die Billigung des Aufsichtsrates einholen. Er beruft die ordentliche Hauptversammlung jährlich einmal ein.
- ▶ Vorstands- und Aufsichtsratsmitglieder brauchen nicht Aktionäre zu sein. **Geschäftsführung und Beteiligung** sind bei der AG eindeutig **getrennt.**
- ▶ **Jahresabschluß** (Bilanz und GuV-Rechnung einschließlich Anhang) und **Lagebericht** sowie **Offenlegung** dieser Unterlagen sind für die AG im Handelsgesetzbuch und im Aktiengesetz verbindlich festgelegt.

- Die **AG** ist die geeignetste Unternehmungsform für die Verwirklichung großer und größter wirtschaftlicher Aufgaben; sie ist die **typische Rechtsform des Großbetriebs.** Als **„Kleine AG“** eignet sie sich auch für mittelständische Betriebe.
- Für die **Gesamtwirtschaft** ist die AG als Rechtsform von großer Bedeutung.

Aufgaben zur Sicherung des Lernerfolgs

1 a) Welche Organe hat die Aktiengesellschaft? b) Welche Hauptaufgaben haben diese Organe?

2 Die Aktiengesellschaft ist eine juristische Person. a) Wann entsteht sie? b) Wie hat sie zu firmieren?

3 a) Wer erstellt in einer Aktiengesellschaft Jahresabschluß und Lagebericht?
b) Wer kontrolliert den Jahresabschluß der AG?
Begründen Sie Ihre Auffassung unter Heranziehung des Gesetzestextes!

4 Muß ein Aktionär an der Hauptversammlung seiner Gesellschaft teilnehmen? Begründen Sie ihre Entscheidung!

5 Wie unterscheiden sich OHG und AG hinsichtlich der Haftung der Gesellschafter (vgl. Übersicht S. 118f.)?

6 Für welche Unternehmen gilt die Beteiligung der Arbeitnehmer in den Aufsichtsräten nach dem Betriebsverfassungsgesetz, für welche nach dem Mitbestimmungsgesetz?

7 Wer soll bei der AG durch die strengen Vorschriften über Jahresabschluß und Lagebericht, durch Pflichtprüfungen und durch die Publikationspflicht geschützt werden?

8 Welche Folge hat die Bindung des Stimmrechts an den Nennwert der Aktie?

9 Welcher Stimmenmehrheit bedürfen Satzungsänderungen bei der AG?

10 Banken sind häufig im Aufsichtsrat vertreten, ohne selbst an der AG nennenswert beteiligt zu sein. Wie ist das zu erklären, und welche Vorteile ergeben sich daraus für die AG und die betreffende Bank?

11 Was ist typisch für die Kapitalaufbringung, Haftung, Geschäftsführung und Vertretung a) bei Kapitalgesellschaften, b) was bei Personengesellschaften?

2.11.4 Sonstige Unternehmungsformen

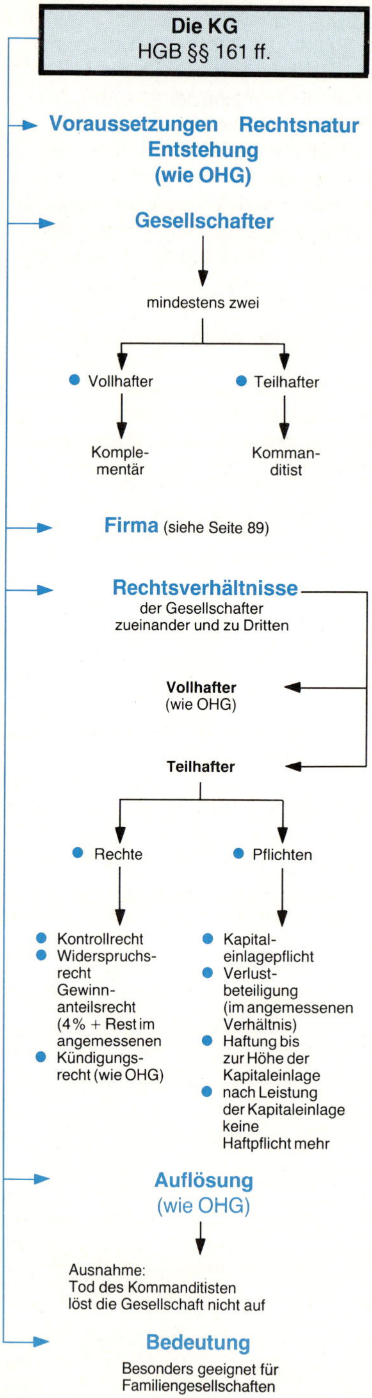

2.11.4.1 Die Kommanditgesellschaft (KG)

Wesen der Kommanditgesellschaft

Bei der OHG gilt der Grundsatz: gleiche Rechte, gleiche Pflichten. Demgegenüber haften bei der **Kommanditgesellschaft (KG)** nicht alle Gesellschafter unbeschränkt, unmittelbar und gesamtschuldnerisch, sondern für mindestens einen Gesellschafter ist die Haftung auf die vertragliche Einlage beschränkt (HGB § 161). Während für den **Vollhafter (= Komplementär)** die Bestimmungen über die OHG gelten, hat der **Teilhafter (= Kommanditist)** kein Recht auf Geschäftsführung und Vertretung, sondern lediglich ein Widerspruchsrecht bei außergewöhnlichen Geschäften (HGB §§ 164, 170). Die Erteilung von Prokura an Kommanditisten ist zulässig und gebräuchlich.

Bei der KG steht nicht die persönliche Mitarbeit, sondern die kapitalmäßige Beteiligung im Vordergrund.

Bedeutung der Kommanditgesellschaft

Der Einzelunternehmer, der in eine KG umwandelt, erhält das Kapital, das er braucht, von den eintretenden Teilhaftern, wird aber in seiner Geschäftsführungs- und Vertretungsbefugnis *kaum beschränkt*. Er kann seinen Betrieb weiter fachmännisch leiten.

Das eingelegte Kapital der Teilhafter ist für ihn günstiger als ein Bankkredit, denn er hat dadurch keine feste Belastung (kein Zinsanspruch der Kommanditisten) und braucht nur dann an die Kommanditisten einen Gewinn auszuschütten (4 % auf die Kapitaleinlage und Rest in angemessenem Verhältnis), wenn er einen Ertrag erwirtschaftet hat (HGB § 168).

Die breitere Kapitalbasis erlaubt ihm, mehr zu investieren, intensiver am Markt tätig zu werden und so die Gewinnchancen zu steigern.

Der Kommanditist trägt zwar ein größeres Risiko, als wenn er sein Geld auf ein Sparkonto gelegt hätte, hat aber andererseits auch die Chance, bei entsprechender Ertragskraft des Unternehmens eine erheblich höhere Rendite auf sein eingesetztes Kapital beziehen zu können.

2.11.4.2 Die Gesellschaft mit beschränkter Haftung (GmbH)

Wesen der GmbH (GmbH-Gesetz in der Fassung vom 4. Juli 1980)

Die **Gesellschaft mit beschränkter Haftung** ist eine Kapitalgesellschaft. Die **Stammeinlagen** (mindestens 500 DM) sind nicht normiert und können nicht ohne weiteres veräußert werden. Das **Stammkapital** (= Gezeichnetes Kapital) beträgt zwar mindestens 50 000 DM, die strengen Gründungsvorschriften der AG gelten hier jedoch in abgeschwächter Form. Im Bereich der Rechnungslegung ist die GmbH wie die AG zu behandeln. Je nach Größenordnung – kleine, mittelgroße, große Gesellschaft – gelten dabei unterschiedliche Bestimmungen für die Pflicht zur Prüfung und Offenlegung des Jahresabschlusses (HGB §§ 264, 267, 274 a, 293).

Größenklassen von Kapitalgesellschaften					**Offenlegungspflicht**	**Prüfungspflicht**
Größenkriterium	Rechtsgrundlage	Bilanzsumme in Mio. DM	Umsatz in Mio. DM	Beschäftigte	Bilanz / GuV / Anhang / Lagebericht	Bilanz / GuV / Anhang / Buchführung / Lagebericht
Kleinformat	§ 267 Abs. 1 HGB	höchstens 5,31	höchstens 10,62	höchstens 50	× – × –	– – – – –
Mittelformat	§ 267 Abs. 2 HGB i.V.m. § 267 Abs. 3 HGB und § 42 a GmbHG	höchstens 21,24	höchstens 42,48	höchstens 250	× × × × (verkürzt)	× × × × ×
Großformat	§ 267 Abs. 3 HGB i.V.m. § 42 a GmbHG	über 21,24	über 42,48	über 250	× × × ×	× × × × ×

Die **Zuordnung zu der jeweiligen Größenklasse bedingt, daß mindestens zwei der drei Merkmale vorhanden sind.** Von der jeweiligen Zuordnung hängt es ab, ob das Unternehmen der Offenlegungs- und/oder Prüfungspflicht unterliegt oder größenabhängige Erleichterungen beanspruchen kann (§§ 274 a, 276, 286, 288 HGB). Die Schwellenwerte für Kapitalgesellschaften sind für den Einzelabschluß in § 267 HGB und für den Konzernabschluß § 293 HGB geregelt.

Kreditinstitute, auch wenn sie nicht in der Rechtsform einer Kapitalgesellschaft betrieben werden, haben auf ihren Jahresabschluß die für große Kapitalgesellschaften geltenden Bestimmungen anzuwenden, müssen einen Lagebericht erstellen (HGB §§ 340 a, 289) und haben beides offenzulegen (HGB § 340 i).

Die **Haftung** der Gesellschafter ist zwar grundsätzlich auf das Gesellschaftsvermögen beschränkt, jedoch kann der Gesellschaftsvertrag eine Nachschußpflicht vorsehen. Die Gesellschaft kann von einer oder mehreren Personen gegründet werden.

Die **Gesellschafterversammlung** bestellt den oder die **Geschäftsführer**. Häufig sind dies die Gesellschafter selbst. Ein Aufsichtsrat ist nur in bestimmten Fällen erforderlich.

Bedeutung der GmbH

Die GmbH kommt als Rechtsform kleinerer und mittlerer Unternehmen häufig vor und ist immer dann geeignet, wenn es darauf ankommt, Gesellschafter auf längere Dauer an einem Unternehmen zu beteiligen, ohne daß diese persönlich haften (= Haftungsbegrenzung auf das Gesellschaftsvermögen).

Die GmbH ist typisch für den Familienbetrieb. Ihre Anteile sind nur durch notarielle oder gerichtliche Beurkundung übertragbar, wodurch der Gesellschafterwechsel erschwert wird;

[1] Rechtswirksam in Deutschland erst ab Übernahme der EU-Entscheidung in nationales Recht.

das erforderliche Kapital ist geringer als bei der AG, die Gründungskosten sind niedriger, die Geschäftsführung ist einfacher. Das Gehalt der mitarbeitenden Gesellschafter läßt sich steuermindernd als Betriebsausgabe einsetzen.

Der Nachteil gegenüber der AG ist die wesentlich kleinere Eigenkapital- und Kreditbasis. Nur selten werden deshalb große Unternehmen in der Rechtsform der GmbH und Dauer betrieben.

2.11.4.3 Sonderformen der Gesellschaft mit beschränkter Haftung

Eine **Einpersonen-GmbH** liegt vor, wenn diese nur von einer Person gegründet wird oder aus einer bestehenden Gesellschaft alle bis auf einen Teilhaber ausgeschieden sind (letzteres auch bei AG möglich).

Vor allem aus Gründen der Steuerersparnis und Haftungsbeschränkung bringen manche Einzel- oder Gesellschaftsunternehmungen Teilbereiche ihres Unternehmens (z. B. Vertrieb oder Produktion) in eine gesonderte **Vertriebs-** oder **Betriebs-GmbH** ein.

Eine GmbH kann auch Gesellschafterin einer OHG oder (gewöhnlich einzige) Komplementärin einer KG sein. Dies wird erkennbar an der Firmierung, z. B. **GmbH & Co.** Die Haftungsbeschränkung muß aus der Firma ersichtlich sein, z. B. GmbH & Co. KG. Die KG kommt häufiger als die OHG vor.

Die **GmbH & Co. KG** ist, obwohl sie gesetzlich nicht geregelt ist, handels- und steuerrechtlich anerkannt. Die Gesellschafter der GmbH sind dabei zugleich Kommanditisten der GmbH & Co. KG. Ihr besonderer Vorteil liegt in der *Haftungsbeschränkung innerhalb einer Personengesellschaft.* Die Haftungsbeschränkung gilt besonders für die GmbH & Co. im engsten Sinne, deren Kommanditisten sich nur aus den Gesellschaftern der als Komplementär handelnden GmbH zusammensetzen. Die GmbH & Co. KG muß künftig ihren Jahresabschluß wie eine Kapitalgesellschaft offenlegen, sobald die entsprechende EG-Richtlinie in nationales Recht überführt ist.

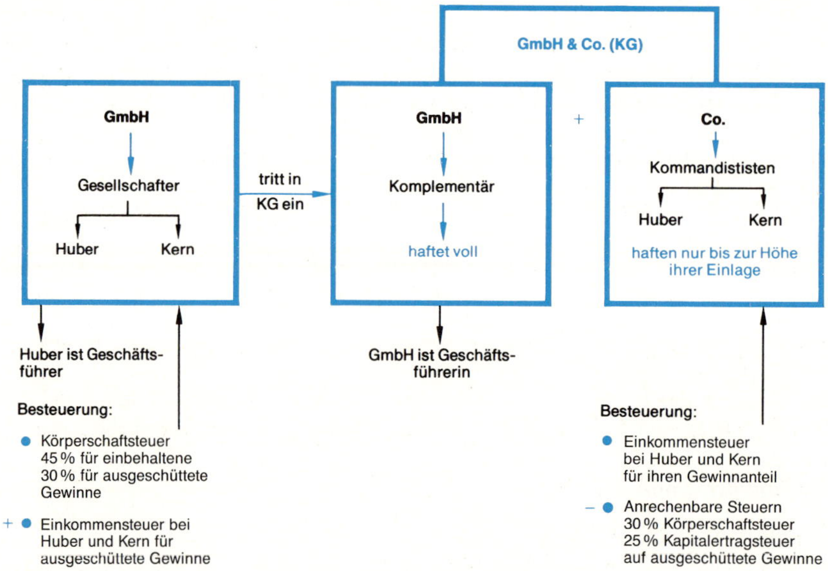

2.11.4.4 Die Genossenschaft (eG)
(Genossenschaftsgesetz vom 23. August 1994)

Die **Genossenschaften** entstanden aus der Überlegung, daß die *wirtschaftlich Schwachen,* insbesondere Kleingewerbetreibende und Landwirte, die Wettbewerbsvorteile der Großbetriebe nur durch gemeinschaftliche Maßnahmen und Einrichtungen ausgleichen können.

Nach diesem Grundsatz der **Selbsthilfe** gründete *Schultze-Delitzsch* 1849 die ersten deutschen **gewerblichen** Genossenschaften. *Raiffeisen* schuf 1847 die erste **ländliche** Genossenschaft „Einer für alle, alle für einen".

Genossenschaften sind Gesellschaften von nicht geschlossener Mitgliederzahl, welche die Förderung des Erwerbs *(Erwerbsgenossenschaften)* oder der Wirtschaft *(Wirtschaftsgenossenschaften)* ihrer Mitglieder durch einen gemeinschaftlichen Geschäftsbetrieb bezwecken (GenG § 1).

So erschließen **Einkaufsgenossenschaften** ihren Mitgliedern die Vorzüge des Großeinkaufs, ermöglichen **Produktionsgenossenschaften** eine rationellere Gewinnung und Verarbeitung vor allem landwirtschaftlicher Erzeugnisse und führen **Absatzgenossenschaften** Lagerung, Vertrieb und Verkaufsförderung nach modernen Gesichtspunkten durch. Die **Kreditgenossenschaften** schließlich gewähren ihren Mitgliedern Kredite zu besonders günstigen Bedingungen.

Die **Firma** der Genossenschaften (vgl. S. 90) muß aus dem Gegenstand des Unternehmens abgeleitet sein *und* die Bezeichnung **„eingetragene Genossenschaft"** oder **„eG"** enthalten (GenG § 3). Für Verbindlichkeiten der eG haftet nur deren Vermögen (GenG § 2).

Bei den Genossenschaften handelt es sich eher um „Vereine" mit wirtschaftlicher Zielsetzung. Daher schreibt das Genossenschaftsgesetz nicht nur für die Gründung, sondern auch für den weiteren Bestand **mindestens** sieben Mitglieder vor, die als Genossen bezeichnet werden.

Der **Geschäftsanteil** ist der in der Satzung festgelegte Höchstbetrag, bis zu dem sich ein Mitglied an der Genossenschaft beteiligen kann. In der Satzung ist auch die **Mindesteinlage** angegeben, die in jedem Falle eingezahlt werden muß. Sie beträgt mindestens 1/10 des Geschäftsanteils. Die Summe der Einzahlungen zuzüglich Gewinnanteile und abzüglich Verlustanteile ergibt das **Geschäftsguthaben,** auf das der Gewinn bzw. der Verlust anteilig verteilt wird.

Die Genossen können von den Gläubigern der Genossenschaft niemals direkt in Anspruch genommen werden, sind aber z. B. beim Konkurs zu Nachschüssen an die Genossenschaft verpflichtet. In der Regel ist diese Nachschußpflicht auf einen bestimmten Höchstbetrag, die sogenannte **Haftsumme,** beschränkt. Durch die Satzung kann auch jegliche Nachschußpflicht ausgeschlossen werden.

Die Genossenschaft wird in das **Genossenschaftsregister** beim Amtsgericht eingetragen. Durch die Eintragung wird sie **juristische Person** (GenG § 17). Sie benötigt eine **Satzung** in Schriftform *(Statut)* und die Organe Vorstand, Aufsichtsrat und Generalversammlung (GenG §§ 5 ff.).

Der **Vorstand** besteht aus *mindestens zwei Genossen,* die der gegenseitigen Kontrolle wegen grundsätzlich *Gesamtbefugnis* für Geschäftsführung und Vertretung haben *(leitendes Organ).*

Der **Aufsichtsrat** umfaßt *mindestens drei Genossen.* Er *überwacht* den Vorstand, prüft den Jahresabschluß und berichtet darüber der Generalversammlung.

Die **Generalversammlung** wählt nicht nur den Aufsichtsrat, sondern auch den Vorstand. Sie beschließt über den Jahresabschluß sowie den Lagebericht, über Satzungsänderungen usw. Insgesamt gesehen ist ihre *Stellung stärker* als die der Hauptversammlung in der AG. Jeder Genosse hat *eine* Stimme. Die Satzung kann auch vorsehen, daß *Mehrstimmrecht* – bis zu drei Stimmen – gewährt wird.

Genossenschaft eG

Rechtsnatur

Personenvereinigungen zur wirtschaftlichen Förderung der Mitglieder

- gemeinsamer Geschäftsbetrieb
- nicht geschlossene Mitgliederzahl
  - Vollkaufmann juristische Person

Arten

- nach dem Haftungsumfang (abhängig vom Statut)
  - Eingetragene Genossenschaft
    - mit unbeschränkter Haftpflicht (Nachschußpflicht)
    - mit beschränkter Haftpflicht (Nachschußpflicht)
    - ohne Nachschußpflicht
- nach der Art der Mitglieder
  - gewerbliche Genossenschaften: Unterstützung von Handwerk und Handel
  - landwirtschaftliche Genossenschaften: Unterstützung der Landwirtschaft
  - Bau-Genossenschaften: Bau von Häusern
  - Verbraucher-Genossenschaften: Günstiger Einkauf
- nach dem Zweck
  - Bezugs-Genossenschaften: Großeinkauf, günstige Preise u. a.
  - Absatz-Genossenschaften: Sammlung, Lagerung, Absatz von Waren
  - Produktions-Genossenschaften: Gemeinsame Herstellung von Erzeugnissen
  - Kredit-Genossenschaften: Günstige Kreditgewährung

Voraussetzungen

- Mindestens 7 Mitglieder, Zahl unbegrenzt
- Gesellschaftsvertrag (Statut)
- Beitrittserklärung der Mitglieder
- Sachfirma mit Angabe des Zusatzes „eG"
- Eintragung ins Genossenschaftsregister

Organe

Vorstand

- mindestens 2 Mitglieder
- Geschäftsführung und Vertretung

Aufsichtsrat

- mindestens 3 Mitglieder
- Überwachung

Generalversammlung

- oberstes Entscheidungsorgan
  - Versammlung Genossen
    - Pflichten und Rechte:
      - Mindesteinlage auf Geschäftsanteil
      - Haftpflicht
      - u. U. Nachschußpflicht
      - Stimmrecht nach Köpfen
      - Gewinnanteilrecht
      - Kündigungsrecht
  - Beschränkung der Geschäftsführungsbefugnis des Vorstandes
  - sonstige Aufgaben wie HV bei AG, z. B. Feststellung des Jahresabschlusses

Bedeutung

- Bereitstellung von Leistungen für ihre Mitglieder zu günstigen Bedingungen
- Wirtschafts- und sozialpolitisches Gegengewicht zu den großen Kapitalgesellschaften

3 Menschliche Arbeit im Betrieb

3.1 Leitende und ausführende Arbeiten

Problem

Karl Maurer ist in einem kleineren Maschinenbaubetrieb als Werkzeugmacher beschäftigt. Weil die von ihm hergestellten Werkzeuge immer sehr genau und sauber ausgearbeitet sind, ist er vom Betriebsinhaber sehr geschätzt. Dieser bestellt Herrn Maurer daher zum Leiter der Montageabteilung des Betriebes. Doch schon nach wenigen Wochen muß der Chef feststellen, daß er eine Fehlentscheidung getroffen hat. Weshalb war wohl der Betriebsinhaber mit seinem bisher doch so tüchtigen Werkzeugmacher nun als Montageleiter nicht mehr zufrieden?

Sachdarstellung

3.1.1 Positionen im Betrieb

Im Betrieb werden Güter erzeugt, Dienstleistungen erbracht, Umsätze ausgewiesen, Gewinne erzielt usw. Es arbeiten und leben dort Menschen zusammen. Diese Arbeit im Betrieb muß geplant, kalkuliert und organisiert werden. Es müssen Entschlüsse gefaßt und durchgesetzt werden. Schließlich muß die geplante Arbeit auch durchgeführt und kontrolliert werden.

Tätigkeiten, welche die Entscheidungen, Planung, Organisation und Kontrolle im Betrieb betreffen, nennt man *leitende Arbeiten,* während Tätigkeiten, bei denen lediglich vorgegebene Anweisungen erfüllt werden, als *ausführende Arbeiten* bezeichnet werden. Leitende Arbeiten sind im Betrieb immer an bestimmte Stellungen, Positionen genannt, gebunden. So gibt es beispielsweise die Position des Generaldirektors, des Direktors, des Betriebs- und Abteilungsleiters.

Die wirtschaftlichen, technischen und sozialen Zwecke des Betriebes werden durch planvolles Zusammenwirken der Positionen erreicht, wobei die Rechte und Pflichten der Positionsinhaber in der Regel klar abgegrenzt sind. Je nach Aufgabe und Verantwortung sind leitende Positionen mit Entscheidungs- und Anweisungsbefugnis ausgestattet. Es ist beispielsweise festgelegt, welche Anordnungen der Betriebsleiter selbständig treffen kann und welche Mitarbeiter die von ihm getroffenen Anweisungen auszuführen haben.

Leitende Positionen stehen im Betrieb in einem Über- und Unterordnungsverhältnis. Je höher die Position ist, desto umfangreicher sind Verantwortung und Entscheidungsbefugnis. Man bezeichnet dies als den hierarchischen Aufbau der Betriebspositionen.

Leitende und ausführende Arbeiten im Betrieb lassen sich nur an der Spitze und am Fuß der betrieblichen Führungspyramide eindeutig darstellen. Die dazwischen liegenden Tätigkeitsbereiche enthalten sowohl leitende als auch ausführende Aufgaben, denn die Mitarbeiter bekommen jeweils von oben Anweisungen, die sie auszuführen haben, und geben ihrerseits wieder Anweisungen nach unten weiter.

Leitende und ausführende Arbeiten

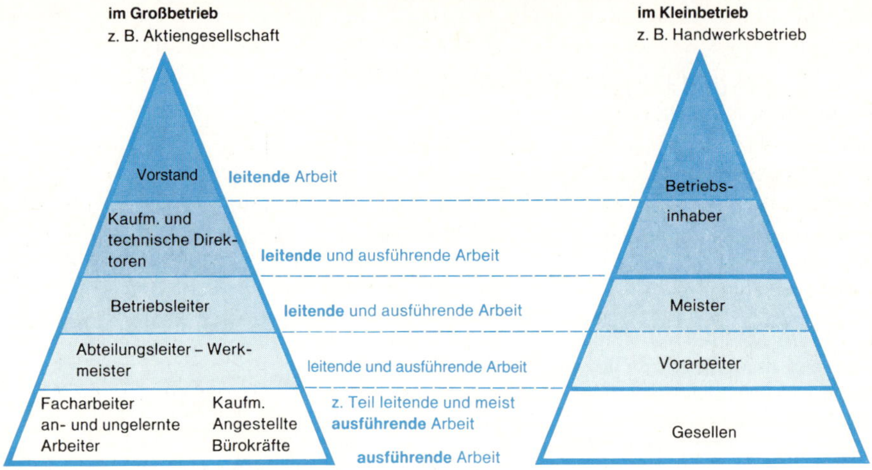

3.1.2 Formale Gruppen im Betrieb

Betriebsmitglieder, welche gleichrangige Positionen innehaben, stellen eine formale Gruppe dar. Bedeutende formale Gruppen hinsichtlich leitender und auszuführender Arbeit sind:

Das Management

Zur Gruppe des Managements gehören die Personen, die im Betrieb wichtige Führungspositionen innehaben; das sind beispielsweise der Generaldirektor, die Direktoren, Prokuristen, Geschäftsführer[1]. Das Management ist die eigentliche Leitungsgruppe des Betriebes. Es bestimmt über Gesamtplanung, Ausführung und Kontrolle im Betrieb. Bei ihm laufen alle Fäden der Betriebsorganisation zusammen. Das Management vertritt auch den Betrieb nach außen, z.B. gegenüber anderen Betrieben, der Gemeinde, den Verbänden.

Der Stab

Die großen Betriebe der Gegenwart besitzen in der Regel einen sogenannten Stab von Experten, die jeweils mit bestimmten Spezialaufgaben betraut sind. Das sind Physiker, Chemiker, Ingenieure, Mathematiker. Sie arbeiten in meist selbständigen Abteilungen an der Verbesserung alter und an der Entwicklung neuer Erzeugnisse. Die Mitglieder des Stabes haben im allgemeinen keine über ihre Abteilung hinausreichende Anordnungs- und Leitungsbefugnis.

Die Angestellten

Der Begriff der „Angestellten" wird in zweifacher Weise verwendet. Zum einen werden alle Beschäftigten im Angestelltenverhältnis als Angestellte bezeichnet. Dazu gehören Generaldirektor und Direktoren wie auch Sekretärinnen und Bürogehilfen. Zum anderen werden aufgrund der Betriebsorganisation diejenigen Betriebsmitglieder zu den Angestellten gezählt, die verwaltende, kaufmännische oder technische Bürotätigkeit ausüben, mit Ausnahme des Managements und des Stabes.

Die Gruppe der Angestellten nach der betriebsorganisatorischen Begriffsbeschreibung ist eine in sich stark gegliederte Gruppe: Betriebs- Abteilungsleiter, Kaufleute, Schreibkräfte. Trotz dieser unterschiedlichen Positionen gibt es Merkmale, die der Gruppe der Angestell-

[1] Männer und Frauen.

ten zugeschrieben werden: Die Angestellten verstehen sich als verlängerten Arm des Managements. Sie ordnen daher ihre Arbeit eher den leitenden Tätigkeiten zu, obwohl beispielsweise bei einem Bürokaufmann die Leitungsaufgaben ebenso gering sein können wie bei einem Facharbeiter in der Werkstatt. Die Angestellten besitzen ein gewisses Ansehen im Betrieb; sie fühlen sich in der betrieblichen Herrschaftspyramide eher zum „Oben" gehörend.

Die „mittlere Führungsebene"[1]

Betriebsleiter, Inspektoren, Werkmeister bilden eine formale Gruppe, die vielfach in der Betriebsorganisation in der Mitte, also zwischen dem Management und den Angestellten einerseits und der Arbeiterschaft andererseits, einzuordnen sind. Sie müssen Anordnungen und Entscheidungen von oben nach unten an die Arbeiter weiterleiten und umgekehrt Anregungen und Beschwerden der Arbeiterschaft nach oben an die Geschäftsleitung vermitteln. Sie üben leitende und ausführende Arbeit gleichermaßen aus.

Die Arbeiter (Arbeiterinnen)

Den Fuß der betrieblichen Herrschaftspyramide stellt die formale Gruppe der Arbeiter dar. Sie werden als die Ausführenden in der Betriebsorganisation bezeichnet. Wie die Angestellten bilden auch sie keine einheitliche Gruppe im Betrieb: Sowohl hochqualifizierte Facharbeiter als auch ungelernte Hilfskräfte gehören zu den Arbeitern. Obwohl man die formale Gruppe der Arbeiter den ausführenden Arbeiten zuordnet, gibt es auch hier in kleineren Gruppen, z.B. Montagegruppen, noch leitende Aufgaben. Die Arbeiter sehen den Betriebsaufbau deutlich zweigeteilt in ein „Oben" und ein „Unten". Sie ordnen sich selbst dem „Unten" zu, während sie alle darüberliegenden Positionen zum „Oben" zählen.

Leitende und ausführende Aufgaben formaler Gruppen im Betrieb

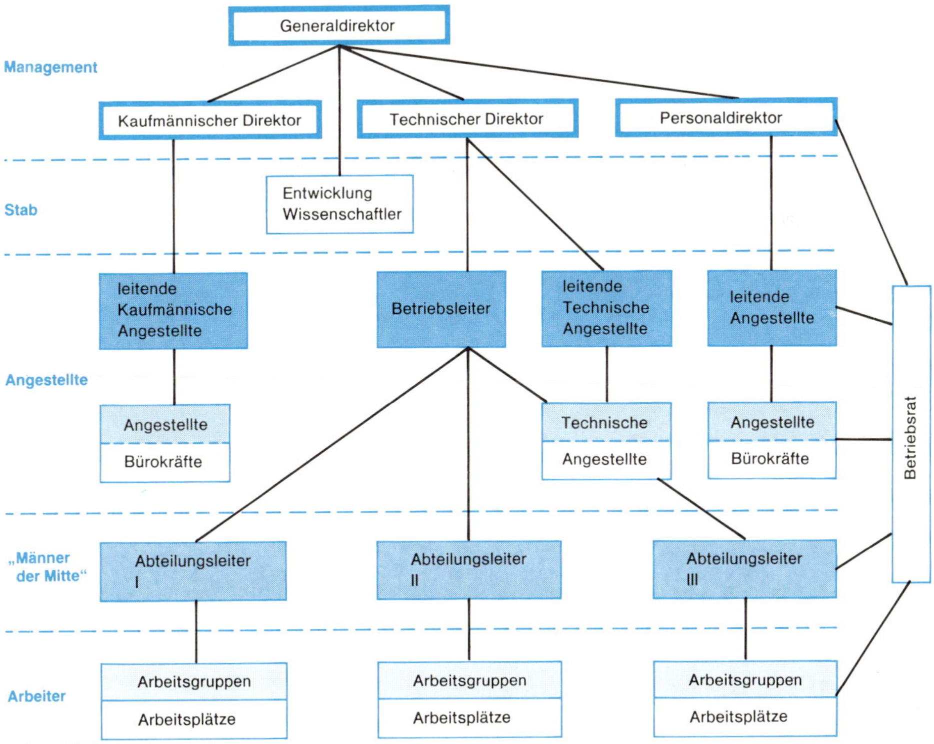

[1] Sowohl Männer als auch Frauen.

3.1.3 Informale Gruppen im Betrieb

Informale Gruppen unterscheiden sich von formalen dadurch, daß sie spontan entstehen und vorwiegend auf Sympathiebeziehungen und Freundschaft begründet sind. Informale Gruppen sind im allgemeinen kleine, nichtorganisierte Gruppierungen, in denen jeder jeden kennt und zu ihm persönliche Kontakte unterhält. Informale Gruppen können beispielsweise sein: Kollegen, die am gleichen Arbeitsplatz tätig sind, Werkmeister, die sich in ihrer Freizeit am Stammtisch treffen, Beschäftigte, die tagtäglich den Weg in den Betrieb gemeinsam zurücklegen, Betriebsmitglieder, die sich regelmäßig beim Betriebssport treffen. Informale Gruppen bleiben selten über längere Zeiträume bestehen.

Informale Gruppen überziehen den gesamten Betrieb wie ein unregelmäßiges, aber dichtes Netz, das in unübersichtlicher Weise jedes Betriebsmitglied mit dem anderen verbindet.

Informale Gruppen erfüllen wichtige Aufgaben bei der Verwirklichung der leitenden und ausführenden Arbeiten im Betrieb:

- Entfaltung persönlicher Kontakte der Betriebsmitglieder
- Vermittlung und Austausch von Informationen
- Bereitschaft zur Zusammenarbeit
- Anpassen der Gruppenmitglieder an die geschriebenen und ungeschriebenen Ordnungen in den Gruppen.

Beispiele

Wird ein neuer Mitarbeiter eingestellt, so wird er zwar formell von dem Vorgesetzten an seinem Platz eingewiesen, aber erst die dort bestehenden informalen Gruppen vermögen ihm durch bereitwilliges Informieren, Erklären, Helfen die wirkliche Vertrautheit mit seinem Arbeitsplatz zu vermitteln.

Werden von der Betriebsleitung vorübergehend außergewöhnliche Anforderungen an die Mitarbeiter gestellt, die mit besonderen technischen oder persönlichen Schwierigkeiten verbunden sind, z. B. Schichtarbeit, Überstunden, so ist die positive Mithilfe der informalen Gruppe unumgänglich.

Werden Arbeiter im Betrieb von ihrem Meister ungerecht behandelt, so können informale Gruppen dafür sorgen, daß Beschwerden bis zur Geschäftsleitung vordringen.

So wie sich informale Gruppen positiv auf die Arbeitsorganisation im Betrieb auswirken können, ist dies auch in negativer Weise möglich. Klatsch, Eifersüchteleien, Intrige, Streitigkeiten innerhalb und zwischen informalen Gruppen beeinträchtigen die Arbeitsleistung.

Beispiele

Die Familien der in einem firmeneigenen Wohnblock lebenden Mitarbeiter haben sich zerstritten. Bei diesen Betriebsangehörigen ist keine gute Zusammenarbeit zu erwarten.

Die Werksmusikkapelle fühlt sich von einem Abteilungsleiter diskriminiert, weil dieser nicht bereit ist, seine Mitarbeiter während der Arbeitszeit für die Musikproben freizustellen. Von den Mitgliedern dieser informalen Gruppe wird eine Widerstandsfront gegen diesen Abteilungsleiter aufgebaut.

Überschneidung formaler und informaler Gruppen am Beispiel eines Maschinenbaubetriebes

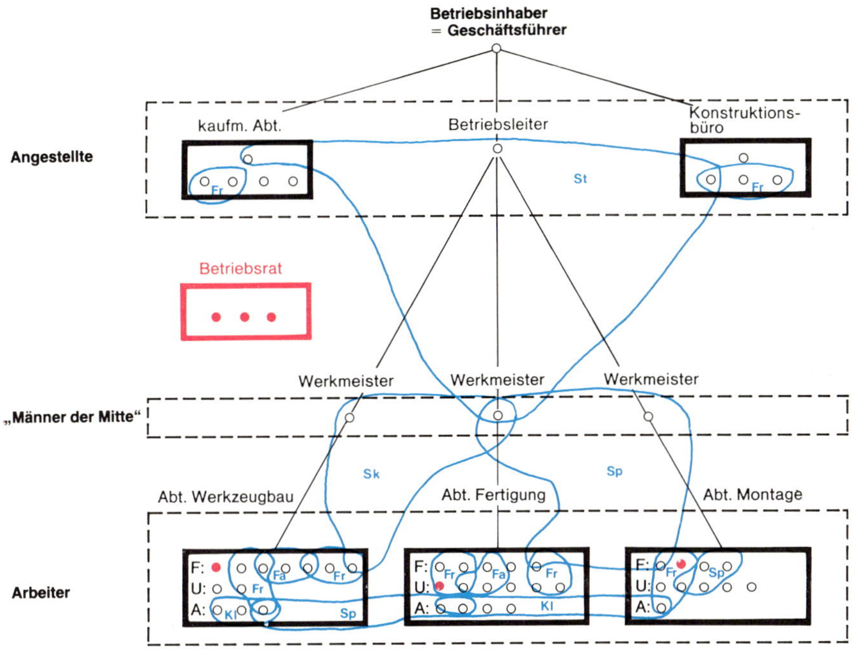

Erklärungen:

	formale Gruppen und Abteilungen
	informale Gruppen
○	Mitarbeiter
●	Betriebsratsmitglieder
F	Facharbeiter
U	ungelernte oder angelernte Beschäftigte
A	Auszubildende

Abkürzungen der informalen Gruppen:

Fr	Freundschaft
Sk	Skatklub
Sp	Sportfreunde
St	Stammtisch
Fa	Fahrgemeinschaften
Kl	Klassenkameraden der Berufsschule

Wesentliche Lerninhalte

- **Leitende Arbeiten** sind Tätigkeiten, die Entscheidung, Planung, Organisation und Kontrolle betreffen. Bei den **ausführenden Arbeiten** werden die vorgegebenen Anweisungen sachgerecht erfüllt.
- Positionen sind Stellungen im Betrieb, die mit bestimmten Aufgaben und Befugnissen verbunden sind. Höhere Positionen im Betrieb beinhalten vorwiegend leitende Aufgaben, niedere weitgehend ausführende Arbeiten.
- Betriebsmitglieder mit gemeinsamen Aufgaben oder gleichen Positionen bilden **formale Gruppen** im Betrieb. Formale Gruppen sind geplant oder organisiert, sie bilden das Organisationsgerüst des Betriebes.
- Wichtige formale Gruppen sind Management, Stab, Angestellte, Männer der Mitte, Arbeiter u. a.

- Gruppen, die nicht formal organisiert sind, sondern eher durch Sympathiebeziehungen und Freundschaft entstanden sind, nennt man **informale Gruppen.**
- Informale Gruppen wirken auf die leitenden und ausführenden Arbeiten im Betrieb, z. B. durch Verstärkung der persönlichen Kontakte, Austausch von Informationen, Kooperation, Anpassung an betriebliche Normen.

Aufgaben zur Sicherung des Lernerfolgs

1 Nennen Sie jeweils drei Beispiele für leitende und ausführende Arbeiten!

2 Beschreiben Sie an einem Beispiel
a) eine leitende Position,
b) eine ausführende Position jeweils mit Aufgaben, Entscheidungs- und Anweisungsbefugnis!

3 Zeigen Sie eine Position auf, bei der leitende und ausführende Arbeiten anfallen. Beschreiben Sie diese Arbeiten am Beispiel!

4 Nennen Sie jeweils vier Beispiele formaler und informaler Gruppen im Betrieb!

5 Welche Kennzeichen als soziale Gruppe werden
a) dem Management,
b) den Angestellten zugeschrieben?

6 Beschreiben Sie eine formale Gruppe, der Sie angehören!

7 Welche Bedeutung haben informale Gruppen im Betrieb für die Arbeitsleistung?

8 Die „Männer der Mitte" sollen zwischen der Geschäftsleitung und den Arbeitern vermitteln. Welche Probleme können dabei auftreten?

3.2 Arbeitsbedingungen und Arbeitsleistung

Problem

Bei einer Abteilungsleiterbesprechung der Maschinenfabrik Anton Maier AG ist festgestellt worden, daß in der Montageabteilung die Arbeitsleistung im letzten Halbjahr erheblich nachgelassen hat. Welche Ursachen können dafür verantwortlich sein?

Sachdarstellung

Arbeit ist eine zur Gestaltung und Veränderung der Umwelt zielgerichtete Tätigkeit, die dem Menschen zur Sicherung des Lebensunterhaltes dient. Eine Arbeitsleistung wird erbracht, wenn eine bestimmte Aufgabe in einer gewissen Zeit und in einer entsprechenden Güte erfüllt wird. Zur Arbeitsleistung im Betrieb gehören also die Merkmale: *Schwierigkeit* der Aufgabe, *Menge* pro Zeiteinheit und *Qualität.*

Folgendes Beispiel verdeutlicht unterschiedliche Arbeitsleistungen bei gleichem Schwierigkeitsgrad:

In einem Maschinenbaubetrieb sind Kleingeräte zusammenzubauen. Maschinenschlosser A montiert durchschnittlich fünf einwandfreie Geräte pro Stunde. Maschinenbauer B bringt sogar sechs Stück in der gleichen Zeit fertig, allerdings muß bei der Endkontrolle jedes dritte Gerät wegen erheblicher Mängel ausgeschieden werden. Maschinenschlosser C arbeitet überaus gewissenhaft. Bei der Überprüfung der von ihm hergestellten Geräte sind bisher noch nie Mängel festgestellt worden. Er kann aber in der Stunde nur vier Geräte fertigstellen.

Die Arbeitsleistung hängt von verschiedenen Arbeitsbedingungen ab, insbesondere von der Arbeitsorganisation, von der Eignung der Mitarbeiter, von dem Verhalten der Vorgesetzten zu den Mitarbeitern und vom Betriebsklima.

3.2.1 Arbeitsorganisation

Die Arbeitsorganisation im Betrieb umfaßt die *Arbeitsplatzgestaltung*, die *Arbeitsmittel*, den *Arbeitsablauf* und das *Herstellungsverfahren*. Durch Arbeitsorganisation werden die wirtschaftlichen und technischen Vorgaben koordiniert und auf die Bedürfnisse, Interessen und Fähigkeiten der Mitarbeiter abgestimmt.

Beispiel

In einem Elektrobetrieb sind teilautomatische Elektro-Grillgeräte entwickelt worden, die in die Produktion aufgenommen werden sollen. Die Arbeitsorganisation befaßt sich mit folgenden Problemen: In welcher Abteilung, von welchen Mitarbeitern, an welchen Arbeitsplätzen, mit welchen Werkzeugen und Maschinen, auf welche Art und Weise sollen die Geräte hergestellt werden?

• Arbeitsplatzgestaltung

Der Arbeitsraum, in dem sich der Arbeitsplatz befindet, muß genügend *Licht* und reine, sauerstoffreiche *Atemluft* haben. Unzureichender Gasabzug, Zugluft und Staub mindern die Arbeitsleistung im Betrieb. Ferner sollten am Arbeitsplatz keine zu hohen oder zu niedrigen *Temperaturen* herrschen. Ungünstiges Klima am Arbeitsplatz beeinträchtigt ebenfalls die Arbeitsleistung; geringere Arbeitsqualität, vorzeitige Ermüdung und Zunahme der Arbeitsunfälle sind Folgen davon.

Schließlich ist auch auf *Lärmschutz* im Betrieb zu achten, z. B. durch Isolierung stark lärmerzeugender Tätigkeiten von den übrigen Arbeitsplätzen oder durch Tragen von Gehörschutz.

Jeder Arbeitnehmer muß am Arbeitsplatz die für die Tätigkeit notwendige *Bewegungsfläche* zur Verfügung haben, mindestens jedoch 1,5 m^2. Die Arbeit soll in *günstiger Körperstellung* durchgeführt werden können. Durch ungünstige Körperhaltungen werden unnötige Kräfte verbraucht, so daß Ermüdungserscheinungen rascher auftreten. Bequemes Sitzen bei der Arbeit heißt auch Energie sparen, daher ist das Sitzen dem Stehen möglichst vorzuziehen.

Bei der Arbeitsausführung sind die *Bewegungsabläufe* so zu organisieren, daß bei geringstem Kraftaufwand die größte Wirkung erzielt wird. So ist beispielsweise die Kraftanstrengung bei Bewegungen, die parallel zum Körper verlaufen, doppelt so hoch wie bei Bewegungen vom Körper weg oder zum Körper hin. Bei der Bedienung von kräfteaufwendigen Fußhebeln kann durch günstige Beinstellung und bequeme Sitzhaltung ebenfalls Energie des Beschäftigten gespart werden.

Arbeitsschutz und *Unfallverhütungsmaßnahmen* am Arbeitsplatz dienen der Erhaltung der Leistungsfähigkeit des arbeitenden Menschen. Mancher dauergeschädigte Mitarbeiter könnte seine volle Arbeitskraft noch besitzen, wenn die Unfallverhütungsvorschriften am Arbeitsplatz eingehalten worden wären.

• Arbeitsmittelgestaltung

Die zweckmäßige Gestaltung der Arbeitsmittel, also der Werkzeuge und der Maschinen und Produktionsanlagen begünstigen die Arbeitsleistung des Mitarbeiters im Betrieb. Jedes Arbeitsmittel hat zwei Seiten, eine, die dem zu bearbeitenden Gegenstand zugewendet ist,

Kraftaufwand bei Bewegungen zum Körper bzw. vom Körper weg

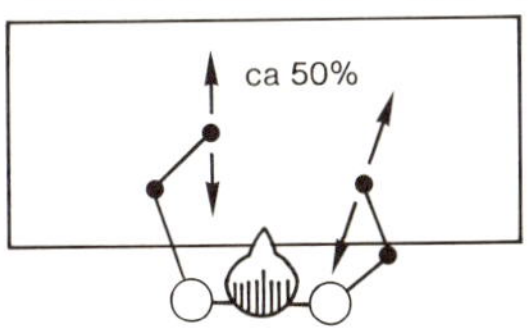

Kraftaufwand bei Bewegungen parallel zum Körper

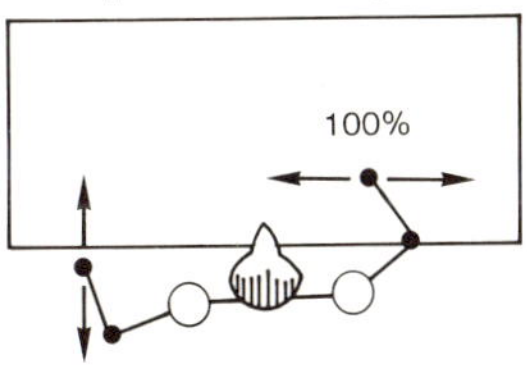

Kraftaufwand der Beine beim Sitzen

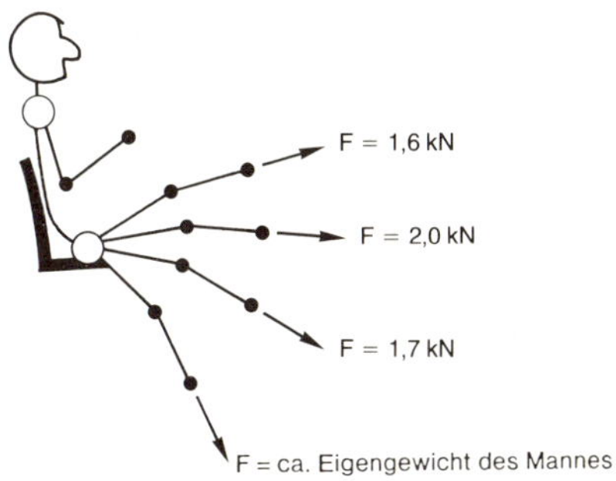

z. B. dem Werkstoff, dem Werkstück, der Arbeitsaufgabe, und eine Seite, die zum Körper des Arbeitenden gerichtet ist: eine *„Arbeitsseite"* und eine *„Handseite"*. Während die „Arbeitsseite" der Werkzeuge und Maschinen, also ihr Wirkungsgrad, bisher ständig verbessert worden ist, hat man die „Handseite" lange vernachlässigt. Erst in den letzten Jahren ist der dem Menschen zugewandten Seite der Arbeitsmittel größere Bedeutung zugemessen worden. Werkzeuge und Maschinen werden in Form und Handhabung besser den Bedürfnissen und Fähigkeiten des menschlichen Körpers angepaßt.

Beispiel: Schreibmaschine als Arbeitsmittel

„Arbeitsseite"

- leichter Lauf, damit hohe Schreibgeschwindigkeit möglich ist
- Auswechselbarkeit des Schriftkopfes
- Zeilenausgleich

„Handseite"

- fingergerechte Gestaltung der Tastatur
- elektrische Steuerung des Anschlags, damit das Schreiben nur eines ganz geringen Kraftaufwandes bedarf

Herstellungsverfahren und Arbeitsablauf

Auch die Art und Weise, in der ein Gut erzeugt wird und die Reihenfolge, in der Arbeitsvorgänge ablaufen, wirken sich auf die Arbeitsleistung im Betrieb aus. Durch Beobachtungen am Arbeitsplatz, Arbeitsstudien und sachgerechte Planung werden die Voraussetzungen für eine rationelle Produktion und einen optimalen Arbeitsablauf erbracht. Dabei sind nicht nur die wirtschaftlich-technischen Gegebenheiten von Bedeutung, sondern auch die geistigen und körperlichen Bedürfnisse des jeweiligen Arbeitnehmers. So ist beispielsweise zu berücksichtigen, welche Belastung dem einzelnen zumutbar ist, in welchem Umfang Erholungspausen notwendig sind, ob ein Arbeitnehmer lieber abwechselnde oder gleichförmige Arbeitsabläufe durchführt, und inwieweit der einzelne oder die Arbeitsgruppe fähig und bereit ist, Mitverantwortung zu tragen und somit in gewissem Maße über den ihnen angepaßten Arbeitsablauf selbst entscheiden können.

Eine besondere Belastung des Arbeitnehmers stellt die Fließbandarbeit dar. Damit die Arbeitnehmer bei diesem Herstellungsverfahren eine optimale Arbeitsleistung erbringen können, ist es notwendig, für die Arbeitsaufgaben angemessene Bandgeschwindigkeiten oder Zeittakt und entsprechende Erholungspausen anzusetzen.

Übersicht über die Arbeitsorganisation	
Arbeitsplatzgestaltung	
ausreichende Beleuchtung Farbgebung am Arbeitsplatz	reine Atemluft keine Gerüche und Gase
Klima: angemessene Temperaturen, keine Zugluft, Luftfeuchtigkeit	Lärmschutz: Isolierung, ggf. Tragen von Gehörschutz
genügend Bewegungsfläche	günstige Körperstellung kraftsparende Bewegungen
Arbeitsmittel	
leistungsfähige Arbeitsmittel „Arbeitsseite"	optimal zu handhabende Arbeitsmittel „Handseite"
Herstellungsverfahren	
sachgerechte Planung, z. B. durch Arbeitsstudien	den Bedürfnissen der Mitarbeiter angemessener Arbeitsablauf

3.2.2 Eignung von Mitarbeitern

Die Arbeitsorganisation alleine garantiert noch keine Arbeitsleistung. Die Mitarbeiter müssen für die aufgetragene Arbeit auch geeignet sein. Es muß „der richtige Mann (oder Frau) an den richtigen Platz“ gebracht werden. Dazu bedarf es zweierlei:

- Die Arbeitsplatzanforderungen müssen möglichst umfassend ermittelt und in einem sogenannten **Arbeitsanforderungsprofil** beschrieben werden (siehe auch Seite 209).

  Beispiel eines Arbeitsanforderungsprofils für einen Mitarbeiter im Lohnbüro (vereinfacht): Kenntnis des Lohnsteuer- und Sozialversicherungsrechtes, Fähigkeit, monatliche Lohnabschlüsse zu erstellen, selbständiges Verfassen von Arbeitszeugnissen nach mündlichen Vorgaben.

- Die Fähigkeiten, Fertigkeiten und Eigenschaften der Mitarbeiter müssen beobachtet oder sogar getestet und in einem **Eignungsprofil** dargestellt werden.

Das Eignungsprofil umfaßt:

▸ die körperliche Eignung

Mitarbeiter mit schmächtigem Körperbau und zarten Händen eignen sich beispielsweise eher für feinere Arbeiten, etwa das Zusammenbauen von kleinen elektrischen Geräten, während Arbeitnehmer mit starkem Körperbau und kräftigen Händen besser mit Preßlufthammer oder Axt umgehen können.

▸ die geistige Eignung

Bei Tätigkeiten, die fortwährend neue Probleme aufwerfen, sind geistige Wendigkeit und Einfallsreichtum notwendig, während bei gleichförmigen, wiederkehrenden Arbeiten weniger geistige Beweglichkeit erforderlich ist.

▸ die berufliche Eignung

Es gibt Arbeitsplätze, beispielsweise die Aktenregistratur, die mit einem kurzfristigen Anlernen der Arbeitnehmer ausgefüllt werden können, wogegen andere, z. B. der Auslandsvertrieb einer Firma, eine gute kaufmännische Ausbildung und oft sogar noch eine hochqualifizierte Spezialausbildung erforderlich machen.

▸ die charakterliche Eignung

Damit sind Eigenschaften, wie Verantwortungsbereitschaft, Zuverlässigkeit, Ehrlichkeit, Vertrauenswürdigkeit, Kooperationsfähigkeit, Ausdauer, Entschlußfähigkeit, Einfühlungsvermögen u. a., gemeint. Solche Eigenschaften werden insbesondere auch bei Führungsaufgaben benötigt.

Die Arbeitsleistung wird nicht nur gemindert, wenn ein Arbeitnehmer für eine Arbeit keine ausreichenden Fähigkeiten besitzt, also wenn er unqualifiziert ist, sondern auch, wenn er für eine Arbeit zu hoch qualifiziert ausgebildet ist, also wenn er überqualifiziert ist. Ein überqualifizierter Mitarbeiter fühlt sich fortwährend unterfordert und falsch eingesetzt. Arbeitsunlust und Arbeitsunzufriedenheit sind Folgen davon.

Die Arbeistleistung fällt daher am günstigsten aus, wenn Eignungsprofil des Mitarbeiters und Anforderungsprofil des Arbeitsplatzes übereinstimmen.

3.2.3 Verhältnis von Vorgesetzten und Mitarbeitern

Vorgesetzte im Betrieb besitzen gegenüber ihren Mitarbeitern eine gewisse Machtbefugnis: Sie können Arbeitsaufträge erteilen, Anweisungen geben, das Verhalten und die Leistung der Mitarbeiter anerkennen oder auch kritisieren. Das Verhältnis von Vorgesetzten zu Mitarbeitern hängt davon ab, in welcher Weise die Vorgesetzten diese Rolle im Betrieb wahrnehmen. Wird eine Arbeitsgruppe nur mit den Mitteln von Befehl und Gehorsam, von Kritik und Tadel, von Zwang und Strafe geführt, so werden die Arbeitsleistungen geringer sein, als wenn sich Vorgesetzte um das Vertrauen der Mitarbeiter bemühen und ihnen Möglichkeiten des Mitdenkens, Mitplanens und der Mitverantwortung einräumen. Darüber hinaus erwartet der Mitarbeiter vom Vorgesetzten, daß dieser gerecht ist, Verständnis für seine Belange aufbringt und bereit ist, sich für seine Interessen bei der Betriebsleitung einzusetzen. Eine auf diese Weise *kooperativ* gestaltete Führung regt Interesse, Einsatzbereitschaft und Arbeitsfreude der Mitarbeiter an.

3.2.4 Betriebsklima

Der Begriff Betriebsklima läßt sich nicht genau definieren. Er bezeichnet die jedem Betrieb eigene Atmosphäre des Zusammenarbeitens und Zusammenlebens. Die bereits dargestellten Arbeitsbedingungen, wie Arbeitsplatz- und Arbeitsmittelgestaltung, Organisation des Arbeitsablaufs, Verhältnis der Vorgesetzten zu den Mitarbeitern, beeinflussen ebenso das Betriebsklima wie beispielsweise der Umgangston der Mitarbeiter untereinander, die leistungsgerechte Entlohnung, das Vorhandensein betrieblicher Sozialleistungen und die Einstellung der Mitarbeiter zum Betrieb.

Betriebsklima und Arbeitsleistung

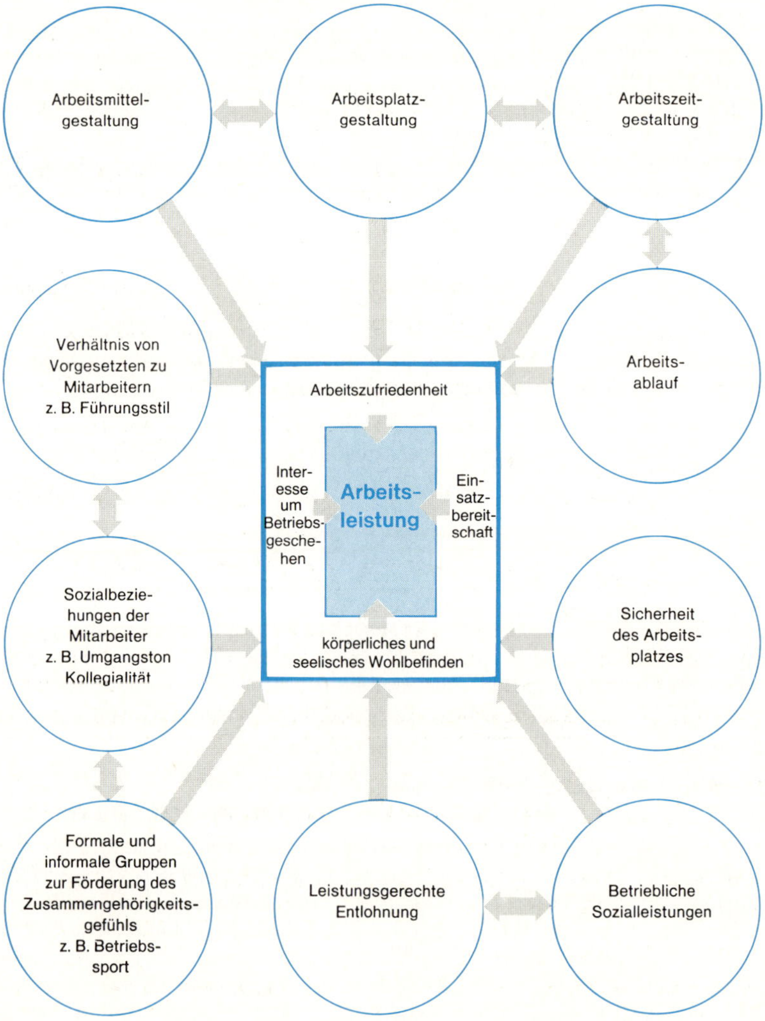

Die feststellbaren und nichtfeststellbaren Faktoren des Betriebsklimas und deren Wechselwirkungen beeinflussen Arbeitszufriedenheit, körperliches und seelisches Wohlbefinden der Arbeitnehmer und deren Einsatzbereitschaft für die Interessen des Betriebes und wirken sich daher auch auf die Arbeitsleistung im Betrieb aus. Ein schlechtes Betriebsklima führt beispielsweise zu Streitereien im Betrieb, zu Erhöhung der Erkrankungsquote bzw. der Krankmeldungen der Mitarbeiter, häufiges Auftreten von Betriebskonflikten und Arbeitsplatzwechsel.

Wesentliche Lerninhalte

- **Arbeitsleistung** bedeutet das Erfüllen einer Betriebsaufgabe in einer bestimmten Zeit und in einer geforderten Güte.
- **Einflüsse** auf die **Arbeitsleistung** im Betrieb:
  - **Arbeitsorganisation,** d. h. Arbeitsplatzgestaltung, Arbeitsmittelgestaltung, Herstellungsverfahren und Arbeitsablauf.
  - **Eignung von Mitarbeitern** durch richtige Personalbeschaffung, Personalaus- und -weiterbildung.
  - **Verhältnis von Vorgesetzten und Mitarbeitern:** kooperativer Führungsstil, Wertschätzung der Mitarbeiter, Gerechtigkeit.
  - **Betriebsklima,** d. h. Verhältnis des Zusammenlebens und Zusammenarbeitens im Betrieb: Auswirkung auf Arbeitszufriedenheit, Arbeitswille, persönliches Wohlbefinden des Mitarbeiters im Betrieb.

Aufgaben zur Sicherung des Lernerfolgs

1 Nennen Sie mindestens fünf Anforderungen an eine leistungsgerechte Arbeitsplatzgestaltung!

2 Welche Anforderungen sollten nach Ihrer Meinung an einen leistungsgünstigen Arbeitsplatz im kaufmännischen Büro gestellt werden?

3 Maschinen in gewerblichen Betrieben sind heute durchweg mit Unfallverhütungsvorrichtungen versehen. Mancher Arbeitnehmer hat schon heimlich solche Schutzvorrichtungen abgeschraubt, weil er meinte, er können ohne diese mehr leisten. Wie steht es in Wahrheit damit? Nehmen Sie dazu Stellung.

4 Der Leiter einer Filiale eines Lebensmittelgroßhandelsbetriebes muß sich bei der Geschäftsleitung wegen zu geringer Umsatzleistung im Vergleich zu anderen Filialen verantworten. Welche Faktoren müßte der Filialleiter untersuchen, um Ursachen der geringen Leistung zu erkennen?

5 Zeigen Sie an einem Beispiel aus Ihrem Erfahrungsbereich die „Handseite" und die „Arbeitsseite" eines Arbeitsmittels!

6 Welche Gesichtspunkte sind bei der Planung eines leistungsgerechten Arbeitsablaufes zu berücksichtigen?

7 Bilden Sie ein Beispiel, in dem das Anforderungsprofil des Arbeitsplatzes und das Eignungsprofil des Mitarbeiters nicht übereinstimmen. Zeigen Sie daran Gründe für geringe Leistung auf!

8 Stellen Sie an einem konkreten Beispiel dar, wie sich das Verhältnis der Vorgesetzten zu den Mitarbeitern auf die Arbeitsleistung auswirkt.

9 a) Nennen Sie Faktoren, die das Betriebsklima beeinflussen!

b) Welche Faktoren erachten Sie als besonders wichtig? Begründen Sie Ihre Meinung! Bringen Sie auch Ihre Erfahrungen in die Begründung mit ein?

3.3 Mitarbeiter in der Unternehmung – Handlungsvollmacht und Prokura –

Problem

Der Einkaufsleiter Müller der Textilgroßhandlung Scholz KG hat soeben einen Kaufvertrag über 28 000,00 DM unterschrieben, ohne vorher den Chef zu fragen. Ist der Vertrag wohl für die Scholz KG bindend?

Sachdarstellung

3.3.1 Die Handlungsvollmacht

Die Arbeitsteilung im modernen Unternehmen macht es notwendig, daß Verantwortung vom Unternehmer auf besonders qualifizierte Mitarbeiter übergeht, welche dank ihrer Vollmachten den Geschäftsinhaber erheblich entlasten.

Bei allen **Handlungsvollmachten** ist der Umfang der Vollmacht entscheidend (HGB § 54):

- Bei der **Einzelvollmacht** *(Spezialvollmacht)* darf der Handlungsbevollmächtigte *einmalig* den erhaltenen Auftrag ausführen, z. B. Entgegennahme *einer* Zahlung.
- Als **Artvollmacht** *(Gattungsvollmacht)* wird die Berechtigung bezeichnet, *ein bestimmtes* Rechtsgeschäft *dauernd* zu erledigen, z. B. Einkauf von Rohstoffen als Einkäufer eines Industriebetriebs.
- **Allgemeine Handlungsvollmacht** *(Generalhandlungsvollmacht)* berechtigt, *alle gewöhnlichen* Geschäfte und Rechtshandlungen vorzunehmen, die der Betrieb eines *derartigen* Handelsgewerbes mit sich bringt; z. B. Abwicklung der Geschäfte als Zweigstellenleiter einer Bank.
- Bei der **Gesamthandlungsvollmacht** *(Gesamtvertretung, Gesamtvollmacht)* darf der Handlungsbevollmächtigte nur zusammen mit einem anderen Bevollmächtigten oder einem Prokuristen handeln.

Besondere Vollmacht ist nötig beim Verkauf und der Belastung von Grundstücken, zum Eingehen von Wechselverbindlichkeiten, zur Darlehensaufnahme und zur Prozeßführung. Sonstige Beschränkungen gelten Dritten gegenüber nur dann, wenn dieser sie kannte oder kennen mußte, HGB § 54.

Jeder Handlungsbevollmächtigte unterschreibt mit einem Zusatz, der auf die Vollmacht hinweist: bei der Einzelvollmacht in der Regel *im Auftrag* „i.A." und bei Art- und allgemeiner Handlungsvollmacht *in Vollmacht* „i.V." (HGB § 57).

Alle Handlungsvollmachten können *formlos* erteilt werden. Sie erlöschen mit der Erledigung des Einzelauftrags bei der Einzelvollmacht, durch Widerruf oder durch Ausscheiden aus dem Unternehmen.

3.3.2 Die Prokura

Die **Prokura** ist die am weitesten gehende Vollmacht des HGB. Sie berechtigt, *alle gerichtlichen und außergerichtlichen* Geschäfte und Rechtshandlungen vorzunehmen, die in *irgendeinem* Handelsgewerbe vorkommen, und wird in das Handelsregister eingetragen. Prokura wird nur absolut vertrauenswürdigen Mitarbeitern erteilt (HGB § 48 ff.).

Für bestimmte Rechtsgeschäfte darf keine Vollmacht erteilt werden, da der Bevollmächtigte nicht jede Verantwortung übernehmen kann. Der Prokurist darf *nie:*

- Bilanz unterschreiben,
- Steuererklärungen unterschreiben,
- Eid für Unternehmer leisten,
- Prokura erteilen,
- Unternehmen verkaufen,
- Konkurs anmelden,
- Gesellschafter aufnehmen,
- Eintragungen in das Handelsregister beantragen.

Die Prokura kann zwar zwischen dem Eigentümer des Unternehmens und Prokuristen beschränkt werden (Innenverhältnis), z. B. der Prokurist darf keine Wechsel unterschreiben. Dritten gegenüber gelten diese Beschränkungen nicht.

Die Prokura erlischt z. B. durch Widerruf oder Ausscheiden des Prokuristen aus dem Unternehmen. Sie muß dann im Handelsregister gelöscht werden und erlischt dadurch auch endgültig im Außenverhältnis.

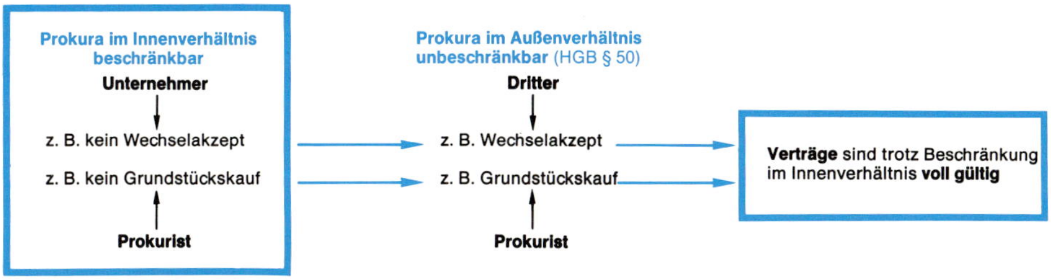

Kann ein Prokurist Rechtsgeschäfte *allein* abschließen, hat er **Einzelprokura.** Darf er lediglich *zusammen mit einem anderen* Prokuristen unterschreiben, so wurde ihm **Gesamtprokura** erteilt [HGB § 48 (2)]. **Filialprokura** erstreckt sich nur auf Teilbereiche und Filialen (HGB § 50).

Einzelvollmacht i. A. Braun HGB § 57	*einmalige* Tätigkeit HGB § 54	z. B. einmal Geld kassieren
Artvollmacht i.V. Braun HGB § 57	*laufend* bestimmte Tätigkeit HGB § 54	z. B. laufend verkaufen
allgemeine Handlungsvollmacht i.V. Braun HGB § 57	*alle gewöhnlichen* Geschäfte und Rechtshandlungen eines *derartigen* Handelsgewerbes HGB § 54	+ z. B. laufend einkaufen, Zahlungen abwickeln, Mitarbeiter einstellen und entlassen
Prokura ppa. Braun HGB § 51	*alle* gerichtlichen und außergerichtlichen Geschäfte und Rechtshandlungen irgendeines Handelsgewerbes HGB § 49	+ z. B. Wechsel unterschreiben, Darlehen aufnehmen, Prozesse führen, Grundstücke kaufen, Vollmacht erteilen

Um *Grundstücke belasten oder verkaufen zu können,* braucht auch der Prokurist eine besondere Vollmacht [HGB § 49 (2)]. Diese Vollmacht kann auch ins Handelsregister eingetragen werden.

Eine **Generalvollmacht** nach BGB § 164 ff. kann über den Umfang der Prokura hinausgehen. Der *Generalbevollmächtigte* kann den Vollmachtgeber in allen **Rechtsgeschäften** vertreten, für die eine Vertretungsmacht gesetzlich zulässig ist. In Großunternehmen handeln vielfach Generalbevollmächtigte.

Wesentliche Lerninhalte

- Leitende Angestellte werden mit Handlungsvollmacht oder Prokura ausgestattet (Stellvertretung).
- Die Arten der Handlungsvollmacht sind:
  Einzel-, Art- und allgemeine Handlungsvollmacht; Gesamthandlungsvollmacht.
- Die Arten der Prokura sind:
  Einzel-, Gesamt- und Filialprokura.

- Handlungsvollmacht wird formlos erteilt, Prokura im Handelsregister eingetragen.
- Handlungsvollmacht ist im Innen- und im Außenverhältnis beschränkbar, Prokura nur im Innenverhältnis.
- Für bestimmte Rechtsgeschäfte kann eine besondere Vollmacht erteilt werden.
- Die Generalvollmacht nach BGB kann über den Umfang der Prokura hinausgehen.

Aufgaben zur Sicherung des Lernerfolgs

1 Welcher Unterschied besteht zwischen
a) Einzel- und allgemeiner Handlungsvollmacht,
b) Einzel- und Gesamtprokura.

2 Welche Anforderungen würden Sie an einen Mitarbeiter stellen, dem Sie Prokura erteilen?

3 Unter einer Bestellung steht:
Hochachtungsvoll
ppa. Krause i.V. Herbst
Um welche Vollmachten handelt es sich?

4 Nennen Sie Beispiele für Artbevollmächtigte aus Ihrem Ausbildungsbetrieb!

5 Einzelprokurist Hopf darf keine Wechsel unterschreiben. Er unterschreibt trotzdem und bringt sie in Umlauf. Muß der Unternehmer am Verfalltag bezahlen oder kann er sich weigern? Begründen Sie Ihre Meinung!

6 Geben Sie Beispiele für Filialprokura!

7 Warum kann ein Prokurist keinen anderen Mitarbeiter zum Prokuristen bestellen, wohl aber Handlungsvollmacht erteilen?

8 Herr Müller, Eigentümer der Spielwarengroßhandlung Müller & Co. OHG, ist auf einer mehrwöchigen Einkaufsreise im Ausland. Sein Prokurist Volz, der Einzelprokura besitzt, nimmt während seiner Abwesenheit folgende Rechtshandlungen vor und schließt nachstehende Verträge. Beurteilen Sie diese Fälle auch mit Hilfe des HGB § 48 ff.!
a) Volz akzeptiert einen 3-Monats-Wechsel über 16 500 DM.
b) Da ein äußerst günstiges Angebot vorliegt, nimmt er Armbanduhren in das Sortiment auf und bestellt für 8 000 DM Uhren. Gleichzeitig kauft er noch für 26 000 DM Spielwaren.
c) Da Herr Gruber, der Gesamtprokura hat, ihn deshalb tadelt, kündigt ihn Herr Volz fristlos und läßt ihm seine Papiere aushändigen.
d) Um klare Verhältnisse zu schaffen, kündigt er drei Mitarbeitern zusätzlich wegen Arbeitsmangels zum nächstmöglichen Termin.
e) Da das Lager erweitert werden soll, kauft er ein angrenzendes Grundstück zu 35 000 DM.
f) Zur Finanzierung des Grundstücks (vergleiche 8 e) gibt er ein anderes Grundstück mit 20 000 DM und einen Buchungsautomaten mit 3 000 DM in Zahlung. Der Rest wird mit einem Verrechnungsscheck beglichen.
g) Inzwischen mahnt das Finanzamt dringend und will die Gewerbesteuer- und die Jahresumsatzsteuererklärung. Da Herr Müller erst in vier Wochen zurückkommt, unterschreibt Herr Volz die Erklärungen, um Säumniszuschläge zu sparen.

9 Wie wären die Fälle bei Aufgabe 8 zu beurteilen, wenn Herr Volz allgemeine Handlungsvollmacht hätte?

3.4 Mitarbeiter außerhalb der Unternehmung

– Die Absatzmittler –

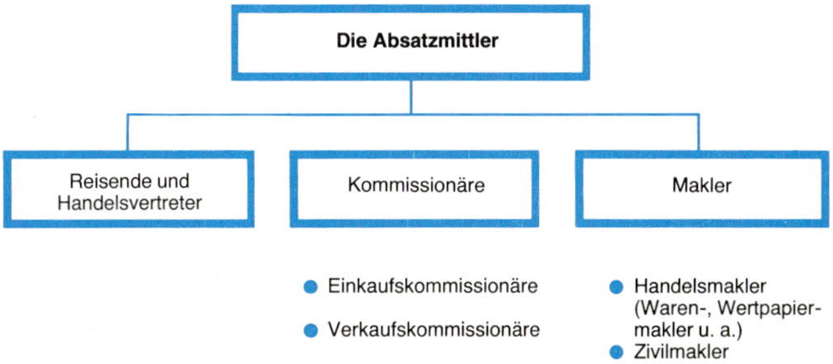

3.4.1 Der Reisende und der Handelsvertreter

Problem

„Wir sollten die Zahl unserer Reisenden verkleinern, ja, wir sollten ganz auf sie verzichten!" In der Geschäftsleitung der Haushaltwarenfabrik GmbH, Freilassing, wird der seitherige Absatzweg für die Erzeugnisse in Frage gestellt. Das Problem ist: die Reisenden verursachen zu hohe Kosten. Sollen nun verstärkt Handelsvertreter eingesetzt werden, oder soll Verbindung mit Großhändlern gesucht werden?

Sachdarstellung

3.4.1.1 Der Reisende

Der **Reisende** ist ein Absatzmittler des direkten Absatzweges. Er hat die gleiche rechtliche Stellung wie die übrigen kaufmännischen Angestellten (Handlungsgehilfen)[1]. Darüber hinaus ist er gleichzeitig *Handlungsbevollmächtigter.* Er kann

- ▶ *Kaufverträge* abschließen (Abschlußvertreter),
- ▶ *Zahlungen* bei entsprechender Vollmacht kassieren,
- ▶ *Mängelrügen* entgegennehmen (HGB §§ 54, 55).

Dafür erhält er neben einem **festen Gehalt (Fixum)** als zusätzlichen Leistungsanzreiz **Provision,** meist vom Umsatz, und **Spesen,** welche verschieden ersetzt werden können: *Spesen* auf Grund von *Belegen, feste Spesen* ohne Einzelnachweis oder *Vertrauensspesen* nach Angaben ohne Einzelnachweis.

Da der angestellte Reisende dem Arbeitgeber ganz zur Verfügung steht, kann er den Markt besser bearbeiten als der Handelsvertreter. Er konzentriert seine Arbeit auf den Absatz der Produkte *eines* Unternehmens. Er ist auch flexibler einsetzbar, z. B. um kurzfristig in einem Gebiet eine Werbeaktion durchzuführen. Allerdings ist ein ausgedehntes Vertriebssystem mit

[1] Vgl. Kapitel 3.5.1 Der Einzelarbeitsvertrag

Reisenden teuer, so daß im allgemeinen nur kapitalstarke Firmen und solche, die nach der Art ihrer Produktion dazu gezwungen sind, ein Netz von Reisenden unterhalten, z. B. Großmaschinenbau.

Der Reisende schreibt in kurzen Abständen oder täglich **Reiseberichte** *(Besuchsberichte)*, in welchen er besonders auf Erfahrungen und Beobachtungen hinweist, wie Erfolg einer Werbekampagne, Vorgehen der Konkurrenz, Kundenwünsche, Mängelrügen usw.

Um die Bearbeitung zu erleichtern, werden die Reiseberichte oft auch auf Vordrucken erstattet.

3.4.1.2 Der Handelsvertreter

Der **Handelsvertreter** ist als **selbständiger Kaufmann** ein Glied in der indirekten Absatzkette

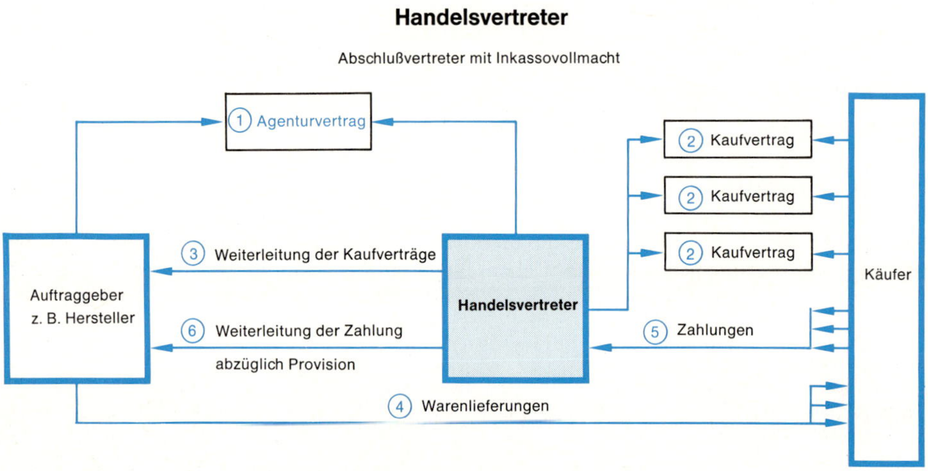

Er schließt mit seinem Auftraggeber einen **Agenturvertrag**, in welchem gegebenenfalls alle über die Regelungen des HGB hinausgehenden Einzelheiten festgelegt sind. Wenn nicht ausdrücklich ausgeschlossen, darf der Vertreter gleichzeitig *mehrere* Firmen vertreten. Dies gilt nicht für Konkurrenzartikel, sondern nur für *Komplementärartikel;* z. B. der Vertreter einer Likörfabrik vertritt gleichzeitig Whisky und Sekt.

Die Handelsvertreter können nach verschiedenen **Arten** unterschieden werden:

- nach der **Vertretungsmacht:**
  - ▶ *Abschlußvertreter.* Er kann seine Verträge rechtswirksam **im Namen und auf Rechnung seines Auftraggebers** abschließen. Er hat auch *Inkassovollmacht.*
  - ▶ *Vermittlungsvertreter.* Er kann Verträge vermitteln (HGB §§ 55, 91,91a).

  Beide Vertreter nehmen Mängelrügen und Mitteilungen über nicht angenommene Waren entgegen.

- nach dem **Tätigkeitsgebiet:**
  - ▶ *Platzvertreter.* Der Vertreter ist für *einen* Ort zuständig.
  - ▶ *Bezirks- oder Gebietsvertreter.* Er hat als Tätigkeitsgebiet einen bestimmten Raum zu bearbeiten, z.B. einen oder mehrere Landkreise, einen Regierungsbezirk usw.
  - ▶ *Reisevertreter.* Sein Tätigkeitsgebiet wird von Fall zu Fall festgelegt.

- nach dem **Aufgabengebiet:**
  - ▶ Warenvertreter
  - ▶ Versicherungsvertreter
  - ▶ Schiffahrtsvertreter
  - ▶ Transportvertreter

Der Handelsvertreter muß **Pflichten** nach dem HGB einhalten:

Pflicht zur	
Bemühung	Er muß sich um Vermittlung oder den Abschluß von Verträgen bemühen und die Interessen des Auftraggebers wahren [HGB § 86 (1)].
Benachrichtigung	Der Auftraggeber ist von jeder Vermittlung und von jedem Auftrag unverzüglich zu benachrichtigen [HGB § 86 (2)].
Sorgfalt	Die Aufgaben müssen mit der Sorgfalt eines ordentlichen Kaufmanns wahrgenommen werden [HGB § 86 (3)].
Verschwiegenheit	Betriebsgeheimnisse darf er nicht während und auch nicht nach Beendigung des Vertragsverhältnisses verwerten oder anderen mitteilen (HGB § 90).

Seine **Rechte** sind insbesondere:

Recht auf	
Unterlagen	Der Auftraggeber muß die nötigen Unterlagen, wie Muster, Preislisten, Werbedrucksachen, Geschäftsbedingungen usw. zur Verfügung stellen (HGB § 86 a).
Benachrichtigung	Der Auftraggeber muß unverzüglich die Annahme oder Ablehnung eines vermittelten Geschäftes mitteilen (HGB § 86 a).
Provision	• *Abschlußprovision* erhält der Vertreter für alle ausgeführten Aufträge, die durch ihn vermittelt oder abgeschlossen wurden. Bei Nachbestellungen hat er ebenfalls Provisionsanspruch [HGB § 87 (1)]. Der *Bezirksvertreter* erhält Provision auch für Aufträge aus seinem Bezirk, die nicht über ihn laufen [HGB § 87 (2)]. • *Delkredereprovision* ist zu bezahlen, wenn der Handelsvertreter schriftlich für den Eingang der Zahlungen haftet (HGB § 86 b). • *Inkassoprovision* erhält er zusätzlich für ordnungsmäßig eingezogene Gelder (HGB § 87).
Buchauszug	Zur *Kontrolle* der monatlichen (spätestens nach drei Monaten vorgeschriebenen) Abrechnung kann der Handelsvertreter einen Buchauszug über alle für ihn provisionspflichtigen Geschäfte verlangen. *Aufwendungen* werden nur ersetzt, wenn dies in der Branche üblich (HGB §§ 87 c, 87 d).
Ausgleich	*Nach Beendigung* des Vertragsverhältnisses kann der Handelsvertreter innerhalb eines Jahres einen angemessenen finanziellen Ausgleich dafür verlangen, daß sein Auftraggeber weiter mit vom Vertreter geworbenen Kunden Geschäfte macht. Der Ausgleich beträgt höchstens eine Jahresprovision aus dem Durchschnitt der letzten fünf Jahre. Der Ausgleichsanspruch besteht nicht, wenn der Handelsvertreter selbst gekündigt hat (HGB § 89 b).

Die **Kündigung** eines Agenturvertrags kann im *1. Jahr* mit einer Frist von *einem Monat,* im *2. Jahr* mit einer Frist von *zwei Monaten,* im *3.–5. Jahr* mit einer Frist von *drei Monaten* und danach mit einer Frist von *sechs Monaten* auf Monatsende erfolgen (HGB § 89).

Der Einsatz von Handelsvertretern ermöglicht es, ein Absatzgebiet lückenlos verhältnismäßig billig zu erschließen, da die Handelsvertreter auf *Erfolgsbasis* arbeiten. Nachteilig kann sich auswirken, daß der Handelsvertreter nicht seine ganze Arbeitskraft für den Absatz der Produkte einer Firma einsetzt, da er meist noch andere Vertretungen parallel bearbeitet. Unmittelbar konkurrierende Produkte dürfen jedoch nicht vertreten werden. In den letzten Jahren zeigte sich verstärkt, daß die selbständigen Handelsvertreter ihr Dienstleistungsangebot durch Einrichtung von Musterlagern, Auslieferungslagern, eigene Büros, verstärkte Kundenbesuche und -beratungen entscheidend erweitert haben. Fast zwei Drittel aller Industriebetriebe haben beim Absatz selbständige Handelsvertreter eingesetzt.

3.4.1.3 Reisende oder Handelsvertreter?

Ob **Reisende oder selbständige Handelsvertreter** eingesetzt werden sollen, wird entscheidend von der Überlegung beeinflußt, über welchen Absatzweg die gestellte Aufgabe besser oder gegebenenfalls auch billiger zu lösen ist.

Beispiel

Es soll gezeigt werden, wie die Kosten den Absatzweg bestimmen können:

Vergleich der Absatzkosten beim Einsatz von Reisenden und Handelsvertretern

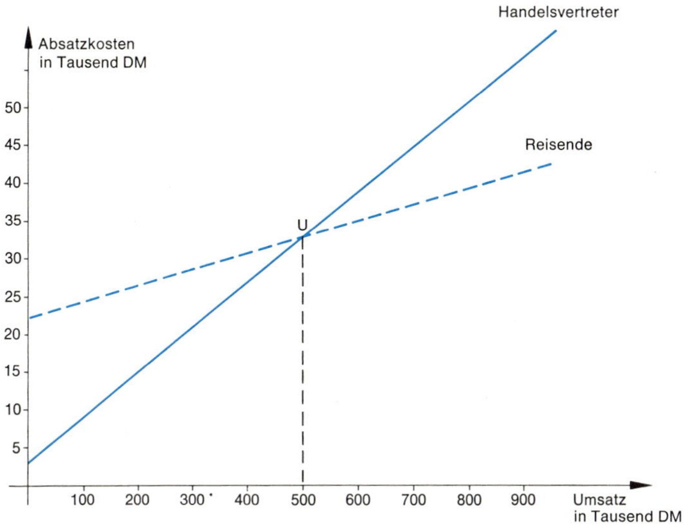

Zahlenangaben: Reisende monatliches Fixum zusammen 22 000 DM, 2 % Provision vom Umsatz
Handelsvertreter monatliche fixe Kosten zusammen 2 000 DM, 6 % Provision vom Umsatz

$$
\begin{aligned}
2\,000 + 6x &= 22\,000 + 2x \\
4x &= 20\,000 \\
x &= 5\,000 = 1\,\%\ \text{Umsatz} \\
100x &= \underline{\underline{500\,000}} = 100\,\%\ \text{Umsatz (kritischer Umsatz)}
\end{aligned}
$$

Bei einem Umsatz von 500 000 DM schneiden sich in U die Kostenkurven. Die Handelsvertreter kosten ab diesem Umsatz mehr. Der Umsatz am Schnittpunkt der Kostenkurven wird auch als **„kritischer Umsatz“** bezeichnet.

Es ist jedoch zu beachten, daß ein eingeschlagener Absatzweg nicht beliebig oft und rasch ausgetauscht werden kann, da der Aufbau einer eingespielten Absatzorganisation mit Aufwand an Zeit und Geld und mit viel Erfahrung verbunden ist.

Wesentliche Lerninhalte

- *Rechte und Pflichten* des **Reisenden** decken sich weitgehend mit denen eines kaufmännischen Angestellten.
- Der **Handelsvertreter** hat

die *Pflicht* zur	das *Recht* auf
▶ Bemühung	▶ Unterlagen
▶ Benachrichtigung	▶ Benachrichtigung
▶ Sorgfalt	▶ Provision
▶ Verschwiegenheit	▶ Buchauszug
	▶ Ausgleich

- Ein Hersteller kann seine Produkte gleichzeitig auf verschiedenen Absatzwegen vertreiben.
- Die maximale Marktversorgung entscheidet über die Wahl des optimalen Absatzweges.

- Vergleichende Übersicht

	Reisender	**Handelsvertreter**
Rechtsgrundlage	Arbeitsvertrag	Agenturvertrag
Rechtsstellung	Handlungsbevollmächtigter	selbständiger Kaufmann
Tätigkeit	Abschluß oder Vermittlung von Verträgen im Namen und auf Rechnung des Arbeitgebers	Abschluß oder Vermittlung von Verträgen im fremden Namen auf fremde Rechnung
Dauer der Tätigkeit	ständig, bis zur Kündigung	ständig, bis zur Kündigung
Vergütung	Fixum, Provision, Spesen	Provision (Umsatz-, Delkredere-, Inkassoprovision)

- Die Entscheidung über den Einsatz von Handelsvertretern oder Reisenden hängt davon ab, auf welchem Absatzweg das günstigste Ergebnis erreicht werden kann.
- Der Handelsvertreter darf gleichzeitig andere Produkte vertreten. Diese Produkte ergänzen sich meist.
- Eingeschlagene Absatzwege sind nicht beliebig austauschbar.

Aufgaben zur Sicherung des Lernerfolgs

1 Weshalb ist ein Reisender immer gleichzeitig Handlungsbevollmächtigter?

2 Warum erhält der Reisende neben dem Fixum Provision?

3 Suchen Sie Beispiele, wo es sich anbietet, Reisenden nur Vermittlungsvollmacht zu erteilen!

4 Geben Sie jeweils mindestens drei Komplementärartikel (keine Konkurrenzartikel!) für folgende Vertreter an, die an Sortimentsgroßhändler bzw. Einzelhändler verkaufen:

a) Vertreter für Herrenhemden,
b) Vertreter für Wein,
c) Vertreter für Bonbons,
d) Vertreter für Vorhangstoff,
e) Vertreter für Schuhe,
f) Vertreter für Büroschränke.

5 Der Büromaschinenfabrik ,,Ideal" entstehen entweder für Vertreter monatlich insgesamt 2000 DM fixe Kosten und 10 % Provision und für die Reisenden monatlich 27 000 DM fixe Kosten und 3 % Provision.

a) Berechnen Sie, ob bei einem Umsatz von 800 000 DM der Einsatz von Vertretern oder Reisenden kostengünstiger wäre!

b) Bei welchem Umsatz würden sich die Kosten entsprechen?

c) Zeichnen Sie ein entsprechendes Schaubild wie auf Seite 137!

6 Welche anderen Gründe könnten

a) für den Einsatz von Reisenden,

b) für den Einsatz von Vertretern sprechen?

7 Welches besondere Recht steht dem Bezirksvertreter zu? Versuchen Sie, eine logische Begründung für die Bestimmungen des § 87 (2) HGB zu geben!

8 Welche Wirkung hat wohl die Vereinbarung einer Delkredereprovision auf die Bonität der Kaufverträge, die der Handelsvertreter schließt?

9 Die Textilveredelungs-GmbH hat am 20. 4. ihren Handelsvertretern Haug und Schlüter gekündigt. Wann endet jeweils der Agenturvertrag, wenn Haug 2½ Jahre, Schlüter 7 Jahre lang die Waren der Textilveredelungs-GmbH verkaufte (vgl. HGB § 89)?

10 Schlüter macht einen Ausgleichsanspruch nach HGB § 89b geltend. Wie hoch wäre dieser höchstens, wenn alle Voraussetzungen erfüllt sind? Provisionen der 7 Jahre: 26 500 DM, 34 000 DM, 38 000 DM, 32 000 DM, 39 500 DM, 46 000 DM, 42 500 DM.

11 Suchen Sie nach Begründungen, die den Ausgleichsanpruch des Handelsvertreters rechtfertigen!

3.4.2 Der Kommissionär

Problem

Die Süddeutsche Metallwarenfabrik AG hat einen neuen Patentkochtopf entwickelt und bietet über Reisende den Topf u. a. der Haushaltswarengroßhandlung Mezger & Co. an, Herr Mezger beurteilt die Absatzchancen nicht so positiv und will nicht bestellen. Was tun? Nach Rücksprache mit der Firmenleitung wird vereinbart, daß Herr Mezger 200 Töpfe zum Verkauf auf Lager nimmt, diese aber nicht kauft, sondern für die Metallwarenfabrik AG absetzen will, um dann mit ihr abzurechnen.

Sachdarstellung

Herr Mezger ist hier **Kommissionär**, da er es *gewerbsmäßig* übernimmt, *Waren* **auf Rechnung eines anderen,** nämlich der Metallwarenfabrik, **im eigenen Namen** zu verkaufen. Auftraggeber ist die Metallwarenfabrik AG (HGB § 383).

Es gibt zwei **Arten** von Kommissionären:

- *Einkaufskommissionär,*
- *Verkaufskommissionär.*

Für den Absatz ist besonders der Verkaufskommissionär von Bedeutung.

Grundlage ist ein **Kommissionsvertrag** zwischen dem **Kommissionär,** der *selbständiger Kaufmann* ist, und dem Auftraggeber, dem **Kommittenten.** Der Kommissionär kann *ständig* oder *von Fall zu Fall* eingesetzt werden.

Banken und Sparkassen treten oft als Kommissionäre auf, wenn sie *Wertpapiere* an der Börse *im eigenen Namen* aber *auf Rechnung ihrer Kunden* kaufen und verkaufen. Sie können dabei vom Recht auf Selbsteintritt Gebrauch machen.

Kommissionär

Verkaufskommission

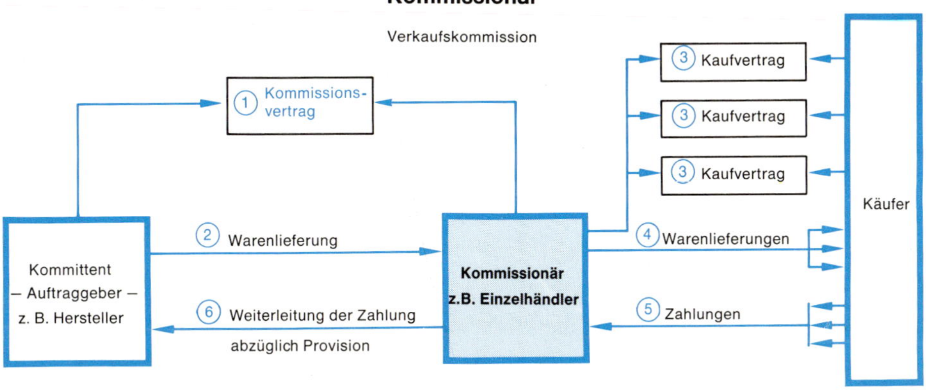

Die **Pflichten** des Kommissionärs sind:

Pflicht zur	
Sorgfalt	Er muß die Geschäfte mit der Sorgfalt eines ordentlichen Kaufmanns ausführen (HGB § 384).
Befolgung	Die Anweisungen des Kommittenten müssen befolgt werden, z. B. wenn Ein- oder Verkaufslimits festgesetzt werden. Werden günstigere Ein- oder Verkaufspreise erzielt, so kommen diese dem Kommittenten zugute (HGB §§ 384, 387; siehe auch HGB § 385!).
Benachrichtigung	Der Auftraggeber muß unverzüglich benachrichtigt werden, sobald das Kommissionsgeschäft ausgeführt wurde (HGB § 384). Der Selbsteintritt (siehe Rechte des Kommissionärs) muß gemeldet werden (HGB § 405).
Haftung	Der Kommissionär ist für Verlust oder Beschädigung des in seinem Besitz befindlichen Kommissionsgutes verantwortlich (HGB § 390).
Abrechnung	Jedes Kommissionsgeschäft muß genau abgerechnet werden. Dem Kommittenten ist die Ware (Einkaufskommission) bzw. der Erlös (Verkaufskommission) herauszugeben (HGB § 384).

Dem Kommissionär stehen folgende **Rechte** zu:

Recht auf	
Provision	Sie ist fällig, sobald das Geschäft *ausgeführt* ist – auch bei Selbsteintritt. Haftet der Kommissionär für die Verbindlichkeiten, so steht ihm zusätzlich *Delkredereprovision* zu (HGB §§ 394, 396, 403).
Aufwendungsersatz	Alle mit dem Kommissionsgeschäft entstehenden Aufwendungen, wie Telefon, Lagermiete, Transportkosten, müssen dem Kommissionär ersetzt werden (HGB § 396).
Selbsteintritt	Der Kommissionär kann, wenn die Ware einen festen *Markt- oder Börsenpreis* hat, das Gut, das er verkaufen soll, selbst kaufen oder das Gut, das er kaufen soll, selbst liefern. Der Anspruch auf Provision und Auslagenersatz bleibt bestehen (HGB §§ 400, 403).
Pfand	Hat der Kommissionär unbefriedigte, fällige Ansprüche, z. B. Auslagen, Provision, so kann er in seinem *Besitz* befindliche Kommissionsware als *Pfand* zurückbehalten. Er kann auch Warenwertpapiere, wie Konnossement, Lagerschein, als Pfand benutzen (HGB § 397).

Für Kommissionär und Kommittent ist das Kommissionsgeschäft vorteilhaft. Bei der *Einführung* neuer Waren, insbesondere bei modischen oder sonst risikoreichen Artikeln, übernimmt der Kommissionär die Ware in sein *Kommissionslager* mit dem Recht, nicht verkaufte Ware nach Ablauf einer gewissen Frist, z. B. einer Saison, *zurückzugeben.* Damit trägt der Auftraggeber, z. B. der Hersteller, allein das *Absatzrisiko;* andererseits übernimmt der Kommissionär die *Lagerhaltung* und die Abrechnung. Er braucht erst *nach Abwicklung* des Verkaufs zu *bezahlen* und kann sein *Sortiment* risikolos durch Neuheiten *ergänzen* und *verbreitern.* Die Kommissionsware ist äußerlich nicht besonders gekennzeichnet.

Im *Außenhandel* werden im Kommissionsgeschäft **Konsignationslager** eingerichtet. Diese entsprechen dem inländischen Kommissionslager.

3.4.3 Der Makler

Der Makler, ein **selbständiger Kaufmann,** steht mit seinem Auftraggeber in keinem dauernden Vertragsverhältnis. Er **vermittelt von Fall zu Fall den Abschluß von Verträgen.** Die *Handelsmakler* haben für die Wirtschaft dank ihrer meist ausgezeichneten Marktkenntnis und -übersicht auf Märkten und Börsen im In- und Ausland große Bedeutung. Sie sparen ihren Auftraggebern Zeit und Kosten.

Im einzelnen können folgende Makler unterschieden werden:

- **Handelsmakler** (HGB §§ 93 ff.)
  - *Warenmakler (Produktenmakler):* Er vermittelt Verträge über Kauf oder Verkauf von Waren. Tätigkeitsgebiete sind vielfach die internationalen Warenbörsen.
  - *Wertpapiermakler (Effektenmakler):* Er vermittelt Verträge über Kauf und Verkauf von Wertpapieren (Effekten) an der Wertpapierbörse. Die amtlichen Börsenkurse werden von *vereidigten Kursmaklern* festgesetzt. Sie sind von der Landesregierung ernannte und vereidigte Handelsmakler. Daneben gibt es freie Makler.
  - *Versicherungsmakler:* Er vermittelt insbesondere Seeversicherungen.
  - *Frachtenmakler:* Er vermittelt Frachtverträge zwischen dem Absender und dem Frachtführer.
  - *Schiffsmakler:* Er vermittelt Verträge über Schiffsraum und Liegeplätze.
- **Zivilmakler** (BGB §§ 652 ff.)

Sie weisen z. B. als *Grundstücksmakler, Heirats-, Konzert-* und *Theatervermittler* die Gelegenheit zum Abschluß von Verträgen nach oder vermitteln Verträge, die keine Gegenstände des Handelsverkehrs betreffen.

Makler

Handelsmakler

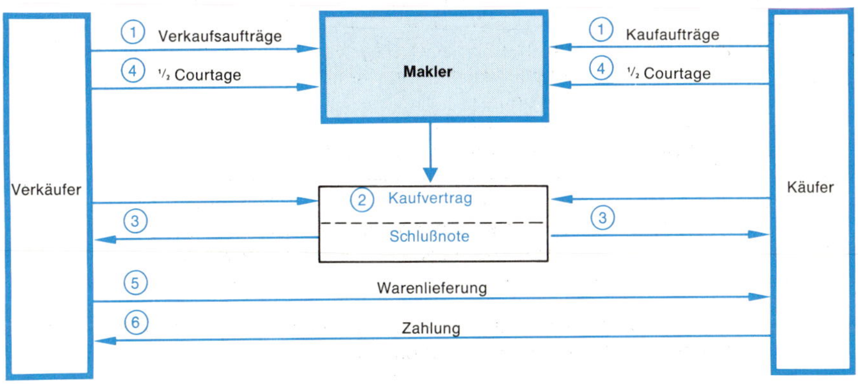

Die **Pflichten** des Handelsmaklers sind:

Pflicht zum/zur	
Sorgfalt	Er muß die Interessen *beider* Parteien wahren und *haftet* für durch sein Verschulden entstandenen Schaden (HGB § 98).
Beurkundung	Unverzüglich nach Abschluß des Geschäftes muß er jeder Partei eine von ihm unterzeichnete *Schlußnote* zustellen, welche die wesentlichen Vertragsbestandteile enthält. Jedes Geschäft muß täglich in ein *Tagebuch* eingetragen und unterschrieben werden (HGB §§ 94, 100).
Auskunft	Auf Verlangen muß er den Parteien genaue Auszüge aus dem Tagebuch anfertigen (HGB § 101).
Aufbewahrung der Proben	Bei jedem *Verkauf nach Probe* muß er die Probe, soweit er sie besitzt, kennzeichnen und so lange aufbewahren, bis die Ware angenommen ist (HGB § 96).
Selbsteintritt	Ist in der Schlußnote nur eine Partei genannt, so muß er u. U. selbst in den Vertrag eintreten (HGB § 95).

Als **Recht** steht dem Handelsmakler der Anspruch auf **Maklerlohn** *(Courtage)* zu. Jede Partei hat davon die Hälfte zu bezahlen (HGB § 99).

Auslagenersatz erhält der Makler nur, wenn dies besonders vereinbart wurde.

Wesentliche Lerninhalte

- Vergleichende Übersicht

	Kommissionär	**Handelsmakler**
Rechtsgrundlage	Kommissionsvertrag	Maklervertrag (Vermittlungsvertrag)
Rechtsstellung	selbständiger Kaufmann	selbständiger Kaufmann
Tätigkeit	Abschluß von Verträgen im eigenen Namen auf fremde Rechnung	Vermittlung von Verträgen
Dauer der Tätigkeit	ständig oder von Fall zu Fall	von Fall zu Fall
Vergütung	Provision, ggf. Delkredereprovision, Ersatz der Aufwendungen	Maklergebühr (Courtage), *kein* Ersatz der Aufwendungen

- Die Bedeutung des Verkaufskommissionärs im Warenhandel liegt insbesondere in der Einführung neuer Produkte und im Außenhandel.

- Der Kommittent behält das Absatzrisiko.
- Der Verkaufskommissionär übernimmt die Lagerhaltung und die Abrechnung nach der Bezahlung.
- Der Handelsmakler wird nur im Bedarfsfall eingesetzt und ist dann wegen seines Informationsvorsprungs unentbehrlich.
- Der Handelsmakler ist beiden Parteien verpflichtet.

Aufgaben zur Sicherung des Lernerfolgs

1 Wie heißen die Parteien, welche den Kommissionsvertrag abschließen?

2 Der Kommissionär hat ein gesetzliches Pfandrecht.
a) Was verstehen Sie darunter?
b) Bei welchen Kommissionsgeschäften kommt es vor? Begründen Sie Ihre Meinung!

3 Warum ist es für den Kunden im allgemeinen nicht erkenntlich, ob er Kommissionsware kauft?

4 Die Bayerische Metallwarengroßhandlungs-GmbH, München, beauftragt die Münchener Bank AG, für sie 100 Saarstahl-Aktien zum Mindestkurs von 196 zu verkaufen und dafür Hofbräu-Aktien nicht über 655 zu erwerben.

a) Die Bank verkauft die Saarstahl-Aktien zum Kurs 204. Begründen Sie, wem der Mehrerlös zusteht (HGB § 387)!

b) Wie wäre die Rechtslage, wenn die Bank von Ihrem Selbsteintrittsrecht Gebrauch macht und die Aktien zum Kurs 196 übernimmt? Der Börsenkurs am Übernahmetag ist 208 (siehe HGB § 400).

c) Die Bank kauft vom Erlös Hofbräu-Aktien zum Kurs von 665. Die Metallwarengroßhandlung weigert sich, diese Aktien zu übernehmen. Die Bank dagegen erklärt, sie sei, da sie auf fremde Rechnung gehandelt habe, nicht Eigentümerin, sondern nur Besitzerin. Deshalb gehörten die Aktien der Metallwarengroßhandlung. Wer hat recht? Begründen Sie Ihre Ansicht (siehe HGB § 386)!

5 Zeitungskioske erhalten Zeitschriften und Tageszeitungen in Kommission. Weshalb ist in diesem Fall das Kommissionsgeschäft sinnvoll?

6 Nennen Sie die Unterschiede zwischen Kommissionär und Handelsmakler!

7 Welche Vorteile bietet das Kommissionsgeschäft für den Kommissionär?

8 Der Warenmakler Jens Kleinmann hat zwischen der Hamburger Import GmbH und der Kaffeerösterei und -großhandlung Früh, Fürth, an der Hamburger Warenbörse einen Vertragsabschluß vermittelt.

a) Welche Aufgabe hat der Makler nach Abschluß des Geschäfts? (siehe HGB § 94!)

b) Wie heißt die Vergütung des Maklers und von wem bekommt er sie?

c) Der Vertragsabschluß erfolgte auf Grund einer Kaffeeprobe. Welche Aufgabe ergibt sich für den Makler, wenn der Vertrag am 2. 7. abgeschlossen wurde, die Lieferung am 31. 8. erfolgte (siehe HGB § 96!)?

9 Wann wird sich ein Unternehmen eines Maklers bedienen?

10 Was soll die Selbsteintrittspflicht des Handelsmaklers bewirken?

3.5 Vertragliche Grundlagen des Arbeitsverhältnisses

3.5.1 Der Einzelarbeitsvertrag

Problem

Der zur Zeit arbeitslose kaufmännische Angestellte Herbert Müller hat telefonisch zugesagt, am nächsten Ersten als Buchhalter anzufangen. Zwei Tage später erhält er ein Angebot, bei dem er monatlich 350,– DM mehr verdient. War die telefonische Zusage für ihn von Bedeutung?

Der Buchhalter Huber im Steuerberatungsbüro Dr. Groß macht samstags die Buchhaltungsarbeiten für die Firma Braun & Co. auf eigene Rechnung. Als Herr Dr. Groß ihm dies untersagt, meint Herr Huber, in seiner Freizeit könne er doch machen, was er wolle. Was meinen Sie dazu?

Sachdarstellung

3.5.1.1 Wesen des Arbeitsvertrags

Der kaufmännische Angestellte Müller – nach HGB würde er als **Handlungsgehilfe** bezeichnet werden – hat mit dieser Zusage einen **Arbeitsvertrag (Dienstvertrag)** geschlossen. Zweckmäßig ist es, diesen Vertrag schriftlich abzuschließen. In ihm wird u. a. vereinbart:

- Beginn und Beendigung des Arbeitsverhältnisses,
- Pflichten und Rechte von Arbeitnehmer und Arbeitgeber; z. B. Urlaub, Arbeitszeit, Entgelt.

Dienstverträge werden nicht nur mit den kaufmännischen, sondern auch mit den technischen Mitarbeitern, wie Meistern, Ingenieuren, Laboranten u. a., abgeschlossen.

Um Benachteiligungen zu vermeiden, liegen dem Arbeitsverhältnis zusätzlich zugrunde:

- weitere **gesetzliche Bestimmungen,** z. B. Bundesurlaubsgesetz, Kündigungsschutzgesetz[1], Arbeitszeitordnung,
- die **Betriebsordnung** des Unternehmens in Form einer Betriebsvereinbarung[2],
- der für die Branche geltende **Tarifvertrag**[3].

Rechtliche Grundlagen des Einzelarbeitsvertrags

Einzelarbeitsvertrag	zwischen einzelnem Arbeitnehmer und einzelnem Arbeitgeber
Betriebsvereinbarung	zwischen dem Betriebsrat eines Unternehmens und dem einzelnen Arbeitgeber
Tarifvertrag	zwischen den Sozialpartnern [Gewerkschaft und Arbeitgeber(verband)]
Arbeitsgesetzgebung	festgelegt durch den Staat

3.5.1.2 Rechte und Pflichten des Handlungsgehilfen aus dem Arbeitsvertrag

Mit dem Abschluß des Arbeitsvertrages übernehmen Arbeitnehmer und Arbeitgeber Pflichten und erhalten Rechte (HGB § 59ff.).

Der kaufmännische Angestellte hat folgende **Pflichten:**

- **Arbeitspflicht.** Alle im Rahmen seines Arbeitsvertrags anfallenden Arbeiten muß er sorgfältig, nach bestem Wissen und Können ausführen. Die vereinbarte Arbeit ist *persönlich* zu leisten, BGB § 613.

[1] Siehe S. 161!
[2] Siehe S. 152!
[3] Siehe S. 150!

- **Treuepflicht.** Hieraus ergibt sich die Verpflichtung, nach *besten Kräften* für die Interessen des Unternehmens zu arbeiten. Aufgrund der Treuepflicht kann es dem Arbeitnehmer z. B. zugemutet werden, *Überstunden* zu leisten.
- **Gehorsamspflicht.** Der Arbeitgeber hat *Weisungsbefugnis*, die sich aber nur auf das Arbeitsverhältnis bezieht. Er kann in bestimmtem Rahmen auch das Verhalten des Arbeitnehmers bestimmen, z. B. Rauchverbot.
- **Pflicht zur Verschwiegenheit und Unbestechlichkeit.** Geschäftsgeheimnisse wie Bezugsquellen, Löhne, Umsätze, Gewinne, Privatentnahmen, dürfen weder leichtfertig ausgeplaudert noch gegen Schmiergelder verraten werden, UWG § 12 (2) und § 17 (2).
  Wird die Verschwiegenheit verletzt, so hat der Arbeitgeber die Möglichkeit, auf Schadenersatz und Unterlassung zu klagen. Außerdem ist meist eine fristlose Entlassung zu erwarten.
- **Pflicht zur Einhaltung des gesetzlichen Wettbewerbsverbots** *(Konkurrenzverbot).* Der Angestellte darf nebenher ohne Einwilligung seines Arbeitgebers weder
  a) selbständig – auch nicht in einer fremden Branche – ein Handelsgewerbe betreiben oder
  b) im Geschäftszweig des Arbeitgebers Geschäfte für eigene oder fremde Rechnung machen (HGB § 60).
- **Pflicht zur Einhaltung des vertraglichen Wettbewerbsverbots** *(Konkurrenzklausel).* Damit der Angestellte *nach* Ausscheiden seinem seitherigen Arbeitgeber keine Konkurrenz macht, kann ein Wettbewerbsverbot für längstens zwei Jahre *schriftlich vereinbart* werden. Es darf aber das berufliche Fortkommen und die neue Arbeitsplatzwahl nicht wesentlich erschweren. Außerdem muß eine angemessene Entschädigung für Minderverdienst bezahlt werden (HGB §§ 74, 74 a). Das **vertragliche Wettbewerbsverbot** wird **unwirksam,** wenn der *Angestellte wegen eines wichtigen Grundes* kündigt oder der *Arbeitgeber kündigt* - Ausnahme: beim Vorliegen eines wichtigen Grundes - (HGB § 75).

Der kaufmännische Angestellte hat folgende **Rechte:**

- **Recht auf Beschäftigung.** Der Arbeitnehmer kann verlangen, entsprechend der *vereinbarten Tätigkeit* vom Arbeitgeber beschäftigt zu werden. Dazu gehört auch das Recht auf Beschäftigung an einem bestimmten Arbeitsplatz.
- **Recht auf Vergütung.** Zahlung des **Gehalts** am Ende jedes Monats. Zu den festen Beträgen können noch Provisionen, Gewinnbeteiligung, Weihnachtsgratifikation und dgl. kommen. Bei Krankheit muß das Gehalt bis zu sechs Wochen weitergezahlt werden, HGB § 64, Lohnfortzahlungsgesetz § 1.
- **Recht auf Fürsorge.** Der Arbeitsplatz, an dem der Angestellte täglich viele Stunden verbringt, darf nicht gesundheitsgefährdend sein. Helle, saubere Büros werden als ebenso unabdingbar angesehen wie einwandfreie sanitäre Anlagen. Ein gute Betriebsklima wirkt leistungssteigernd und soll dazu beitragen, daß Anstand und Sitte gewahrt werden (HGB § 62). Der Angestellte muß zur *Sozialversicherung* angemeldet werden.
- **Recht auf Urlaub.** Der nach dem Bundesurlaubsgesetz vom 8. Januar 1963 – mindestens 24 Werktage[1] – bzw. dem Jugendarbeitsschutzgesetz vom 12. April 1976 zustehende Urlaub – bis 16 Jahre 30 Werktage, im 17. Jahr 27 Werktage, im 18. Jahr 25 Werktage, über 18 Jahre 24 Werktage – ist zu gewähren.
- **Zeugnis.** Beim Ausscheiden kann der Angestellte ein Zeugnis über *Art und Dauer* seiner Betriebszugehörigkeit verlangen. Auf seinen Wunsch sind auch *Führung und Leistung* mit einzubeziehen, HGB § 73.

Wesentliche Lerninhalte

- **Dienst- oder Arbeitsvertrag** = Vereinbarung der einzelnen Arbeitgeber und dem einzelnen Arbeitnehmer.
- **Pflichten des Angestellen** = *Rechte des Arbeitgebers:* Arbeit, Treue, Gehorsam, Verschwiegenheit und Unbestechlichkeit, Einhaltung des gesetzlichen und des vertraglichen Wettbewerbsverbots.
- **Rechte des Angestellten** = *Pflichten des Arbeitgebers:* Beschäftigung, Vergütung, Fürsorge, Urlaub, Zeugnis.

[1] Geändert durch Arbeitszeitrechtsgesetz (ArbZRG) vom 6. Juni 1994.

Aufgaben zur Sicherung des Lernerfolgs

1 Jugendliche erhalten mehr Urlaub als die übrigen Arbeitnehmer. Ist dies gerechtfertigt?

2 Beurteilen Sie folgende Fälle:
a) Hat der Buchhalter Huber im Steuerberatungsbüro Dr. Groß recht?
b) Der Lohnbuchhalter Kurz nennt in vorgerückter Stunde am Stammtisch die Gehälter der Prokuristen Braun und Köhler.
c) Der Lagerverwalter einer Blechdosenfabrik kauft privat zwei Automaten, mit denen er zu Hause nach Feierabend Blechdosen herstellt und verkauft. Der Inhaber der Blechdosenfabrik, der dem Lagerverwalter keine Genehmigung erteilte, verlangt nun die Herausgabe des Gewinns, den der Angestellte erzielte.
d) Beim Ausscheiden eines Technikers verlangt der Firmeninhaber: Sie geben mir aber das Ehrenwort, nicht selbst Maschinen zu kaufen und mir Konkurrenz zu machen. Vier Wochen später meldet der Techniker seinen Betrieb beim Registergericht an.
e) Da im laufenden Jahr die Angestellte Klein schon mehrmals krank war, stellt die Firma bei einer erneuten Erkrankung nach einem Monat die Gehaltszahlung ein.
f) Ein Unternehmer zahlt die Gehälter immer auf den 25. des Monats aus. Ein Angestellter verlangt Auszahlung am 15. j. M. (vgl. HGB § 64).

3.5.2 Das Berufsausbildungsverhältnis

Problem

Franz Huber wird im Sommer die Realschule abschließen. Welchen Beruf soll er ergreifen? Ein Test bei der Berufsberatung bestätigt seine Absicht, Großhandelskaufmann zu werden. Nun bewirbt er sich bei vier Unternehmen, deren Adressen er beim Arbeitsamt erfahren hat. Hoffentlich kommt bald die Aufforderung zur Vorstellung! Welche Anforderungen werden an Franz Huber gestellt werden?

Sachdarstellung

3.5.2.1 Die Berufsfindung und die Berufsanforderungen für kaufmännische Berufe

Je besser die Ausbildung des einzelnen, um so größer ist die Leistungsfähigkeit der Gesellschaft. Eine gute Berufsausbildung ist also auch Angelegenheit der Allgemeinheit. Aber auch für den einzelnen macht sich eine gute Ausbildung bezahlt.

Wer einen kaufmännischen Beruf, z. B. Großhandelskaufmann, ergreifen will, sollte anhand der in den Ausbildungsberufsbildern aufgezählten Ausbildungsinhalte in Abstimmung mit den Tests der Berufsberatung feststellen, ob er dafür geeignet ist. Auch die Veröffentlichungen der *Bundesanstalt für Arbeit* in Nürnberg helfen, den richtigen Beruf zu wählen. Solche Schriften sind z. B.

STEP – Selbsterkundungsprogramm zur Berufswahl

„beruf aktuell 19 . .“ Taschenbuch zur Berufswahl

Scheckheft zur Berufswahl

„blätter zur berufskunde“

Betriebsbesichtigungen, Betriebspraktika, Ferienarbeit und Diskussionen mit Ausbildungsleitern dienen ebenfalls der Berufsfindung.

Um ein tüchtiger Kaufmann zu sein, braucht man heute neben guten allgemeinen schulischen Kenntnissen ein überdurchschnittliches fachliches Können. Man muß fleißig, ausdauernd, ehrlich, gewissenhaft, ordnungsliebend, geistig wendig, vielseitig und im Auftreten gewandt sein. Selbständig zu denken und verantwortlich zu handeln müssen zur Selbstverständlichkeit werden.

Sein Hauptaufgabengebiet als Kaufmann wird später einmal sein, sich zu bemühen, Rohstoffe und Handelswaren bei gleicher Qualität billiger einzukaufen, technisch und qualitativ verbesserte Erzeugnisse zu einem günstigeren Preis als die Konkurrenz auf den Markt zu bringen, um immer neue Käuferschichten zu gewinnen. Der Kaufmann muß dem Verbraucher sagen (z. B. in der Werbung, im Verkaufsgespräch usw.), welche Vorteile und Annehmlichkeiten seine Produkte bringen, wie man mit deren Hilfe sich das Leben leichter und schöner machen kann. Je mehr es ihm gelingt, mit seinem Angebot an Produkten oder Dienstleistungen Markterfolge zu erringen, um so besser kann er die betriebliche Leistungsfähigkeit (Kapazität) ausnutzen, Leerlauf vermeiden und damit mehr verdienen.

3.5.2.2 Die Ausbildungsordnung

Rechtsgrundlage für die gesamte Berufsausbildung ist das am 14. August 1969 verkündete und seit 1. September 1969 in Kraft befindliche **Berufsbildungsgesetz** (BBiG). Es enthält die Bestimmungen über die Zuständigkeit für die Berufsausbildung, den Berufsausbildungsvertrag, die Berechtigung zum Einstellen und Ausbilden, die Ausbildungsordnung, die Prüfungen, Berufsfortbildung und Umschulung sowie Vorschriften über die Bildung von Berufsbildungsausschüssen und die Berufsbildungsforschung.

Die Ausbildung in den verschiedenen Ausbildungsberufen wird durch die **Ausbildungsordnung** geregelt (BBiG § 25).

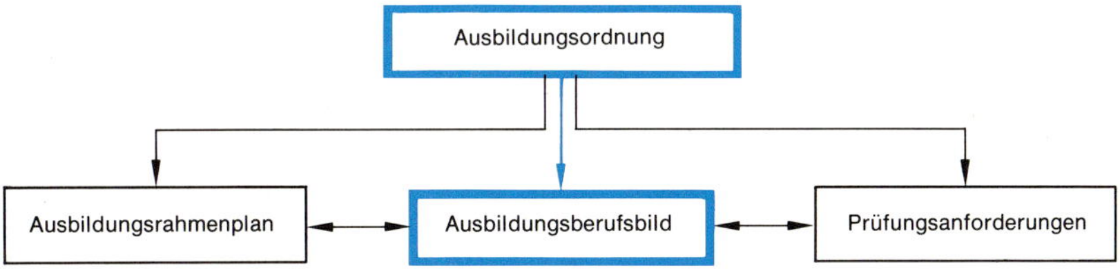

Die Mittel zur Ordnung der Ausbildung umfassen bundeseinheitlich:

- das **Ausbildungsberufsbild,** das neben der Bezeichnung des Ausbildungsberufes die Dauer der Ausbildung und die Kenntnisse und Fertigkeiten festlegt, die Gegenstand der Ausbildung sind;
- den **Ausbildungsrahmenplan,** eine Erläuterung zum Ausbildungsberufsbild, der dem Ausbildenden eine Anleitung zur richtigen sachlichen und zeitlichen Gliederung des Ausbildungsstoffes sein will;
- die **Prüfungsanforderungen,** die Umfang der zu beherrschenden Kenntnisse und Fertigkeiten festlegen.

Die Ausbildung von Jugendlichen in anderen als den anerkannten Ausbildungsberufen ist verboten.

3.5.2.3 Der Berufsausbildungsvertrag

Der **Berufsausbildungsvertrag** wird zwischen dem Ausbildenden und dem Auszubildenden und – wenn dieser minderjährig – mit dem gesetzlichen Vertreter geschlossen (für Einzelheiten vgl. BBiG § 4). Der wesentliche Vertragsinhalt ist unverzüglich nach Vertragsabschluß schriftlich niederzulegen. Die zuständige Industrie- und Handelskammer anerkennt den Vertrag und trägt ihn in das **Verzeichnis der Berufsausbildungsverhältnisse** ein.

Auszubildender und Ausbildender

Beide Vertragsparteien übernehmen gegenseitig Rechte und Pflichten (BBiG §§ 6–12).

Gemeinsames Ziel ist, die Kenntnisse und Fertigkeiten zu erlernen bzw. zu vermitteln, die zur Erreichung des Ausbildungsziels nach dem **Ausbildungsberufsbild** notwendig sind.

Pflichten des Auszubildenden[1] BBiG § 9, JArbSchG §§ 32–35 (Rechte des Ausbildenden)	**Pflichten des Ausbildenden**[1] BBiG §§ 6 ff., 10 (Rechte des Auszubildenden)
• Lernpflicht • Dienstleistungspflicht • Befolgen von Anweisungen • Beachten der Betriebsordnung • Sorgfaltspflicht • Schweigepflicht über Betriebsgeheimnisse • Berufsschulpflicht • Führung des Berichtsheftes • ärztliche Untersuchung, wenn unter 18 Jahren • Benachrichtigungspflicht bei Krankheit	• Ausbildungspflicht • Aushändigung der Ausbildungsordnung • Bereitstellung der Ausbildungsmittel, z. B. Werkzeuge, Fachliteratur • Freistellung zur Berufsschule • Übertragung nur ausbildungsbezogener Tätigkeiten • Sorgepflicht, z. B. keine körperliche Gefährdung • Anmeldung zur Zwischen- und Abschluß-prüfung • Zahlung einer Vergütung • Ausstellung eines Zeugnisses

Dauer und Beendigung des Berufsausbildungsverhältnisses

Das Berufsausbildungsverhältnis soll nicht mehr als **drei Jahre** und nicht weniger als **zwei Jahre**[2] dauern. Bei besonderer Vorbildung oder ausgezeichneten Leistungen kann es verkürzt werden (BBiG § 29).

Die **Probezeit,** innerhalb der das Ausbildungsverhältnis ohne Angabe von Gründen fristlos gelöst werden kann, muß mindestens **einen Monat** und darf längstens **drei Monate** betragen (BBiG § 13).

Das Berufsausbildungsverhältnis **endigt** mit Ablauf der Ausbildungszeit. Besteht der Auszubildende vorher die **Abschlußprüfung** *(Kaufmannsgehilfenprüfung),* so endet es mit Bestehen dieser Prüfung. Gleichzeitig entsteht der Anspruch auf Gehaltszahlung (BBiG § 14).

Nach der Probezeit besteht **Kündigungsschutz** bis zum Ende der Ausbildungszeit. Eine **vorzeitige Beendigung** des Ausbildungsverhältnisses ist nur noch in folgenden Fällen möglich:

- Im **gegenseitigen Einverständnis;**
- wenn ein **wichtiger Grund** vorliegt (fristlos), z. B. bei Tätlichkeiten. Es muß innerhalb von zwei Wochen, nachdem der wichtige Grund bekannt ist, gekündigt werden. Der schuldige Vertragspartner (Ausbildender oder Auszubildender) kann vom anderen Schadenersatz verlangen (BBiG §§ 15, 16).
- bei **Berufswechsel** oder **Aufgabe der Berufsausbildung** (vier Wochen Kündigungsfrist. BBiG §§ 14, 15).

Wird der Auszubildende nach Abschluß der Ausbildungszeit weiterbeschäftigt, so gilt er auf unbestimmte Zeit als angestellt. Es kann auch vereinbart werden, drei Monate vor Ende zu erklären, ob der Auszubildende weiterbeschäftigt wird bzw. werden will [BBiG § 17, vgl. auch BBiG § 5 (1)].

[1] Einzelheiten siehe Berufsausbildungsvertrag des Deutschen Industrie- und Handelstages, Bonn.
[2] Bei gewerblichen Ausbildungsberufen dauert die Ausbildungszeit zum Teil 3½ Jahre.

Wesentliche Lerninhalte

- Grundlage der Berufsausbildung ist das Berufsbildungsgesetz vom August 1969.
- Die Ausbildungsordnung enthält die Grundsätze der Ausbildung für den jeweiligen Ausbildungsberuf.
- Der Berufsausbildungsvertrag muß durch die Industrie- und Handelskammer bzw. die Handwerkskammer genehmigt und im Verzeichnis der Berufsausbildungsverhältnisse eingetragen werden.
- Auszubildender und Ausbildender haben gegenseitig Rechte und Pflichten.
- Das Berufsausbildungsverhältnis dauert zwei bis drei Jahre.
- Die Probezeit muß mindestens einen Monat und darf längstens drei Monate betragen.
- Nach der Probezeit besteht Kündigungsschutz (Ausnahmen!).
- Der Auszubildende gilt als angestellt, wenn er nach Abschluß der Ausbildungszeit weiterbeschäftigt wird.

Aufgaben zur Sicherung des Lernerfolgs

1 Welche Anforderungen muß ein kaufmännisch Auszubildender erfüllen?

2 Eine Auszubildende soll regelmäßig die Kinder des Firmeninhabers beaufsichtigen; ein anderer Auszubildender muß gelegentlich Frühstück für seine Kollegen holen. Beurteilen Sie diese Fälle anhand des Berufsausbildungsvertrages!

3 Wie lange dauert die Berufsausbildungszeit?

4 Warum wird eine Probezeit vereinbart? Wie lange dauert sie?

5 Bestimmte Gründe erlauben die vorzeitige Auflösung des Ausbildungsverhältnisses auch nach der Probezeit. Beurteilen Sie daraufhin folgende Fälle und begründen Sie Ihre Entscheidung!

a) Die Eltern des Auszubildenden Fritz Krüger verziehen von Stuttgart nach Hannover. Fritz will dort seine Berufsausbildung fortsetzen.

b) Als die Auszubildende Ruth Junker in Briefen wiederholt Fehler macht, wird sie vom Abteilungsleiter vor den anderen Mitarbeitern mit sehr beleidigenden Äußerungen beschimpft.

c) Der Auszubildende Kurt Oßwald entdeckt sein Interesse für Datenverarbeitung. Er möchte deshalb seine Berufsausbildung als Industriekaufmann aufgeben und innerhalb der Branche in einen Großbetrieb wechseln.

d) Der Firmeninhaber Maier und der Auszubildende Karl Schuster merken trotz dreimonatiger Probezeit erst später, daß sie nicht miteinander auskommen.

e) Als der Auszubildende Hans Keller vom Chef zurechtgewiesen wird, antwortet er mit dem Götz-Zitat.

6 Was müssen Sie unternehmen, wenn Sie am Ende Ihrer Berufsausbildungszeit die Firma wechseln wollen (vgl. BBiG § 17)?

3.6 Die Sozialpartner und der Tarifvertrag[1]

Problem

„IG-Metall meldet Forderungen für die kommende Lohnrunde an: mindestens 10,5 % – Gesamtmetall kontert: keine Diskussionsgrundlage." – Der Auszubildende Hans fragt: „IG-Metall – Gesamtmetall: Was ist das? Was hat das mit dem Lohn zu tun?" Können Sie Auskunft geben?

[1] Tarif = früher benützter Ausdruck für Gehalt, Lohn, Vergütung

Der kaufmännische Angestellte Müller – nach HGB würde er als Handlungsgehilfe bezeichnet werden – hat telefonisch zugesagt, am nächsten Ersten als Buchhalter anzufangen. Mit dieser Zusage hat er einen Arbeitsvertrag (Dienstvertrag) geschlossen. Gilt für Herrn Müller auch der mit der zuständigen Gewerkschaft ausgehandelte Tarifvertrag?

Sachdarstellung

3.6.1 Die Sozialpartner

GG Art. 9 Abs. 3 gibt den **Sozialpartnern,** das sind **Arbeitnehmer** und **Arbeitgeber,** das Recht, Vereinigungen zu bilden. Spitzenorganisation der *Arbeitgeber* für tarif-, sozial- und gesellschaftspolitische Angelegenheiten ist die **Bundesvereinigung der Deutschen Arbeitgeberverbände (BDA).** Sie vertritt rd. 90% aller im Privatbesitz befindlichen Unternehmen.

Die *Arbeitnehmerseite* wird durch die **Gewerkschaften** vertreten. Rund 43% aller Arbeitnehmer sind *„organisiert"*, d. h. Mitglied einer Gewerkschaft.

Die *Sozialpartner* handeln als **Tarifvertragsparteien** für die von ihnen Vertretenen **Tarifverträge** aus **(Tarifautonomie).**

Sonstige Aufgaben der Sozialpartner sind z. B. die *Mitwirkung in der Arbeits- und Sozialverwaltung* als Beisitzer in den Arbeits- und Sozialgerichten und als Vertreter in den Selbstverwaltungsorganen der Sozialversicherung und der Bundesanstalt für Arbeit.

3.6.2 Der Tarifvertrag

3.6.2.1 Wesen und Arten des Tarifvertrags

Grundlage für den Abschluß von Tarifverträgen ist das **Tarifvertragsgesetz (TVG)** vom 25. August 1969.

Nach TVG § 1 regelt der Tarifvertrag „die Rechte und Pflichten der Tarifvertragsparteien und enthält Rechtsnormen, die den Inhalt, den Abschluß und die Beendigung von Arbeitsverhältnissen sowie betriebliche und betriebsverfassungsrechtliche Fragen ordnen können".

Tarifvertragsparteien können nach TVG § 2 (1) sein:

Arbeitnehmer	Arbeitgeber	Verhandlungsergebnis
Einzelgewerkschaft z. B. IG Metall oder DAG (Deutsche Angestelltengewerkschaft)	**Vereinigung von Arbeitgebern,** z. B. Arbeitgeberverband der Württembergischen Metallindustrie	**Verbandstarifvertrag** (Normalfall)
	oder **einzelner Arbeitgeber,** z. B. Volkswagenwerk (VW)	**Firmentarifvertrag, Haustarifvertrag** (Ausnahme)

Zu unterscheiden sind:

- **Lohn- und Gehaltstarifvertrag, Zahltarifvertrag**[1]

Er wird meist für ein bis zwei Jahre vereinbart und enthält Lohnsätze für die verschiedenen Lohn- und Gehaltsgruppen, in welche die Arbeitnehmer nach Vorbildung und nach der

[1] Auch als Entgelttarifvertrag bezeichnet. Beim Entgelttarifvertrag wird oft nicht mehr zwischen Vergütungsgruppen für Angestellte und Arbeiter unterschieden.

Schwierigkeit ihrer Arbeit eingeteilt sind. Grundlage für die **tarifliche Eingruppierung** einer Tätigkeit ist vielfach eine **mittlere Lohngruppe** (= 100 %). Durch Zu- oder Abschläge werden die Tariflöhne der übrigen *Lohngruppen* errechnet.

Die Tariflöhne sind *Mindestlöhne,* die zwar über-, aber nicht unterschritten werden dürfen. In Zeiten der Vollbeschäftigung werden fast immer Zulagen zu den Tariflöhnen gewährt, um bewährte Mitarbeiter zu halten.

- **Manteltarif- (Rahmentarif-) Vertrag:**

Er enthält *grundsätzliche* Bestimmungen für längere Zeit wie:

- Eingruppierungen in Lohn- oder Gehaltsklassen
- Lohnfortzahlung bei Krankheit, Unfall und sonstigen Beurlaubungen (z. B. Heirat, Umzug, Tod, Jubiläen).
- Zulagen und Zuschläge für Erschwernis, Schmutz, Gefahren, Mehrarbeit, Schichtarbeit, Nachtarbeit, Sonn- und Feiertagsarbeit.
- Lohnformen – Leistungs- und Zeitlohn – (Akkord, Prämien usw.).
- Prämien, Erfolgsbeteiligung, Jahresabschlußzahlungen, 13. Monatseinkommen.
- vermögenswirksame Leistungen
- Arbeitszeit
- Urlaub, Urlaubsentgelt und Urlaubsgeld
- Kurz- und Mehrarbeit
- Nebentätigkeit
- Wettbewerbsabreden
- Alterslohnsicherung
- Rationalisierungsschutz
- Haftungsbeschränkungen
- menschengerechte Gestaltung der Arbeit und des Arbeitsplatzes

3.6.2.2 Entstehen eines Tarifvertrags

Ein Tarifvertrag entsteht folgendermaßen:

↓ Während der Laufzeit des alten Tarifvertrags wird durch die **Tarifkommission der Gewerkschaft** mit einem Kündigungsschreiben die **Tarifrunde** *eröffnet.*

↓ Darauf folgt das Forderungsschreiben der Gewerkschaft.

↓ Die **Tarifkommission der Arbeitgeber** macht sodann ein (niedriges) *Angebot.*

↓ Eintritt in die Verhandlungen der Tarifkommission. Sie dauern meist mehrere Sitzungen.

↓ *Ergebnis: neuer* **Tarifvertrag.**

↓ Kommt *keine Einigung* zustande, wird durch eine zwischen den Tarifpartnern *vereinbarte* **Schlichtungsstelle** – um eine staatliche Eingriffsmöglichkeit zu vermeiden – versucht, doch noch zu einem Abschluß zu kommen.

↓ Gelingt dies nicht, so bleibt als *letztes Mittel* der **Arbeitskampf:** *Streik* und/oder *Aussperrung* (siehe S. 153!).

3.6.2.3 Geltungsbereich eines Tarifvertrags

Er kann folgendermaßen unterschieden werden:

Geltungsbereich	
zeitlich	Die Laufzeit des Zahltarifvertrags ist kurz, z. Z. meist ein Jahr, wegen der rasch steigenden Kosten. Der Manteltarifvertrag wird meist für mehrere Jahre geschlossen.
räumlich	Die Lohnhöhe ist oft von Bundesland zu Bundesland verschieden; Regelungen wie Urlaub, Arbeitszeit sind i. a. für das Bundesgebiet gleich. Zu unterscheiden sind Tarifverträge, die für das ganze Bundesgebiet (Bundestarifvertrag), für ein Land (Landestarifvertrag), für eine Region (Regionaltarifvertrag) oder nur für bestimmte Orte gelten.
persönlich	grundsätzlich nur für organisierte Arbeitnehmer und Arbeitgeber. Der Tarifvertrag gilt auch für Nichtmitglieder der Gewerkschaft und für nicht organisierte Arbeitgeber, wenn er vom Bundesminister für Arbeit und Sozialordnung bzw. von den Arbeitsministerien der Länder auf Antrag eines Tarifpartners für allgemein verbindlich erklärt wurde (TVG § 5). Es gibt Tarifverträge, die z. B. nur für Angestellte oder nur für Arbeiter gelten.
fachlich	Festlegung durch die Tarifpartner der Industriezweige oder Betriebe, für die der Tarifvertrag gilt.

Während der Laufzeit eines Tarifvertrags besteht für alle Beteiligten **Friedenspflicht,** d. h. es dürfen keine Arbeitskampfmaßnahmen durchgeführt werden.

3.6.3 Die Betriebsvereinbarung

In **Betriebsvereinbarungen** werden vom *Betriebsrat* und dem einzelnen *Arbeitgeber* für das jeweilige Unternehmen **betriebsinterne Regelungen** beschlossen (BetrVerfG § 77).

Solche betriebsinterne Bestimmungen betreffen z. B. Arbeitszeitregelung, Rauchverbot, Meldung von Unfällen, soziale Maßnahmen, Maßnahmen zur Unfallverhütung.

Tarifvertragliche Regelungen dürfen grundsätzlich nicht Gegenstand einer Betriebsvereinbarung sein.

In **Betriebsordnungen** und **Dienstordnungen,** welche den Betriebsangehörigen z. B. durch Aushang zugänglich gemacht sein müssen, sind solche Betriebsvereinbarungen festgelegt.

Wesentliche Lerninhalte

- **Sozialpartner,** gleichzeitig Tarifpartner, sind *Arbeitnehmer* und *Arbeitgeber.*
- Arbeitnehmer und Arbeitgeber schließen sich meist zusammen: Gewerkschaften – Arbeitgeberverbände.
- **Betriebsvereinbarung:** z. B. Betriebsordnung = Vereinbarung zwischen dem einzelnen Unternehmer und seinem Betriebsrat.
- **Tarifvertrag** = Vereinbarung zwischen *Gewerkschaft* und *Arbeitgeberverband*
  a) Mantel-(Rahmen-) Tarifvertrag
  b) Lohn- und Gehaltstarifvertrag.

- Grundlage für die **tarifliche Eingruppierung** einer Tätigkeit ist vielfach eine **mittlere Lohngruppe** (= 100%).
- Tariflöhne sind Mindestlöhne für die organisierten Arbeitnehmer.
- *Während der Laufzeit* eines Tarifvertrages besteht für beide Vertragsparteien **Friedenspflicht.**
- Kommt trotz Verhandlungen kein Tarifvertrag zustande, so wird eine vereinbarte **Schlichtungsstelle** eingeschaltet.
- Die **Gültigkeit** eines Tarifvertrages ist *zeitlilch, räumlich, persönlich* und *fachlich* begrenzt.

Aufgaben zur Sicherung des Lernerfolgs

1 Welche Gesetze und außerbetrieblichen Vereinbarungen gelten automatisch für den Einzelarbeitsvertrag?

2 Weshalb werden gesonderte Lohn- oder Gehaltstarifverträge abgeschlossen?

3 Halten Sie es für richtig, wenn ein Tarifvertrag für allgemeinverbindlich erklärt wird, also auch für Arbeitnehmer gilt, die nicht Gewerkschaftsmitglieder sind? Begründen Sie Ihre Meinung!

4 Wozu sind besondere Betriebsvereinbarungen nötig?

5 Ein Kranfahrer der Hoch-Tief-KG hat gekündigt. Da wir keinen Ersatz bekommen, versuchen wir den Mann zu halten. Machen Sie Vorschläge!

6 Überlegen Sie selbstkritisch Ihre Einstellung zu Ihrer künftigen Tätigkeit! Sehen Sie diese als Job oder fühlen Sie sich dazu berufen? Begründen Sie Ihre Meinung!

7 Unterscheiden Sie: Verbandstarifvertrag – Firmentarifvertrag!

8 Was wird im Rahmentarifvertrag geregelt? Geben Sie Beispiele!

9 Erklären Sie, was Sie unter Friedenspflicht verstehen!

10 Warum wird ein Arbeitgeber einen nichtorganisierten Arbeitnehmer nicht unter Tarif bezahlen (obwohl dies rechtlich möglich wäre)?

11 Weshalb haben die Arbeitgeber auch ein Interesse daran, daß ein Tarifvertrag für allgemein verbindlich erklärt wird?

3.6.4 Streik und Aussperrung

Problem

Aus den IG-Metall-Streiknachrichten:

„Erste Phase des Arbeitskampfes:

Strategie der Nadelstiche

Rund 12 000 Arbeiter in 14 Metallbetrieben sind ab Montag zum Streik aufgerufen. Die IG Metall hat damit die erste Phase dieses historischen Arbeitskampfes eingeleitet . . .“

Die Streiktaktik der IG Metall will bezwecken, mit einer geringen Zahl von Streikenden in ausgewählten Betrieben weitreichende Folgen zu erzielen. Mit dieser „mini-max-Methode“ will sie ihre Streikkasse schonen, um den Streik lange durchhalten zu können.

Weshalb bieten sich besonders Zuliefererbetriebe der Automobilindustrie für diese Methode an?

Sachdarstellung

3.6.4.1 Der Streik

Ein **Streik** wird dann ausgerufen, wenn *Forderungen der Gewerkschaft* nach höheren Löhnen oder verbesserten Arbeitsbedingungen *nicht durchgesetzt* werden können. Allerdings muß vorher der Tarifvertrag gekündigt werden, da während seiner Geltungsdauer *Friedenspflicht* besteht. Werden Tarifverhandlungen ergebnislos abgebrochen, werden oft neutrale Persönlichkeiten zur Vermittlung herangezogen. Dieses *Schlichtungswesen* ist durch Abkommen zwischen den Sozialpartnern geregelt. Die *Schlichtungsstelle* besteht aus einem neutralen Vorsitzenden und je gleich viel Vertretern der Tarifvertragsparteien. Sind nicht beide Parteien mit dem *Schiedsspruch* des Schlichters einverstanden, so kommt es in der Regel zum *Arbeitskampf.*

Beim *Streik* wird planmäßig und gemeinsam von einer größeren Anzahl von Arbeitnehmern innerhalb eines Betriebes oder einer Branche *die Arbeit niedergelegt.* Vor Ausrufung des Streiks müssen sich mindestens 75% der betroffenen Gewerkschaftsmitglieder in einer **Urabstimmung** dafür aussprechen. Die **Streikleitung** stellt vor den bestreikten Betrieben *Streikposten* auf, die Arbeitswillige von der Notwendigkeit des Arbeitskampfes überzeugen sollen. Für den Lohnausfall zahlt die Gewerkschaft *Streikgelder.*

Wird in einer großen Unternehmung lediglich eine bestimmte Abteilung bestreikt, in einer Textilfabrik z. B. streiken die Zuschneider, so spricht man vom **Teilstreik.** Wollen die Arbeitnehmer ihre Entschlossenheit zur Arbeitsniederlegung unterstreichen, so ist dies durch kurzfristige **Proteststreiks** oder **Warnstreiks** möglich. Beim **Sitzstreik** bleiben die Arbeitnehmer zwar am Arbeitsplatz, stellen jedoch die Arbeit ein. Um Streikende in ihrer Kampfmoral zu unterstützen, werden die Arbeitnehmer in anderen Branchen zu **Sympathiestreiks** aufgefordert.

Obwohl der Streik seinem Wesen nach ein Kampfmittel der Tarifpartner ist, kann eine allgemeine Arbeitsniederlegung, der **Generalstreik,** auch zur Durchsetzung politischer Ziele ausgerufen werden. So brach 1920 der Kapp-Putsch wesentlich wegen des Generalstreiks von mehr als 12 Millionen Beschäftigten zusammen.

Jeder Arbeitskampf wirft die Wirtschaft zurück. Ausfälle im Sozialprodukt, Verluste von Aufträgen und Absatzmärkten können für beide Parteien erhebliche Einbußen bedeuten. In der Bundesrepublik Deutschland wird vom Streikrecht, verglichen mit anderen Ländern, verhältnismäßig wenig Gebrauch gemacht.

Da durch Streik auch Zulieferfirmen und Verbraucher betroffen sind, ist seine Wirksamkeit z. T. in der ganzen Wirtschaft spürbar.

Wenn mindestens 25% der streikenden Gewerkschaftsmitglieder durch Abstimmung einverstanden sind, kann der Streik abgebrochen werden.

Fehlt ein ordentlicher Streikbeschluß der Gewerkschaft und wird trotzdem gestreikt, so ist dies ein **wilder Streik.** Die Gewerkschaft zahlt dann keine Streikgelder. Der einzelne Arbeitnehmer kann fristlos entlassen werden.

3.6.4.2 Die Aussperrung

Wenn alle Maßnahmen von Unternehmerseite versagen, bleibt für die Unternehmer im Arbeitskampf als letztes Mittel die **Aussperrung.** Sie entspricht dem Streik auf der Arbeitnehmerseite. Streik und Aussperrung sind natürlich nur erlaubt, wenn keine tarifliche Friedenspflicht mehr besteht.

Bei der *Aussperrung* wird streikenden und arbeitswilligen Arbeitnehmern kollektiv die *Arbeitsmöglichkeit verweigert.* Das geschieht meist in der Form, daß sämtliche **Arbeitsverhältnisse suspendiert**[1] werden, d. h. die gegenseitigen Rechte und Pflichten aus dem Arbeitsverhältnis werden für die *Dauer des Arbeitskampfes* ausgesetzt. Während der Aussperrung wird kein Lohn bzw. Gehalt bezahlt. Nur in *Ausnahmefällen,* z. B. bei wilden Streiks, können die Arbeitsverhältnisse der streikenden Arbeitnehmer *gelöst* werden.

Nach Beendigung der Aussperrung werden die suspendierten Arbeitsverhältnisse fortgesetzt, die gelösten müssen jedoch neu geschlossen werden, wenn nicht im Tarifvertrag eine *Wiedereinstellungsklausel* vereinbart wurde.

[1] suspendieren (lat.) = zeitweilig aufheben; einstweilig des Dienstes entheben.

Die Aussperrung verschärft zwar den Arbeitskampf, trägt aber andererseits dazu bei, die Sozialpartner rascher, meist unter Einschaltung der Schlichtungsstelle, zu einer Lösung des Arbeitskonflikts und zum Abschluß neuer Tarifverträge zu bringen. Auch die Aussperrung wird bei uns verhältnismäßig selten angewandt. Sie ist meist eine defensive Maßnahme auf einen Streik, obwohl auch eine vorsorgliche Aussperrung ohne Streik möglich und legal wäre.

Wesentliche Lerninhalte

- **Streik** und **Aussperrung** sind *Kampfmittel* der Sozialpartner zur Durchsetzung ihrer Ziele.
- Vor Streikbeginn wird in der Regel eine neutrale Schlichtungsstelle zur Vermittlung eingeschaltet.
- Der Streikbeginn wird durch eine **Urabstimmung** mit Dreiviertel-Mehrheit beschlossen.
- **Arten des Streiks** sind Teil-, Protest-, Warn-, Sitz-, Sympathie- und Generalstreik.
- **Arten der Aussperrung** sind Suspendierung oder Lösung der Arbeitsverhältnisse.
- Der Arbeitskampf bringt beiden Sozialpartnern zunächst wirtschaftliche Nachteile; bei längerer Dauer kann er u. U. große Teile der Volkswirtschaft in Mitleidenschaft ziehen.

Aufgaben zur Sicherung des Lernerfolgs

1 Wie können durch einen Teilstreik ganze Unternehmungen lahmgelegt werden? Geben Sie Beispiele!

2 Wie beurteilen Sie den Generalstreik als politisches Druckmittel? Welche Gefahren ergeben sich?

3 Wann wird ein Streik abgebrochen?

4 Weshalb sind wilde Streiks auch für die Gewerkschaft gefährlich?

5 Worin liegt der Unterschied zwischen Lösung und Suspendierung des Arbeitsverhältnisses nach Beendigung der Aussperrung?

6 Weshalb ist bei Vollbeschäftigung eine Tarifforderung durch Streik leichter durchzusetzen, als wenn Teilarbeitslosigkeit herrschte?

3.7 Die Arbeitsgerichtsbarkeit

Problem

① In der mechanischen Werkstätte Frohmann wollen die 14 Angestellten und Arbeiter einen Betriebsrat wählen. Herr Frohmann verbietet dies: „Noch bin ich der Herr im eigenen Haus und lasse mir in meine Geschäfte nicht hineinreden! Wer das nicht will, der kann gehen!" – Wie können die Arbeitnehmer ihr Recht durchsetzen? Wozu raten Sie?

② Der Auszubildende Herbert Braun besteht die Kaufmannsgehilfenprüfung nicht. Darauf kündigt der Ausbildungsbetrieb das Ausbildungsverhältnis mit Ablauf des Ausbildungsvertrags. Herbert will jedoch seine Ausbildung abschließen und verlangt, daß das Ausbildungsverhältnis verlängert wird. Der Ausbildungsbetrieb weigert sich. Was wird Herbert unternehmen?

Sachdarstellung

Die **Arbeitsgerichtsbarkeit** – die *Gerichte für Arbeitssachen* – ist im Arbeitsgerichtsgesetz (ArbGG) vom 2. Juli 1979 geregelt und gliedert sich entsprechend ArbGG § 1 in:

Arbeitsgerichte	Landesarbeitsgerichte	Bundesarbeitsgericht

3.7.1 Zuständigkeit

Die **Arbeitsgerichte** sind die *besonderen Gerichte für Arbeitssachen.*

Sie sind zuständig für

- alle **privatrechtlichen (bürgerlichen) Streitigkeiten** *z. B. aus Tarif- und Arbeitsvertrag,* für Einzelheiten siehe ArbGG § 2. Die bürgerlichen Rechtsstreitigkeiten werden durch ein *Urteil*[1] entschieden.
- alle **Angelegenheiten** *nach dem Betriebsverfassungsgesetz, dem Mitbestimmungsgesetz* usw., vgl. ArbGG § 2a. Die Entscheidung über die Angelegenheiten erfolgt durch einen *Beschluß*[1].

3.7.2 Instanzen

- Das **Arbeitsgericht** ist zunächst für alle Verfahren zuständig. Die streitenden Parteien brauchen keinen Anwalt. Sie können sich selbst vertreten oder durch Gewerkschaften oder Arbeitgebervereinigungen vertreten lassen.

Die Kosten sind verhältnismäßig *gering.* Deshalb muß jede Partei, auch die siegende, die Kosten selbst tragen; z. B. bei Gegenständen bis 100 DM entstehen 3 DM Gerichtskosten (Höchstsatz 500 DM ab einem Streitwert über 16 600 DM).

Die *Urteile* bzw. *Beschlüsse* werden in den Kammern des Arbeitsgerichts durch **Berufsrichter** und die **ehrenamtlichen Arbeitsrichter**[2] (je zur Hälfte aus Arbeitnehmer- und Arbeitgebervertretern) gefällt, ArbGG § 16.

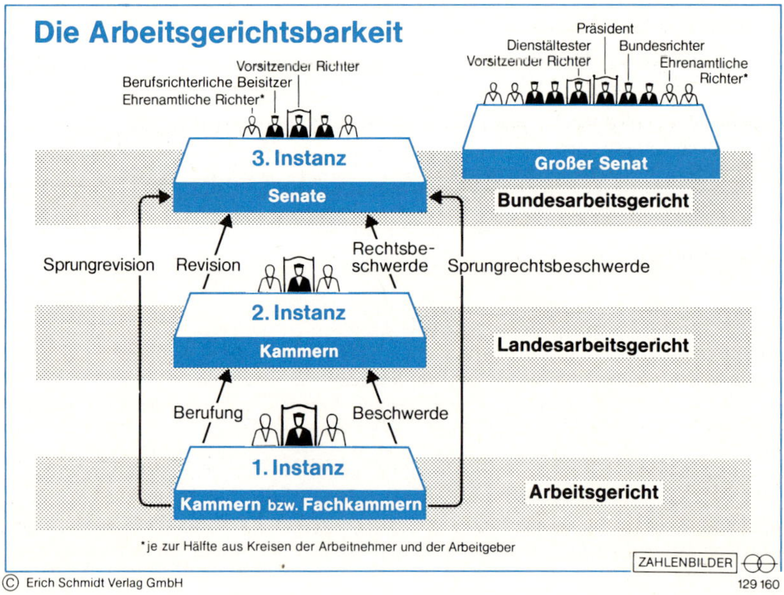

[1] Bei einem Urteil bzw. einem Beschluß entscheidet das Gericht jeweils nach seiner freien, aus dem Gesamtergebnis des Verfahrens gewonnenen Überzeugung.
[2] Mindestalter: 25 Jahre, ArbGG § 21.

Die mündliche Verhandlung beginnt mit dem Versuch einer gütlichen Einigung **(Güteverhandlung).** Gelingt dies nicht, so folgt die **streitige Verhandlung,** welche mit einem Urteil endet, ArbGG §§ 54 ff.

- Die **Landesarbeitsgerichte** entscheiden
  - im **Berufungsverfahren** über Urteile der Arbeitsgerichte u. a.
    - wenn die Rechtssache *grundsätzliche Bedeutung* hat;
    - wenn der Wert des Beschwerdegegenstandes *800 DM übersteigt,* ArbGG §§ 64 ff.
  - im **Beschwerdeverfahren** über Beschlüsse der Arbeitsgerichte, ArbGG §§ 87 ff.

Die ehrenamtlichen (Landes-)Arbeitsrichter müssen mindestens 30 Jahre alt sein, ArbGG § 37.

- Das **Bundesarbeitsgericht** *in Kassel* entscheidet
  - im **Revisionsverfahren** über das Urteil eines Landesarbeitsgerichts, ArbGG §§ 72 ff.
  - im **Rechtsbeschwerdeverfahren** über den Beschluß eines Landesarbeitsgerichts, ArbGG §§ 92 ff.

Beim Bundesarbeitsgericht muß sich jede Partei durch einen Rechtsanwalt vertreten lassen *(Anwaltszwang).*

Ein **Schiedsgerichtsverfahren** für *bürgerliche Rechtsstreitigkeiten* kann von den *Tarifvertragsparteien* (Arbeitgeber/Arbeitnehmer) *vereinbart* werden. Das Schiedsgericht besteht aus der gleichen Zahl von Arbeitnehmern und von Arbeitgebern (keine Berufsrichter). Das Verfahren endet mit einem **Vergleich** oder einem **Schiedsspruch.** Der Schiedsspruch hat dieselben Wirkungen wie ein *rechtskräftiges* Urteil (ArbGG § 101 ff.).

Wesentliche Lerninhalte

- Arbeitsrechtliche Streitigkeiten werden von den Arbeitsgerichten entschieden.
- Die **Instanzen** der Arbeitsgerichtbarkeit sind

Arbeitsgericht	Urteil	Beschluß
↓		
Landesarbeitsgericht	↳ Berufung → Urteil	↳ Beschwerde → Beschluß
↓		
Bundesarbeitsgericht	↳ Revision → Urteil	↳ Rechtsbeschwerde → Beschluß

- Für bürgerliche Rechtsstreitigkeiten in Arbeitssachen kann ein **Schiedsgerichtsverfahren** vereinbart werden.

Aufgaben zur Sicherung des Lernerfolgs

1 Nennen Sie die Instanzen der Arbeitsgerichtsbarkeit!

2 Womit beginnt die mündliche Verhandlung vor dem Arbeitsgericht!

3 Suchen Sie eine mögliche Begründung für die geringe Höhe der Gerichtsgebühren beim Arbeitsgericht!

4 Weshalb ist es sinnvoll, daß neben den Berufsrichtern auch ehrenamtliche Richter in der Arbeitsgerichtsbarkeit mitwirken?

5 Lösen Sie die beiden Fälle auf Seite 155!

6 Der Großhändler Merker hat vor dem Arbeitsgericht den Prozeß gegen seinen Angestellten Frey verloren. Er will sich mit dem Urteil nicht zufrieden geben. Was kann er tun?

3.8 Der Rechtsschutz des Arbeitnehmers

3.8.1 Der Arbeitsschutz

Problem

Im Frühkapitalismus des 19. Jahrhunderts wurden den Arbeitern vielfach unmenschliche Arbeitsbedingungen zugemutet. Sechzehnstündige Arbeitszeit täglich war üblich. Der Mensch war Ware. „Steigt die Nachfrage nach Arbeitern, so steigen die Arbeiter im Preise; fällt sie, so fallen sie im Preise; fällt sie so sehr, daß eine Anzahl Arbeiter nicht verkäuflich sind, ‚auf Lager bleiben', so bleiben sie eben liegen, und da sie vom bloßen Liegen nicht leben können, so sterben sie Hungers.", schreibt Friedrich Engels (1820–1895) in seinem Buch „Die Lage der arbeitenden Klasse in England". Wie ist die Situation heute?

Sachdarstellung

Die gesetzlichen Arbeitsschutzvorschriften geben jedem Arbeitnehmer **Mindestrechte** am Arbeitsplatz, die vertraglich nicht ausgeschlossen werden können. Häufig sind die Arbeitnehmer heute besser gestellt als gesetzlich verlangt ist. Um aber möglichen Auswüchsen negativer Art zu begegnen, war es notwendig, Schutzbestimmungen zu erlassen. Die wichtigsten sind:

- Arbeitszeitgesetz vom 6. Juni 1994
- Gesetz über den Ladenschluß vom 28. November 1956
- Gesetz zum Schutz der erwerbstätigen Mutter (Mutterschutzgesetz) vom 18. April 1988 (Neufassung)
- Gesetz zum Schutz der arbeitenden Jugend (Jugendarbeitsschutzgesetz) vom 12. April 1976
- Kündigungsschutzgesetz vom 25. August 1969[1]
- Gesetz über die Gewährung von Erziehungsgeld und Erziehungsurlaub (Bundeserziehungsgeldgesetz) vom 31. Januar 1994 (Neufassung)

Die wesentlichen Vorschriften sind im Betrieb jedermann offen zur Einsicht auszulegen.

Pressen und Stanzmaschinen z. B. können meist nur durch gleichzeitiges Drücken von auseinanderliegenden Knöpfen bedient werden. Trotz aller Appelle an die Vernunft „Sicherheitshelme und Sicherheitsschuhe tragen!", „Beim Schweißen – Schutzbrille!" ereignen sich immer wieder vermeidbare Unfälle. Im Treppenhaus einer Textilfabrik kam es durch das Drängeln bei Geschäftsschluß immer wieder zu folgenschweren Stürzen. Als die Firmenleitung große Spiegel anbringen ließ, gingen die Arbeiterinnen langsamer und vorsichtiger die Treppe hinunter, und die Unfälle hörten schlagartig auf.

Die Unternehmer sind verpflichtet, zum *Schutz von Leben und Gesundheit* der Arbeitnehmer die Arbeitsräume, Betriebsvorrichtungen und Maschinen so einzurichten und zu unterhalten, daß möglichst keine Gefährdung eintritt. Insbesondere sind für die **Betriebssicherheit** Maschinen und Maschinenteile mit Schutzvorrichtungen zu versehen und darauf zu achten, daß die Unfallverhütungsvorschriften eingehalten werden (GewO § 120 a). Die Einhaltung der Unfallverhütungsvorschriften wird von den *Gewerbeaufsichtsämtern* und den *Berufsgenossenschaften* überwacht und notfalls erzwungen.

[1] Kündigungsschutz s. S. 161 ff.!

Übersicht über wichtige Arbeitsschutzvorschriften für verschiedene Personenkreise

Personenkreis	**Arbeitnehmer** – Männer und Frauen –	**Zusätzliche** Schutzvorschriften für: **werdende Mütter**	**Zusätzliche** Schutzvorschriften für: **Jugendliche** (14–18jährige)
gesetzliche Grundlage	ArbZG §§ s.u.!	MuSchG §§ s.u.!	JArbSchG §§ s.u.!
Arbeitszeit[1]	werktäglich höchstens 8 Std.; bis 10 Std., wenn innerhalb von 6 Kalendermonaten oder innerhalb von 24 Wochen im Durchschnitt acht Std. werktäglich nicht überschritten werden, § 3.	werktäglich höchstens 8 Std.; Frauen über 18 Jahren: höchstens 8½ Std. täglich oder 90 Std. in der Doppelwoche, § 8 (2)	höchstens 8 Std. täglich; wöchentlich höchstens 40 Std., § 8. Beschäftigung nur zwischen 6 und 20 Uhr, § 14 (1); Ausnahmen: § 14 (2).
Mindestruhepausen – während der Arbeit –	Arbeitszeit von 6–9 Std.: 30 Minuten, Arbeitszeit mehr als 9 Std.: 45 Minuten, aufteilbar in 15-Minuten-Pausen; keine Beschäftigung von mehr als 6 Std. ohne Pause, § 4.	keine Sonderregelung	Arbeitszeit von 4,5–6 Std.: 30 Minuten Arbeitszeit mehr als 6 Std.: 60 Minuten keine Beschäftigung von mehr als 4,5 Std.: ohne Pause
Mindestruhezeit – zwischen den Arbeitstagen –	mindestens 11 Std. ununterbrochen; mindestens 10 Std. in Krankenhäusern, Gaststätten u. a., wenn Ausgleich jeweils durch 12 Std. Ruhezeit innerhalb eines Kalendermonats oder innerhalb von 4 Wochen, § 5.	keine Sonderregelung	mindestens 12 Std. ununterbrochen, § 13
Nacht-[2] **und Schichtarbeit**	werktäglich höchstens 8 Std.; bis 10 Std., wenn innerhalb von 4 Wochen im Durchschnitt acht Std. werktäglich nicht überschritten werden, § 6.	keine Beschäftigung zwischen 20 und 6 Uhr; Ausnahmen möglich, z. B. in Gastwirtschaften in den ersten 4 Schwangerschaftsmonaten bis 22 Uhr, § 8 (3).	bei Schichtbetrieb bis zu 11 Std., § 12; keine Nachtarbeit; Ausnahme: in Bäckereien und der Landwirtschaft, siehe § 14 (3).
Sonn-[1] **und Feiertagsbeschäftigung**	keine Beschäftigung, § 9. Ausnahmen: wenn Beschäftigung werktags nicht möglich, z. B. in Krankenhäusern, Verkehrsbetrieben usw., § 10. Mindestens 15 Sonntage jährlich beschäftigungsfrei, § 11.	keine Beschäftigung; Ausnahme, wenn wöchentlich eine ununterbrochene Ruhezeit von mindestens 24 Std. gewährt wird, § 8 (4).	keine Beschäftigung; Ausnahmen siehe §§ 16 und 17.

Werdende Mütter dürfen nicht mit schweren körperlichen Arbeiten und mit Akkord- und Fließbandarbeiten beschäftigt werden. Sechs Wochen vor und acht Wochen nach der Geburt besteht ein Beschäftigungsverbot (MuSchG §§ 3, 4, 6). Kündigungsschutz besteht weiterhin während des zusätzlichen Erziehungsurlaubs bis zu 36 Monaten nach der Geburt (BErzGG § 15 ff.).

Jugendliche dürfen nicht mit Akkord- und Fließbandarbeiten, mit die Leistungsfähigkeit übersteigenden und mit sittlich gefährdenden Arbeiten beschäftigt werden (JArbSchG §§ 22, 23). Die Beschäftigung Jugendlicher unter 15 Jahren ist verboten; Ausnahmen: Berufsausbildung bzw. Beschäftigung mit leichten Arbeiten bis zu sieben Stunden täglich (JArbSchG § 7).

Wesentliche Lerninhalte

- Die **gesetzlichen Schutzvorschriften** sind *Mindestvorschriften.*
- Besonders wichtig ist der allgemeine **Unfallschutz.**
- Die Betriebssicherheit und die Einhaltung der Vorschriften werden von den Gewerbeaufsichtsämtern und den Berufsgenossenschaften überwacht.
- **Besondere Schutzvorschriften** gelten hinsichtlich bestimmter Arbeiten, der Höchstarbeitszeit, der Ruhezeit, der Ruhepausen und der Kündigung.
- Für bestimmte Personenkreise, wie werdende Mütter und Jugendliche, gelten zusätzliche verschärfte Bestimmungen.

[1] Abweichende Regelungen können in einem Tarifvertrag bzw. einer Betriebsvereinbarung getroffen werden; vgl. ArbZG §§ 7, 12!
[2] Nachtarbeit: wenn mindestens 2 Stunden der Arbeitszeit in der Zeit von 23 bis 6 Uhr (Nachtzeit) liegen; ArbZG § 2.

Aufgaben zur Sicherung des Lernerfolgs

1 Warum müssen Frauen, ggfs. auch Männer, bei Maschinenarbeit Kopftücher tragen?

2 Wo sind Schutzhelme zweckmäßig?

3 Klären Sie folgende Fälle mit Hilfe des Jugendarbeitsschutzgesetzes:

a) Wann darf eine 16jährige Verkäuferin, die um 19.30 Uhr das Geschäft verlassen hat, frühestens wieder mit der Arbeit beginnen?

b) Eine 15jährige Arbeiterin möchte durch Akkordarbeit mehr verdienen, um ihre Eltern beim Hausbau finanziell zu unterstützen.

c) Ein Auszubildender wird am 15. Mai 18 Jahre alt. Am 1. August fährt er in Urlaub. Wieviel Tage stehen ihm zu?

4 „Männer und Frauen sind gleichberechtigt". Wann gelten für Frauen besondere Vorschriften? Nehmen Sie dazu Stellung!

5 Weshalb darf ein Arbeitnehmer auch nicht freiwillig möglichst viele Überstunden ableisten?

6 Nennen Sie Beispiele für Unfallverhütungsmaßnahmen in Ihrem Ausbildungsbetrieb!

3.8.2 Kündigung und Kündigungsschutz

Problem

Der Buchhalter Müller erfüllt nicht die Erwartungen und erhält am 29.05. einen Brief mit der Kündigung zum 30.06. ausgehändigt. Da Müller den Inhalt ahnt, öffnet er den Brief erst nach Ablauf der Kündigungsfrist und erklärt, er habe erst jetzt verspätet von der Kündigung Kenntnis erhalten und außerdem hätte die Kündigung mit der Post geschickt werden müssen. Warum irrt sich Müller?

Sachdarstellung

3.8.2.1 Die Kündigung

Wollen Arbeitgeber oder Arbeitnehmer ein unbefristetes Arbeitsverhältnis lösen, so muß gekündigt werden. Die **Kündigung** ist **formlos,** wird aber zweckmäßigerweise schriftlich abgefaßt und oft eingeschrieben zugestellt. *Auszubildenden muß* gemäß § 15 BBiG *schriftlich* gekündigt werden. Da die Kündigung eine einseitige Willenserklärung ist, ist für ihre Wirksamkeit nur nötig, daß der andere sie erhalten hat. Der Empfang braucht nicht bestätigt zu werden.

Die **Kündigungsmöglichkeiten** sind:

- **ordentliche Kündigung**
  - **gesetzliche** Kündigung: für *Angestellte und Arbeiter:* Das Arbeitsverhältnis eines Arbeitnehmers kann mit einer Frist von **vier Wochen,** d. h. 28 Tagen, **zum Fünfzehnten** *oder* zum **Ende eines Kalendermonats** gekündigt werden.

    Während einer vereinbarten **Probezeit,** längstens für die Dauer von *sechs Monaten,* kann das Arbeitsverhältnis mit einer Frist von **zwei Wochen** gekündigt werden (BGB § 622).

    für *Auszudildende* **fristlos,** aber nur innerhalb der Probezeit (BBiG § 15)
  - **einzelvertragliche** Kündigung: eine kürzere als die o. a. gesetzliche Kündigungsfrist darf nur vereinbart werden, wenn ein Arbeitnehmer zur vorübergehenden Aushilfe eingestellt ist. Dies gilt nicht, wenn das Arbeitsverhältnis über die Zeit von drei Monaten hinaus fortgesetzt wird.

    Für die Kündigungsfrist des Arbeitsverhältnisses durch den Arbeitnehmer darf keine längere Frist vereinbart werden als für die Kündigung durch den Arbeitgeber, BGB § 622.
  - **tarifvertragliche** Kündigung: in Tarifverträgen werden vielfach Kündigungsfristen festgelegt.

- **außerordentliche Kündigung** *(fristlose Kündigung)*, BGB § 626:
  Ohne Kündigungsfrist – **fristlos** – kann gekündigt werden, wenn die Fortsetzung des Dienstverhältnisses bis zum Ablauf der normalen Kündigungsfrist nicht mehr zumutbar ist. Die Kündigung kann nur innerhalb von zwei Wochen erfolgen. Solch ein **wichtiger Grund** kann u. a. sein:

für den Arbeitgeber	**für den Arbeitnehmer**
• Tätlichkeiten oder Ehrverletzungen des Arbeitnehmers gegenüber dem Dienstherrn • Verletzung des Vertrauensverhältnisses • Verweigerung der Dienstpflicht • Verletzung des Wettbewerbsverbots durch den Arbeitnehmer (HGB §§ 60, 74)	• Tätlichkeiten oder Ehrverletzungen des Arbeitgebers gegenüber dem Arbeitnehmer • Verletzung der Fürsorgepflicht • Nichtzahlung des Lohnes oder Gehalts durch den Arbeitgeber

Vor jeder Kündigung ist der Betriebsrat zu hören (BetrVerfG § 102).

3.8.2.2 Der Kündigungsschutz

Die soziale Verantwortung, welche der Staat den Arbeitnehmern gegenüber übernommen hat, verpflichtet ihn, dem arbeitenden Menschen ein Gefühl der Sicherheit des Arbeitsplatzes zu verschaffen.

Allgemeiner Kündigungsschutz

Wer mindestens 6 Monate in derselben Firma arbeitet, ist gegen *sozial ungerechtfertigte* Kündigung geschützt (KSchG § 1 ff.). Wenn also ein Arbeitnehmer keinen Kündigungsgrund gab und auch keine betriebliche Notwendigkeit vorlag, ist die Kündigung unwirksam. Bei Produktionseinschränkung z. B. müssen bei Entlassungen soziale Gesichtspunkte, wie Alter, Kinderzahl, Familienstand, berücksichtigt werden.

Hält der Arbeitnehmer seine Kündigung für sozial ungerechtfertigt, so kann er innerhalb einer Woche beim Betriebsrat Einspruch einlegen oder innerhalb von drei Wochen beim Arbeitsgericht klagen (KSchG §§ 3, 4).

Das Kündigungsschutzgesetz gilt nicht bei Kündigungen aus Anlaß von Arbeitskämpfen, KSchG § 25.

Besonderer Kündigungsschutz

- **Langjährige Mitarbeiter** verdienen besonderen Schutz. Sie haben deshalb verlängerte Kündigungsfristen.

Kündigungsfristen für langjährig beschäftigte Mitarbeiter *durch den Arbeitgeber*

Sie betragen, wenn das Arbeitsverhältnis in demselben Betrieb oder Unternehmen bestanden hat, nach

2 Jahren	1 Monat	12 Jahren	5 Monate
5 Jahren	2 Monate	15 Jahren	6 Monate
8 Jahren	3 Monate	20 Jahren	7 Monate
10 Jahren	4 Monate		

jeweils zum Ende eines Kalendermonats (BGB § 622).

Bei der Berechnung der Beschäftigungsdauer werden Zeiten, die *vor der Vollendung des fünfundzwanzigsten Lebensjahres* des Arbeitnehmers liegen, nicht berücksichtigt.

- **Schwerbehinderten** kann ohne Zustimmung der Hauptfürsorgestelle nicht gekündigt werden, (Schwerbehindertengesetz – SchwbG – § 15).
- **Werdende Mütter** haben während der Schwangerschaft und bis zum Ablauf von vier Monaten nach der Entbindung Kündigungsschutz[1], MuSchG § 9. Wird *Erziehungsurlaub* beansprucht, so besteht längstens 36 Monate nach der Entbindung Kündigungsschutz[2] (Bundeserziehungsgeldgesetz – BErzGG – §§ 15, 18).
- **Betriebsratsmitglieder** sind während ihrer Betriebsratszugehörigkeit und innerhalb eines Jahres nach Beendigung der Betriebsratstätigkeit unkündbar (KSchG § 15).
- **Auszubildenden** kann nach Ablauf der Probezeit während der Berufsausbildung nicht gekündigt werden (BBiG § 15). Ausnahme: Beim Vorliegen eines wichtigen Grundes (Schriftform!)
- **Massenentlassungen** müssen dem Arbeitsamt angezeigt werden (KSchG § 17).
- **Wehrpflichtige** haben Kündigungsschutz bis zur Beendigung des Grundwehrdienstes und während einer Wehrübung (Arbeitsplatzschutzgesetz § 2). Für **Zivildienstleistende** gilt das Entsprechende.

Wesentliche Lerninhalte

- Die **Kündigung** ist *formlos.* Sie muß zur Gültigkeit als einseitige Willenserklärung dem Vertragspartner zugehen.
- Zu unterscheiden sind: Gesetzliche, vertragliche und tarifvertragliche **Kündigungsfristen**.
- Liegt ein **wichtiger Grund** vor, so kann innerhalb von zwei Wochen *fristlos* gekündigt werden.
- **Allgemeinen Kündigungsschutz** gegen sozial ungerechtfertigte Kündigung genießt, wer mindestes sechse Monate im Betrieb arbeitet.
- **Besonderen Kündigungsschutz** erhalten: langjährige Mitarbeiter, Schwerbehinderte, werdende Mütter, Betriebsratsmitglieder, Auszubildende, Wehrpflichtige und Zivildienstleistende.

Aufgaben zur Sicherung des Lernerfolgs

1 Der Buchhalter Fröhlich, 42 Jahre alt, ist zwölf Jahre in derselben Firma und will sich zum 1. Oktober verändern. Wann muß er spätestens kündigen?

2 Weshalb darf bei vertraglicher Kündigung der Arbeitnehmer günstiger, aber nicht schlechter als der Arbeitgeber gestellt werden?

3 Folgenden Personen wurde am 10. August aus zwingenden betrieblichen Gründen gekündigt. Wann sind die Kündigungen wirksam? Begründen Sie Ihre Ansicht!
a) Angestellter Maier, 35 Jahre, 8½ Jahre in der Firma
b) Angestellte Scholz, 26 Jahre, 4 Jahre in der Firma
c) Angestellte Wolf, 31 Jahre, 7 Jahre in der Firma (bringt am nächsten Tag ein ärztliches Attest über eine bestehende Schwangerschaft, voraussichtlicher Geburtstermin 16. Januar).
d) Auszubildender Müller, Ausbildungsende 20. September desselben Jahres
e) Arbeiter Huber, 22 Jahre, 1 Jahr in der Firma
f) Arbeiter Hofer, 38 Jahre, 6 Jahre in der Firma, vor genau 19 Monaten zum Betriebsrat gewählt.

4 Im Arbeitsvertrag mit dem Angestellten Kurz soll die Kündigungsfrist vereinbart werden. Was ist dabei zu beachten?

5 Wie wäre es, wenn Herr Kurz Arbeiter wäre?

6 Halten Sie es für richtig, daß bei Kündigungen auch soziale Momente mitsprechen? Sollte nicht gelten, daß der Tüchtigste bleibt?

[1] Die *Arbeitnehmerin* kann das Arbeitsverhältnis *ohne Einhaltung einer Frist* zum Ende der Schutzfrist kündigen.
[2] Der *Arbeitnehmer* kann das Arbeitsverhältnis zum Ende des Erziehungsurlaubs nur unter Einhaltung einer *Kündigungsfrist von drei Monaten* kündigen.

3.9 Die Sozialversicherung

Problem

Der Angestellte Braun rutscht auf einer Treppe im Büro aus: Oberschenkelhalsbruch. Er wird sofort ins Krankenhaus eingeliefert. Die Kosten übernimmt die Krankenkasse. Sein Gehalt wird von der Firma sechs Wochen weitergezahlt. Anschließend erhält er Krankengeld bis zu 100 % seines seitherigen Nettogehalts. Ist eine Kurbehandlung zur Wiederherstellung der Gesundheit notwendig, wird auch diese bezahlt. – Wäre Herrn Braun der Unfall vor 100 Jahren passiert, wäre er ruiniert gewesen. Er wäre wegen Krankheit entlassen und – hätte er kein Vermögen gehabt – von der Armenfürsorge notdürftig unterstützt worden.

Woher erhält die Krankenkasse die Mittel, um die Zahlungen an und für Herrn Braun zu leisten?

Sachdarstellung

3.9.1 Überblick über die Entwicklung der Sozialversicherung

Im Rahmen der *Sozialgesetzgebung Bismarcks* entstand die deutsche Sozialversicherung als erstes umfassendes Gesetzeswerk in der Welt zur Sicherung der Arbeitnehmer. Sie wurde am 17.11.1881 durch die kaiserliche Botschaft angekündigt. 1883 wurden die *Krankenversicherung*, 1884 die *Unfallversicherung* und 1889 die *Invaliditäts- und Altersversicherung* gesetzlich geregelt. Diese drei Gesetze wurden 1911 zur heute noch teilweise geltenden *Reichsversicherungsordnung* (RVO) zusammengefaßt. Im selben Jahr wurde das Angestelltenversicherungsgesetz erlassen. 1927 trat das Gesetz über die *Arbeitsvermittlung und Arbeitslosenversicherung* in Kraft.

Nach dem Zweiten Weltkrieg ist insbesondere die 1957 erfolgte *Reform der Rentenversicherung* in den drei Rentenversicherungs-Neuregelungsgesetzen zu erwähnen. Eine Vielfalt von Verbesserungen folgte, z. B. Gleichstellung der Arbeiter mit den Angestellten in der Krankenversicherung – Lohnfortzahlung – (1970), Ausdehnung der Unfallversicherung auf Schüler und Studenten (1971), Einführung der flexiblen Altersgrenze – Rentenreform – (1972). 1975 und 1976 erfolgte eine erste Zusammenfassung des Sozialrechts im *Sozialgesetzbuch* (SGB). Ergänzungen erfolgen seit 1988.

3.9.2 Allgemeine Grundsätze der Sozialversicherung

Die Sozialversicherungen sind, wie auch die übrigen Versicherungen, nach dem Prinzip der **Solidarität** aufgebaut.

Die Versicherten tragen die verschiedenen Risiken weitgehend als *Selbsthilfeorganisation:* Einer für alle, alle für einen! Gleichzeitig sind sie aber auch *Zwangsversicherungen* für bestimmte Gruppen von Beschäftigten bestimmter Einkommensverhältnisse, wobei der Staat durch Gesetz zwingt, für bestimmte Risiken vorzusorgen **(erzwungene Selbstvorsorge).** War es früher Sinn der Sozialgesetzgebung, zunächst die drückende Not zu lindern, wird es heute als Aufgabe angesehen – ermöglicht durch erhebliche staatliche Zuschüsse – den einzelnen auch im Krankheitsfall oder im Alter so zu stellen, daß sein sozialer Stand möglichst erhalten bleibt.

Überschreitet ein Arbeitnehmer die Krankenversicherungspflichtgrenze, so kann er sich weiter in der *gesetzlichen Krankenkasse* versichern lassen oder in eine private Krankenkasse übertreten (SGBV §§ 8, 9). Bei der Beendigung eines Arbeitsverhältnisses kann die *Rentenversicherung* fortgesetzt werden, wenn für 60 Kalendermonate Beiträge entrichtet sind – **freiwillige Versicherung** – (vgl. SGB VI § 7!).

Die Sozialversicherungen werden von den Versicherten selbst verwaltet. Sie sind *Körperschaften des öffentlichen Rechts mit Selbstverwaltung.* Bei den alle sechs Jahre stattfindenden *Wahlen* zur Selbstverwaltung in der Sozialversicherung werden die *Selbstverwaltungsorgane* – in der Regel je zur Hälfte Arbeitnehmer und Arbeitgeber – gewählt. Diese *Vertreterversammlung* wählt den *Vorstand* und auf dessen Vorschlag hin den *Geschäftsführer* (SGB IV § 29 ff.).

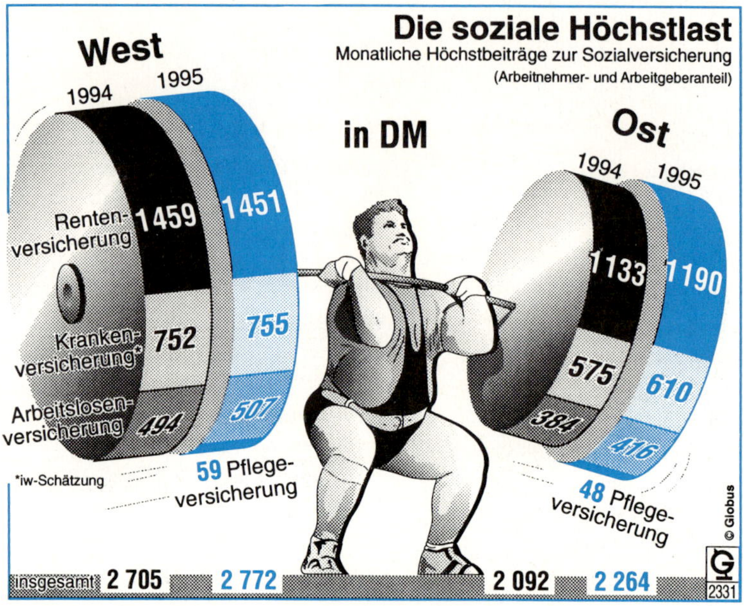

Die Renten werden jährlich zum 1. Juli der *allgemeinen Einkommensentwicklung* angepaßt **(dynamisiert),** so daß ein Rentner ebenfalls in den Genuß des Produktivitätszuwachses in der Wirtschaft kommt, auch wenn er keine Beiträge mehr zur Sozialversicherung leisten muß (SGB VI § 65).

3.9.3 Die Sozialversicherung innerhalb des Systems der sozialen Sicherung

Nicht alle Personengruppen unserer Gesellschaft werden von der Sozialversicherung erfaßt. Bestimmte gesellschaftliche Schichten, z. B. Beamte, Unternehmer, sind nicht sozialversicherungspflichtig. Der einzelne Angehörige dieser Personenkreise soll selbst für die Risiken des Lebens, z. B. durch Ersparnisbildung, vorsorgen (= **freiwillige Selbstvorsorge**). Es gilt für diese Fälle das **Individualprinzip.**

Staatliche **Versorgungsleistungen** erhalten – ohne Rücksicht auf die Bedürftigkeit – die Personen, die für die Allgemeinheit Opfer gebracht haben, z. B. die Kriegsopfer auf Grund des Bundesversorgungsgesetzes. Die Mittel werden aus Steuern aufgebracht. Eine **allgemeine** staatliche Versorgung, welche die gleiche Versorgung aller Personen beim Eintritt eines Versorgungsfalles vorsieht, gibt es in der Bundesrepublik Deutschland nicht.

Menschen, die in Not geraten, und ihre Bedürftigkeit nachweisen, können staatliche **Sozialhilfe** beantragen. Für die Gewährung der Sozialhilfe gilt das Prinzip der **Subsidiarität,** d. h. erst wenn der einzelne keine anderweitige Hilfe erhalten kann, z. B. durch Familienangehörige, wird er unterstützt.

Neben der staatlichen Sozialhilfe hat die freie Wohlfahrtspflege der Verbände größere Bedeutung erlangt, z. B. Caritasverband, Innere Mission, Deutsches Rotes Kreuz, Arbeiterwohlfahrt.

Grundsätze der sozialen Sicherung

Solidaritätsprinzip	Individualprinzip	Allgemeines Versorgungsprinzip	Subsidiaritätsprinzip
● zwangsweise Selbstvorsorge z. B. Sozialversicherung	● freiwillige Selbstvorsorge z. B. Privatversicherung	● staatliche Versorgung aller durch Steuermittel z. B. Kranken- und Altersversorgung	● staatliche Unterstützung bei Bedürftigkeit z. B. Hilfe für den Lebensunterhalt

Wesentliche Lerninhalte

- Die Sozialgesetzgebung hat im wesentlichen Bismarck begründet.
- Die Sozialversicherung ist eine gesetzliche Selbsthilfeeinrichtung der Arbeitnehmer, der erhebliche Staatszuschüsse gewährt werden.
- Die Sozialversicherung soll nicht nur krasse Not abwenden, sondern – soweit möglich den Sozialstatus erhalten.
- Die Sozialversicherungen sind Selbstverwaltungskörperschaften. Alle Organe bestehen je zur Hälfte aus Arbeitnehmern und Arbeitgebern.
- Die Renten werden dynamisiert, d. h. der jeweiligen Einkommensentwicklung angepaßt.

Aufgaben zur Sicherung des Lernerfolgs.

1 Warum ist der Staat am Funktionieren der Sozialversicherung interessiert?

2 Was verstehen Sie unter einer dynamisierten Rente?

3 Weshalb werden nicht alle Bürger von der Sozialversicherung erfaßt?

3.10 Die Arten der Sozialversicherung

Problem

Der Auszubildende Hans Schober stürzt im Lager so unglücklich, daß sein linkes Bein amputiert werden und er seine Ausbildung als Großhandelskaufmann abbrechen muß. Die anderen Auszubildenden diskutieren über diesen Fall. Peter meint: „Jetzt erhält Hans von der Rentenversicherung eine Rente wegen Berufsunfähigkeit." Horst erklärt: „Für diese Angelegenheit ist doch die Krankenkasse zuständig!", während Rolf vermutet: „Ich glaube, die Unfallversicherung regelt die Sache von Hans." – Welche Sozialversicherungsarten sind nach Ihrer Meinung zuständig? Mit welchen Leistungen wird Hans geholfen? (Vgl. u. a. SGB I § 22 f.!)

Sachdarstellung

3.10.1 Übersicht über die wichtigsten Bestimmungen der Sozialversicherungsarten

Die wichtigsten Einzelheiten der zur Sozialversicherung gehörenden Kranken-, Renten-, Arbeitslosen-, Unfall- und Pflegeversicherung sind in den Übersichten auf den Seiten 166 und 167 dargestellt.

Sozialversicherungszweige

Versicherungszweig	Krankenversicherung	Rentenversicherung	Arbeitslosenversicherung	Unfallversicherung	Pflegeversicherung
Vorsorgezweck	Versicherungsschutz bei • Krankheit • Tod	Vorsorge für • Berufsunfähigkeit (Invalidität) • Alter • die Hinterbliebenen bei Tod	Hilfe bei • Arbeitslosigkeit Der Arbeitslose muß der Arbeitsvermittlung zur Verfügung stehen, die Anwartschaft erfüllt haben, sich beim Arbeitsamt arbeitslos gemeldet und Arbeitslosengeld beantragt haben, AFG § 100. Wer das 58. Lebensjahr vollendet hat, braucht auch eine zumutbare Arbeit nicht anzunehmen, AFG § 105 c.	Hilfe bei • Berufsunfällen • Berufskrankheiten Schutz auch bei Unfällen auf dem direkten Weg zum Betrieb und auf dem direkten Heimweg	Versicherungsschutz bei Pflegebedürftigkeit
Versicherungspflicht[1]	• Angestellte und Arbeiter bis 5 850 DM (Ost: 4 800 DM) Monatsverdienst • Rentner • Wehrdienstleistende • Auszubildende	• gegen Arbeitsentgelt Beschäftigte • Auszubildende • bestimmte Selbständige, z. B. Hebammen • sonstige Versicherte, z. B. Wehrdienstleistende (SGB VI § 1 ff.)	• alle Arbeiter • alle Angestellten • alle Auszubildenden (Arbeitnehmer über 65 Jahre sind arbeitslosenversicherungsfrei)	• alle Beschäftigten	• jeder in der gesetzlichen Krankenversicherung Versicherte – soziale Pflegeversicherung – • jeder in der privaten Krankenkasse Versicherte – private Pflegeversicherung –
Versicherungsträger	• Ortskrankenkassen (AOK) • Ersatzkassen (z. B. DAK, KKH, Barmer) • Betriebskrankenkassen	Rentenversicherung der Angestellten: • Bundesversicherungsanstalt für Angestellte in Berlin Rentenversicherung der Arbeiter: • Landesversicherungsanstalten	Bundesanstalt für Arbeit in Nürnberg	Berufsgenossenschaften	• Pflegekassen: Wahrnehmung der Aufgaben durch gesetzliche bzw. private Krankenkassen
Leistungen	• zur Förderung der Gesundheit • zur Verhütung von Krankheiten; z. B. Vorsorgekuren[2], Massagen, Bäder, zahnärztliche Untersuchung • zur Früherkennung von Krankheiten; z. B. Krebs, Herz-Kreislauf, Zucker • zur Behandlung einer Krankheit; z. B. Krankenpflege, Krankenhausbehandlung[3], Krankengeld (nach Beendigung der Lohnfortzahlung von der 7. Woche an 80 % des Bruttolohns plus Familienzuschläge); Krankengeld auch bei Betreuung eines erkrankten Kindes • Sterbegeld (für vor dem 01.01.1989 Versicherte) (SGB V §§ 11, 20 ff.)	• Maßnahmen zur Erhaltung, Besserung, Wiederherstellung der Erwerbsfähigkeit (Heilbehandlung, Berufsförderung, soziale Betreuung) • Rente wegen Berufs- oder Erwerbsunfähigkeit (wenn mindestens 60 Monate versichert) • Altersrente (Frauen und Arbeitslose ab 60 nach 15 Versicherungsjahren; sonstige Versicherte ab 63 nach 35, ab 65 nach 5 Versicherungsjahren)[5] • Renten an Hinterbliebene • Abfindungen, Zuschüsse und Beitragserstattungen (SGB VI § 33 ff.)	• Arbeitsvermittlung (Berufsberatung, Umschulung, Zuschüsse zur Aus- und Fortbildung) • Arbeitslosengeld (nach mindestens 12 Monaten Beschäftigung) längstens 312 Tage (60% des Nettolohns)[4] Erweiterte Ansprüche (AFG § 106): Vollend. 42. Lebensj. bis zu 18 Mon. Vollend. 44. Lebensj. bis zu 22 Mon. Vollend. 49. Lebensj. bis zu 26 Mon. Vollend. 54. Lebensj. bis zu 32 Mon. • Arbeitslosenhilfe (53% des Nettolohns)[4] • Kurzarbeitergeld • Schlechtwettergeld • Konkursausfallgeld • Krankenversicherungsbeitragszahlung für Arbeitslose	• Verhütung und Erste Hilfe bei Arbeitsunfällen (Aufklärung, Belehrung, Überwachung) • Maßnahmen zur Erhaltung, Besserung und Wiederherstellung der Erwerbsfähigkeiten (z. B. Heilbehandlung, Berufsförderung) • Renten (Voll-, Teil-, Hinterbliebenenrente) • Rentenabfindungen • Sterbegeld • Haushaltshilfe (SGB I § 22)	**häusliche Pflege** (ab 01.04.1995): • Pflegeeinsätze durch ambulante Pflegedienste nach der Pflegebedürftigkeit: I = erheblich Pflegebedürftige (bis 750 DM) II = Schwerpflegebedürftige (bis 1 800 DM) III = Schwerstpflegebedürftige (bis 2 800 DM, Ausnahme: bis 3 750 DM) • weitere Leistungen: Pflegegeld, Pflegevertretung, Tages- und Nachtpflege, Kurzzeitpflege **stationäre Pflege** (ab 01.07.1996): • pflegebedigte Aufwendungen (ohne Unterkunft und Verpflegung) bis 2 800 DM, Ausnahme: bis 3 300 DM

Beiträge	• Beitragssatz: Ortskrankenkassen und Ersatzkassen um 13,2 % (unterschiedlich), Beitragsbemessungsgrenze 5 850 DM (Ost: 4 800 DM) • Arbeitgeber und Arbeitnehmer zahlen je die Hälfte[6]	• Beitragssatz: 18,6 % des Bruttoverdienstes, Beitragsbemessungsgrenze 7 800 DM (Ost: 6 400 DM) • Arbeitgeber und Arbeitnehmer zahlen je die Hälfte[6]	• Beitragssatz: 6,5 %; des Bruttoverdienstes, Beitragsbemessungsgrenze 7 800 DM (Ost: 6 400 DM) • Arbeitgeber und Arbeitnehmer zahlen je die Hälfte[6]	• Beitragshöhe unterschiedlich, je nach Unfallgefahren im jeweiligen Wirtschaftszweig • Arbeitgeber zahlt Beiträge allein	• Beitragssatz: ab 01.01.95: 1 %; ab 01.07.96: 1,7 % des Bruttoverdienstes, Beitragsbemessungsgrenze 5 850 DM (Ost: 4 800 DM) • Arbeitgeber und Arbeitnehmer zahlen je die Hälfte[6, 7]
Pflichten • Arbeitgeber	• Anmeldung und Abmeldung innerhalb 14 Tagen • Beiträge einbehalten und abführen • Beitragsnachweis führen • Entgeltveränderung melden	• Einstellung nur mit Versicherungsnachweisheft (u. a. Vordruck Versicherungsnachweis für Anmeldung, Abmeldung, Jahresmeldung) • Beiträge einbehalten und abführen • Jährlich die Versicherungsnachweise maschinell ausfüllen (Bruttoentgelt, Beschäftigungsdauer, Betriebsnummer, Krankenkasse) und an den Versicherungsträger weiterleiten; 1. Durchschrift f. Arbeitnehmer, 2. Durchschrift f. Arbeitgeber	• Anmeldung und Abmeldung innerhalb 14 Tagen bei zuständiger Krankenkasse • Arbeitnehmerbeiträge einbehalten und abführen • Nachweis über Beitragsleistung führen	• Betrieb bzw. Änderungen innerhalb einer Woche melden • Nachweis über eingezahlte Beiträge führen • Unfälle innerhalb von drei Tagen melden • Haftung für Unfälle durch Vorsatz oder Fahrlässigkeit	• Die Meldung zur gesetzlichen Krankenversicherung schließt die Meldung zur sozialen Pflegeversicherung ein
Pflichten • Arbeitnehmer	• An- und Abmeldung bei Versicherung in einer Ersatzkasse • Meldung jeder Arbeitsunfähigkeit innerhalb von drei Tagen • Kostenanteil zwischen 3 und 7 DM je Arznei- und Verbandsmittel[8]; Heilmittel: Zuzahlung 10 %; Brillengestell: Kassenzuschuß 20 DM • Krankenscheine (z. B. Scheckheft) nicht mißbrauchen[9]	• Versicherungsnachweisheft im Betrieb abgeben (erhältlich beim Versicherungsträger; dieser teilt jedem Versicherten eine Versicherungsnummer zu) • Versicherungsausweis dem Versicherungsnachweisheft entnehmen und sorgfältig aufbewahren • Kontrolle und Aufbewahrung der Versicherungsnachweisdurchschrift als Rentenanspruchsnachweis • Neubeschaffung eines Versicherungsnachweisheftes wird automatisch mit letztem Versicherungsnachweis, der ein „X“ enthält, ausgelöst	• persönlicher Antrag beim Arbeitsamt auf Arbeitslosengeld bzw. -hilfe • Bereitschaft, eine Beschäftigung anzunehmen und auszuüben	• Unfallverhütungsvorschriften beachten • Regreßpflicht bei Vorsatz oder Fahrlässigkeit möglich	• bei freiwillig Versicherten in der gesetzlichen Krankenversicherung gilt die Beitrittserklärung als Meldung zur sozialen Pflegeversicherung • freiwillig Versicherte in der privaten Krankenkasse müssen innerhalb von drei Monaten einen privaten Pflegeversicherungsvertrag abschließen
Streitigkeiten	Sozialgerichte entscheiden bei Streitigkeiten in Rentenangelegenheiten, bei Unklarheit über das Bestehen der Versicherungspflicht u. ä. Fühlt sich jemand durch einen Bescheid eines Sozialversicherungsträgers ungerecht behandelt, muß er zuerst Widerspruch erheben. Ist dieser erfolglos, klagt er beim Sozialgericht.				

[1] Wer aus der Versicherungspflicht ausscheidet, kann sich freiwillig weiterversichern. Nichtversicherungspflichtige können sich im Normalfall nicht freiwillig versichern.
[2] Nur noch alle drei Jahre; Eigenanteil je Kurtag (gesamte Dauer) 12 DM (neue Bundesländer 9 DM).
[3] Je Krankenhaustag 12 DM (neue Bundesländer 9 DM) Kostenbeteiligung, längstens 14 Tage (gilt auch bei stationären Kuren).
[4] Für Arbeitslose mit mindestens einem Kind gelten 67 % bzw. 57 %.
[5] Flexible (bewegliche) Altersgrenze.
[6] Der Arbeitgeber zahlt bis zu einem monatlichen Entgelt von 610 DM die Beiträge allein.
[7] Dies gilt, wenn in einem Bundesland ein Feiertag abgeschafft wurde. Sonst zahlt der Arbeitnehmer allein. Bei Rentnern übernimmt immer der Rentenversicherungsträger die Hälfte der Beiträge.
[8] Kostenanteil: Zuzahlung (bis) 3 DM Kleinpackung, 5 DM mittlere Packung, 7 DM Großpackung.
[9] Einführung einer Krankenversicherungskarte und eines Sozialversicherungsausweises. Stand 01.01.95

3.10.2 Die Berechnungsweise für die Rente

Für jeden Rentenversicherten wird ein **Versicherungskonto** geführt. Der Versicherte erhält regelmäßig vom jeweiligen *Versicherungsträger*, z. B. bei Angestellten von der Bundesanstalt für Angestellte, eine Mitteilung über die auf seinem Versicherungskonto gespeicherten Daten **(Versicherungsverlauf).** Der Versicherte ist verpflichtet, diese Daten zu überprüfen und gegebenenfalls fehlende Unterlagen zu beschaffen.

Ein Versicherter, der das 55. Lebensjahr vollendet hat, erhält automatisch Auskunft über die Höhe der bisher erworbenen *Anwartschaft auf Altersrente* **(Rentenauskunft),** SGB VI § 109.

Für die **Berechnung der Rente** gelten folgende Grundsätze:

- **Rentenhöhe:** Sie richtet sich vor allem nach der Höhe der während des Versicherungslebens durch *Beiträge versicherten Arbeitsentgelte* und *Arbeitseinkommen.*
- **Entgeltpunkte (EP):** Das in den einzelnen Kalenderjahren durch Beiträge versicherte Arbeitsentgelt und Arbeitseinkommen wird in **Entgeltpunkte** umgerechnet. Dabei wird das **versicherte Arbeitsentgelt** des einzelnen für **jedes Kalenderjahr durch das Durchschnittsentgelt aller Versicherten** für dasselbe Kalenderjahr **geteilt.**

  Beispiel:

  Arbeitsentgelt (1980) = 35 382 DM; Durchschnittsentgelt (1980) = 29 485 DM; Entgeltpunkte = 35 382 : 29 485 = **1,2 EP.**
- **Persönliche Entgeltpunkte (PEP), Zugangsfaktor (ZF):** Die so ermittelten *Entgeltpunkte* für die einzelnen Jahre werden addiert und mit dem **Zugangsfaktor (ZF)** multipliziert. Durch den Zugangsfaktor werden Vor- bzw. Nachteile eines früheren oder späteren Rentenbeginns ausgeglichen. Er beträgt grundsätzlich, d. h. *im Normalfall,* **1,0.** Daraus ergeben sich die **persönlichen Entgeltpunkte (PEP).**

  Wer erst nach Vollendung des 65. Lebensjahrs in Rente geht, bekommt für jeden Monat eine um 0,5 % höhere Rente, d. h. der Zugangsfaktor erhöht sich um 0,005.

  Für *beitragsfreie Zeiten* werden ebenfalls Entgeltpunkte angerechnet. Diese sind von der Höhe der in der übrigen Zeit versicherten Arbeitsentgelte und Arbeitseinkommen abhängig; z. B. Kindererziehungszeiten je Jahr 0,75 EP, Berufsausbildungszeit je Jahr 0,9 EP; bei Krankheit und Arbeitslosigkeit werden 0,8 EP berücksichtigt.
- **Rentenartfaktor (RAF):** Je nach dem *Grund,* weshalb eine Rente gezahlt werden soll, hat sie *unterschiedliche Ziele* zur Absicherung des Versicherten. Dieses Ziel wird durch die Anwendung des **Rentenartfaktors (RAF)** erreicht. Dieser beträgt z. B. bei
  - Renten wegen Alters 1,0
  - Renten wegen Berufsunfähigkeit 0,6667
  - Renten wegen Erwerbsunfähigkeit 1,0
  - Halbwaisenrenten 0,1
- **Aktueller Rentenwert (AR):** Der **aktuelle Rentenwert** wird entsprechend der Entwicklung des Durchschnittsentgelts jährlich angepaßt. Er beträgt gegenwärtig (Stand: 1. Juli 1994) 46,00 DM (Ost: 34,49 DM).

Die **monatliche Rente (MR)** ergibt sich, wenn bei Rentenbeginn

- die unter Berücksichtigung des Zugangsfaktors ermittelten **p**ersönlichen **E**ntgelt**p**unkte **(PEP),**
- der **R**enten**a**rten**f**aktor **(RAF)** und
- der **a**ktuelle **R**entenwert **(AR)**

miteinander nach folgender Formel multipliziert werden:

Rentenformel: MR = PEP × RAF × AR

Beispiel für die Berechnung einer monatlichen Altersrente

Herr Mayer hat 42,7 persönliche Entgeltpunkte (PEP); der gegenwärtige aktuelle Rentenwert (AR) – Stand: 01.07.94 – ist 46,00 DM. Wie hoch ist die Monatsrente?

$$MR = 42{,}7 \times 1{,}0 \times 46{,}00 = \underline{\underline{1964,20\ DM}}$$

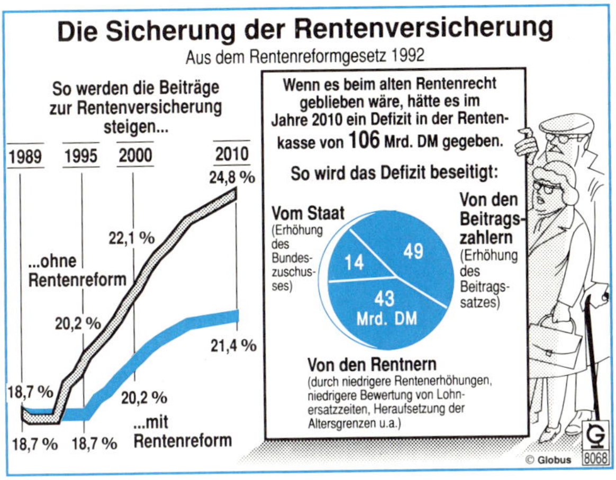

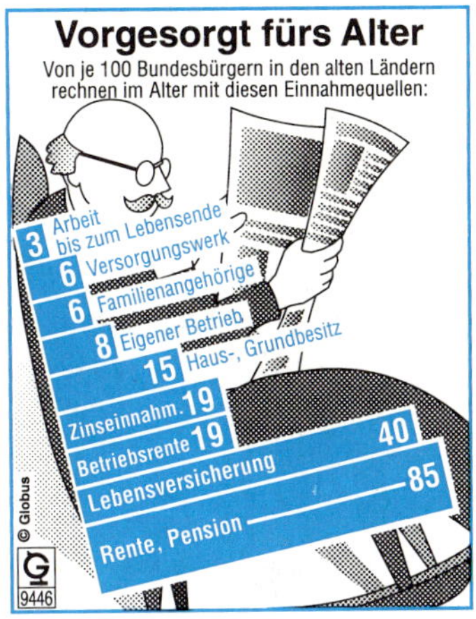

3.10.3 Maßnahmen zur Arbeits- und Berufsförderung

Maßnahmen zur Arbeits- und Berufsförderung werden vorwiegend von der *Rentenversicherung*, der *Unfallversicherung* und der *Arbeitslosenversicherung* getragen. Ihre Aufgabe ist es, alle Arbeitsfähigen entsprechend den jeweiligen Kräften und Möglichkeiten in Arbeit und Beruf einzugliedern und sie möglichst vor Arbeitslosigkeit zu sichern.

Es müssen zwei große Gruppen von Maßnahmen unterschieden werden:

- **Rehabilitation,** d. h. Arbeits- und Berufsförderung von behinderten Mitmenschen (mit angeborener Behinderung oder auch später erworbener Behinderung, z.B. durch Unfall);
- **Sicherung** vor und bei *Arbeitslosigkeit.*

Beide Bereiche greifen ineinander über. So sind z. B. Behinderte öfter von Arbeitslosigkeit bedroht als Nichtbehinderte.

Zu den **arbeits- und berufsfördernden Leistungen der Rehabilitation** zählen

- Hilfen zur Erhaltung oder Erlangung eines Arbeitsplatzes einschließlich der Leistungen zur Förderung der Arbeitsaufnahme und der Eingliederungshilfen an Arbeitgeber,
- Berufsfindung und Arbeitserprobung, Berufsvorbereitung einschließlich einer wegen Behinderung erforderlichen Grundausbildung,
- berufliche Anpassung, Fortbildung, Ausbildung und Umschulung einschließlich eines dazu erforderlichen Schulabschlusses,

  und
- sonstige Hilfen der Arbeits- und Berufsförderung, um dem Versicherten eine angemessene und geeignete Erwerbs- oder Berufstätigkeit auf dem allgemeinen Arbeitsmarkt oder in einer Werkstatt für Behinderte zu ermöglichen.

Entsprechende Maßnahmen, nämlich Förderung der beruflichen Ausbildung, der beruflichen Fortbildung und der beruflichen Umschulung, werden zur Sicherung vor und bei Arbeitslosigkeit über die *Bundesanstalt für Arbeit in Nürnberg* durchgeführt.

Der **Erhaltung und der Schaffung** von *Arbeitsplätzen* dienen

- das Kurzarbeitergeld,
- das Schlechtwettergeld (in der Bauwirtschaft),
- die Maßnahmen zur Arbeitsbeschaffung, z. B. Zuschüsse für Arbeiten, die im öffentlichen Interesse liegen, Zahlung von bis zu 50 % des Arbeitsentgelts von zusätzlich eingestellten älteren Arbeitnehmern.

Einzelheiten siehe Arbeitsförderungsgesetz (AFG) vom 25.06.69!

Wesentliche Lerninhalte

- Die Zweige der Sozialversicherung sind:
  Krankenversicherung, Rentenversicherung für Arbeiter bzw. Angestellte, Arbeitslosenversicherung, Unfallversicherung und Pflegeversicherung (Näheres siehe Tabelle!).
- Die **Höhe** der Rente ist abhängig von
  - den Entgeltspunkten **(EP)**,
  - dem Zugangsfaktor **(ZF)**,
  - dem Rentenartenfaktor **(RAF)**,
  - dem aktuellen Rentenwert **(AR)**.
    EP × ZF ergeben die persönlichen Entgeltpunkte **(PEP)**.
- **Rentenformel:** monatliche Rente **(MR) = PEP × RAF × AR**
- Zum Schutz der Arbeitnehmer ergreifen die Versicherungsträger
  - Maßnahmen zur Rehabilitation und zur Sicherung vor und bei Arbeitslosigkeit
  - Maßnahmen zur Erhaltung und Schaffung von Arbeitsplätzen

Aufgaben zur Sicherung des Lernerfolgs

1 Unser Angestellter Schwarz verunglückt auf dem Heimweg von der Arbeit so schwer, daß er arbeitsunfähig wird. Der schuldige Autofahrer begeht unerkannt Fahrerflucht. Welche Versicherung(en) werden einspringen?

2 Wie wäre der Fall zu beurteilen, wenn Herr Schwarz auf dem Weg zu einem Fußballspiel verunglückt wäre? Ist es dabei erheblich, ob Herr Schwarz vier oder acht Jahre beschäftigt war?

3 Die Kontoristin Müller heiratet und scheidet nach 11jähriger Tätigkeit aus unserer Firma aus. Entfällt damit jeder Versicherungsschutz? Welche Versicherungen könnte Fräulein Müller ggf. fortsetzen? Begründen Sie Ihre Ansicht!

4 Beurteilen Sie folgende Fälle:

a) Der Pförtner Maier hat im Toto 964 000 DM gewonnen und kündigt. Er verlangt Arbeitslosengeld, da er ja arbeitslos sei und einen gesetzlichen Anspruch aus der Versicherung habe (vgl. AFG §§ 100, 119!).

b) Im Lager wird eine automatische Warenausgabe eingerichtet. Der Lagerarbeiter Hopf ist dadurch überflüssig und wird entlassen. Auch er will Arbeitslosengeld.

c) Unser Direktionsassistent Hauff erklärt, er verzichte auf eine Arbeitslosenversicherung. Sein Gehalt von 5 800 DM sei so hoch, daß er als Junggeselle für sich selber sorgen könne. Auch sei er intelligent genug, immer Arbeit zu finden.

d) Wie wäre Fall c) hinsichtlich der Krankenversicherung zu beurteilen?

5 Frau Groß, seither als Hausfrau bei einer Privatkrankenkasse versichert, beginnt bei der Maschinen-GmbH als Stenotypistin. Ihr Gehalt beträgt 3400 DM.

a) Frau Groß möchte bei ihrer seitherigen Krankenkasse bleiben und auf die Mitgliedschaft bei der AOK verzichten. Vergleichen Sie SGB V § 5!

b) Morgens bringt Frau Groß ihre fünfjährige Tochter zum Kindergarten. Dabei muß sie auf dem Weg ins Geschäft einen Umweg von einem Kilometer machen. Auf dem Umweg stürzt sie und bricht sich ein Bein, welches steif bleibt. Kann sie Leistungen aus der gesetzlichen Unfallversicherung verlangen? Klären Sie den Fall anhand des § 550 RVO!

6 Berechnen Sie die Monatsrente aufgrund folgender Angaben: PEP = 36,2; RAF = 1,0; AR = 46,00!

7 Welche Maßnahmen wurden in Ihrer Firma zur Eingliederung Behinderter getroffen?

3.11 Betriebsrat und Mitbestimmung

Problem

Herbert Brauner, kaufmännischer Angestellter der Lederwaren-AG in Nürnberg, hat völlig überraschend seine Kündigung zum 31.03. erhalten. Er will sich dagegen wehren, da gleichzeitig die Lederwaren-AG in der Zeitung zwei kaufmännische Angestellte sucht und er sich nichts zuschulden hat kommen lassen – aber er ist ratlos. Da zeigt ihm ein Kollege eine Möglichkeit: „Wir haben doch unsere Vertreter gewählt. An die würde ich mich wenden!“ Mit wem wird Brauner Kontakt aufnehmen?

Sachdarstellung

3.11.1 Der Betriebsrat

Die Sozialpartnerschaft zwischen Unternehmer und Arbeitnehmer erfordert eine mit weitgehenden Rechten und Pflichten ausgestattete Vertretung der Arbeitnehmer. Nach dem Betriebsverfassungsgesetz (BetrVerfG) vom 23. Dezember 1988 (Neufassung) ist dies der **Betriebsrat**.

Die *Mitwirkung* und *Mitbestimmung* der Arbeitnehmer ist durch ihn garantiert. Sobald mindestens fünf Mitarbeiter (über 18 Jahre) in der Firma arbeiten, wählen sie für vier Jahre in freier, geheimer und unmittelbarer Wahl ihre Interessenvertreter, die über 18 Jahre alt sind, mindestens sechs Monate dem Betrieb angehören und wahlberechtigt sein müssen (BetrVerfG §§ 7 und 8). Die Größe des Betriebsrats ist von der Zahl der Arbeitnehmer abhängig. Bis 9 000 Arbeitnehmer steigert sich die Zahl der Betriebsratsmitglieder auf 31; darüber hinaus erhöht sie sich für je angefangene 3 000 Arbeitnehmer um zwei.

Wenn in einem Betrieb mindestens 5 Arbeitnehmer beschäftigt sind, die das 18. Lebensjahr noch nicht vollendet haben oder die Auszubildende sind und das 25. Lebensjahr noch nicht vollendet haben, wird durch sie eine **Jugend- und Auszubildendenvertretung** für zwei Jahre gewählt. Wählbar sind alle Mitarbeiter, die das 25. Lebensjahr noch nicht vollendet haben (BetrVerfG §§ 60, 61).

Arbeitgeber und Betriebsrat sollen zum Wohl aller Betriebsangehörigen, des Betriebs und zum Gemeinwohl vertrauensvoll zusammenarbeiten. Die Tarifverträge sind dabei zu beachten. Bei Meinungsverschiedenheiten soll, wenn keine Einigung erzielbar ist, eine Einigungsstelle angerufen werden. Alle Betriebsangehörigen müssen gleichbehandelt werden.

Der *Betriebsratsvorsitzende* und sein Stellvertreter werden aus der Mitte des Betriebsrats gewählt, der seine Arbeit ehrenamtlich leistet.

Der Betriebsrat ist u. a. für folgende **allgemeine Aufgaben** zuständig:

- Er beantragt Maßnahmen, die dem Unternehmen und seinen Beschäftigten dienen.
- Er wacht darüber, daß die zugunsten der Arbeitnehmer geltenden Gesetze, Verordnungen, Tarifverträge und Betriebsvereinbarungen durchgeführt werden.
- Er leitet berechtigte Beschwerden an den Unternehmer weiter.
- Er sorgt für die Eingliederung der Schwerbehinderten und sonstigen Schutzbedürftigen (BetrVerfG §§ 80, 84, 85).

Mitbestimmungsrecht in *sozialen, personellen* und *wirtschaftlichen* Angelegenheiten siehe S. 175!

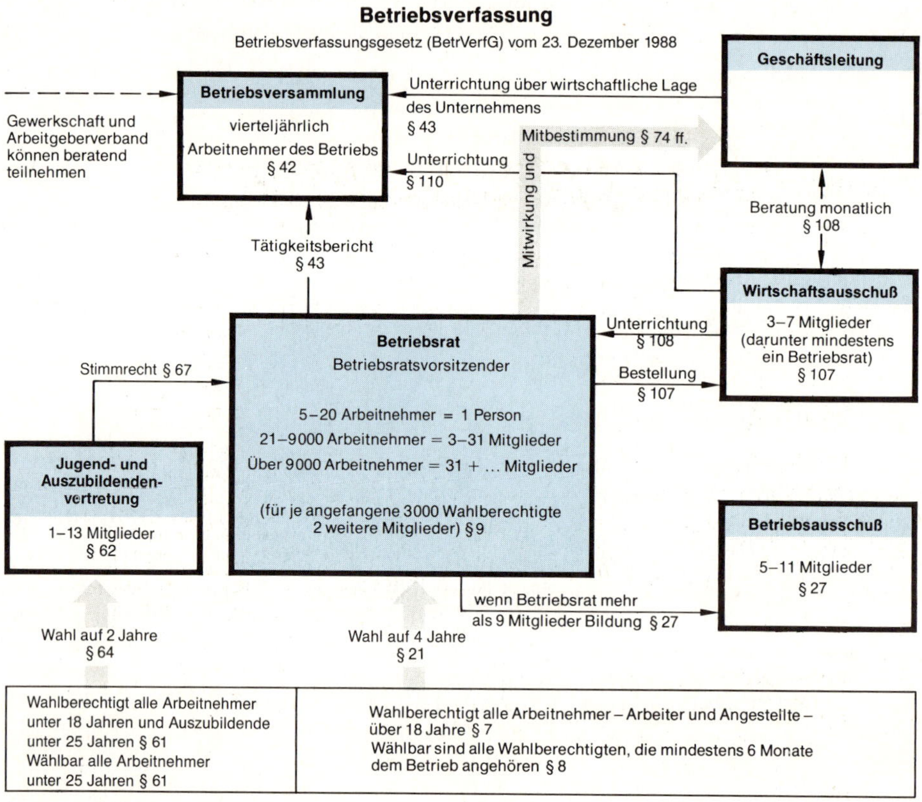

[1] Die obigen §§ beziehen sich auf das BetrVerfG.

In der mindestens *vierteljährlich* stattfindenden **Betriebsversammlung** aller Arbeitnehmer berichtet der Betriebsrat über seine Arbeit. Der Arbeitgeber wird dazu eingeladen und kann, wie auch alle anderen Betriebsangehörigen, das Wort ergreifen (BetrVerfG § 43).

In den Betrieben mit über 100 Beschäftigten wird ein *Wirtschaftsausschuß* gebildet, der mit 3 bis 7 Mitgliedern besetzt ist. Mindestens ein Mitglied muß dem Betriebsrat angehören. Der Wirtschaftsausschuß berät wirtschaftliche Angelegenheiten mit dem Unternehmer, z. B. Fabrikations- und Arbeitsmethoden, Produktionsprogramm, die wirtschaftliche Situation des Unternehmens, die Produktions- und Absatzlage, und berichtet darüber dem Betriebsrat (BetrVerfG § 106).

3.11.2 Die Mitbestimmung

Der patriarchalische „Herr-im-eigenen-Haus"-Standpunkt ist in der modernen Leistungsgesellschaft, in welcher das Eigentum verpflichtet (GG Art. 14), nicht mehr haltbar. Die Arbeitskraft des Menschen ist nicht mehr bloßer Produktionsfaktor; sondern durch die wirtschaftliche und soziale Eingliederung in das Unternehmen hat der Arbeitnehmer eine viel weitergehende Bindung an seinen Arbeitsplatz als dies der frühkapitalistischen Einstellung entsprach.

Das Streben nach Mitbestimmung geht bis 1840 zurück. Im Entwurf einer Gewerbeordnung der Verfassungsgebenden Nationalversammlung in Frankfurt 1848/49 war der *Fabrikausschuß* als Schlichtungsstelle zwischen Arbeitgeber und Arbeitnehmer geplant. Im *Gesetz über den Vaterländischen Hilfsdienst* 1916 wurden alle Arbeitgeber verpflichtet, Ausschüsse einzurichten, die Vorläufer des heutigen Betriebsrats waren.

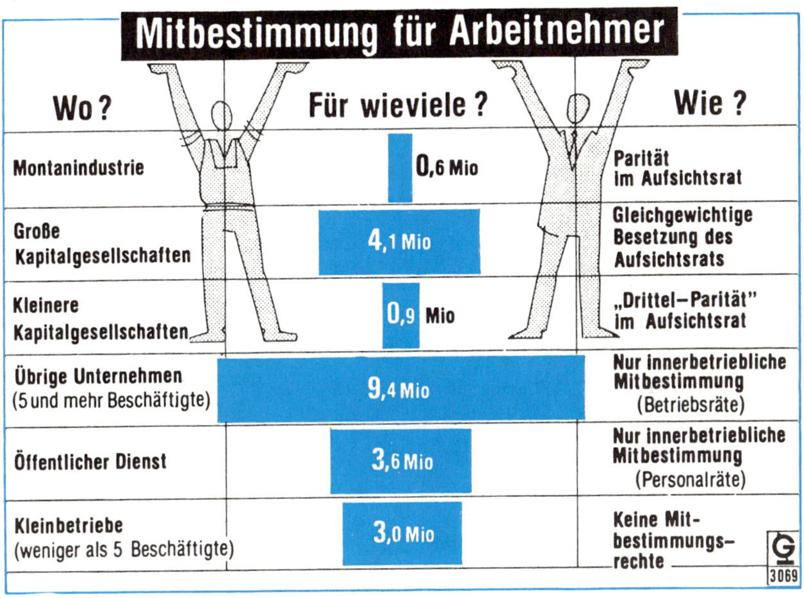

- **Mitbestimmung nach dem Gesetz über die Mitbestimmung der Arbeitnehmer (Mitbestimmungsgesetz – MitbestG) vom 4. Mai 1976**

  Das MitbestG erfaßt jede AG, KGaA, GmbH, bergrechtliche Gewerkschaft und eG *mit mehr als 2000 Arbeitnehmern.* Die Wahl der Gewerkschaftsvertreter und der Arbeitnehmervertreter als Aufsichtsratsmitglieder erfolgt bei mehr als 8000 Arbeitnehmern durch Wahlmänner (MitbestG §§ 1, 9). Bei Kampfabstimmungen hat der Aufsichtsratsvorsitzende – normalerweise ein Vertreter der Anteilseigner – zwei Stimmen (vgl. MitbestG §§ 27, 29).

Zusammensetzung des Aufsichtsrats nach dem Mitbestimmungsgesetz

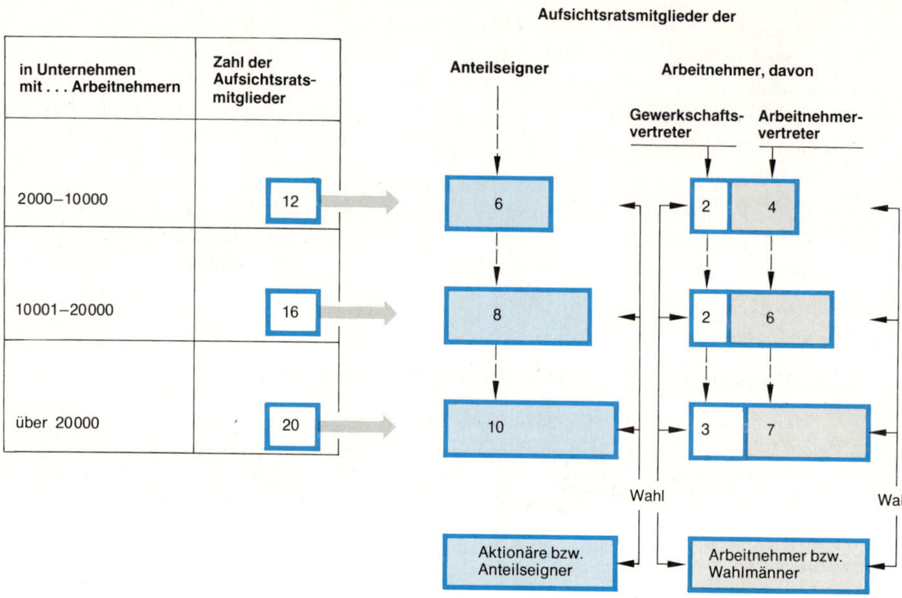

- **Mitbestimmung nach dem Gesetz über die Mitbestimmung der Arbeitnehmer in den Aufsichtsräten und Vorständen der Unternehmen des Bergbaus und der Eisen und Stahl erzeugenden Industrie vom 21. Mai 1951 (Montangesetz).**

In Unternehmen zur Förderung von Steinkohle, Braunkohle oder Eisenerz, in der Eisen und Stahl erzeugenden Industrie (**Montanindustrie**), soweit sie als Aktiengesellschaft, GmbH oder bergrechtliche Gewerkschaft betrieben werden, bestehen folgende Bestimmungen:

Der Aufsichtsrat setzt sich aus *11 Mitgliedern* zusammen:

- **vier Vertretern der Aktionäre** bzw. sonstigen Anteilseignern und **einem weiteren Mitglied;**
- **vier Vertretern der Arbeitnehmer** und **einem weiteren Mitglied;**
- einem **weiteren elften Mitglied.**

Die **weiteren Mitglieder** dürfen *weder* einer *Gewerkschaft noch* einem *Arbeitgeberverband* angehören. Auch dürfen sie *weder* als *Arbeitgeber oder Arbeitnehmer* beschäftigt sein, noch sonst wesentliche wirtschaftliche Interessen an der Unternehmung haben. Die weiteren Mitglieder sollen *eventuelle Meinungsverschiedenheiten* der einzelnen Gruppen *ausgleichen.* Das **elfte Mitglied** wird vom Aufsichtsrat selbst gewählt.

In den Vorstand wird als zusätzliches Mitglied der **Arbeitsdirektor** vom Aufsichtsrat bestellt. Seine vorwiegende Aufgabe ist es, die sozialen Probleme der Unternehmung zu lösen.

Aufsichtsrat in der Montanindustrie

11 Mitglieder

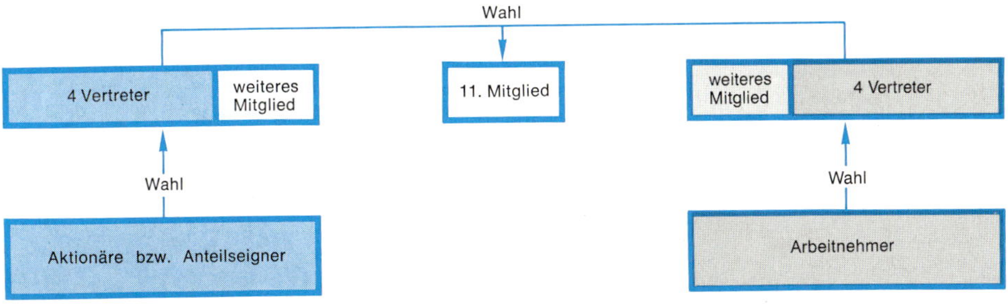

- **Mitbestimmung nach dem Betriebsverfassungsgesetz (BetrVerfG) vom 23. Dezember 1988 (Neufassung)**

  ▸ Das **Mitbestimmungsrecht des Betriebsrats** erstreckt sich auf:

  - *soziale Angelegenheiten*, wie Regelung von Arbeitszeit und Pausen, Zeit und Ort der Auszahlung der Arbeitsentgelte, Urlaubsplanung, Berufsausbildung, Verwaltung von betrieblichen Wohlfahrtseinrichtungen, Betriebsordnung, Festlegung von Akkord- und Stücklohnsätzen und Aufstellung von Entlohnungsgrundsätzen und Einführung von neuen Entlohnungsformen (BetrVerfG § 87 ff.);
  - *personelle Angelegenheiten*[1], wie Einstellung, Umgruppierung, Versetzung und Entlassung von Betriebsangehörigen (BetrVerfG § 92 ff.);
  - *wirtschaftliche Angelegenheiten*[1], hier besteht keine echte Mitbestimmung, jedoch müssen geplante Betriebsänderungen, wie Einschränkung oder Stillegung des Betriebes, Verlegung an einen anderen Ort, Zusammenschluß mit anderen Betrieben, grundlegende Änderung des Betriebszwecks, Einführung grundlegend neuer Arbeitsmethoden dem Betriebsrat mitgeteilt und mit ihm beraten werden (BetrVerfG § 111).

  ▸ **Dadurch entstehende Nachteile für die Arbeitnehmer werden in einem** *Sozialplan* geregelt (BetrVerfG § 112).

  Die **Mitbestimmung der Arbeitnehmer im Aufsichtsrat** in Unternehmen mit weniger als 2 000 Arbeitnehmern ist bei Aktiengesellschaften und bei Kommanditgesellschaften auf Aktien bindend. Ein Drittel der Aufsichtsratsmitglieder werden von den Arbeitnehmern, zwei Drittel von den Aktionären gewählt (BetrVerfG 1952 § 76).

  Familienaktiengesellschaften, Gesellschaften mit beschränkter Haftung und Genossenschaften mit jeweils weniger als 500 Arbeitnehmern, brauchen keinen Aufsichtsrat zu bilden.

Sind mehrere Arbeitnehmervertreter zu wählen, so müssen ein Arbeiter und ein Angestellter unter ihnen sein. Bei mehr als 50 % weiblichen Mitarbeitern soll eine Frau im Aufsichtsrat sein.

Wesentliche Lerninhalte

- Der **Betriebsrat** ist die Vertretung der Belegschaft. Er wird von ihr auf vier Jahre gewählt.
- **Aktives Wahlrecht:** 18 Jahre, **passives Wahlrecht:** 18 Jahre und ½ Jahr Betriebszugehörigkeit.
- **Betriebsversammlungen** finden mindestens alle drei Monate statt.
- Arbeitgeber und Betriebsrat haben als oberste Aufgabe, sich um vernünftige Zusammenarbeit zu bemühen.

[1] Wenn mehr als 20 wahlberechtigte Arbeitnehmer beschäftigt werden.

- Die **Mitbestimmung der Arbeitnehmer** erstreckt sich auf
  - ▶ Mitbestimmung nach dem Mitbestimmungsgesetz
  - ▶ Mitbestimmung nach dem Montangesetz
  - ▶ Mitbestimmung nach dem BetrVerfG
    - – Mitbestimmung des Betriebsrats
    - – Mitbestimmung der Arbeitnehmer im Aufsichtsrat
- Das Mitbestimmungsgesetz gilt für Unternehmen mit mehr als 2000 Arbeitnehmern.
- Im Aufsichtsrat der großen Kapitalgesellschaften sind bis zu drei Gewerkschaftsvertreter.
- Der Aufsichtsrat in der Montanindustrie besteht aus fünf Arbeitnehmervertretern und fünf Vertretern der Anteilseigner und einem weiteren 11. Mitglied.

Aufgaben zur Sicherung des Lernerfolgs

Beurteilen Sie die folgenden Probleme! Verwenden Sie, soweit erforderlich, das BetrVerG!

1 Welche Aufgaben hat der Wirtschaftsausschuß?

2 Herr Krause, 28 Jahre, seit 3 Monaten hier beschäftigt, bewirbt sich um einen Platz auf dem Wahlvorschlag zum Betriebsrat.

3 Ist die Vorschrift einer bestimmten Betriebszugehörigkeit als Voraussetzung für eine Betriebsratstätigkeit sinnvoll?

4 Wo und wie oft gibt der Betriebsrat Rechenschaft über seine Arbeit?

5 Halten Sie die Mitbestimmung der Arbeitnehmer im Betrieb für gerechtfertigt, oder sehen Sie darin einen Eingriff in das Eigentumsrecht des Unternehmers?

6 Würden Sie hierbei (vgl. Frage 5) zwischen Mitbestimmung in sozialen Fragen und Mitbestimmung in wirtschaftlichen Fragen Unterschiede machen?

7 Wie ist die Mitbestimmung in der Montanindustrie geregelt?
Vergleichen Sie dazu die Zusammensetzung des Aufsichtsrates einer anderen Aktiengesellschaft
a) mit 9000 Arbeitnehmern,
b) mit 1600 Arbeitnehmern!

8 Wann sollen auf jeden Fall Frauen in den Aufsichtsrat gewählt werden?

9 Bei welchen wirtschaftlichen Angelegenheiten kann der Betriebsrat mitbestimmen?

3.12 Die Führungsaufgaben

Problem

Der Vertrag des Vorsitzenden des Vorstandes eines Großkonzerns wurde vom Aufsichtsrat nicht mehr verlängert. Das Unternehmen liegt seit mehreren Jahren in der Verlustzone. Als Ursache hierfür wurden Fehler in der Führung genannt. Durch eine Neubesetzung der Vorstandsetage, flankiert von Sanierungsmaßnahmen, soll der Konzern wieder auf Erfolgskurs gebracht werden. Welche Fehler kann der Vorstand gemacht haben?

Sachdarstellung

Führen bedeutet die *zielgerichtete Beeinflussung* des Verhaltens der im Betrieb tätigen Menschen. Führungsaufgaben fallen auf jeder Leitungsebene der Unternehmung an. Die auf den verschiedenen Ebenen zu treffenden Entscheidungen haben je nach Rangstufe eine unterschiedliche Tragweite.[1]

[1] Vgl. Kapitel „Organisationsformen der Leitung" S. 215

Grundlegende Führungsaufgaben sind von der obersten Leitung wahrzunehmen. Von ihren Entscheidungen hängt maßgeblich die Entwicklung der Unternehmung ab. Die Entscheidungsfindung baut auf den zur Verfügung stehenden Informationen auf. Sie muß Einflüsse beachten, die von innen und außen auf die Unternehmung wirken. Neben der wirtschaftlichen Entwicklung und dem technologischen Wandel müssen politische und soziale Veränderungen, wie die Beteiligung der Arbeitnehmer an der Unternehmung (Mitbestimmung), die Humanisierung der Arbeitswelt, die Verbesserung der Lebensqualität, das gesteigerte Umweltbewußtsein, in die Entscheidungsfindung einbezogen werden.

Die wichtigste Aufgabe der obersten Leitung lautet allgemein, den Bestand der Unternehmung zu sichern und rechtzeitig auf Veränderungen zu reagieren. Zu den Hauptaufgaben der Führung zählen die Zielsetzung, die Planung der Zielverwirklichung, die Organisation, die Koordination und die Kontrolle.

3.12.1 Zielsetzung

Die Führung legt auf mittlere und längere Sicht die **Ziele** fest. Hierzu gehört vor allem die Bestimmung über Art und Umfang des **Leistungsprogramms** (Sachziel). Ein solches Leistungsprogramm kann z. B. bei einem Industriebetrieb die Gewinnung von Grundstoffen und/oder die Erzeugung von Produktionsgütern, Ver- und Gebrauchsgütern vorsehen. Im Bereich des Handels müssen Branche, Sortiment, Breite und Tiefe der Sortimente usw. bestimmt werden.

Zu diesem *Sachziel* treten weitere Ziele hinzu, wie

- Streben nach maximalem Gewinn auf kurze oder lange Sicht
- hohe Rentabilität
- Marktmacht, starke Marktstellung bis zur Marktbeherrschung
- Sicherheit des Betriebes, Substanzerhaltung
- Sicherung der Liquidität
- Sicherheit der Arbeitsplätze usw.

Die verschiedenen Ziele können *nicht alle nebeneinander* verwirklicht werden. Die Auswahl unter den Zielen erfolgt nach *rationalen Gesichtspunkten* (ökonomisches Prinzip), da auf verfügbare Mittel, Möglichkeiten und Bindungen Rücksicht genommen werden muß. Die festgelegten *Ziele* werden zum *Maßstab* für das später Erreichte.

Beispiel

Umsatzrentabilität 5 %, Eigenkapitalrentabilität 10 %, Marktanteil 5 %, Umsatz 70 Mio. DM, Produktionssteigerung 5 %.

3.12.2 Planung

Die Planung nimmt die zur Verwirklichung der Ziele erforderlichen Prozesse gedanklich vorweg. Dies erfolgt in der Absicht, tatsächliche Abläufe möglichst störungsfrei und rational zu gestalten. Planerisches Handeln erstreckt sich auf alle aus den Zielen abzuleitenden Folge- und Teilprozesse bis hin zu einzelnen Arbeitsleistungen. Wichtig ist dabei, daß Mitarbeiter aller Ebenen daran beteiligt und Zielvorgaben mit ihnen abgesprochen und abgestimmt werden. Diese Vorgehensweise gewährleistet, daß Ziele auf ihre Realisierbarkeit hin überprüft werden und die Beteiligten die Zusammenhänge erkennen. Die Einbeziehung der Mitarbeiter in die unternehmerischen Aktivitäten erhöht deren Interesse und Verantwortungsbereitschaft und trägt zur Verbesserung der Zusammenarbeit bei.

Unter Beachtung der Zielvorgaben werden für die Funktionsbereiche *Beschaffung, Fertigung* und *Absatz* Pläne entwickelt.

Beispiel

Beschaffung	**Fertigung**	**Absatz**
Ziel	Ziel	Ziel
• termingerechte Bedarfsdeckung und minimale Kapitalbindung • Bereitstellung geeigneter Arbeitskräfte	• kostenoptimale Erstellung des Leistungsprogramms	• auf die Belange des Marktes ausgerichtete Entwicklung und Verkauf von Leistungen
Planung	Planung	Planung
• des Beschaffungsprogramms: Art, Breite, Qualität, Anteil von Fremdleistungen • des Beschaffungsvolumens: Vorratshaltung, Beschaffungsmenge, Beschaffungszeit, Bestellmenge • der Beschaffungsfinanzierung • der Lager- und Verteiltechnik • der Anzahl und Qualifikation der Mitarbeiter • der Beschaffungsorganisation: Aufbau und Ablauf	• des Fertigungsprogramms: Art, Breite, Tiefe, Qualität • der Fertigungsverfahren: Einzelfertigung, Mehrfachfertigung, Anordnung der Betriebsmittel, Standort • der Fertigungsorganisation: Aufbau und Ablauf	• des Leistungsprogramms: Art, Breite, Tiefe und Umfang der Leistungen, die auf dem Markt angeboten werden • der Märkte: Abnehmer, Absatzgebiete, Absatzwege • der Preise: Marktpreis, Konditionen • der Absatzförderung: Werbung, Verkaufsförderung, Öffentlichkeitsarbeit • der Absatzorganisation: Aufbau und Ablauf

Die erstellten Pläne müssen untereinander abgestimmt und auf die Gesamtziele hin ausgerichtet werden (Koordination der Planung).

3.12.3 Organisation

Die Leistungserstellung in der Unternehmung erfolgt *arbeitsteilig* und erfordert deshalb die Zusammenarbeit aller im Betrieb tätigen Menschen. Ihr Zusammenwirken muß geregelt und koordiniert werden. Bei den von den Mitarbeitern der Unternehmung wahrzunehmenden Aufgaben handelt es sich meistens um *wiederkehrende* Tätigkeiten, die immer wieder denselben Ablauf auslösen. Es ist die Aufgabe der Organisation, für diese Fälle wirkungserhöhende Regelungen bereitzustellen. Maßstab für ihre Wirksamkeit ist das ökonomische Prinzip. Die Organisation trägt damit zur Verwirklichung der Ziele bei.[1]

Organisatorische Regelungen erstrecken sich auf

- den **Aufbau,** d. h. die dauerhafte Zuordnung von Teilaufgaben zu Menschen als Aufgabenträgern;[2]
- den **Ablauf,** d. h. die räumliche und zeitliche Koordination der regelmäßig wiederkehrenden Tätigkeiten und Abläufe.[3]

1 Vgl. Kapitel „Voraussetzungen und Grundsätze der Organisation" S. 196
2 Vgl. Kapitel „Die Aufbauorganisation" S. 203
3 Vgl. Kapitel „Die Ablauforganisation" S. 211

Beispiel

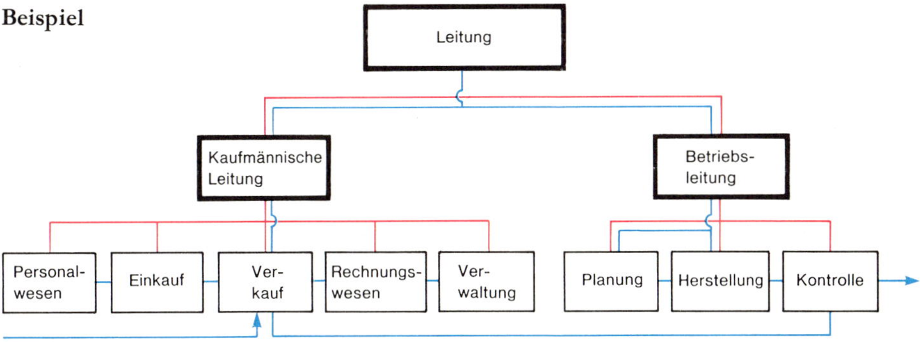

Das Beispiel zeigt den einfachen Aufbau eines Betriebs. Die roten Linien geben die Unterstellungsverhältnisse an (Aufbau). Der Verlauf der blauen Linie verdeutlicht, welche Abteilungen z. B. bei der Abwicklung eines Verkaufsauftrages zusammenarbeiten (Ablauf).

Das Ausmaß der Delegation von Entscheidungsbefugnissen an die Mitarbeiter in der Unternehmung erlaubt einen Rückschluß auf die praktizierten *Führungstechniken* und den *Führungsstil* in einer Unternehmung.[1]

3.12.4 Koordination

Koordination heißt Abstimmung der Teilaufgaben. Der Abstimmungsprozeß betrifft die Zielsetzung, die Planung, die Organisation und die Kontrolle. Abstimmungen gestalten sich oft schwierig und erfordern häufig einen Kompromiß.

3.12.5 Kontrolle

Kontrolle ist ein **Soll-Ist-Vergleich.** Das tatsächlich Erreichte wird mit dem Gewollten verglichen.

Die Leitung der Unternehmung muß sich durch hinreichende Kontrollmaßnahmen vergewissern, ob die für die einzelnen Teilbereiche festgelegten Ziele erreicht werden. Auftretende Abweichungen müssen untersucht, Fehler und Mängel beseitigt werden.

Beispiel

Kontrolle kann in der Weise ausgeübt werden, daß **alle** Schritte von der Leitung überwacht werden. Bei einer Ergebniskontrolle dagegen verzichtet die Führung auf eine ständige Aufsicht und orientiert sich an den Ergebnissen, wie Umsatz, Gewinn, Rentabilität, Wirtschaftlichkeit, Produktivität.

Wesentliche Lerninhalte

- **Führen** = zielgerichtete Verhaltensbeeinflussung der Mitarbeiter durch die Führung.
- Führungsentscheidungen müssen von innen und außen wirkende Einflüsse beachten.
- Wichtigste **Führungsaufgabe** ist die Sicherung des Bestandes der Unternehmung.
- Zu den **Führungsaufgaben** zählen
  - Zielsetzung
  - Planung
  - Organisation
  - Koordination
  - Kontrolle

[1] Vgl. Kapitel „Die Führungsstile" S. 184 und „Die Führungstechniken" S. 187

- Das **Leistungsprogramm** und die weiteren Ziele werden von der obersten Leitung festgelegt.
- **Zielsetzungen** geben die Richtung an, in die sich eine Unternehmung entwickeln soll.
- Die **Planung** ist die gedankliche Vorwegnahme zukünftigen wirtschaftlichen Handelns. Sie baut auf den Zielvorgaben auf und entwickelt abgestimmte Teilpläne, wie *Beschaffungsplan, Fertigungsplan, Absatzplan.*
- Die Beteiligung der Mitarbeiter an den unternehmerischen Aktivitäten erhöht deren Interesse.
- Die **Organisation** unterstützt den Prozeß der Zielverwirklichung. Organisatorische Regelungen erstrecken sich auf den Aufbau und den Ablauf.
- **Koordination** bedeutet wechselseitige Abstimmung der im Betrieb auftretenden Aufgaben und Abläufe und deren Ausrichtung auf die Unternehmensziele.
- Die **Kontrolle** prüft, ob und aus welchen Gründen Ist-Werte von den Soll-Werten abweichen.
- Zielsetzung, Planung, Organisation, Koordination und Kontrolle greifen ineinander.

Aufgaben zur Sicherung des Lernerfolgs

1 Ermitteln Sie Führungsaufgaben, die in Ihrem Ausbildungsbetrieb auf der Ebene der
a) Geschäftsleitung,
b) Hauptabteilungsleiter,
c) Gruppenleiter anfallen!

2 Welche Qualifikationen muß nach Ihrer Auffassung eine Führungskraft besitzen?

3 Nur ein Betrieb, der Gewinn erwirtschaftet, kann den sozialen Verpflichtungen gegenüber seinen Mitarbeitern nachkommen. Nehmen Sie zu dieser Aussage Stellung!

4 ★ Prüfen Sie, ob der Erfolg einer Unternehmung nur von seinen Produkten, die er auf dem Markt anbietet, abhängt!

3.13 Die wirtschaftliche Entscheidung

Problem

Die Getriebebau GmbH fertigt Getriebe und Achsen für die Kraftfahrzeugindustrie. Der Auftragsbestand beträgt zur Zeit etwa eine Jahresproduktion. Die Fertigungskapazitäten sind voll ausgelastet.

Die anhaltend starke Nachfrage, insbesondere nach Fünfganggetrieben, kann mit der derzeitigen Fertigungskapazität nicht gedeckt werden. Um alle Kunden möglichst gleichmäßig zu bedienen, müßten Liefermengen verringert und Lieferzeiten verlängert werden. Durch welche Maßnahmen können Liefermengen und -fristen eingehalten werden?

Sachdarstellung

3.13.1 Phasen des Entscheidungsprozesses

3.13.1.1 Planung der Ziele und Alternativen (Entscheidungsplanung)

Anregungsphase

Durch bestimmte Situationen oder durch Anregungen und Vorschläge werden Überlegungen zu deren Verwirklichung ausgelöst. Verfügbare Mittel und Möglichkeiten müssen berücksichtigt werden. Ergebnisse der Überlegungen münden in Zielvorgaben.

Beispiel

Die Geschäftsleitung der Getriebebau GmbH sieht sich aufgrund der beschriebenen Situation vor die Überlegung gestellt, ob und in welchem Umfang sie die Fertigungskapazität erweitern soll. Sie erteilt deshalb z. B. einem Planungsstab den Auftrag, den Umfang der Erweiterungsmaßnahmen zu ermitteln.

Suchphase

In dieser Phase müssen möglichst *alle Handlungsalternativen* erfaßt werden, die zur Erreichung des vorgegebenen Zieles führen. Kombinationen von Möglichkeiten sind aufzuzeigen und auf ihre Verträglichkeit hin zu überprüfen. Durch die Angaben der Folgen, die sich aus der Wahl von Alternativen ergeben, werden Erkenntnisse gewonnen, die einen Vergleich der Alternativen ermöglichen.

Beispiel

Das Betriebsgelände der Getriebe GmbH ist vollständig bebaut. Sie hat auf ihrem eigenen Gelände keine Ausdehnungsmöglichkeit mehr. Folgende Handlungsalternativen werden überlegt:

1. Zukauf eines angrenzenden Nachbargrundstücks und Errichtung einer Fertigungshalle in Fertigbauweise; dies bringt nur eine begrenzte Ausdehnung.
2. Auslagerung von Teilen der Fertigung; erhebliche Transportprobleme würden verursacht.
3. Aussiedlung des gesamten Betriebes in ein neu ausgewiesenes Industriegebiet und vollständiger Neubau; völlige Neuordnung des betrieblichen Geschehens wäre möglich.
4. Fremdbezug von Getriebeteilen; Mehrkosten für den Fremdbezug müssen getragen werden, wobei gleichzeitig eine eigene Konkurrenz herangebildet wird.
5. Finanzwirtschaftliche Durchführbarkeit; mit der Aufnahme von Krediten wären erhebliche Zins- und Tilgungsverpflichtungen verbunden.

Auswahlphase

Von den Handlungsmöglichkeiten werden die ausgewählt, die am besten geeignet sind, die Zielvorgabe zu erreichen.

Beispiel

Aufgrund gewonnener Erkenntnisse bietet sich der Erwerb des Nachbargrundstücks als sinnvolle Alternative an. Für die Errichtung der Fertigungshalle in Fertigbauweise und die Ausstattung mit Maschinen wird ein Zeitraum von einem Jahr veranschlagt. Fertigungsengpässe sollen zwischenzeitlich durch Fremdbezug überbrückt werden.

Entscheidung

Die Entscheidung ist der Entschluß zu einer bestimmten Handlungsweise. Ziel und Lösungsweg werden durch sie bestimmt. Die in der *Auswahlphase* gewonnenen Erkenntnisse gehen in die Entscheidung ein.

3.13.1.2 Realisation

Realisation bedeutet die Umsetzung der getroffenen Entscheidung in Aktionen. Die Leitungsstellen erteilen hierzu den Mitarbeitern Anweisungen. Jeder Mitarbeiter vollzieht auf seiner Stufe die ihm übertragenen Anweisungen.

Beispiel

Die Leitung der Getriebebau GmbH erteilt der Rechtsabteilung die Anweisung, in Grundstücksverhandlungen einzutreten und alle anstehenden Rechtsfragen zu klären. Die Leitung des Beschaffungsbereichs erhält die Anweisung, alle Maßnahmen einzuleiten, die für die Errichtung der Fertigungshalle notwendig sind. Außerdem sind von ihr sämtliche Belange wahrzunehmen, welche die Beschaffung der neuen Maschinen und Fertigungseinrichtungen betreffen. Die Leitung der Finanzen und des Rechnungswesens klärt die Frage der Finanzierbarkeit des Vorhabens.

3.13.1.3 Kontrolle

Die mit der Durchführung der Entscheidung betrauten Mitarbeiter berichten den Vorgesetzten über den Stand der Ergebnisse. Die Leitungsstellen können auf diese Weise ermitteln, inwieweit Vorgabe und Vollzug übereinstimmen. Störungen sowie Abweichungen werden sichtbar. Korrekturen werden ausgelöst (Rückkoppelung). Diese richten sich entweder auf die Entscheidung selbst oder auf die Realisationsmaßnahmen.

Die Kontrolle kann in verschiedener Weise geregelt sein. Umfang und Art der Kontrolle hängen mit vom *Führungsstil* und der *Führungstechnik* ab (siehe Seite 184 f.).

Beispiel

Die Rechtsabteilung berichtet der Unternehmungsleitung über den Stand der Grundstücksverhandlungen. Bei Überschreitung der Vorgabe für den Grundstückspreis muß die Rechtsabteilung die Zustimmung bzw. neue Anweisungen einholen. Unter Umständen muß der Gedanke des Grundstückskaufs bei unüberwindbaren Schwierigkeiten aufgegeben werden. Die Unternehmungsleitung wird ihre Entscheidungen überprüfen müssen.

3.13.2 Information und Entscheidung

3.13.2.1 Information

Zur Lösung anstehender wirtschaftlicher Entscheidungen und deren Realisation sind auf jeder Stufe des Betriebs Informationen der verschiedensten Art notwendig. Neben Fachkenntnissen und fachlicher Qualifikation ist die genaue Kenntnis der Vorgänge und Zusammenhänge erforderlich. Es müssen also Informationen verfügbar sein oder gewonnen werden, die dieser Zwecksetzung entsprechen. Informationen sind alle Angaben, mit denen ein bestimmter Zweck verfolgt wird.

Informationen fallen innerhalb und außerhalb der Unternehmung an (*interne* und *externe* Informationen). Sie sollten inhaltlich knapp, sachlich, verständlich und zugleich aktuell sein. Besonders wichtig ist die Verfügbarkeit zur rechten Zeit und an der richtigen Stelle.

Die Richtigkeit von Entscheidungen wird mit beeinflußt von der *Sicherheit,* d. h. der Richtigkeit der zum Zeitpunkt der Entscheidung verfügbaren Informationen. Vergangenheits- und gegenwartsbezogene Informationen sind sichere Informationen. Hierzu zählen z. B. Informationen über Auftragsbestand, Auswertungen von Abschlüssen usw. Vollständige und sichere Informationen über zukünftige Ereignisse, wie die Entwicklung von Konjunktur und Beschäftigung, Verbraucherverhalten usw., können letztlich nicht erlangt werden. Durch den Einsatz von *Datenverarbeitungssystemen* wird versucht, zukünftige Entwicklungen berechenbar zu machen und damit den Entscheidungsprozeß zu unterstützen.

Beispiel

Der mit der Vorklärung der Investitionsentscheidung beauftragte Planungsstab stellt Untersuchungen an über Investitionsvolumen, Lösungsalternativen, Zeitpunkt des Produktionsbeginns, Auswirkungen auf die Lieferbereitschaft, Marktsituation, Gewinn, Rentabilität. Er trägt damit zur informatorischen Fundierung der Entscheidung bei.

3.13.2.2 Kommunikation

Kommunikation ist die *Weitergabe von Informationen.* Sie ist eine Grundvoraussetzung für die *zielgerichtete* Zusammenarbeit aller Mitarbeiter in der Unternehmung. Sämtliche Informationen müssen an die Stelle gelangen, wo sie benötigt werden. Es werden Anweisungen erteilt, Informations- und Beratungsgespräche geführt, Vorschläge, Auskünfte, Empfehlungen ausgetauscht.

Die Leitung der Unternehmung muß ihre Mitarbeiter systematisch, umfassend und gezielt informieren. Nur so können diese selbst die ihnen erteilten Anweisungen sach- und zielgerecht erledigen.

Die Stelle, die Informationen abgibt, ist der **Sender.** Die Stelle, die Informationen aufnimmt, heißt **Empfänger.** Der Weg für die Übermittlung von Informationen zwischen Sender und Empfänger wird **Übertragungskanal** genannt. Zur Übertragung von Informationen können elektrische Übertragungsleitungen (Telefon, Fernschreiber), elektromagnetische Wellen (Rundfunk, Fernsehen), Schallwellen (Gespräch) usw. verwendet werden. Sender und Empfänger können Menschen und Maschinen sein. Ein eindeutiger Informationsaustausch ist aber nur möglich, wenn Sender und Empfänger die zum Austausch der Information verwendeten Zeichen und deren Bedeutungsinhalte kennen.

3.13.2.3 Rückinformation

Im Zeitpunkt der Entscheidung bleibt bei wirtschaftlichen Entscheidungen je nach dem Grad der verfügbaren Informationen eine mehr oder weniger nicht auszuschließende Unsicherheit. Die Richtigkeit einer Entscheidung zeigt sich erst nachträglich. Mit zunehmender Realisation einer Entscheidung wächst zugleich der *Informationsgrad* an, so daß durch *Rückinformationen* der beschrittene Weg *kontrolliert* werden kann. Die mit der Entscheidung betrauten Stellen erhalten von den Mitarbeitern Rückinformationen, um die Richtigkeit ihrer Entscheidung und des vorgegebenen Lösungsweges beurteilen zu können.

Phasen des Entscheidungsprozesses

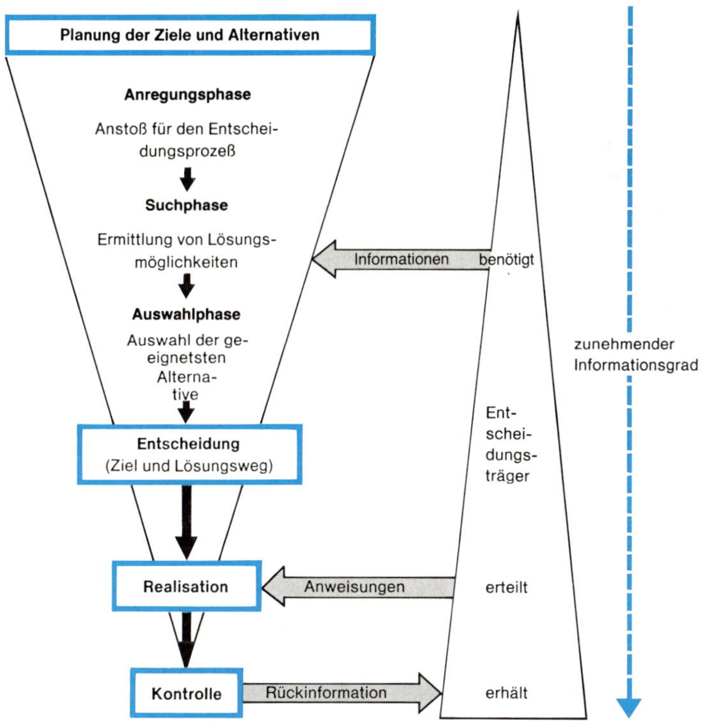

Wesentliche Lerninhalte

- Der Entscheidungsprozeß ist ein komplexer Vorgang, an dessen Beginn die **Planung der Ziele und Alternativen** (Entscheidungsplanung) steht.
- In der Phase der Entscheidungsplanung werden folgende Stufen durchlaufen: **Anregung, Suche** nach Alternativen, **Auswahl.**
- Das Ergebnis der Entscheidungsplanung ist die **Entscheidung,** die Ziel und Lösungsweg nennt.
- In der Phase der **Realisation** wird die getroffene Entscheidung in Aktionen umgesetzt.
- Die Phase der **Kontrolle** schließt sich an die Stufe der Realisation an. Sie dient der Überprüfung von Vorgabe und Vollzug.
- Wirtschaftliche **Entscheidungen** erfolgen auf der **Grundlage von Informationen** (informatorische Fundierung von Entscheidungen).
- Information = zweckgeeignetes Wissen
- Die Richtigkeit der Information wirkt sich auf die zu treffende Entscheidung aus.
- **Kommunikation** ist der Austausch von Informationen zwischen inner- und außerbetrieblichen Stellen.
- **Rückinformationen** dienen zur Kontrolle von Entscheidungen.

Aufgaben zur Sicherung des Lernerfolgs

1 Welche Bedeutung haben die Informationen für die Entscheidungsbildung?

2 Die Heilbronner Stanz AG beabsichtigt den Erwerb eines eigenen Lasttransporters. Bisher wurden Transportaufträge an ein fremdes Unternehmen vergeben. Tragen Sie Informationen und Argumente zusammen, die zur Lösung des Problems benötigt werden!

3 Von welcher Stelle erhält die Geschäftsleitung Informationen über

a) Umsatzentwicklung,
b) Auftragsbestand,
c) Kapazitätsauslastung,
d) Markteinschätzung,
e) konjunkturelle Entwicklung?

4 Stellen Sie den Vorgang Ihrer Berufswahl als Entscheidungsprozeß dar, und nennen Sie die dazu notwendigen Informationen!

3.14 Die Führungsstile

Problem

Betriebsordnungen des letzten Jahrhunderts enthielten Bestimmungen, die den Menschen nicht nur am Arbeitsplatz einer Bevormundung durch die Geschäftsleitung unterwarfen, sondern sogar in den Privatbereich eingriffen. Die heutige Gesellschaft sieht demgegenüber den arbeitenden Menschen als Partner der Unternehmungsleitung, der Anspruch auf Mitbestimmung und Mitentscheidung im Betrieb besitzt. Kulturelle und politische Gegebenheiten in einer Gesellschaft sowie persönliche Anschauungen und Werthaltungen beeinflussen die Art und Weise, in der Menschen geführt werden, den *Führungsstil.* Wie wirkt sich der Führungsstil auf das Leistungsverhalten der Mitarbeiter aus?

Sachdarstellung

Vorgesetzten fällt die schwierige Aufgabe zu, die Unterstellten so zu führen, daß die betrieblichen Ziele erreicht werden. Grundsätzlich werden folgende *Arten* zu führen unterschieden:

- autoritärer Führungsstil
- kooperativer Führungsstil

In der betrieblichen Wirklichkeit treten *Mischformen* auf.

3.14.1 Der autoritäre Führungsstil

Der autoritäre Führungsstil[1] geht von der **alleinigen Entscheidungsmacht der Unternehmensführung** aus, die Ziele, Wege und Mittel zur Erfüllung festlegt. Kenntnisse, Erfahrungen und Ideen der Mitarbeiter gehen in die Entscheidung nicht ein. Der straff gegliederte Führungsapparat dient der Entscheidungsdurchsetzung. Die Befugnisse der Vorgesetzten erstrecken sich auf Erteilen enger Ausführungsanweisungen an die Untergebenen, ihre laufende Überwachung (Verhaltenskontrolle) und die Berechtigung des jederzeitigen Eingriffs in die Ausführungsarbeiten. Der Untergebene hat die Anweisungen, die ihm kaum Entscheidungsspielraum lassen, widerspruchslos durchzuführen. Die empfangenen Informationen beschränken sich auf die Ausführung. Sie erlauben keinen Rückschluß auf den gesamten Arbeitsvorgang. Der Dienstweg beschränkt die Kommunikation auf die zwischen Untergebenem und unmittelbarem Vorgesetzten (Bericht und Befehl). Querverbindungen sind nicht vorgesehen. Der Erfüllung der betrieblichen Aufgaben werden Arbeitszufriedenheit und Persönlichkeitsentfaltung der Mitarbeiter untergeordnet.

Autoritäre Führung

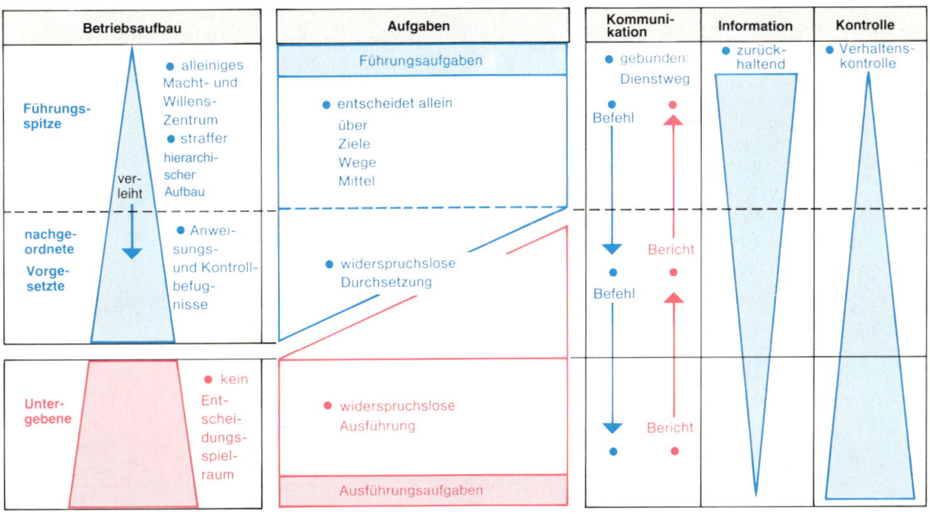

3.14.2 Der kooperative Führungsstil

Die **Delegation[2] ganzheitlicher Aufgaben** (Entscheidung und Ausführung) an diejenigen betrieblichen Stellen, die sie am besten ausführen können, ist der Grundgedanke kooperativen Führens.[3] Diese Entscheidungsdezentralisation entlastet einerseits die

1 autoritär (lateinisch-französisch) = regierend, diktatorisch
2 Delegation (lateinisch) = Übertragung von Befugnissen, Zuständigkeiten
3 kooperativ (lateinisch) = zusammenarbeitend, zusammenwirkend

Führungsebenen von häufig wiederkehrenden Entscheidungen. Andererseits werden Sachverstand und Fähigkeiten möglichst aller Mitarbeiter in die Entscheidungsfindung einbezogen. Jeder Stelleninhaber trägt innerhalb seiner genau *festgelegten Zuständigkeit* Verantwortung. Alle notwendigen Informationen sind ihm zugänglich, was die freie Kommunikation mit den anderen Stellen einschließt. Die Selbstkontrolle des Mitarbeiters herrscht vor. Die Vorgesetzten üben im Rahmen der Dienstaufsicht Kontrolle lediglich in Form von Stichproben oder als Prüfung von Arbeitsergebnissen (Erfolgskontrolle) aus. In *Mitarbeiterbesprechungen* informiert der Vorgesetzte die Mitarbeiter über anstehende Arbeitsaufgaben und fördert den Erfahrungsaustausch. Das *Mitarbeitergespräch* zwischen Vorgesetztem und dem einzelnen Mitarbeiter klärt persönliche Arbeitsfragen und dient eingehender Mitarbeiterbetreuung.

Kooperative Führung fordert und fördert vielfältig Mitarbeiterfähigkeiten. Sie verleiht Arbeitszufriedenheit, schafft Selbstwertgefühl und regt zu selbsttätiger beruflicher Fort- und Weiterbildung an. Vom Vorgesetzten verlangt sie neben überlegenen Fachkenntnissen die Fähigkeit, auf Mitarbeiter einzugehen und einzuwirken.

Kooperative Führung

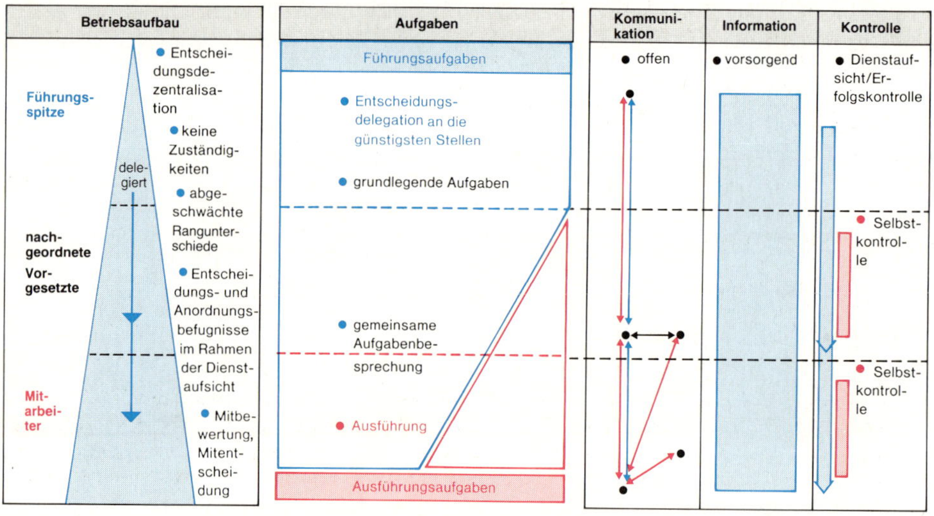

Wesentliche Lerninhalte

- **Führungsstil** ist die Art und Weise, Menschen zu führen. Führungsstile sind abhängig vom Zeitgeist und von persönlichen Anschauungen der am Führungsvorgang Beteiligten.

- Einteilung der Führungsstile:

  ▶ **autoritärer Führungsstil**
  Grundgedanke: alleinige Entscheidungsmacht der Geschäftsleitung

  ▶ **kooperativer Führungsstil**
  Grundgedanke: weitgehende Entscheidungsdelegation

  Die in der betrieblichen Wirklichkeit auftretenden Führungsstile sind *Mischformen.*

Aufgaben zur Sicherung des Lernerfolgs

1 Vergleichen Sie autoritären und kooperativen Führungsstil anhand der wesentlichen Merkmale!

2 In einem Lehrbuch finden Sie die Feststellung, daß der autoritäre Führungsstil die betrieblichen Interessen betone, jedoch die der Mitarbeiter vernachlässige. Die Mitarbeiter würden lediglich als „Produktionsfaktoren" gesehen, die es günstig zu nutzen gelte.
Nehmen Sie dazu Stellung!

3 Weder die Mitbestimmungsgesetze noch das Betriebsverfassungsgesetz enthalten Bestimmungen darüber, welcher betriebliche Führungsstil zu wählen ist. Könnte deshalb behauptet werden, daß diese Gesetze ohne Einfluß auf den betrieblichen Führungsstil sind?

4 Ist es Ihrer Auffassung nach möglich, in der betrieblichen Führung völlig auf autoritäre Züge zu verzichten?

5 ★ Das Hamburger Nachrichtenmagazin „Der Spiegel" veröffentlichte das Untersuchungsergebnis einer Frankfurter Beratungsagentur über die Kritik von weiblichen Büroangestellten an ihren Vorgesetzten:

70 % der Befragten waren unzufrieden.
Das Ergebnis im einzelnen (Mehrfachnennungen waren möglich):
50 % beklagten mangelnde Information über alles Wesentliche in der Abteilung
42 % beklagten sich über mangelndes Verständnis für Spaß
40 % beklagten mangelnde Fairneß
40 % wünschten mehr Anerkennung
39 % wünschten mehr Teamarbeit
38 % wünschten, daß ihre Vorgesetzten bessere Nerven hätten
28 % beklagten die mangelnde Gesprächsbereitschaft
26 % wünschten mehr Taktgefühl
23 % wünschten sich eine bessere persönliche Atmosphäre
12 % wünschten größere Distanz
(aus: „Der Spiegel – Werbung, Märkte, Manager 1973", S. 43)
Was können Sie diesem Untersuchungsergebnis entnehmen?

3.15 Die Führungstechniken

Problem

Die Unternehmensleitung einer Maschinenbau AG beabsichtigt, die Mitarbeiter stärker als bisher für ihre Arbeitstätigkeit zu interessieren. Die einzelnen Stelleninhaber leisten verschiedenartige Beiträge zur betrieblichen Zielerreichung und unterliegen unterschiedlichen Arbeitsbedingungen. Die zu ergreifenden Maßnahmen sind deshalb auf diese Unterschiede abzustimmen. Wie kann das Interesse der Mitarbeiter an ihrer Tätigkeit gesteigert werden?

Sachdarstellung

Die Betriebspraxis hat zur Verwirklichung kooperativer Führung verschiedene Gestaltungsmöglichkeiten entwickelt, die **Führungstechniken** genannt werden. Zu den bedeutendsten gehören:

- Führen nach dem Ausnahmeprinzip (Management by Exception; MbE)[1]
- Führen durch Delegation von Verantwortung (Management by Delegation; MbD)[1]
- Führen durch Zielvereinbarung (Management by Objectives; MbO)[1]

3.15.1 Führen nach dem Ausnahmeprinzip

Die Unternehmungsleitung legt für einen begrenzten Zeitraum Planziele für die einzelnen Abteilungen fest. Daraus werden für Gruppen und Stelleninhaber Unterziele abgeleitet.

[1] Die Führungstechniken werden häufig mit den englischen Bezeichnungen benannt, da sie im anglo-amerikanischen Sprachraum entwickelt wurden.

Innerhalb dieses Rahmens besitzen die Stelleninhaber **Entscheidungsfreiheit** und **Eigenverantwortung** für alle gewöhnlich auftretenden Fälle. *Ausnahmefälle* sind dem Vorgesetzten zur Entscheidung vorzulegen, der gegebenenfalls auch eine Änderung der Planvorgaben herbeiführt.

Voraussetzung für die Wirksamkeit des MbE sind eindeutige Abgrenzungen der Zuständigkeiten und der Ausnahmefälle, z. B. durch Angabe von Höchstwerten, Schwierigkeitsgrad, Tragweite der Entscheidung. Damit die Kontrollausübung der Vorgesetzten nicht auf die ungünstigen Ausnahmefälle beschränkt bleibt, sollte eine regelmäßige Berichterstattung der Unterstellten über den jeweiligen Stand ihrer Arbeiten erfolgen. Der Eindruck des „strafenden Vorgesetzteneingriffs" im Ausnahmefall kann durch Computerentscheidung vermieden werden *(MbE mit EDV-Anlage)*.

Entscheidungsablauf beim Führen nach dem Ausnahmeprinzip (MbE)

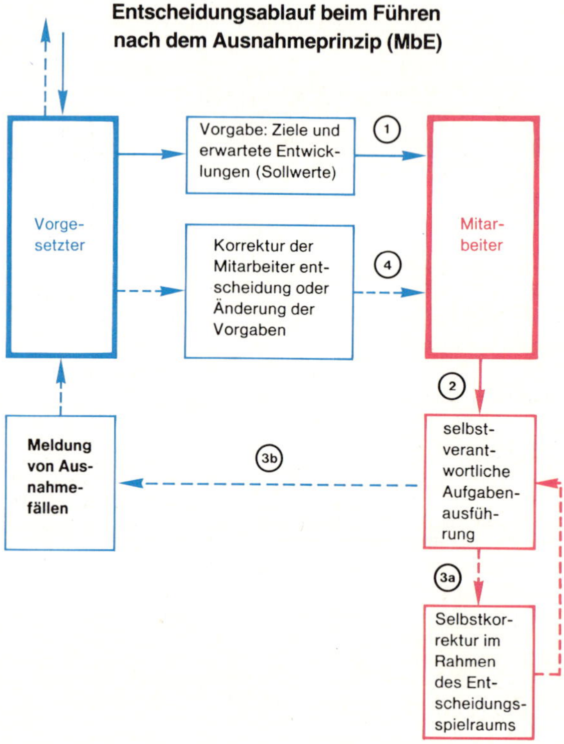

3.15.2 Führen durch Delegation von Verantwortung

Delegation heißt Verantwortung auf andere übertragen.

Auf der Grundlage einer genauen Untersuchung sämtlicher Betriebsaufgaben erfolgt eine weitgehende nur durch die Geschäftsleitung veränderbare **Delegation wiederholt auftretender Entscheidungsaufgaben** an die geeigneten Stellen, unabhängig von ihrem Rang. Der Vorgesetzte legt für die Unterstellten befristete Ziele mit Tätigkeitsschwerpunkten fest und gibt erforderliche Informationen (Mitarbeiterbesprechung). Dem Mitarbeiter stehen zur **selbstverantwortlichen Aufgabendurchführung** Entscheidungs- und Weisungsbefugnisse zu. Er besitzt das Recht und die Pflicht zur freien Informationsbeschaffung sowie der beruflichen Fortbildung. In regelmäßigen Berichten hat er den Vorgesetzten zu informieren über den Ausführungsstand der Arbeiten, neu gewonnene Erkenntnisse, Nachrichten und Verbesserungsvorschläge. Er berät den Vorgesetzten bei übergreifenden Entscheidungen. Die vorherrschende Selbstkontrolle des Mitarbeiters wird ergänzt durch Stichproben- und Erfolgskontrollen des Vorgesetzten. Der Vorgesetzte greift nur dann in die Aufgabenausführung des Mitarbeiters ein, wenn ernsthafte Schäden abzuwenden sind. Regelmäßige Mitarbeiterbeurteilungen mit anschließendem Mitarbeitergespräch bilden die Entscheidungsgrundlage für die Personalauswahl.

Beispiel

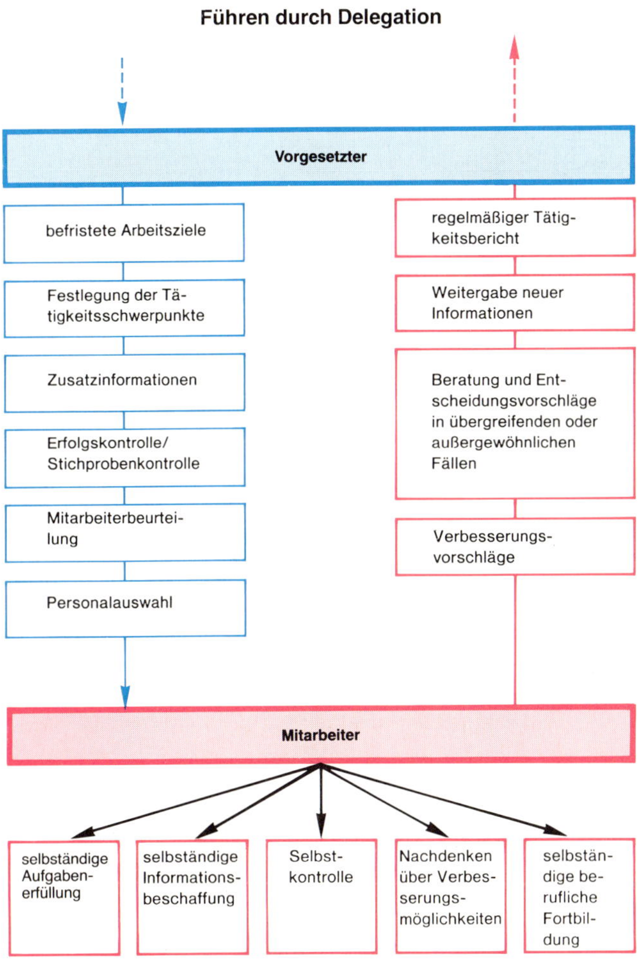

3.15.3 Führen durch Zielvereinbarung

Die Geschäftsleitung legt für einen größeren Zeitraum (Geschäftsjahr) **grobe Unternehmungsziele** fest, aus denen sie **Teilziele** für die Abteilungen ableitet. Sie führt mit den Abteilungsleitern Verhandlungen über die **verantwortliche Übernahme** dieser Teilziele. Bereits auf dieser Stufe kann es zu Änderungen der Ziele kommen. Im nächsten Schritt bildet der Abteilungsleiter **Unterziele** für die ihm Unterstellten, deren verantwortliche Übernahme er seinerseits mit den Betroffenen aushandelt. Diese Verhandlungsergebnisse können wiederum Änderungen bis hin zu den Unternehmungszielen bedingen (**Rückkoppelung).** Auf diese Weise entsteht ein die Unternehmung umspannendes System voneinander abhängiger und sich gegenseitig beeinflussender Ziele.

Beispiel

Verhandlungsstufen beim Führen durch Zielvereinbarung (MbO)

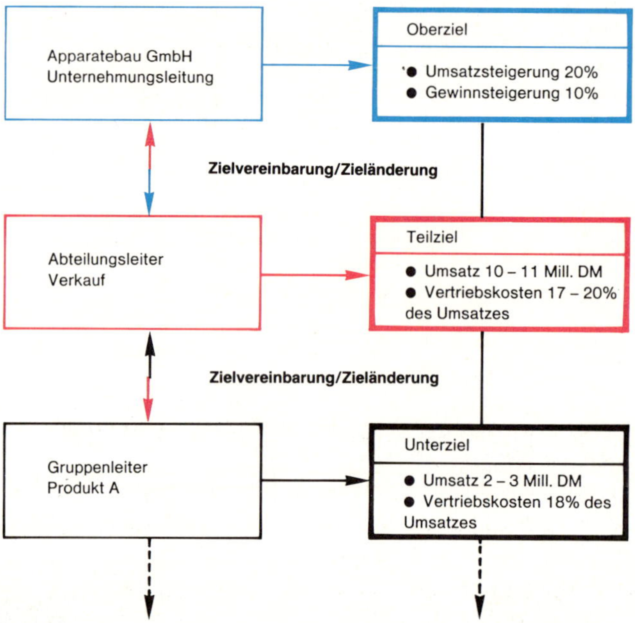

Der Mitarbeiter besitzt alle erforderlichen Befugnisse, um die übernommenen Ziele selbständig anzustreben. Entscheidende Bedeutung kommt der *Selbstkontrolle* durch Vergleich der erzielten Zwischenergebnisse mit den Zielen zu. Sie wird durch regelmäßige Ergebniskontrolle durch den Vorgesetzten ergänzt. Im anschließenden *Mitarbeitergespräch* versuchen Vorgesetzter und Mitarbeiter, Ursachen für Zielabweichungen und Lösungsmöglichkeiten zu finden. Sobald Abweichungen auftreten, die die Zielerreichung ernsthaft gefährden, ist der nächsthöhere Vorgesetzte einzuschalten. Die Entscheidung fällt auf der Führungsebene, die die Vollmacht besitzt, welche der Tragweite des Falles entspricht. Zieländerungen können dabei erforderlich werden (Rückkoppelung). Die in einem Planungszeitraum gewonnenen Informationen bilden die Grundlage für neue Zielvorgaben, die Mitarbeiterbeurteilung, gezielte betriebliche Fortbildungsmaßnahmen und Personalentscheidungen.

Zusammenwirken von Vorgesetzten und Mitarbeitern beim Führen durch Zielvereinbarung (MbO)

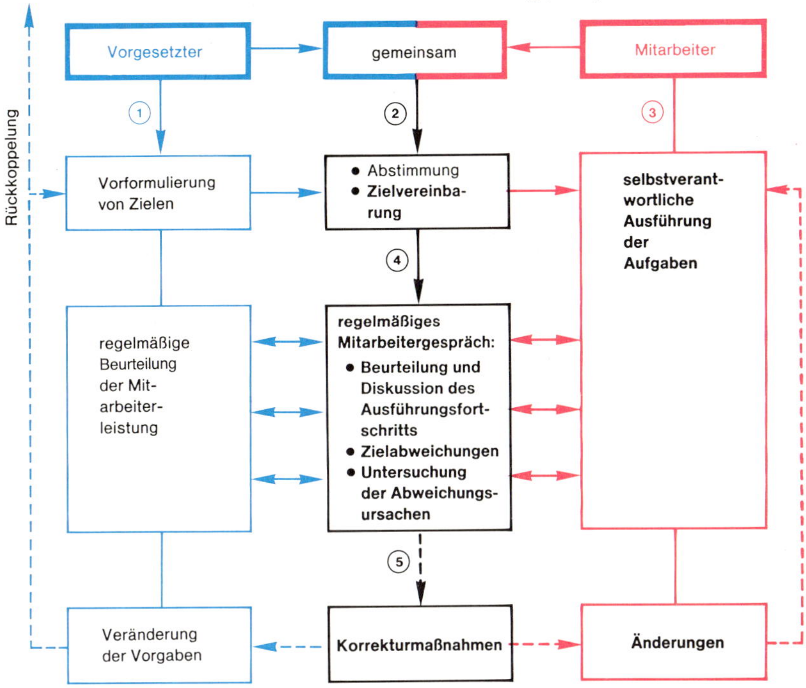

Wesentliche Lerninhalte

- Die Führungstechniken wurden zur Gestaltung kooperativer Führung von der Praxis entwickelt. Wichtige Führungstechniken sind:
- **Führen nach dem Ausnahmeprinzip** (Management by Exception; MbE): Der Mitarbeiter entscheidet alle gewöhnlichen Fälle, die in seinem Zuständigkeitsbereich auftreten. Ausnahmefälle entscheidet der Vorgesetzte.
- **Führen durch Delegation von Verantwortung** (Management by Delegation; MbD): Dem Mitarbeiter werden bestimmte, regelmäßig wiederkehrende Entscheidungsaufgaben zugewiesen. Der Vorgesetzte greift nur ein, um ernsthafte Schäden abzuwenden.
- **Führen durch Zielvereinbarung** (Management by Objectives; MbO): Der Vorgesetzte handelt mit dem Mitarbeiter bestimmte Teilziele aus, die innerhalb eines festgesetzten Zeitraumes zu erreichen sind. Der Vorgesetzte wird nur bei ernsthaften Zielabweichungen eingeschaltet.

Aufgaben zur Sicherung des Lernerfolgs

1 Wodurch unterscheiden sich Führen nach dem Ausnahmeprinzip (MbE) und Führen durch Delegation von Verantwortung (MbD)?

2 Vergleichen Sie die Stellung des nachgeordneten Mitarbeiters beim Führen nach dem Ausnahmeprinzip (MbE) mit der beim Führen durch Zielvereinbarung (MbO) und ziehen Sie daraus Schlüsse!

3 Vergleichen Sie Führen durch Delegation von Verantwortung (MbD) mit Führen durch Zielvereinbarung (MbO)! Achten Sie dabei vor allem auf die autoritären und die kooperativen Züge bei beiden Führungstechniken!

4 Inwieweit stellt Führen durch Zielvereinbarung (MbO) ein geschlossenes Führungssystem dar?

5 Bilden Sie Beispiele für die Anwendung der drei Führungstechniken MbE, MbD und MbO aus Ihrem betrieblichen Erfahrungsbereich!

3.16 Die Mitarbeiterbeurteilung

Problem

Franz Moser hat seine Ausbildung zum Industriekaufmann in einer Maschinenbau-AG erfolgreich abgeschlossen. Der Ausbilder erläutert in einem Mitarbeitergespräch die *Abschlußbeurteilung*. Bereits während der Ausbildung wurde Franz Moser nach jedem Ausbildungsabschnitt beurteilt. Wozu ist eine genaue Mitarbeiterbeurteilung notwendig?

Sachdarstellung

Die Mitarbeiterbeurteilung ist eines der wichtigsten betrieblichen Führungsmittel, das heute in vielen Unternehmungen planmäßig angewandt wird. Die Beurteilungsergebnisse sind **Entscheidungshilfen** für die Mitarbeiterauswahl, Arbeitsplatzauswahl, Entlohnung, Beförderung, Aus- und Weiterbildung. Mitarbeiterbeurteilungen werden sowohl in regelmäßigen Abständen als auch bei besonderen Anlässen vorgenommen, z. B. bei Beförderungen, Umbesetzungen, Entlassungen. Die Grundsätze, nach denen bei Mitarbeiterbeurteilungen verfahren werden soll, unterliegen wegen der großen Bedeutung für den Mitarbeiter der **Mitbestimmung durch den Betriebsrat.**

3.16.1 Beurteilungsgesichtspunkte

Abgesehen von Besonderheiten, die durch die Tätigkeit des Beurteilten oder die Betriebsbranche bedingt sind, enthalten die meisten Beurteilungen folgende Hauptgesichtspunkte:

- **Bildung**

Der Bildungsstand umfaßt die schulische, ggf. wissenschaftliche Vorbildung, Berufsbildung sowie Fort- und Weiterbildung des Mitarbeiters. Daraus kann auf Erfahrung, Fertigkeiten und Einsatzfähigkeit geschlossen werden. Eine Bestätigung bringt jedoch erst die Bewährung am Arbeitsplatz.

- **Fähigkeit zur Aufgabenerfüllung**

Fachliche Zuverlässigkeit, Ordnungssinn, Pünktlichkeit, Fleiß, Ausdauer und Belastbarkeit lassen Schlüsse auf die Arbeitshaltung des Mitarbeiters zu. Seine Aufgabenerfüllung kann jedoch durch äußere Einflüsse beeinträchtigt werden, die dem Beurteiler oft erst im Beurteilungsgespräch bekannt werden. Darunter fallen ungünstiges Klima in der Arbeitsgruppe, Ablehnung des Vorgesetzten oder betrieblicher Maßnahmen, Schwierigkeiten im Privatbereich.

- **Geistige Fähigkeiten**

Dazu zählen mündliche und schriftliche Ausdrucksfähigkeit, Auffassungsgabe, Gedächtnis, Denkvermögen, Wendigkeit, planerische und organisatorische Fähigkeiten sowie schöpferische Begabung (Kreativität). Aussagen darüber bedürfen der Absicherung durch Beobachtungen eines längeren Zeitraums. Der Beurteiler bedarf einer sicheren Erkenntnisfähigkeit.

- **Soziales Verhalten/Charakter**

Umgangsformen, Umgangston, Hiflsbereitschaft, Einordnungsvermögen, Fähigkeit zur Zusammenarbeit, Selbstbeherrschung, Ehrlichkeit und Verständnis füreinander bestimmen das Betriebsklima, das seinerseits auf Leistungswilligkeit und -fähigkeit der Mitarbeiter zurückwirkt. Diese Charaktereigenschaften ergeben zusammen mit anderen die Leistung beeinflussenden (Selbständigkeit, Entschlußfähigkeit, Verantwortungsbewußtsein) das **Persönlichkeitsbild** des Mitarbeiters. Diese schwer meßbaren Größen bedürfen einer vorsichtigen Beurteilung.

3.16.2 Beurteilungshilfsmittel

Die Mitarbeiterbeurteilung muß innerhalb einer Unternehmung nach gleichen Maßstäben erfolgen. Von der Geschäftsleitung erlassene **Beurteilungsrichtlinien** legen fest, wie Beurteilungsergebnisse zu gewinnen, festzuhalten und auszuwerten sind. Aufgrund von Erfahrungen erarbeitete **Beurteilungsbogen** geben, je nach dem Beurteilungszweck unterschiedlich stark gebunden, Form und Inhalt dem Beurteiler vor. Gebundene Beurteilungsbogen haben sich bei Mitarbeitern bewährt, die einfachere, sich wiederholende Tätigkeiten ausüben. Für zunehmend gestalterische Tätigkeiten sind entweder teilweise gebundene oder freie Beurteilungen angemessen.

3.16.3 Beurteiler

Grundsätzlich soll der *unmittelbare Vorgesetzte* beurteilen, da er die ihm Unterstellten durch den ständigen Umgang genau kennt. In schwierigen Fällen können andere leitende Stelleninhaber hinzugezogen werden, mit denen der zur Beurteilende innerbetrieblich zu tun hat. Der **gerecht** Beurteilende hat hohen Anforderungen an Fachkönnen, Menschenkenntnis und Selbstdisziplin zu genügen. Der Beurteiler darf weder wohl- noch übelwollen, weder verallgemeinern noch einzelne Gesichtspunkte überbewerten. Er muß sein Urteil frei von anderen Beeinflussungen, also *objektiv*, bilden. Beurteilerschulung ist notwendig.

3.16.4 Beurteilungsgespräch

Das Betriebsverfassungsgesetz räumt dem Beurteilten den Anspruch auf ein Beurteilungsgespräch ein, in dem die Leistungen sowie die Möglichkeiten seiner beruflichen Entwicklung im Betrieb erörtert werden. Ein Mitglied des Betriebsrats kann zur Unterstützung oder Vermittlung herangezogen werden (BetrVerfG § 82,2).

Wesentliche Lerninhalte

- Die **Mitarbeiterbeurteilung** ist eines der wichtigsten Mittel betrieblicher Menschenführung. Sie ist Entscheidungshilfe für:
  - Personalauswahl
  - Arbeitsplatzauswahl
  - Entlohnung
  - Beförderung
  - Aus- und Weiterbildung
- Wichtige **Beurteilungsgesichtspunkte** sind:
  - Bildung
  - Aufgabenerfüllung
  - geistige Fähigkeiten
  - soziales Verhalten/Charakter (Persönlichkeitsbild)
- *Beurteilungsrichtlinien* und *Beurteilungsbogen* sind Hilfsmittel, die der gleichwertigen innerbetrieblichen Mitarbeiterbeurteilung dienen.
- Grundsätzlich beurteilt der unmittelbare Vorgesetzte. Er hat sich um Gerechtigkeit und Objektivität zu bemühen.
- An jede Beurteilung schließt sich ein *Beurteilungsgespräch* an, in dem das Urteil erläutert wird.

Aufgaben zur Sicherung des Lernerfolgs

1 Erläutern Sie die Bedeutung der Mitarbeiterbeurteilung als Mittel betrieblicher Menschenführung!

2 Stellen Sie die Rolle des Betriebsrats bei der Mitarbeiterbeurteilung dar und begründen Sie die Berechtigung!

3 Zuweilen wird gefordert, neben dem Vorgesetzten auch Gleichgestellte des zu Beurteilenden oder Mitglieder des Betriebsrats an der Beurteilung mitwirken zu lassen. Nehmen Sie dazu Stellung!

4 Erörtern Sie die Fehlermöglichkeiten, die in den Beurteilungsgesichtspunkten liegen können!

5 Beschaffen Sie sich Beurteilungsbogen Ihres Ausbildungsbetriebes und prüfen Sie sie hinsichtlich der Beurteilungszwecke, der Bindung des Beurteilers durch Vorgaben, der Beurteilungsgesichtspunkte und der Beurteilungsfehlermöglichkeiten!

6 ★ Amerikanische Unternehmen verlangen neben der Beurteilung durch den Vorgesetzten eine Selbstbeurteilung des Beurteilten. Beide Beurteilungen werden als gleichwertige Entscheidungsgrundlagen behandelt.
a) Welche Überlegungen könnten zu dieser Verfahrensweise Anstoß gegeben haben?
b) Welche Gründe sprechen gegen dieses Verfahren?
c) Inwieweit könnte ein Beurteiler diesen Gedanken für seine Arbeit nutzen?

3.17 Grundsätze der Menschenführung

Problem

Ein mit drei Kindergruppen durchgeführter Versuch zur Ermittlung des Leistungsverhaltens bei unterschiedlicher Behandlung ergab folgendes Ergebnis: [1]

Gruppe / Behandlung Leistungsverhalten	1. Gruppe: erhielt nur **Lob**	2. Gruppe: erhielt nur **Tadel**	3. Gruppe: wurde **nicht beachtet**
1. Tag 2. Tag 6. Tag	Anstieg Anstieg Anstieg	Anstieg Abfall Anstieg	Durchschnitt Durchschnitt Durchschnitt
Gesamtbeurteilung des Leistungsverhaltens	weit über dem Durchschnitt	über dem Durchschnitt	Durchschnitt

Daraus kann geschlossen werden, daß das menschliche Leistungsverhalten vom Grad der Zuwendung durch Bezugspersonen, z. B. Vorgesetzten, abhängt. Wie kann die Einsatzbereitschaft der Mitarbeiter im Betrieb gefördert werden?

Sachdarstellung

Vorgesetzte müssen beim Umgang mit ihren Mitarbeitern die wichtigsten Grundsätze der Menschenführung beachten. Dazu zählen vor allem **Anerkennung** und **aufbauende**

[1] Ernst Korff, Menschen beurteilen und Menschen führen, Heidelberg, 2. Auflage, 1965, S. 112

Kritik. Diese Grundsätze finden in erster Linie im *Mitarbeitergespräch* Anwendung, das z.B. anläßlich einer Beurteilung, von Ergebniskontrollen oder Beschwerden unter vier Augen geführt wird.

- **Die Anerkennung**

Manche Vorgesetzte scheuen sich, Mitarbeiterleistungen ausdrücklich anzuerkennen. Der Mensch ist jedoch darauf angelegt, für gewissenhaft erbrachte Leistungen Anerkennung zu finden. Daher sollte ein Vorgesetzter z.B. während eines Beurteilungsgesprächs verbesserte Leistungen hervorheben. Ein Mitarbeiter kann erwarten, daß er für den erfolgreichen Abschluß eines schwierigen Auftrages besondere Anerkennung erfährt. Anerkennung **beflügelt** den Mitarbeiter, weiterhin sein Bestes zu geben. Für Menschen, die unter Minderwertigkeitsgefühlen leiden, bedeutet Anerkennung eine notwendige **Ermutigung,** um Selbstvertrauen zu gewinnen.

Die Anerkennung muß in angemessenem Verhältnis zur erbrachten Leistung stehen. Unangemessenes oder ständiges Loben wirkt unglaubwürdig und verliert seinen Wert als Führungsmittel.

- **Aufbauende Kritik**

Fachliche Fehlleistungen und persönliche Fehlhaltungen eines Mitarbeiters bedürfen des Tadels durch den Vorgesetzten, um die notwendige Änderung zu bewirken. Diese Zielsetzung wird langfristig nur durch aufbauende Kritik erreicht. Unbedachter Tadel dagegen bricht Brücken ab.

Kritik sollte nur im Mitarbeitergespräch unter vier Augen in ruhigem, sachlichem Ton vorgebracht werden. Sie hat sich auf die wesentlichen Schwächen zu beschränken, die aber klar zu nennen sind. Der kritisierte Mitarbeiter hat das Recht gehört zu werden. Der Vorgesetzte muß sich darum bemühen, daß der Getadelte begangene Fehler anerkennt. Die weiteren Schritte dienen der gemeinsamen Suche nach den Fehlerursachen und Lösungsmöglichkeiten. Am Ende des Gesprächs steht ein Maßnahmenkatalog mit Fristenplan. Auf mögliche Folgen der Nichteinhaltung ist deutlich hinzuweisen.

Soweit die persönliche Lage eines Mitarbeiters, wie private Sorgen, Krankheit, zur Fehlleistung beigetragen hat, hat der Vorgesetzte *Verständnis* zu zeigen. Kritik wäre dann verfehlt. Junge Menschen und empfindsame Mitarbeiter bedürfen ggfs. einer Ermunterung, da Tadel allein auf sie lähmend wirken kann. Der Gesprächsabschluß ist stets versöhnend zu gestalten.

Wesentliche Lerninhalte

- Die **Einsatzbereitschaft** der Mitarbeiter ist abhängig von der Behandlung durch den Vorgesetzten.
- Der erfolgreiche Vorgesetzte muß die Grundsätze der Menschenführung, vor allem **Anerkennung** und **aufbauende Kritik,** richtig anzuwenden verstehen. Dafür eignet sich in erster Linie das Mitarbeitergespräch.
- Mitarbeiterleistungen sind stets angemessen anzuerkennen.
- Fehlleistungen und Fehlhaltungen ist mit aufbauender Kritik zu begegnen, die im Einzelfall **Verständnis** und **Ermutigung** einschließen muß.

Aufgaben zur Sicherung des Lernerfolgs

1 Beschreiben Sie die Merkmale aufbauender Kritik!

2 Manche Vorgesetzte neigen dazu, Tadel mit Zornesausbrüchen zu verbinden. Andere wiederum sind der Auffassung, Mitarbeitern in Fällen der Kritik stets „schonungslos die Wahrheit" sagen zu müssen. Nehmen Sie zu diesen Verhaltensweisen Stellung! Gehen Sie bei Ihren Überlegungen von der Aussage aus: „Der Ton bildet ... das Primäre des Tadelns, ihn nimmt man vor allem wahr."[1]

3 In einem Lehrbuch finden Sie im Zusammenhang über Fehlhaltungen, die Vorgesetzte einnehmen können, folgende Feststellung: „Das ewige Nörgeln ist eine der gefährlichsten Ursachen für den Mißerfolg."[2] Nehmen Sie dazu Stellung!

4 In welchen Situationen sollte der Vorgesetzte von den Führungsmitteln „Ermutigung" und „Verständnis" Gebrauch machen?

5 Das Zusammenspiel der beiden wichtigsten Mittel, Anerkennung und aufbauende Kritik, kennzeichnet eine erfolgreiche betriebliche Menschenführung. Nehmen Sie zu dieser Aussage Stellung!

3.18 Voraussetzungen und Grundsätze der Organisation

Problem

Bei einer Bau GmbH kann Büromaterial nur über eine Bedarfsmeldung angefordert werden. Die anfordernde Stelle schreibt zunächst eine Bedarfsmeldung aus. Diese muß vom Leiter der Abteilung und dem Bereichsleiter unterschrieben werden. Die rote Kopie der Anmeldung verbleibt zur Terminüberwachung bei der anfordernden Stelle. Das grüne Original und die weiße Durchschrift erhält die Abteilung Einkauf.

Die Abteilung Einkauf leitet die Bedarfsanmeldung an die Organisationsabteilung weiter. Diese muß prüfen, ob im Betrieb ein Bestand an dem angeforderten Büromaterial vorhanden ist. Unnötige Bestellungen sollen so vermieden werden.

Nach der Prüfung geht der Formularsatz an die Abteilung Einkauf zurück. Diese bestellt im Bedarfsfall und teilt dies der anfordernden Stelle auf der weißen Durchschrift mit.

Ist das Büromaterial vorhanden, so wird es zusammen mit der weißen Durchschrift dem Anforderer zugestellt. Der Anforderer vernichtet die rote Durchschrift. Die weiße Durchschrift der Bedarfsanmeldung wird abgelegt. Wozu wird organisiert?

Sachdarstellung

3.18.1 Voraussetzungen der Organisation

Der Betrieb kennt keine eigengesetzlichen Steuerungsmechanismen wie die Vorgänge in der Natur. Er bedarf zur Erfüllung seiner Aufgaben der bewußt geschaffenen Organisation. Die Organisation ist ein *Hilfsmittel.* Sie legt den zur Erfüllung der Aufgaben erforderlichen Weg fest und trifft die dafür notwendigen Regelungen. **Organisation ist ein System von Regelungen zur Verwirklichung des Betriebsziels.**

Voraussetzung für die Organisation ist, daß der Betrieb *regelmäßig wiederkehrende* oder sich in ähnlicher Weise wiederholende Aufgaben zu lösen hat, z. B. Einkauf, Verkauf, Lohn und Gehaltszahlung.

Eine zweite Voraussetzung ist die *Aufgabenteilung.* Mit der Verteilung der Aufgaben auf mehrere Personen treten organisatorische Probleme auf, z. B. die Regelung der Zuständigkeiten. Für den Einpersonenbetrieb ergibt sich nur das Problem der zeitlichen Aufgabeneinteilung. Dies setzt gleichfalls die Teilbarkeit der Aufgaben voraus.

1 *Franziska Baumgarten;* das Primäre (lateinisch-französisch) = das zuerst Vorhandene, das Wesentliche
2 *Casson*

3.18.2 Organisationsgrundsätze

Die betriebliche Organisation ist die Summe aller organisatorischen Maßnahmen. Die organisatorischen Regelungen erstrecken sich auf die Ordnung der Zuständigkeiten und des Arbeitsablaufs. Die Organisation dient der Verwirklichung des Betriebsziels. Die Wirkung organisatorischer Maßnahmen wird daran gemessen, ob sie

- *zweckmäßig sind,*
- *weder* zu *Überorganisation* noch zu *Unterorganisation* führen,
- die Arbeit *vereinfachen* und den Arbeitsfluß verbessern,
- *wirtschaftlich* sind.

Die aufgezählten Gesichtspunkte stellen Orientierungshilfen für das organisatorische Handeln dar.

3.18.2.1 Grundsatz der Zweckmäßigkeit

Die Betriebsaufgabe und die sich daraus ableitenden Teilaufgaben bilden das Ziel, das durch organisatorische Regelungen erreicht werden soll. Die Wirkung einer Regelung wird danach beurteilt, wie *zweckmäßig* sie ist. Zweckmäßig ist die Regelung *(Mittel),* die die Erfüllung der Aufgabe *(Zweck)* gewährleistet. Von allen Regelungen sind jeweils die auszuwählen, die in möglichst vollkommener Weise zu diesem Ziel führen. *Zweckmäßigkeit* in der Organisation bedeutet, eine aufgabengemäße Regelung zu finden.

Im Betrieb werden organisatorische Regelungen in Form von Anweisungen, Mitteilungen, Bekanntmachungen, Beschreibungen, Hinweisen, Empfehlungen usw. verwirklicht. Es ist zu prüfen, ob diese Regelungen zweckmäßig sind.

3.18.2.2 Grundsatz der Wirtschaftlichkeit

Das Wirtschaftlichkeitsprinzip besagt, daß ein möglichst günstiges Verhältnis zwischen den einzusetzenden Mitteln und dem zu erreichenden Zweck herzustellen ist *(Minimalprinzip).* Die Übertragung des Wirtschaftlichkeitsprinzips auf die Organisation bedeutet, daß unter allen möglichen Regelungen jeweils die auszuwählen sind, die mit einem Minimum an Mitteln den gesetzten Zweck erreichen. Arbeitskräfte und Sachmittel, z. B. Arbeitsgeräte, Maschinen, Werkzeuge usw., sind *aufgabengemäß* und *wirtschaftlich* einzusetzen.

3.18.2.3 Grundsatz des organisatorischen Gleichgewichts

- **Organisation**

  Durch die Organisation wird das betriebliche Geschehen übersichtlich und klar. Ein stets erneutes Durchdenken gleicher Probleme erübrigt sich. Der geordnete Arbeitsvollzug ist gewährleistet. Dauerregelungen sind ihrem Wesen nach **stabil.** Die Organisation unterstützt den Betrieb in seinem Streben nach Stabilität.

- **Improvisation**

  Ungewöhnliche, neuartige oder unerwartet auftretende Situationen im Betrieb, wie Maschinenschaden, Maschinenstillstand infolge Stromausfalls, zwingen zu raschem Handeln. Das Problem muß augenblicklich gelöst werden. Die zu treffenden Maßnahmen können auf Erfahrungen beruhen oder auch rein zufälliger Art sein. Es muß *improvisiert* werden, weil keine organisatorischen Regelungen bestehen. Improvisationen sollen nur vorübergehend gelten. Sie werden später entweder von organisatorischen Regelungen abgelöst, oder sie fallen ersatzlos fort, wenn sie sich als überflüssig erweisen. Improvisationen haben **labilen** Charakter. Je mehr organisiert ist, um so kleiner ist der Spielraum für die Improvisation und umgekehrt.

- **Disposition**

  Dispositionen sind *Einzelmaßnahmen*, die sich aus dem *Betriebsgeschehen* ergeben und *fallweise* auftreten. Sie haben keine gestaltende Wirkung wie die organisatorische Regelungen.

  Dispositionen, die innerhalb organisatorischer Regelungen getroffen werden, sind *gebundene* Dispositionen. So entscheidet z. B. der Sachbearbeiter in der Abteilung Einkauf über Einkäufe bis zu 10 000 DM selbst. Bei Einkäufen, die darüber liegen, muß der Leiter der Abteilung zustimmen.

  Freie Dispositionen sind dagegen von organisatorischen Bedingungen losgelöst. Die Entscheidung über den Erwerb einer im Investitionsplan nicht vorgesehenen Maschine zählt z. B. zu den freien Dispositionen. Dispositionen ermöglichen ein **elastisches** Verhalten gegenüber veränderten Bedingungen.

Organisation – Improvisation – Disposition

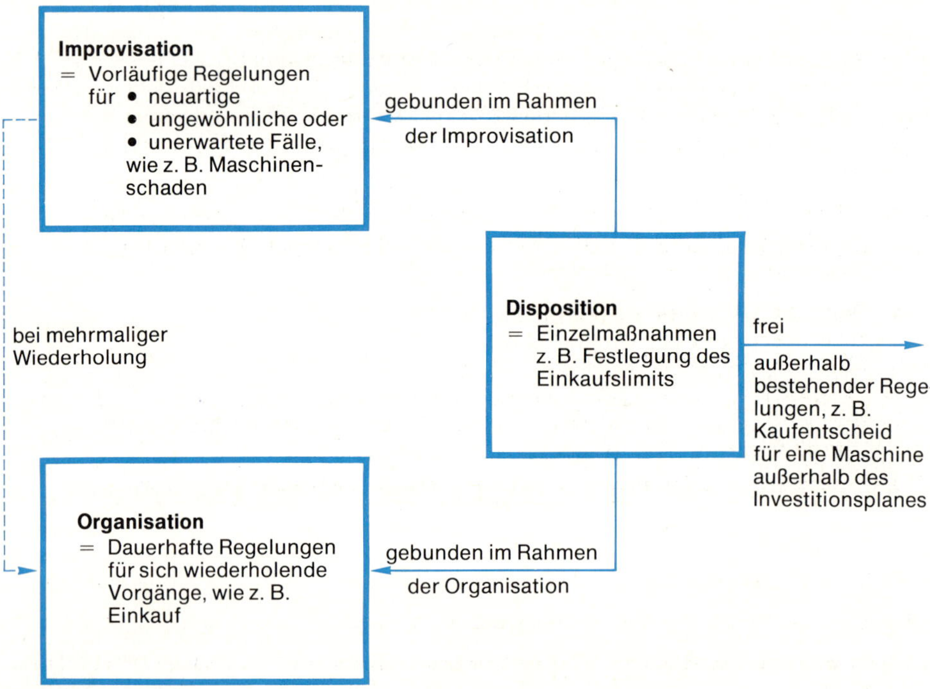

Von dem Verhältnis von *Organisation, Improvisation* und *Disposition* hängt es ab, ob sich der Betrieb in einem *Gleichgewicht zwischen Stabilität und Elastizität* oder ob er *über-* bzw. *unter*organisiert ist.

Überorganisation ist ebenso schädlich wie **Unterorganisation.** Ein Zuviel an Regelungen macht den Betrieb unbeweglich. Er arbeitet schwerfällig. Der Entscheidungsspielraum der Mitarbeiter ist gering. Die Entwicklung des Betriebs ist gefährdet. In einem unterorganisierten Betrieb muß zu viel improvisiert werden. Das kostet Zeit und verursacht zu viel Kosten. Ein schlecht organisierter Betrieb ist meist nicht konkurrenzfähig.

Der Betrieb muß so organisiert sein, daß er auf Markteinflüsse und Datenveränderungen sowohl mit Festigkeit und Widerstandskraft als auch mit Anpassungs- und Wandlungsfähigkeit reagieren kann. So erzwingen z. B. fallende Marktpreise Rationalisierungsmaßnahmen, durch die Kosten eingespart werden können. Wichtig ist auch, daß der Betrieb sein Fertigungsprogramm dem veränderten Geschmack anpassen kann.

3.18.2.4 Grundsatz der Koordination

Aufgaben und Teilarbeiten bzw. Teilabläufe sind aufeinander und in bezug auf die Betriebsaufgabe abzustimmen.

Für die *Aufbau*organisation ergibt sich das Problem der zweckmäßigen Verteilung (Dezentralisation) oder Zusammenfassung (Zentralisation) der betrieblichen Aufgaben, ferner der Über-, Gleich- und Unterordnung der verschiedenen Aufgabenbereiche (Instanzenaufbau). Bei der *Ablauf*organisation stellt sich das Problem der zeitlichen und räumlichen Abstimmung der Teilarbeiten und Teilabläufe (siehe auch Kapitel 3.20 und 3.21!).

Wesentliche Lerninhalte

- Voraussetzungen für die Organisation betrieblicher Vorgänge sind:
  1. der Vorgang muß sich häufig wiederholen,
  2. die Aufgabe muß geteilt werden können.
- **Organisationsgrundsätze** stellen allgemeine Gestaltungsregeln für das organisatorische Handeln dar.
- Die organisatorischen Maßnahmen müssen zweckmäßig sein.
- Organisatorische Regelungen sollen eine schnelle und wirtschaftliche Lösung der Betriebsaufgaben ermöglichen.
- **Organisation** = System von Dauerregelungen (stabil)
  Improvisation = vorläufige Regelung (labil)
  Disposition = Einzelmaßnahmen (elastisch)
- Ein ausgewogenes Verhältnis von Organisation, Improvisation und Disposition gibt dem Betrieb die nötige Stabilität, aber auch die erforderliche Elastizität (weder Über- noch Unterorganisation).
- Die Aufgaben und Teilarbeiten müssen koordiniert, d. h. aufeinander abgestimmt werden.

Aufgaben zur Sicherung des Lernerfolgs

1 Was ist Organisation?

2 Wie beeinflußt die Organisation das betriebliche Geschehen?

3 Weshalb sind Wiederholung und Aufgabenteilung notwendige Voraussetzungen für die Organisation?

4 Zählen Sie betriebliche Vorgänge auf, die sich für Dauerregelungen a) eignen, b) nicht eignen!

5 ★ Unterscheiden Sie Organisation, Improvisation und Disposition!

6 Nach welchen Grundsätzen wird die Wirkung organisatorischer Maßnahmen beurteilt?

7 Woran ist zu erkennen, ob ein Betrieb über- oder unterorganisiert ist?

8 ★ Warum kommt ein schlecht organisierter Betrieb meist erst in Zeiten wirtschaftlichen Rückgangs in Bedrängnis?

9 ★ Überprüfen Sie den im Problem auf Seite 196 geschilderten Fall im Hinblick auf die Einhaltung der Grundsätze der Organisation!

3.19 Der Regelkreis

Problem

Eine Chemie-AG erzielte im vergangenen Geschäftsjahr einen Umsatz von 10 Mrd. DM. Aufgrund der Ergebnisse detaillierter Untersuchungen hält die Geschäftsleitung eine Umsatzsteigerung von 20 % im kommenden Geschäftsjahr für möglich. Die gesamten Anstrengungen sollen nur auf dieses Ziel gelenkt werden. Preissteigerungen in nennenswertem Umfang sind nicht beabsichtigt.

Die Leiter der Hauptabteilungen und die Gruppenleiter erhalten *nur* Zielvorgaben, für deren Verwirklichung sie verantwortlich sind. Außerdem besteht zwischen oberster Leitung und den Leitungsstellen die Vereinbarung, daß lediglich unvermeidbare Abweichungen nach oben zu melden sind. Zeigen Sie, wie sich ein solcher Vorgang kreislauftechnisch darstellen läßt!

Sachdarstellung

Der Regelkreis ist ein Erklärungsmodell, mit dessen Hilfe Regelvorgänge in der Unternehmung dargestellt und durchschaubar gemacht werden können. Unter einem Regelkreis ist ein rückgekoppelter Vorgang zu verstehen, der der Erreichung eines bestimmten Zieles oder der Aufrechterhaltung eines Zustandes dient.

Bezugswissenschaft ist die **Kybernetik**[1], die sich mit der Steuerung und Regelung von Systemen befaßt. Vorbild für diese Selbststeuerung sind die Vorgänge in der Natur. Erkenntnisse der Kybernetik werden heute vor allem in der Technik angewandt (Automatisierung). Mit dem zunehmenden Einsatz der elektronischen Datenverarbeitung in der Wirtschaftspraxis gewinnt auch die Kybernetik in diesem Bereich an Bedeutung.

3.19.1 Begriffe und Funktionen des Regelkreises

Begriffe und Funktionsweise des Regelkreises lassen sich am besten an einem einfachen Beispiel aus dem technischen Bereich erklären.

Beispiel
Thermostatgesteuerte[2] Raumheizung

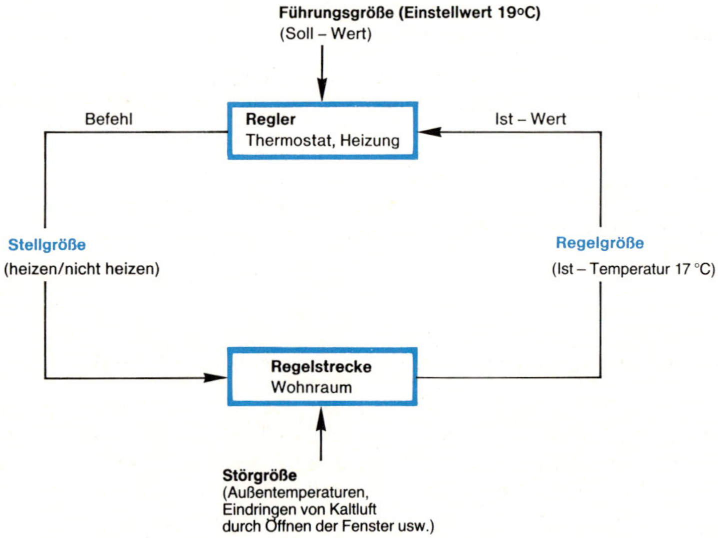

[1] Kybernetik (griechisch) bedeutet Steuermannskunst
[2] Thermostat (griechisch) ist eine Vorrichtung zur selbsttätigen Regulierung der Temperatur

- **Führungsgröße**

  Die Führungsgröße ist eine Zielvorgabe (*Soll*-Wert), die von außen in das Regelkreissystem eingegeben wird. Sie wird von dem Regelungsvorgang **nicht** beeinflußt. Führungsgröße ist in diesem Beispiel ein Einstellwert von 19° C.

- **Regler**

  Der Regler sorgt für das Gleichgewicht des Systems, indem er den *Ist*-Wert mit dem *Soll*-Wert vergleicht und an das System Steuerbefehle erteilt. Die Regelabweichung beträgt im Beispiel 2° C.

- **Stellgröße**

  Die vom Regler erteilte Anweisung heißt Stellgröße. Sie ist die *Eingangsgröße* der Regelstrecke. Die vom Regler erteilte Anweisung lautet Heizen.

- **Regelstrecke**

  Die Regelstrecke ist das, was geregelt werden soll. Hier im Beispiel ist es die Raumtemperatur, die auf einem *Soll*-Wert von 19° C gehalten werden soll.

- **Störgröße**

  Mit Störgröße wird der nicht gewollte Einfluß von außen bezeichnet, der *negativ* auf das System einwirkt und die Abweichung des *Ist*-Wertes vom *Soll*-Wert hervorruft. So wirken sich z. B. die Außentemperatur und das Eindringen von Kaltluft durch Öffnen der Fenster auf die Raumtemperatur störend aus.

- **Regelgröße**

  Die Regelgröße ist die dem Regler zu meldende *Ist*-Größe. Sie ist die *Ausgangsgröße* der Regelstrecke. Durch Rückkoppelung mit dem Regler wird der Regelkreis geschlossen (feed back). Der Regler übt aufgrund der ihm eingegebenen Führungsgröße seine Regelungsfunktionen aus. Die Ist-Temperatur des Wohnraumes steht unter der ständigen Kontrolle des Reglers. Eine Änderung der Stellgröße wird erst eingeleitet, wenn Soll- und Ist-Temperatur übereinstimmen. Der Thermostat schaltet das Heizaggregat erst bei Übereinstimmung der Werte ab.

3.19.2 Die Übertragung des Regelkreismodells auf den Betrieb

Die Übertragung der gewonnenen Erkenntnisse auf die Steuerung und Regelung des Systems Unternehmung führt zu den folgenden Überlegungen: Die Unternehmensleitung bildet den obersten Regler, der das nachgeordnete System steuert.[1] Diese erhält im Rücklauf aufbereitete Ergebnisse zur Zielüberprüfung. Das dargestellte Beispiel greift die im Eingangsproblem geschilderte Situation auf und stellt sie als Regelkreis dar.

[1] Vgl. Kapitel „Die Führungsaufgaben" S. 176 und „Die Führungstechniken" S. 187

Beispiel
Regelung des betrieblichen Entscheidungsprozesses

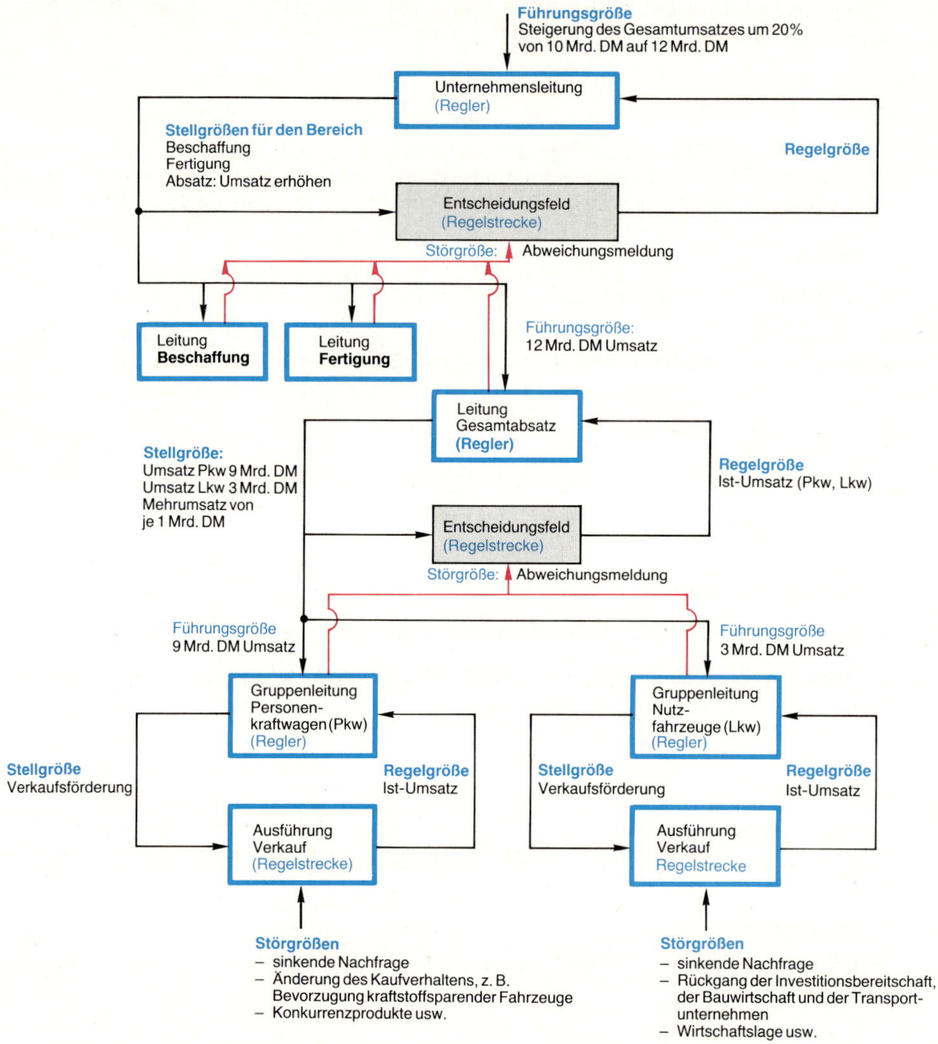

Ausgangspunkt ist die von der Unternehmensleitung vorgegebene *Führungsgröße,* die eine Umsatzsteigerung von 20 %, bezogen auf den Vorjahresumsatz von 10 Mrd. DM, vorgibt. Diese Führungsgröße bildet wiederum die Grundlage für die Ausarbeitung der *Stellgrößen.* Die aus der Stellgröße abgeleitete Zielvorgabe für den Leiter des Bereiches Absatz lautet: Mehrumsatz in Höhe von 2 Mrd. DM, Gesamtumsatz 12 Mrd. DM. In Abstimmung mit den Gruppenleitern der Bereiche Personenkraftwagenverkauf und Nutzfahrzeugeverkauf formuliert die Leitung des Bereiches Gesamtumsatz die *Führungsgrößen:* Umsatz Personenkraftwagen 9 Mrd. DM, Umsatz Nutzfahrzeuge 3 Mrd. DM. Die beiden Gruppenleiter entwickeln auf dieser Basis die Stellgrößen, z. B. Maßnahmen zur Verkaufsförderung, Werbemaßnahmen usw. Erreichen die Verkäufe die vorgegebene Umsatzhöhe, bedarf es keiner Maßnahmen. Zeigt sich aber, daß die Verkäufe nicht wie vorgesehen realisiert werden können, weil *Störgrößen* auftreten, so werden die Bereichsleiter zunächst versuchen, durch Änderung der

Stellgrößen, z. B. Intensivierung der Werbung u. a., den Gleichgewichtszustand wieder herzustellen. Versagen die Instrumente, so müssen Abweichungen an den Leiter des Gesamtabsatzes zurückgemeldet werden. Dieser muß nun entsprechend seinen Möglichkeiten versuchen, einen Ausgleich zu schaffen. Gelingt dies nicht, so erfolgt eine Abweichungsmeldung an die Unternehmensleitung, deren Eingriff nun gefordert ist.

Wesentliche Lerninhalte

- Der **Regelkreis** ist ein Steuerungssystem, bei dem Abweichungen, die durch Störungen von außen hervorgerufen werden, **selbsttätig korrigiert** werden (automatisierte Zielerreichung).
- Die Wissenschaft, die sich mit der Regelung und Steuerung von Systemen befaßt, ist die **Kybernetik**.
- Der Regelkreis besteht neben der vorgegebenen Führungsgröße (**Soll**-Wert) aus
  - ► Regler
  - ► Stellgröße
  - ► Regelstrecke
  - ► Regelgröße
- Die automatische Korrektur im System erfolgt solang, bis der **Ist**-Wert mit dem **Soll**-Wert übereinstimmt.
- Der Betrieb ist ein System, das Eigenschaften des Regelkreissystems aufweist.
- Betriebliche Prozesse können mit Hilfe des Regelkreises dargestellt und verdeutlicht werden

Aufgaben zur Sicherung des Lernerfolgs

1 Zählen Sie Beispiele aus Natur und Technik auf, bei denen das Regelkreissystem vorzufinden ist!

2 Veranschaulichen Sie die Fahrstuhlsteuerung mit Hilfe des Regelkreises!

3 Welche Gemeinsamkeiten hat ein demokratisches Gesellschaftssystem mit dem Regelkreissystem?

4 Beispiel aus der Lagerwirtschaft:

Der tägliche Bedarf einer Unternehmung beträgt 80 Stück, die Beschaffungszeit 10 Tage, der Mindestbestand 200 Stück, der vorhandene Lagerbestand 1 400 Stück.

a) Stellen Sie den Vorgang mit Hilfe des Regelkreises dar!

b) Welchen Einfluß auf den Ablauf hätte eine plötzliche Verlängerung der Lieferzeit von 10 auf 14 Tage?

5 a) Untersuchen und begründen Sie, welche Führungstechniken im Beispiel für die Problemstellung auf S. 200 praktiziert werden!

b) Überprüfen Sie, welche Auswirkungen ein lang anhaltender Streik in der Zulieferindustrie für die AG hätte!

3.20 Die Aufbauorganisation

Problem

Hans Müller und Gerhard Schulz wollen einen *Stahlgroßhandel* eröffnen. Vorher überlegen sie neben anderem, wie der Aufbau des Betriebes organisiert werden soll, damit die betriebliche *Gesamtaufgabe (Marktaufgabe)* günstig erfüllbar ist. Warum müssen mit zunehmender Betriebsgröße immer mehr Stellen und Abteilungen gebildet werden?

Sachdarstellung

Die Aufbauorganisation gliedert zunächst die Gesamtaufgabe (Marktaufgabe) in Teilaufgaben und ordnet sie danach Stellen zu. Damit werden *Stellenaufgaben* und *Zuständigkeiten* geschaffen, die auf Aufgabenträger (Stelleninhaber, Personen) zu verteilen sind.

Eine Aufbauorganisation entsteht in Stufen:

1. Stufe: **Aufgabengliederung (Aufgabenanalyse)**

Zerlegung der Gesamtaufgabe

Beispiel:

Gesamtaufgabe:	Stahlgroßhandel
Unteraufgabe:	Einkaufen, Lagern, Verkaufen
Teilaufgabe zur Unteraufgabe „Einkaufen“:	Bedarf feststellen, Bezugsquellen ermitteln, Angebote einholen
Elementaraufgabe:	Bezugsquellen auswählen

2. Stufe: **Stellenbildung (Aufgabensynthese)**

Zusammenfassen von Teilaufgaben zu Stellenaufgaben

Beispiel:

Teilaufgaben:	Bedarf feststellen, Bezugsquellen ermitteln, Angebote einholen	= Stellenaufgabe eines Sachbearbeiters im Einkauf

3. Stufe: **Aufgabenverteilung**

Übertragen von Stellenaufgaben und Zuständigkeiten auf Aufgabenträger (Stelleninhaber, Personen)

Beispiel:

Einstellen eines geeigneten Bewerbers für eine Sachbearbeiterstelle im Einkauf

3.20.1 Die Aufgabengliederung (Aufgabenanalyse) [1]

Die Aufgabengliederung beginnt bei der betrieblichen Gesamtaufgabe (Marktaufgabe) als der *Obergrenze* und schreitet fort bis zu zuordnungsfähigen Teilaufgaben (Elementaraufgaben), deren Unterteilung nicht mehr sinnvoll ist (*Untergrenze*). Die Gliederungstiefe hängt wesentlich von der Betriebsgröße und dem Grad der Arbeitsteilung ab. Vor allem bei bereits eingerichteten Betrieben sind vorhandene Arbeitskräfte, sachliche Hilfsmittel, gegebene räumliche Verhältnisse sowie der zeitliche und mengenmäßige Arbeitsanfall zu berücksichtigen. Ziel der Aufgabengliederung ist ein Überblick über alle betrieblichen Teilaufgaben.

1 Analyse (griechisch-mittellateinisch) = Zergliederung eines Ganzen in seine Teile, Zerlegung, Untersuchung

Aufgabengliederung nach Verrichtungen

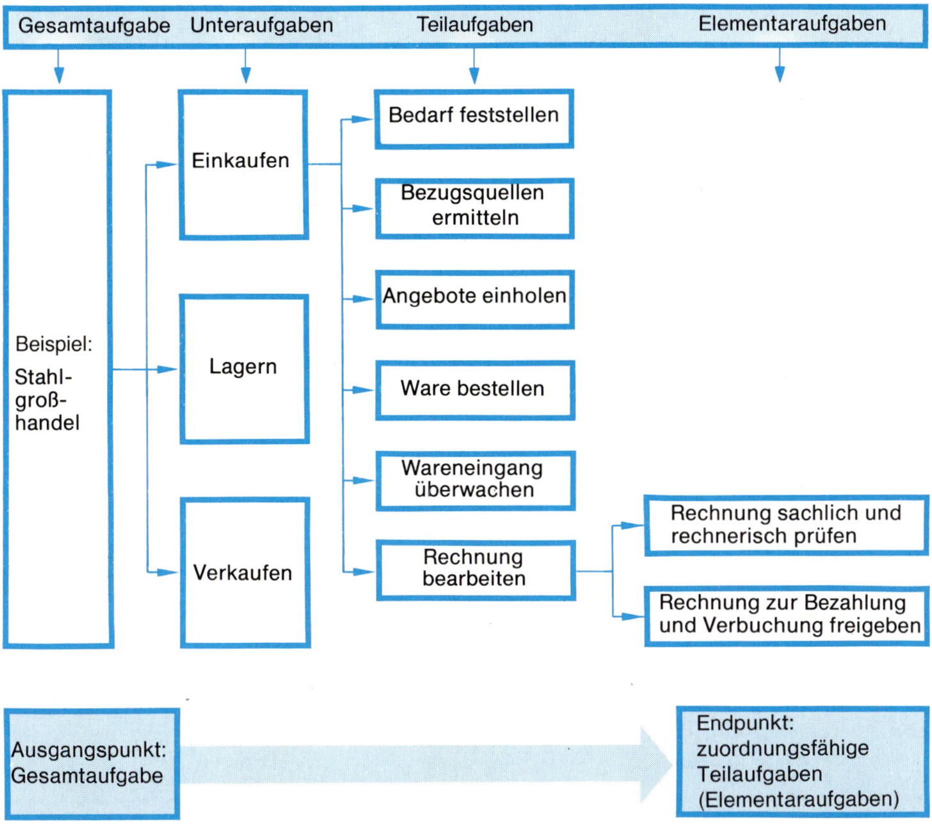

Teilaufgaben weisen **Gliederungsmerkmale** auf, die für die Zuordnung zu Stellen bedeutsam sind:

- Die **Verrichtung** bezeichnet die Tätigkeitsart, z. B. Einkaufen, Lagern, Diktieren.
- Das **Objekt** gibt den Arbeitsgegenstand an, z. B. Auftrag, Lieferung, Diktat.
- Der **Rang** einer Tätigkeit ist ein Maß für ihren Anteil an Entscheidungs- und Ausführungsaufgaben. Der Rang ist um so höher, je größer der Anteil an Entscheidungsaufgaben ist.
- Aufgabenerfüllung weist die **Phasen**[1] *Planung, Durchführung und Kontrolle* auf. Eine Tätigkeit kann sich schwerpunktmäßig auf eine oder mehrere Phasen beziehen.

[1] Phase (griechisch-französisch) = Abschnitt einer Entwicklung, Stufe

Beispiel
Teilaufgabe „ Erstellen von Geschäftsbriefen"

Phasen	ausführende Stellen	
	Sachbearbeiter	Phonotypistin
Planung	Art, Anzahl und Reihenfolge der zu erstellenden Geschäftsbriefe	
Durchführung	Diktieren → Unterschreiben	Niederschreiben
Kontrolle	Durchlesen	Durchlesen

- Die **Zweckbeziehung** einer Teilaufgabe drückt ihr Verhältnis zur betrieblichen Gesamtaufgabe (Marktaufgabe) aus. *Zweckaufgaben* dienen deren unmittelbarer Erfüllung. *Verwaltungsaufgaben* entstehen aus Zweckaufgaben und tragen mittelbar zur betrieblichen Leistungserstellung bei.

Beispiel

Zweckaufgabe	daraus entstehende Verwaltungsaufgaben (Beispiele)
Einkaufen	Bezugsquellen schriftlich erfassen, Geschäftsbriefe erstellen, Schriftgut ablegen

Verrichtung und Objekt sind **sachliche Gliederungsmerkmale,** die vom Geschäftszweig des Betriebes her bestimmt sind. Sie stehen im Vordergrund. Rang, Phase und Zweckbeziehung sind branchenunabhängige *formale Gliederungsmerkmale,* die neben den sachlichen zu beachten sind.

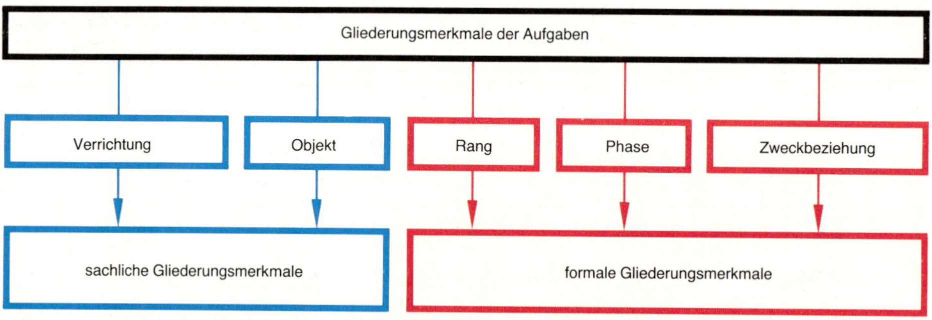

3.20.2 Die Stellen- und Abteilungsbildung (Aufgabensynthese)[1]

3.20.2.1 Stelle und Abteilung

Die durch Aufgabengliederung festgestellten *ständig wiederkehrenden Teilaufgaben* eines Betriebes werden zu **Stellenaufgaben** zusammengefaßt und einer Stelle zugeordnet. Die Stellenaufgaben sind so zu bemessen, daß sie eine *gedachte Person* bewältigt. Eine Stelle ist der Aufgaben- und Arbeitsbereich, der **Funktionsbereich** einer Person. Sie sollte jedoch personenunabhängig ausgelegt sein, damit sie beim Ausscheiden des Stelleninhabers aus

1 Synthese (griechisch-lateinisch) = Zusammenfügung, Verknüpfung (einzelner Teile zu einem höheren Ganzen)

dem Betrieb bestehen bleiben und ohne weiteres mit einem Nachfolger besetzt werden kann.

Die Aufgaben sind so zusammenzufassen, daß sich der Arbeitsfluß möglichst rasch und gleichmäßig vollzieht.

Stellen sind die *kleinsten Organisationseinheiten* eines Betriebes, die Bausteine seiner Abteilungen. In größeren Betrieben sind mehrere Abteilungen zu Hauptabteilungen zusammengefaßt.

Beispiel für eine Stellenbildung

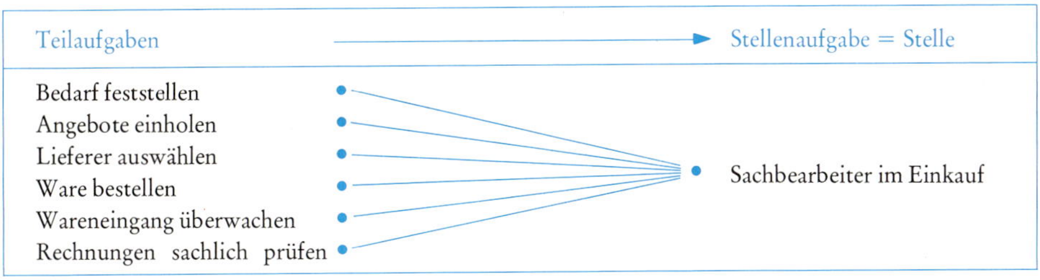

3.20.2 Grundsätze der Stellen- und Abteilungsbildung

Grundsätze der Stellen- und Abteilungsbildung			
personenbezogen	sachbezogen	formal	sonstige
Fähigkeiten Erfahrungen Interessen	Verrichtung Objekt	Rang Phase Zweckbeziehung	Arbeitsmittel Raum Zeit

aufgabenbezogen	
Zentralisation = gleichartige Aufgaben	Dezentralisation = verschiedenartige Aufgaben

- **Grundsatz der Personenbezogenheit**

Für leitende Kräfte werden Stellenaufgaben mitunter maßgerecht auf ihre persönlichen Fähigkeiten zugeschnitten, um einen weiten Entfaltungsspielraum zu schaffen. Bei Umorganisation bestehender Betriebe bleiben bisweilen personenbezogene Stellen bestehen, die von bewährten Fachkräften oder langjährigen Mitarbeitern produktiv ausgefüllt werden. Personenbezogene Stellen bleiben jedoch auf Ausnahmen beschränkt, da für ausscheidende Mitarbeiter meist kein geeigneter Ersatz zu beschaffen ist.

- **Grundsatz der Sachbezogenheit**

Stellen und Abteilungen werden am häufigsten nach sachlichen Gliederungsmerkmalen gebildet, z. B. nach *gleichen Verrichtungen* (Einkauf, Verkauf, Buchhaltung), nach dem *gleichen Bearbeitungsobjekt* oder einer *Verbindung* von Verrichtung und Objekt (Werkzeuglager, Ersatzteilverkauf).

Beispiel

Gliederung der Einkaufsabteilung eines metallverarbeitenden Betriebes nach Objekten

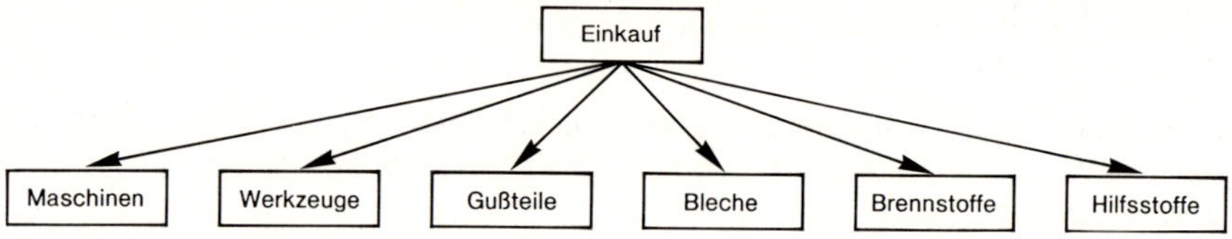

• Formale Grundsätze

Zusätzlich kommen zu den genannten Grundsätzen bei der Stellenbildung formale Gesichtspunkte, wie *Rang*, *Phase* und *Zweckbeziehung* hinzu. So ist zu prüfen, inwieweit die durch *Rang*gliederung ermittelten Entscheidungsaufgaben einer oder mehreren Stellen zuzuweisen sind. Die Tragweite von Entscheidungen spielt dabei eine wesentliche Rolle. Die Zuweisung von Entscheidungsaufgaben gestaltet den Instanzenaufbau.

Beispiel

Teilaufgaben	Rang	Stellen/Instanzen
Einkaufen von Stählen und Werkzeugautomaten	Ausführung der Bestellungen von Stählen und Werkzeugautomaten	Sachbearbeiter
	Entscheidung: Abschluß der Kaufverträge über Stähle	Leiter der Einkaufsabteilung
	Entscheidung: Abschluß der Kaufverträge über Werkzeugautomaten	Geschäftsleitung

Die gleiche Überlegung gilt für die Zuordnung von Aufgaben*phasen*, insbesondere für die Trennung von Planung und Durchführung bzw. Durchführung und Kontrolle. Grundsätzlich ist es sinnvoll, die Erfüllung der Zweckaufgaben von den daraus entstehenden Verwaltungsaufgaben zu trennen *(Zweckbeziehung)*.

• Sonstige Grundsätze

Die vorhandenen *Arbeitsmittel, Arbeitsräume* und die erforderlichen *Arbeitszeiten* sind in der Regel auf mittlere Frist als unveränderbare Gegebenheiten zu berücksichtigen.

• Zentralisation und Dezentralisation[1]

Bei *Zentralisation* werden Teilaufgaben mit gleichem Merkmal einer Stelle oder Abteilung zugeordnet. Bei *Dezentralisation* werden sie auf mehrere verteilt, so daß die betroffenen Organisationseinheiten Teilaufgaben mit verschiedenartigen Merkmalen aufweisen. Die Anwendung dieses Grundsatzes ist allen oben genannten übergeordnet. Ein hoher Zentralisationsgrad erlaubt verstärkt den Einsatz kostensparender Hilfsmittel (Rationalisierung). Die Folgen können jedoch erhöhte Fehlerquoten, hervorgerufen durch die Arbeitsunlust aufgrund gleichartiger Tätigkeiten, und überdurchschnittlich hoher Verwaltungsaufwand sein.

3.20.3 Die Aufgabenverteilung

3.20.3.1 Die Zuständigkeiten

Anzahl und Aufgaben der Stellen und Abteilungen sind abhängig von der Art und Größe eines Betriebes sowie der Anwendung der Grundsätze der Stellen- und Abteilungsbildung.

[1] Zentralisation (griechisch-lateinisch-französisch) = Zusammenziehung, Vereinigung in einem (Mittel)punkt; Dezentralisation (lateinisch-neulateinisch) = Auseinanderlegen

Neben der Zuweisung von Aufgaben ist eine *genaue Abgrenzung der Zuständigkeiten* erforderlich, mit der für jede Abteilung und Stelle Ziele, Verantwortungsbereich sowie die Über-, Gleich- und Unterstellungsverhältnisse festgelegt werden.

3.20.3.2 Die Stellenbeschreibung

Die Stellenaufgaben sind geeigneten Personen zu übertragen (Stelleninhaber, Aufgabenträger). Unentbehrliches Hilfsmittel für die Stellenbesetzung ist die *Stellenbeschreibung.* Sie enthält folgende Punkte:

- **Stellenbezeichnung**
  Beispiel:
  Leiter der Verkaufsabteilung.
- **Stelleneingliederung (Instanzenbild)**
  Sie beschreibt die Über-, Gleich- und Unterstellungsverhältnisse einer Stelle. Daraus gehen Rang und Platz einer Stelle in der Gesamtorganisation eines Betriebes hervor.
- **Stellenziel**
  Beispiel:
  Dem Leiter der Verkaufsabteilung sind mehrere Ziele gesetzt, wie Umsatz steigern, Marktanteil vergrößern, gewinnbringende Preise und günstige Verkaufsbedingungen erreichen.
- **Stellenaufgaben (Arbeitsbild)**
  Zusammen mit der Aufgabenbeschreibung einer Stelle wird der Handlungs- und Verantwortungsbereich des Stelleninhabers festgelegt.

  Beispiel:
  Der Aufgabenbereich des Leiters einer Verkaufsabteilung umfaßt die verantwortliche *Leitung* dieser Abteilung. In seinem Verantwortungsbereich liegt z. B. die Genehmigung von Sonderpreisen und Sonderbedingungen für einzelne Kunden, die Mitwirkung der Entwicklung und Einführung neuer Erzeugnisse, die Feststellung der Umsatzentwicklung, die Verkaufsförderung.
- **Stellenanforderungen (Besetzungsbild)**
  Sie nennen die Voraussetzungen, die ein Stelleninhaber erfüllen muß.
  Beispiel:
  Der Leiter einer Verkaufsabteilung hat mindestens einen mittleren Bildungsabschluß nachzuweisen, muß überdurchschnittliche Markt- und Branchenkenntnisse, ein sicheres Auftreten, hervorragendes Verhandlungsgeschick, Kontaktfreudigkeit, Führungsfähigkeiten und Selbständigkeit besitzen.

Stellenbeschreibungen erleichtern Ausschreibung, Bewerberauswahl und Einarbeitung. Sie bewirken, daß jeder Stelleninhaber Aufgaben und Zuständigkeiten genau kennt. Mehrfachbearbeitungen und Streitigkeiten über Verantwortungsbereiche werden vermieden. Leistungen und Fehlleistungen können zutreffend ermittelt und für die Entgeltbemessung herangezogen werden. Gezielte betriebliche Fortbildungsmaßnahmen sind möglich.

3.20.3.3 Die Stellenbesetzung

Bei der Stellenbesetzung müssen die Leistungseigenschaften der Bewerber und die Stellenanforderungen günstig aufeinander abgestimmt werden. Stellenbesetzungen sind grundsätzlich *auf Dauer* vorzunehmen. Für jeden Stelleninhaber ist die *Vertretung* auf Dauer zu regeln für Fälle seiner vorübergehenden Abwesenheit (Krankheit, Urlaub, Geschäftsreise).

Wesentliche Lerninhalte

- Die **Aufbauorganisation** umfaßt:
  - ▶ Aufgabengliederung (Aufgabenanalyse)
  - ▶ Stellen- und Abteilungsbildung (Aufgabensynthese)

► Aufgabenverteilung

- Die **Aufgabengliederung** zerlegt die betriebliche Gesamtaufgabe (Martkaufgabe) nach **Gliederungsmerkmalen** in zuordnungsfähige Teilaufgaben (Elementaraufgaben).
- Die **Stellen- und Abteilungsbildung** fügt Aufgaben nach sinnvoll angewandten **Grundsätzen** so zusammen, daß eine reibungslose betriebliche Leistungserstellung möglich ist.
- Die **Aufgabenverteilung** sorgt für die Schaffung von Zuständigkeiten und ihre Übertragung auf geeignete Stelleninhaber. Wesentliches Hilfsmittel ist die **Stellenbeschreibung.**

Aufgaben zur Sicherung des Lernerfolgs

1 Stellen Sie in einer der folgenden betrieblichen Abteilungen mögliche Verrichtungen fest: Lager, Buchhaltung, Verkauf, Versand!

2 Zur Erledigung der nachstehenden Aufgaben wirken mehrere Stellen zusammen:

Gemeinsame Aufgaben	Stellen
Erste Aufgabe Prüfen, Verbuchen und Begleichen einer Lieferantenrechnung	Sachbearbeiter im Einkauf, Rechnungsprüfer in der Finanzbuchhaltung, Bürogehilfin in der Finanzbuchhaltung
Zweite Aufgabe Bearbeiten einer schriftlichen Bestellung über eine auf Lager befindliche Ware und Ausführen der Lieferung	Sachbearbeiter im Verkauf, Schreibkraft im Verkauf, Lagerist, Arbeiter im Versand

Stellen Sie fest, welche Phasen der Teilaufgaben von jedem Stelleninhaber zu erfüllen sind und in welchem Rangverhältnis die zusammenwirkenden Stellen zueinander stehen! Verwenden Sie das in der Sachdarstellung auf S. 206 unter Gliederungsmerkmal Phase gebrauchte Schema!

3 In einem Betrieb wird ein zentraler Schreibdienst eingerichtet.

a) Nach welchen Gesichtspunkten könnte die Stellenbildung vorgenommen werden?

b) Welche Vor- und Nachteile sind damit verbunden?

4 Jede Abteilung eines Betriebes verfügt über ein Fotokopiergerät. Die Geschäftsleitung bemängelt den hohen Verbrauch an Fotokopierpapier. Die Organisationsabteilung wird mit der Ursachenfeststellung und einem Änderungsvorschlag beauftragt. Machen Sie sich darüber Gedanken!

5 Welchen Zweck haben Stellenbeschreibungen?

6 Warum sollen Stellen grundsätzlich auf Dauer besetzt werden?

7 Warum soll die Vertretung eines Stelleninhabers für den Fall seiner vorübergehenden Abwesenheit verbindlich auf Dauer geregelt sein? Welche Gesichtspunkte sind bei der Auswahl des Vertreters zu berücksichtigen?

8 ★ Der Verwaltungsbereich der Textil-GmbH, Reutlingen, der bislang vorwiegend nach dem Grundsatz der Personenbezogenheit organisiert war, wird umorganisiert. Die Stellen sollen vornehmlich sachbezogen gebildet werden. Der Betrieb muß jedoch die vorhandenen Mitarbeiter weiter beschäftigen.

a) Welche Folgen hat diese Neuerung für die gesamte Aufbauorganisation und für die Stellenbesetzung?

b) Inwieweit könnte der Grundsatz der Sachbezogenheit durch personenbezogene Gesichtspunkte ergänzt werden, um solchen Organisationsfällen gerecht zu werden? Bilden Sie Beispiele!

9 ★ Für einen Betrieb, der nach modernen Gesichtspunkten geführt wird, sind Stellenbeschreibungen ein wichtiges Hilfsmittel. Dennoch ist es denkbar, daß Einwände dagegen vorgebracht werden könnten. Überlegen Sie sich solche Einwände, die z. B. von Mitgliedern der Geschäftsleitung, Abteilungsleitern, Sachbearbeitern geäußert werden könnten!

3.21 Die Ablauforganisation

Problem

Der Abteilungsleiter Finanzbuchhaltung der Mannheimer Metallwarenfabrik GmbH berichtet auf der Abteilungsleiterbesprechung, daß seine Abteilung die Eingangsrechnungen oft zu spät erhalte, um skontieren zu können. Der Abteilungsleiter Einkauf entgegnet, daß eine schnellere Rechnungsprüfung in seinem Bereich leider nicht möglich sei. Die Geschäftsleitung beauftragt die Organisationsabteilung mit der Prüfung der betreffenden Arbeitsabläufe und der Erarbeitung eines Änderungsvorschlages. Welchen Zweck haben solche Ablaufuntersuchungen?

Sachdarstellung

Die Aufbauorganisation ordnet die betrieblichen Aufgaben Stellen und Aufgabenträgern (Personen) zu. Die *Ablauforganisation* hat die betrieblichen *Arbeiten und Arbeitsabläufe* sorgfältig zu *untersuchen* und zu *steuern*. Dazu gehören im einzelnen:

- Bestimmung von Reihenfolge, Zeitpunkt und Verrichtungsweise der Arbeiten,
- zeitliche Abstimmung der Arbeiten und Arbeitsabläufe aufeinander,
- Anstreben kürzester Auftragsdurchlaufzeiten,
- Anstreben gleichmäßiger Auslastung der Stellen,
- störungsfreier Arbeitsfluß,
- Einhalten von Terminen.

3.21.1 Die Ordnungselemente von Arbeitsabläufen

Ordnungselemente sind Merkmale zur Ordnung von Arbeitsabläufen. Sie beeinflussen die Gesamtdauer jeder Arbeit und jedes Arbeitsablaufs sowie die Stellenauslastung. Die Ablauforganisation untersucht in erster Linie Ordnungselemente wiederkehrender Arbeitsabläufe.

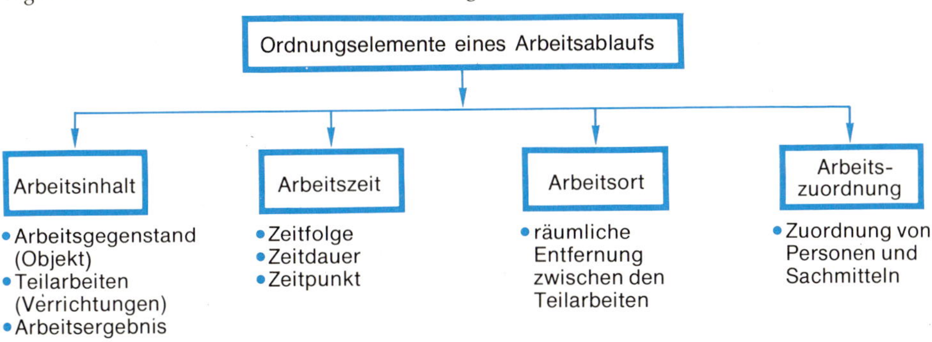

- **Arbeitsinhalt**

Die einer Stelle von der Aufbauorganisation zugewiesenen Elementaraufgaben (zuordnungsfähige Teilaufgaben) werden von der Ablauforganisation durch *Arbeitsgliederung* auf ihre *Arbeitsinhalte* untersucht. Zum Arbeitsinhalt gehören der durch Bearbeitung zu verändernde *Arbeitsgegenstand*, die *Teilarbeiten (Verrichtungen)*, in die sich die Bearbeitung gliedert, und das anzustrebende *Arbeitsergebnis*. Die Ablauforganisation muß vor allem die Teilarbeiten genau und möglichst vollständig erfassen.

Zusammenhang zwischen Aufbau- und Ablauforganisation

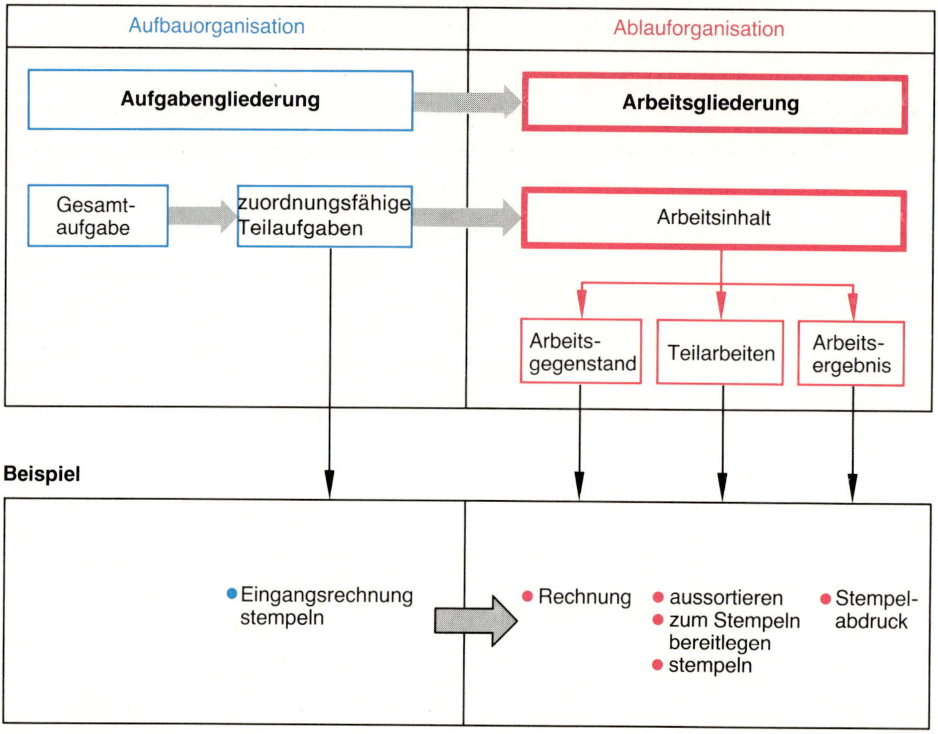

- **Arbeitszeit**

Die Gesamtarbeitszeit eines Arbeitsablaufs ist so gering wie möglich zu halten. Die Ablauforganisation sucht zunächst durch eine zweckmäßige Anordnung der Teilarbeiten eine günstige *Zeitfolge* für die Arbeitsabläufe jeder Stelle zu finden. Im nächsten Schritt ist die *Zeitdauer* der Teilarbeiten möglichst genau zu ermitteln. Schwierigkeiten bereiten dabei die Schwankungen in der Häufigkeit und im Umfang bei den Teilarbeiten der kaufmännischen Verwaltung. Die *Zeitpunkte* des Beginns und des Endes einer Teilarbeit lassen sich nur dann exakt festlegen, wenn die genaue Zeitdauer feststeht. Die Planbarkeit dieser Zeitpunkte ist wiederum Voraussetzung für die zeitliche Abstimmung der Teilarbeiten und Arbeitsabläufe untereinander. Engpässe bzw. Leerlauf in den Stellen sowie Fristüberschreitungen können nur durch genaue Arbeitszeitplanung vermieden werden.

- **Arbeitsort**

Für die Erfüllung sämtlicher Teilarbeiten eines Arbeitsablaufs sind häufig mehrere Arbeitsorte erforderlich. Günstige Arbeitszeiten lassen sich nur erzielen, wenn entweder die Teilarbeiten eines Arbeitsablaufs in größter räumlicher Nähe zueinander erfüllt oder die Arbeitsgegenstände sehr rasch zwischen den Arbeitsorten transportiert werden können.

- **Arbeitszuordnung**

Die Teilarbeiten werden von *Aufgabenträgern (Personen)* erfüllt, die mit den Stellenaufgaben betraut sind. Sie bedienen sich dabei der Sachmittel, mit denen der Arbeitsplatz (Arbeitsort) ausgestattet ist.

Die Ablauforganisation hat darauf zu achten, daß diese *Zuordnung* von Personen, Sachmitteln und Teilarbeiten auf Dauer günstig bleibt.

3.21.2 Die Arbeitsanweisung

Gut organisierte Betriebe entwickeln Arbeitsanweisungen, besonders für ständig wiederkehrende Arbeitsabläufe. *Arbeitsanweisungen für Vorgänge* enthalten zusammenhängende Beschreibungen aller Teilarbeiten eines Arbeitsablaufs. *Arbeitsplatzbeschreibungen* fassen alle Anweisungen für einen Arbeitsplatz zusammen und sind jeweils dort aufzubewahren.

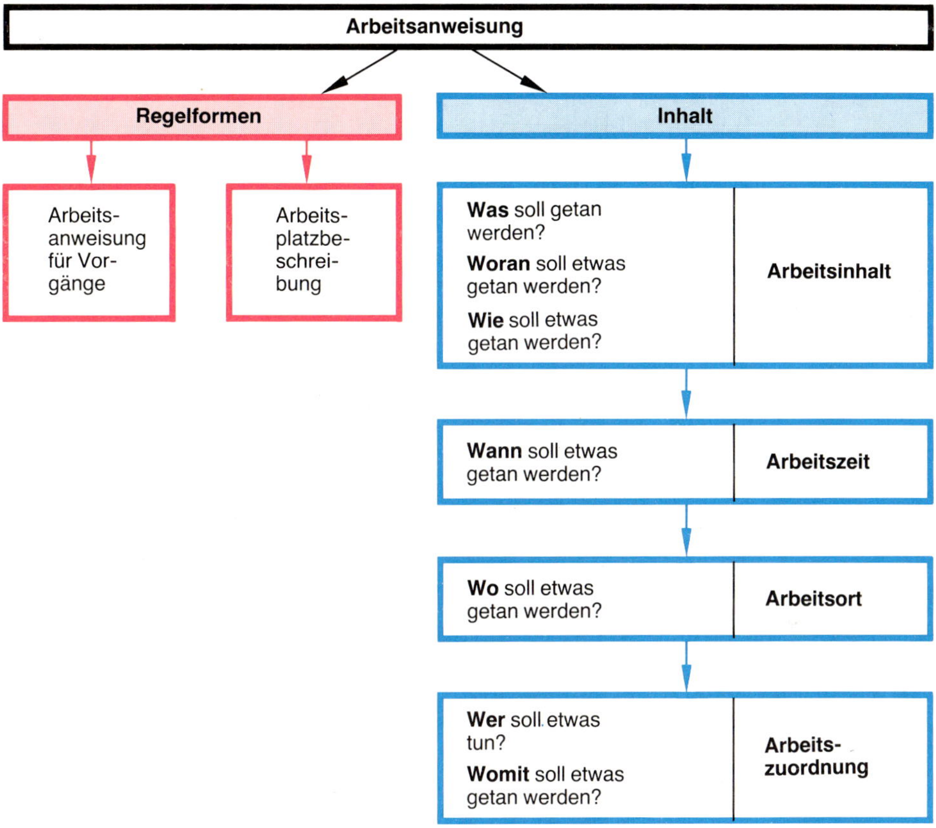

Arbeitsanweisungen sollen den betrieblichen Arbeitsvollzug *beschleunigen* und *absichern*. Im einzelnen wird angestrebt:

- wirkungsvoller Einsatz der Arbeitskräfte und der Sachmittel,
- Mitarbeiter sollen Arbeitszusammenhänge erkennen und sich danach richten,
- neue Mitarbeiter und Vertretungen sollen sich rasch einarbeiten können,
- Vordrucke sollen dem Arbeitsablauf gemäß gestaltet werden können,
- Arbeitsfehler sollen weitgehend vermieden werden,
- die Arbeitskontrolle soll erleichtert werden.

Beispiel einer Arbeitsanweisung mit Darstellung des Arbeitsablaufs

ARBEITSANWEISUNG	Anweisung Nr. **020**
Bestellung und Wareneingang	Datum

Bearbeitende Stelle	1 Materialanforderung	2 Bestellung Original	3 Bestellung 1. ∅	4 Bestellung 2. ∅	5 Ware	6 Frachtbrief	7 Lieferschein	8 Wareneingangsschein 1, 2 für Einkauf	9 Wareneingangsschein 3 für Materiallager	10 Wareneingangsschein 4 für Disposition	Tätigkeiten
1 Disposition	○										
2 Einkauf	○	○	verbleibt im Einkauf	○							Ermittlung des Lieferanten durch Bezugsquellennachweis Ausschreiben des Bestellsatzes Eintrag in die Bestellkartei Überwachung des Liefertermins Ablage der Materialanforderung
3 Lieferanten		○			○	○	○				
4 Disposition				○							Vermerk über erfolgte Bestellung auf dem ∅ Materialanforderung
5 Wareneingang				○	○	○	○	○	○	○	Vorläufige Ablage, Bestellung 2. ∅ Prüfung der Anschrift des Absenders der Stückzahl des Gewichts Unterlagen: Bestellung 2. ∅ Lieferschein Bei beschädigter Verpackung Mangel auf dem Frachtbrief oder anderen Begleitpapieren bestätigen lassen Auspacken der Ware Bei Mängeln **Anweisung 021** beachten Bei Teillieferung Bestellung 2. ∅ mit Vermerk zurück an Einkauf Ausschreiben der Wareneingangsscheine – vierfach
6 Kasse						○					Auszahlung der Fracht **Anweisung 057** (Kassenwesen)
7 Einkauf								○			Bearbeitung **Anweisung 032** (Rechnungspr.)
8 Materiallager					○				○		Lagerung der Ware Ablage Materialeingangsschein 3
9 Disposition										○	Ablage ∅ Materialanforderung mit Wareneingangsschein 4

Wesentliche Lerninhalte

- Die **Ablauforganisation** strebt kurze Arbeitszeiten für die Arbeitsabläufe bei gleichmäßiger Auslastung der Stellen an.
- Die Wirksamkeit der Ablauforganisation hängt davon ab, wie genau sie die **Ordnungselemente** der betrieblichen Arbeitsabläufe erfassen und wie günstig sie diese beeinflussen kann.
- **Ordnungselemente** sind der Arbeitsinhalt, die Arbeitszeit, der Arbeitsort und die Arbeitszuordnung. Diese dienen zur Gliederung und Ordnung von Arbeitsabläufen.
- **Arbeitsanweisungen** sind wichtige Hilfsmittel zur Beschleunigung und Sicherung von Arbeitsabläufen. Sie müssen jedem Mitarbeiter zugänglich sein.

Aufgaben zur Sicherung des Lernerfolgs

1 Welche Aufgabe hat die Ablauforganisation?

2 Worin unterscheiden sich Aufbauorganisation und Ablauforganisation?

3 Bestimmen Sie durch Einsetzen der Ziffern 1 bis 6 die richtige Reihenfolge der aufgezählten Arbeiten:

Arbeitsinhalt:

Führen einer Lagerkartei,

den neuen Bestand errechnen,

Lagerkarteikarte entnehmen bzw. anlegen,

Belege ordnen,

Mindestbestand prüfen,

Lagerzugang bzw. -abgang buchen,

Bestellanforderung ausschreiben.

4 Nennen Sie Stellenaufgaben aus dem Bereich der kaufmännischen Verwaltung! Bestimmen Sie deren Arbeitsinhalte und ermitteln Sie die jeweilige Zeitfolge der Teilarbeiten!

5 Welchen Aussagewert haben folgende Unterlagen bzw. Angaben für die Untersuchung von Arbeitsabläufen:

a) Vordrucke (Formulare),

b) Verteilerangaben auf Schriftstücken,

c) Lagepläne der Gebäude und Werkstätten,

d) Raumbelegungspläne?

6 Nach welchen Gesichtspunkten sind Arbeitsanweisungen anzufertigen?

7 ★ Wie beinflußt der beschleunigte Arbeitsfluß die betriebliche Kostenentwicklung?

8 ★ Entwerfen Sie eine Arbeitsplatzbeschreibung für die Stelle eines Sachbearbeiters aus einem Arbeitsbereich, den Sie in Ihrem Ausbildungsbetrieb kennengelernt haben!

3.22 Organisationsformen der Leitung

Problem

Das Leitungssystem einer Eisengießerei GmbH soll neu organisiert werden. U. a. wird dem Gießereimeister die Frage gestellt, von wem er Anweisungen erhalte. Die Antwort: „Die meisten Anweisungen erteilt der Betriebsleiter. Daneben sind Weisungen der Abteilungsleiter Konstruktion, Modellbau, Terminüberwachung, Planung und Personalwesen zu beachten." Welche Probleme können sich aus Mehrfachanweisungen ergeben?

Sachdarstellung

3.22.1 Instanz und Instanzenaufbau

Entscheidungsaufgaben kommt wegen der größeren Verantwortung ein höherer Rang zu als den Ausführungsaufgaben. Stellen, deren Stellenaufgaben schwerpunktmäßig Entscheidungen verlangen, werden als **leitende Stellen** oder **Instanzen** bezeichnet. Inhaber leitender Stellen haben vornehmlich aus eigener Erkenntnis selbstverantwortlich im Rahmen ihrer Zuständigkeiten zu handeln. Sie besitzen gegenüber den Unterstellten Anordnungs- und Kontrollbefugnis sowie das Recht, Maßnahmen gegen pflichtwidriges Verhalten zu ergreifen (Disziplinargewalt).

Die Entscheidungsaufgaben werden je nach Tragweite Instanzen unterschiedlichen Ranges zugeordnet. Instanzen gleichen Ranges gehören der gleichen **Leitungsebene** an. In der Regel zeigt der betriebliche **Instanzenaufbau** folgendes Bild:

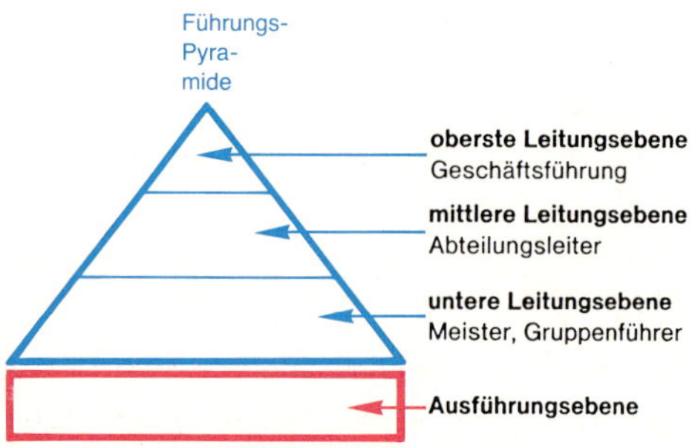

3.22.2 Leitungssysteme (Weisungssysteme)[1]

Der Instanzenaufbau bedarf der Ergänzung durch einen festgelegten Weg, auf dem Informationen, vor allem *Anordnungen,* die Stellen erreichen. In der Praxis haben sich verschiedene Möglichkeiten des organisierten Befehlsweges (Dienstweges) herausgebildet: die Leitungssysteme (Weisungssysteme). Jeder Betrieb wird sich das Leitungssystem schaffen, das seinen Bedürfnissen am besten entspricht. Die Vielfalt der möglichen Leitungssysteme orientiert sich im wesentlichen an zwei *Grundformen:* dem **Liniensystem** und dem **Stabliniensystem.**

3.22.2.1 Liniensystem (Einliniensystem)

Alle Stellen des Betriebs sind in einen *einheitlichen Befehlsweg* eingegliedert, der von der obersten Instanz bis zur untersten ausführenden Stelle führt. Sämtliche Anordnungen durchlaufen diesen Weg. Jeder Vorgesetzte besitzt lediglich innerhalb seines Zuständigkeitsbereiches Leitungsbefugnis. Jeder Mitarbeiter hat nur einen Vorgesetzten, dem gegenüber er auch allein Verantwortung trägt. Durch diese *straffe, autoritäre Organisation* wird erreicht, daß alle Stellen bzw. Instanzen gleichen Ranges untereinander völlig unabhängig sind.

[1] System (griechisch-lateinisch) = Gliederung, Aufbau, Ordnungsgrundsatz; einheitlich geordnetes Ganzes

Liniensystem

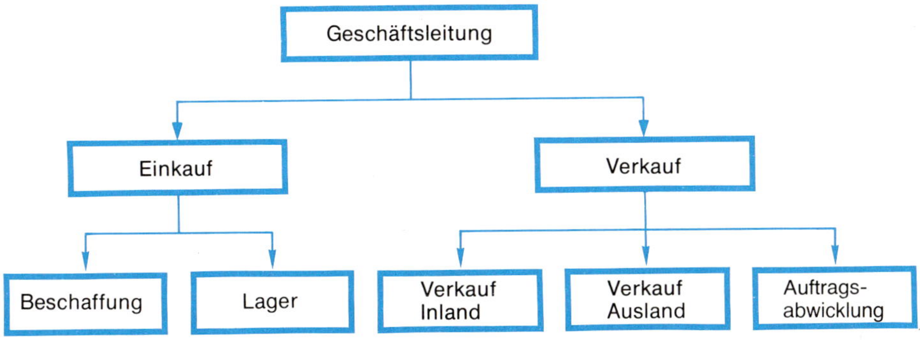

Vorteile des Liniensystems:

- Einfacher und durchsichtiger organisatorischer Aufbau
- Klare Regelung der Anordnungszuständigkeiten
- Scharfe Abgrenzung der Zuständigkeiten; keine Überschneidungen
- Leichte Kontrollierbarkeit der Instanzen

Nachteile des Liniensystems:

- Starre Organisation, da nur ein Verkehrsweg für Anordnungen besteht
- Verantwortung und Arbeitsbelastung nehmen mit steigender Ranghöhe der Instanzen in unvertretbarem Maß zu
- Inhaber von Leitungsstellen können sich nicht spezialisieren, sondern müssen einen breiten Arbeitsbereich abdecken
- Geschäftsführung ist überlastet und arbeitet schwerfällig

3.22.2.2 Stabliniensystem (Linien-Stab-System)

Das Stabliniensystem behält den klaren und einheitlichen Befehlsweg des Liniensystems bei, vermeidet jedoch die Überlastung der Leitungsstellen. Vorwiegend oberen Instanzen sind *Stabsstellen* zugeordnet. Sie werden mit qualifizierten und spezialisierten Mitarbeitern besetzt, welche den jeweiligen Leitungsstellen zuarbeiten. Stabstellen besitzen grundsätzlich *keine Anordnungsbefugnisse.*

Zum Aufgabenbereich einer Stabsstelle können gehören: Aufbereiten und Verarbeiten von Informationen, Vorbereiten von Entscheidungen, fachliche Beratung, Entwicklungsarbeiten, zusammenfassende Arbeiten. Stabsstellen werden nach dem Bedarf eines Betriebes eingerichtet. Solche Bedarfsfälle können sein: Rechtswahrung, Revision, Organisation, Patentwesen, Statistik.

Stabliniensystem[1]

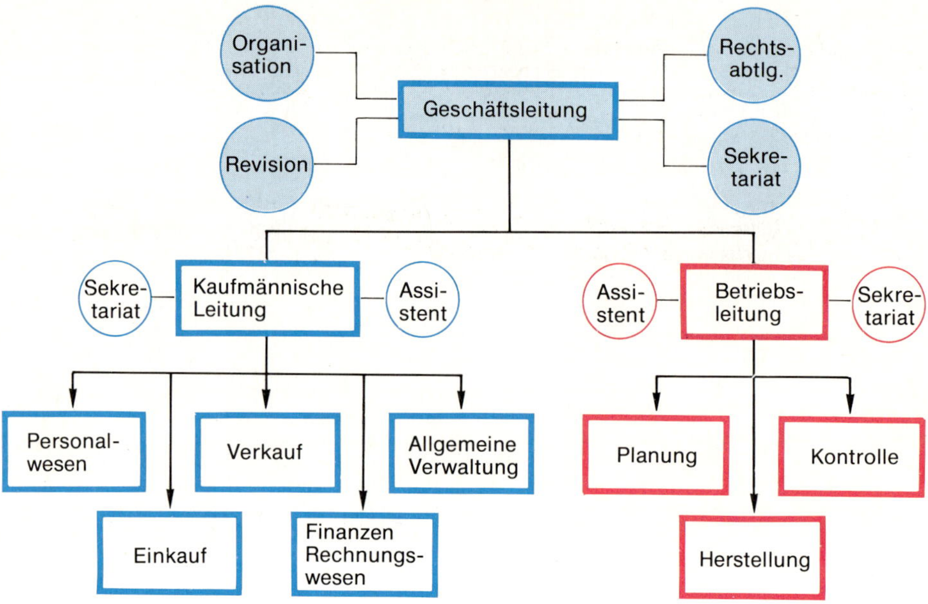

[1] Zeichenerklärung: ▭ = Instanz; ○ = Stabsstelle

Wesentliche Lerninhalte

- **Instanzen** sind Stellen mit Leitungsbefugnis.
- Inhaber leitender Stellen haben im Rahmen ihrer Zuständigkeiten
  - ▶ selbständig zu handeln
  - ▶ zu entscheiden
  - ▶ anzuordnen
  - ▶ zu kontrollieren
  - ▶ Disziplinargewalt auszuüben
- Instanzen werden entsprechend der Tragweite ihrer Entscheidungsbefugnisse rangmäßig abgestuften Leitungsebenen zugeordnet **(Instanzenaufbau).**
- Der betriebliche Instanzenaufbau wird durch den organisierten Befehlsweg (Dienstweg) ergänzt.
- Grundformen der *Leitungssysteme (Weisungssysteme)* sind:
  - ▶ **Liniensystem (Einliniensystem)**
    Jeder untergeordneten Stelle ist nur **eine** weisungsbefugte übergeordnet. Der Befehlsweg ist von der obersten Instanz bis zur untersten ausführenden Stelle einheitlich.
  - ▶ **Stabliniensystem (Linien-Stab-System)**
    Leitungsstellen des oberen Bereichs werden durch **spezialisierte Stabsstelleninhaber** ohne Weisungsbefugnis unterstützt.

Aufgaben zur Sicherung des Lernerfolgs

1 Welche Eigenschaften müssen vom Inhaber einer leitenden Stelle verlangt werden?

2 Wovon kann in einem Betrieb die Anzahl der zu bildenden Leitungsebenen abhängen?

3 ★ Wovon kann die Anzahl der einer Instanz unterstellten Mitarbeiter abhängen?

4 Stellen Sie die Vor- und Nachteile des Stabliniensystems dar!

5 Für welche Betriebe würden Sie das Liniensystem, für welche das Stabliniensystem vorschlagen? Gehen Sie bei der Begründung Ihrer Vorschläge von der Gesamtaufgabe (Marktaufgabe), der Größe und der Rechtsform eines Betriebes aus!

4 Der betriebliche Leistungsprozeß

4.1 Die Ziele erwerbs- und gemeinwirtschaftlicher Betriebe

Problem

„Ohne Gewinn raucht kein Schornstein!" Dieser Ausspruch des Sozialistenführers *August Bebel* (1840-1913) trifft den Kern des Problems. Nur wenn es sich „lohnt", ist in der freien Wirtschaft der Unternehmer bereit, sein Kapital und seine Arbeitskraft einzusetzen und das Risiko zu übernehmen. Der *Gewinn* ist gleichsam der Motor, welcher die Wirtschaft in Gang hält. Gleichzeitig regelt er wirtschaftliches Tun und Lassen, d. h. dort, wo große Gewinne erwartet werden, wird investiert, dort wo Gewinne ausbleiben, wird die Produktion umgestellt oder stillgelegt.

Marktwirtschaft, freier Wettbewerb und Gewinnerzielung sind die Fundamente einer freiheitlichen **Erwerbswirtschaft.**

Von einem staatlichen Krankenhaus erwarten wir beste ärztliche Versorgung, von der Deutschen Bundesbahn z. B. billige Fahrpreise für den Berufsverkehr. Hier ist der betriebliche Leistungsprozeß nicht auf Gewinnerzielung, sondern auf *Bedarfsdeckung* gerichtet. Solche **gemeinwirtschaftliche** Betriebe haben offensichtlich andere Zielsetzungen als erwerbswirtschaftliche Betriebe.

Was soll nun aber darüber entscheiden, ob der betriebliche Leistungsprozeß erwerbswirtschaftlich oder gemeinwirtschaftlich ablaufen soll? Wo liegen die Vorzüge der Erwerbswirtschaft, wo diejenigen der Gemeinwirtschaft?

Sachdarstellung

4.1.1 Gewinnstreben als Ziel der erwerbswirtschaftlichen Betriebe

Gewinn ist aus folgenden Gründen notwendig:

- als Lebensunterhalt für den Unternehmer,
- zum Ausbau des Unternehmens durch Investitionen, notwendig durch technische und wirtschaftliche Fortentwicklung,
- zur Sicherung der Arbeitsplätze.

Im Gewinnstreben zeigt sich das **ökonomische Prinzip,** d. h. entweder mit geringstem Aufwand einen bestimmten Erfolg oder mit bestimmten Mitteln einen größtmöglichen Erfolg zu erzielen.

Der Gewinn setzt sich also aus folgenden Teilen zusammen:

- **Unternehmerlohn** für die vom Unternehmer geleistete Arbeit,
- **Kapitalzins** für das von den Eigentümern oder dem Inhaber des Unternehmens investierte Kapital,
- **Risikoprämie** für die Bereitschaft, durch Investitionen Wagnisse einzugehen.

Ungehemmtes Gewinnstreben ist in der modernen Wirtschaft durch die gegenseitige Abhängigkeit von Arbeitgeber und Arbeitnehmer nicht möglich. Auch die progressive Besteuerung der Gewinne schränkt das Gewinnstreben dann ein, wenn sie zu hoch wird. Mitbestimung der Arbeitnehmer und Gewerkschaften sowie zunehmende Lasten zur sozialen Sicherung der Arbeitnehmer können die Initiative des Unternehmers ebenfalls beeinträchtigen.

Beispiele

Die den Arbeitgebern durch das Berufsbildungsgesetz und das Jugendarbeitsschutzgesetz entstehenden finanziellen Belastungen für die Ausbildung junger Menschen können so weit gehen, daß viele Unternehmer keine Ausbildungsverträge mehr abschließen. Fehlende Ausbildungsplätze und Jugendarbeitslosigkeit sind die Folge (so z. B. bis 1986).

Seit Juli 1979 erhalten erwerbstätige Mütter Mutterschaftsurlaub so lange, bis das Kind zwei Monate alt geworden ist. Sind beide Elternteile erwerbstätig, erhält ein Elternteil Erziehungsurlaub[1] für ein Jahr. Das Arbeitsverhältnis darf während dieser Zeit nicht gekündigt werden. Unternehmer, die viele Frauen beschäftigen, können sich hierdurch zur Stillegung ihres Betriebes veranlaßt sehen, wenn sie die durch den Mutterschaftsurlaub entstehenden Mehrkosten über die Güterpreise nicht hereinholen können. Viele Unternehmer werden keine Frauen im gebärfähigen Alter mehr einstellen. Die ohnehin sehr starke Frauenarbeitslosigkeit könnte durch die Gesetzgebung noch verschärft werden.

4.1.2 Sicherheitsstreben und Versorgung als Zielsetzung der gemeinwirtschaftlichen Betriebe

Versorgungsunternehmungen, wie Elektrizitäts-, Gas- und Wasserwerke, Post und Bahn, städtische Verkehrsbetriebe, die Träger der Sozialversicherungen (Krankenkassen, Bundes- und Landesversicherungsanstalten, Bundesanstalt für Arbeit, Berufsgenossenschaften), sind **gemeinwirtschaftliche** oder *öffentlich-rechtliche* Betriebe. Bei ihnen ist der betriebswirtschaftliche Leistungsprozeß im Gegensatz zu erwerbswirtschaftlichen Unternehmungen nicht auf Gewinnmaximierung, sondern auf bestmögliche Bedarfsdeckung an Sachgütern und Dienstleistungen gerichtet. Ihre Tätigkeit ist am *Gemeinwohl* ausgerichtet. Vorsorge und soziale Sicherheit der Bevölkerung haben gemeinwirtschaftliche Betriebe in erster Linie zum Ziel.

Würde der Grundsatz der Gewinnmaximierung für öffentliche Krankenanstalten gelten, müßten viele geschlossen werden oder ihre Bettenzahl drastisch reduzieren, da die Einnahmen vielfach die Kosten bei weitem nicht decken. Eine ansteigende Sterblichkeitsziffer infolge medizinischer Unterversorgung wäre die Folge.

Es gibt auch viele gemeinwirtschaftliche Betriebe, die nicht nur in der Lage sind, ihre Kosten zu decken, sondern darüber hinaus Gewinn erzielen können, z. B. technische Werke zur Energie- und Wasserversorgung, Fernmeldebereich der Deutschen Bundespost u. a. Überschüsse dienen aber hier nicht dem Wohl einzelner Privatpersonen, sondern der Allgemeinheit.

Gemeinwirtschaftliche Betriebe erhalten vom Staat, sozusagen als Gegenleistung für die Übernahme staatlicher Aufgaben, bestimmte Vorrechte gegenüber der Privatwirtschaft, z. B. die Befreiung von der Körperschaft- und Gewerbesteuer.

Es wäre ein Trugschluß, hieraus die Forderung abzuleiten, sämtliche Wirtschaftsbetriebe in die Form der Gemeinwirtschaft überzuführen, d. h. zu verstaatlichen. Es gibt keine ergiebigere Art des Wirtschaftens als die auf Initiative und Leistung des einzelnen beruhende Erwerbswirtschaft. Organisatorischer Leerlauf und Fehlplanungen sind minimal. Warnendes Beispiel sind die Volkswirtschaften mit zentralverwaltungswirtschaftlichen Wirtschaftsordnungen der kommunistischen Länder (siehe S. 393 ff.). Oft bergen gemeinwirtschaftliche Betriebe auch die Gefahr der Mißwirtschaft und der Verfolgung privater Interessen unter dem Deckmantel der Gemeinwohlorientierung. Ihre Wirtschaftlichkeit läßt sich nicht in einer Gewinn- und Verlustrechnung wie bei den Privatbetrieben erkennen. Dort, wo soziale Forderungen dem Gewinnstreben entgegenstehen, hat die Gemeinwirtschaft ihren Platz. Das ausgewogene Verhältnis zwischen erwerbs- und gemeinwirtschaftlichen Betrieben in der Bundesrepublik Deutschland ist neben anderen Einrichtungen der sozialen Marktwirtschaft Ursache für den Wohlstand und den sozialen Frieden in unserem Land.

[1] Siehe S. 159!

Wesentliche Lerninhalte

- **Erwerbswirtschaftliche** Betriebe haben das größtmögliche **Gewinnstreben** (Gewinnmaximierung) zum Ziel. Hierbei wird das ökonomische Prinzip angewendet.
- Der **Gewinn** setzt sich aus Unternehmerlohn, Kapitalverzinsung und Risikoprämie zusammen.
- **Gemeinwirtschaftliche** Betriebe haben bestmögliche Bedarfsdeckung an Sachgütern und Dienstleistungen zum Ziel. Sie sind am Gemeinwohl ausgerichtet.
- Gemeinwirtschaftliche Betriebe sind *öffentlich-rechtliche Körperschaften* (staatliche Betriebe).
- Soziale Erfordernisse stehen in gemeinwirtschaftlichen Betrieben oft der Erzielung von Überschüssen entgegen.
- Ein an den sozialen Notwendigkeiten ausgerichtetes Verhältnis zwischen Staats- und Privatbetrieben innerhalb der Wirtschaftsordnung der sozialen Marktwirtschaft garantiert Wohlstand und sozialen Frieden unseres Landes.

Aufgaben zur Sicherung des Lernerfolgs

1 Wodurch unterscheidet sich der betriebliche Leistungsprozeß von erwerbs- und gemeinwirtschaftlichen Betrieben?

2 Welche Arten gemeinwirtschaftlicher Betriebe kennen Sie?

3 Weshalb kann der Gewinn als der stärkste Motor der Wirtschaft bezeichnet werden?

4 Erklären Sie den Begriff „Gemeinwohl“?

5 Weshalb kann die gesamte Bedarfsdeckung einer Volkswirtschaft nicht durch erwerbs-(privat-)wirtschaftliche Betriebe erfüllt werden? Nennen Sie Beispiele!

6 Welche Erkenntnisse ziehen Sie aus nachstehendem Text?
„Nach heute vorherrschender Auffassung kann sich „Gemeinwirtschaftlichkeit“ jedoch weder auf Gewinnverzicht als einzige Verfahrensregel beschränken, noch ist Gewinnerzielung von vornherein mit Gemeinwirtschaftlichkeit unvereinbar. Es kommt auf die Art der Gewinnverwendung an“. (Quelle: Handwörterbuch der Volkswirtschaft, Gabler-Verlag, Seite 425)

4.2 Die Leistungsprozesse in Sachleistungs- und Dienstleistungsbetrieben

Problem

Nur wenige Güter werden so verbraucht, wie sie in der Natur vorkommen. Meist müssen vorher Veränderungen vorgenommen werden, damit sie den Wünschen und Vorstellungen der Verbraucher entsprechen. Diese Aufgabe übernehmen die Wirtschaftsbetriebe (Unternehmungen). Was sind die typischen Leistungen dieser Betriebe?

Sachdarstellung

4.2.1 Die Marktleistung als betriebliches Unterscheidungsmerkmal

Häufig werden die Betriebe gegliedert nach der Art der *Marktleistung*, die sie erstellen. Betriebe, die körperliche Leistungen erbringen, z.B. durch Gewinnung, Veredelung und Verarbeitung von Stoffen und Sachgütern aller Art, heißen **Sachleistungsbetriebe.** Betriebe, die nichtkörperliche Leistungen erstellen, z.B. durch Beratung, Vermittlung, Risikoabsicherung u.a., werden als **Dienstleistungsbetriebe** bezeichnet (vgl. die Übersicht auf Seite 223).

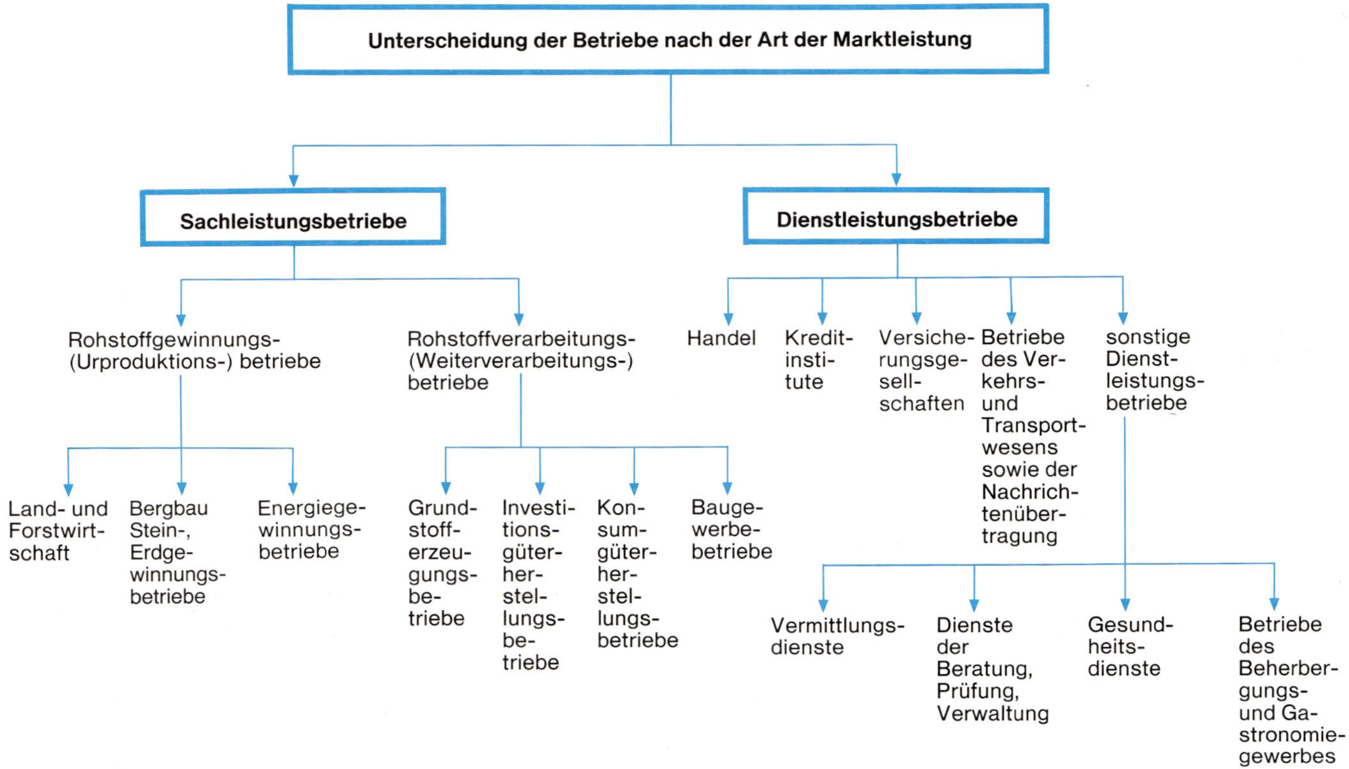
Unterscheidung der Betriebe nach der Art der Marktleistung
Sachleistungsbetriebe
Dienstleistungsbetriebe
Rohstoffgewinnungs- (Urproduktions-) betriebe
Rohstoffverarbeitungs- (Weiterverarbeitungs-) betriebe
Handel
Kredit- insti- tute
Versiche- rungsge- sell- schaften
Betriebe des Ver- kehrs- und Transport- wesens sowie der Nachrich- tenüber- tragung
sonstige Dienst- leistungs- betriebe
Land- und Forstwirt- schaft
Bergbau Stein-, Erdge- winnungs- betriebe
Energiege- winnungs- betriebe
Grund- stoff- erzeu- gungs- be- triebe
Investi- tions- güter- her- stel- lungs- be- triebe
Kon- sum- güter- her- stel- lungs- betriebe
Bauge- werbe- betriebe
Vermittlungs- dienste
Dienste der Beratung, Prüfung, Verwaltung
Gesund- heits- dienste
Betriebe des Beherber- gungs- und Ga- stronomie- gewerbes

4.2.2 Die typischen betrieblichen Leistungen der Sach- und Dienstleistungsbetriebe

Aufgabe der Sachleistungsbetriebe ist es, durch Rohstoffgewinnung (Urproduktion) oder Rohstoffverarbeitung (Produktion) Güter aller Art zur menschlichen Bedürfnisbefriedigung zu erstellen.

Die so erstellten **Leistungen** sind: Nahrungsmittel- und Holzgewinnung in den Betrieben der Land- und Forstwirtschaft, Kohle-, Erz-, Stein-, Ölgewinnung u. a. in den Betrieben des Bergbaues, der Steinbetriebe und Ölfelder, Primärenergiegewinnung, z. B. Strom, in den Kraftwerken, Eisen-, Stahlerzeugung u. a. in der Grundstoffindustrie, Maschinen- und Anlagenbau in der Investitionsgüterindustrie, Erzeugung langlebiger Gebrauchsgüter und von Verbrauchsgütern, wie Nahrungs- und Genußmitteln in der Konsumgüterindustrie sowie das Bauen von Häusern, Fabriken, Bauwerken aller Art und Straßen durch die Betriebe der Bauwirtschaft.

Aufgabe der Dienstleistungsbetriebe ist es, Arbeitsleistungen zu erstellen, die, ohne daß ein Herstellungsbetrieb dazwischengeschaltet ist, an den Verbraucher abgegeben werden.

Typisch dafür sind die *Leistungen des Handels,* der den Warenaustausch zwischen den verschiedenen Wirtschaftssubjekten durchführt, die Bankgeschäfte der Kreditinstitute, die Übernahme der wirtschaftlichen Folgen von Risiken durch die Versicherungen, der Transport von Menschen, Gütern und Nachrichten durch die Betriebe des Verkehrs- und Transportwesens und der Nachrichtenübertragung, die Leistungen der Wirtschafts-, Rechts- und Steuerberatung, des Fremdenverkehrsgewerbes und der Gesundheitsdienste.

4.2.3 Leistungserstellung und Leistungsverwertung, dargestellt am Beispiel des Industriebetriebs

4.2.3.1 Wesen und Aufgaben der Industriebetriebe

Aufgabe des Industriebetriebs ist es, Rohstoffe (z.B. Kohle, Erdöl, Erze, Steine u.a.) und Energie (Strom, Gas, Atomkraft) zu gewinnen und diese durch Bearbeitung und Verarbeitung durch Veredelung und chemische Umwandlung zu Gebrauchs- und Verbrauchsgütern umzuformen. Die produzierten Halb- und Fertigerzeugnisse werden über den Handel oder direkt an den Verbraucher abgesetzt.

Der **betriebliche Wertekreislauf** – auch **Umsatz- oder Leistungsprozeß** genannt – umfaßt:

- Beschaffung der Produktionsfaktoren gegen Geldmittel,
- Leistungserstellung durch Kombination der Produktionsfaktoren,
- Leistungsverwertung durch Absatz der Produkte,
- Rückfluß der Geldmittel.

Der Vorgang läuft folgendermaßen ab:

Mit Geld beschafft der Betrieb auf dem Arbeitsmarkt Arbeitskräfte und auf dem Beschaffungsmarkt Sachgüter, d. h. Betriebsmittel und Werkstoffe. Die letzteren werden durch eine entsprechende Faktorkombination in Halb- und Fertigerzeugnisse umgeformt und als Fabrikate am Absatzmarkt gegen Entgelt verkauft. Die erstellten Produkte sind dadurch wieder in Geldmittel verwandelt worden, die in den Betrieb zurückfließen. Der betriebliche Wertekreislauf ist geschlossen (siehe Abbildung auf der nächsten Seite!)

Der betriebliche Wertekreislauf (Umsatz oder Leistungsprozeß)

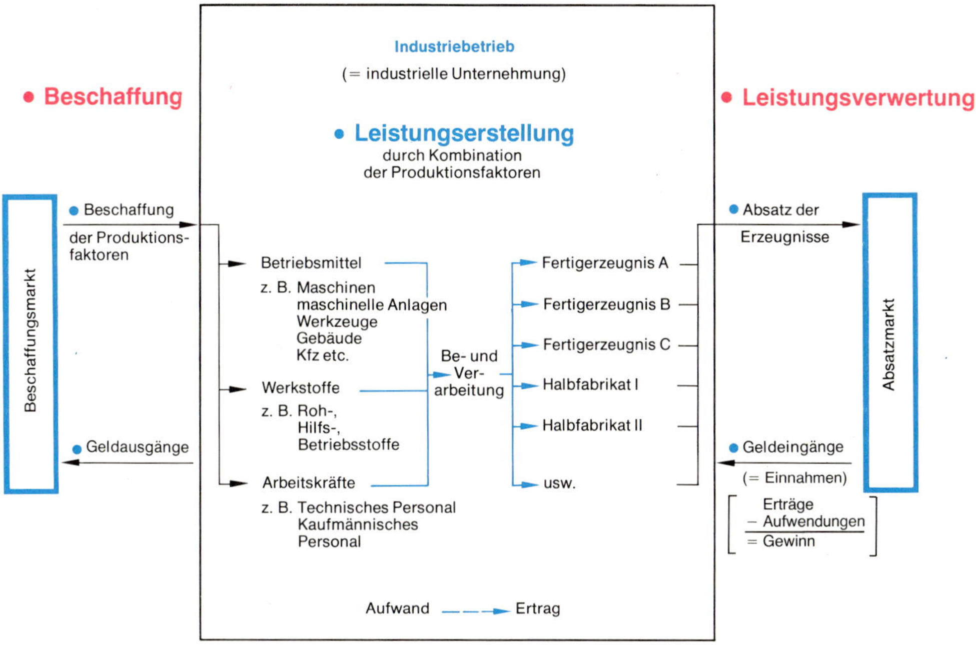

Kennzeichen für den Industriebetrieb sind deshalb: großer Kapitaleinsatz zur Beschaffung des Anlage- und Umlaufvermögens, sehr weitgehende Arbeitsteilung, hoher Grad an Mechanisierung (Einsatz von Maschinen) und Automatisierung (Verwendung von sich selbst steuernden, selbsttätig arbeitenden Anlagen), ausgebaute kaufmännische Organisation und ein gut gegliedertes, aussagefähiges Rechnungswesen.

4.2.3.2 Arten der Industriebetriebe

Nach der Art der Verarbeitungsstufe unterscheidet man:

- **Grundstoffindustrie.** Sie stellt der Fertigung die Ausgangsstoffe zur Verfügung (Eisenhütte, Kohlensäurefabrik).
- **Investitionsgüterindustrie.** Sie ist Voraussetzung aller anderen Betriebe, da sie Maschinen, maschinelle Anlagen und andere Hilfsmittel für deren Arbeit erzeugt (z. B. Drehbänke, Kräne).
- **Konsumgüterindustrie.** Sie steht dem Verbrauch am nächsten, baut auf den obengenannten Industriebetrieben auf und stellt Waren für den Bedarf des Letztverbrauchers her (z. B. Kühlschränke, Schokolade).

Darüber hinaus kann man die industriellen Betriebe noch nach verschiedenen anderen Gesichtspunkten einteilen.

4.2.3.3 Die betrieblichen Funktionen

Alle kaufmännischen Sach- und Dienstleistungsbetriebe erstellen ihre Leistungen nicht für den Eigenverbrauch, sondern um sie an andere Wirtschaftseinheiten (Betriebe, Haushalte) gegen Entgelt abzusetzen.

Um dieses Ziel erreichen zu können, sind inner- und außerbetriebliche Aufgaben zu erfüllen; wir bezeichnen sie als *betriebliche Funktionen.* Dazu gehören:

- **Beschaffung:** Bedarfsermittlung, Bezugsquellenermittlung, Einholen von Angeboten, Bestellen, Annehmen der Waren oder Rohstoffe, Prüfen und Bezahlen von Rechnungen;
- **Produktion:** Forschung, Entwicklung, Erprobung, Vorbereitung der Fertigung durch Fertigungsplanung, Produktionsdurchführung, Kontrolle, Wartung und Erhaltung der Anlagen, Werkzeuge u. a.;
- **Absatz:** Absatzvorbereitung durch Markterkundung, Absatzplanung, Werbung, Absatzanbahnung durch Angebote, Erledigen von Anfragen, Bemusterung, Absatzdurchführung durch Auftragsbearbeitung, Auftragsabwicklung, Verpackung, Versand, Rechnungsstellung, Lagerhaltung für den Verkauf, Erhaltung und Pflege der Absatzbeziehungen durch Kundendienst, Beratung, Erinnerungswerbung u. a.;
- **Leitung und Verwaltung:** Treffen von Entscheidungen über Beschaffung, Produktion, Absatz durch die Betriebsführung, Abwicklung der gesamten büromäßigen Geschäfte – Schließen von Verträgen, betriebliches Rechnungswesen, Steuerwesen, Statistik, Finanzierung – durch die Verwaltung.

4.2.3.4 Ausgliederung bestimmter Funktionen aus Sach- und Dienstleistungsbetrieben

Beim Industriebetrieb sind alle vier obengenannten Funktionen vorhanden, beim Warenhandelsbetrieb, bei Banken und Versicherungen dagegen entfällt die Funktion Produktion, und die anderen Funktionen erfüllen eine etwas anders gelagerte Aufgabe: z. B. Beschaffung von Geldmitteln bei Banken, Absatz von Risikoschutz bei Versicherungen u. a.

Diese Arbeitsteilung innerhalb der kaufmännischen Betriebe, ihre Spezialisierung auf ganz bestimmte Waren und Dienstleistungen macht ein beständiges Zusammenwirken aller erforderlich.

Der Industriebetrieb ist zum Absatz seiner Produkte auf den Groß- und Einzelhandel angewiesen oder bedarf zumindest bei direktem Absatz der Dienstleistungen der privaten und öffentlichen Verkehrsbetriebe. Zur Abwicklung des Zahlungsverkehrs sowohl im Beschaffungs- wie im Absatzbereich brauchen Handel, Industrie, Versicherungen, Verkehrsbetriebe die Banken. Hinzu kommen die vielen kaufmännischen Hilfsbetriebe und -personen, an die im Zuge der Spezialisierung und Rationalisierung Teile der Grundfunktionen ausgegliedert werden: z. B. Lagerhaltung an selbständige Lagerhalter, Steuergeschäfte an den Steuerberater, Teile des Absatzes, z. B. Absatzvorbereitung an Werbeagenturen, Auftragsbeschaffung an Handelsvertreter, Teile des Rechnungswesens an Datenverarbeitungszentren u. a.

Dadurch sind heute in unserer Wirtschaft alle Betriebe mit allen verbunden, und alle stehen mit allen in Konkurrenz.

Wesentliche Lerninhalte

- Betriebe können nach der erstellten Marktleistung in **Sachleistungs- und Dienstleistungsbetriebe** unterschieden werden.
- *Sachleistungsbetriebe* erstellen körperliche Leistungen, also materielle Güter. Dazu zählen die Urproduktions- und die Weiterverarbeitungsbetriebe.
- *Dienstleistungsbetriebe* erstellen nicht körperliche Leistungen, also immaterielle Güter. Dazu gehören der Handel, die Kreditinstitute, Versicherungen, Speditionen u. a. kaufmännische Betriebe sowie die Gesundheitsdienste.

- Die *typischen Leistungen der Sachleistungsbetriebe* bestehen in der Rohstoffgewinnung und -verarbeitung, die *typischen Leistungen der Dienstleistungsbetriebe* in der Erstellung von Arbeitsleistungen aller Art.
- Der **betriebliche Leistungsprozeß** umfaßt im Industriebetrieb
  - ▶ Beschaffung der Produktionsfaktoren,
  - ▶ Leistungserstellung durch Kombination der Faktoren (Produktion),
  - ▶ Leistungsverwertung durch Absatz der Produkte. Bei Dienstleistungsbetrieben entfällt die Funktion Produktion.
- Die *Steuerung des Leistungsprozesses* übernehmen Leitung und Verwaltung des Betriebes.
- Sachleistungs- und Dienstleistungsbetriebe sind eng miteinander verflochten und durch Spezialisierung auf bestimmte Teilbereiche des betrieblichen Umsatzprozesses aufeinander angewiesen.

Aufgaben zur Sicherung des Lernerfolgs

1 Welche Marktleistung erbringen die Sachleistungs-, welche die Dienstleistungsbetriebe?

2 Nennen Sie 10 Betriebe Ihres Heimatbereichs und ordnen Sie diese nach Sach- und Dienstleistungsbetriebe!

3 Mit welchen Betrieben ist ein Lebensmitteleinzelhandelsbetrieb verflochten?

4 Worin liegt der wesentliche Unterschied zwischen einem Sachleistungs- und einem Dienstleistungsbetrieb?

5 Beschreiben Sie den Umsatzprozeß in einem Industriebetrieb anhand eines Erzeugnisses, dessen Herstellung Ihnen bekannt ist!

6 Welcher wesentliche Unterschied besteht zwischen dem Umsatzprozeß in einem Großhandels- und einem Industriebetrieb?

7 Übertragen Sie den industriellen Leistungsprozeß auf nachfolgend genannte Betriebe und beschreiben Sie die abgewandelte Form des Umsatzprozesses!
a) Kreditinstitut
b) Versicherung
c) Steuerberater
d) Hotelbetrieb
e) Rettungsdienst.

4.3 Grundbegriffe der Kostenlehre

Problem

Die Firma Zettler & Co., Fabrikation feinmechanischer Werke, nahm in den vergangenen Jahren einen stürmischen Aufschwung. Neue Artikel wurden in das Produktionsprogramm aufgenommen, die Fertigungsanlagen wurden ständig erweitert, Konkurrenzbetriebe aufgekauft und freie Gelder in Wertpapieren und steuerbegünstigten Immobilienprojekten angelegt. Die Marktsituation war so günstig, daß das Unternehmen fast jeden Preis für seine Produkte bekam, wenn es nur sofort lieferte. Man stellte sich ganz auf diese Situation ein, führte korrekt die schon aus handels- und steuerrechtlichen Gründen erforderliche Finanzbuchführung, vernachlässigte aber die *Ermittlung der Kosten, ihre genaue Zurechnung auf die verschiedenen Produkte und den Vergleich mit den Erlösen aus den einzelnen Erzeugnissen.*

Als sich dann schlagartig die Marktlage änderte, der Export außergewöhnlich stark zurückging und auf dem Inlandsmarkt der Wettbewerb wegen der rückläufigen Konjunktur sich zunehmend verschärfte, mußten die Preise laufend zurückgenommen werden. Es konnte zunächst niemand angeben, wo für die einzelnen Artikel die absolute Preisgrenze liegt, wann und wieviel der Betrieb daran verdient bzw. verliert. Verschlimmert wurde die Situation noch dadurch, daß die Wertpapier- und Immobiliengeschäfte völlig mit den Geschäften und Produktion feinmechanischer Werke verwoben waren. Erst auf den Druck der kreditgebenden Hausbank hin wurde eine bekannte Gesellschaft für Unternehmungsberatung beauftragt, so schnell wie möglich ein geeignetes, aussagefähiges, *innerbetriebliches Rechnungswesen* zu entwickeln.

Welche Fragen und Probleme waren zu lösen?

Sachdarstellung

4.3.1 Wertekreislauf eines Betriebs

Der Wertekreislauf eines Betriebes verläuft, wie es das folgende Bild zeigt:

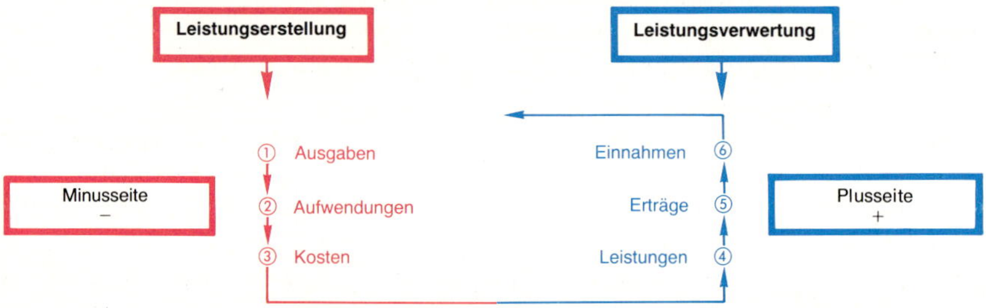

① **Ausgaben** sind alle geldmäßigen Ausgänge, die während eines Abrechnungszeitraumes auf den Finanzkonten gebucht werden.

② **Aufwendungen** sind der gesamte Verbrauch von Gütern und Diensten während eines Abrechnungszeitraumes. Sie decken sich nicht notwendig mit den Ausgaben. Das Angreifen von Rücklagen etwa verursacht zwar Aufwendungen, nicht aber Ausgaben.

③ **Kosten** sind die für den Betriebszweck (Güterproduktion) verbrauchten Güter und Dienste eines Abrechnungszeitraumes. Nicht alle Aufwendungen sind demnach auch Kosten. Spenden an das Rote Kreuz sind zwar Aufwendungen, nicht aber Kosten, da sie die Produktion nicht beeinflussen.

④ **Leistungen** sind Güter und Dienste, die in Erfüllung des Betriebszweckes erstellt werden. Sie entsprechen den Kosten.

⑤ **Erträge** sind alle erstellten Güter und Dienste. Sie entsprechen den Aufwendungen.

⑥ **Einnahmen** sind alle Eingänge, die auf den Finanzkonten gebucht werden. Sie entsprechen den Ausgaben.

4.3.2 Arten der Kosten

Kosten sind der Verbrauch von Gütern und Dienstleistungen in einer Abrechnungsperiode. Man kann sie nach folgenden Gesichtspunkten **unterteilen:**

- nach dem **Zweck,** für den sie aufgewendet werden,
  z. B. Fertigungsmaterial-, Lohn-, Gehalts-, Steuer-, Abschreibungs-, Vertriebskosten u. a.
- nach ihrer **Erfassung** bzw. **Zurechenbarkeit.**
  - **Einzelkosten,** z. B. Fertigungsmaterial, Fertigungslöhne, Sondereinzelkosten. Sie werden auf den Kostenträger (Erzeugnis) direkt zugerechnet.

- **Gemeinkosten,** z. B. Materialgemeinkosten, Fertigungsgemeinkosten, Verwaltungsgemeinkosten, Vertriebsgemeinkosten. Sie werden auf den Kostenträger indirekt zugerechnet, da sie für *alle Erzeugnisse* anfallen.

- nach der **Abhängigkeit vom Beschäftigungsgrad.**
  Der Beschäftigungsgrad ist das Verhältnis von maximaler und tatsächlicher Kapazitätsausnützung eines Betriebs (erzeugte Menge).

  - **Feste (fixe) Kosten,** wie Abschreibungen auf Gebäude, Kfz-Steuern usw.
    Ihre Höhe ist von der Menge der hergestellten Erzeugnisse unabhängig. Daraus erklären sich die erheblich niedrigeren Stückkosten von Betrieben mit Massenerzeugung, bei denen ein hoher Anteil der gesamten Kosten fix ist.
  - **Veränderliche (variable) Kosten.** Sie steigen oder sinken mit dem Grade der Beschäftigung. Grundlage für die Errechnung des Beschäftigungsgrads ist z. B. die mögliche Erzeugungsmenge oder die Anzahl der Beschäftigten.

Hierbei lassen sich unterscheiden:

Proportionale Kosten. Sie ändern sich im gleichen Verhältnis, wie der Beschäftigungsgrad zu- oder abnimmt, z. B. Akkordlöhne, Fertigungsmaterial. Der Kostenzuwachs je Stück ist bei jeder Ausbringungseinheit der gleiche.

Degressive (unterproportionale) Kosten. Sie steigen bei zunehmender Ausbringung langsamer an als der Beschäftigungsgrad, z. B. Materialkosten bei Wiederverwendung des Abfalles, Lohnkosten bei Zeitlohnvereinbarung. Der Kostenzuwachs je Stück wird mit jeder Ausbringungseinheit kleiner (umgekehrt bei rückläufiger Beschäftigung).

Progressive (überproportionale) Kosten. Sie steigen bei zunehmender Ausbringung schneller an als der Beschäftigungsgrad, z. B. Überstundenzuschläge bei Löhnen, Kosten überlasteter maschineller Anlagen. Der Kostenzuwachs je Stück wird mit jeder Ausbringungseinheit größer (umgekehrt bei rückläufiger Beschäftigung).

Aufbau und Zusammensetzung der Kosten müssen dem Unternehmer genau bekannt sein, damit er Gefahren vermeiden und Chancen nutzen kann. Kapitalintensive Betriebe sind auf hohen Beschäftigungsgrad bedacht, und jeder Betrieb wird den im Hinblick auf die Kostengestaltung günstigsten Beschäftigungsgrad anstreben.

Die Kostenarten

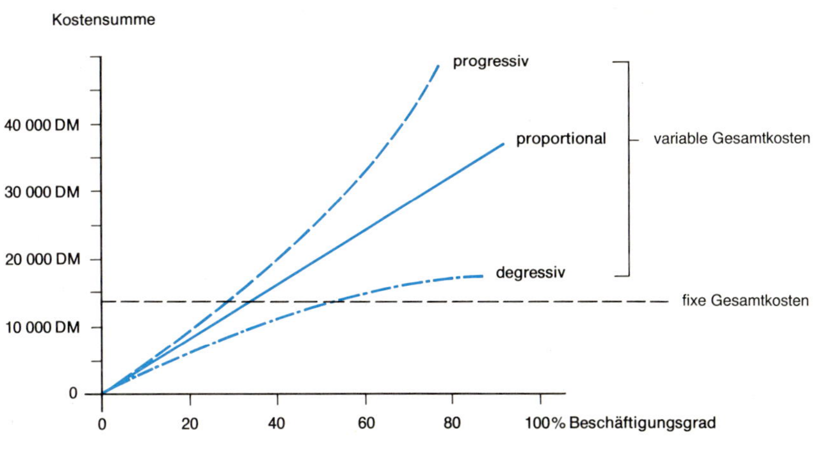

4.3.3 Die Auswirkung des Beschäftigungsgrades auf die Höhe der Kosten

4.3.3.1 Fixkosten

Gleichbleibende Fixkosten

Sie sind als Gesamtkosten vom Beschäftigungsgrad unabhängig, als Stückkosten (Kosten je erzeugte Einheit) ändern sie sich mit dem Beschäftigungsgrad.

Beispiele für gleichbleibende Fixkosten: Abschreibungen, Mietaufwand, Bewachungskosten, kalkulatorische Zinsen.

Auf das Stück bezogen werden die Fixkosten mit steigender Erzeugung kleiner, mit fallender Erzeugung größer.

Beispiel:

Erzeugte Menge/Stück	Fixkosten gesamt DM	Fixkosten DM/Stück
50 000	50 000,00	1,00
100 000	50 000,00	0,50
150 000	50 000,00	0,33

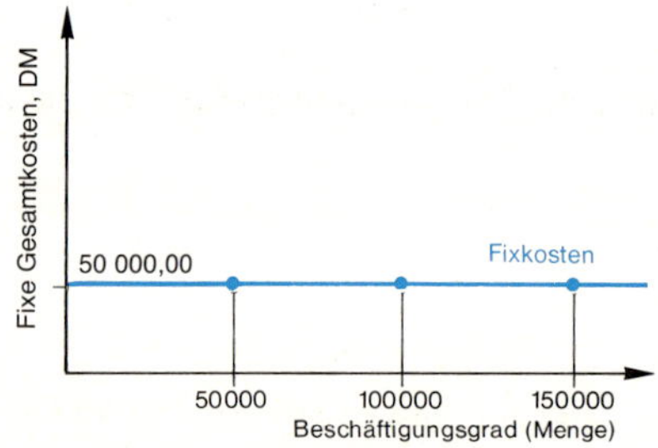

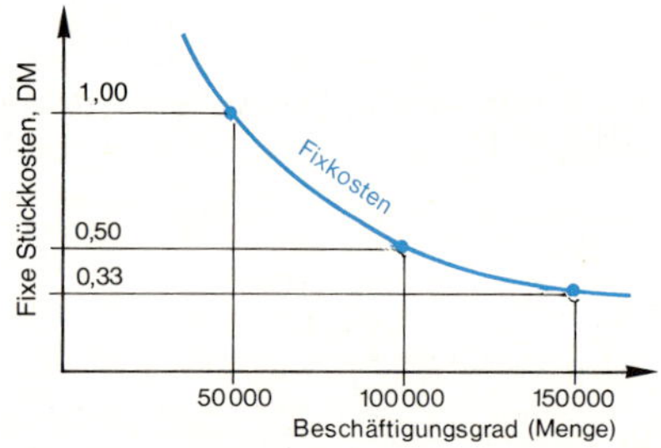

Sprungkosten (stufenfixe Kosten)

Bestimmte Produktionsfaktoren sind nicht beliebig teilbar, z. B. Arbeitskräfte. Deshalb steigen eine Reihe von Kosten nicht gleichmäßig an, d. h. nicht im gleichen Verhältnis wie der Beschäftigungsgrad, sondern springen schlagartig auf eine neue Höhe. Sie werden deshalb als **Sprungkosten** bezeichnet, weil sie für eine Reihe von Beschäftigungsgraden fix sind, plötzlich ansteigen und dann wieder fix bleiben.

Beispiele: Kosten durch Einstellung eines zusätzlichen Angestellten, Versandkosten bei Überschreiten der Gewichtsgrenze, erhöhte Abschreibung durch Überbeschäftigung.

Beispiel:

Erzeugte Menge/Stück	Fixkosten	
	gesamt DM	DM/Stück
50 000	50 000,00	1,00
100 000	50 000,00	0,50
150 000	50 000,00	0,33
200 000	80 000,00	0,40
250 000	80 000,00	0,32
300 000	80 000,00	0,27

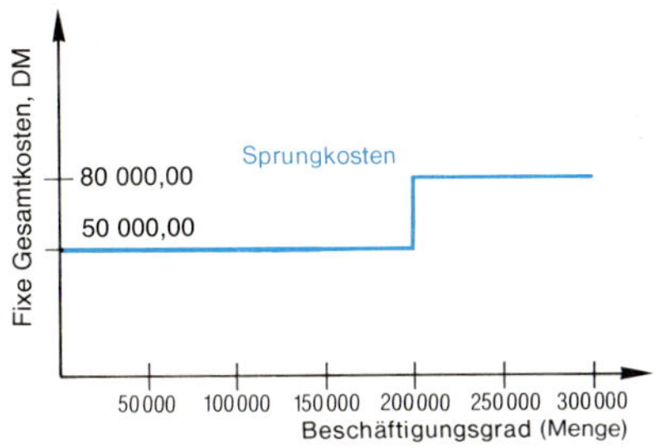

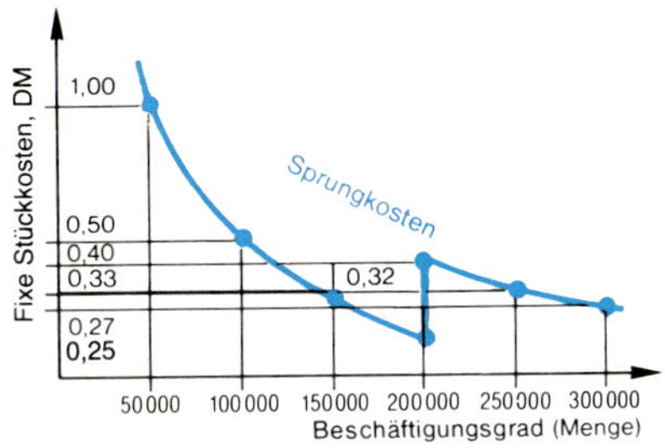

4.3.3.2 Veränderliche Kosten (variable Kosten)

Diese mengenabhängigen Kosten verändern sich mit dem Beschäftigungsgrad. Man unterscheidet:

Proportionale Kosten

Sie ändern sich als **Gesamtkosten** gleichmäßig mit dem Beschäftigungsgrad, als **Stückkosten** bleiben sie gleich groß.

Proportional sind z. B. Fertigungsmaterialaufwand und Fertigungslöhne.

Beispiel

Erzeugte Menge/Stück	Kosten	
	gesamt DM	DM/Stück
50 000	50 000,00	1,00
100 000	100 000,00	1,00
150 000	150 000,00	1,00

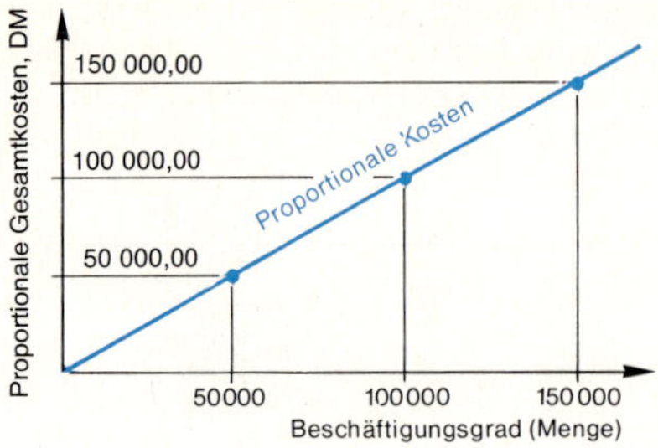

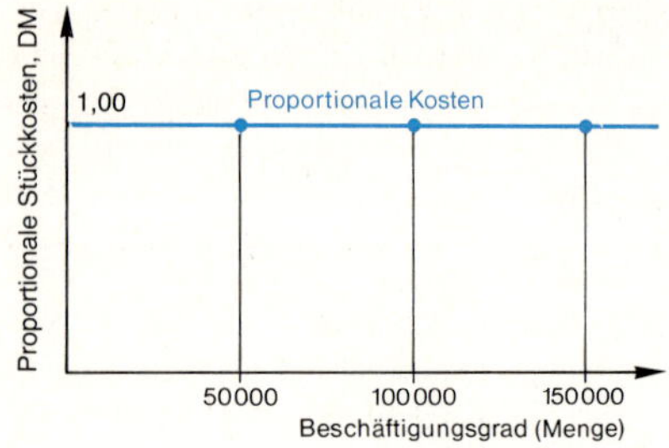

Progressive Kosten

Sie ändern sich als **Gesamt-** und als **Stückkosten** mit dem Beschäftigungsgrad. Bei steigendem Beschäftigungsgrad steigen sie stärker und bei fallendem Beschäftigungsgrad fallen sie stärker (stärker = überproportional).

Progressiv sind z. B. Lohnkosten durch Überstunden; Abschreibungen und Reparaturen bei Überbeanspruchung der Maschinen.

Beispiel

Erzeugte Menge/Stück	Kosten gesamt DM	Kosten DM/Stück
50 000	40 000,00	0,80
100 000	100 000,00	1,00
150 000	200 000,00	1,33

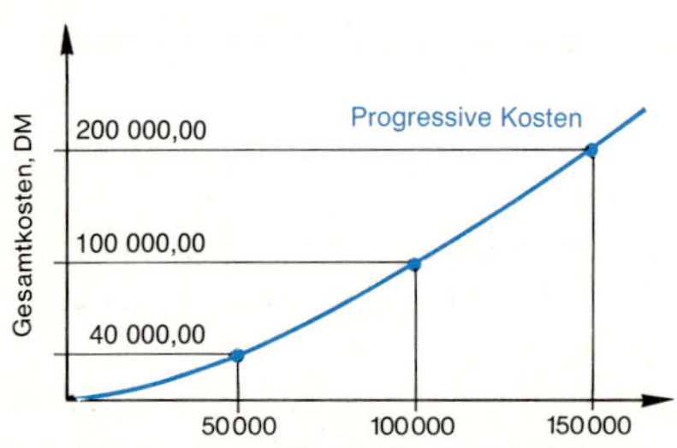

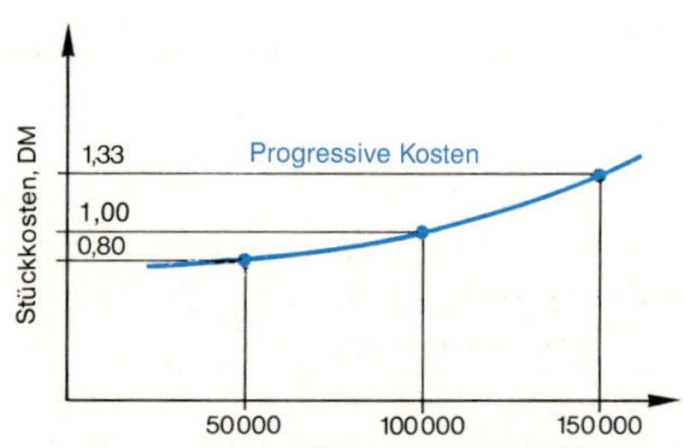

Degressive Kosten

Sie ändern sich als **Gesamt-** und als **Stückkosten** mit dem Beschäftigungsgrad. Bei steigendem Beschäftigungsgrad steigen sie geringer und bei fallendem Beschäftigungsgrad fallen sie geringer (geringer = unterproportional).

Degressiv sind z. B. Lohnkosten bei Zeitlohn (sofern die Arbeitsleistung gesteigert wird), Vertriebs- und Werbekosten, Fertigungsmaterialaufwand bei zusätzlichen Mengenrabatten.

Beispiel

Erzeugte Menge/Stück	Kosten	
	gesamt DM	DM/Stück
50 000	60 000,00	1,20
100 000	100 000,00	1,00
150 000	130 000,00	0,87

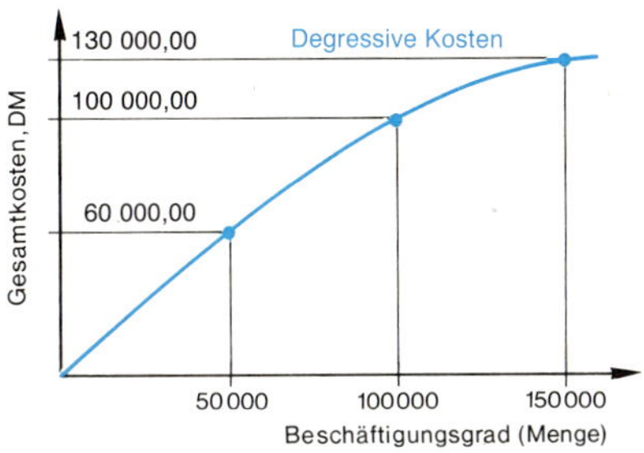

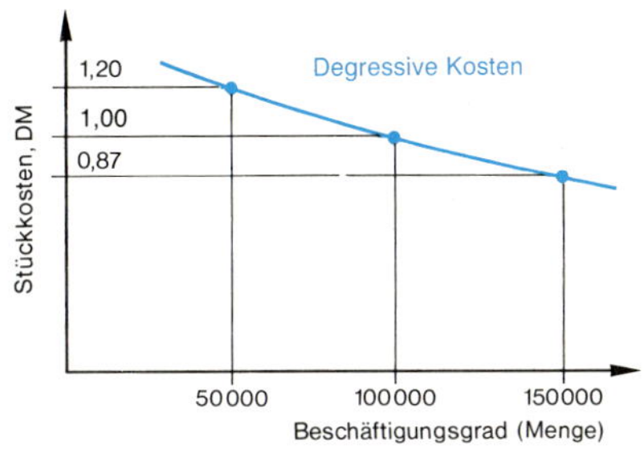

Wesentliche Lerninhalte

- Leistungserstellung und Leistungsverwertung bilden den **Wertekreislauf** eines Betriebs.
- Es stehen im Wertekreislauf folgende Größen einander gegenüber:
  Ausgaben ⟶ Einnahmen
  Aufwendungen ⟶ Erträge
  Kosten ⟶ Leistungen
- **Kosten** sind der Verbrauch von Gütern und Dienstleistungen in einer Abrechnungsperiode (Werteverzehr).
- **Kosten** können nach verschiedenen Gesichtspunkten eingeteilt werden, z. B. nach dem Zweck, der Beschäftigungsabhängigkeit, der Zurechenbarkeit auf den Kostenträger.
- **Fixe Gesamtkosten** ändern sich nicht mit der Anzahl der hergestellten Produkte.
- **Variable Kosten** steigen oder sinken mit dem Grade der Beschäftigungsänderung. Die Veränderung kann *proportional, über- oder unterproportional* auftreten.
- **Einzelkosten** können dem Kostenträger unmittelbar zugerechnet werden.
- **Gemeinkosten** können einem Kostenträger nicht direkt zugerechnet werden, weil sie entweder für den ganzen Betrieb oder mehrere Kostenträger gleichzeitig anfallen. Sie werden mit Hilfe der *Kostenstellenrechnung* zurechenbar gemacht.

Aufgaben zur Sicherung des Lernerfolgs

1 Nennen Sie Störungen, die im Wertekreislauf eines Betriebs auftreten können!

2 Welche Folgen könnte ein mangelhaftes Rechnungswesen für eine Unternehmung haben?

3 Wodurch unterscheiden sich:

a) Ausgaben, Aufwendungen und Kosten?
b) Einnahmen, Erträge und Leistungen?

4 Was versteht man unter Beschäftigungsgrad? Bilden Sie ein Beispiel!

5 Nachstehende Übersicht über die Abhängigkeit der Kosten vom Beschäftigungsgrad enthält falsche Aussagen. Stellen Sie die Fehler fest! Wie müßte es richtig heißen?

Kosten, bezogen auf den Beschäftigungsgrad	mengenbezogen (Gesamtmenge)	stückbezogen
1. **Fixe Kosten:** a) gleichbleibende	gleiche Höhe	steigende Menge: steigend fallende Menge: steigend
b) Sprungkosten	gleiche Höhe Sprung nach unten, dann wieder gleiche Höhe usw.	steigende Menge: steigend Sprung nach oben und weiter steigende Menge: wieder steigend
2. **Variable (veränderliche) Kosten:** a) proportionale	steigen und fallen ungleichmäßig mit der Menge	gleiche Höhe
b) progressive	steigen und fallen überproportional schwächer als die Menge	steigen stärker bei steigender Menge, fallen stärker bei steigender Menge
c) degressive	steigen und fallen unterproportional stärker als die Menge	steigen geringer bei steigender Menge, fallen geringer bei fallender Menge

6 Welche a) Einzelkosten, b) Gemeinkosten entstehen bei der Herstellung der Wandtafel in Ihrem Klassenzimmer?

7 Die Jahreskapazität der Meßgeräteabteilung eines Industriebetriebs beträgt für den Typ XN 4 800 Stück. Die Produktion verursacht jährlich 120 000,00 DM fixe Kosten, die proportionalen Stückkosten stellen sich auf 80,00 DM. In den ersten drei Jahren wurden 1 440, 2 640 und 3 840 Stück erzeugt.

a) Zu wieviel Prozent wurde die Kapazität jeweils ausgenutzt?
b) Stellen Sie Kostentabellen für fixe und proportionale Gesamt- und Stückkosten, bezogen auf die drei Erzeugungsmengen auf (Muster wie bei Aufgabe 9)!
c) Stellen Sie den Kostenverlauf für die drei Erzeugungsmengen zeichnerisch in einem selbstgewählten Maßstab jeweils für die Gesamt- und die Stückkosten dar!

8 Welchen Kostenverlauf entnehmen Sie aus den folgenden Diagrammen? Welche Gründe können für den Kostenverlauf bei d) vorliegen?

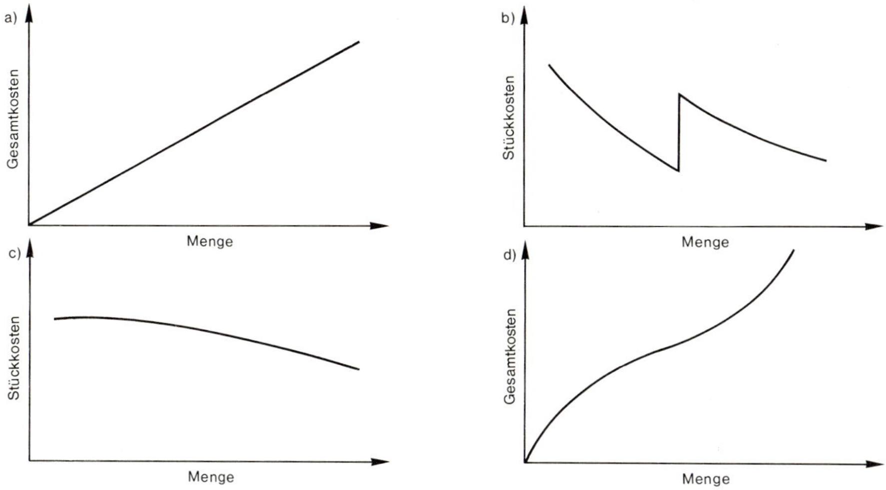

9 Die Kapazität einer Fabrik beträgt für ein Spielzeug monatlich 12 000 Stück. In den Monaten September, Oktober und November ist die Kapazität zu 40%, 70% und 90% ausgenutzt worden. Beim höchsten Beschäftigungsgrad sind 64 800,00 DM proportionale Gesamtkosten, beim niedrigsten 7,00 DM fixe Stückkosten ermittelt worden.

Stellen Sie für alle drei Beschäftigungsgrade eine Kostentabelle nach dem folgenden Muster auf!

Menge/Stück	fixe Kosten		proportionale Kosten	
	gesamt	Stück	gesamt	Stück

10 Beurteilen Sie die folgenden Feststellungen bei einer Kostenanalyse:

a) Jahresmiete für Lagerräume bisher 12 000,00 DM. Nach Abschluß eines Vertrages für fünf Jahre beträgt die gesamte Miete 50 000,00 DM.

b) Fixe Stückkosten bei einer Erzeugung von 10 000 Stück 2,50 DM, bei einer Erzeugung von 15 000 Stück sind sie um 20% höher.

c) Variable Stückkosten bei einer Produktion von 800 Stück 6,80 DM, bei 1 200 Stück 9,20 DM und bei 200 Stück 7,50 DM.

4.4 Wichtige Instrumente der Absatzpolitik

Problem

(1) „Neue Modelle auf der Automobilausstellung der Öffentlichkeit vorgestellt!" – Sind es wirklich neu entworfene Autos oder ist es nicht meist die Fortentwicklung eines bereits bewährten Modells?

(2) Aus einem Fotoprospekt: ‚Mehrpreis für schwarzes Gehäuse 45,00 DM'. Womit könnte ein solcher Preisaufschlag motiviert werden, obwohl die Produktionskosten gleich sind?

(3) Werbeüberschriften aus einer Illustrierten:

„Schutz vor Parodontose. Der Zahnarzt gibt seiner Familie blend-a-med."
„Sein Wunsch – Sir international ‚irish moos' "

„Hohe Startkraft – auch bei klirrender Kälte. Bosch-Batterie mit Kaltstart-Sicherheit"
„Der unsichtbare Unterschied: Ein Hauch von Platin – Braun sixtant 6007"
Jeden Tag wird der einzelne vielfach mit derartigen Aussagen konfrontiert, wird an sein Gefühl oder seine Vernunft appelliert. Er soll beeinflußt werden, soll kaufen, was die Werbung als schön und begehrenswert anpreist. Gelingt dies?

④ Vorstandssitzung der Natur-Getränke AG: Es geht um die Entscheidung, wie ein neues Getränkesortiment, bestehend aus vorwiegend hochwertigen Mischgetränken, an den Verbraucher abgesetzt werden soll. Man könnte Groß- und Einzelhändler dafür einschalten, denen für ihre Handelsleistung erhebliche Rabatte eingeräumt werden müßten, damit sie am Markt konkurrenzfähig bleiben können. Die Verwendung von Reisenden, der Aufbau eigener Läden oder der Einsatz selbständiger Handelsvertreter wäre ein anderer Absatz bzw. Vertriebsweg. – Welche Gesichtspunkte werden den Ausschlag geben?

Welche Probleme werden in den 4 Beispielen angesprochen?

Sachdarstellung

Zur **Absatzpolitik** gehören alle Maßnahmen, die dazu dienen, die erstellte Produktion möglichst rasch und möglichst günstig zu verwerten.

Im einzelnen beziehen sich die absatzpolitischen Entscheidungen u. a. auf die

- **Produktgestaltung:** Müssen die Produkte geändert werden?
- **Preisdifferenzierung:** Wie sollen die Preise z. B. verschiedenen Abnehmern gegenüber gestaltet werden?
- **Werbung:** Welche Werbung kann den Absatz fördern?
- **Absatzorganisation:** Wie sollen die Produkte abgesetzt werden?

4.4.1 Die Produktgestaltung

Die Produkte eines Industriebetriebs werden möglichst so entwickelt, gestaltet und fortentwickelt, daß sie vom Markt aufgenommen werden, d. h. daß sie dem bestehenden oder zu weckenden Bedarf entsprechen.

Zur Produktgestaltung im absatzwirtschaftlichen Sinne gehören:

- **Änderung der Eigenschaften eines bereits produzierten Gutes,** soweit diese Eigenschaften für das Gut charakteristisch sind. Hierbei kann es sich um Änderungen im technischen Funktionsablauf sowie in der Anwendbarkeit und Handhabung des Gutes handeln, aber auch nur um Veränderungen in der äußeren Gestalt. Dem **Design,** d. h. dem Muster, der Formgebung, dem Modell, kommt heute nicht nur bei bestimmten Konsumgütern wie PKWs und Wohnungseinrichtungen, sondern auch bei den langlebigen Produktionsgütern eine erhebliche Bedeutung für den Absatz zu. Dies ist einmal auf das Prestigebedürfnis der Abnehmer zurückzuführen, zum anderen aber auch auf arbeitspsychologische Gründe. Mit formschönen Geräten und Maschinen arbeitet man lieber und daher besser als mit häßlichen, ganz abgesehen davon, daß Schönheit und Zweckmäßigkeit der äußeren Form durchaus vereinbar sind.

- **Variierung eines Produkts,** indem von einem Gut mehrere Sorten, Typen, Qualitäten oder Dessins hergestellt werden.

Dies läßt sich leicht z. B. bei PKWs beobachten. Von einem Grundmodell werden oft bis zu einigen hundert Varianten im „Baukastensystem" angeboten.

Durch Produktvariierung tragen die Hersteller zwei einander entgegengesetzten Bestrebungen ihrer Kunden Rechnung: Der Drang zur Individualisierung veranlaßt den Kunden, solche Güter zu kaufen, die nicht jeder hat. Andererseits möchte er sich aber vor allem von seiner Gruppe nicht zu auffällig abheben, da er sonst mit einer ablehnenden gesellschaftlichen Reaktion rechnen muß.

Beim Hersteller gilt es ebenfalls, zwei gegenläufige Tendenzen auszugleichen: Im Hinblick auf seine Absatzchancen sollte er möglichst vielfältige Produkte herstellen, aus Kostengründen muß er jedoch große Serien anstreben.

- **Entwicklung völlig neuartiger Produkte;** hierzu trägt zum einen der technische Fortschritt bei, zum anderen aber das Aufspüren latent vorhandenen Bedarfs, der durch geeignete Werbemaßnahmen verdichtet werden kann. Der Verbraucher verhält sich im allgemeinen eher passiv, d. h. er versucht nur selten, aktiv die Produktgestaltung zu beeinflussen. Daher muß der Hersteller von sich aus die Initiative ergreifen, wenn er nicht eines Tages hoffnungslos hinter die Konkurrenz zurückfallen will. Er muß sich ständig bemühen, neue Märkte zu schaffen und für sich zu erschließen. Beispiele hierfür sind Kunststoffprodukte vom Zahnrad bis zum Spielzeug.

4.4.2 Die Preisdifferenzierung

Preisdifferenzierung liegt vor, wenn das gleiche Produkt zu *verschiedenen* Preisen angeboten wird. Die Marktstellung und das Verhandlungsgeschick des Käufers bestimmen dabei oft die Höhe des Preisunterschieds; z. B. bei Abnahme von 80 Stück durch einen Einzelhändler oder von 35 000 Stück durch einen Warenhauskonzern.

Es sind zu unterscheiden:

- **räumliche Preisdifferenzierung:** Die Produkte werden auf räumlich getrennten Märkten zu verschiedenen Preisen abgesetzt, z. B. Inlandsmarkt – Auslandsmarkt. Es war lange Zeit günstig, deutsche Autos im Ausland zu kaufen und zu importieren. Im Theater sind die vorderen, im Kino die hinteren Plätze teurer.
- **zeitliche Preisdifferenzierung:** Zweck ist, die Produktionskapazität gleichmäßig auszulasten; z. B. Winterpreise bei Wohnwagen, Sommerpreise bei Pelzen, Kohle; Nachtstromtarif; Nachttarif beim Telefon.
- **Preisdifferenzierung nach der Menge:** z. B. Rabattstaffeln für Großabnehmer; Umsatzbonus; Gruppenfahrten bei der Bundesbahn; Strom-, Gas- und Wassertarife für Großverbraucher.
- **Preisdifferenzierung nach der Verwendung:** z. B. Steuerbelastung leichtes Heizöl – Dieselöl; Kochsalz – Streusalz; getrennte Stromzähler für Haushalts- und Gewerbetarife.

4.4.3 Die Werbung

Jede **Werbung** versucht, den Menschen zu einem *bestimmten Handeln* zu veranlassen. *Wirtschaftliche Werbung* zielt darauf ab, den Absatz zu fördern, den *Umworbenen* zum Kauf von Waren oder zur Inanspruchnahme von Dienstleistungen anzuregen. Deshalb ist wirtschaftliche Werbung vorwiegend **Absatzwerbung.**

Im wesentlichen müssen bei der Durchführung von Werbemaßnahmen folgende Fragen geklärt werden:

wer?	↓	*Hersteller, Händler* oder *Werbeagentur*
sagt was?	↓	Inhalt der *Werbemitteilung*
wann?	↓	*Streuzeit;* sie ist der günstigste Zeitpunkt für den Einsatz der Werbemittel
wem?	↓	*Streukreis;* dies ist der umworbene Personenkreis nach Zielgruppen (Einzel- oder Massenwerbung)
wo?	↓	*Streugebiet;* dies ist das Einsatzgebiet für die Werbung, im allgemeinen das Absatzgebiet; z. B. Einzelhandelsanzeige in der Lokalzeitung
wie?	↓	Einsatz der *Werbemittel,* ggf. Kombination
mit welchen finanziellen Mitteln?	↓	*Werbeetat,* d. h. welche Geldmittel stehen zur Verfügung

4.4.4 Die Absatzorganisation

Je nach Art des erzeugten Gutes muß genau überlegt werden, auf welchem Weg die Waren zum Verwender gelangen. Ein Hersteller von Lastkraftwagen kann seine Fahrzeuge z. B. direkt an die Verwender verkaufen. Dieser Weg wäre z. B. bei einem Gemüsekonservenhersteller undenkbar, da er zur Belieferung von Hunderttausenden von Haushalten eine riesige und unrentable Versandabteilung einrichten müßte. Ein Bettwäschehersteller könnte indessen versuchen, über Kataloge direkt oder über den Einzelhandel indirekt an den Endverbraucher zu verkaufen.

4.4.4.1 Der direkte Absatz

Beim **direkten Absatz** übernimmt der Hersteller sämtliche Verteilerfunktionen bis zum Verwender, d. h. zum Verbraucher oder Weiterverarbeiter. Es wird keine Absatzstelle eingeschaltet, die nicht zum Unternehmen gehört.

Dabei sind zwei *Vertriebsformen* des direkten Absatzes zu unterscheiden:

- **Zentralisierter Absatz:** Die Ware wird direkt durch die *Geschäftsleitung* abgesetzt, siehe (1) der Abb. auf S. 239. Er kommt besonders bei Groß- und Einzelobjekten vor, z. B. Schiffsbau, Druckmaschinen.
- **Dezentralisierter Absatz:** siehe (2) und (3) der Abbildung auf S. 239. Hier wird nicht von der Zentrale aus abgesetzt, sondern durch unternehmenseigene Absatzstellen. Solche können sein:
  - ▶ *Verkaufsbüros.* Sie sind meist regional gegliedert und rechtlich unselbständig. Kleinere Bestellungen werden sofort vom Verkaufslager aus erledigt.
  - ▶ *Verkaufsfilialen* Der Hersteller übernimmt in werkseigenen Läden die Funktionen des Einzelhandels. Besonders geeignet sind Massenartikel, die gleichzeitig Markenartikel sind, z. B. Salamander-Schuhe, WMF-Erzeugnisse.
  - ▶ *Auslieferungslager.* Hier können besonders gewerbliche Verwender die Waren beziehen. Auslieferungslager finden sich vielfach auch im Außenhandelsgeschäft.
  - ▶ *Reisende.* Sie sind an die Weisungen des Herstellers gebunden. Näheres siehe S. 133 ff.!

Der direkte Absatz bietet sich nur in bestimmten Fällen an. Er kann z. B. durchgeführt werden, wenn es sich um *Markenartikel* handelt, wenn die Abpackungen sich in *konsumfähigen Größen* halten, z. B. Kastenbier in der Verkaufsniederlassung einer Brauerei, oder wenn es, wie schon erwähnt, Einzelobjekte sind.

Die **Vorteile** sind dann u. a.:

- *geringere Vertriebskosten,* Teildeckung durch nicht weitergegebene Gewinne an den Handel,
- *raschere Belieferung* ab Werk durch kürzere Vertriebswege,
- *besserer Kundendienst,* der vielfach vom Hersteller übernommen wird, z. B. Brenner in der Ölheizung,
- *besserer Kontakt* zum Verbraucher bzw. Weiterverarbeiter,
- *bessere Beratung* durch betriebseigene Fachleute.

Als **Nachteile** treten für den Hersteller auf:

- *Lagerhaltung;* diese Funktion wird sonst vom Handel übernommen,
- *erhöhte Kosten* durch Aufblähung des eigenen Vertriebsapparates,
- *kleine Auftragsgrößen,* da auch die Endverbraucher bestellen.

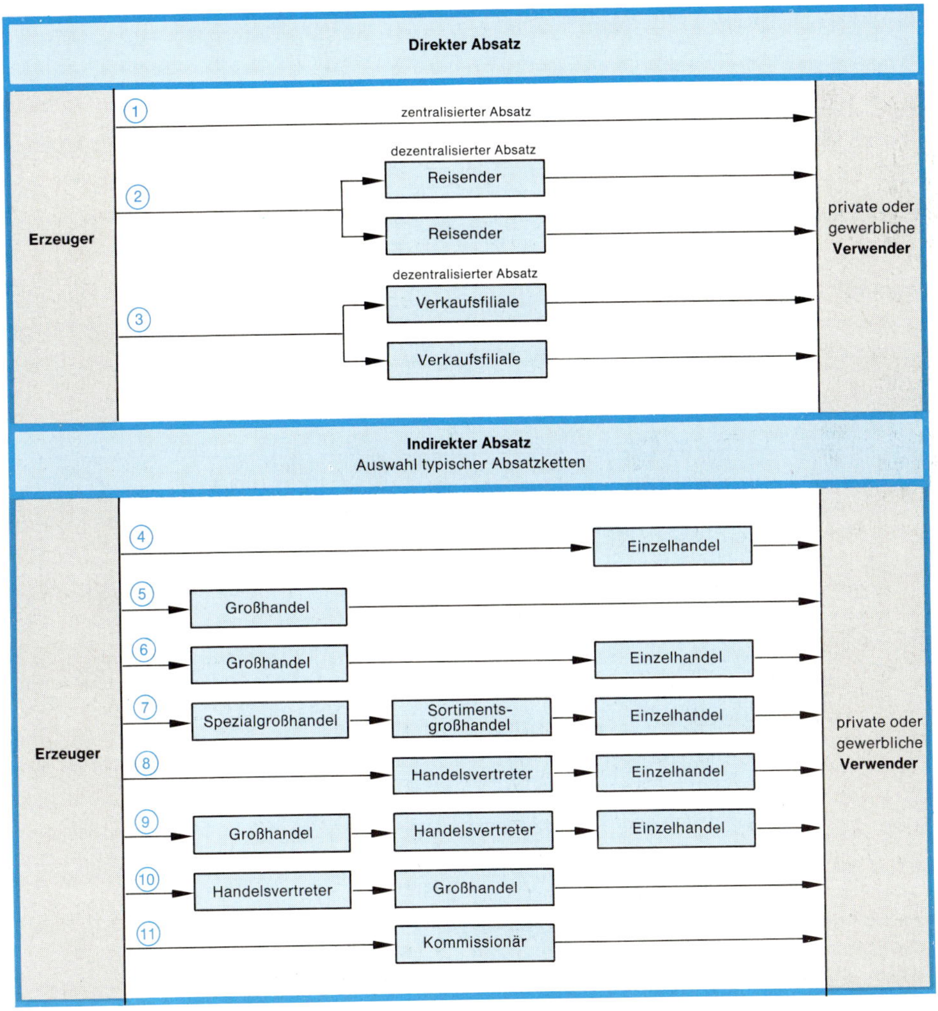

4.4.4.2 Der indirekte Absatz

Weitaus die meisten Artikel werden nicht direkt vom Hersteller an den Verwender abgesetzt, sondern es werden *selbständige Absatzbetriebe,* wie Groß- und Einzelhandel, und *selbständige Absatzmittler,* wie Handelsvertreter, Kommissionäre und Makler zwischengeschaltet (siehe S. 133 ff.)

Die so entstehenden **Absatzketten** können **ein-** oder **mehrstufig** sein, je nachdem, ob eine – siehe ④ ⑤ ⑪ der Abbildung auf S. 239 – oder mehrere Zwischenstufen – siehe ⑥ bis ⑩ der Abbildung S. 239 – beim Absatz mitwirken.

Der indirekte Absatz ist u. a. *zwangsläufig* notwendig, wenn

- die *Spezialisierung der Produktion* so stark ist, daß die Sortimentsbreite, d. h. die Anzahl der verschiedenen Warenarten, für den direkten Absatz zu gering ist; z. B. Herstellung von Arbeitsschutzschuhen.
- der *Absatz komplementärer* (d. h. ergänzender) *Warengruppen* erforderlich ist, z. B. Möbel, Matratzen, Roste, Vorhangstoffe;
- der eigene *Produktionsumfang zu gering* ist, um den Markt zu versorgen; hier bietet sich Absatz an den Aufkaufgroßhandel an;
- bei *Massenproduktion* die direkte Lieferung völlig unwirtschaftlich wäre; z. B. eine Molkerei müßte pfundweise Butter an die Verbraucher senden;
- die *Lagerhaltung* besonders *schwierig* ist.

Wesentliche Lerninhalte

- **Produktgestaltung**
  - **Veränderung charakteristischer Eigenschaften** bei vorhandenen Gütern
    - ▶ Funktionsabläufe
    - ▶ Handhabung
    - ▶ Form (Bedeutung des Styling auch für Produktionsgüter)
  - **Variierung von Produkten** durch verschiedene
    - Sorten, Typen,
    - Qualitäten, Dessins
    - ▶ Ausgleich des Kundenwunsches einerseits, etwas Besonderes zu wollen, aber andererseits nicht aufzufallen
    - ▶ Ausgleich von Absatz- und Kostenüberlegungen
    - ▶ Baukastensystem
  - **Entwicklung völlig neuartiger Produkte**
    - ▶ Technischer Fortschritt
    - ▶ Erzeugung neuer Märkte
- Die Produktgestaltung muß sich auf eine gründliche Marktforschung stützen. Sie ist eine der wichtigsten unternehmerischen Aufgaben.
- **Preisdifferenzierung** kann durchgeführt werden:
  - ▶ räumlich
  - ▶ zeitlich
  - ▶ nach der Menge
  - ▶ nach der Verwendung

- *Streuzeit* = Zeitpunkt und Zeitraum der Werbung
  Streukreis = umworbener Personenkreis
  Streugebiet = Einsatzgebiet der Werbung; meist identisch mit Absatzgebiet

- Es gibt zwei **Arten von Absatzwegen:**

  ▶ **direkter Absatz,** d.h. der Hersteller übernimmt alle Verteilerfunktionen bis zum Verwender
  - ▸ zentralisierter Absatz: ohne Absatzstellen
  - ▸ dezentralisierter Absatz: eigene Absatzstellen werden eingeschaltet

  ▶ **indirekter Absatz,** d.h. der Hersteller setzt das Produkt ab mit Hilfe von
  - ▸ selbständigen Absatzbetrieben, z.B. Groß- und Einzelhandel
  - ▸ selbständigen Absatzmittlern, z.B. Handelsvertretern, Kommissionären

- **Absatzketten** sind ein- oder mehrstufig.

Aufgaben zur Sicherung des Lernerfolgs

1 Für welche Art von Betrieben stellt sich das Problem der Produktgestaltung?

2 Weshalb muß die Produktgestaltung die Ergebnisse der Marktforschung berücksichtigen?

3 Welche Kosten veranlassen den Unternehmer, große Serien anzustreben?

4 Welche Beispiele für modernes Design bei Produktionsgütern können Sie anführen?

5 Inwiefern kann man von der „Erzeugung“ von Märkten sprechen?

6 Warum gilt insbesondere auch für den Unternehmer der Satz: „Stillstand bedeutet Rückschritt“?

7 Welche Beispiele können Sie aus Ihrem Erfahrungsbereich nennen für:
a) die Produktvariierung,
b) die Entwicklung neuartiger Produkte?

8 Erkundigen Sie sich in Ihrem Ausbildungsbetrieb nach Preisdifferenzierungen, die den Abnehmern gegenüber gelten!

9 Geben Sie jeweils mindestens zwei Beispiele für die verschiedenen Arten der Preisdifferenzierung an!

10 Was soll mit der Werbung erreicht werden?

11 Worin unterscheiden sich direkter und indirekter Absatz?

12 Suchen Sie Beispiele
a) für direkten, zentralisierten Absatz,
b) für direkten, dezentralisierten Absatz.
Versuchen Sie, die Gründe und Ursachen für den direkten Absatz dabei festzustellen!

13 Weshalb ist Preis- und Konditionenpolitik beim Absatz wichtig?

14 Stellen Sie fest, wie der Absatz in Ihrem Ausbildungsbetrieb organisiert ist!

15 Nennen Sie Beispiele für Produkte, die gleichzeitig über verschiedene Absatzketten verkauft werden! Beschreiben Sie jeweils den Absatzweg!

16 Welche Folgen hat die Übernahme des Warenabsatzes durch den Handel für einen Industriebetrieb
a) hinsichtlich seines Vertriebs,
b) in bezug auf seine Produktionsplanung?

17★ Ein Hersteller für Elektrogeräte liefert über die Handelskette: Hersteller – Großhandel – Einzelhandel – Verbraucher. Untersuchen Sie, wer jeweils zuständig sein könnte für: Lagerung, Werbung, Transport, Kundendienst, Preis- und Konditionenpolitik (Mehrfachnennungen sind möglich)! Begründen Sie Ihre Entscheidungen!

4.5 Die Funktionen des Handels, der Kreditinstitute und der Versicherungen

Problem

„Hauptwunsch Puppen und Eisenbahnen! Trotz Kurzarbeit sind die Spielzeughersteller optimistisch. Der Handel, der in den ersten neun Monaten starke Zurückhaltung geübt hat, ordert kräftig und zügig nach."

„Dienstleistungen als ‚neue Industrien'?"

Täglich berichten die Zeitungen in solchen oder ähnlichen Schlagzeilen über die Veränderungen in verschiedenen Wirtschaftsbereichen. Um welche Bereiche handelt es sich, welche Aufgaben, welche Bedeutung in der Gesellschaft haben sie, daß sie so stark beachtet werden?

Sachdarstellung

4.5.1 Der Handel

4.5.1.1 Die Stellung des Handels in der Wirtschaft

Handelsbetriebe haben eine Vermittlerstellung zwischen Erzeugungsbetrieben und Verbrauch. Die Leistung des Handels besteht im Weiterleiten von Sachgütern (Handelswaren), ohne daß diese Güter – von Veredelungsarbeiten abgesehen – umgeformt werden.

Der *Binnenhandel* übernimmt die Handelsgeschäfte zwischen den Betrieben innerhalb einer Volkswirtschaft, also z. B. innerhalb der Bundesrepublik Deutschland oder innerhalb der USA. Der *Außenhandel* dagegen wickelt Handelsgeschäfte mit ausländischen Kunden und Lieferern ab.

Stellung des Handels in der Gesamtwirtschaft

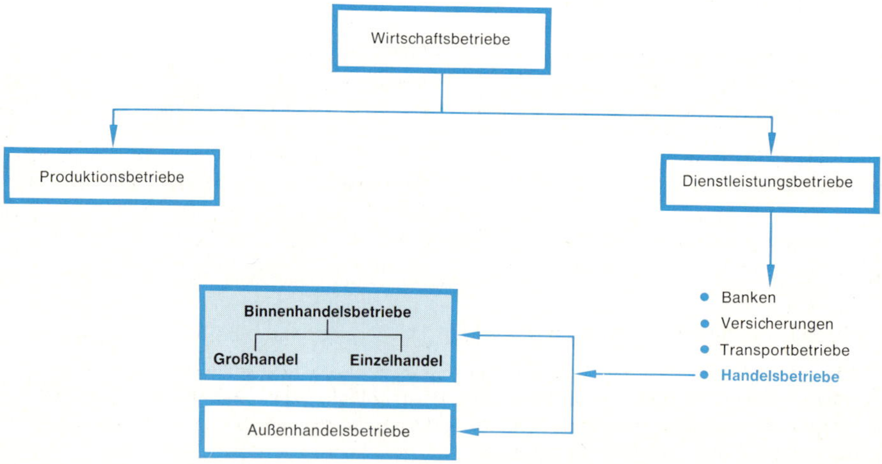

4.5.1.2 Die Aufgaben des Handelsbetriebs

Der Handelsbetrieb ist der Mittler zwischen dem Hersteller und dem Verwender der Erzeugnisse. Aus dieser Mittlerfunktion sind dem Handel seine wichtigsten Aufgaben zugewachsen. Diese sind:

- **Die Warenverteilung:** Der Handel stimmt hierbei das Angebot der Erzeuger und die Nachfrage der Verwender aufeinander ab. Der Produktionsbetrieb verkauft nicht an Hunderttausende, ja Millionen von Verbrauchern, sondern an ein paar hundert Großhändler, die ihrerseits an Tausende von Einzelhandelsbetrieben verkaufen. Der Transport der Ware wird dabei in der Regel von Transportbetrieben (Bahn, Post, Lkw-Güterverkehr usw.) übernommen.

- **Die Lagerhaltung:** Die Herstellung und das Verwenden der Güter stimmen zeitlich nicht überein. Hieraus ergibt sich die Aufgabe der Lagerhaltung. Landwirtschaftliche Produkte z. B. werden in der Reifezeit in Konservenfabriken verarbeitet, vom Konsumenten dagegen das ganze Jahr über gekauft. Bei Spielwaren oder Automobilen ist es umgekehrt. Papierwaren werden das ganze Jahr hindurch produziert und verbraucht, doch der Händler muß einen Lagervorrat halten, um stets lieferbereit zu sein. Auch Beförderungskosten und Preisvorteile (Mengenrabatte) sowie Warenspekulationen beeinflussen die Lagerhaltung. Ebenso kann die Warenveredelung, z. B. bei Wein, Spirituosen, Zigarren oder Holz, Ursache für die Lagerhaltung sein.

- **Weitere Aufgaben:** Der **Mengenausgleich** – Ausgleich zwischen hergestellter und abgesetzter Menge –, die **Sortimentsgestaltung** – z. B. Zusammenfassung der Erzeugnisse der verschiedenen Hersteller – und die **Veredelung** – z. B. Rösten und Mischen von Kaffee – sind weitere Aufgaben, die der Handel möglichst gut zu lösen hat, wenn er wirtschaftlich erfolgreich tätig sein will.

4.5.2 Die Kreditinstitute

Banken und Sparkassen, auch Kreditinstitute genannt, sind kaufmännische Betriebe, die gewerbsmäßig

- den Zahlungsverkehr,
- den Kreditverkehr und
- den Kapitalverkehr

durchführen.

Mit der Übernahme der *Zahlungsgeschäfte* erleichtern, vereinfachen und ermöglichen die Kreditinstitute den übrigen kaufmännischen Betrieben die Abwicklung ihrer baren, halbbaren und bargeldlosen Zahlungen im nationalen und internationalen Verkehr (Girogeschäft).

Im Rahmen der *Passivgeschäfte* (= Einlagengeschäft) sammeln die Banken und Sparkassen als Kreditnehmer Gelder, die nicht verbraucht, sondern gespart werden, und leiten im Rahmen der *Aktivgeschäfte* (= Kreditgeschäft), d. h. als Kreditgeber in Form von Krediten verschiedenster Art, sie als Kredite, z. B. *Betriebskredite,* kurz-, mittel-, langfristige Darlehen, Hypotheken, persönliche Kleinkredite u. a., an Unternehmungen und öffentliche Körperschaften weiter.

Im Rahmen des *Kapitalverkehrs* führen die Banken und Sparkassen das Wertpapiergeschäft (= Effektengeschäft) und seine Nebengeschäfte (z. B. Depotgeschäft = Verwahrung und Verwaltung der Wertpapiere u. a.) durch. Sie wirken dadurch mit bei der Geldbeschaffung der Aktiengesellschaften, bei der Gründung, bei der Kapitalerhöhung, Umwandlung in eine andere Rechtsform und bei Fusionen (Verschmelzungen von Unternehmungen).

4.5.3 Die Versicherungen

4.5.3.1 Wesen und Arten der Versicherungen

Versicherungen sind **Gefahrengemeinschaften,** d. h. ein Zusammenschluß von Menschen, die gleichartigen Gefahren ausgesetzt sind. Sie werden als kaufmännische Betriebe geführt und dienen der Absicherung gegen die wirtschaftlichen Folgen von Risiken, die auf unabwendbaren Gefahren beruhen, z. B. Schäden bei Brand, Unwetter, Unfall, Krankheit, Diebstahl, Haftpflicht u. a. Die Belastungen verteilen sie in Form der Versicherungsprämie auf eine Vielzahl von Personen. Die Prämie ist der Preis für den Versicherungsschutz. Im Versicherungsfall, z. B. Einbruchdiebstahl, übernehmen sie den Schaden, bewahren so den Kaufmann vor großen Verlusten und erlauben ihm, seinen Betrieb weitgehend ungefährdet fortzuführen.

4.5.3.2 Arten der Versicherungsgesellschaften

Neben den öffentlich-rechtlichen Anstalten (Sozialversicherung[1]) sind am Markt die privaten Gesellschaften (Individualversicherung) meist in der Rechtsform der AG tätig. Die Sozialversicherung ist eine Pflicht-, die Individualversicherung eine freiwillige Vertragsversicherung. Sie treten auf als:

- **Sachversicherer** (Feuerversicherung, Maschinenversicherung, Leitungswasserversicherung u. a.),
- **Personenversicherer** (Lebensversicherung, Unfallversicherung, Krankenversicherung u. a.),
- **Vermögensversicherer** (Haftpflichtversicherung, Rechtsschutzversicherung, Kreditversicherung u. a.).

Wesentliche Lerninhalte

- Handelsbetriebe sind Glieder von Absatz- oder Handelsketten zwischen Herstellungsbetrieben und Verwendern (Weiterverarbeitern oder Endverbrauchern).
- Die Aufgaben des Handelsbetriebs sind:
  - ▶ Warenverteilung vom Hersteller zum Verwender
  - ▶ Lagerhaltung mit gleichzeitiger Risikoübernahme und Finanzierungsleistung
  - ▶ Mengenausgleich (Sammlungs- und Verteilungsfunktion des Handels)
  - ▶ Sortimentsgestaltung
  - ▶ Veredelung
- Die **Banken** und **Sparkassen (Kreditinstitute)** übernehmen als kaufmännische Betriebe gewerbsmäßig den Zahlungs-, Kredit- und Kapitalverkehr für die übrigen Betriebe.
- **Versicherungen** übernehmen die Risiken ihrer Versicherten aus z. B. Brand, Unwetter, Unfall u. a. gegen Prämienzahlung.

Aufgaben zur Sicherung des Lernerfolgs

1 Gelegentlich hört man die Meinung, der Handel sei eigentlich überflüssig; er verteuere nur die Waren. Ist dies richtig?

2 Welche Situation würde sich ergeben, wenn
a) es für die Baustoffindustrie keinen Baustoffhandel und
b) für Lebensmittelerzeuger keine Handelsbetriebe gäbe?

3 Woraus ergibt sich für den Handel insbesondere die Lagerhaltungsaufgabe bei a) Baustoffen, b) Wein, c) Pelzmänteln, d) Benzin, e) Möbeln, f) Getreide, g) Bleistiften, h) Kupferrohren?

[1] Vgl. hierzu Kapitel 3.9, S. 163 ff.

4 Suchen Sie nach Beispielen für die Veredelungsaufgabe des
a) Nahrungsmittelhandels, b) Textilhandels, c) Holzhandels, d) Fahrzeughandels, e) Baustoffhandels!

5 Welche Dienstleistungen stellen Banken und Versicherungen bereit?

4.6 Überblick über Wesen und Aufgaben des Geldes

4.6.1 Entstehung, Arten und Aufgaben des Geldes

Problem

Jedes Kind freut sich, wenn es Geld in seine Sparbüchse bekommt. Die meisten Erwachsenen müssen hart arbeiten, um am Wochen- oder Monatsende Lohn oder Gehalt zu bekommen. Sie geben das Geld wieder aus, um ihre Bedürfnisse zu befriedigen. Die meisten Menschen wollen durch ihre Tätigkeit möglichst viel Geld verdienen, um z. B. schön zu wohnen, vielleicht in einem Eigenheim, oder sich gut zu kleiden und einzurichten. Der Sparer ärgert sich, daß das Geld seinen Wert nicht behält, sondern Jahr für Jahr weniger wert wird.

Seit wann wird Geld verwendet? Welche Aufgaben erfüllt das Geld?

Sachdarstellung

4.6.1.1 Die Entstehung des Geldes

Ursprünglich deckte jede Familie ihren Bedarf selbst. In dieser **geschlossenen Hauswirtschaft** brauchten die Menschen kein Geld. Später tauschten sie innerhalb der Dorfgemeinschaft Güter miteinander aus. In dieser **Natural-** oder **Tauschwirtschaft** — Ware gegen Ware — war Geld ebenfalls nicht erforderlich.

Auf dieser primitiven Stufe blieb die Wirtschaft aber nicht stehen. Heute werden durch die *Arbeitsteilung*, z. B. bei der Herstellung von Lastkraftwagen, Tausende von Arbeitskräften benötigt. Wie soll aber ein Arbeiter, der nur Autotüren montiert, für seine Leistung einen Anzug *eintauschen* können? Dies ist nur möglich, wenn er für seine Leistung ein Mittel erhält, das jeder Mensch begehrt. Dieses Mittel ist das Geld.

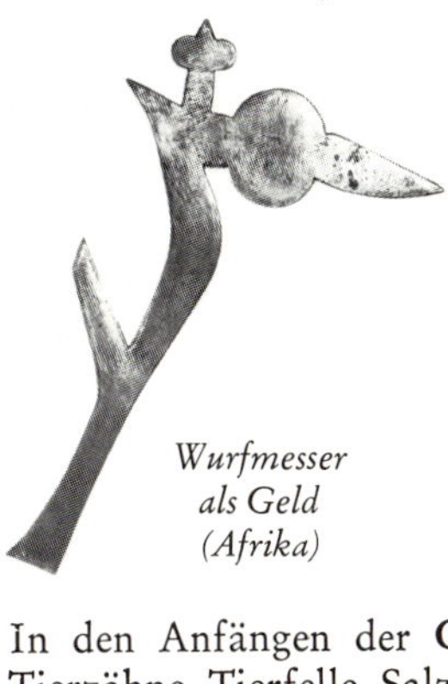

Wurfmesser als Geld (Afrika)

Geldring (Afrika)

Häuptlingsschmuck als Geld (Afrika)

In den Anfängen der **Geldwirtschaft** benutzte man *Warengeld*, wie Vieh, Muscheln, Tierzähne, Tierfelle, Salz, Waffen. Stets mußte es sich beim Geld um ein seltenes, knappes

Gut handeln. Mit der Entdeckung der haltbaren und teilbaren Edelmetalle Gold und Silber wurde das für die Wirtschaft umständliche Warengeld durch ungemünztes und später gemünztes *Metallgeld* ersetzt. Diese Münzen garantierten den aufgeprägten Wert und ersparten das Abwiegen des Metalls.

Münzen spielen in der heutigen modernen Wirtschaft als Zahlungsmittel nur noch für den Kleingeldverkehr eine Rolle. Zur Zahlung größerer Beträge wird *Papiergeld* verwendet (Banknoten) oder bargeldlos von Konto zu Konto gebucht *(Buchgeld).*

4.6.1.2 Die Arten des Geldes

Metallgeld (Münzen) gab es schon im Altertum. Münzfunde beweisen, daß etwa 600 v. Chr. in Kleinasien bereits Münzen geprägt worden sind. Heute werden Münzen nur noch als *Kleingeld* (Wechselgeld) benutzt, wie unsere 1-, 2-, 5-, 10- und 50-Pfennig-Stücke sowie Münzen für 1,00, 2,00, 5,00 und 10,00[1] Deutsche Mark. Bei diesen *Scheidemünzen* ist der auf der Münze aufgeprägte Wert, der *Nennwert, größer als der Metallwert.* Der Metallwert eines Fünf-DM-Stückes liegt ungefähr bei 50 Pfennig.

griechischer Stater (Stadt Sybaris)

römischer Denar

„Pfennig" Karls des Großen

Früher, als Gold- und Silbermünzen noch im Umlauf waren, entsprach der Nenn- oder Nominalwert der Münzen ihrem Metallwert. Solche Münzen heißen **Kurantmünzen.**

Auf den Münzsammler, den Numismatiker, üben die Münzen aller Jahrhunderte eine starke Anziehungskraft aus. Münzsammlungen sind meist wertvolle Kapitalanlagen. So wird z. B. die Fünf-DM-Gedenkmünze „Germanisches Museum", die 1952 als Silbermünze an jedem Bankschalter käuflich war, heute für rund 2 500 DM gehandelt.

Papiergeld (Banknoten) entstand im Mittelalter. Das erste Papiergeld soll es schon 1000 Jahre v. Chr. in China gegeben haben. Ursprünglich waren Banknoten Hinterlegungsscheine für Gold und Silber. Die Banken lösten die Scheine jederzeit wieder gegen Edelmetall ein. Diese Verpflichtung der Banken besteht aber heute nicht mehr. Papiergeld ist durch staatliche Verordnung *gesetzliches Zahlungsmittel.* In der Bundesrepublik Deutschland sind Banknoten im Wert von 5,00, 10,00, 20,00, 50,00 100,00, 200,00, 500,00 und 1 000,00 DM im Umlauf.[2]

Buch- oder Giralgeld ist das Geld unserer Zeit; es befindet sich als Guthaben oder Kredit auf den Bankkonten.

[1] 1972 wurden 10-DM-Gedenkmünzen zur Olympiade geprägt. Seit 1987 kann die Bundesregierung im Einvernehmen mit der Deutschen Bundesbank 10-DM-Silbermünzen prägen. Sie sollen vorläufig nur als Gedenkmünzen herausgebracht werden, erstmalig zur 750-Jahr-Feier der Stadt Berlin.

[2] 1990 werden von der Deutschen Bundesbank neue Banknoten in Umlauf gebracht. Wichtigste Neuerung ist die Einführung einer 200-DM-Note. Die neuen Banknoten sind besser fälschungssicher, besser maschinenlesbar, z. B. für Automatenzahlung und bringen Porträts bekannterer Persönlichkeiten als bisher. Die derzeit umlaufenden Banknoten bleiben aber auf unbestimmte Zeit gesetzliches Zahlungsmittel.

Zu diesen Guthaben gehören vor allem die „Sichteinlagen". Sichteinlagen sind „bei Sicht", d. h. ohne vorherige Kündigung jederzeit verfügbar und z. B. in Noten oder Münzen eintauschbar. Sichteinlagen sind zugleich auch die Grundlage für den bargeldlosen Zahlungsverkehr. Durch Schecks, Überweisungen und Lastschriften werden Guthaben auf Konten mit Sichteinlagen „bewegt".

Durch Umbuchung vom Konto des Schuldners auf das Konto des Gläubigers wird also bargeldlos gezahlt (s. Seite 255 ff.).

Vergleich der umlaufenden Bar- und Buchgeldmenge (Geldmenge M1)[1]

Stand 31. Dez.	Geldmenge Mio. DM	Bargeld		Sichteinlagen	
		Mio. DM	in %	Mio. DM	in %
1950	17 953	8 097	45,1	9 856	54,9
1955	31 480	14 040	44,6	17 440	55,4
1960	51 076	20 839	40,8	30 237	59,2
1965	78 525	29 652	37,8	48 873	62,3
1970	108 219	36 889	34,1	71 330	65,9
1975	179 898	56 480	31,4	123 418	68,6
1980	298 242	91 191	30,6	207 051	69,4
1985	400 415	114 718	28,7	285 697	71,3
1988	426 997	142 596	33,4	284 401	66,6
1989	450 623	146 916	32,6	303 707	67,4
1990[2]	584 338	158 567	27,1	425 771	72,9
1991	604 022	171 774	28,4	432 248	71,6
1992	669 575	200 507	29,9	469 068	70,1
1993	726 321	211 977	29,2	514 344	70,8
1994	764 000	225 900	29,4	538 100	70,4

Mit dem Geldwesen hängt der Begriff **Währung** eng zusammen. Wir sprechen von deutscher, französischer, amerikanischer Währung und meinen damit die staatliche, gesetzlich verankerte Ordnung des Geldwesens. In der Bundesrepublik Deutschland ist das Geldwesen durch das *Währungsgesetz*, das *Gesetz über die Deutsche Bundesbank* und das *Kreditwesengesetz* geregelt.

Wenn von DM- oder Dollar-Währung gesprochen wird, bezieht sie sich auf eine *Rechen- oder Geldeinheit*. Ist die Rede von Gold-, Silber- oder Papierwährung, bezieht sich der Währungbegriff auf den *Geldstoff*.

4.6.1.3 Die Aufgaben des Geldes

Wer einen Anzug kauft, zahlt dafür vielleicht 520 DM, für einen Bleistift etwa 0,50 DM. So gesehen ist das Geld **Zahlungs-** und **Tauschmittel**. Es besitzt *Kaufkraft*, denn man kann damit Güter kaufen.

Das Geld hat aber noch eine andere Funktion: wir können damit Preise ausdrücken. Ein Brötchen kostet 0,50 DM, ein Auto z. B. 28 360 DM, ein Haus z. B. 560 000 DM. So kann jeder den Wert seines Eigentums zusammenzählen, der Unternehmer seine Bilanz machen, die Volkswirtschaftler das Sozialprodukt ermitteln, denn das Geld ist eine **Recheneinheit** für alle wirtschaftlichen Werte. Das Geld ist so gesehen auch **Wertmesser.**

[1] Siehe S. 447!
[2] Ab 1990 einschließlich neue Bundesländer.

Geld kann aber auch gespart werden. Wer jeden Monat 50 DM auf das Sparkonto einzahlt, hat nach zehn Jahren 6 000 DM gespart, wobei Zins und Zinseszinsen, aber auch Kaufkraftverlust durch Inflationserscheinungen nicht eingerechnet sind. Somit ist das Geld auch ein **Wertaufbewahrungsmittel**.

Der Patenonkel, der seinem Paten zu Weihnachten einen Hundertmarkschein schenkt, hat Kaufkraft oder Wert in Höhe von 100 DM übertragen. Geld ist also auch ein **Wertübertragungsmittel**.

4.6.2 Der Wert des Geldes (siehe Seite 430 ff.)

Wesentliche Lerninhalte

- In der **geschlossenen Hauswirtschaft** und in der **Natural- oder Tauschwirtschaft** gab es kein Geld. Seitdem Waren- oder Metallgeld allgemeingültiges Tauschmittel wurde, gibt es die **Geldwirtschaft.**
- Metallgeld (Münzen) kann sein:

Scheidemünzen	**Kurantmünzen**
↓	↓
Nennwert größer als Materialwert	Nennwert ⇒ Materialwert
Scheidemünzen dienen dem *Kleingeldverkehr* (Wechselgeld)	

- **Banknoten (Papiergeld)** und Münzen sind gesetzliche Zahlungsmittel.
- **Buch-** oder **Giralgeld** befindet sich auf Bankkonten. Durch Umbuchung von Konto zu Konto wird gezahlt.
- Die **Währung** ist
  1. die staatliche Ordnung des Geldwesens,
  2. die Rechen- oder Geldeinheit, auch Valuta genannt,
  3. der Geldstoff.
- Die Aufgaben des Geldes sind: Zahlungsmittel, Tauschmittel, Recheneinheit, Wertmesser, Wertaufbewahrungsmittel und Wertübertragungsmittel.

Aufgaben zur Sicherung des Lernerfolgs

1 Warum benötigen die Menschen in der geschlossenen Hauswirtschaft und auf der Stufe der Tauschwirtschaft kein Geld?

2 Wodurch unterscheiden sich Kauf und Tausch volkswirtschaftlich?

3 a) Warum spielt heute das Metallgeld nur noch eine Rolle für den Kleingeldverkehr?
b) Warum werben die Banken dafür, daß mit Buchgeld bezahlt wird?

4 Was versteht man unter einer Währungsreform?

5 Zeigen Sie am Beispiel eines Hundertmarkscheins, welche Aufgaben das Geld in der Wirtschaft erfüllen kann?

6 Versuchen Sie einmal, sich die moderne Gesellschaft ohne Geld vorzustellen! In der Endstufe des Sozialismus darf es z. B. kein Geld mehr geben.

7 a) Stellen Sie die Entwicklung des Geldvolumens (Geldmenge) – siehe Statistik auf S. 247 – sowie der Bar- und Buchgeldmenge (Sichteinlagen) in Mio. DM mit einem Kurvendiagramm graphisch dar! Verwenden Sie dazu eine DIN A4 Seite quer!
b) Wie beurteilen Sie diese Entwicklung (Ursachen, Folgen)?

4.7 Der Zahlungsverkehr

4.7.1 Zahlungsmittel, Zahlungsarten und Zahlungsformen – Träger des Zahlungsverkehrs

4.7.1.1 Zahlungsmittel, Zahlungsarten und Zahlungsformen

Problem

Christian Wegener hat in einem Elektro-Fachgeschäft ein Kofferradio gekauft. Er überlegt sich nun, auf welche Weise er zahlen soll. Er könnte mit Banknoten und Münzen gleich *bar an der Kasse zahlen,* er könnte sich aber auch eine Rechnung geben lassen und von seinem Girokonto den Betrag *überweisen* oder mit einem *Scheck zahlen.* Besäße er ein *Postbank-Girokonto,* würden ihm Postüberweisung und Postscheck die gleichen Dienste leisten. Wollte er z. B. erst in drei Monaten zahlen, könnte er einen *Wechsel* auf sich ziehen lassen und ihn unterschreiben. Wovon wird seine Entscheidung abhängen?

Sachdarstellung

Zahlungsmittel sind Geld- und Geldersatzmittel.

Geld ist entweder *Bargeld* (Banknoten und Münzen) oder *Buchgeld* (Guthaben oder Kredit auf Bankkonten).

Geldersatzmittel sind im Umlauf befindliche *Schecks* und *Wechsel,* die gegenüber dem Bar- und Buchgeld eine Reihe von Vorzügen aufweisen, z. B. größere Sicherheit bei Verlust (siehe Seite 262 ff.).

Unter **Zahlungsarten** versteht man drei Möglichkeiten der Begleichung von Geldschulden, je nachdem, ob man dabei ein Konto verwendet oder nicht: Barzahlung, halbbare Zahlung und bargeldlose Zahlung.

Die **Zahlungsformen** sind unterschiedliche Zahlungsweisen bei jeder einzelnen Zahlungsart, z. B. Postanweisung, Zahlschein, Barscheck usw.

Folgende Übersicht zeigt die verschiedenen Zahlungsarten und Zahlungsformen.

Barzahlung: Der Käufer übergibt dem Verkäufer **Geldscheine** oder **Münzen** oder zahlt durch **Postanweisung.**	**Halbbare Zahlung:** ● Der Käufer zahlt am Schalter, einer Bank, Sparkasse oder der Post mit einem **Zahlschein** bar ein. Dem Verkäufer wird das Geld auf einem Konto gutgeschrieben. ● Käufer zahlt mit **Barscheck.** Sein Konto wird belastet, Verkäufer erhält Bargeld bei der Bank.	**Bargeldlose Zahlung:** Der Käufer überweist das Geld von seinem Bank- oder Postbank-Girokonto mit einer **Bank- oder Postüberweisung** auf das Konto des Verkäufers oder zahlt mit einem **Verrechnungsscheck.**

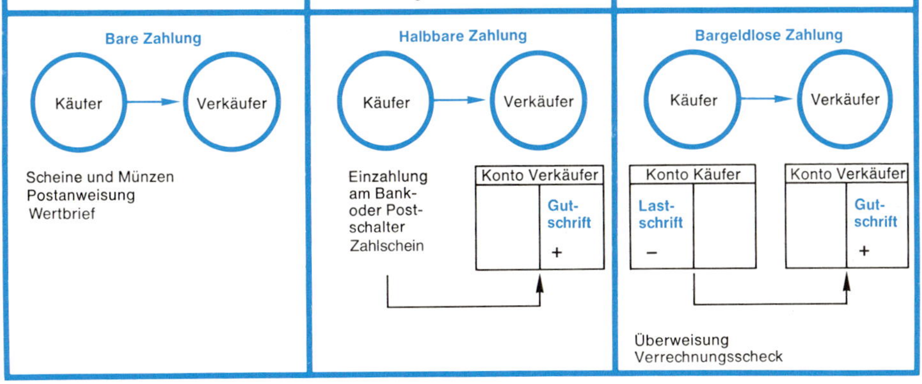

4.7.1.2 Träger des Zahlungsverkehrs

Wer am halbbaren und bargeldlosen Zahlungsverkehr teilnehmen will, muß ein Konto besitzen. Solche Konten heißen **Girokonten** im Gegensatz zu Sparkonten. Das Girokonto soll möglichst ein Guthaben aufweisen, Überziehungen sind gegen hohe Zinszahlung jedoch möglich.

Konten können bei Geldinstituten eröffnet werden.

Wer ein Girokonto bei einem Geldinstitut eröffnen will, muß sich persönlich ausweisen und seine Unterschrift hinterlegen. Hält die Bank den Antragsteller für vertrauenswürdig, erhält er die Scheck- und Überweisungsformblätter, mit denen er nun am halbbaren und bargeldlosen Zahlungsverkehr teilnehmen kann. Die Vordrucke aller Geldinstitute der Bundesrepublik Deutschland sind inhaltlich und in der Größe genormt, sie unterscheiden sich aber im Farbton. Ohne diese Normung wäre die Abrechnung mit Datenverarbeitungsanlagen nicht möglich.

In der Bundesrepublik Deutschland haben sich gleichartige Geldinstitute zu fünf Gironetzen zusammengeschlossen:

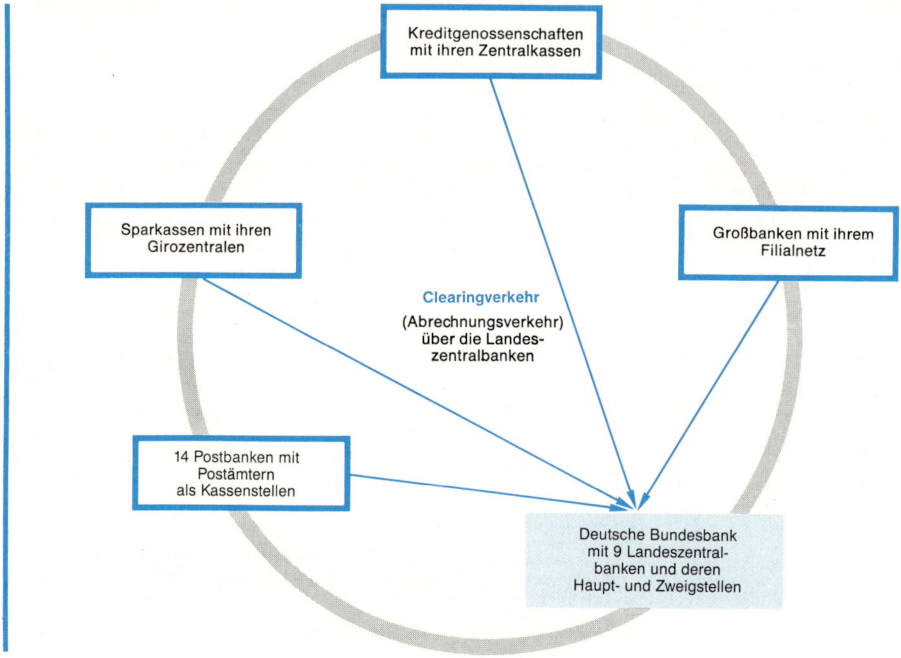

Da alle Geldinstitute der fünf Gironetze miteinander in Kontenverbindung stehen, ist es für die Teilnehmer am Zahlungsverkehr gleichgültig, wo sich die Konten befinden. Es kann also ohne weiteres von der Volksbank Chemnitz an die Dresdner Bank Hamburg oder von der Sparkasse Cottbus an Postbank München überwiesen werden.

Alle Geldinstitute oder deren Verrechnungszentralen unterhalten Konten bei den Landeszentralbanken. Im **Abrechnungs-** oder **Clearingverkehr** werden Forderungen und Verbindlichkeiten der Banken untereinander bargeldlos ausgeglichen. Dies geschieht im Magnetband Clearing-Verfahren durch beleglosen Datenträgeraustausch der EDV (Elektronische Datenverarbeitung).

Wesentliche Lerninhalte

- **Zahlungsmittel** sind *Geld* (Bargeld oder Buchgeld) und *Geldersatzmittel* (Schecks, Wechsel).
- Es gibt drei Zahlungsarten, je nachdem, ob Konten zur Zahlung benutzt werden oder nicht: Die **Barzahlung,** die **halbbare Zahlung** und die **bargeldlose Zahlung.**
- Voraussetzung zur Teilnahme am bargeldlosen Zahlungsverkehr ist ein **Girokonto.**

- Über das **Gironetz der Landeszentralbanken** stehen alle Geldinstitute miteinander in Kontenverbindung. Im **Clearingverkehr** rechnen sie gegenseitig ab.
- Die **Vordrucke** zur Durchführung des Zahlungsverkehrs – wie Schecks und Überweisungen – unterscheiden sich bei den verschiedenen Gironetzen nur im Farbton.

Aufgaben zur Sicherung des Lernerfolgs

1 Warum gibt es verschiedene Zahlungsarten?

2 Weshalb eröffnen die Geldinstitute die Konten nur vertrauenswürdigen Personen?

3 Warum haben sich die Geldinstitute zu Gironetzen zusammengeschlossen?

4 Warum sind die Vordrucke der Geldinstitute genormt? Warum unterscheiden sie sich im Farbton?

4.7.2 Die Barzahlung und die halbbare Zahlung

Problem

In der Buchhaltungsabteilung der Maschinenfabrik Ganter OHG in Düsseldorf werden Liefererrechnungen bezahlt. Hierzu wird teils von drei Bankkonten, teils vom Postbank-Girokonto überwiesen, in wenigen Fällen wird mit einer Zahlkarte gezahlt, und bei einer Rechnung wird zur Zahlung eine Postanweisung benutzt. Vielfach werden Rechnungen mit Bank- und Postscheck bezahlt.

Wovon kann die Entscheidung des Kaufmanns für eine bestimmte Zahlungsart abhängen?

4.7.2.1 Barzahlung durch Übergabe von Banknoten und Münzen

Sachdarstellung

Die Barzahlung ist vor allem in Einzelhandelsgeschäften üblich. Sonst hat sie ihre Bedeutung eingebüßt, da sie durch das Vorzählen und Nachzählen der Geldbeträge unbequem, zeitraubend und unsicher ist. Als Beweis für die Zahlung erhält der Kunde eine **Quittung.** Dies kann ein *Kassenzettel,* ein *Kassenbon* der Registrierkasse oder ein besonderer *Quittungsvordruck* sein. Auf Rechnungen wird bei Bezahlung ein *Quittungsvermerk* angebracht (BGB § 368). Auch die Buchung im Kontoauszug gilt als Quittung.

Quittung

Nr.

netto	DM	242	Pf	00
+ 15 % MWSt	DM	36	Pf	30
gesamt	DM	278	Pf	30

Gesamtbetrag DM in Worten
zweihundertachtundsiebzig ------------------
-------------------------------------- Pfennig wie oben

von Herrn Christian Wegener

für Re. Nr. 12 687 vom 3. August 19..

dankend erhalten

Ort München Datum 8. August 19..

Buchungsvermerke

Stempel/Unterschrift des Empfängers
GEBR. ZIEGLER
Elektrozentrale OHG
Olgastraße 55, 80638 München
E. Ziegler

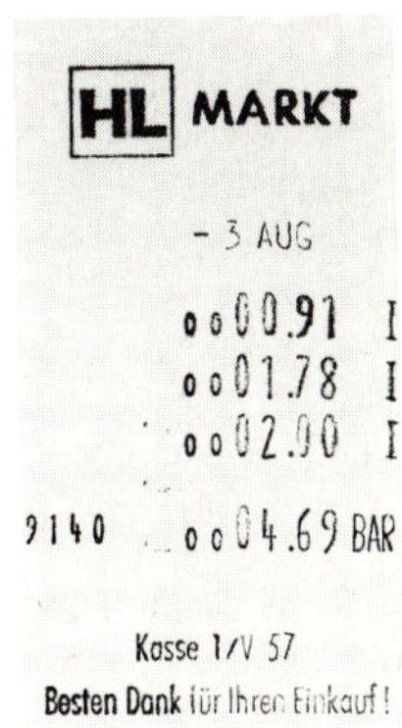
HL MARKT

- 3 AUG

00 00.91 I
00 01.78 I
00 02.00 I
9140 00 04.69 BAR

Kasse 1/V 57
Besten Dank für Ihren Einkauf!

4.7.2.2 Barzahlung durch Postanweisung

Wer nicht direkt mit Scheinen oder Münzen zahlen will, aber auch kein Girokonto besitzt, kann eine **Postanweisung** verwenden. Der Zahler füllt den Postanweisungsvordruck aus und zahlt den Betrag bar am Postschalter ein. Der Empfänger erhält das Geld durch den Postzusteller bar ausgezahlt. Höchstbetrag der Postanweisung ist 3 000 DM (Entgelt dafür 40 DM!).

Für den Kaufmann ist nur die **telegrafische Postanweisung** bedeutungsvoll, denn mit ihrer Hilfe kann er mit der Geschwindigkeit eines Telegramms Geld versenden.

4.7.2.3 Barzahlung durch Wertbrief

Geht ein Wertbrief verloren, leistet die Post Schadenersatz bis zur Höhe des angegebenen Werts. Der Höchstbetrag der Wertangabe beträgt 100 000 DM. Ab 500 DM Wertangabe muß ein Wertbrief so versiegelt werden, daß dem Inhalt ohne sichtbare Beschädigung der Umhüllung oder der Siegel nicht beizukommen ist. Die Bestimmungen der Post müssen hier genau beachtet werden.

Obwohl der Wertbrief zeitraubend, teuer und unbequem ist, ist er auch heute noch für viele kaufmännische Zwecke erforderlich, insbesondere im Bankgewerbe.

4.7.2.4 Halbbare Zahlung durch Zahlschein

Besitzt *nur der Gläubiger* ein Konto, kann der Schuldner seine Verbindlichkeiten mit einem **Zahlschein auf das Bankkonto oder Postbank-Girokonto** ausgleichen. Der Betrag wird in bar am Schalter eingezahlt, der Empfänger erhält eine Gutschrift auf seinem Girokonto.

Beispiel

Karl Huber, Bahnhofstraße 19, 94032 Passau, zahlt zur Begleichung der Rechnung Nr. 139 vom 20.10.19.. über 354,60 DM an das Sporthaus Walter Kraft OHG, Lampertstraße 33, 81241 München, mit einem Zahlschein auf das Postbank-Girokonto Nr. 93371-805 bei der Postbank München (BLZ 700 100 80) am Postschalter des Postamtes Passau bar ein.

Zahlscheinvordruck[1]

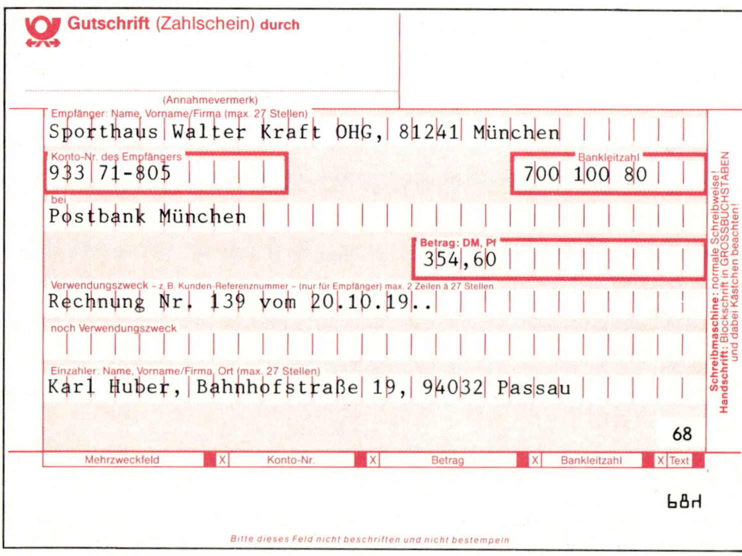

Gutschrift (Zahlschein) durch

(Annahmevermerk)

Empfänger: Name, Vorname/Firma (max. 27 Stellen)
Sporthaus Walter Kraft OHG, 81241 München

Konto-Nr. des Empfängers
93371-805

Bankleitzahl
700 100 80

bei
Postbank München

Betrag: DM, Pf
354,60

Verwendungszweck – z. B. Kunden-Referenznummer – (nur für Empfänger) max. 2 Zeilen à 27 Stellen
Rechnung Nr. 139 vom 20.10.19..

noch Verwendungszweck

Einzahler: Name, Vorname/Firma, Ort (max. 27 Stellen)
Karl Huber, Bahnhofstraße 19, 94032 Passau

68

Mehrzweckfeld X Konto-Nr. X Betrag X Bankleitzahl X Text

68H

Bitte dieses Feld nicht beschriften und nicht bestempeln

Schreibmaschine: normale Schreibweise!
Handschrift: Blockschrift in GROSSBUCHSTABEN und dabei Kästchen beachten!

[1] Siehe auch Abbildung auf Seite 260!

Die Post verlangt für Zahlscheine Entgelte zwischen 3,00 DM und 10,00 DM (bis 10 000 DM Zahlungsbetrag). Banken und Sparkassen verlangen unterschiedliche Gebühren, mindestens 1,00 DM. Innerhalb der gleichen Bank ist die Zahlung stets kostenlos.

Die Durchschrift ist der Beleg für den Einzahler.

Zahlungsweg des Zahlscheins der Post

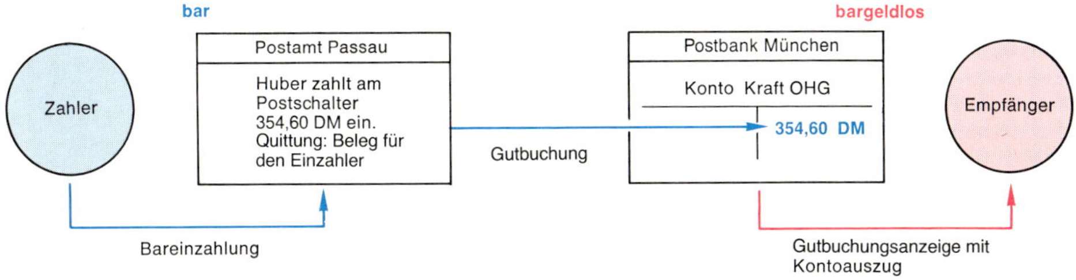

Die Postnachnahme

Versandhäuser, die täglich Tausende von Paketen versenden, können sich nicht auf den Zahlungswillen ihrer Kunden verlassen. Ihre Nachnahmepakete liefert der Paketzusteller nur gegen Barzahlung aus. Mit einem Zahlschein wird der nachgenommene Betrag dem Postbank-Girokonto des Versandhauses gutgeschrieben. In ähnlicher Weise können auch fällige Forderungsbeträge durch die Post „nachgenommen" werden.

Nachnahmen sind bis 3 000 DM bei freigemachten Briefen, Postkarten, Päckchen, Paketen und Postgut zulässig.

Wesentliche Lerninhalte

- Barzahlung ist möglich mit **Banknoten** und **Münzen, Wertbriefen** und **Postanweisungen.** Die Barzahlung ist in der Regel unwirtschaftlich.
- Mit einer **telegraphischen Postanweisung** kann mit der Geschwindigkeit eines Telegramms Geld übermittelt werden (hohe Entgelte).
- Der Zahler braucht als Beweis für seine Zahlung stets eine **Quittung.**
- Die Post ersetzt bei **Verlust von Wertbriefen** im allgemeinen den Schaden bis zum angegebenen Wert.
- Mit einem **Zahlschein** kann halbbar auf ein Girokonto einer Bank, Sparkasse oder einer Postbank eingezahlt werden.
- **Nachnahmesendungen** werden dem Empfänger nur gegen Bezahlung des Nachnahmebetrages (bis 3 000 DM) ausgehändigt.
- Postanweisung, Wertbrief und Zahlschein werden hauptsächlich von **Privatleuten** zur Zahlung verwendet.

Aufgaben zur Sicherung des Lernerfolgs

1 Vergleichen Sie die Postanweisungs- und Zahlscheinentgelte. Besorgen Sie sich bei der Post das Heft „Service-Informationen", das Ihnen in der Schule und zu Hause oft nützlich sein wird! Die beste Informationsquelle erhalten Sie, wenn Sie gegen eine geringe Gebühr bei der Post das „Postbuch, Ratgeber für Kunden" (über 500 Seiten!) kaufen.

2 Auf welche Weise kann eine bare oder halbbare Zahlung quittiert werden?

3 Was muß eine Quittung enthalten, um eine beweiskräftige Urkunde für die Zahlung zu sein!

4 Welches ist die günstigste Zahlungsmöglichkeit, wenn der Gläubiger ein Girokonto besitzt?

5 Karl ist auf einer Ferienreise das Geld ausgegangen. Wie kann ihm sein Vater auf schnellstem Wege 300,00 DM zusenden?

6 Ein Münzenhändler versendet an Sammler wertvolle Münzen. Welche Postsendungsart wird er wählen?

7 Warum fügen viele Kaufleute den Rechnungen Zahlungsvordrucke bei, in denen alle Angaben außer dem Betrag und dem Absender schon eingedruckt sind?

8 Welchen Vorteil bieten Postnachnahmen für den Versender? Sehen Sie auch Nachteile?

9 Warum muß bei einer Postnachnahme der Nachnahmebetrag höher sein als der Zahlscheinbetrag?

10 Warum muß der Schuldner die Zahlungsgebühren entrichten? Vergleichen Sie BGB § 270 (1)!

11 **Aufgaben zur Vordruckausfüllung**

1. Quittung

Bernhard Kunz, Heckenstr. 3, 74080 Heilbronn, kauft am 9. Mai 19.. von der Büroangestellten Karin Welle, Kochergasse 10, 74523 Schwäbisch Hall, ein gebrauchtes Radio für 150,00 DM. Kunz zahlt bar und möchte eine beweiskräftige Urkunde (Quittung).

2. Postanweisung

Rosemarie Bunte, Alte Str. 5, 01259 Dresden, hat an den Hauseigentümer Karl Sinzinger, Talstraße 7, 04668 Grimma, 650,00 DM Miete für März 19.. zu zahlen.

Beide haben weder ein Bank- noch ein Postbank-Girokonto. Sie zahlt am 25. Februar 19.. mit Hilfe einer Postanweisung.

a) Füllen Sie die Postanweisung aus!

b) Beantworten Sie noch folgende Fragen:
   (1) Wo zahlt sie das Geld ein?
   (2) Wie kann sie nachweisen, daß sie ihre Miete bezahlt hat?
   (3) Wie kann die Post beweisen, daß sie den Mietbetrag an Sinzinger ausbezahlt hat?
   (4) Welche Gebühren erhebt die Post für diese Postanweisung?
   (5) Warum hat Rosemarie Bunte die Miete nicht
      – mit gewöhnlichem Brief
      – mit Wertbrief

   versandt?

3. Zahlschein der Post

a) Die Firma Bauer & Co. Lebensmittelgroßhandlung, Rote Straße 5, 74613 Öhringen, hat von der Firma Karl Wagner, Lebensmittelfabrik, Torstr. 55, 70173 Stuttgart, Waren im Wert von 2 300,00 DM laut ER 208 vom 03.08. bezogen und begleicht den Rechnungsbetrag mit einem Zahlschein der Post am 08.08.; die Zahlungsbedingungen lauten: „Bei Zahlung innerhalb 10 Tagen 3 % Skonto, innerhalb 20 Tagen 2 % Skonto, 30 Tage netto." Unter Bankverbindung steht auf der Rechnung von Wagner: Postbank-Girokonto Postbank Stuttgart Nr. 284 63-700 (BLZ 600 100 70).

   Füllen Sie den Zahlschein aus!

b) Fritz Schumann, Weinberg 5, 08223 Neustadt, zahlt 669,00 DM für Rechnung Nr. 50356 vom 12.09.19.. auf das Postbank-Girokonto Nr. 2 93-756, Postbank Frankfurt (BLZ 500 100 60) des Autohauses Faber KG, Altvaterstr. 5, 60437 Frankfurt, mit Hilfe eines Zahlscheins der Post.

4. Zahlschein der Banken

a) Die Kaufmännische Berufsschule 74613 Öhringen hat vom Deichmann-Verlag in Bachstr. 3, 55129 Mainz, Bücher im Wert von 1 850,00 DM zuzüglich 7 % Umsatzsteuer bezogen. ER Nr. 5576/E vom 06.07.19. .; die Zahlungsbedingungen lauten: „Bei Zahlung innerhalb 8 Tagen gewähren wir 3 % Skonto." Die Kaufmännische Berufsschule bezahlt am 07.07.19. . per Zahlschein auf das Konto Nr. 619683 der Stadt- und Kreissparkasse Mainz. Bankleitzahl 500 240 06.

Füllen Sie den Zahlschein aus!

b) Franz Neumeister, Frankfurter Str. 39, 74072 Heilbronn, zahlt zum Ausgleich der Rechnung Nr. XP 7365 vom 13.05.19. . über 870,00 DM abzüglich 3 % Skonto und abzüglich einer Gutschrift Nr. 468 über 38,60 DM auf das Girokonto Nr. 1407023, Dresdner Bank Stuttgart, Bankleitzahl 600 240 01, des Einrichtungshauses Grohe KG, Schillerstr. 5, 70173 Stuttgart. Herr Neumeister zahlt am 19.05.19. . und benutzt hierzu einen Zahlschein der Volksbank Heilbronn.

4.7.3 Die bargeldlose Zahlung durch Bank- und Postüberweisung

Problem

Im Zahlungsverkehr zwischen Kaufleuten spielt die Überweisung die Hauptrolle. 1993 betrug der Wert aller Überweisungen, Lastschriften und Scheckverrechnungen, also des gesamten bargeldlosen Zahlungsverkehrs 39,8 Billionen DM. Der millionenfache Zahlungsausgleich wäre ohne die bargeldlose Überweisung von Konto zu Konto undenkbar. Daher verfügen auch die meisten Betriebe über mehrere Girokonten sowie über ein Postbank-Girokonto.

Warum wird der gesamte bargeldlose Zahlungsverkehr eines Unternehmens nicht über ein einziges Konto abgewickelt? Vorteile? Nachteile?

Sachdarstellung

4.7.3.1 Voraussetzungen für den Überweisungsverkehr

Giro- und Postbank-Girokonten dienen nur dem Zahlungsausgleich. Sie sollen daher stets ein *Guthaben* aufweisen, das auf Girokonten mit ½ bis 1 % *verzinst* wird. Wer sein Girokonto überzieht, muß z. Z. bis zu 15 % Überziehungszinsen zahlen. Postbank-Girokonten dürfen bis 10 000 DM für 90 Tage überzogen werden. Für diesen Überziehungskredit verlangt die Post derzeit 12,00 % Sollzins, Guthaben werden nicht verzinst.

Für die Führung der Konten verlangen fast alle Geldinstitute einschließlich der Postbanken unterschiedliche *„Kontoführungsgebühren"*.

Der bargeldlose Zahlungsverkehr bringt dem Kaufmann folgende Vorteile:

- kein zeitraubendes Zählen des Geldes,
- keine Verluste durch Verzählen,
- keine Verluste durch Annahme von Falschgeld,
- sichere Geldaufbewahrung bei den Banken,
- Zinserträge für das eingelegte Geld,
- bequemer und rascher Zahlungsausgleich.

4.7.3.2 Das Überweisungsverfahren

Die Überweisung wird durch **Umbuchung** von Konto zu Konto durchgeführt. Auf dem Konto des Zahlers wird abgebucht, auf dem Konto des Zahlungsempfängers gutgeschrieben. Die Zahlung des Schuldners ist dann rechtzeitig erbracht, wenn der Überweisungsauftrag vor Fristablauf während der Geschäftszeit bei einem Geldinstitut eingegangen ist und das Konto des Schuldners Deckung aufweist.
Beispiel: Wenn eine Zahlungsfrist am 12.03. abläuft, so genügt die Übergabe des Überweisungsauftrags am 12.03.
Mit der Gutschrift ist die Zahlungspflicht des Schuldners aus einem Vertrag erfüllt.

Der Gang der Überweisung ist am einfachsten, wenn Zahler und Empfänger ein Konto bei derselben Bank unterhalten:

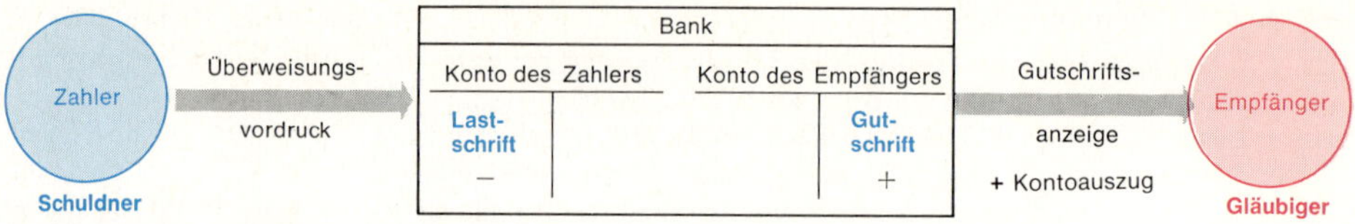

Haben dagegen Zahler und Zahlungsempfänger ein Konto bei *verschiedenen* Kreditinstituten, muß mindestens über zwei miteinander in Verbindung stehende Banken, meist sogar über die Zentralen der Gironetze verrechnet werden.

4.7.3.3 Die Banküberweisung

Das Girokonto

Ein Girokonto wird in erster Linie zur einfachen, schnellen und sicheren Erledigung des baren, halbbaren und bargeldlosen Zahlungsverkehrs eröffnet. Über die auf dem Konto gebuchten Gelder kann der Kontoinhaber täglich und uneingeschränkt verfügen oder von einem Bevollmächtigten verfügen lassen (Sichteinlagen).

Rechtlich ist das Girokonto ein **Kontokorrentkonto,** auch laufendes Konto genannt (HGB §§ 355–357). Auf ihm kann auch Kredit in Anspruch genommen werden.

Das Girokonto muß vom **Sparkonto** unterschieden werden. Dort verbuchte Spareinlagen dienen der Geldanlage, nicht für den Zahlungsverkehr.

Für Gelder, die nicht jederzeit, sondern erst zu einem *bestimmten Termin* oder nach einer *vereinbarten Kündigungsfrist* zurückgezahlt werden, führen die Banken für ihre Kunden **Depositenkonten,** auch *Termin-* oder *Kündigungsgeldkonten* genannt.

Bei der **Konteneröffnung** wird dem Kunden folgendes vorgelegt:

- Kontoeröffnungsantrag
- Unterschriftskarte
- Allgemeine Geschäftsbedingungen des Kreditinstituts.

Personalien des Antragstellers, Unterschriften der verfügungsberechtigten Personen, z. B. Ehefrau, Kinder, Angestellte, werden hierdurch festgehalten.

Mit der Kontoeröffnung erhält der Kunde die für den Geschäftsverkehr erforderlichen Vordrucke.

Der Banküberweisungsvordruck

Beispiel
Das Einrichtungshaus Bauer, 61350 Bad Homburg, erhält von der Möbelwerkstätte Heinrich in 65779 Kelkheim (Taunus) eine Rechnung über 2 634,20 DM. Bauer zahlt die Rechnung vom 17. Mai am 24. Mai von seinem Girokonto bei der Frankfurter Volksbank eG, Hauptzweigstelle Bad Homburg, Nr. 9638, auf das Girokonto der Firma Heinrich bei der Kreissparkasse Kelkheim, Nr. 74414. Der Betrag wird dem Konto der Firma Bauer bei der Frankfurter Volksbank belastet, dem Konto der Firma Heinrich bei der Kreissparkasse Kelkheim hingegen gutgeschrieben.

Die Überweisungsvordrucke der Banken und Sparkassen sind genormt und nur im Farbton unterschiedlich. Es sind entweder zwei- oder dreiteilige Durchschreibevordrucke. Für Sammelüberweisungsaufträge und für EDV-Anlagen gibt es besondere Vordrucke.

Neben diesem *beleggebundenen* Überweisungsverfahren gibt es das *beleglose* Verfahren. Man unterscheidet hierbei den **beleglosen Datenaustausch** für Massenüberweisungen auf Grund von Daueraufträgen und für Überweisungsaufträge, die vom Kunden auf Magnetbändern der Datenverarbeitung eingereicht werden. Beleglos ist auch die **Datenfernverarbeitung** für Überweisungen innerhalb des eigenen Gironetzes, z. B. im Spargiroverkehr.

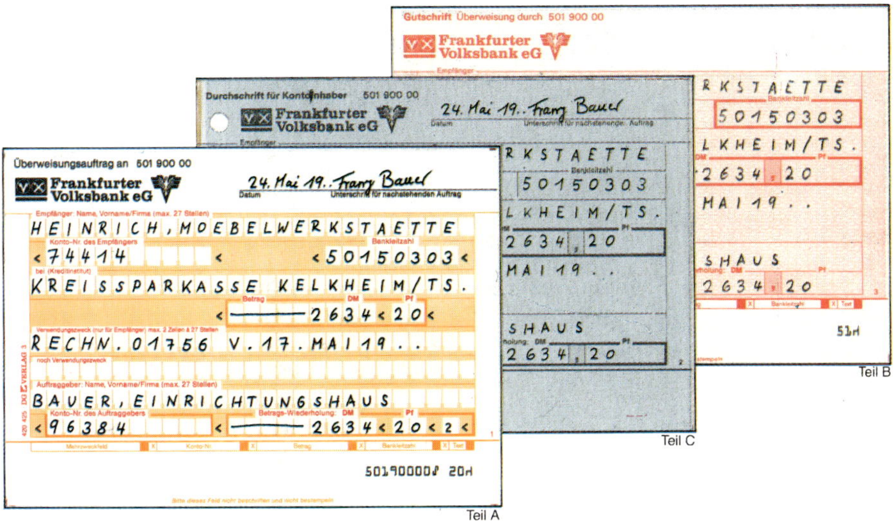

Teil A ist der eigentliche **Überweisungsauftrag.** Er muß mit der Unterschrift des Zahlers versehen sein und bleibt bei der Bank als Buchungsbeleg.

Teil B erhält der Zahlungsempfänger als **Gutschriftsanzeige** und als Buchungsbeleg.

Teil C ist die **Quittung** für den Zahler. Sie fehlt bei den zweiteiligen Formularen.

Zahlungsweg der Banküberweisung

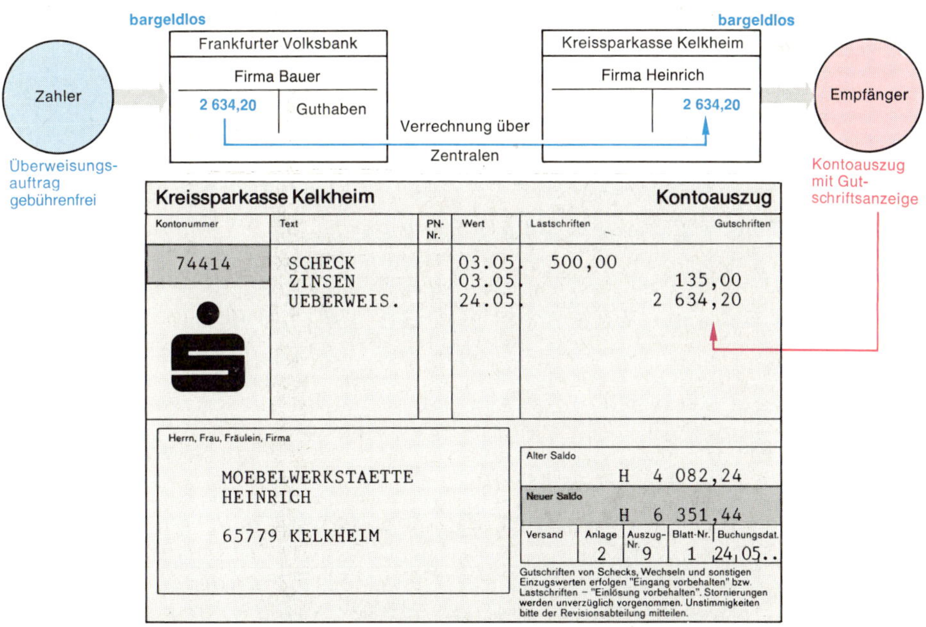

Der Postüberweisungsauftrag

Im Gironetz der Postbanken werden ähnliche Vordrucke wie bei den Banken und Sparkassen verwendet. Wer bei einem Postamt den *Antrag auf Eröffnung eines Postbank-Girokontos* stellt, erhält als Erstausstattung folgende Vordrucke gegen geringe Gebühr:

- **Postüberweisungsvordrucke** für Überweisungen von Konto zu Konto.
- 50 **Postgiroaufträge** zur Einreichung von Verrechnungsschecks usw.
- 50 **Auszahlungsscheine** für Barabhebungen.
- **Zahlscheine** für Einzahlungen auf das eigene Postbank-Girokonto, z. B. zur Verstärkung des Guthabens oder zur Gutschrift von Bank-Verrechnungsschecks.
- 50 **blaue Postgirobriefumschläge** für die *gebührenfreie Einsendung* aller Aufträge an die Postbank.

Je nach Anzahl der Buchungen verlangen die Postbanken ein *monatliches Kontoführungsentgelt* von 3,00 DM bis 60,00 DM.[1]

Die Vordrucke werden mit Eindruck der Kontonummern und der Kontobezeichnung (Name und Anschrift) geliefert.

Eine Besonderheit des Postgiroverkehrs ist die **Postbank Card** für die Inhaber eines Postbank-Girokontos. Mit dieser Karte kann in 11 000 Postämtern Deutschlands und an Geldautomaten Bargeld abgehoben werden. (Siehe Seite 266!)

Für den Postgiroverkehr der Deutschen Postbank AG ist gesetzliche Grundlage die *Postgiroordnung vom 5. Dezember 1984.*

Beispiel

Harald Kluge, Jelinstr. 3, 70567 Stuttgart, überweist von seinem Postbank-Girokonto 284 62-700 bei der Postbank Stuttgart 1 234,12 DM auf das Postbank-Girokonto 7234 56-705 bei der Postbank Saarbrücken der Firma Ewald Müller, Holunderstr., 66115 Saarbrücken. Überweisungsdatum 01.02.19. .

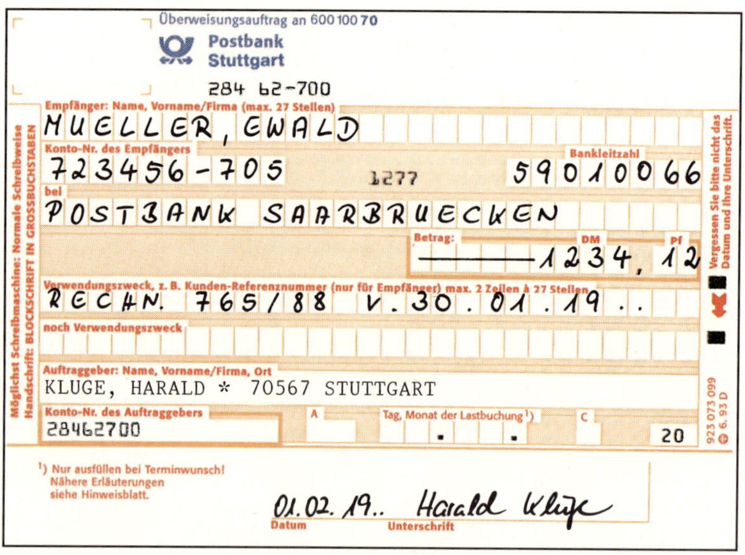
Überweisungsauftrag an 600 100 70
Postbank Stuttgart
284 62-700
Empfänger: Name, Vorname/Firma (max. 27 Stellen)
MUELLER, EWALD
Konto-Nr. des Empfängers
723456-705
Bankleitzahl
59010066
bei
POSTBANK SAARBRUECKEN
Betrag: DM Pf
———1234,12
Verwendungszweck, z. B. Kunden-Referenznummer (nur für Empfänger) max. 2 Zeilen à 27 Stellen
RECHN. 765/88 V. 30. 01. 19. .
noch Verwendungszweck
Auftraggeber: Name, Vorname/Firma, Ort
KLUGE, HARALD * 70567 STUTTGART
Konto-Nr. des Auftraggebers
28462700
A
Tag, Monat der Lastbuchung ¹)
C
20
¹) Nur ausfüllen bei Terminwunsch! Nähere Erläuterungen siehe Hinweisblatt.
01.02.19.. Harald Kluge
Datum Unterschrift
Möglichst Schreibmaschine: Normale Schreibweise
Handschrift: BLOCKSCHRIFT IN GROSSBUCHSTABEN
Vergessen Sie bitte nicht das Datum und Ihre Unterschrift.
923 073 099
6. 93 D

[1] ab 500 Buchungen monatlich zuzüglich einer Postengebühr zwischen 0,05 und 0,20 DM.

Zahlungsweg der Postüberweisung

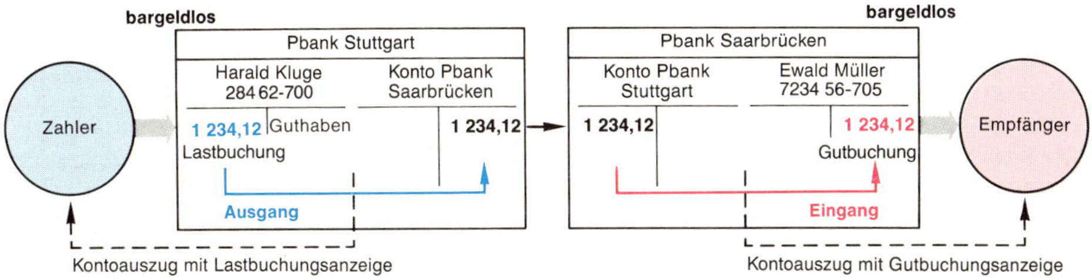

Der Kontoauszug der Postbank

Nach jeder Buchung bzw. zu den mit dem Kontoinhaber vereinbarten Terminen sendet die Postbank dem Kontoinhaber einen oder mehrere Kontoauszüge, denen, falls vorhanden, Gutbuchungs- und Lastbuchungszettel beigefügt sind. Diese müssen mit den Buchungen verglichen werden.

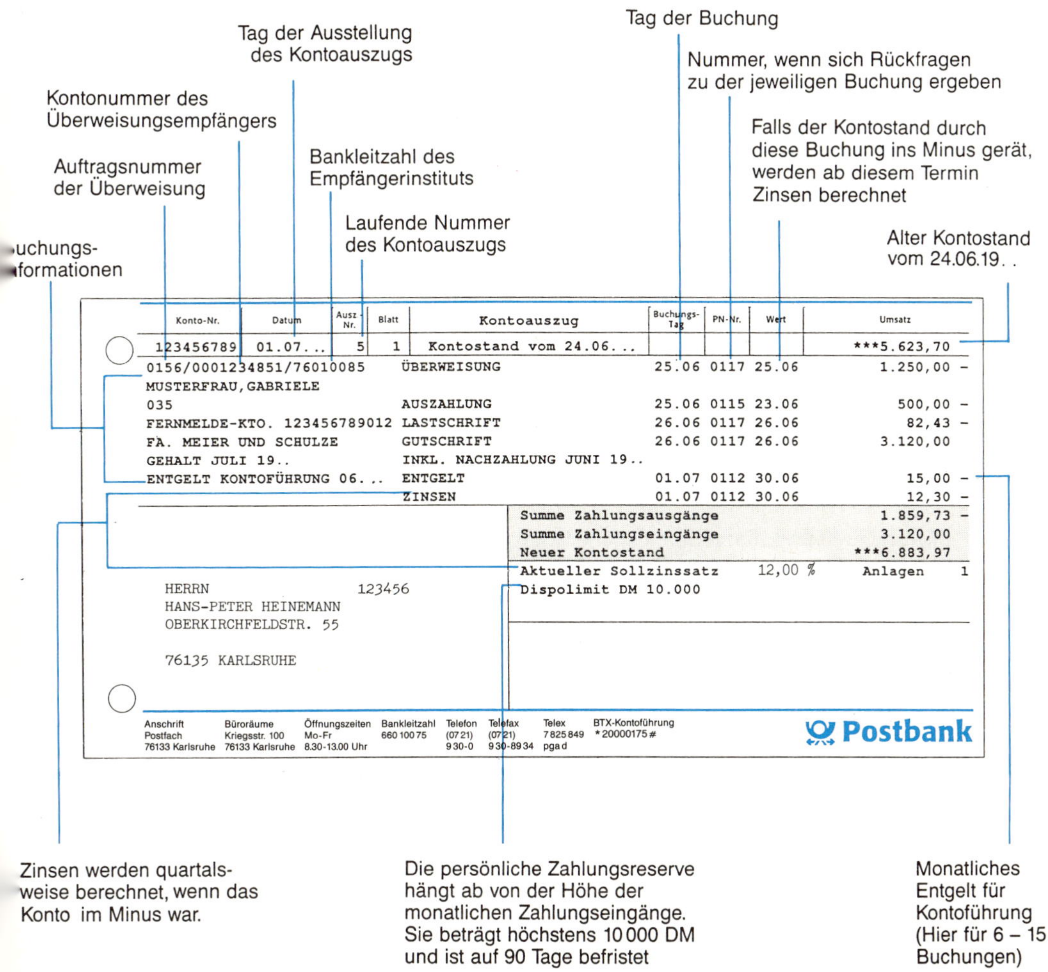

Computersicheres Ausfüllen der Überweisungsvordrucke

Ein Computer liest Buchstabe für Buchstabe, Zeichen für Zeichen, eins nach dem anderen. Deswegen ist es auch so wichtig, daß jeder Buchstabe und jedes Zeichen einzeln auf dem Überweisungsvordruck stehen.

Beim Leseverfahren wird jeder Buchstabe zuerst unter einem bestimmten Winkel abgetastet. Danach weiß der Computer aber noch nicht, um welchen Buchstaben es sich handelt. Erst nach komplizierten Berechnungen erkennt er, daß er gerade ein A, ein O oder ein U gelesen hat. So kompliziert das Verfahren klingt - es geht alles blitzschnell vor sich. Bei **Vordruckausfüllung mit Schreibmaschine** streikt der Computer bei folgenden Mängeln:

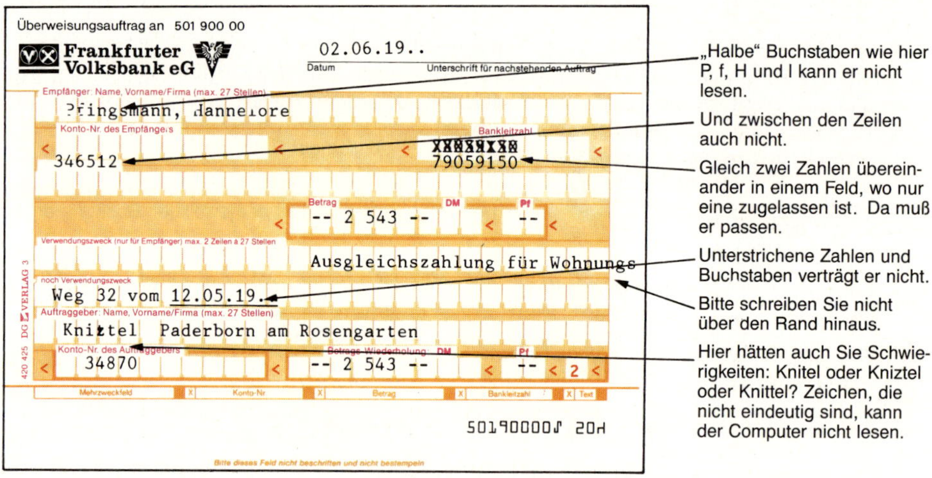

Bei **handschriftlicher Vordruckausfüllung** sollte ein schwarzer oder blauer Kugelschreiber verwendet werden. Buchstaben (in Blockschrift) und Zahlen müssen in die einzelnen Kästchen eingetragen werden. Für das Komma bei Pfennigbeträgen wird auch ein Kästchen verwendet.

4.7.3.5 Besonderheiten im Überweisungsverkehr

Als **Eilüberweisung** führen alle Geldinstitute jede Überweisung ab 1 000 DM und alle sonstigen, als eilig bezeichneten Überweisungen gegen besondere Gebühr aus. Beim *Blitzgiroverfahren* wird der Überweisungsbetrag am gleichen Tag belastet und gutgeschrieben.

Der **Dauerauftrag** dient für Zahlungen, die *regelmäßig wiederkehren und in ihrer Höhe gleich sind,* wie Miete, Beiträge, Steuern, Zinsen, Tilgungsraten und Versicherungsprämien. Hierzu wird dem Geldinstitut einmalig ein Überweisungsauftrag erteilt, den es dann unaufgefordert bis auf Widerruf oder einem vorher festgelegten Zeitpunkt ausführt.

Im **Lastschriftverkehr** erledigen die Geldinstitute Zahlungen ihrer Kunden, die *regelmäßig wiederkehren, aber in ihrer Höhe veränderlich sind,* wie Gas-, Wasser-, Strom- und Fernsprechgebührenrechnungen. Hierbei beauftragt und ermächtigt der Zahler den Empfänger, Rechnungen unmittelbar an die Bank zu schicken. Diese bucht die Beträge dann von seinem Konto ab. Der Kunde kann hierzu dem Geldinstitut einen *Abbuchungsauftrag* oder dem Zahlungsempfänger eine *Einzugsermächtigung* erteilen. Bei der Einzugsermächtigung kann eine irrtümliche oder mißbräuchliche Belastung durch die kontoführende Bank sofort storniert werden.

Durch **Sammelüberweisungen** können mehrere Überweisungsaufträge zusammengefaßt werden. Hierzu sind besondere Durchschreibevordrucke erforderlich. Da eventuell nur *einmal* unterschrieben werden muß, wird Zeit, und weil die Buchungsgebühr bei Kreditinstituten nur einmal erhoben wird, auch Geld gespart.

Wesentliche Lerninhalte

- Die **bargeldlose Überweisung** setzt voraus, daß Zahler und Empfänger ein Giro- oder Postbank-Girokonto besitzen.
- Es wird **von Konto zu Konto umgebucht:** Lastschrift beim Zahler, Gutschrift beim Zahlungsempfänger. Im Postgiroverkehr verwendet man die Begriffe Gutbuchung und Lastbuchung.
- Der **Überweisungsvordruck** begleitet die Zahlung. Der Empfänger erhält eine Gutschriftsanzeige zusammen mit einem Kontoauszug, aus dem er die Veränderungen seines Kontos erkennen kann.
- **Eilüberweisung, Dauerauftrag, Lastschriftverkehr und Sammelüberweisung** sind besonders zeitsparende Überweisungsformen.

Aufgaben zur Sicherung des Lernerfolgs

1 Welche Vorteile bringt der bargeldlose Überweisungsverkehr?

2 Welche Zahlungsform würden Sie in folgenden Fällen wählen? Begründen Sie Ihre Ansicht!

a) Ein Schneider hat für ein Textilgeschäft Anzüge geändert und insgesamt 650,00 DM berechnet. Der Schneider hat kein Girokonto. Er möchte das Geld sofort haben.

b) Auf einer Lieferantenrechnung steht: Bankverbindung Städt. Sparkasse Köln, Konto Nr. 338 756; Dresdner Bank Leipzig, Konto Nr. 88 235; Postbank-Girokonto Postbank Köln Nr. 48 93-75. Der Schuldner hat ein Girokonto bei einer Sparkasse.

c) Auf einer Rechnung ist als Bankverbindung nur ein Postbank-Girokonto angegeben. Der Zahler hat kein Girokonto, aber ein Sparkonto bei einer Bank.

d) Der Schuldner wohnt in Hamburg, der Gläubiger in Dresden. Beide haben kein Konto. Betrag 10 000,00 DM.

e) Die Monatsmiete des Geschäfts beträgt 3 800,00 DM. Der Mieter und der Hauseigentümer haben Girokonten.

f) Sie haben ein Girokonto. Wie zahlen Sie am zweckmäßigsten die Gas-, Wasser-, Strom- und Fernsprechrechnungen?

3 Wie können Sie Kosten sparen, wenn täglich viele Beträge an verschiedene Lieferer überwiesen werden müssen?

4 Welche Form haben die Quittungen bei a) Bank- und b) Postüberweisungen?

5 Warum ist es nicht selbstverständlich, am Lastschriftverkehr teilzunehmen?

6 **Aufgaben zur Vordruckausfüllung**

1. Banküberweisung

a) Die Maschinenfabrik Gebert & Co. OHG, Bachgasse 35, 72070 Tübingen, hat von der Firma Mannesmann AG in Eisenstr. 8–16, 42389 Wuppertal, Stahlröhren bezogen. ER 7762 vom 05.06.19.. über 25 000,00 zuzüglich 15 % Umsatzsteuer. Zahlungsziel 30 Tage rein netto. Am 05.07.19.. wird der Betrag überwiesen. Der Schuldner hat ein Konto Nr. 63 378 bei der Volksbank Tübingen BLZ 641 910 10, der Gläubiger ein Konto Nr. 75 668 bei der Deutschen Bank, Filiale Wuppertal BLZ 330 700 90.

Füllen Sie die Banküberweisung aus!

b) Die Textilfabrik Peter Holle & Sohn OHG, Schwanenstraße 12–18, 70329 Stuttgart, überweist die Eingangsrechnung der Maschinenfabrik Bauer AG, Parkstraße 15–21, 60322 Frankfurt. Diese Rechnung vom 22.10.19. ., Nr. 3337779 über einen Warenwert von 36 300,00 DM zuzüglich 15 % Umsatzsteuer wird unter Abzug von 3 % Skonto und der Gutschrift Nr. 2244 über 2 600,00 DM am 02.11.19. . vom Girokonto Nr. 53 333 bei der Württembergischen Bankzentrale Stuttgart (BLZ 600 105 00) auf das Girokonto Nr. 666 999 bei der Hessischen Landesbank (BLZ 500 500 00) in Frankfurt überwiesen.

Füllen Sie die Banküberweisung aus!

2. Postüberweisung

Nachstehende Rechnung wird von der Firma Karl Werner am 19.02.19. . vom Postbank-Girokonto Nr. 112 25-703, Postbank Stuttgart, überwiesen. Füllen Sie den Vordruck aus!

Rudolf Maurer, Büromöbelhaus, Bergstraße 8, 70186 Stuttgart

Firma
Karl Werner
Bahnhofstraße 16

58507 Esslingen

Stuttgart, 10.02.19..
Verk.: L/G

Rechnung Nr. 1257 – Ihr Auftrag vom 15.01.19..

Stück	Artikel	Stückpreis	Gesamtpreis
20	Drehstuhl für Schreibmaschinentisch	350,00 DM	7 000,00 DM
	15% Umsatzsteuer		1 050,00 DM
			8 050,00 DM

Zahlung: 3 % Skonto innerhalb 10 Tagen, 30 Tage netto Kasse

Kontoverbindungen
Dresdner Bank Stuttgart
BLZ 600 800 00
Konto-Nr. 19 130

Postbank Stuttgart
BLZ 600 100 70
Konto-Nr. 1083 24-700

4.7.4 Die Zahlung mit Bank- und Postscheck

4.7.4.1 Der Bankscheck

Problem

Der Architekt Peter Grieser aus Günzburg hat am 10. August 19.. in dem Papiergeschäft Bauer in Günzburg Zeichenpapier und Büromaterial für 120,00 DM gekauft. An der Kasse zieht er statt seiner Geldbörse sein Scheckbuch aus der Tasche und füllt den untenstehenden Scheck aus. Wann nur ist diese Zahlung für den Papierhändler sicher? In welchem Fall wird er die Scheckzahlung ablehnen?

Sachdarstellung

Der Scheckvordruck

Herr Bauer, der Inhaber des Papiergeschäfts, geht am nächsten Morgen zur Kreissparkasse Günzburg und erhält den Scheckbetrag bar ausgezahlt. Er hätte den Betrag auch seinem Girokonto gutschreiben lassen können.

Gesetzliche Bestandteile (SchG Art. 1)

① Bezogener (Bank)

② Zahlungsort

③ Scheckklausel

④ Geldsumme in Buchstaben (Bei per Datenverarbeitungsanlage ausgestellten Schecks kann die in Buchstaben geschriebene Geldsumme entfallen.)

⑤ Ort und Tag der Ausstellung

⑥ Unterschrift des Ausstellers

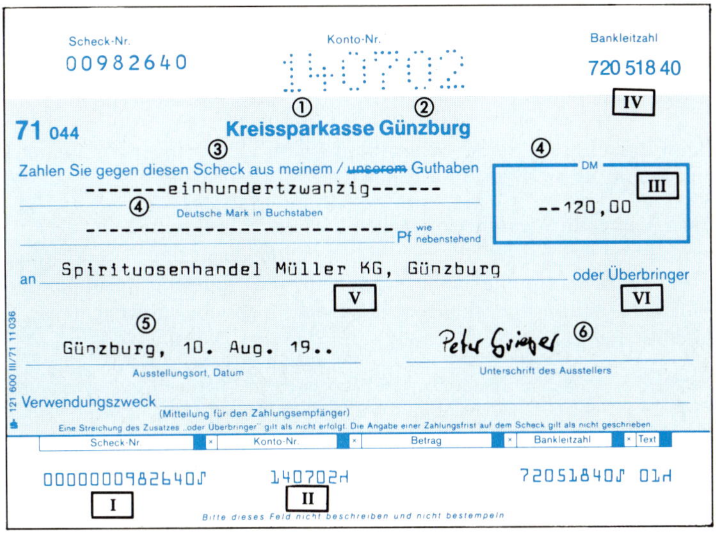

Zahlungsweg des Bankschecks

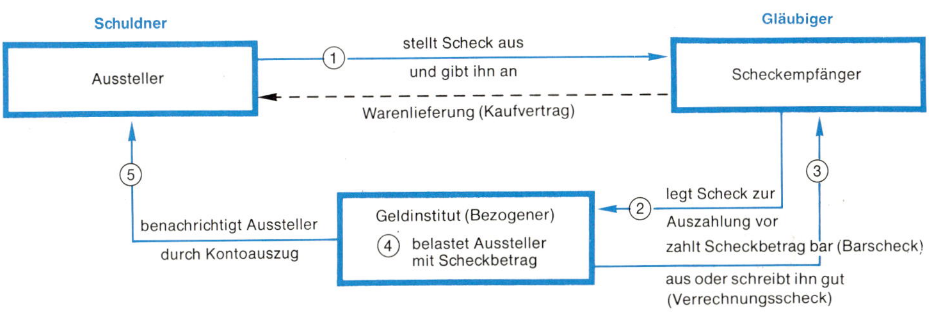

Bestandteile des Schecks

Das *Scheckgesetz* schreibt sechs **gesetzliche Bestandteile** vor. Alle übrigen Bestandteile des Schecks, wie Kontonummer, Schecknummer u. a., sind **kaufmännische Bestandteile,** welche die Arbeit des Bankkaufmanns erleichtern sollen. Fehlt ein gesetzlicher Bestandteil, ist der Scheck ungültig (SchG Art. 2).

Verschiedene Scheckarten

Der **Inhaber- oder Überbringerscheck.** Jeder Scheckempfänger kann die Einlösung des Schecks verlangen, dessen „Inhaber" er ist. Die Streichung des Zusatzes „oder Überbringer" ist ohne Bedeutung, d. h. die Banken lösen den Scheck auch ein, wenn der Überbringervermerk gestrichen ist *(Einlösungsprinzip).* Daher ist es auch nicht erforderlich, aber üblich, den Namen des Zahlungsempfängers auf einem Inhaberscheck anzugeben.

Der **Namensscheck (Orderscheck)** muß den Namen des Scheckempfängers (Order) enthalten. Er wird durch ein Indossament (Übertragungsvermerk) auf einen Dritten übertragen und enthält daher keine Überbringerklausel. Der Orderscheck wird meist beim Zahlungsverkehr der Banken untereinander, im Auslandszahlungsverkehr und bei hohen Scheckbeträgen verwendet.

Beim **Barscheck** wird der Scheckbetrag dem Überbringer bar am Schalter des Geldinstitutes ausgezahlt, wenn dieses Bezogener ist.

Beim **Verrechnungsscheck** dagegen darf der Scheckbetrag nur dem Konto des Überbringers gutgeschrieben werden. In der linken oberen Ecke des Scheckformulars muß der Vermerk „Nur zur Verrechnung" eingetragen sein. Jeder Barscheck kann durch diesen Vermerk zu einem Verrechnungsscheck gemacht werden, nicht aber umgekehrt ein Verrechnungsscheck zu einem Barscheck (SchG Art. 39).

Barschecks, bei denen fremde Banken Bezogene sind, werden wie Verrechnungsschecks behandelt. Nur wenn der Vorleger dem Schalterpersonal gut bekannt ist, können solche Barschecks auch bar ausgezahlt werden. Die Banken sind verpflichtet, einen vorgelegten Scheck auf seine Echtheit hin zu überprüfen. Wird der Scheck nicht bei der kontoführenden Filiale vorgelegt, muß die jeweilige Zahlstelle jedoch dort Charakteristika der Schriftproben erfragen oder sich den Ausweis des Scheckeinreichers vorlegen lassen, um seine Identität zu ermitteln. Bankkunden, denen Scheckvordrucke gestohlen wurden, sind hierdurch besser vor Schäden geschützt. Hat die Bank den vorgelegten Scheck ausgezahlt, ohne ihren Prüfpflichten nachzukommen, muß sie für entstandenen Schaden geradestehen.

Bei der Hereinnahme von Verrechnungsschecks ist das Kreditinstitut im Gegensatz zu Barschecks grundsätzlich nicht verpflichtet, die Berechtigung des Scheckinhabers nachzuprüfen. Sie haftet nur für grobe Fahrlässigkeit.

Wer einen **„Eurocheque-Vordruck"** besitzt und eine **„Eurocheque-Karte"** vorweist, kann in den meisten europäischen Ländern Beträge bis zu 400 DM mit einem Scheck bezahlen oder bei einem Geldinstitut, bzw. einem Postamt abheben. Es muß nur geprüft werden, ob die Scheckkarte gültig ist und ob Kontonummer und Unterschrift des Kunden auf dem Scheck und der Scheckkarte übereinstimmen. Mißbräuchliche Verwendung der Scheckkarte wird als Betrug bestraft. Der Eurocheque kann auch wie jeder andere Scheck verwendet werden, also auch für Beträge über 400 DM, doch gelten dann die gewöhnlichen Haftungsbestimmungen für den Scheckverkehr.

Für einen in ausländischer Währung ausgestellten Eurocheque werden auf dem Konto des Scheckausstellers 1,75 % Provision vom Scheckbetrag belastet. Es wird nach dem Devisenkurs des Vortags abgerechnet.[1]
Die Scheckkarte kann auch für die bargeldlose Zahlung an automatisierten Kassen **(POS-Kassensysteme)** verwendet werden. Kreditinstitute haften sowohl bei der POS-Zahlung wie auch bei Verfügungen an ec-Geldautomaten (siehe S. 265) bis zu 6 000 DM.

Verwendungsmöglichkeiten des Schecks

Neben der **Barauszahlung** und der **Scheckgutschrift** kann ein in Zahlung genommener Scheck auch als **Zahlungsmittel an einen Gläubiger weitergegeben** werden. Es genügt formlose Übergabe an den Gläubiger, wenn es sich um Inhaberschecks handelt. Bei höheren Scheckbeträgen verlangen die Banken meist aus Sicherheitsgründen (Scheckdeckung) die Unterschrift des Scheckeinreichers auf der Rückseite des Schecks.

[1] teurer als Reiseschecks (Traveller-Schecks).

Die Scheckeinlösung

Der Scheck muß **bei Sicht** von der bezogenen Bank eingelöst werden, also dann, wenn ihn der Inhaber am Bankschalter vorlegt. Die Vorlagefrist beträgt innerhalb der Bundesrepublik 8 Tage (SchG Art. 28, 29). In der Regel lösen die Banken den Scheck auch noch nach Ablauf der Frist ein, falls der Aussteller den Scheck nicht widerrufen hat.

Man spricht von **vordatierten Schecks,** wenn am Tag der Ausstellung nicht das augenblickliche, sondern ein späteres Datum als Ausstellungsdatum eingesetzt wird (mißbräuchliche Verwendung des Schecks als Kreditmittel!). Der Inhaber des Schecks kann ihn trotzdem vor dem Ausstellungsdatum vorlegen, da der Scheck nach gesetzlicher Vorschrift stets bei Sicht fällig ist.

Der Scheckverlust

Geht ein Barscheck verloren, so kann ein unehrlicher Finder ihn ohne weiteres bei einer Bank einlösen, da die Bank nicht nachprüfen muß, ob der Vorleger auch der Scheckberechtigte ist. Wer einen Scheck verliert, sollte daher sofort die Bank benachrichtigen und den Scheck sperren lassen. Es empfiehlt sich, Scheckformblätter so sorgsam wie Geld zu behandeln.[1]

Scheckprotest

Wird die Einlösung eines Schecks verweigert, hat der Scheckinhaber einen Rückgriffsanspruch an jede Unterschrift auf dem Scheck (Scheckregreß). Die Einlösungsverweigerung wird vom bezogenen Kreditinstitut durch den „Nicht-Bezahlt-Vermerk“ festgestellt.

Die Regreßansprüche setzen sich aus der Schecksumme, Zinsen (2 % über Diskontsatz, mindestens 6 %), 1/3 % Provision sowie Auslagenersatz zusammen.

Jährlich fallen Scheckproteste für über 5 Milliarden DM an.

Der EC-Geldautomaten-Service

Der Inhaber einer Eurocheque-Karte kann unabhängig von Schalteröffnungszeiten der Kreditinstitute an jedem „EC-Geldautomat“ des Bundesgebietes Bargeld erhalten, täglich bis 400 DM. Der Benutzer erhält vom Kreditinstitut eine **persönliche Geheimzahl**, die in den Geldautomaten eingegeben werden muß. Diese Zahl ist streng geheim zu halten, wenn Mißbrauch ausgeschlossen werden soll. Bei Verlust der Eurocheque-Karte muß das kontoführende Kreditinstitut sofort benachrichtigt werden, wonach die Scheckkarte gesperrt wird.

4.7.4.2 Der Postscheck

Wer ein Postbank-Girokonto besitzt, kann – ähnlich dem Bankscheck – mit einem Postscheck bezahlen. Für den Postgiroverkehr gilt die *Postgiroordnung* vom 5. Dezember 1984.

Der Postscheck ist vielseitiger verwendbar als der Bankscheck, weil den Postbanken der gesamte Postdienst zur Verfügung steht (Postbankdienste). Der Vordruck entspricht genau dem Vordruck der Kreditinstitute und ist in blauem Farbton gedruckt.

[1] Verlorengegangene Eurocheque-Karten können unter der Sammelrufnummer 069 / 74 09 87 gesperrt werden. Auf keinen Fall darf dabei die persönliche Geheimzahl angegeben werden.

Postscheck als Postbarscheck, Post-Verrechnungsscheck und Kassenscheck

• Der Postbarscheck

Mit einem Postbarscheck oder einem Auszahlungsschein kann bei einem mit dem Postgiroteilnehmer *vereinbarten Postamt* ein Barbetrag in unbeschränkter Höhe aus dem verfügbaren Postgiroguthaben abgehoben werden.

Beträge unter 1 000 DM können mit der Postbank Card an rund 11 000 Postämtern Deutschlands abgehoben werden.

Der Betrag wird an jeden ausgezahlt, der den Postscheck bzw. den Auszahlungsschein und die **Postbank Card** vorlegt. Es ist daher empfehlenswert, Scheckvordrucke und die Postbank Card besonders sorgfältig und getrennt voneinander aufzubewahren.

• Der Post-Verrechnungsscheck

Wird ein Postscheck anstelle von Bargeld in Zahlung gegeben, kann er wie beim Bankscheck durch den Vermerk „Nur zur Verrechnung" zum Verrechnungsscheck gemacht werden. Die Bareinlösung ist dann ausgeschlossen.

Der Zahlungsempfänger kann einen Verrechnungsscheck bei jedem Geldinstitut zur Einziehung des Scheckbetrags und Gutschrift auf seinem Konto einreichen.

• Der Kassenscheck

Mit diesem Inhaberscheck kann in der *Zahlstelle der kontoführenden Postbank* ein Barbetrag aus dem verfügbaren Postgiroguthaben abgehoben werden.

Gezahlt wird stets an den Vorleger. Daher ist sorgfältiger Umgang mit Kassenschecks (wie mit Bargeld) erforderlich.

• Die Zahlungsanweisung

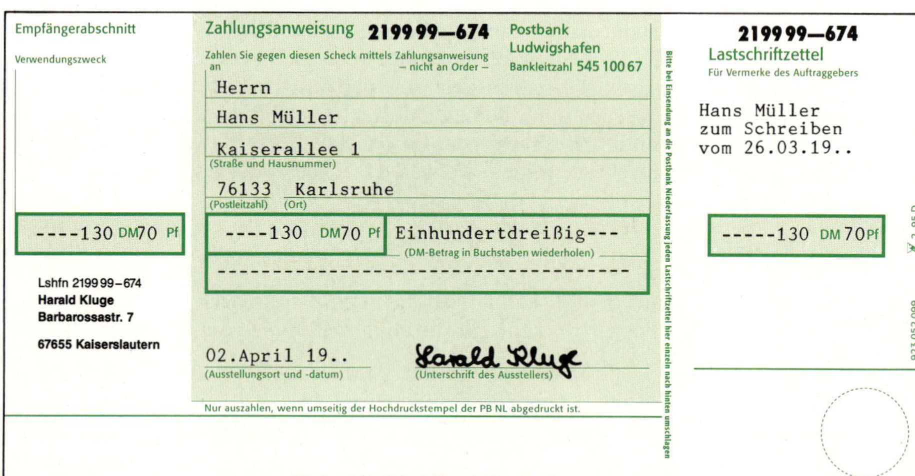

Empfängerabschnitt
Verwendungszweck
----130 DM 70 Pf
Lshfn 219999-674
Harald Kluge
Barbarossastr. 7
67655 Kaiserslautern

Zahlungsanweisung 219999–674
Postbank Ludwigshafen
Bankleitzahl 545 100 67
Zahlen Sie gegen diesen Scheck mittels Zahlungsanweisung an – nicht an Order –
Herrn
Hans Müller
Kaiserallee 1
(Straße und Hausnummer)
76133 Karlsruhe
(Postleitzahl) (Ort)
----130 DM 70 Pf
Einhundertdreißig---
(DM-Betrag in Buchstaben wiederholen)

02.April 19..
(Ausstellungsort und -datum)
Harald Kluge
(Unterschrift des Ausstellers)
Nur auszahlen, wenn umseitig der Hochdruckstempel der PB NL abgedruckt ist.

Bitte bei Einsendung an die Postbank Niederlassung jeden Lastschriftzettel hier einzeln nach hinten umschlagen

219999–674
Lastschriftzettel
Für Vermerke des Auftraggebers
Hans Müller
zum Schreiben
vom 26.03.19..
-----130 DM 70 Pf
2.95 D
923 052 099

Bitte dieses Feld nicht beschriften und nicht bestempeln

Mit einer Zahlungsanweisung kann der Aussteller sich oder einem anderen von seinem Postbank-Girokonto Geld durch den Postzusteller bar zustellen lassen. Das Entgelt der Postbank beträgt je angefangene 100 DM 12,00 DM.

Wesentliche Lerninhalte

- Mit einem Scheck weist ein Kontoinhaber ein Geldinstitut an, aus seinem Guthaben den Scheckbetrag zu zahlen.
- Das Scheckgesetz schreibt für den Bankscheck sechs *gesetzliche Bestandteile* vor. Fehlt einer dieser Bestandteile, ist der Scheck ungültig.
- Beim **Inhaber-** oder **Überbringerscheck** gilt die Streichung des Zusatzes „oder Überbringer" als nicht erfolgt. Daher kann ihn jeder Inhaber bei einem Geldinstitut einlösen oder an einen Gläubiger zur Zahlung weitergeben.
- **Barschecks** werden bar ausbezahlt, **Verrechnungsschecks** dem Girokonto gutgeschrieben.
- Der Scheck ist bei Sicht fällig. Die Vorlegungsfrist beträgt acht Tage.
- Wer eine Eurocheque-Karte besitzt, kann in den meisten europäischen Staaten mit Eurocheque bezahlen.
- Der Verlust eines Schecks muß sofort dem Geldinstitut gemeldet werden, damit es den Scheck sperren kann.
- im Postgiroverkehr gibt es:

den **Postbarscheck / Auszahlungsschein**	zur Abhebung von Postgiroguthaben bei einem vereinbarten Postamt sowie 11 000 zusätzlichen Postämtern.
den **Postverrechnungsscheck**	zur Zahlung an Gläubiger (gleich dem Bank-Verrechnungsscheck);
den **Kassenscheck**	zur Abhebung von Postgiroguthaben bei einer Zahlstelle der kontoführenden Postbank;
die **Zahlungsanweisung**	zur Geldzustellung durch den Postzusteller gegen Gebühr.
den **EC-Scheck**	für Zahlungen mit EC-Karte (wie Euroscheck der Banken)

Aufgaben zur Sicherung des Lernerfolgs

1 Walter Büttner zahlt an die Textil-Zentrale GmbH in Konstanz einen Anzug mit einem Scheck über 280,00 DM auf die Stadtsparkasse Konstanz (heutiges Datum).

Beschreiben Sie den Verlauf der Scheckzahlung mit Hilfe einer Skizze!

2 Weshalb ist die Namensangabe des Scheckempfängers bei einem Barscheck überflüssig?

3 Wie können Sie einen in Zahlung genommenen Scheck verwenden?

4 Welche Vorteile bietet die Scheckzahlung für den Zahlungsverkehr?

5 Warum ist Vordatieren eines Schecks Selbstbetrug? Beachten Sie SchG Art. 28 und Art. 3!

6 Was unternehmen Sie, wenn Ihnen ein Barscheck

a) verlorengeht,
b) vor Ihren Augen verbrennt?

7 Was verlangen Sie als vorsichtiger Kaufmann von einem Ihnen unbekannten Kunden, der einen Einkauf in Ihrem Cash-and-carry-Lager in Höhe von 854,75 DM mit Scheck bezahlen möchte? Begründen Sie Ihr Vorgehen!

8 Beurteilen Sie die Gültigkeit des nachstehenden Schecks! Beachten Sie SchG Art. 1, 2 und 9 und begründen Sie dann Ihre Ansicht!

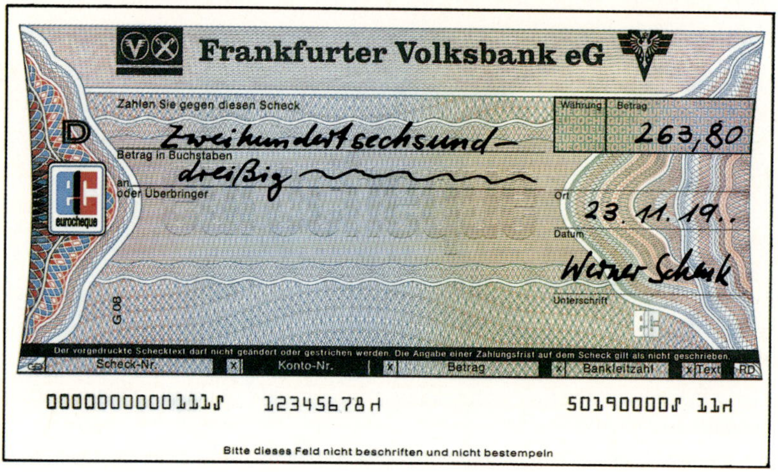

9 Wodurch unterscheidet sich der Inhaberscheck vom Orderscheck? Vergleichen Sie hierzu SchG Art. 5, 6 und 14!

10 Welche Postscheckart bzw. die Zahlungsanweisung verwenden Sie in folgenden Fällen:

a) Wenn Sie bei einem Postamt aus Ihrem Postgiroguthaben 100,00 DM abheben wollen?
b) Wenn Sie 500,00 DM einem Geschäftsfreund durch den Postzusteller bar ins Haus bringen lassen wollen?
c) Wenn Sie bei Ihrer kontoführenden Postbank 5 000,00 DM abheben wollen?
d) Wenn Sie sich 1 000,00 DM durch den Briefzusteller bar ins Haus bringen lassen wollen?
e) Wenn Sie eine Lieferverbindlichkeit begleichen wollen?

11 Stellen Sie in einer Tabelle die Unterschiede zwischen Giro- und Postbank-Girokonto einander gegenüber, etwa so:

Postbank-Girokonto	Girokonto
1.	
2. usw.	

12 Weshalb kann mit einem Postbarscheck nicht bei jedem Postamt Geld abgehoben werden?

13 Besorgen Sie sich bei einer Bank oder Sparkasse einen Vordruck für die Scheck-Einlieferung und tragen Sie den Scheck auf S. 263 und den oben dargestellten Scheck ein!

4.7.5 Die Zahlung mit Wechsel

4.7.5.1 Die Wechselziehung

Problem

Das Textilgeschäft Karl Huber in München hat von der Textil-AG in Berlin Anzüge im Wert von 2 230,00 DM gekauft. Die Herstellerfirma will über den Betrag sofort verfügen, Huber aber besteht auf einem Zahlungsziel von drei Monaten. Daher vereinbaren die beiden Firmen in den Zahlungsbedingungen des Kaufvertrages, die Schuld durch einen Wechsel zu begleichen.

Sachdarstellung

Der Wechsel an eigene Order

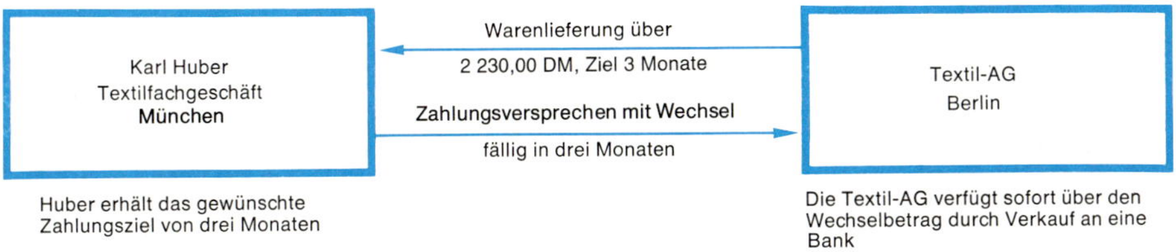

• Das Wechselformular

Berlin, den 29. Juni 19.. (Ort und Tag der Ausstellung (Monat in Buchstaben)) | 370 (Nr. d. Zahl.-Ortes) | München (Zahlungsort) | 29.09.19.. (Verfalltag)

Gegen diesen **Wechsel** – erste Ausfertigung – zahlen Sie am 29. September 19.. (Monat in Buchstaben)

an eigene Order DM 2 230,00 (Betrag in Ziffern)

Deutsche Mark zweitausendzweihundertdreißig ------ (Betrag in Buchstaben) Pfennig wie oben

Bezogener Textilfachgeschäft Karl Huber
Isegrimstraße 12
in 81739 München (genaue Anschrift)

Zahlbar in München (Zahlungsort)
bei Bayernbank AG (Name des Kreditinstituts) 77/82333 (z. L. Konto Nr.)

TEXTIL AG BERLIN
ppa. Brenner
Unterschrift und genaue Anschrift des Ausstellers

Angenommen Karl Huber

Stempelmarken auf der Rückseite unmittelbar unter diesem Rande aufkleben

Durch die Unterschrift auf der Wechselurkunde verpflichtet sich Huber, in drei Monaten zu zahlen. Die Textil-AG als Gläubigerin erhält sofort Geld durch Verkauf des Wechsels an eine Bank.

Durch eine Wechselziehung werden also zwei unvereinbar scheinende Wünsche erfüllt:

1. Der Schuldner erhält sein gewünschtes Zahlungsziel (Liefererkredit),
2. der Gläubiger kann sofort über den Wechselbetrag verfügen.

Der Wechsel an fremde Order

Im obigen Beispiel hätte die Textil-AG, anstatt sich selbst, einen ihrer Lieferanten, z. B. die Maschinenfabrik Bauer in Köln, als Zahlungsempfänger in die Wechselurkunde eintragen können. Mit der Übergabe des Wechsels an die Maschinenfabrik hätte sie dann ihre Verbindlichkeit beglichen.

Hieraus erkennen wir die *Aufgaben des Wechsels:*

1. Er ist ein **Kreditmittel,** da die Schuld des Käufers erst zu einem späteren Zeitpunkt fällig wird; darin liegt seine wirtschaftliche Hauptaufgabe;
2. er ist ein **Zahlungsmittel,** da der Käufer seine Schuld an den Verkäufer mit dem Wechsel begleicht;
3. er ist überdies ein **Sicherheitsmittel,** da für den Wechsel die strengen Rechtsvorschriften des Wechselgesetzes gelten (vgl. S. 280 ff., insbesondere die Ausführungen über den Wechselmahnbescheid und die Wechselklage).

Der Wechsel an eigene Order ist die im Geschäftsleben weitaus am häufigsten verwendete Wechselart.

• Weg der Wechselzahlung

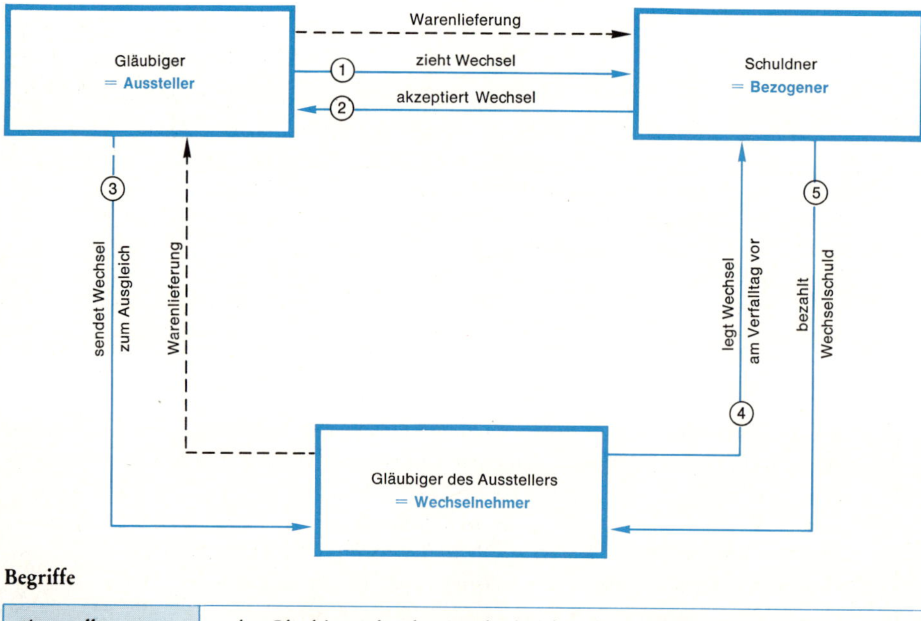

Begriffe

Aussteller:	der Gläubiger, der den Wechsel zieht oder ausstellt;
Bezogener:	der Wechselschuldner;
Tratte:	gezogener Wechsel;
Besitzwechsel:	Inhaber verfügt über einen Wechsel, zu dessen Zahlung sich ein anderer verpflichtet hat;
Schuldwechsel:	Bezogener ist durch sein Akzept zur Zahlung verpflichtet;
Wechselnehmer:	ein Gläubiger des Ausstellers, der zum Ausgleich einer Verbindlichkeit einen Wechsel in Zahlung nimmt.

Gesetzliche und kaufmännische Bestandteile des Wechsels

Die gesetzlichen Bestandteile sind nach WG Art. 1:

① **Ort und Tag der Ausstellung;**
② das **Wort Wechsel** im Text der Urkunde;
③ die **Verfallzeit,** d.h. der Tag der Fälligkeit der Wechselschuld.
Fällt der Verfalltag auf einen Sonnabend, einen Sonntag oder einen gesetzlichen Feiertag, so gilt der nächste Werktag als Verfalltag (WG Art. 72);
④ der **Wechselempfänger,** an den gezahlt werden soll:
Dies kann der Aussteller selbst sein (Wechsel an eigene Order) oder ein Gläubiger des Ausstellers (Wechsel an fremde Order);
⑤ der **Wechselbetrag** in Worten und/oder Ziffern (Geldsumme);
⑥ der **Bezogene,** Ort des Bezogenen;
⑦ der **Zahlungsort;**
⑧ die Unterschrift des **Ausstellers.**

Fehlen die Bestandteile ①, ③ und ⑦, so ist der Wechsel trotzdem gültig (WG Art. 2).

I I II II
① Berlin, den 29. Juni 19.. — Ort und Tag der Ausstellung (Monat in Buchstaben)
370 — Nr. d. Zahl.-Ortes | München — Zahlungsort | 29.09.19.. — Verfalltag
② Gegen diesen **Wechsel** – erste Ausfertigung – zahlen Sie am 29. September 19.. ③ — Monat in Buchstaben
④ an eigene Order DM 2 230,00 II — Betrag in Ziffern
⑤ Deutsche Mark zweitausendzweihundertdreißig ------ Pfennig wie oben — Betrag in Buchstaben
⑥ Bezogener Textilfachgeschäft Karl Huber
Isegrimstraße 12
⑦ in 81739 München — genaue Anschrift
Zahlbar in München — Zahlungsort III
bei Bayernbank AG — Name des Kreditinstituts — 77/82333 — z. L. Konto Nr.
TEXTIL AG BERLIN
ppa. Brenner ⑧
Unterschrift und genaue Anschrift des Ausstellers
Angenommen Karl Huber
Stempelmarken auf der Rückseite unmittelbar unter diesem Rande aufkleben

Die kaufmännischen Bestandteile des Wechsels sind:

I — Die **Ortsnummer,** um die Verwechslung gleichnamiger Zahlungsorte zu vermeiden. Sie entspricht den ersten drei Ziffern der Bankleitzahl, nicht den Postleitzahlen;

II — die **Wiederholung des Zahlungsorts, des Verfalltags** und des **Wechselbetrages in Ziffern** in der rechten oberen Ecke des Wechsels erleichtert kaufmännische Arbeiten mit dem Wechsel, wie sortieren, suchen, kontrollieren, einordnen usw.;

III — der **Zahlstellenvermerk** (Angabe einer Bank), um dem Wechselinhaber die Vorlage und dem Bezogenen die Einlösung des Wechsels zu erleichtern.

Das Akzept des Wechsels

Die Textil-AG in Berlin hat einen Wechsel auf Huber in München gezogen. Huber wird zwar hierdurch zur Zahlung aufgefordert, aber noch nicht verpflichtet, den Wechsel auch einzulösen. Daher verlangt die Textil-AG seine Unterschrift, sein *Akzept.*

Durch die quergeschriebene Unterschrift auf der linken Seite des Wechsels verpflichtet sich der Bezogene, den Wechselbetrag am Verfalltag zu zahlen. Diese Unterschrift heißt **Akzept.** Unter Akzept versteht man deshalb auch den mit dem Annahmevermerk versehenen Wechsel (WG Art. 25, 28).

Es gibt verschiedene **Akzeptarten:**

Kurzakzept	Unterschrift des Bezogenen, z. B. „Karl Huber“.
Vollakzept	Z. B. „Angenommen 2 230,00 DM, fällig am 29. September 19.., München, 3. Juli 19.., Karl Huber (Stempel)“.
Blankoakzept	Annahmeerklärung auf einem nicht oder nur teilweise ausgefüllten Wechselvordruck.
Teilakzept	Bezogener unterschreibt nicht für den vollen Wechselbetrag, z. B. „Angenommen nur für 2 000,00 DM“ (WG Art. 26).
Bürgschaftsakzept (Avalakzept)	Als zusätzliche Sicherheit wird noch die Unterschrift eines Bürgen verlangt. Der Bürge haftet dann wie der Bezogene (selbstschuldnerische Haftung, WG Art. 30 ff.).

Wesentliche Lerninhalte

- Der **gezogene Wechsel** ist eine Urkunde, durch die ein Gläubiger einen Schuldner auffordert, an ihn oder eine andere Person zu einem bestimmten Zeitpunkt eine bestimmte Geldsumme zu zahlen.

- Der Wechsel ist ein **Zahlungs-, Kredit-** und **Sicherheitsmittel.**

- **Das Wechselgesetz** schreibt acht gesetzliche Bestandteile vor:
  1. Ort und Tag der Ausstellung
  2. Wort Wechsel
  3. Verfallzeit
  4. Wechselempfänger
  5. Wechselbetrag
  6. Bezogener
  7. Zahlungsort
  8. Aussteller (Unterricht)

- Durch das **Akzept** verpflichtet sich der Bezogene zur Zahlung der Wechselsumme. Man unterscheidet:
  - ▶ Kurzakzept
  - ▶ Vollakzept
  - ▶ Blankoakzept
  - ▶ Teilakzept
  - ▶ Bürgschafts- oder Avalakzept.

Aufgaben zur Sicherung des Lernerfolgs

1 Warum zieht die Textil-AG auf Huber einen Wechsel? (Siehe Problemstellung auf Seite 268 f.!)

2 Warum ist der Wechsel a) ein Kreditmittel, b) ein Zahlungsmittel, c) ein Sicherheitsmittel?

3 Wie heißen beim Wechsel a) der Schuldner, b) der Gläubiger?

4 Was ist a) eine Tratte, b) ein Akzept?

5 Für wen ist der Wechsel a) ein Besitzwechsel, b) ein Schuldwechsel?

6 Wer ist der Wechselnehmer?

7 Wann ist ein Wechsel fällig, dessen Verfalltag auf einen Karfreitag fällt? Begründen Sie Ihre Ansicht!

8 Erklären Sie den Unterschied zwischen einem ,,Wechsel an eigene Order" und einem ,,Wechsel an fremde Order"!

9 Warum muß auf dem Wechsel ein Zahlungsort angegeben werden?

10 a) Wie heißt die Unterschrift des Bezogenen auf dem Wechsel?
b) Welche Bedeutung hat die Unterschrift für den Bezogenen?

11 a) Welche Fehler enthält nachstehender Wechsel?
b) Welche Akzeptart enthält er?

❺
Angenommen Gerhard Peters
Hamburg, den 19.03. 19..
Ort und Tag der Ausstellung (Monat in Buchstaben)

Nr. d. Zahl.-Ortes	Zahlungsort	Verfalltag
		19.06.

Gegen diesen Wechsel – erste Ausfertigung – zahlen Sie am 19.07. 19..
Monat in Buchstaben

an ______ DM 1 500,00
Betrag in Ziffern

Deutsche Mark Eintausendfünfhundert — Pfennig wie oben
Betrag in Buchstaben

Bezogener Feinkosthaus
Peters & Co.

in ______
genaue Anschrift

Zahlbar in ______
Zahlungsort
bei ______ z. L. Konto Nr.
Name des Kreditinstituts

Konservenfabrik Schick KG
Berlin-Schöneberg
ppa. Hannes Schick
Unterschrift und genaue Anschrift des Ausstellers

Stempelmarken auf der Rückseite unmittelbar unter diesem Rande aufkleben

12 Wie heißen folgende Akzepte?
a) Nur für 3 600,00 DM angenommen,
b) Per Aval. Werner Pfleiderer,
c) Karl Magsam,
d) Für 650,70 DM angenommen; Biberach, 10.03.19.. Ingo Münchmann,
e) Unterschrift auf einem leeren Wechsel-Einheitsformular.

13 a) Welche Gefahren birgt ein Blankoakzept? Wann nur kann es verwendet werden?
b) Aus welchen Gründen könnte der Bezogene zu einem Teilakzept veranlaßt sein?
c) Wann wird ein Bürgschaftsakzept erforderlich sein? Wie beurteilen Sie dies für die Qualität des Wechsels?

4.7.5.2 Die Verwendung eines empfangenen Wechsels

Problem

Die Maschinenfabrik Bauer in Köln ist der Wechselnehmer des von der Textil-AG in Berlin auf das Textilfachgeschäft Karl Huber in München gezogenen Warenwechsels. Der Leiter der Buchhaltung, Herr Prokurist Westrup, überlegt gerade, wie er den Besitzwechsel am besten verwenden könnte.

Die Lohnzahlungen sind fällig, Bargeld ist erforderlich. Er könnte hierzu den Wechsel sofort, also Monate vor dem Verfalltag, gegen Zinsabzug an eine Bank verkaufen. Er könnte den Wechsel aber auch anderweitig zur Zahlung an einen seiner *Gläubiger weitergeben,* falls dieser damit einverstanden sein sollte. Unter Umständen müßte Herr Westrup ihm ebenfalls Zinsen bezahlen. Am einfachsten wäre es natürlich, den *Wechsel bis zum Verfalltag zu behalten,* aber hierzu bedarf es hoher Geldreserven.

Sachdarstellung

Die Diskontierung des Wechsels durch die Bank

Benötigt ein Wechselinhaber den Wechselbetrag schon vor dem Verfalltag, so kann er den Wechsel *diskontieren lassen,* das heißt an ein Geldinstitut, meist die Hausbank des Betriebes, verkaufen. Dies ist die am häufigsten vorkommende Wechselverwendung. Für den Wechselkredit verlangt die Bank Zinsen, den *Diskont,* den sie bei Auszahlung des Barwerts von der Wechselsumme abzieht:

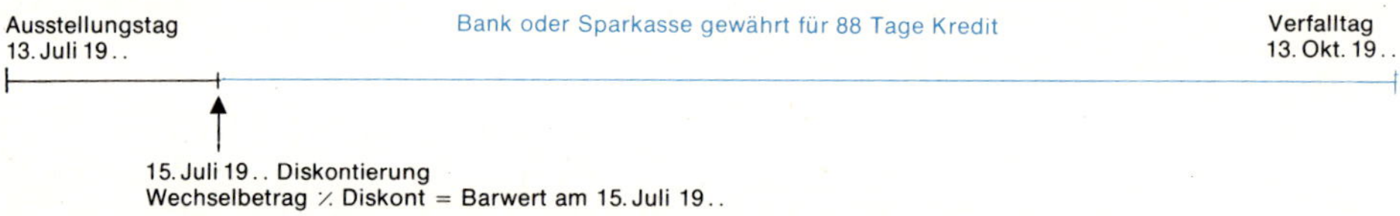

In der Regel stellen die Kreditinstitute an einen zum Diskont eingereichten Wechsel folgende Bedingungen:

- **Laufzeit von 90 Tagen**
- Es muß ein **Handelswechsel (Warenwechsel)** sein, d. h. es muß ein Handelsgeschäft (Umsatz) des Kunden zugrunde liegen.
- **Zahlbarstellung an einem Bankplatz,** d. h. dem Ort einer Landeszentralbank oder Landeszentralbankfiliale. Der Wechsel wird hierdurch *rediskontfähig* bei der Deutschen Bundesbank, d. h. das Kreditinsitut kann den Wechsel seinerseits an die Bundesbank verkaufen, um sich Geld zu beschaffen **(Refinanzierung).**

Die Weitergabe des Wechsels als Zahlungsmittel (Indossierung)

Jeder Wechselinhaber kann zum Ausgleich seiner Verbindlichkeiten den Wechsel an einen seiner Gläubiger weitergeben, falls dieser damit einverstanden ist. Dieser Vorgang heißt „indossieren", weil auf der Rückseite des Wechsels der Übertragungsvermerk angebracht werden muß, das sogenannte *Indossament.* Der Weitergebende heißt daher *Indossant,* der Empfänger *Indossat.*

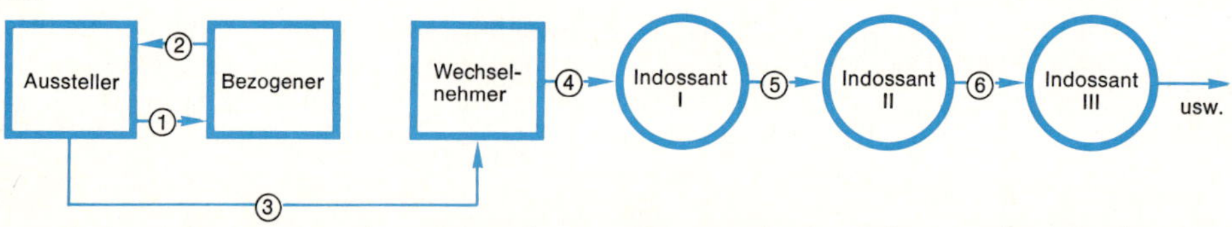

Durch das **Indossament gehen die Rechte aus dem Wechsel auf den Empfänger über. Der Weitergebende haftet durch seine Unterschrift allen Nachmännern gegenüber für den Wechsel.** Kann der Bezogene am Verfalltag den Wechsel nicht bezahlen, kann der letzte Wechselinhaber von jedem Zahlung verlangen, der auf dem Wechsel unterschrieben hat.

Die Wechselindossierung tritt im Wirtschaftsleben wesentlich weniger als die Diskontierung auf, da diese einfacher handzuhaben ist.

Beispiel

(1) Für uns an die Firma Roth & Schwab, Hannover.

Köln, 8. Juli 19..

MASCHINENFABRIK BAUER
KÖLN
Bauer

(2) *Roth* *Schwab*

(3) Für uns an die Schwabenbank AG, Stuttgart, zum Einzug.

Heidenheim (Brenz), 24. Sept. 19..

Drahtwerke Bühler KG
Heidenheim
ppa. *Hartmann*

(4) Wert erhalten

Stuttgart, 29. Sept. 19..

Schwabenbank AG
Stuttgart
i. V. *Krause*

Vollindossament (1)

Häufigste Übertragungsart.

Kurz- oder Blankoindossament (2)

Der Indossat wird nicht eingetragen, wenn dessen Einverständnis mit der Wechselziehung noch nicht sicher ist. Sobald hier eine Adresse eingetragen ist, entsteht ein Vollindossament.

Inkasso- oder Einzugsindossament (3)

Hierdurch erhält die Bank den Auftrag, den Wechsel am Verfalltag beim Bezogenen einzuziehen. Die Bank *haftet* aber nicht für den Wechsel, da sie durch das Indossament nur Besitz, aber nicht Eigentum erwirbt. Zwischen Wechseleinreicher und Bank besteht kein Schuldverhältnis.

Quittungsvermerk der Bank (4)

Nach Empfang des Geldes oder Belastung des Kontos erteilt die Bank den Quittungsvermerk. Dem Bezogenen wird danach die Wechselurkunde ausgehändigt.

Reicht die Wechselrückseite für die Indossamente nicht aus, kann hier eine **Allonge** angeklebt werden. Diese Wechselverlängerung muß auf der Vorderseite die gesetzlichen Bestandteile des Wechsels enthalten.

Der Wechseleinzug

Am **Verfalltag** oder **an einem der beiden folgenden Werktage, spätestens bis 18 Uhr,** muß der letzte Wechselinhaber oder die von ihm zum Einzug beauftragte Bank den Wechsel dem Bezogenen zur Zahlung vorlegen (Zahlungstag). Wer die Vorlegefrist nicht einhält, verliert sein Rückgriffsrecht (WG Art. 38 ff., Art. 53).

Verfalltag	Letzter Vorlegungstag	Zahlungstage
Di	Do	Di bis Do
Do	Mo	Do bis Mo
Do = Feiertag	Di	Fr bis Di
Sa/So	Mi	Mo bis Mi

Der Wechsel kann im Geschäft oder der Privatwohnung eingezogen werden. Meist übergibt aber der Wechselinhaber die Urkunde einem Geldinstitut *zum Inkasso.*

Die meisten Wechsel sind bei einem Kreditinstitut zahlbar gestellt, wodurch der bankmäßige Wechseleinzug erheblich erleichtert wird.

Wesentliche Lerninhalte

- Der **Inhaber eines Wechsels** kann:
  1. den Wechsel vor dem Verfalltag an eine Bank verkaufen (diskontieren lassen);
  2. den Wechsel als Zahlungsmittel an einen Gläubiger weitergeben;
  3. den Wechsel bis zum Verfalltag aufbewahren und dann selbst vorlegen oder vorlegen lassen.
- Ein **Indossament** ist ein Übertragungsvermerk auf der Rückseite eines Wechsels. Damit werden die Wechselrechte auf den neuen Inhaber übertragen. Vollindossament, Kurz- oder Blankoindossament und Inkassoindossament sind im Geschäftsleben am häufigsten.
- Der **Wechsel** muß dem Bezogenen am Verfalltag oder spätestens an einem der folgenden beiden Werktage bis abends 18 Uhr in seinen Geschäfts- oder Privaträumen zur **Zahlung vorgelegt werden** (Zahlungstag).
- Mit dem **Wechseleinzug** (Inkasso) wird in der Praxis meist eine Bank oder Sparkasse beauftragt.

Aufgaben zur Sicherung des Lernerfolgs

1 Warum machen Kaufleute von der Wechseldiskontierung gerne Gebrauch? Vergleichen Sie die Sollzinssätze für die verschiedenen Kreditarten! In der Schalterhalle jeder Bank oder Sparkasse sind sie ausgehängt!

2 *Aufgabe: Füllen Sie den Wechsel aus!*

Die Montanwerke Walter GmbH, Gartenweg 20, 93055 Regensburg, haben an die Firma Fritz Müller, Apparatebau, Katharinenstraße 13–16, 89079 Ulm, eine Schleifmaschine im Wert von 3 300,00 DM gegen einen Dreimonats-Akzept gesandt. Die Montanwerke Walter ziehen am 03.08.19. . den Wechsel, den Fritz Müller mit einem Kurzakzept annimmt und an den Wechselnehmer Haug & Kohl, Maschinengroßhandel OHG, Urbanstraße 120, 81371 München 19, weiterleitet. Zahlstelle ist die Württembergische Bank, Filiale Ulm, Kto. Nr. 830 222 078. Der Wechsel wird von Prokurist Baumann unterzeichnet.

Der Wechsel wird wie folgt indossiert:

a) Am 07.08.19. . gebenb Haug & Kohl den Wechsel als Zahlungsmittel an die Maschinenfabrik Schneider KG, Stuttgart weiter (Unterschrift: ppa. Haug).

b) Die Schneier KG will damit ihre Verbindlichkeit an die Kartonagenfabrik Erhard Bayer & Söhne, Esslingen, zahlen, weiß aber noch nicht, ob die Firma Bayer damit einverstanden ist.

c) Bayer & Söhne geben am 02.11.19. . der Deutschen Bank, Filiale Esslingen, den Auftrag zum Einzug des Wechsels am Verfalltag (Unterschrift: Eugen Bayer).

d) Die Deutsche Bank AG legt den Wechsel der Zahlstelle des Fritz Müller in Ulm zur Zahlung vor. Sie erhält den Wechselbetrag am 04.11.19. . gutgeschrieben und quittiert dies auf dem Wechsel.

3 Wer wird in Aufgabe 2 bei den einzelnen Übertragungsvermerken Eigentümer, wer Besitzer des Wechsels?

4 Was wird der Bezogene vor Einlösung des Wechsels prüfen?

5 Weshalb gewährt das WG Art. 38 eine Vorlagefrist von zwei Werktagen nach dem Verfalltag?

6 Wie beurteilen Sie ein Blankoindossament?

7 ★ Klären Sie die Begriffe Transportfunktion, Garantiefunktion und Legitimationsfunktion des Indossaments mit Hilfe des WG Art. 14 bis 16!

8 ★ Was bedeutet der Vermerk „Wert zur Sicherheit" auf einem Wechsel? Klären Sie diesen Begriff mit Hilfe des WG Art. 19!

9 Wenn Sie im Fach Wirtschaftsrechnen die Wechseldiskontierung schon gelernt haben: Besorgen Sie sich bei einer Bank oder Sparkasse ein Diskont-Abrechnungsformular und lösen Sie darin eine Übungsaufgabe zur Wechseldiskontierung mit mehreren Wechseln!

4.7.5.3 Der Bezogene verweigert die Wechseleinlösung

Problem

Die Drahtwerke Bühler KG in Heidenheim (siehe Wechsel S. 275) erhält von der Bayernbank AG München folgende Mitteilung:

Betr.: **Nichteinlösung eines Wechsels**

Gemäß Art. 45 des Wechselgesetzes benachrichtigen wir Sie, daß der von Ihnen zum Einzug gegebene Wechsel über

DM 2 230,00 fällig am 29. September 19..

Bezogener Karl Huber, Murtalstr. 4, 80687 München

zahlbar bei Bayernbank AG, München

nicht eingelöst und daher protestiert worden ist.

Hochachtungsvoll

i. V. Ostertag

Der Bezogene Karl Huber konnte oder wollte also am Verfalltag nicht zahlen. Der Wechsel „platzte", d.h. er muß von einem Notar oder einem Gerichtsbeamten *protestiert* werden, um die Zahlungsunfähigkeit Hubers zu beweisen.

Der Lauf des Wechsels wird hierdurch gestört. Man sagt, „der Wechsel ist notleidend geworden". Dennoch haben die Drahtwerke Bühler als letzte Wechselinhaber eine größere Chance, zu ihrem Geld zu kommen, als bei einer gewöhnlichen Buchforderung: Jeder, der auf dem Wechsel unterschrieben hat, haftet für die Einlösung. Die Drahtwerke können nun von ihrem gesetzlichen *Rückgriffsrecht* gegen diese Unterschriften Gebrauch machen, wenn sie zuvor Protest erhoben haben.

Die Protestierung

(WG Art. 43, 44, 45, 79)

Der Wechselprotest ist eine Beurkundung, daß der Wechsel am rechten Ort und zur rechten Zeit *ohne Erfolg* zur Einlösung vorgelegt worden ist. Der letzte Wechselinhaber braucht diesen Beweis, um von seinem **Rückgriffs-** oder **Regreßrecht** Gebrauch machen zu können.

Die **Protesturkunde** kann durch einen Notar oder Gerichtsbeamten ausgestellt werden, falls jene mit dem Einzug beauftragt war (PO § 40).

Innerhalb einer **Protestfrist** von zwei Werktagen nach dem Zahlungstag muß Protest erhoben werden. Wer diese Frist versäumt, verliert sein Rückgriffsrecht, denn es gilt: „Ohne Protest kein Regreß!" Nur höhere Gewalt kann Ursache für eine Fristverlängerung sein.

Eine **Benachrichtigung** von der Protesterhebung muß dem Aussteller und dem Vormann unverzüglich vom letzten Wechselinhaber zugesandt werden. Ihr Zweck ist die Ankündigung des Rückgriffs. Der in Anspruch genommene Vormann muß seinen Vormann ebenfalls benachrichtigen (siehe Abb. S. 279).

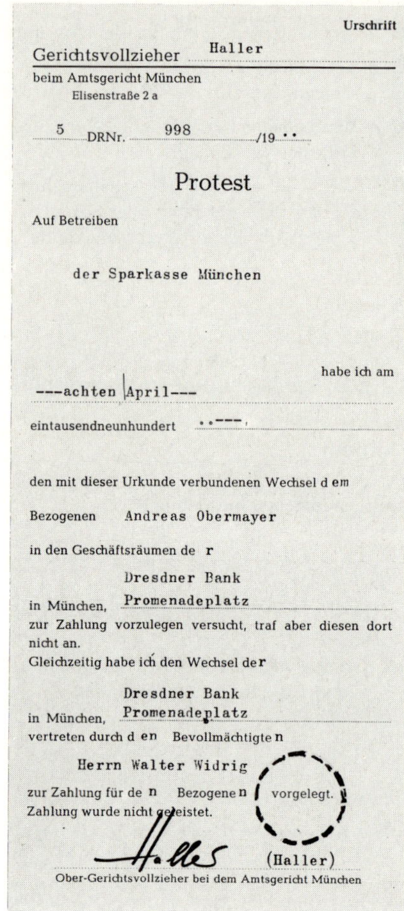
Urschrift

Gerichtsvollzieher Haller
beim Amtsgericht München
Elisenstraße 2 a

5 DRNr. 998 /19 . .

Protest

Auf Betreiben

der Sparkasse München

habe ich am
---achten April---
eintausendneunhundert . .---

den mit dieser Urkunde verbundenen Wechsel dem
Bezogenen Andreas Obermayer
in den Geschäftsräumen der
Dresdner Bank
in München, Promenadeplatz
zur Zahlung vorzulegen versucht, traf aber diesen dort nicht an.
Gleichzeitig habe ich den Wechsel der
Dresdner Bank
in München, Promenadeplatz
vertreten durch den Bevollmächtigten
Herrn Walter Widrig
zur Zahlung für den Bezogenen vorgelegt.
Zahlung wurde nicht geleistet.

(Haller)
Ober-Gerichtsvollzieher bei dem Amtsgericht München

Vermeidung des Wechselprotests

Durch **Verlängerung der Wechsellaufzeit (Prolongation)** wird der für den Bezogenen *kreditschädigende* Wechselprotest vermieden. Die Praxis wählt hierzu folgenden Weg:

Der Bezogene, der ja meist den letzten Wechselinhaber nicht kennt, wendet sich rechtzeitig vor dem Verfalltag an den Aussteller mit der Bitte, ihm die zur Einlösung des Wechsels erforderliche Summe vorzustrecken, um den Protest zu vermeiden. Gleichzeitig sendet er dem Aussteller ein neues, bereits versteuertes Akzept mit einem späteren Verfalltag. Diesen neuen Wechsel kann der Aussteller sofort diskontieren lassen. Die Zinsen für die Laufzeit des neuen Wechsels sowie weitere Diskontspesen muß der Bezogene tragen. Ist der Bezogene ein guter Kunde oder besteht eine langjährige Geschäftsverbindung, wird der Aussteller die Prolongationsbitte des Bezogenen erfüllen. Er erleidet keinen finanziellen Verlust, da er ja den Prolongationswechsel zu Lasten des Bezogenen sofort diskontiert.

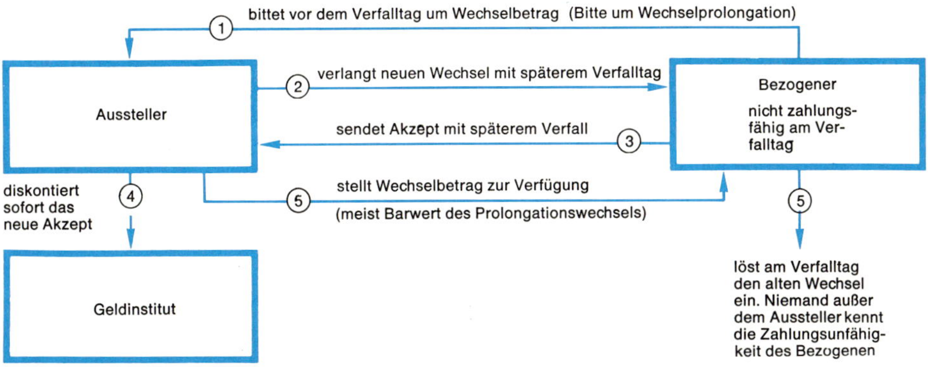

Der Vorteil der Wechselprolongation liegt darin, daß er

1. mit weniger Umständen verbunden ist als die Aufnahme eines kurzfristigen Bankkredits,
2. die Zinskosten und Spesen weit billiger als bei einem Bankkredit sind,
3. die mangelnde Zahlungsfähigkeit des Bezogenen nur der Aussteller erfährt, den Banken und anderen Geschäftspartnern aber unbekannt bleibt.

Durch die **Protesterlaßklausel,** d. h. den Wechselvermerk „ohne Kosten" (o.K.) oder „ohne Protest" (o.P.) des Ausstellers, wird der Wechselprotest ebenfalls vermieden (WG Art. 46).

Der Rückgriff (Regreß) (WG Art. 47, 48, 49)

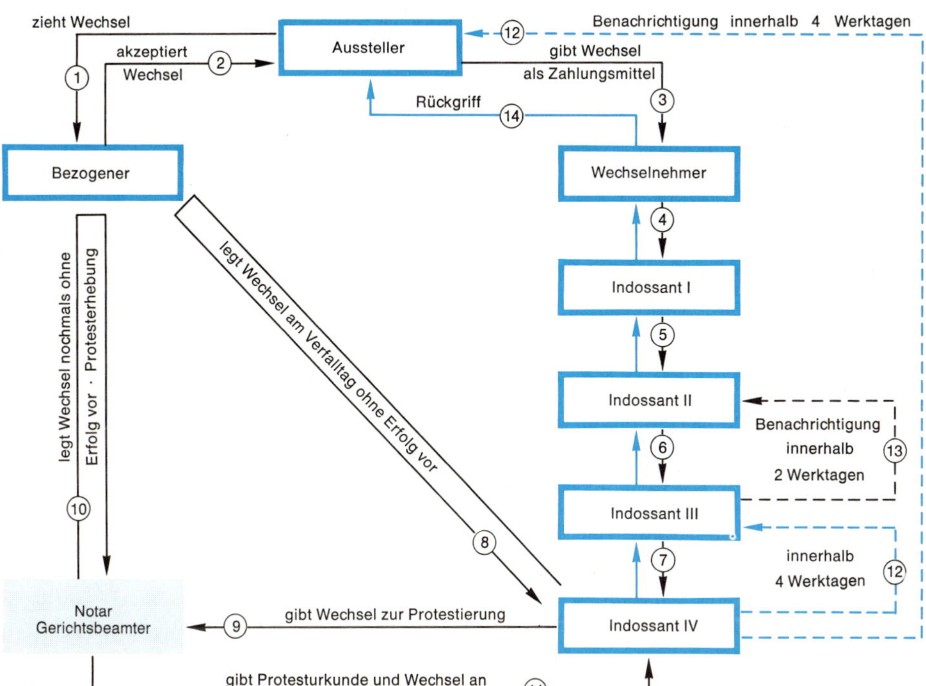

Der letzte Wechselinhaber hat ein Rückgriffsrecht gegenüber den Indossanten und den Aussteller, wenn der Wechsel zu Protest gegangen ist. Jede auf dem Wechsel befindliche Unterschrift haftet.

Beim **Reihenrückgriff** wird rückwärts ein Vormann nach dem anderen regreßpflichtig gemacht, beim **Sprungregreß** kann der letzte Wechselinhaber irgendeinen zahlungskräftigen Vormann in Anspruch nehmen. Die anderen überspringt er dabei.

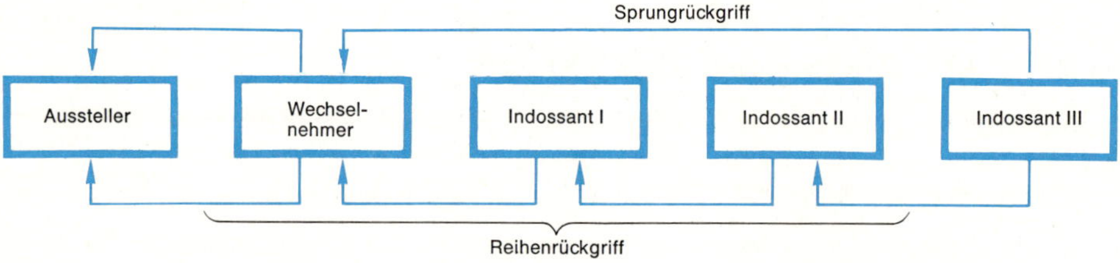

Mit einer **Rückrechnung** wird die Forderung aus dem Rückgriff geltend gemacht. Sie enthält:

1. die Wechselsumme,
2. die Protestkosten,
3. Verzugszinsen seit dem Verfalltag: 2 % über dem geltenden Landeszentralbanksatz (Bundesbankdiskontsatz), mindestens aber 6 %, gerechnet von der Wechselsumme,
4. ⅓ % Provision aus der Wechselsumme,
5. Auslagen, wie Porti, Telefongebühren usw.

Diese Posten sind nicht umsatzsteuerpflichtig.

Der Vormann erhält die Rückrechnung in der Regel zusammen mit dem Benachrichtigungsschreiben. Hat er sie bezahlt, erhält er den Wechsel samt Protesturkunde. Er kann nun selbst auf seinen Vormann Regreß nehmen.

Der Wechselmahnbescheid und die Wechselklage

Als letzter haftet der Aussteller für den Wechsel. Er hat gegen den Bezogenen nur noch die Möglichkeit, durch den **Wechselmahnbescheid** oder die *Wechselklage* zu seinem Geld zu kommen. Auf diese Weise können auch andere Wechselansprüche durchgesetzt werden.

Im Wechselprozeß kommt der Kläger weit schneller in den Besitz seines Geldes als in einem gewöhnlichen Zivilprozeß, da:

- **wenige Beweismittel** zugelassen sind,
- die **Einreden beschränkt** sind,
- die **Einlassungsfristen,** d. h. der Zeitraum zwischen Klagezustellung und Verhandlungstermin, sehr kurz sind (24 Stunden bis 1 Woche),
- das **Urteil sofort vollstreckbar** ist.

Wesentliche Lerninhalte

- Der **Wechselprotest** ist eine Beweisurkunde, daß der Bezogene den Wechsel schuldhaft nicht eingelöst hat.
- Die **Protesturkunde** stellt der Notar oder ein Gerichtsbeamter aus. Die Protestfrist beträgt zwei Werktage nach dem Zahlungstag.
- Das **Rückgriffs-** oder **Regreßrecht** erlaubt dem letzten Wechselinhaber, auf die Vormänner bzw. den Aussteller des Wechsels zurückzugreifen.
- Ohne Protest kein Regreß.
- **Benachrichtigungspflicht:**

letzter Wechselinhaber → Vormann und Aussteller	4 Werktage
Vormann → Vormann	2 Werktage

- Die **Rückgriffsforderung** wird mit einer **Rückrechnung** erhoben (Wechselsumme + Protestkosten + Verzugszinsen + Provision + Auslagen).
- Durch die **Wechselprolongation** und die **Protesterlaßklauseln** können Rückgriffskosten gespart werden.
- Mit Hilfe des **Wechselmahnbescheids** und der **Wechselklage** (Wechselprozeß) verlangt der Aussteller seine Forderung vom Bezogenen. Er erhält meist sehr schnell sein Geld.

Aufgaben zur Sicherung des Lernerfolgs

1 Warum ist ein Wechselprotest nötig?

2 Warum gewährt WG Art. 44 (3) eine Protestfrist von zwei Werktagen?

3 WG Art. 45 schreibt die Benachrichtigung vor. Welchen Zweck soll sie erfüllen? Was ist die einfachste Form der Benachrichtigung [WG Art. 45 (4)]? Was sind die Folgen, wenn die Benachrichtigung versäumt wird [WG Art. 45 (6)]?

4 In welcher Situation würden Sie den Sprungrückgriff dem Reihenrückgriff vorziehen?

5 Stellen Sie eine Rückrechnung aus! (Wechselbetrag 150 000,00 DM.) Verzugszinsen 10 % für 5 Tage, Protestkosten 230,00 DM, Auslagen 3,40 DM, Provision. Ziehen Sie gemäß WG Art. 52 einen Rückwechsel auf den Vormann! Die Wechselpersonen dürfen Sie selbst erfinden!

6 Wodurch können Rückgriffskosten gespart werden (vgl. WG Art. 46!)?

7 Welchen Prolongationsweg würden Sie vorschlagen, wenn der Wechsel an eigene Order lautet und nicht indossiert worden ist?

8 a) Beschreiben Sie den üblichen Weg, der bei einer Wechselprolongation eingeschlagen wird: Bezogener Fritz Bauer OHG, Mainz; Aussteller Peter Groß & Söhne, München; Wechselbetrag 3 000,00 DM, fällig am 13.03.19.. Machen Sie eine Skizze!

b) Wie müssen Groß & Söhne vorgehen, um keinen Verlust durch die Prolongation zu erleiden?

c) Auf welchen Betrag lautet der Prolongationswechsel, wenn er für 60 Tage ausgestellt wird und 9 % Diskont und Spesen in den Wechselbetrag einbezogen werden?

d) Stellen Sie den Prolongationswechsel aus (ohne Umsatzsteuer)!

9 Wie gehen Sie bei einem notleidenden Wechsel vor, dem der Aussteller die Protesterlaßklausel „o. K." hinzugefügt hat?

10 Wann nützt dem Aussteller auch die Wechselklage nichts mehr, um den Wechselbetrag zuzüglich Kosten zu erhalten?

11 a) In der Süddeutschen Konservenfabrik AG ist ein Brand ausgebrochen, bei dem zwei Wechsel vernichtet wurden.

b) Ludwig Altenmüller hat einen Wechsel verloren.

c) Bei einem Einbruch in ein Fotogeschäft wurden aus der Kasse auch mehrere Wechsel gestohlen.

Welche Maßnahmen würden Sie in diesen drei Fällen des Wechselverlusts treffen? Vgl. Sie hierzu auch WG Art. 90!

12 Warum muß bei einer Rückrechnung für die Wechselsumme keine Umsatzsteuer entrichtet werden?

13 Nennen Sie Beispiele für die „Wechselstrenge", die dem Wechsel als Zahlungsform erhöhte Sicherheit verleiht!

4.8 Finanzierung und Investition

4.8.1 Investitionen als Finanzierungsanlaß

Problem

Viele meinen, der Gedanke, eine Unternehmung zu gründen, entspringe einfach dem Wunsch, eine bestimmte Geldsumme gewinnbringend anzulegen. Tatsächlich ist es häufig anders. Den Anstoß gibt eine bestimmte unternehmerische Idee, die aus der aufmerksamen Beobachtung der Umwelt oder aus der Auseinandersetzung mit ihr entsteht. So ergab sich z. B. die Herstellung zusammenklappbarer Fahrräder aus dem weitverbreiteten Bedürfnis nach einem Fahrrad, das im Auto bequem mitgeführt werden kann.

„Diplomingenieur sucht zur Auswertung eines konkurrenzlosen Gebrauchsgegenstandes – Patent ist erteilt – finanzkräftigen Geldgeber. Kaufmännische Mitarbeit erwünscht." – „Entwicklung des neuen Pkw-Modells kostete 4 Milliarden DM." Solche Anzeigen und Schlagzeilen zeigen, daß neue Gedanken den Unternehmer zu der Überlegung zwingen: „Woher bekomme ich die Mittel für die Verwirklichung meiner Ideen?"

Sachdarstellung

4.8.1.1 Begriff der Finanzierung und der Investition

Zur Verwirklichung seiner Ideen braucht der Unternehmer Produktionsgüter verschiedener Art, vor allem Maschinen, Werkzeuge, Einrichtungsgegenstände und Rohstoffe bzw. Halb- oder Fertigfabrikate. Auch die Mitarbeiter sind zu entlohnen, die Leistungen anderer Unternehmen sind zu vergüten und Steuern und Abgaben müssen gezahlt werden. Der Unternehmer muß also den betrieblichen Leistungsprozeß *finanzieren,* d. h. er muß dem finanzwirtschaftlichen Bereich des Betriebes genausoviel Augenmerk schenken wie dem güterwirtschaftlichen Bereich.

Im Rahmen des betrieblichen Wertekreislaufes, dem Leistungsprozeß, werden beschaffte Güter in absetzbare Güter umgewandelt. Diesem Güterstrom vom Beschaffungs- zum Absatzmarkt steht der *gegenläufige Geldstrom* gegenüber. Es besteht damit eine völlige gegenseitige Abhängigkeit zwischen dem güterwirtschaftlichen und dem finanzwirtschaftlichen

Teil des betrieblichen Leistungsprozesses. Hinzu kommt, daß auf den Finanzbereich noch die Grundstrukturen des Unternehmungsaufbaues einwirken, z. B. die Rechtsform, die Einbindung in Unternehmungszusammenschlüsse u. a.

In jedem Falle müssen zum reibungslosen Ablauf des Leistungsprozesses die finanziellen Mittel auf Grund einer Ermittlung des Kapitalbedarfes in einer solchen Größenordnung beschafft werden, daß der Rückstrom der Geldmittel vom Absatzmarkt abgewartet werden kann und so die laufende Leistungserstellung gesichert ist.

Die **Beschaffung von Geld oder Sachgütern** für die Zwecke der Unternehmung, d. h. die Bereitstellung von Geld- oder Sachkapital, wird als **Finanzierung** im engeren Sinne bezeichnet. Die Art der Kapitalbeschaffung zeigt sich auf der *Passivseite, dem Kapitalbereich der Bilanz*, als Eigen- und Fremdkapital, je nach dem, wer das Kapital zur Verfügung gestellt hat.

Die **Verwendung der finanziellen Mittel** zur Anschaffung von Sachgütern, wie z. B. von Maschinen, Rohstoffen und Rechten – Lizenzen, Patenten, Beteiligungen –, heißt **Investition**. Investition zeigt sich auf der *Aktivseite der Bilanz, dem Vermögensbereich*, in den Positionen Anlage- und Umlaufvermögen.

Aktiva (= Vermögensbereich) **Bilanz**	(Kapitalbereich =) **Passiva**
Vermögen des Unternehmens • Anlagevermögen • Umlaufvermögen	Kapital des Unternehmens • Eigenkapital • Fremdkapital
Mittelverwendung ⇒ **Investierung**	*Mittelherkunft* ⇒ **Finanzierung**

Damit steht der Beschaffung finanzieller Mittel, d. h. der Finanzierung, die Verwendung dieser Mittel, d. h. die Investition, gegenüber. Die Investition ist in der Regel der Anlaß für die Finanzierung.

Zwischen Finanzierung und Investition besteht eine enge Verflechtung; denn die Mittelverwendung hat grundsätzlich eine geeignete Mittelbeschaffung zur Voraussetzung (siehe Abb. S. 284).

Nachdem aber die Kapitalbeschaffung auch durch besondere finanztechnische Vorgänge erfolgen kann, z. B. Gründung, Kapitalerhöhung, sowie durch Freisetzung investierter Mittel im Rahmen des Umsatzprozesses, wird der Finanzierungsbegriff häufig weiter gefaßt. Man bezeichnet deshalb nicht nur die *Kapitalbeschaffung*, sondern auch die *Kapitaldisposition (Mittelverfügung)* und damit alle Maßnahmen, die dazu dienen, den Einnahmen- und Ausgabenstrom einer Unternehmung zu regeln und aufrecht zu erhalten, als **Finanzierung** (z. B. Aufnahme eines Darlehens, Gewährung von Lieferantenkrediten) *im weiteren Sinne.*

Die Freisetzung der im Betrieb investierten Mittel durch Rückvergütung der Geldmittel über den Markt heißt **Desinvestition**.

4.8.1.2 Der Regelkreis der finanziellen Vorgänge

Der betriebliche Umsatzprozeß ist ein ständiger Vorgang der Investition und Desinvestition, der Mittelbindung und Mittelfreisetzung zur Erreichung des unternehmerischen Zieles (siehe Abb. S. 284).

Regelkreis der finanziellen Vorgänge im Rahmen des betrieblichen Leistungsprozesses

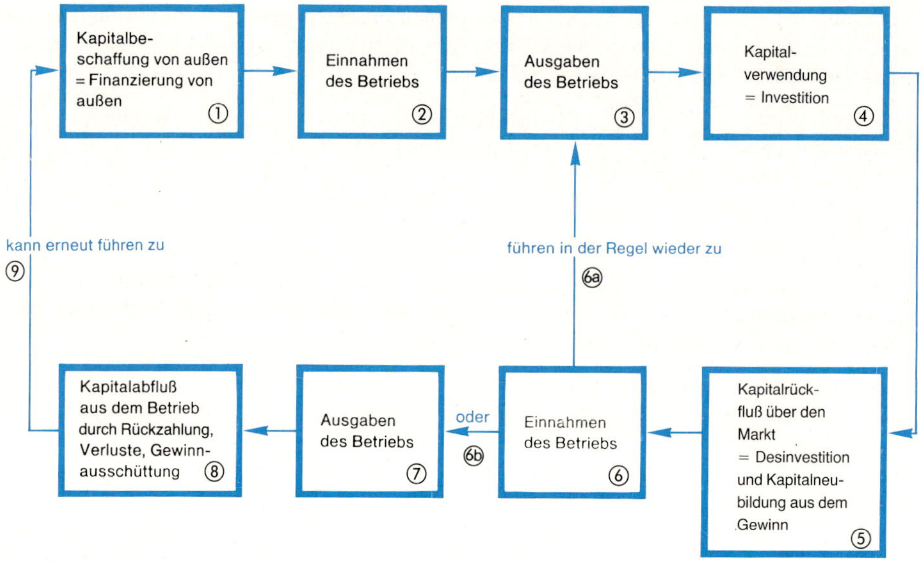

Erläuterung des Schaubildes:

① Die Zuführung finanzieller Mittel von außen, z. B. als Kapitaleinlage oder Darlehen, stellt für den Betrieb

② eine Einnahme, d. h. einen Zufluß finanzieller Mittel dar.

③ Die zugeflossenen finanziellen Mittel werden zum Abdecken des betriebsnotwendigen Mittelabflusses in Form der Ausgaben, z. B. für Löhne, Steuerzahlungen u. a., verwendet.

④ Werden die finanziellen Mittel zur Beschaffung von Sachgütern, wie Maschinen, Rohstoffe u. a., verwendet, so liegt eine Investition vor, deren Ziel es ist, die Existenz und das Wachstum des Unternehmens sicherzustellen.

⑤ Durch den Absatz der auf Grund der Investitionen erstellten betrieblichen Leistungen, z. B. Fertigerzeugnisse, Handelswaren, fließen Teile der investierten Beträge, z. B. Abschreibungen, über den Preis der Produkte wieder in das Unternehmen zurück (= Desinvestition). Zusammen mit dem im Preis enthaltenen sonstigen Aufwandsersatz und dem Gewinn ergeben sich daraus

⑥ Einnahmen des Betriebes. Diese können entweder im Betrieb verbleiben (6a) oder aus diesem abfließen (6b). Im Falle des Verbleibens dienen sie dem Betrieb zur Deckung der laufenden Ausgaben und zur Finanzierung neuer Investitionen.

⑦ Im Falle des Abflusses der Mittel aus dem Betrieb entstehen Ausgaben an Dritte.

⑧ Dieser Kapitalabfluß kann an Kreditinstitute in Form von Zinszahlungen, an die Kapitaleigentümer in Form von Gewinnausschüttungen u. a. gehen.

⑨ Werden die Mittel vom Empfänger nicht verkonsumiert, sondern im Wege der Kapitalanlage dem Unternehmen wieder zugeführt, so schließt sich der Regelkreis finanzieller Vorgänge.

Bei der Gründung einer Unternehmung besteht das Betriebsvermögen normalerweise aus flüssigen Mitteln, also dem Kassenbestand sowie Bank- und Postgiroguthaben. Bei der Verwendung dieser Mittel treten Maschinen, Einrichtungen, Rohstoffe usw. an ihre Stelle.

Die Kapitalbeschaffung, also die Finanzierung, ist kein einmaliger Vorgang anläßlich der Gründung einer Unternehmung, sie tritt hierbei lediglich besonders deutlich in Erscheinung. Die Überbrückung kurzfristiger Anspannungen, z. B. wegen saisonaler Schwankungen, erfordert ebenso zusätzliches Kapital wie das Wachstum der Unternehmung. Werden z. B. durch Lagerabbau Mittel freigesetzt, so muß über ihre Wiederverwendung, etwa für anderweitige Investitionen oder aber für Schuldentilgung, entschieden werden. Der Betriebsablauf ist kein gleichförmiger Prozeß, sondern er ist fortwährend Veränderungen unterworfen. Bestehende Zahlungsverpflichtungen werden erfüllt, neue Verpflichtungen werden begründet.

Einerseits soll die Unternehmung *rentabel* arbeiten, andererseits muß im Interesse der *Sicherheit* der Unternehmung dafür gesorgt werden, daß die benötigten Geldmittel rechtzeitig zur Verfügung stehen. Dies erfordert eine ständige Überprüfung und Neuordnung der Vermögens- und Kapitalstruktur der Unternehmung.

In diesem weiteren Sinne umfaßt die **Finanzierung** alle Maßnahmen zur Aufrechterhaltung des finanziellen Gleichgewichts der Unternehmung.

Der Kreislauf der finanziellen Vorgänge spiegelt sich deutlich in der Bilanz und ihren Veränderungen.

Beispiel

In einem Unternehmen werden 100 000 DM investiert. 50 000 DM bringen die Eigentümer auf, 44 000 DM gibt die Hausbank als langfristiges Darlehen und 6 000 DM sind Lieferantenschulden für Rohstoffe. Die Mittel werden verwendet für Grundstücke und Gebäude 60 000 DM, für Maschinen 30 000 DM, für Rohstoffe 6 000 DM. Als Zahlungsmittel werden bereitgehalten: 4 000 DM.

Ausgangsbilanz (vor Investierung)

Aktiva		Passiva	
Vermögensbereich (Mittelverwendung)		Kapitalbereich (Mittelherkunft)	
I Zahlungsbereich		Eigenkapital	50 000
Bank	94 000	Fremdkapital	44 000
	94 000		94 000

Bilanz zum 31.12. 19.. (nach Investierung)

Aktiva		Passiva	
Vermögensbereich (Mittelverwendung)		Kapitalbereich (Mittelherkunft)	
I Investitionsbereich		Eigenkapital	50 000
Grundstücke und Gebäude	60 000	Fremdkapital	
Maschinen	30 000	a) langfristige	
Rohstoffe	6 000	Verbindlichkeiten	44 000
II Zahlungsbereich		b) kurzfristige Verbindlichkeiten	
Bank	4 000	(Lieferantenschulden)	6 000
	100 000		100 000

Gegenüber der Ausgangsbilanz sind in der Bilanz zum 31.12.19.. (nach Investierung) folgende Veränderungen aufgetreten:

1. Die Zahlungsmittel wurden investiert, d. h. zur Beschaffung der Vermögenswerte, also der Grundstücke und Gebäude (60 000 DM) und Maschinen (30 000 DM) verwendet.

2. Der Zahlungsbereich hat sich auf 4 000 DM verringert. Insgesamt hat also nur ein Tausch auf der Aktivseite der Bilanz stattgefunden.

3. Durch die Beschaffung von Rohstoffen auf Kredit vergrößert sich sowohl der Investitions- als auch der Kapitalbereich, ohne daß der Zahlungsbereich davon unmittelbar berührt wird. Es liegt eine Bilanzverlängerung vor. Der Gesamtbestand an Vermögen und Kapital hat zugenommen und die Zusammensetzung des Vermögens- und des Kapitalbereiches hat sich gewandelt.

Alle Stufen des Regelkreises des Umsatzprozesses finden so auch ihren Niederschlag in der Bilanz. Sie ist das rechnerische Abbild des betrieblichen Leistungsprozesses, einem laufenden Vorgang von Investition und Desinvestition, von fließenden Einnahmen und Ausgaben, die sich in Veränderungen der Zusammensetzung und des Bestandes des gesamten Vermögens und des Gesamtkapitals niederschlagen.

Wesentliche Lerninhalte

- Der Unternehmer muß den **betrieblichen Leistungsprozeß finanzieren.**
- Es besteht eine völlige **Abhängigkeit** zwischen dem güterwirtschaftlichen und dem finanzwirtschaftlichen Teil des betrieblichen Umsatzprozesses.
- Die Beschaffung finanzieller Mittel ist **Finanzierung im engeren Sinne.** Erweitert man die Kapitalbeschaffung um die Maßnahmen der Kapitaldisposition im Rahmen des betrieblichen Umsatzprozesses, so spricht man von **Finanzierung im weiteren Sinne.**
- Die Verwendung der finanziellen Mittel für betriebliche Zwecke heißt **Investition,** die Freisetzung der im Betrieb investierten Mittel bezeichnet man als **Desinvestition.**
- Der betriebliche Leistungsprozeß ist ein Ablauf **ständigen Investierens und Freisetzens** von Mitteln.
- Die finanziellen Vorgänge im Betrieb lassen sich sowohl als **Regelkreis** darstellen als auch als Veränderung der Zusammensetzung und des Bestandes des Gesamtvermögens und des Gesamtkapitals in der Bilanz.

Aufgaben zur Sicherung des Lernerfolgs

1 Was versteht man unter

a) Finanzierung im engeren Sinn,

b) Finanzierung im weiteren Sinn?

c) Investition,

d) Desinvestition?

2 a) Zeigen Sie auf, welcher Zusammenhang zwischen Finanzierung und Investierung besteht!

b) Stellen Sie den Zusammenhang in Anlehnung an die Abbildung auf S. 284 graphisch als Stromgrößen (frei wählbar) dar, und erweitern Sie das Modell, indem Sie auch die Desinvestition mit 20 % des investierten Kapitals miteinbeziehen!

c) Wie würde das Modell verändert, wenn erhebliche Teile der Gewinne nicht wieder investiert, sondern ausgeschüttet würden?

3 Stellen Sie in jeweils eigenen Bilanzen, ausgehend von der Ausgangsbilanz und der Bilanz zum 31.12.19.. auf Seite 285, die nachfolgend aufgeführten weiteren Veränderungen dar:

a) es werden im Werte von 5 000 DM Fertigerzeugnisse produziert. Die Herstellungskosten setzen sich folgendermaßen zusammen:

Rohstoffe	3 200 DM
Abschreibungen auf Gebäude	300 DM
Abschreibungen auf Maschinen	500 DM
Sonstige Kosten einschließlich Löhnen	1 000 DM
	5 000 DM

b) Diese Fertigerzeugnisse können am Markt für 5 950 DM (4 900 DM) abgesetzt werden. Aus dem Kostenersatz entsteht also ein Gewinn (Verlust) von 950 DM (100 DM).

c) Der Unternehmer entnimmt den Gewinn von 950 DM voll (gleicht den Verlust durch Zuführung von 100 DM Eigenkapital aus).

d) Diskutieren Sie mit Ihren Mitschülern die Veränderungen im finanziellen Gefüge, die sich durch die Vorgänge a) bis c) ergeben haben!

4.8.2 Möglichkeiten der Finanzierung

Problem

Eine Maschinenfabrik AG möchte die Produktion einer weiteren Artikelgruppe aufnehmen. Der Kapitalbedarf wurde hierfür wie folgt festgestellt:

Errichtung einer Werkshalle	900 000 DM
Anschaffung von Betriebseinrichtungen	200 000 DM
Anschaffung von Maschinen	600 000 DM
Eiserner Bestand an Rohstoffen	60 000 DM
Rohstoffe für 40 Tage	100 000 DM
Löhne und sonstige Kosten für 70 Tage	80 000 DM

Flüssige Mittel stehen für diesen Zweck z. Z. nicht zur Verfügung. Das Kapital muß daher von außen beschafft werden. Nach welchen Gesichtspunkten wird die Maschinenfabrik AG Kredit aufnehmen?

Sachdarstellung

4.8.2.1 Finanzierungsgrundsätze

Die Entscheidung, ob die Finanzierung mit Eigenkapital oder mit Fremdkapital erfolgen soll, hängt davon ab, wie lange die einzelnen Vermögensteile an die Unternehmung gebunden sind. Wichtig ist: Die Fristen zwischen Kapitalbeschaffung und -rückzahlung einerseits und Kapitalverwendung andererseits sollten einander entsprechen (= **Goldene Finanzierungsregel**).

Grundstücke sind auf unabsehbare Zeit an die Unternehmung gebunden. Werkshallen, Einrichtungen, Maschinen usw. werden im Laufe der Zeit durch die in den Verkaufserlösen enthaltenen kalkulierten Abschreibungen (Desinvestition) nach und nach wieder zu Geld. Diese flüssigen Mittel sollten aber für Ersatzbeschaffungen verwendet werden, da die Anlagegüter im Laufe der Jahre abgenutzt und unmodern werden und deshalb durch neue Güter ersetzt werden müssen. Das **Anlagevermögen** sollte daher möglichst durch Kapital finanziert werden, das der Unternehmung unbefristet überlassen wird, also durch **Eigenkapital** oder langfristig zur Verfügung stehendes Fremdkapital.

Bei Rohstoffen, unfertigen und fertigen Erzeugnissen, Forderungen usw., also bei den Gütern des **Umlaufvermögens**, ist es dagegen wahrscheinlich, daß sie im Verlaufe eines Jahres zu Geld werden. Sie sind die Gewinnträger des Unternehmens. Hierfür kann **Fremdkapital** aufgenommen werden, das aus den eingehenden Verkaufserlösen zurückgezahlt werden kann. Normalerweise müssen aber zur Fortführung des Betriebes die aus dem Verkauf hereinkommenden flüssigen Mittel für neue Rohstoffbeschaffungen, Lohn- und Gehaltszahlungen usw. verwendet werden. Deshalb sollte – unabhängig vom eisernen Bestand – auch ein erheblicher Teil des Umlaufvermögens **lang-** oder **mittelfristig** und nur der Rest **kurzfristig** fremdfinanziert sein (= **Goldene Bilanzregel**).

Diese Finanzierungsgrundsätze, die nur eine grobe **Faustregel** darstellen, sollten nicht nur bei einzelnen Anschaffungen, sondern auch für den Betrieb als Ganzes beachtet werden. Bei sehr anlagenintensiven Betrieben, z. B. Verkehrsbetrieben, wird in der Regel auch ein Teil des Anlagevermögens durch langfristiges Fremdkapital finanziert sein, während es bei Unternehmungen mit niedrigem Anlagevermögen, z. B. bei bestimmten Großhandelsbetrieben zweckmäßig ist, auch einen Teil des Umlaufvermögens mit Eigenkapital zu finanzieren, weil im Interesse der Sicherheit und der Unabhängigkeit der Unternehmung ein Mindestmaß an Eigenkapital vorhanden sein muß.

Beispiel einer unter den Gesichtspunkten der Sicherheit und Liquidität idealen Finanzierung

Aktiva **Bilanz** **Passiva**

Kapitalbindung	**Vermögensbereich**	**Kapitalbereich**	Kapitalüberlassung
langfristig	*Anlagevermögen* • Sachanlagen • Langfristige Forderungen	*Eigenkapital* *Fremdkapital* (langfristiges, z. B. Hypothekendarlehen)	langfristig
mittel- bis kurzfristig	*Umlaufvermögen* • Vorräte • kurzfristige Forderung	*Fremdkapital* (mittel- und kurzfristiges, z. B. Bankschulden, Verbindlichkeiten aus Lieferungen und Leistungen)	mittel- bis kurzfristig
keine Bindungsfrist	*Flüssige Mittel* z. B. Kasse, Bankguthaben		

Frist bis zur Verflüssigung ← Überstimmung mit dem Finanzierungsgrundsatz: **Goldene Finanzierungsregel** → Rückzahlungsfrist

4.8.2.2 Finanzierungsarten

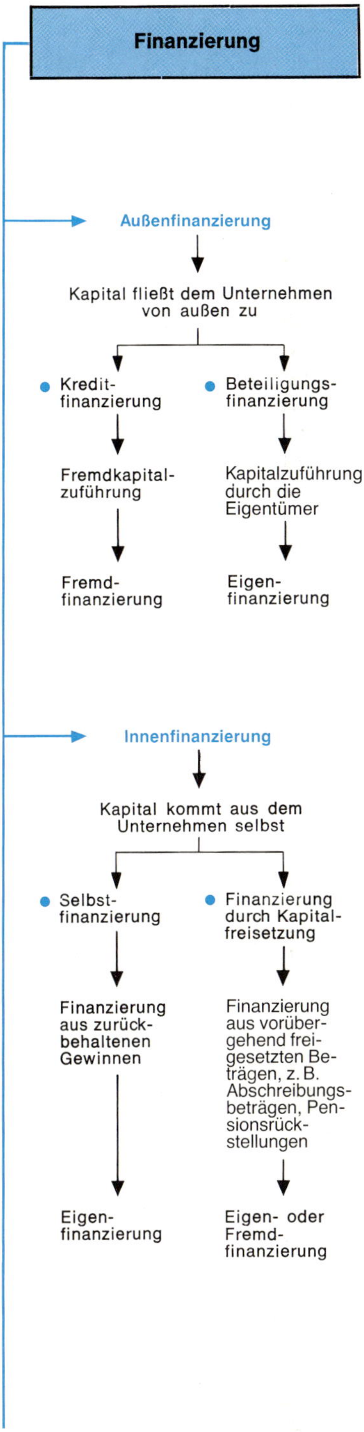

Je nachdem, wie der Kapitalbedarf gedeckt wird, d.h. nach der Kapitalherkunft, unterscheidet man Außen- und Innenfinanzierung.

Bei der **Außenfinanzierung** wird das Kapital dem Unternehmen von außen zugeführt und stammt nicht aus dem betrieblichen Umsatzprozeß. Je nach der Rechtsstellung des Kapitalgebers kann es in Form von Krediten als lang- oder kurzfristiges Fremdkapital (= **Fremdfinanzierung)** oder in Form von Einlagen (Beteiligung = **Eigenfinanzierung)** durch die Eigentümer zugeführt werden (Unternehmer, Gesellschafter, Aktionäre).

In jedem Falle muß bei dieser Form der Kapitalzuführung eine Gegenleistung (Zins, Dividende, Gewinnanteil) erbracht werden. Welche Art der Außenfinanzierung letztlich gewählt wird, hängt von wirtschaftlichen, rechtlichen und steuerrechtlichen Überlegungen ab.

Kommen die Kapitalbeträge aus dem Unternehmen selbst, so liegt **Innenfinanzierung** vor. Sie kann erfolgen durch Zurückbehalten erwirtschafteter Gewinne (= **Selbstfinanzierung**) oder durch zeitlich begrenzte Freisetzung von Kapital, z.B. aus Abschreibungen, Vermögensumschichtungen, Rückstellung.

Einlagen- und Selbstfinanzierung sind der Eigenfinanzierung, die Kreditfinanzierung ist der Fremdfinanzierung zuzurechnen.

Die Finanzierung aus freigesetztem Kapital kann sowohl Eigen- als auch Fremdfinanzierung sein.

Voraussetzung für die Innenfinanzierung ist, daß die Unternehmung zunächst durch Außenfinanzierung aufgebaut wurde und bereits Erlöse erwirtschaftet. Die von den Kunden bezahlten Beträge werden dann zur Finanzierung verwendet, ohne daß dafür besondere Gegenleistungen erbracht werden müßten. Die im Wege der Innenfinanzierung zugeführten Kapitalbeträge erhöhen die Haftungsgrundlage, helfen die Kapazität zu erweitern und machen das Unternehmen krisenfester. Die Innenfinanzierung fördert dadurch auch die Möglichkeiten der Außenfinanzierung.

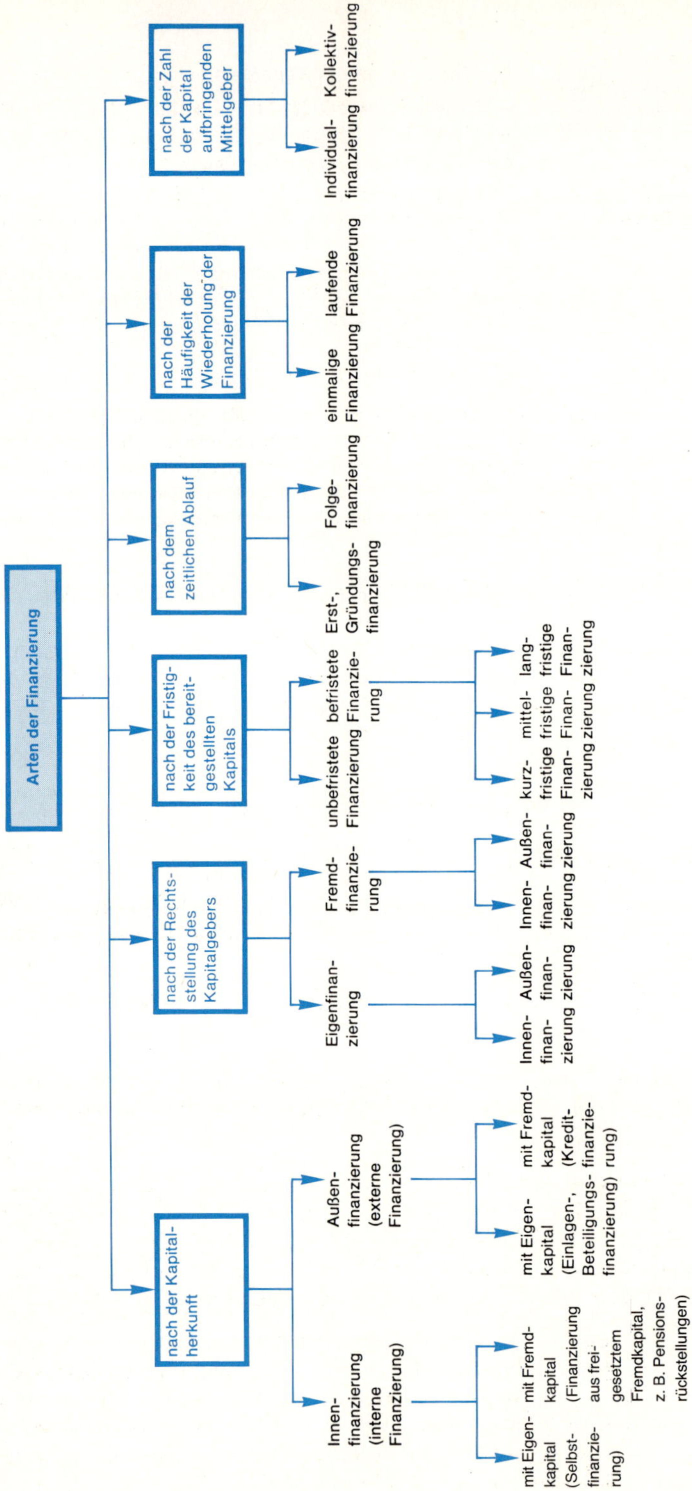

Arten der Finanzierung
nach der Kapitalherkunft
Innenfinanzierung (interne Finanzierung)
Außenfinanzierung (externe Finanzierung)
mit Eigenkapital (Selbstfinanzierung)
mit Fremdkapital (Finanzierung aus freigesetztem Fremdkapital, z. B. Pensionsrückstellungen)
mit Eigenkapital (Einlagen-, Beteiligungsfinanzierung)
mit Fremdkapital (Kreditfinanzierung)
nach der Rechtsstellung des Kapitalgebers
Eigenfinanzierung
Fremdfinanzierung
Innenfinanzierung
Außenfinanzierung
Innenfinanzierung
Außenfinanzierung
nach der Fristigkeit des bereitgestellten Kapitals
unbefristete Finanzierung
befristete Finanzierung
kurzfristige Finanzierung
mittelfristige Finanzierung
langfristige Finanzierung
nach dem zeitlichen Ablauf
Erst-, Gründungsfinanzierung
Folgefinanzierung
nach der Häufigkeit der Wiederholung der Finanzierung
einmalige Finanzierung
laufende Finanzierung
nach der Zahl der Kapital aufbringenden Mittelgeber
Individualfinanzierung
Kollektivfinanzierung

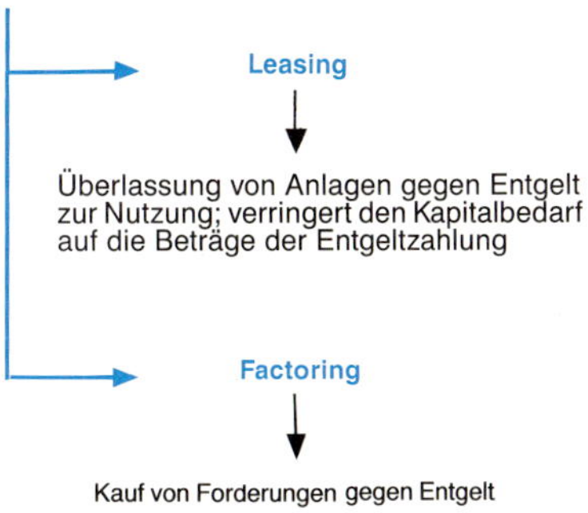

Zunehmend werden Anlagegüter nicht gekauft, sondern zur Nutzung gegen Entgelt überlassen **(Leasing)**, z.B. Werkshallen, Computer, Kopiergeräte, Kraftfahrzeuge u. a. An die Stelle des Kaufs eines Investitionsgutes tritt die befristete Nutzung mit der Wirkung, daß der Nutzer die Anschaffung des Anlagegutes nicht sofort aus eigenen Mitteln zu bestreiten hat.

Factoring ist eine besondere Form des Lieferantenkredits und damit der Absatzfinanzierung. Es läuft auf eine Kombination von Kreditgewährung, Dienstleistung und Kreditsicherung hinaus.

Factoring-Banken kaufen von ihren Kunden offene Forderungen aus Lieferungen und Leistungen auf und schreiben ihnen sofort den Gegenwert abzüglich der Zinsen bis zum Fälligkeitstag und einer Factoring-Provision gut. Außerdem wird ein Betrag von 10 bis 20 % der Forderung auf einem Sperrkonto so lange einbehalten bis der Warenabnehmer bezahlt. Die Factoring-Provision wird für die Überwachung der Zahlungstermine, für die Eintreibung der Forderungen und für die Übernahme des Risikos bei Forderungsausfällen berechnet.

Die **Beschaffungsvorgänge finanzieller Mittel** können nach verschiedenen Gesichtspunkten eingeteilt werden, z. B.:

Kapitalherkunft, Rechtsstellung des Kapitalgebers, Dauer (Fristigkeit) der Kapitalüberlassung, Lebensphase des Betriebes (zeitlicher Ablauf), Häufigkeit des Auftretens der Finanzierungsvorgänge im Betrieb und Zahl derjenigen, die das Kapital aufbringen (siehe Übersicht S. 290).

4.8.2.3 Finanzierungsmöglichkeiten und Unternehmungsform

Eigenkapitalbeschaffung und Rechtsform

Bei der Wahl der Rechtsform der Unternehmung sind nicht zuletzt die Finanzierungsmöglichkeiten entscheidend, d.h. ob und wie Eigen- und Fremdkapital eingesetzt werden können.

Bei **Einzelunternehmen** ist die Eigenkapitalgrundlage durch das Vermögen des Unternehmers begrenzt.

Bei **Personengesellschaften** kann die Eigenkapitalzuführung durch Aufnahme neuer Gesellschafter erweitert werden, allerdings nur bei Zustimmung der übrigen Gesellschafter.

Die ausgedehntesten Eigenkapitalbeschaffungsmöglichkeiten haben die **Aktiengesellschaften.** Sie können auf Grund der kleinen Stückelung der Aktien (5 DM) vielen Gesellschaftern die Teilnahme ermöglichen und dadurch auch größere Kapitalbeträge aufbringen. Im übrigen ist der Kapitalgeber nicht sehr an die Gesellschaft gebunden, denn er kann sein Papier jederzeit an der Börse verkaufen und damit aus der Gesellschaft ausscheiden. An seine Stelle tritt der Käufer.

Obwohl die äußere rechtliche Konstruktion der **Gesellschaft mit beschränkter Haftung** der AG ähnelt, hat sie im Hinblick auf die Kapitalbeschaffung mehr Ähnlichkeit mit einer Personengesellschaft. Als Rechtsform für kleinere und mittlere Unternehmen wird sie dort gewählt, wo die wirtschaftlichen Voraussetzungen für eine Personengesellschaft gegeben sind, aber die Haftung der Gesellschafter auf ihre Einlagen beschränkt werden soll.

Fremdkapitalbeschaffung und Rechtsform

Die Möglichkeiten der Fremdkapitalbeschaffung (Kredite) hängen ab von

- der Größe der Eigenkapitalbasis,
- den Haftungsverhältnissen in der Unternehmung und
- den rechtlichen Regelungen (Verpflichtung zur Rücklagenbildung, Publizitätspflicht)

in den verschiedenen Unternehmungsformen.

Im allgemeinen ist die Kreditbasis eines Einzelunternehmens geringer als die einer OHG, obwohl bei beiden eine unbeschränkte Haftung besteht. Grund: Je mehr Gesellschafter persönlich haften, um so besser verteilt sich das Risiko des Gläubigers, sein Geld wieder zu erhalten.

Deshalb ist auch die Kreditbasis einer GmbH in der Regel schwächer als die einer OHG, sofern bei gleicher betrieblicher Sicherheit die Gesellschafter noch über ein umfangreiches Privatvermögen verfügen.

Am kreditwürdigsten ist die Aktiengesellschaft. Ihre straffen Gläubigerschutzvorschriften, z. B. Schutzbestimmungen bei Kapitalherabsetzung, die Prüfung und Offenlegung des Jahresabschlusses und Lageberichtes (Publizitätspflicht), die strengen gesetzlichen Bewertungsvorschriften für das Vermögen und die Schulden, die Vorschriften über die Rücklagenbildung u. a. geben ein hohes Maß an finanzieller Sicherheit.

Bei der Beschaffung von Fremdkapital spielen außerdem eine Rolle: das Ansehen, der Marktanteil, die Rentabilität und die Zukunftsaussichten des Unternehmens. Diese wirtschaftlichen Überlegungen sind für die Entscheidung, ob der Kredit gewährt wird oder nicht, unter Umständen ausschlaggebend.

Wesentliche Lerninhalte

- Allgemein gilt für die **Finanzierung** die **Regel,** daß das eingesetzte Kapital erst dann zur Rückzahlung fällig sein soll, wenn die betreffenden Vermögenswerte durch den Umsatzprozeß wieder zu Geld geworden sind.
- **Faustregel: Anlagevermögen wird durch Eigenkapital und langfristiges Fremdkapital finanziert, Umlaufvermögen durch lang- und kurzfristiges Fremdkapital.**
- Bei erheblichen **Verstößen** gegen diese Grundsätze kann ein Betrieb rasch in Zahlungsschwierigkeiten kommen, wenn nicht rechtzeitig eine **Konsolidierung,** d.h. die Umwandlung von kurzfristigem Fremdkapital in langfristiges Kapital gelingt.
- In einem **Finanzplan** werden die künftigen Einnahmen und Ausgaben einander gegenübergestellt.
- Zwischen den **Finanzierungsmöglichkeiten** und der **Rechtsform** des Unternehmens besteht ein **enger Zusammenhang.**
- Die Finanzierungsvorgänge lassen sich nach verschiedensten Gesichtspunkten einteilen. Die wichtigste **Klassifizierung** ist die **nach Kapitalherkunft und Rechtsstellung des Kapitalgebers.**

Kapitalherkunft	Außenfinanzierung	Innenfinanzierung		Außenfinanzierung
Finanzquellen	mit **Eigenkapital** (Einlagen-, Beteiligungsfinanzierung) = Mittelzuführung von außerhalb des Unternehmens)	mit **Eigenkapital** (z. B. Finanzierung aus nicht ausgeschütteten Gewinnen = Mittelzuführung von innen)	mit **Fremdkapital** (z. B. Finanzierung aus Rückstellungen für betriebliche Altersversorgung = Mittelzuführung von innen)	mit **Fremdkapital** (Kreditfinanzierung = Mittelzuführung von außen)
Rechtsstellung des Kapitalgebers	**Eigenfinanzierung** (Finanzierung mit Eigenkapital)		**Fremdfinanzierung** (Finanzierung mit Fremdkapital)	

- Zwischen den **Finanzierungsmöglichkeiten** und der **Rechtsform** des Unternehmens besteht ein **enger Zusammenhang.**

Aufgaben zur Sicherung des Lernerfolgs

1 Weshalb sollte auch der „eiserne Bestand" an Rohstoffen oder Waren durch Eigenkapital finanziert werden?

2 Welche Gefahr droht einem Betrieb, der größere Neuanschaffungen von Maschinen mit einem kurzfristigen Bankkredit finanziert hat? Wodurch könnte dieser Gefahr begegnet werden?

3 Beurteilen Sie folgende vereinfachte Bilanz einer kleinen AG im Hinblick auf die Beachtung der Finanzierungsgrundsätze!

Aktiva — Bilanz einer AG — Passiva

Aktiva	DM	Passiva	DM
A Anlagevermögen		**A Eigenkapital**	
Grundstücke und Bauten	700 000,00	Gezeichnetes Kapital	1 200 000,00
Maschinen	500 000,00	Kapitalrücklagen	100 000,00
Betriebs- und Geschäftsausstattung	400 000,00	Gewinnrücklagen	500 000,00
Finanzanlagen	100 000,00	Jahresüberschuß	150 000,00
B Umlaufvermögen		**B Verbindlichkeiten**	
Rohstoffe	300 000,00	Verbindlichkeiten gegenüber Kreditinstituten – davon mit einer Restlaufzeit bis zu einem Jahr 4 000,00 (Vorjahr: 5 000,00)	370 000,00
Unfertige Erzeugnisse	50 000,00	Verbindlichkeiten aus Lieferungen und Leistungen – davon mit einer Restlaufzeit bis zu einem Jahr 120 000,00 (Vorjahr: 125 000,00)	120 000,00
Fertige Erzeugnisse	150 000,00	Verbindlichkeiten aus der Annahme gezogener Wechsel – davon mit einer Restlaufzeit von einem Jahr 6 000,00 (Vorjahr: 4 000,00)	60 000,00
Forderungen aus Lieferungen und Leistungen – davon mit einer Restlaufzeit von mehr als einem Jahr 2 000,00 (Vorjahr: 3 000,00)	200 000,00		
Wertpapiere	40 000,00		
Kassenbestand, Guthaben bei Kreditinstituten	60 000,00		
	2 500 000,00		2 500 000,00

4 Eine Unternehmung hat auf dem Girokonto bei der Postbank z. Z. ein Guthaben von 49 000 DM. Wie könnten diese Mittel angelegt werden, wenn sie in 4 Wochen für Zahlungen benötigt werden?

5 Welche Möglichkeiten hat ein Unternehmen, sich die benötigten finanziellen Mittel zu beschaffen?

6 Welcher Zusammenhang besteht zwischen a) Außenfinanzierung und Eigen- und Fremdfinanzierung, b) Innenfinanzierung und Eigen- und Fremdfinanzierung?

7 Bei der Wahl der Unternehmungsform sind häufig die Finanzierungsmöglichkeiten entscheidend. Die Rechtsstellung des Kapitalgebers bestimmt, ob Eigen- oder Fremdkapital eingesetzt werden kann. Stellen Sie bei folgenden Rechtsformen der Unternehmung eine Beziehung zu den möglichen Finanzierungsarten her.

a) Einzelkaufmann (Einzelunternehmung)

b) Personengesellschaften

c) Aktiengesellschaft

d) Gesellschaft mit beschränkter Haftung

Untersuchen Sie den Zusammenhang im Hinblick auf die Möglichkeiten 1. der Eigen- und 2. der Fremdfinanzierung!

4.9 Kreditarten und Kreditsicherungsmöglichkeiten

4.9.1 Der Bankkredit

Problem

Karl Bauer und die übrigen Gesellschafter bringen zusammen ein Stammkapital der GmbH von 700 000 DM auf. Da er die möglichen Lieferantenkredite schon bei der Kapitalbedarfsrechnung berücksichtigt hat, verhandelt er nun, nachdem er mit verschiedenen anderen Kapitalgebern schon gesprochen hat, mit seiner Hausbank über die Finanzierung des Restbetrages von 253 000 DM. Worüber wird Bauer im einzelnen mit der Bank verhandeln müssen?

Sachdarstellung

4.9.1.1 Wesen und Bedeutung des Kredits

Das Wort **Kredit** kommt von (lat.) credere: glauben, vertrauen.

Den Banken und Sparkassen wird im Passivgeschäft Geld anvertraut. Sie leihen im Vertrauen auf die persönliche oder sachliche Kreditwürdigkeit des Kunden dieses Geld wieder aus, hauptsächlich zur

- Errichtung, Erweiterung und Erneuerung von Anlagen *(Investitionskredit)*,
- Verstärkung des Umlaufvermögens *(Betriebsmittelkredit)*,
- Überbrückung von augenblicklicher Geldknappheit *(Saison-, Zwischenkredit)*.

4.9.1.2 Die Arten der Kredite

Fall 1: Ein Hersteller liefert einem Großhändler Waren auf Ziel.
Fall 2: Ein Versandhaus verkauft an eine Hausfrau Waren gegen Ratenzahlung.
Fall 3: Ein Spediteur führt einen Umzug durch. Es wurde ein Zahlungsziel von 30 Tagen vereinbart.

Fall 4: A leiht seinem Freund B Geld; genauer: er gewährt ihm ein Gelddarlehen.
Fall 5: Ein Sparer kauft einige Stücke einer neu aufgelegten Bundesanleihe.
Fall 6: Eine Bank gestattet ihrem Kunden, Schecks und Überweisungen auszustellen, obwohl dessen Konto kein Guthaben aufweist.

In all diesen Fällen werden Kredite gegeben. Worin liegen die Unterschiede? Wo bestehen Gemeinsamkeiten?

Im allgemeinen Sprachgebrauch wird der Begriff Kredit mit **Geldkredit** – und hier wiederum mit Bankkrediten – gleichgesetzt; tatsächlich spielt aber auch der **Sachkredit** eine große Rolle, z. B. bei Lieferungen von Waren oder Einrichtungen auf Ziel oder gegen Ratenzahlung. Kredit ist also die Überlassung von Geld, Sachgütern oder Dienstleistungen an einen Dritten im Vertrauen auf eine spätere Gegenleistung.

Die **Bankkredite** können nach verschiedenen Gesichtspunkten eingeteilt werden, z. B. nach:

Laufzeit	Verfügungsart
• kurzfristig • mittelfristig • langfristig	• Kontokorrentkredit • Darlehen

4.9.1.3 Der Kreditvertrag

Er kommt zustande durch

- Kreditbewilligung auf Grund eines Kreditgesuchs,
- Einverständniserklärung des Kreditnehmers.

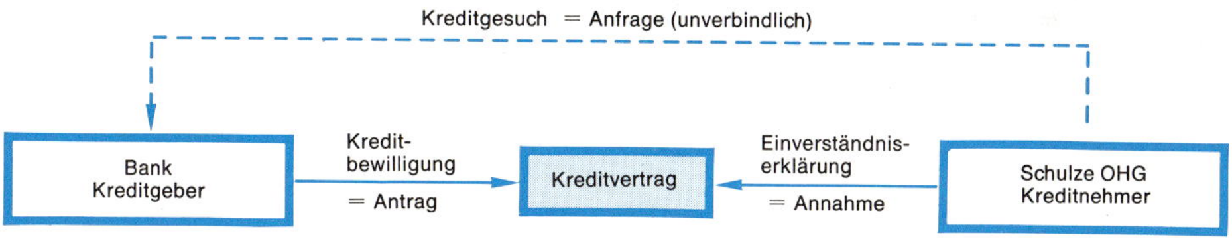

Der Kreditvertrag wird schriftlich geschlossen und enthält in der Regel Vereinbarungen über

- Kredithöhe oder Kreditgrenze,
- die Auszahlung bei Darlehen,
- Verwendungszweck,
- Zinsfuß, eventuell Provisionssatz, Zinstermine,
- Rückzahlung bzw. Kündigung des Kredits,
- Kreditsicherung, falls erforderlich.

4.9.1.4 Die Laufzeit der Kredite

Kurzfristige Kredite werden von den Kreditinstituten bis zu sechs Monaten vor allem zur Überwindung zeitweiliger finanzieller Anspannungen gewährt, etwa vor der Saison, bei Ernteaufkäufen, Steuerzahlungen, Stundungen an Kunden usw. Die Rückzahlung erfolgt, sobald die entsprechenden Verkaufserlöse eingehen.

Mittelfristige Kredite haben nach der banküblichen Einteilung eine Laufzeit von sechs Monaten bis zu vier Jahren. Sie ähneln teils den kurzfristigen, teils den langfristigen Krediten.

Langfristige Kredite dienen vor allem der Finanzierung des Anlagevermögens und des ständigen Mindesbestandes an nichtliquiden Umlaufgütern. Wenn eine erhebliche Schrumpfung des Betriebes bei der Rückzahlung vermieden werden soll, muß nicht nur der Zins erwirtschaftet, sondern auch die Tilgung aus den Gewinnen aufgebracht, d. h. durch Selbstfinanzierung abgedeckt werden. Bei langfristigen Krediten bindet sich der Gläubiger tatsächlich in erheblichem Maße an das Schicksal der Unternehmung. In der Praxis finden sich daher vielfache Übergänge zur Beteiligung und damit zur Eigenfinanzierung.

4.9.1.5 Der Kontokorrentkredit

Er wird dadurch eingeräumt, daß die Bank ihrem Kunden gestattet, bis zu einem vereinbarten Höchstbetrag durch Scheck oder Überweisungsauftrag über sein Konto zu verfügen, obwohl es kein Guthaben aufweist. Der Kunde kann also vertragsgemäß bis zu einem bestimmten Betrag, dem *Limit,* ins „Soll" kommen.

Sonst entspricht das *Kontokorrentkonto* dem *Girokonto.* Die Sollzinsen werden von dem tatsächlich in Anspruch genommenen Kredit berechnet. Der Zinsfuß ist verhältnismäßig hoch, da die Bank ständig Mittel für den Fall einer vollen Inanspruchnahme des Kredits bereithalten oder aber sich fehlende Mittel teuer am Geldmarkt beschaffen muß.

Der Kontokorrentkredit zählt zu den kurzfristigen Krediten, da er kurzfristig kündbar ist, auch wenn er bei gutem Geschäftsgang für lange Zeit gewährt wird. Er sollte aus diesem Grunde – auch wegen der hohen Zinsen – nicht für langfristige Anschaffungen, sondern nur zur Deckung eines Spitzenbedarfs verwendet werden. Die in Anspruch genommenen Kredite werden durch die eingehenden Zahlungen wieder vermindert oder abgedeckt (Kredit in laufender Rechnung).

Das Kontokorrentverhältnis ist allgemein im HGB §§ 355–357 geregelt.

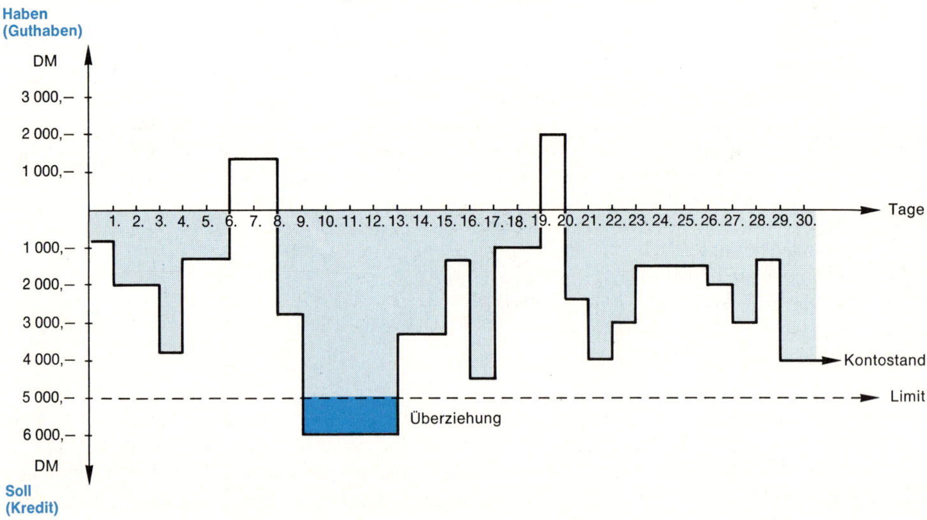

4.9.1.6 Das Darlehen

Darlehen werden als Ganzes oder in vorher vereinbarten Teilbeträgen durch Barauszahlung oder Gutschrift auf einem Girokonto zur Verfügung gestellt. Darlehenszinsen werden ab der *Auszahlung* berechnet. Dabei ist es unerheblich, wann der Schuldner den Kredit verwendet. Der Zinssatz ist im allgemeinen kleiner als bei Kontokorrentkrediten. Meist ist der Auszahlungsbetrag etwas niedriger (Disagio) als die Darlehenssumme, d. h. der Rückzahlungsbetrag. Bei allen Darlehensformen kann über zurückgezahlte Beträge nicht mehr verfügt werden. Darlehen kommen als mittel- und langfristige Kredite, gelegentlich auch als kurzfristige Kredite vor.
Das Darlehen ist allgemein im BGB §§ 607–610 geregelt.

Wesentliche Lerninhalte

- **Kredit** ist die Überlassung von Geld, Sachgütern oder Dienstleistungen an einen Dritten im Vertrauen auf eine spätere Gegenleistung.
- Wir unterscheiden
  - ▶ **Sachkredite,** z. B. Warenlieferungen auf Ziel,
  - ▶ **Geldkredite,** z. B. Bankkredit.
- **Kurzfristige Bankkredite** dienen zur Überbrückung zeitweiliger finanzieller Anspannungen.
  Hierzu eignet sich besonders der *Kontokorrentkredit,* bei dem der Bankkunde je nach Bedarf bis zu einem vorher vereinbarten Höchstbetrag ins „Soll" kommen, d. h. den Kredit der Bank in laufender Rechnung in Anspruch nehmen darf.
- **Langfristige Kredite** sind zur Finanzierung des ständigen Mindestbestandes an nichtliquiden Umlaufgütern sowie zur Anschaffung von Anlagegütern bestimmt.
  Hierfür ist das *Darlehen* geeignet, bei dem der Kredit auf einmal oder in festgelegten Teilbeträgen durch Barauszahlung oder durch Gutschrift auf einem Girokonto zur Verfügung gestellt wird.

Aufgaben zur Sicherung des Lernerfolgs

1 Die bei der Einteilung der Bankkredite herangezogenen Gesichtspunkte können auch auf Sachkredite angewandt werden.

a) Ordnen Sie nach der *Laufzeit* folgende Fälle:
   - Fall 1: Kauf einer Waschmaschine, Anzahlung 300 DM, Rest in 10 Monatsraten.
   - Fall 2: Eine Brauerei richtet einem Gastwirt das Lokal ein. Die Schuld wird innerhalb von zehn Jahren in Verbindung mit den Bierlieferungen (Abnahmeverpflichtung) in Teilbeträgen abgerechnet.
   - Fall 3: Eine Baustoffhandlung liefert Zementsteine, Ziel 30 Tage.

b) Ordnen Sie nach der *Verfügungsart* folgende Fälle:
   - Fall 4: Eine Hausfrau „borgt" ihrer Nachbarin 1 kg abgepacktes Mehl.
   - Fall 5: Ein Automobilhersteller und eine Maschinenfabrik vereinbaren die Lieferung von Pkw und die Gegenlieferung von Maschinen mit halbjährlichem Ausgleich des Saldos unter Einbeziehung von Zinsen.

2 a) Welchen Zweck erfüllt ein Schuldschein (siehe hierzu auch BGB § 371!)?

b) Stellen Sie einen Schuldschein nach folgenden Angaben aus: Gewährung eines Darlehens von 1 000 DM bar am 01.04.19.. durch Herrn Karl Schuster, Königsplatz 4, 86150 Augsburg, an Herrn Otto Roth, Friedrichstraße 12, 82319 Starnberg. Zinsfuß 7 %, Fälligkeit nach sechs Monaten.

3 a) Weshalb wäre die Finanzierung des Kaufes eines Grundstückes durch einen Kontokorrentkredit unwirtschaftlich und riskant?
b) Warum wäre es unwirtschaftlich, sich für einen gelegentlich auftretenden finanziellen Spitzenbedarf ein Darlehen gewähren zu lassen? Vergleichen Sie den Darlehenzinsfuß und den Habenzinsfuß für das Girokonto!

4 Wie lautet der Buchungssatz beim Bankkunden bei Einräumung eines Darlehens von 10 000 DM, Auszahlung 95 %, wenn der verfügbare Betrag dem Girokonto gutgeschrieben wird?

5 Aus welchem Grund ist der Sollzinsfuß für Kontokorrentkredite höher als der Darlehenszinsfuß?

6 Häufig wird behauptet, ein Kontokorrentkredit sei dadurch gekennzeichnet, daß das Konto „überzogen" werden dürfe. Nehmen Sie dazu Stellung!

7 Wie groß ist der effektive Zinsfuß für einen Darlehenskredit zu 8 % bei 92 % Auszahlung und einer Laufzeit von 8 Jahren?

8 Vergleichen Sie die Vor- und Nachteile der Kreditrückzahlung
a) in einem Betrag am Ende der Laufzeit!
b) in gleichbleibenden Tilgungsraten!

9 a) Weshalb wird bei gleichen Zins- und Tilgungsraten der Zinsanteil immer kleiner und der Tilgungsanteil größer?
b) Warum finden wir diese Form der Rückzahlung gerade auch bei Bauspardarlehen?

4.9.2 Die Sicherung der Kredite

Problem

Niemandem wird es einfallen, einem Unbekannten einen Kredit zu geben. Das Vertrauen in die Zahlungsfähigkeit und Zahlungswilligkeit des Schuldners ist die Grundlage jeden Kredits. Dies gilt im Privatleben ebenso wie im Geschäftsleben.

Jeder Unternehmer muß deshalb seiner Bank bei den Finanzierungsverhandlungen darlegen, welche Sicherheiten er zur Abdeckung der gewünschten Kredite anzubieten hat; so auch der Süßwarengroßhändler Thomas Mantler. Welche Möglichkeiten hat er?

Sachdarstellung

4.9.2.1 Der Personalkredit

Der Personalkredit wird ausschließlich auf Grund der *persönlichen* **Kreditwürdigkeit des Schuldners,** d. h. im Vertrauen auf seinen Fleiß, seine Zuverlässigkeit, berufliche Tüchtigkeit und Erfahrung ohne Sicherung durch Pfandrechte, gewährt. Dies bedeutet freilich nicht, daß das Kreditinstitut dem Schuldner „blindlings" Vertrauen schenkt, sondern es versucht, sich auch über seine *sachliche Kreditwürdigkeit* auf Grund von Unterlagen, z. B. Bilanzen, Selbst- und Fremdauskünften, sowie durch persönliche Gespräche ein möglichst genaues Bild von den Vermögens- und Einkommensverhältnissen und von der Persönlichkeit des Schuldners zu verschaffen. Personalkredite brauchen deshalb keineswegs riskanter zu sein als andere; sie werden allerdings fast immer nur **kurzfristig** gegeben, meist als Kontokorrentkredit, gelegentlich auch als Darlehen.

Bei der Prüfung der Kreditwürdigkeit spielt auch die *Rechtsform* der Unternehmung eine wichtige Rolle.

Bei der **Einzelunternehmung** muß berücksichtigt werden, daß das Schicksal des Betriebes weitgehend von der Person des Unternehmers abhängt, von seiner Tüchtigkeit, Lebensführung und Gesundheit.

Ein weiteres Risiko liegt darin, daß er dem Betrieb nach Belieben Mittel zum persönlichen Verbrauch oder zur Übertragung an Dritte entziehen kann.

Bei der **OHG** hingegen haftet nicht nur eine Person, sondern es haften mehrere mit ihrem gesamten Privatvermögen; sie ist darum nicht nur kreditwürdiger als die Einzelunternehmung, sondern auch als eine vergleichbare **KG** und vor allem **GmbH;** bei letzterer kann sich der Gläubiger nur an das Betriebsvermögen halten, sofern die vereinbarten Stammeinlagen geleistet und keine Nachschüsse festgelegt wurden.

Obzwar bei der **AG** jede persönliche Haftung ausgeschlossen ist, gilt sie wegen der strengen Gründungs-, Bilanzierungs- und Bewertungsvorschriften sowie wegen der vorgeschriebenen Bildung von Rücklagen und der Prüfung und Veröffentlichung des Jahresabschlusses als die kreditwürdigste Unternehmungsform. Die **eG** kann hinsichtlich der Haftung – stark vereinfacht – mit der GmbH und der OHG verglichen werden.

4.9.2.2 Der verstärkte Personalkredit: Bürgschaft, Zession und Wechseldiskontierung

Beim verstärkten Personalkredit haften neben dem Schuldner weitere Personen für die pünktliche Erfüllung der Kreditverpflichtungen. Vorausgesetzt, daß diese Personen zahlungskräftig sind, tritt dadurch eine Risikoverringerung beim Gläubiger ein.

Der Bürgschaftskredit

(BGB §§ 765 ff., HGB §§ 349–351, WG Art. 30–32.)

Der **Bürgschaftsvertrag** wird zwischen dem *Bürgen* und dem *Kreditinstitut* durch die Abgabe eines Bürgschaftsversprechens und dessen formlose Entgegennahme abgeschlossen. Um voreiligen Zusicherungen des Bürgen vorzubeugen, ist für das Bürgschaftsversprechen Schriftform vorgeschrieben; nur *Vollkaufleute* können sich im Rahmen ihrer Handelsgeschäfte auch *mündlich* wirksam verbürgen. Kreditinstitute verlangen aber aus Gründen der Beweissicherung stets die Schriftform.

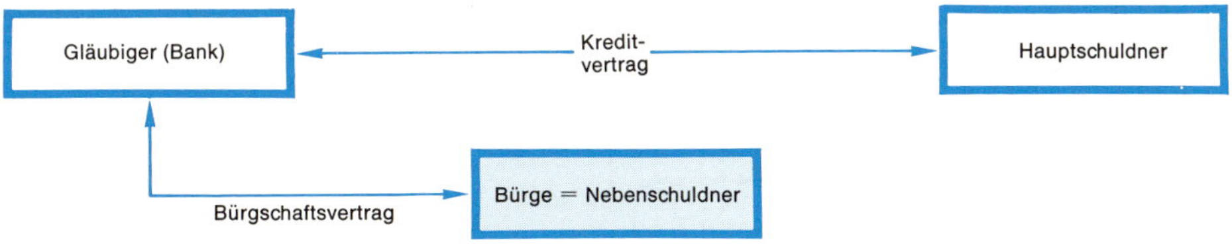

Bei der **Ausfallbürgschaft** kann der Bürge die ,,Einrede der Vorausklage" geltend machen; er braucht erst dann zu leisten, wenn z. B. Zwangsvollstreckungsmaßnahmen beim Schuldner erfolglos geblieben sind.

Ausfallbürgschaft

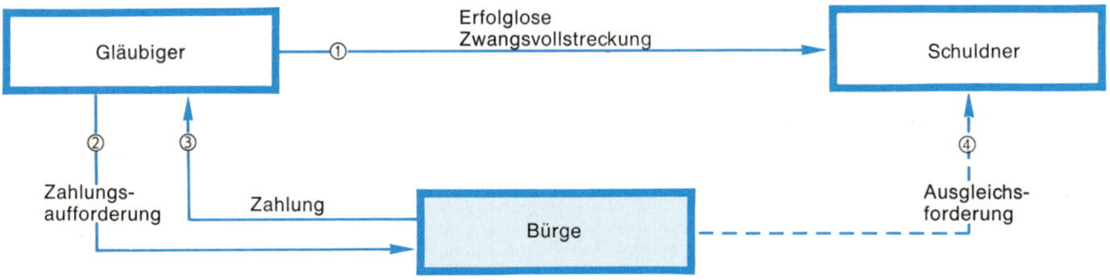

Da die Maßnahmen bei der Ausfallbürgschaft für den Gläubiger zeitraubend und mit Auslagen verbunden sind, verlangen die Banken meist, daß der Bürge vertraglich auf die Einrede der Vorausklage verzichtet. Dadurch entsteht eine **selbstschuldnerische Bürgschaft,** bei der sich der Gläubiger am Fälligkeitstag ohne weiteres direkt an den Bürgen wenden kann. Die Bürgschaften des Vollkaufmanns im Rahmen seines Handelsgeschäftes sowie Wechselbürgschaften sind auch ohne Verzichtserklärung stets selbstschuldnerisch. Allerdings kann der Bürge dem Gläubiger in jedem Falle alle Einreden entgegensetzen, die auch dem Schuldner zustehen, z. B. Stundung.

Wird im Interesse des Bürgen ein Höchstbetrag festgelegt, bis zu dem er haftet, so wird dieser Betrag in der Regel etwas höher als der Kredit angesetzt, damit neben der Hauptsumme auch die Zinsen und Auslagen eindeutig durch die Bürgschaft gedeckt sind. Zahlt der Bürge an den Gläubiger, erlischt die Bürgschaftsverpflichtung. Die Forderung gegen den Hauptschuldner geht auf den Bürgen über. Durch den Tod des Bürgen erlischt die Bürgschaft jedoch nicht (Nachlaßverbindlichkeit).

Selbstschuldnerische Bürgschaft

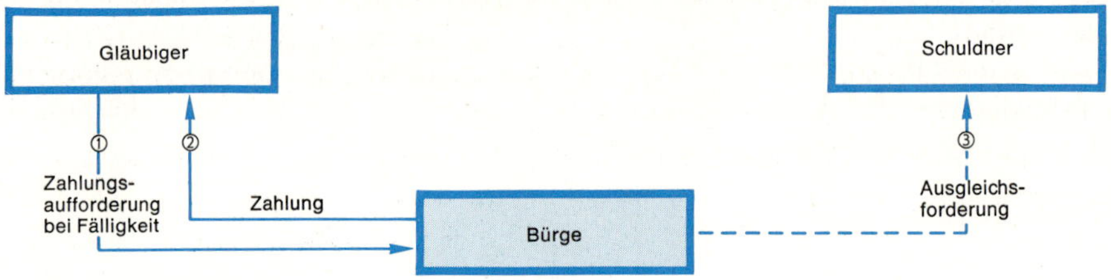

Der Zessionskredit

(BGB §§ 398 ff.)

Der Schuldner vereinbart mit dem Gläubiger, daß seine Forderungen gegen Dritte (Drittschuldner) zahlungshalber auf den Gläubiger übergehen. Für den **Abtretungsvertrag** (Zessionsvertrag) besteht zwar keine Formvorschrift, er wird jedoch in der Regel schriftlich abgeschlossen.

Der Abtretungsvertrag

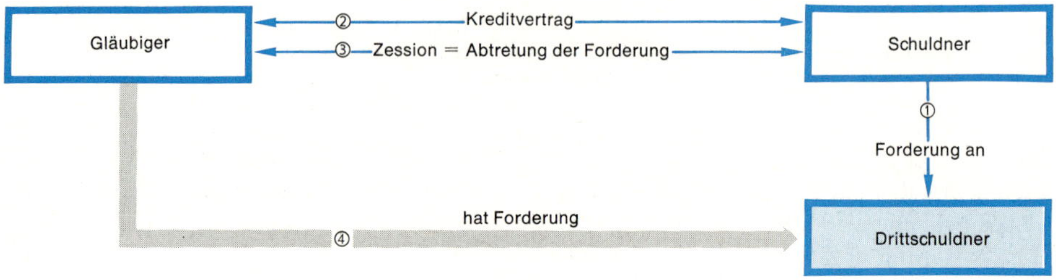

Die Abtretung kommt ohne den Drittschuldner zustande, daher darf er nicht schlechter gestellt werden als vorher. Er kann dem Gläubiger alle Einreden entgegenhalten, die ihm gegenüber dem Schuldner zustehen, z. B. spätere Fälligkeit, mangelhafte Lieferung, Verjährung. Häufig erfährt der Drittschuldner nicht einmal von der Tatsache der Abtretung. Bei einer solchen **stillen Zession** zahlt er dementsprechend an den Schuldner. Bei einer **offenen Zession** hingegen wird ihm die Abtretung mitgeteilt. Er *kann* bei Fälligkeit mit befreiender Wirkung nur an den Gläubiger zahlen.

Stille Zession

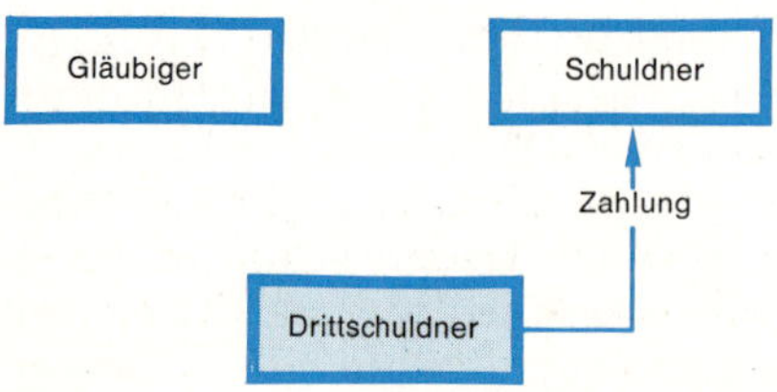

Offene Zession

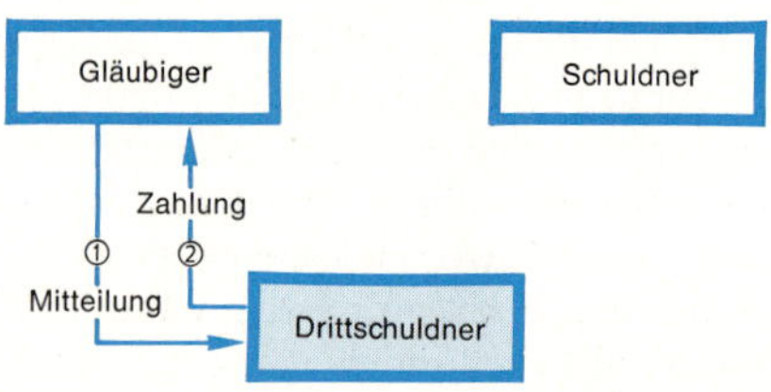

Einzelzessionen werden zur Verminderung des Risikos für den Gläubiger meist offen vorgenommen, z. B. Abtretung eines Bausparguthabens. Da sie aber dem Ansehen des Schuldners abträglich und im übrigen für die Bank umständlich sind, kommen sie in der Praxis nur selten vor. Bei geordnetem Geschäftsgang legt der Gläubiger keinen Wert darauf, daß die Drittschuldner direkt an ihn zahlen, sondern er möchte nur eine Sicherung für seinen Kredit haben. Diesen Bedürfnissen trägt die **Mantelzession** Rechnung, bei welcher in einem Mantelvertrag eine bestimmte Summe von Forderungen still abgetreten wird, wobei die abgetretenen Forderungen im einzelnen aus einer beigefügten Debitorenliste ersichtlich sind, die in regelmäßigen Zeitabständen erneuert werden muß. Die Bank behält sich allerdings das Recht auf Umwandlung in eine offene Zession vor, falls Gefahr im Verzug ist.

Noch einfacher ist die **Globalzession,** bei der *sämtliche* bestehenden und künftigen Warenforderungen als abgetreten gelten.

Der Diskontkredit

(WG Art. 11 ff., KWG § 1, BGB § 19)

Der Einreicher überträgt dem Kreditinstitut durch Indossament die Rechte aus dem Wechsel. Das Kreditinstitut stellt ihm dafür den **Barwert** zur Verfügung. Der Zins für die Restlaufzeit des Wechsels und damit für die Laufzeit des Kredits wird *im voraus* abgezogen **(Diskont).** Falls der Wechsel nicht eingelöst wird, belastet das Kreditinstitut den Einreicher mit der Regreßsumme. Darüber hinaus könnte es sich an weitere Indossanten oder aber an den Bezogenen halten.

Der Diskontkredit

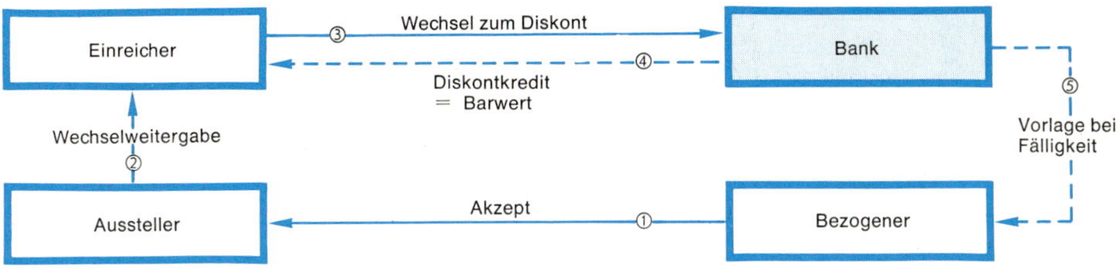

Wegen seiner *einfachen Handhabung,* der weitreichenden Sicherung durch die *Wechselstrenge* und der jederzeitigen Verflüssigungsmöglichkeiten durch *Rediskontierung* ist der Diskontkredit der *billigste Kredit.* Er ist zwar eine der häufigsten Kreditarten, ist aber in diesem Zusammenhang als eine Sonderform anzusehen.

4.9.2.3 Der Akzeptkredit

Beim Akzeptkredit akzeptiert das Kreditinstitut einen von einem besonders angesehenen Kunden auf das Institut gezogenen Wechsel und kauft diesen in der Regel selbst an. Der Kunde verpflichtet sich, den Wechselbetrag vereinbarungsgemäß vor Fälligkeit bei dem Kreditinstitut bereitzuhalten.

4.9.2.4 Die Realkredite: Lombardkredit und Sicherungsübereignung

Der Gläubiger erhält aus dem Vermögen des Schuldners eine zusätzliche Sicherung durch ein **unmittelbares Zugriffsrecht** auf bestimmte Sachen oder Vermögensrechte, z. B. Wertpapiere. Realkredite werden auch als **dinglich gesicherte Kredite** bezeichnet.

Der Lombardkredit (Faustpfandkredit)

(BGB §§ 1204 ff.)

Hochwertige und wertbeständige **bewegliche Sachen,** wie Edelmetalle und Schmuck oder auch **Wertpapiere** aller Art, werden durch Einigung und Übergabe an den Gläubiger **verpfändet.**

Die Verpfändung

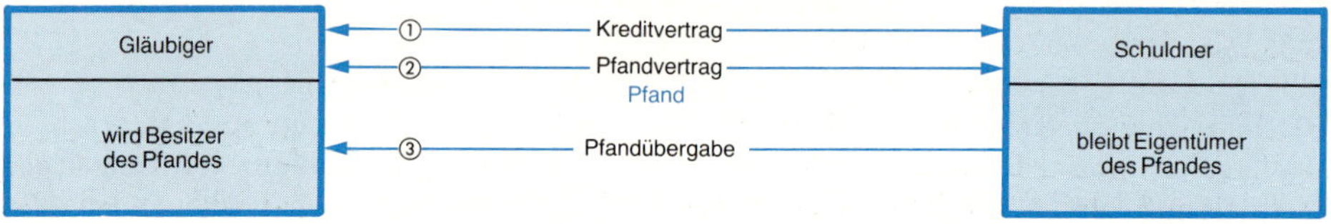

Befindet sich der Pfandgegenstand bereits im Besitz des Gläubigers, z. B. Aktien im Depot des Kreditinstituts, genügt die Einigung über das Bestehen des Pfandrechts bei Fälligkeit der Schuld, d. h. bei Pfandreife, kann der Gläubiger die Pfandsache nach vorheriger Androhung und nach Ablauf einer Wartefrist öffentlich versteigern oder ausnahmsweise auch verkaufen lassen und seine Forderung aus dem Erlös befriedigen. Zur Ausschaltung von Risiken wird nicht der volle Wert, sondern nur ein bestimmter Prozentsatz des Pfandwertes beliehen. Lombardkredite sind meist kurzfristig. Da das Pfandrecht zwingend voraussetzt, daß dem Gläubiger der Besitz an der Sache verschafft wird, kommen hierfür nur solche Vermögensgegenstände in Frage, die der Schuldner für die Fortführung des Betriebes nicht benötigt und die der Gläubiger leicht verwahren und verwerten kann. Deshalb scheidet eine Verpfändung von Maschinen und Einrichtungen aus. Waren können z. B. durch Verpfändung von Verfügungspapieren über schwimmende oder eingelagerte Waren lombardiert werden. Das Pfandrecht erlischt mit dem Ausgleich der Forderung und der Rückgabe der Pfandsache.

Der Sicherungsübereignungskredit

(BGB § 930)

In einem gesonderten Vertrag wird das **Eigentum** an einer **beweglichen Sache** durch Einigung auf den **Gläubiger übertragen;** die Übergabe wird durch die Vereinbarung ersetzt, daß der **Schuldner** im Rahmen eines Pacht- oder Mietverhältnisses unmittelbarer **Besitzer** der Sache bleibt (Besitzkonstitut).

Durch die Überlassung des Besitzes kann der Schuldner weiterhin mit den verpfändeten Sachen, also Maschinen, Fuhrpark, Einrichtungen, aber auch Rohstoffen und Waren, arbeiten und damit die Voraussetzungen für pünktliche Zinszahlungen und Schuldentilgung schaffen. Der

Gläubiger erwirbt zwar Dritten gegenüber volles Eigentum, dem Schuldner gegenüber ist seine Verfügungsgewalt über die Sache auf das Verwertungsrecht bei Pfandreife beschränkt. Tatsächlich soll ihm ja auch nicht das endgültige Eigentum wie beim Kauf oder bei einer Schenkung übertragen, sondern lediglich ein „besitzloses" Pfandrecht eingeräumt werden.

Die Sicherungsübereignung

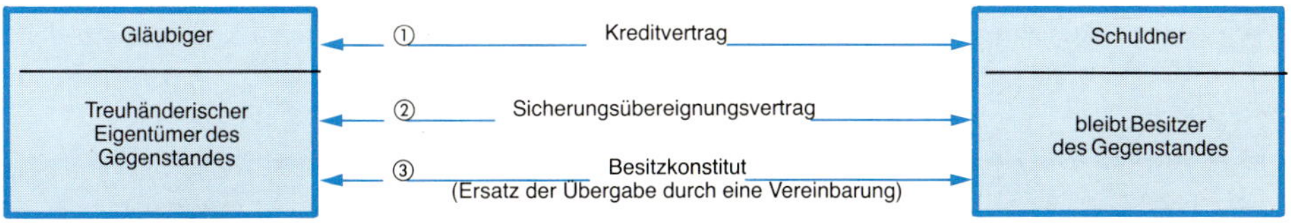

Da die Sicherungsübereignung nach außen nicht erkennbar ist, riskiert der Gläubiger, daß die Sache bereits anderweitig übereignet wurde oder daß der Gegenstand an einen gutgläubigen Dritten veräußert wird. Die Sache kann beschädigt oder zerstört werden. Wegen dieser Gefahren und wegen des ungewissen Verwertungserlöses wird nur ein bestimmter Prozentsatz der übertragenen Gegenstände beliehen. Mit der Tilgung der Schuld geht das Eigentum automatisch wieder auf den Schuldner über.

4.9.2.5 Die Grundpfandkredite: Hypothek und Grundschuld

Durch Einigung und Eintragung im Grundbuch wird zugunsten des Gläubigers ein **Pfandrecht** an einer **unbeweglichen Sache,** d. h. einem Grundstück, bestellt. Die Eintragung ersetzt die Übergabe, die ja bei einem Grundstück nicht möglich ist. Grundpfandrechte sind die idealen Sicherungsmittel für *langfristige* Kredite, da sie den Gläubiger von Veränderungen in den geschäftlichen und persönlichen Verhältnissen des Schuldners weitgehend unabhängig machen und nennenswerte Wertverminderungen nicht zu erwarten sind. Für kurzfristige Kredite wäre im übrigen die Bestellung eines Grundpfandrechts auch zu umständlich und kostspielig.

Das **Grundbuch** (s. BGB § 873 ff.) ist ein öffentliches Register, das über die Rechtsverhältnisse eines Grundstücks Auskunft gibt. Das Recht auf Einsichtnahme hat jeder, der ein berechtigtes Interesse nachweisen kann. Aus dem Grundbuch sind die Größe, Lage, Benutzungsart usw. eines Grundstücks, der (die) Eigentümer, Rechte und Lasten sowie die Grundpfandrechte ersichtlich.

Eine im Grundbuch eingetragene Belastung eines Grundstückes zur Kreditsicherung gibt dem Gläubiger das **Recht, auf Zwangsvollstreckung** in das verpfändete Grundstück zu klagen, wenn der Kredit nicht fristgemäß zurückgezahlt wird (BGB §§ 873, 891, 1113 ff.).

Die Grundpfandrechte können mit erstem, zweitem, drittem **Rang** usw. eingetragen sein. Bei einer Zwangsvollstreckung muß zuerst die Forderung mit dem ersten Rang voll befriedigt werden, dann die mit dem zweiten Rang usw. Ist der Wert des Grundstücks geringer als die eingetragenen Belastungen, so können die mit dem letzten Rang eingetragenen Grundpfandrechte nur teilweise oder gar nicht befriedigt werden (BGB § 879).

Erster Rang	Zweiter Rang	Dritter Rang	Vierter Rang
40 000 DM	50 000 DM	20 000 DM	10 000 DM
gedeckt durch Wert des Grundstücks mit 100 000 DM			ungedeckt

Kreditinstitute legen Wert auf den ersten Rang und beleihen in der Regel nicht mehr als 40–60 % des Grundstückswerts.

Wichtig ist der **öffentliche Glaube** des Grundbuches. Danach kann sich jeder auf die Richtigkeit der Eintragungen verlassen.

Der Hypothekarkredit

(BGB §§ 1113 ff.)

Die Eintragung einer Hypothek in das Grundbuch setzt voraus, daß eine **persönliche Forderung** entweder bereits besteht oder mit Sicherheit entstehen wird. Das belastete Grundstück haftet **dinglich** für die eingetragene Hauptforderung und die Zinsen. Der Gläubiger kann bei Zahlungsverweigerung die Zwangsvollstreckung für das Grundstück beantragen. Außerdem haftet der Schuldner **persönlich** mit seinem gesamten übrigen Vermögen.

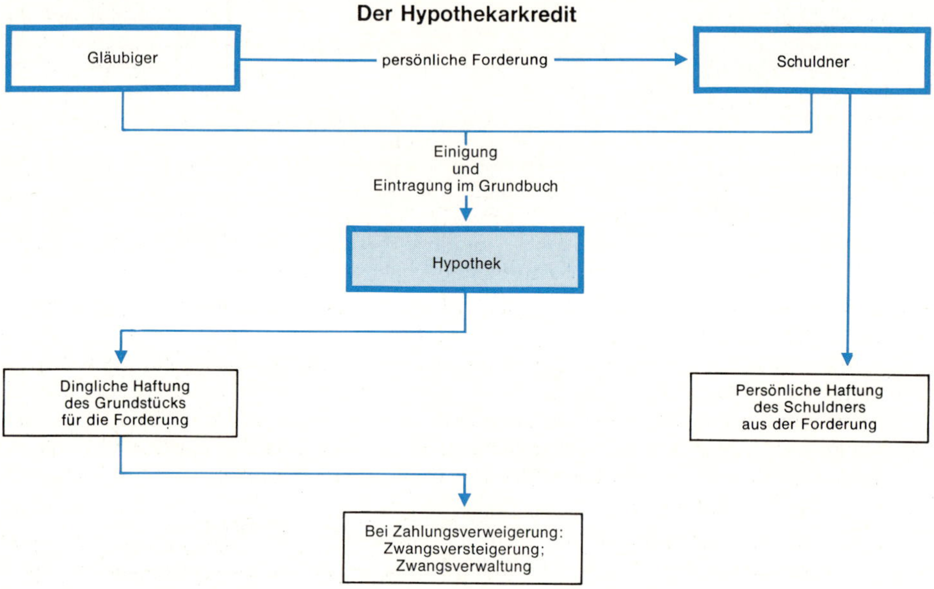

Der Grundschuldkredit

(BGB §§ 1191 ff.)

Die Eintragung einer Grundschuld setzt im Gegensatz zur Hypothek **keine persönliche Forderung** voraus. Ein Grundstück wird in der Weise belastet, daß an den Berechtigten eine bestimmte Summe aus dem Grundstück zu zahlen ist.

Die Grundschuld ist also eine **dingliche Schuld,** die von der Person des Schuldners losgelöst ist. Nur das Grundstück haftet. Grundsätzlich gelten für die Grundschuld die Vorschriften über die Hypothek mit Ausnahme der Abhängigkeit von der persönlichen Forderung.

Eine Grundschuld kann als **Buchgrundschuld** oder als **Briefgrundschuld** bestellt werden, wobei letztere auch auf den Inhaber lauten kann. In diesem Falle wird sie durch formlose Übergabe des Grundschuldbriefes übertragen.

Eine Besonderheit stellt die **Eigentümergrundschuld** dar, bei welcher der Eigentümer selbst der Berechtigte aus der Grundschuld ist. Sie kann vor allem dadurch entstehen, daß der Eigentümer für sich eine Grundschuld eintragen oder aber eine getilgte Hypothek umschreiben läßt.

Eine Besonderheit stellt die **Eigentümergrundschuld** dar, bei welcher der Eigentümer selbst der Berechtigte aus der Grundschuld ist. Sie kann vor allem dadurch entstehen, daß der Eigentümer für sich eine Grundschuld eintragen oder aber eine getilgte Hypothek umschreiben läßt. Durch eine Eigentümergrundschuld wird die Aufnahme neuer Kredite erleichtert, da der Eigentümer nun auf die Rangstelle seiner Grundschuld eine neue Hypothek eintragen lassen kann. Wünscht dies aber ein nachrangiger Gläubiger nicht, so muß eine **Löschungsvormerkung** ins Grundbuch eingetragen werden. Damit erhält er dann einen Anspruch auf Löschung des vorangehenden Grundpfandrechtes (BGB §§ 1177; 1179 b).

Die Grundschuld kommt in der Praxis der Kreditinstitute häufiger vor als die Hypothek. Bei einer Grundschuld ist das zugrundeliegende Rechtsgeschäft weder aus dem Grundbuch noch – bei einer Briefgrundschuld – aus dem Grundschuldbrief ersichtlich. Bei Inhabergrundschulden erscheint nicht einmal der Name des Gläubigers. Vor allem aber braucht der Grundschuldgläubiger nicht zu befürchten, daß ihm irgendwelche Einwendungen aus einem persönlichen Rechtsverhältnis entgegengehalten werden.

Wesentliche Lerninhalte

- Wir unterscheiden: **Kredite nach der Art der Sicherheit**

Personalkredite	**Verstärkte Personalkredite**	**Realkredite**
Ausschließlich maßgebend ist die **Kreditwürdigkeit des Kunden:**	Neben der Kreditwürdigkeit des Kunden wird verlangt: **Zusätzliche Haftung weiterer Personen:**	Neben der Kreditwürdigkeit des Kunden wird verlangt: **Unmittelbares Zugriffsrecht auf bestimmte Sachen:**
▶ Vermögens- und Einkommensverhältnisse ▶ Persönlichkeit ▶ Rechtsform der Unternehmung	▶ Bürgschaftskredit ▶ Zessionskredit ▶ Diskontkredit	▶ Lombardkredit ▶ Sicherungsübereignungskredit ▶ Grundpfandkredit (Hypothek, Grundschuld)
– meist nur kurzfristige Kredite – vor allem Kontokorrentkredite, aber auch Darlehen	– meist kurz- und mittelfristige Kredite – Kontokorrentkredite und Darlehen (Sonderfall: Diskontkredit)	Grundpfandkredite sind langfristige Kredite, vor allem Darlehen, aber auch Kontokorrentkredite

- **Bürgschaftskredit:** Bürgschaftsvertrag zwischen dem Bürgen und der Bank (Schriftform).

  ▸ **Ausfallbürgschaft** – Bürge hat die Einrede der Vorausklage.

  ▸ **Selbstschuldnerische Bürgschaft** – Gläubiger kann sich am Fälligkeitstag direkt an den Bürgen wenden.

  Die Bürgschaft des Vollkaufmanns ist stets selbstschuldnerisch. Leistet der Bürge, geht die Forderung gegen den Hauptschuldner auf ihn über.

- **Zessionskredit:** Abtretungsvertrag zwischen dem Schuldner und der Bank (schriftlich).

- ► **Stille Zession:** Drittschuldner weiß nichts von der Abtretung, zahlt also an den Schuldner (riskant für den Gläubiger).
- ► **Offene Zession:** Zession wird dem Drittschuldner mitgeteilt; er kann mit befreiender Wirkung nur an den Gläubiger, d.h. an die Bank zahlen (schädigt den Ruf des Schuldners).
- ► **Mantelzession:** Stille Abtretung einer bestimmten Forderungssumme, die sich aus einer beigefügten Debitorenliste ergibt. Liste muß von Zeit zu Zeit erneuert werden.
- ► **Globalzession:** Stille Abtretung sämtlicher bestehenden und künftigen Warenforderungen.

- **Diskontkredit:** Einreichung eines Kundenwechsels bei der Bank zum Diskont; der Barwert wird gutgeschrieben, der Zins für die Restlaufzeit (Diskont) im voraus abgezogen.
- **Lombardkredit:** Verpfändung von hochwertigen beweglichen Sachen oder von Wertpapieren durch Einigung und Übergabe der Pfandsache an die Bank, die dadurch das Verwertungsrecht bei Pfandbriefen erhält. Der Gläubiger wird Besitzer des Faustpfandes, der Schuldner bleibt der Eigentümer.
- **Sicherungsübereignungskredit:** Bei Maschinen, Einrichtungen, Fuhrpark usw. wird das Eigentum durch Einigung auf den Gläubiger übertragen, während die Übergabe durch die Vereinbarung ersetzt wird, daß der Schuldner unmittelbarer Besitzer der Sachen bleibt. Der Schuldner kann mit diesen Gegenständen weiterarbeiten.
- **Hypothekarkredit:** Eintragung eines Pfandrechts an einer unbeweglichen Sache durch Einigung und Eintragung im **Grundbuch,** wobei das Bestehen oder Entstehen einer **persönlichen Forderung** vorher nachgewiesen werden muß.
  Nötigenfalls kann der Gläubiger Befriedigung durch **Zwangsversteigerung** oder **Zwangsverwaltung** verlangen.
- **Grundschuldkredit:** Belastung eines Grundstücks mit einer bestimmten Geldsumme zugunsten des Berechtigten, der aber auch der Grundstückseigentümer sein kann (Eigentümergrundschuld).

Aufgaben zur Sicherung des Lernerfolgs

1 Weshalb werden Personalkredite meist nur kurzfristig gewährt?

2 Wie beurteilen Sie den Satz: „Jede Sicherheit ist letztlich nur soviel wert wie der Schuldner selbst?"

3 Die Bilanz einer Unternehmung weist folgende Vermögenswerte aus:

Grundstücke und Gebäude	180 000,00 DM	Fertige Erzeugnisse	50 000,00 DM
Maschinen	120 000,00 DM	Forderungen aus Lieferungen	70 000,00 DM
Betriebs- und Geschäftseinrichtung	90 000,00 DM	Kundenwechsel	35 000,00 DM
Fuhrpark	40 000,00 DM	Kassenbestand, Giroguthaben bei der Postbank	10 000,00 DM
Rohstoffe	80 000,00 DM	Bankguthaben	40 000,00 DM
Unfertige Erzeugnisse	30 000,00 DM	Wertpapiere	60 000,00 DM

In welcher Weise können diese Vermögensteile zur Kreditsicherung verwendet werden?

4 a) Warum beleihen die Kreditinstitute niemals den vollen Bilanzwert oder Tageswert einer Sache?
b) Wovon hängt die Höhe des Beleihungssatzes im Einzelfall ab?

5 a) Worin bestehen die Vorzüge einer Mantelzession gegenüber Einzelzessionen?
b) Weshalb muß die Debitorenliste von Zeit zu Zeit erneuert werden?

6 Wie entsteht eine Eigentümergrundschuld?

7 Aus welchem Grunde begnügen sich Bausparkassen bei einer Hypothek grundsätzlich mit dem 2. Rang?

8 Ein Industrieunternehmen möchte den innerbetrieblichen Transport rationalisieren. Der Aufwand für neue Transporteinrichtungen von 150 000 DM muß durch einen Kredit finanziert werden. Welche Kreditart kommt hierfür in Frage (Laufzeit, Verfügbarkeit, Sicherheit)?

9 Ein Betriebsgrundstück ist wie folgt belastet: 1. Grundschuld 40 000 DM, 2. Hypothek 50 000 DM, 3. Grundschuld 20 000 DM. Wie würden die Gläubiger befriedigt, wenn die Zwangsversteigerung 80 000 DM erbringt?

4.10 Die notleidende Unternehmung als Folge falscher Finanzierungsentscheidungen[1]

4.10.1 Ursachen von Zahlungsschwierigkeiten und Zahlungseinstellung

Problem

Ansteigende Insolvenzen durch Konjunkturabschwächung

Pleitewelle überrollt die Betriebe / Oft „mangels Masse"

Wiesbaden (dpa/vwd): Der Tiefpunkt der Pleitewelle in der Bundesrepublik Deutschland ist durchschritten. Nachdem in den letzten Jahren die Zahl der Zusammenbrüche bis auf 8 730 stetig zurückgegangen ist, steigt sie seit 1992 wieder deutlich an. Das Statistische Bundesamt rechnet 1995 mit voraussichtlich über 25 000 Insolvenzen (Konkurse und Vergleiche) in Gesamtdeutschland, rund 128 % mehr als 1992.

Von allen Insolvenzen entfielen im Durchschnitt der vergangenen Jahre knapp 27 % auf Dienstleistungsunternehmen und Freiberufler, ein Viertel auf den Handel, 18 % auf die Bauwirtschaft, 19 % auf das verarbeitende Gewerbe und der Rest auf sonstige Unternehmen. Mehr als zwei Drittel aller zusammengebrochenen Unternehmen wurde in der Rechtsform einer GmbH geführt, und knapp ein Drittel waren als Kleinstgewerbetreibende nicht ins Handelsregister eingetragen. Drei von vier Zusammenbrüchen wegen Zahlungsunfähigkeit und Überschuldung betreffen Unternehmen, deren Gründung nicht mehr als acht Jahre zurückliegt.

In über 70 % der Fälle reichten die finanziellen Mittel nicht einmal zur Eröffnung eines Konkursverfahrens aus. Rund dreiviertel aller gestellten Anträge mußten mangels Masse niedergeschlagen werden. Die Vergleiche spielten nur eine untergeordnete Rolle.

Zeitungsberichte dieser Art zeigen, daß Unternehmen, sei es selbstverschuldet oder sei es durch außenliegende Einflüsse, unversehens in finanzielle Schwierigkeiten geraten können. Wie kann es soweit kommen?

Sachdarstellung

4.10.1.1 Kennzeichen betrieblicher Störungen

In einem Betrieb können ebenso wie in jedem anderen Organismus Störungen auftreten. Sie zeigen sich in einem Unternehmen meist in

- einem Umsatzrückgang,
- in immer niedriger werdenden Gewinnen und ggf. in Verlusten,
- in einer zunehmenden Verschuldung und einem Schrumpfen des Eigenkapitals,
- in Zahlungsschwierigkeiten und schließlich in der Zahlungsunfähigkeit.

[1] Um die Sanierung zahlungsunfähiger Unternehmen zu erleichtern und ein funktionsfähiges Abwicklungsverfahren für Gesamtdeutschland zu schaffen, hat der Bundestag am 05.10.94 eine Insolvenzordnung (InsO) beschlossen, die ab 1. Januar 1999 in Kraft tritt und das bisherige Recht ablöst.

4.10.1.2 Die Ursachen der Störungen

Die Ursachen des Umsatzrückganges

- Das neue Modell kommt am Markt nicht an; Geschmacks- bzw. Wertewandel bei den Käufern (z. B. verstärktes Umweltbewußtsein).
- Das Produkt ist gegenüber der Konkurrenz in der Qualität der Verarbeitung, in der Lebensdauer, in der Umweltverträglichkeit, in der Bedienbarkeit, in der Aufmachung (Design) u. a. unterlegen.
- Die Konkurrenz ist preisgünstiger.
- Die Werbung spricht nicht oder zu wenig an.
- Die Vertriebsorganisation arbeitet nicht wirkungsvoll genug, die Konkurrenz ist mit neuen Methoden aktiver.
- Die allgemeine Wirtschaftslage (Konjunkturabschwächung) veranlaßt die Kunden, weniger auszugeben.
- Es finden grundlegende Bedarfsverschiebungen auf dem Markt statt, die der Betrieb zu spät erkannt hat (z. B. Metall- und Kunststoffskier statt Holzskier, Kunststoffeimer statt Emailleeimer).

Die Ursachen des Gewinnrückganges

- Der Umsatzrückgang führt regelmäßig, sofern der Preis gleichbleibt, auch zu einem Rückgang des Gewinnes, weil sich die festen Kosten auf eine geringere Stückzahl verteilen und damit die Gesamtkosten je Stück steigen (besonders bei anlageintensiven Betrieben).
- Die Entwicklung auf dem Beschaffungs-, Absatz- und Kapitalmarkt kann zu ständig steigenden Aufwendungen (z. B. für Rohstoffe, für Werbeausgaben, Zinsen) zwingen, ohne daß es möglich ist, diese Kosten durch entsprechende innerbetriebliche Rationalisierungsmaßnahmen oder durch Preiserhöhungen aufzufangen. Folge: Die Gewinnspanne vermindert sich.
- Ein allgemeiner Preisverfall am Absatzmarkt wegen eines drückenden Überangebotes (z. B. Obstschwemme) bedeutet: Verkauf ohne entsprechenden Gewinn, zu Selbstkosten oder darunter.
- Hinzu kommen innerbetriebliche Gründe:
  Planlosigkeit der Unternehmensführung, Nachlässigkeit der Mitarbeiter in der Kundenpflege, Fehlentscheidung mangels ausreichender Informationen, Unwirtschaftlichkeiten mangels Organisation und Kontrolle (zu viel Ausschuß, zu viele Leerzeiten), zu geringer Grad an Mechanisierung und Automatisierung, schlechte Entlohnung der Arbeitskräfte, zu wenig Kostenbewußtheit in allen Abteilungen, Vernachlässigung der Chancen, die in einem günstigen Einkauf liegen u. a.

Die Ursachen der zunehmenden Verschuldung

- Die auftretenden Verluste bedeuten einen ständigen Verzehr an Eigenkapital; denn es wird im Betrieb mehr an Gütern und Dienstleistungen verbraucht, als geschaffen wird. Das Eigenkapital wird dadurch je nach seinem Umfang in einer kürzeren oder längeren Zeitspanne zunehmend aufgezehrt, bis der Betrieb überschuldet ist. In der Regel treten bereits vorher Liquiditätsschwierigkeiten (Mangel an Geldmitteln) auf, die Gegenmaßnahmen erforderlich machen.

- Zu großzügige Kreditgewährung an Kunden,
- hohe Forderungsausfälle oder nur schleppender Eingang der Forderungen,
- besondere Ereignisse, die große Zahlungen auslösen (Steuernachzahlungen, Unwetter, Feuer, Unterschlagungen usw.),
- risikoreiche Finanzpolitik, z. B. Verwendung kurzfristiger Kredite zur Beschaffung von Anlagen,
- zu hohe Privatentnahmen

können weitere Gründe für zunehmende finanzielle Schwierigkeiten sein.

4.10.1.3 Zahlungsunfähigkeit und Überschuldung (Insolvenz)

Alle diese Ursachen können über kurz oder lang zu einer **Zahlungsstockung** (die verfügbaren Mittel reichen vorübergehend nicht aus, die fälligen Verbindlichkeiten zu begleichen) oder zur **Zahlungsunfähigkeit** führen.

Im rechtlichen Sinne gibt es nur zwei Formen der **Insolvenz:**

- die **Zahlungsunfähigkeit** (bei Einzelunternehmen und Personengesellschaften) und/oder
- die **Überschuldung** (bei Kapitalgesellschaften und Genossenschaften).

Zahlungsunfähigkeit liegt vor, wenn ein wesentlicher Teil der sofort fälligen Geldschulden ungedeckt ist und dieser Zustand voraussichtlich andauert.

Die **Überschuldung** liegt vor, wenn das vorhandene Vermögen eines Unternehmens nicht mehr ausreicht, die aufgelaufenen Schulden zu decken. Unmittelbare Folge der Überschuldung ist fast immer die Zahlungsunfähigkeit.

Aussagen über den Umfang der Verschuldung ermöglicht die **Verschuldungsbilanz.** Hilfsmittel zur Analyse der Kapitalstruktur der Unternehmung ist die Bilanzkennzahl: **Verschuldungsgrad** bzw. **Verschuldungskoeffizient.** Sie gibt als Quotient oder in Prozent das Verhältnis von Fremdkapital zu Eigenkapital an.

Beispiel

$$\text{Verschuldungsgrad (Verschuldungskoeffizient)} = \frac{\text{Fremdkapital}}{\text{Eigenkapital}}$$

I. Eigenkapital	2 000 000 DM	II. Eigenkapital	2 000 000 DM
Fremdkapital	1 600 000 DM	Fremdkapital	3 000 000 DM

$$\text{Verschuldungsgrad} = \frac{1\,600\,000}{2\,000\,000} = 0{,}8 \qquad \text{Verschuldungsgrad} = \frac{3\,000\,000}{2\,000\,000} = 1{,}5$$

In Prozent: $0{,}8 \times 100\,\% = 80\,\%$ | In Prozent: $1{,}5 \times 100\,\% = 150\,\%$

Ist der Verschuldungsgrad kleiner (größer) als 1 (bzw. 100%), so ist das Eigenkapital größer (kleiner) als das Fremdkapital.

Einblick in die **Liquiditätsverhältnisse des Betriebes, also die Zahlungsfähigkeit,** gewinnt man durch Gegenüberstellung der verfügbaren Zahlungsmittel und der Zahlungsverpflichtungen.

Selbstverstärkung des Zustandes. Treten Zahlungsschwierigkeiten auf, beschleunigt sich der Krisenzustand in der Regel von selbst: Skonti können nicht mehr ausgenützt werden, teure Lieferantenkredite müssen beansprucht werden, u.U. gibt es sogar Schwierigkeiten, diese zu bekommen, Bankkredite sind kaum zu erhalten und wenn, dann nur zu einem erhöhten Zinssatz.

Vertrauensschaden. Gehen dann noch Wechsel zu Protest, müssen Zwangsvollstreckungsmaßnahmen geduldet werden oder ist gar eine eidesstattliche Versicherung zu leisten, dann ist der dadurch entstehende Vertrauensschaden nur noch schwer wiedergutzumachen.

Wesentliche Lerninhalte

- Die **Ursachen notleidender Unternehmen** liegen im wesentlichen in
  - Störungen innerhalb des Betriebes (innerbetrieblicher Bereich)
  - störenden Einflüssen von Marktpartnern (zwischenbetrieblicher Bereich)
  - allgemeinwirtschaftlichen und politischen Einwirkungen (überbetrieblicher Bereich).
- Bei **auftretenden Schwierigkeiten** wirken in der Regel mehrere Tatbestände zusammen bis es zur Insolvenz kommt.
- Die beiden **Formen der Insolvenz** sind:
  Zahlungsunfähigkeit und *Überschuldung.*
- **Aussagen** über das *Ausmaß der Verschuldung* geben:
  1. der Verschuldungsgrad als Kennziffer,
  2. die Verschuldungsbilanz
  3. die Gegenüberstellung der verfügbaren Zahlungsmittel und fälligen Zahlungsverpflichtungen
- **Zahlungsunfähigkeit** und/oder **Überschuldung** führen zu rechtlichen Konsequenzen nach dem Konkurs- und Vergleichsrecht. Der Unternehmer ist bemüht, Maßnahmen zu ergreifen, um die finanzielle Notlage des Betriebes zu verbessern und gerichtliche Insolvenzgefahren nach Möglichkeit abzuwenden.

Aufgaben zur Sicherung des Lernerfolgs

1 An welchen Kennzeichen sind betriebliche Störungen abzulesen?

2 Wodurch kann eine ständig wachsende Verschuldung eines Betriebes hervorgerufen werden?

3 Die Insolvenzursachen auf Seite 308 f. zeigen drei Hauptentstehungsbereiche auf.

a) Was ist der Hauptgrund im innerbetrieblichen Bereich? Welche Einzelmängel dieser Hauptursache können vorrangig zur Insolvenz beigetragen haben?

b) Was ist der Hauptgrund im zwischenbetrieblichen Bereich? Welche Einzelmaßnahmen können hier die Insolvenz entscheidend bewirkt haben?

c) Welche überbetrieblichen Einflüsse können zu einer Insolvenz führen?

4 Wann liegt

a) Zahlungsunfähigkeit

b) Überschuldung vor?

5 Ermitteln Sie den Verschuldungsgrad!

Eigenkapital 1 200 000 DM

Fremdkapital 800 000 DM

6 Wie gewinnt man Einblick in die Liquiditätsverhätnisse eines Betriebes?

7 Zahlungsschwierigkeiten verstärken sich von selbst und ziehen einen Vertrauensschaden nach sich. Erläutern Sie diese Aussage!

4.10.2 Außergerichtliche und gerichtliche Rechtsfolgen von Maßnahmen für notleidende Unternehmungen

Problem

Herr Obermann, Inhaber der Großhandlung Obermann & Co., stellt fest, daß sein Kunde Scholz sowohl laufend den eingeräumten Kredit von 8 000 DM als auch das Zahlungsziel überschreitet. Außerdem fällt auf, daß Herr Scholz gelegentlich nicht verlangte Abschlagzahlungen leistet. Herr Obermann wird mißtrauisch und verlangt von Herrn Scholz unverzüglich Einhaltung der vereinbarten Zahlungsbedingungen, da er mit Recht fürchtet, bald in den amtlichen Bekanntmachungen eine entsprechende Veröffentlichung auch für die Firma Scholz zu lesen:

Amtsgericht Ulm
N 47/. . Über das Vermögen des Rolf *Neumann,* Inhaber der im Handelsregister des Amtsgerichts Ulm eingetragenen Einzelfirma Schalgut Rolf Neumann, Beton-Schaltechnik, Sitz Ulm-Wiblingen, wurde am 23. Januar 19. ., 15.30 Uhr, das Konkursverfahren eröffnet. Konkursverwalter: Rechtsanwalt Dr. Heinrich Hübner, Tannenweg 25, 89079 Ulm. Anmeldefrist bis 20. März 19. . Erste Gläubigerversammlung am **22. Februar 19. ., 14 Uhr,** Prüfungstermin am **10. April 19. ., 14 Uhr,** jeweils vor dem Amtsgericht Ulm, Zimmer 1. Offener Arrest mit Anzeigepflicht bis 20. März 19. .

Welche außergerichtlichen und gerichtlichen Folgen kann es haben, wenn eine Unternehmung notleidend wird?

Sachdarstellung

4.10.2.1 Überblick

Kommt ein Betrieb in Zahlungsschwierigkeiten und wird insolvent, dann können bzw. müssen außergerichtliche oder gerichtliche Maßnahmen ergriffen werden, um die finanzielle Notlage zu verbessern oder den Betrieb freiwillig oder durch Gerichtsbeschluß im Interesse der Gläubiger aufzulösen.

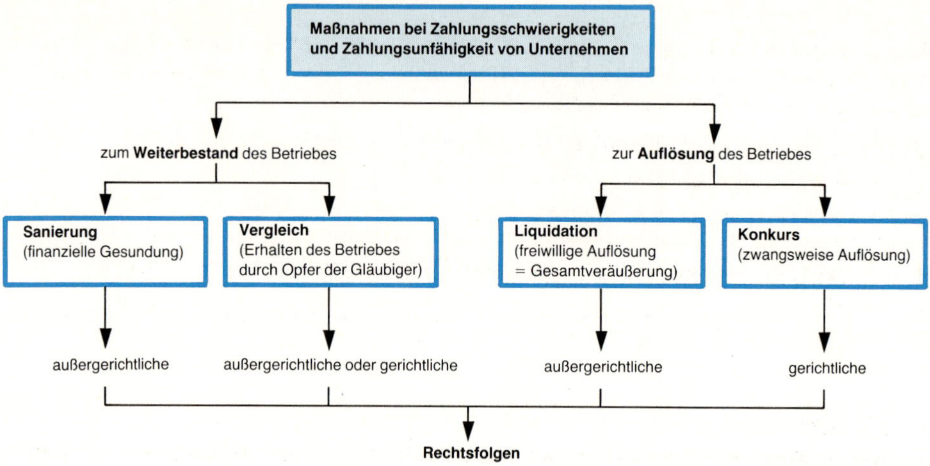

4.10.2.2 Die Sanierung

Voraussetzungen

Eine Sanierung soll nur dann versucht werden, wenn begründete Aussicht auf Erfolg besteht. Dazu müssen zunächst die Ursachen[1] aufgedeckt werden, die die Insolvenz hervorgerufen haben, damit die Gesundungsmaßnahmen richtig angesetzt werden können.

Folgen

Zur **Sanierung** eines Unternehmens müssen alle Maßnahmen ergriffen werden, die Leistungsfähigkeit und Rentabilität wiederherzustellen.

Sanierungsmaßnahmen sind:

finanzielle Maßnahmen, z. B.

- **Anpassung des Eigenkapitals** an das Vermögen des Unternehmens durch Kapitalherabsetzung *(formelle Sanierung);*
- **Eigenfinanzierung,** z. B. Kapitalerhöhung, Zuzahlung auf Aktien, Verkauf nicht benötigter Gegenstände;
- **Fremdfinanzierung,** wie Schulderlaß, Zahlungsaufschub, Aufnahme von Darlehen.

organisatorische Maßnahmen, z. B.

- Überprüfung und Änderung des Produktionsprogramms;
- Kontrolle und Rationalisierung des Produktionsablaufs;
- Umsatzsteigerung durch Auftragsbeschaffung und Absatzwerbung;
- Überprüfung des Personalstandes mit dem Ziel, unfähige Mitarbeiter zu entlassen und durch fähige zu ersetzen.

Werden alle diese Grundsätze beachtet, wird im allgemeinen das Unternehmen rasch wieder rentabel arbeiten können.

[1] siehe Insolvenzursachen S. 307 ff.

4.10.2.3 Der Vergleich

Beim **Vergleich** wird angestrebt, ein in Zahlungsschwierigkeiten geratenes Unternehmen durch einen teilweisen Forderungsverzicht der Gläubiger oder durch einen Zahlungsaufschub zu erhalten und wieder lebensfähig zu machen.

Der Vergleich kann ohne oder mit Hilfe des Gerichts durchgeführt werden.

Der außergerichtliche Vergleich

Voraussetzungen

Beim **außergerichtlichen Vergleich** *(freiwilliger Vergleich* oder *Akkord)* bittet der in Zahlungsschwierigkeiten geratene Unternehmer seine Gläubiger, einer der folgenden Vergleichsarten zuzustimmen, ohne das Gericht in Anspruch zu nehmen:

Folgen:

- **Erlaßvergleich:** Die Forderungen werden *teilweise* erlassen.
- **Stundungsvergleich:** Die Forderungen werden gestundet. Der Schuldner erhält einen Zahlungsaufschub *(Moratorium)*.

Kommt es zu einem Konkurs, so können die Forderungen, auf die schon beim Akkord verzichtet worden war, nicht mehr geltend gemacht werden.

Der gerichtliche Vergleich

Voraussetzungen

Der **gerichtliche Vergleich** dient zur Abwendung eines *drohenden Konkurses* (VerglO § 1). Die Voraussetzungen für diesen sind dieselben wie beim Konkurs (siehe S. 315 f.).

Bei der Durchführung des Vergleichsverfahrens zur Abwendung des Konkurses sind folgende Maßnahmen erforderlich:

Der Antrag auf Eröffnung des Vergleichsverfahrens geht immer vom Schuldner aus. Er wird beim zuständigen Amtsgericht *(Vergleichsgericht)* gestellt und enthält u. a.

- einen **Vergleichsvorschlag**. Den Vergleichsgläubigern, das sind alle nicht bevorrechtigten Gläubiger, müssen mindestens **35 %** ihrer Forderungen *bar* geboten werden. Wird ein Zahlungsziel von mehr als einem Jahr beantragt, so erhöht sich die *Vergleichsquote* auf mindestens **40%**.
- eine **Vermögensaufstellung** und ein **Gläubiger- und Schuldnerverzeichnis**.

Folgen:

Ist der Schuldner vergleichswürdig, so wird das Verfahren durchgeführt. *Antrag, Ablehnung* oder *Eröffnung* wie auch *Beendigung* des Vergleichsverfahrens werden **im Handelsregister eingetragen und veröffentlicht.**

Bei der gerichtlichen Verhandlung, dem **Vergleichstermin,** wird über den Vergleichsvorschlag abgestimmt. Ein Vergleich gilt als angenommen, wenn bei einer

- **Vergleichsquote unter 50 %** die Mehrheit der Gläubiger, die mindestens 80 % der Forderungen besitzen müssen, oder bei einer
- **Vergleichsquote über 50 %** die Mehrheit der Gläubiger, die mindestens 75 % der Forderungen besitzen müssen, zustimmt (VerglO § 74).

Das Gericht **bestätigt den Vergleich,** der nun für alle am Verfahren beteiligten Gläubiger **bindend** ist (VerglO §§ 78, 82).

Hat der Schuldner seine Verbindlichkeit erfüllt, so hebt das Gericht das Verfahren auf. Wird die erforderliche Mehrheit nicht erreicht, so beschließt das Gericht über die Konkurseröffnung (**Anschlußkonkurs** [VerglO § 102]).

Der gerichtliche Vergleich bewirkt, daß Unternehmen, deren Weiterbestehen wirtschaftlich gerechtfertigt ist, nicht aufgelöst werden. Da die Gläubiger auf ihre Restforderungen verzichten, kann das Unternehmen unbelastet weitergeführt werden.

Der Zwangsvergleich

Voraussetzungen:

Der **Zwangsvergleich** ermöglicht es, einen **bereits eröffneten Konkurs** abzuwenden. Er kann beschlossen werden, wenn die bevorrechtigten Gläubiger restlos befriedigt sind. Der Gemeinschuldner unterbreitet den nicht bevorrechtigten Gläubigern einen **Vergleichsvorschlag,** der mindestens **20 %** der nicht bevorrechtigten Forderungen betragen muß. Diese stimmen darüber ab (KO §§ 173, 187).

Der Vergleichsvorschlag ist angenommen, wenn die **Mehrheit** der nicht bevorrechtigten Gläubiger, die mindestens **75%** der Forderungen vertreten müssen, zustimmt (KO § 182).

Folgen

Nach der **Bestätigung durch das Gericht** ist der Zwangsvergleich für alle nicht bevorrechtigten Gläubiger **bindend.** Damit sind die Restforderungen erlassen (KO § 193). Das Unternehmen wurde vor der Auflösung bewahrt.

Der Zwangsvergleich kommt meist dann zustande, wenn der Gemeinschuldner eine höhere Quote (etwa durch Einspringen von Verwandten) bietet, als beim Konkurs zu erwarten gewesen wäre.

4.10.2.4 Die freiwillige Auflösung

Voraussetzungen

Auflösungsgründe für ein Unternehmen können sein:

persönliche Gründe	sachliche Gründe
z. B. Krankheit, Arbeitsunfähigkeit, vorgerücktes Alter oder Tod des Inhabers, Streit unter den Gesellschaftern oder Erben, Ausscheiden eines Gesellschafters	z. B. Verschlechterung der Geschäftslage durch erdrückenden Wettbewerb, Konjunkturkrisen, Zahlungsunfähigkeit, Erreichen des Unternehmungszieles

Folgen

Bei der *freiwilligen Auflösung*, der **Liquidation**, werden alle Vermögenswerte einer Unternehmung liquidiert, d. h. in flüssige Mittel (Geld) umgewandelt und bestehende Schulden beglichen. Der als Reinerlös verbleibende Überschuß gehört dem Eigentümer.

Persönlich haftende Gesellschafter haften für Schulden noch 5 Jahre lang. Bei Kapitalgesellschaften darf der Erlös erst nach Ablauf eines Jahres *(Sperrjahr)* verteilt werden.

4.10.2.5 Der Konkurs

Beim **Konkurs,** der *unfreiwilligen* und *zwangsweisen* Auflösung eines Unternehmens, wird mit Hilfe des Gerichts das gesamte pfändbare Vermögen des Schuldners liquidiert und nach bestimmten Vorschriften an die Gläubiger verteilt.

Voraussetzungen für das Konkursverfahren

Voraussetzung für die Konkurseröffnung ist die **Zahlungsunfähigkeit** *(Insolvenz)* des Schuldners, d. h. die Zahlungseinstellung, nicht die Zahlungsstockung. Bei Kapitalgesellschaften (AG, GmbH) und bei OHG und KG, bei denen kein persönlich haftender Gesellschafter eine natürliche Person ist, stellt *Überschuldung*[1] bereits einen Konkursgrund dar. Sie liegt vor, wenn das Vermögen nicht mehr die Schulden deckt (KO §§ 102, 207, 209).

Der Antrag auf Konkurseröffnung wird beim **Konkursgericht**, dem zuständigen Amtsgericht, gestellt (KO §§ 71, 103).

Der Antrag kann gestellt werden	
vom **Schuldner**	oder von einem oder mehreren der **Gläubiger**
Einreichung eines Vermögens-, Schuldner- und Gläubigerverzeichnisses (KO § 104)	Nachweis der Zahlungsunfähigkeit des Schuldners, z. B. fruchtlose Pfändung (KO § 105)

Das Konkursgericht prüft den Antrag und entscheidet über Eröffnung oder Ablehnung des Konkurses. Es lehnt ihn **mangels Masse** ab, wenn das Vermögen die Kosten des Verfahrens nicht deckt.

Folgen des Konkursverfahrens

Die **Konkurseröffnung** hat einschneidende Wirkungen:

- Der **Konkursschuldner** *(Gemeinschuldner) verliert* das *Verfügungsrecht* über sein Vermögen. Auch seine sonstige Handlungsfreiheit wird erheblich eingeschränkt.
- Der **Konkursschuldner** muß an seinem *Wohnort verbleiben* und dem Konkursverwalter jederzeit *Auskunft* geben.
- Die **Konkursgläubiger** können ihre Forderungen innerhalb einer im *Eröffnungsbeschluß* gerichtlich festgesetzten Frist beim Konkursgericht zur Eintragung in die *Konkurstabelle* anmelden. Ihr Einzelzugriffsrecht ruht.
- **Offener Arrest:** Wer zur Konkursmasse gehörige Gegenstände besitzt oder Verbindlichkeiten gegenüber dem Gemeinschuldner hat, darf diese nicht dem Gemeinschuldner aushändigen bzw. bezahlen, sondern muß sie dem Konkursverwalter anzeigen.

[1] Siehe auch Abschnitt 4.10.1.3.

Der **Konkursverwalter** hat die Aufgabe, die *Konkursmasse* zu sammeln, zu verwalten, zu verwerten und zu verteilen. Er muß ein Inventar und eine Bilanz aufstellen (KO § 124).

Die **Konkursmasse** ist das gesamte, der Zwangsvollstreckung unterliegende Vermögen des Konkursschuldners im Zeitpunkt der Konkurseröffnung.

Durch den Konkurs soll erreicht werden, daß die Konkursmasse mit Hilfe des Gerichts gerecht bzw. nach den Bestimmungen der Konkursordnung an die Gläubiger verteilt wird.

Nicht zur Konkursmasse gehören pfändungsfreie Gegenstände, also Sachen, die dem persönlichen Gebrauch, dem Haushalt und der Berufsausübung dienen, wie Wäsche, Kleider, Hausrat, Handwerkszeug, Schreibmaschine (KO § 1).

Die gewöhnlichen Gläubiger müssen sich mit einem Bruchteil ihrer Forderungen zufriedengeben. Dieser wird in einem Prozentsatz ausgedrückt (**Konkursdividende** oder **Konkursquote**). Er ergibt sich aus dem Verhältnis der Restmasse zu den gewöhnlichen Forderungen (KO § 61).

Die **Beendigung des Konkursverfahrens** wird vom Konkursgericht beschlossen.

Der Bankrott als Folge strafbaren Handelns

Voraussetzungen

Wegen **Bankrotts** (StGB § 283) wird bestraft, wer bei **Überschuldung oder** bei drohender oder eingetretener **Zahlungsunfähigkeit** bestimmte Bankrotthandlungen begeht, sofern **Zahlungseinstellung, Konkurseröffnung oder Ablehnung des Eröffnungsantrages mangels Masse** hinzukommt.

Folgen

Auch wer durch eine Bankrotthandlung – sei es auch nur leichtfertig – seine **Überschuldung oder Zahlungsunfähigkeit herbeiführt,** wird bestraft. In bestimmten Fällen begründet bereits Fahrlässigkeit die Strafbarkeit. Auch der – vorsätzlich begangene – Versuch ist strafbar.

In besonders schweren Fällen wird der Bankrott strenger bestraft (besonders **schwerer Bankrott,** StGB § 283 a). Dieser Tatbestand ist dann gegeben, wenn der Täter aus Gewinnsucht handelt oder wenn er wissentlich viele Personen in die Gefahr des Verlustes ihrer ihm anvertrauten Vermögenswerte oder in wirtschaftliche Not bringt.

Wesentliche Lerninhalte

- **Zahlungschwierigkeiten** und **Zahlungsunfähigkeit** können außergerichtliche Maßnahmen und gerichtliche Folgen nach sich ziehen.
- **Außergerichtliche Maßnahmen** sind: Sanierung, Akkord und Liquidation.
- **Gerichtliche Folgen** sind: Gerichtlicher Vergleich, Zwangsvergleich und Konkurs.
- Durch **Sanierung** werden Leistungsfähigkeit und Rentabilität eines Unternehmens wieder hergestellt. Dazu dienen finanzielle und organisatorische Sanierungsmaßnahmen.
- **Liquidation** ist die freiwillige Auflösung einer Unternehmung.

- Der **außergerichtliche Vergleich (Akkord)** wird durchgeführt als
  - ▶ *Stundungsvergleich* → Zahlungsaufschub (Moratorium);
  - ▶ *Erlaßvergleich* → teilweiser Forderungserlaß.
- Durch den **gerichtlichen Vergleich** wird ein Konkurs abgewendet.
- Der Gemeinschuldner muß *vergleichswürdig* sein.
- Im **Handelsregister** werden alle wesentlichen Vorgänge, wie Eröffnung oder Beendigung des Vergleichsverfahrens, **eingetragen.**
- Der **Anschlußkonkurs** wird eingeleitet, wenn der gerichtliche Vergleich abgelehnt wird.
- **Vergleichsarten:** Voraussetzungen und Rechtsfolgen

	Akkord	**gerichtlicher Vergleich**	**Zwangsvergleich**
Voraussetzungen	**Zahlungsfähigkeit/Überschuldung**		
Gericht		zuständiges Amtsgericht (Vergleichsgericht)	zuständiges Amtsgericht (Konkursgericht)
Unternehmung	bleibt bestehen	bleibt bestehen	bleibt bestehen
Zustimmung	ein oder mehrere (alle) Gläubiger	Mehrheit der Gläubiger mit 75 % bzw. 80 % der Forderungen	Mehrheit der nicht bevorr. Gläubiger mit 75 % der Forderungen
Quote	nach Vereinbarung	mindestens 35 % bzw. 40 %	mindestens 20 %
Restschulden	erlassen	erlassen	erlassen

- **Konkursarten:** Voraussetzungen und Rechtsfolgen
- **Konkurs** ist die *zwangsweise, gerichtliche* Auflösung einer Unternehmung.
- Die **Konkurseröffnung** wird *mangels Masse* abgelehnt, wenn Verfahrenskosten ungedeckt sind.
- Konkurs + Begehen einer Bankrotthandlung = **Bankrott**
- **Konkursstraftaten:** Bankrott, Verletzung der Buchführungspflicht, Gläubiger- oder Schuldnerbegünstigung.
- **Konkurs:** Voraussetzungen und Rechtsfolgen

	Konkurs
Voraussetzungen	Zahlungsunfähigkeit/ Überschuldung
Gericht	zuständiges Amtsgericht (Konkursgericht)
Unternehmung	wird aufgelöst
Quote	Höhe unbestimmt
Restschulden	bleiben bestehen (Verjährung 30 Jahre)

Aufgaben zur Sicherung des Lernerfolgs

1 Welche Voraussetzungen müssen vorliegen, damit es zu einem Akkord kommt?

2 Welchen Nachteil hat ein Gläubiger, der einem Erlaßvergleich zustimmt, wenn es zum Konkurs kommt?

3 Zwischen welchen Partnern wird der gerichtliche Vergleich abgeschlossen?

4 Weshalb wird genau geprüft, ob der Schuldner vergleichswürdig ist (vgl. VerglO §§ 17, 18!)?

5 Welche Voraussetzungen müssen vorliegen, damit es zu einem Konkurs kommt?

6 Weshalb kann ein Vergleich erstrebenswert sein:

a) für den Gläubiger,

b) für den Gemeinschuldner?

7 Was ist unter offenem Arrest zu verstehen?

8 Welche Rechtsfolgen haben

a) der gerichtliche Vergleich

b) der Konkurs

für den Schuldner?

5 Markt und Preis

5.1 Die Funktion des Markts

Problem

„Auf der Internationalen Lederwarenmesse in Offenbach werden 524 Aussteller aus 22 Ländern die neue Herbst- und Wintermode zeigen." Diese Mitteilung in der Fachzeitung „Der Lederwareneinzelhandel" veranlaßt den Einkaufsleiter des ‚Lederwarenzentrums' in Ulm, auf der Messe die Ware für die kommende Saison zu bestellen. Weshalb ist diese Bestellmöglichkeit für Käufer und Verkäufer günstig?

Sachdarstellung

Ein **Markt** entsteht dann, wenn Anbieter, z. B. Warenhersteller, und Nachfrager, z. B. Endverbraucher, miteinander Kontakt aufnehmen, um Waren, Dienstleistungen oder auch Rechte – z. B. Patente – zu *tauschen* oder zu *verkaufen* und zu *kaufen*.

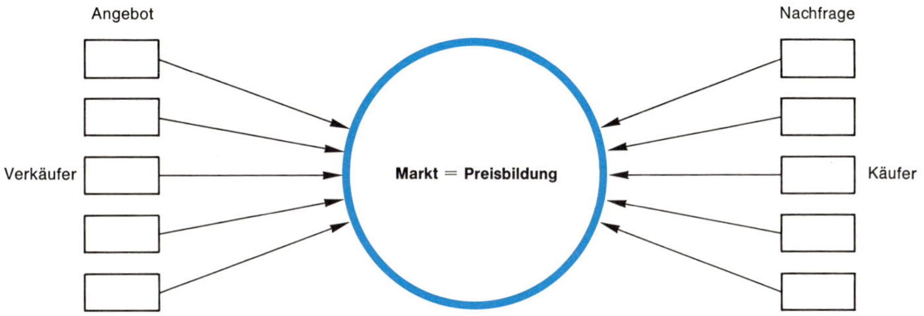

Am *Markt* treffen **Angebot und Nachfrage** zusammen.

Der Anbieter möchte so teuer wie möglich verkaufen, der Nachfrager möglichst billig einkaufen. Diese gegensätzlichen Interessen werden durch den Preis ausgeglichen, der sich dann am Markt bildet. Damit ist der **Markt** der **Ort der Preisbildung.**

Auf **organisierten Märkten,** z. B. Wochenmarkt, ist das Marktgeschehen unmittelbar sichtbar.

Der **nicht organisierte Markt** ist örtlich nicht begrenzt und kann sich über den ganzen Erdball erstrecken. Man spricht dann von einem Weltmarkt, z. B. für bestimmte Rohstoffe. Je nach dem *‚Tauschgegenstand'*, der gehandelt wird, nennt man die einzelnen **Teilmärkte:** Arbeitsmarkt, Getränkemarkt, Gebrauchtwagenmarkt, Rohstoffmarkt, Wohnungsmarkt usw.

Die einzelnen Teilmärkte stehen alle mit- und zueinander in Verbindung; sie sind in der arbeitsteiligen Wirtschaft miteinander verflochten.

Jedes Wirtschaftssubjekt, ob Anbieter oder Nachfrager, handelt nach *Plänen,* die es selbst festgelegt hat. Am Markt sollen diese Vorstellungen so verwirklicht werden, daß die Pläne ineinander passen. Dies geschieht durch eine Annäherung von Angebot und Nachfrage bis zur Übereinstimmung. Wichtig sind hierbei die *Preise,* die sich bilden.

Um diesen *Preisbildungsvorgang* genauer beschreiben zu können, ist es notwendig, von einem Modell, dem **Modell des vollkommenen Marktes** auszugehen. Dieses Modell ist theoretisch und kommt in der reinen Form in der Praxis nicht vor.

Voraussetzungen für einen **vollkommenen Markt** sind:

- *vollkommen gleichartige* (homogene) Güter;
- *viele Nachfrager und Anbieter,* von denen keiner den Preis beeinflussen kann;
- *vollständige Marktübersicht (Markttransparenz),* Angebot und Nachfrage müssen von allen Marktteilnehmern überschaubar sein;
- *keine Bevorzugung (Präferenz)* einzelner Anbieter:
  - *sachliche* Präferenz könnte sein z. B. Unterschiede in der Aufmachung und Ausstattung der Ware, gute Qualität, technische Unterschiede, Zusatzleistungen (guter Kundendienst), Beeinflussung durch Werbung;
  - *räumliche* Präferenz ist z. B. gegeben durch günstigen Standort, dadurch geringe Transportkosten, wenn Verkäufer und Käufer nahe beieinander sind – Lebensmittelgeschäft im Wohngebiet –. Der vollkommene Markt ist jedoch auf einen Platz konzentriert. Er ist ein **Punktmarkt.**
  - *persönliche* Präferenz ist z. B. Bevorzugung wegen frendlicher, zuvorkommender Bedienung, langjährige Geschäftsfreundschaft, guter Name der Unternehmung.
- *rasche Anpassung* der Betriebe an die Verhältnisse des Marktes;
- *einheitliche Preisbildung,* d. h. alle Waren werden zum gleichen Preis angeboten.

Fehlt eine dieser Voraussetzungen, so wird von einem **unvollkommenen Markt** gesprochen.

Wesentliche Lerninhalte

- Am Markt treffen Angebot und Nachfrage aufeinander.
- Am Markt werden Waren, Dienstleistungen und Rechte gehandelt.
- Der Markt ist der Ort der Preisbildung.
- Märkte können sein
  - → organisiert – nicht organisiert
  - → vollkommen – unvollkommen
- Beim unvollkommenen Markt fehlen eine oder mehrere Voraussetzungen für den vollkommenen Markt.

Aufgaben zur Sicherung des Lernerfolgs

1 Nennen Sie mindestens drei Märkte für Dienstleistungen!

2 Was verstehen Sie unter Markttransparenz?

3 Unterscheiden Sie sachliche und räumliche Präferenz!

4 Wann spricht man von einem vollkommenen Markt?

5 Eine Hausfrau vergleicht die Preise bei fünf verschiedenen Lebensmittelgeschäften. Sie kauft im dritten Geschäft. Welcher Markt liegt vor (Mehrfachnennung möglich!)? Begründen Sie Ihre Ansicht!

5.2 Die Bildung des Marktpreises

Problem

Auf dem Wochenmarkt der Kreisstadt kommen eine halbe Stunde vor Ende des Markts die Preise in Bewegung. Die Gärtner merken, daß sie Gemüse und Salat (leicht verderblich!) wieder mit heimnehmen müssen, wenn sie die Preise nicht herabsetzen. Wie hoch wird wohl die Preisermäßigung sein? Ist eine weitere Preiskorrektur denkbar?

Sachdarstellung

5.2.1 Die Bildung des Gleichgewichtspreises

Um die **Preisbildung** am Modell darstellen zu können, muß von der Annahme eines *vollkommenen Marktes* ausgegangen werden. Es soll also u. a. einer sehr großen Anzahl von Anbietern eine sehr große Anzahl von Nachfragern gegenüberstehen.

Die nachgefragte Menge hängt vom Preis ab und ist um so größer, je niedriger der Preis ist. Umgekehrt wird das Angebot um so größer sein, je höher der Preis ist, da ein niedriger Preis den Verbrauch, ein hoher Preis die Produktion anregt.

Der Preis, bei dem die umgesetzte Menge *maximal*, d. h. am größten, ist, wird als der **Gleichgewichtspreis** bezeichnet. Nachfrage und Angebot gleichen sich aus. **Der Gleichgewichtspreis** (*Ausgleichspreis*) **räumt demnach den Markt.** Im Beispiel würden sich beim Preis P_0 = 63 DM Nachfrage und Angebot mit je 370 Stück entsprechen.

Angebotsmengen und Nachfragemengen sind also gleich.

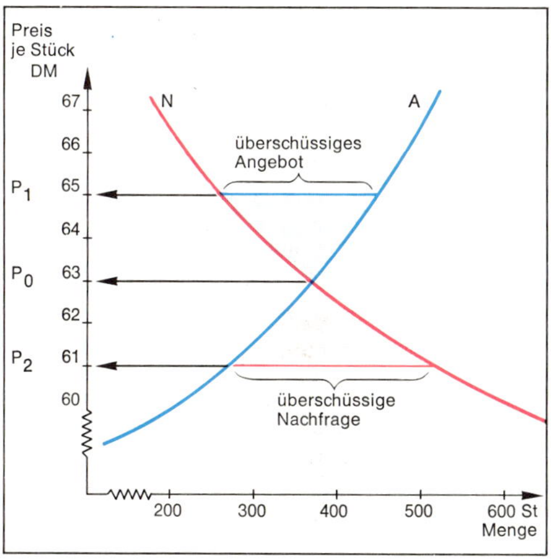

beim Preis je Stück	Nachfrage	Angebot
60	630	200
61	530	270
62	440	320
63	370	370
64	310	410
65	260	450
66	220	480
67	180	510

A = Angebot N = Nachfrage P = Preis

Bei P_1 = 65 DM stünde einem Angebot von 450 Stück nur eine Nachfrage von 260 Stück gegenüber. Um die Produktion absetzen zu können, müßten die Preise bis P_0 herabgesetzt werden.

Wäre der Preis 61 DM/Stück (P_2), so würden zwar 530 Stück nachgefragt, die Hersteller würden jedoch nur 270 Stück anbieten. Die Nachfrager müßten bereit sein, höhere Preise zu zahlen, damit die Produktion erhöht wird. Beim Preis P_0 würden sich dann Angebot und Nachfrage wieder decken.

Den Gleichgewichtspreis kann keiner der vielen Anbieter oder Nachfrager ändern, weil dazu sein *Marktanteil zu gering* ist. Der **Preis** ist in dieser Marktsituation ein **fester Faktor**, an dem sich der einzelne mit der angebotenen bzw. nachgefragten **Menge anpaßt.**

5.2.2 Die Aufgaben des Gleichgewichtspreises

Nur beim Modell des vollkommenen Marktes übernimmt der Preis bestimmte Funktionen, die jedoch beim Oligopol[1] und besonders beim Monopol[1] nicht wirksam sind:

[1] Siehe Fußnote [1], Seite 324!

- *Ausgleichsfunktion:* Angebot und Nachfrage gleichen sich aus. Der Gleichgewichtspreis räumt den Markt.
- *Signalfunktion:* Der Preis signalisiert Produzent und Konsument den Grad der Knappheit der Güter.

  steigender Preis = geringeres Angebot und/oder größere Nachfrage

  sinkender Preis = größeres Angebot und/oder geringere Nachfrage
- *Lenkungsfunktion:* Die Investitionen werden dort gemacht, wo erhöhte oder neue Nachfrage vorhanden ist und damit hohe Preise und entsprechende Gewinne erwartet werden können.
- *Erziehungsfunktion*: Die Preise liegen wegen der unbeschränkten Konkurrenz fest (Gleichgewichtspreis). Deshalb werden die Produzenten versuchen, die Kosten zu senken, d. h. zu rationalisieren, um zu einer Erhöhung der Rentabilität zu kommen. Dies kann z. B. durch günstige Beschaffung von Produktionsgütern und durch günstige Kombination verschiedener Produktionsfaktoren geschehen.

  Allerdings werden die Mitbewerber rasch entsprechend reagieren.

5.2.3 Die Änderung der Nachfragesituation

Erhöht sich bei gleichbleibendem Angebot die *Nachfrage* – z. B. Absatzboom bei Fahrrädern – so *steigt* der *Preis* (P_1) im Vergleich zum seitherigen Gleichgewichtspreis (P_0). Gleichzeitig *erhöht* sich auch die abgesetzte *Menge* (M_1). Beim Nachfragerückgang dagegen *sinkt* der *Preis* (P_2) im Vergleich zum Gleichgewichtspreis (P_0); die abgesetzte *Menge geht* ebenfalls *zurück*.

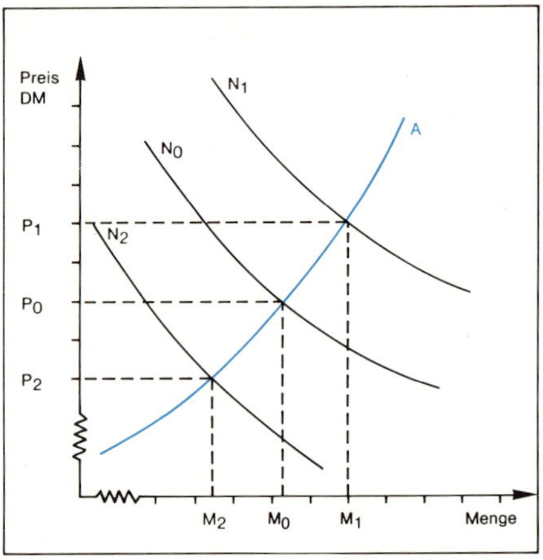

A = Angebot N = Nachfrage M = Menge P = Preis

5.2.4 Die Änderung der Angebotssituation

Erhöht sich bei gleichbleibender Nachfrage das *Angebot*, z. B. beim Obst, so *sinkt* der *Preis* (P_2) im Vergleich zum seitherigen Gleichgewichtspreis (P_0). Die abgesetzte *Menge* wird *größer*. *Verringert* sich das *Angebot*, so *steigt* der *Preis* (P_1); die abgesetzte *Menge* (M_1) *geht zurück*.

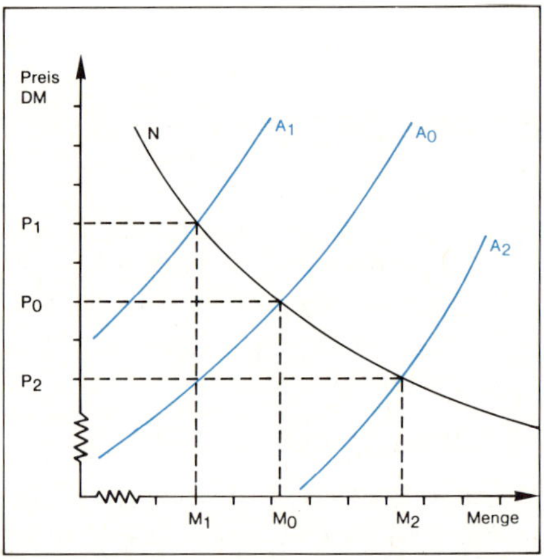

A = Angebot N = Nachfrage M = Menge P = Preis

Natürlich werden die Marktteilnehmer sowohl bei geänderter Nachfrage als auch bei geändertem Angebot versuchen, sich der neuen Lage anzupassen, z. B. Einsparung von Heizöl und Benzin, wenn das Angebot knapper wird und dadurch die Preise steigen.

Wesentliche Lerninhalte

- Auf dem vollkommenen Markt gleichen sich Angebot und Nachfrage aus.
- Die zum Gleichgewichtspreis umgesetzte Menge ist maximal.
- Beim Gleichgewichtspreis wird der Markt geräumt.
- Der Gleichgewichtspreis *steigt*
  - → wenn Angebot sinkt – bei gleichbleibender Nachfrage
  - → wenn Nachfrage steigt – bei gleichbleibendem Angebot
- Der Gleichgewichtspreis *sinkt*
  - → wenn Angebot steigt – bei gleichbleibender Nachfrage
  - → wenn Nachfrage sinkt – bei gleichbleibendem Angebot

Aufgaben zur Sicherung des Lernerfolgs

1 Wie kommt auf dem vollkommenen Markt der Gleichgewichtspreis zustande?

2 Begründen Sie: Der Preis beeinflußt die Höhe von Angebot und Nachfrage!

3

Preis DM/Stück	Nachfrage (Stück)	Angebot (Stück)
175	2 600	800
176	1 800	1 800
177	1 200	2 600
178	800	3 200
179	600	3 700

a) Zeichnen Sie die Angebots- und Nachfragekurve entsprechend dem Schaubild auf Seite 321! (Angaben zur Lösung: x-Achse 500 Stück = 1 cm; y-Achse 1 DM Preisdifferenz = 1 cm)

b) Ermitteln Sie den Gleichgewichtspreis!

5.3 Die Marktformen

Problem

Im Lebensmittelhandel haben in den letzten Jahren viele kleine Geschäfte – „Tante-Emma-Läden" – aufgegeben. Wer hat ihre Aufgaben übernommen? Welche Auswirkungen hat dies auf die Einkaufsmöglichkeiten und -gewohnheiten der Kunden?

Sachdarstellung

Bei den seitherigen Überlegungen (vgl. Kapitel 5.2!) wurde vom *Modell des vollkommenen Marktes* ausgegangen.

In *Wirklichkeit* spielt sich das Wirtschaftsleben jedoch auf einer Vielzahl verschiedener *unvollkommener Märkte* ab. Die Preisbildung hängt dabei entscheidend von der Zahl und der wirtschaftlichen Macht der einzelnen Marktteilnehmer ab.

Es können folgende **Marktformen** unterschieden werden:

Marktformen nach dem Grade des Wettbewerbs[1]

Anbieter	Nachfrager		
	viele	**wenige**	**einer**
viele	vollständige Konkurrenz (Polypol)	Nachfrageoligopol	Nachfragemonopol
wenige	Angebotsoligopol	zweiseitiges (bilaterales) Oligopol	beschränktes Nachfragemonopol
einer	Angebotsmonopol	beschränktes Angebotsmonopol	zweiseitiges (bilaterales) Monopol

5.3.1 Das Polypol

Hier bieten *viele Anbieter* gleiche oder leicht ersetzbare (substituierbare) Waren oder Dienstleistungen einer *großen Zahl von Nachfragern* an. Der einzelne Käufer und auch der einzelne Verkäufer sind verhältnismäßig machtlos, so daß sie sich dem Markt anpassen müssen.[2]

5.3.2 Das Oligopol

Das Oligopol kann in drei verschiedenen Formen auftreten:

- **Angebotsoligopol:** Hier stehen *wenige Anbieter* einer *Vielzahl von Nachfragern* gegenüber, z. B. 4 Reisebüros in einer Stadt mit 20 000 Einwohnern, Automobilmarkt, Markt für Unterhaltungselektronik.
- **Nachfrageoligopol:** *Viele Anbieter* haben *wenige Nachfrager,* z. B. Aufkaufgroßhandel bei Obst (viele Obsthändler ↔ wenig Großhändler).
- **Bilaterales Oligopol:** *Wenige Anbieter* und *wenige Nachfrager* treten am Markt auf, z. B. Automobilhersteller ↔ Reifenhersteller.

Jeder Oligopolist muß für den Absatz bzw. den Kauf von Gütern eine bestimmte *Strategie* entwickeln und dabei die vermutlichen Reaktionen der Konkurrenz abschätzen. Da die Konkurrenz jedoch überschaubar ist, wird der wirtschaftlich Stärkere versuchen, den wirtschaftlich Schwächeren vom Markt zu *verdrängen.* Oft besteht zwischen den Oligopolisten auch eine Art „Stillhalteabkommen", wobei ein Unternehmen *Preisführer* ist. Erhöht der Preisführer die Preise, so ziehen die anderen Firmen nach, z. B. Autopreise, Filmpreise, Benzinpreise.

5.3.3 Das Monopol

Ein **Monopol** liegt vor, wenn auf einem Markt entweder die Angebotsseite oder die Nachfrageseite *nur* aus *einem Marktteilnehmer* besteht. Natürlich können auch beide Seiten von je einem Marktteilnehmer vertreten werden.

5.3.3.1 Die Entstehung von Monopolen

Monopole können entstehen als

- **natürliche Monopole,** z. B. aufgrund von Bodenschätzen wie Erdöl, Uran, Gold;
- **staatliche Monopole,** wenn der Staat es ausschließlich übernimmt, bestimmte Versorgungsleistungen sicherzustellen, z. B. Briefverkehr, Telefonverkehr, Versorgung mit Strom, Gas, Wasser;

1 poly ... (gr.) = mehr, viel; oligo ... (gr.) = wenig, gering; mono ... (gr.) = allein, einzeln, einmalig
2 Siehe Kapitel 5.4.1 Die Preisbildung beim Polypol

- **gesetzliche Monopole,** durch Patent- und Gebrauchsmusterschutz können – zumindest auf bestimmte Zeit – Monopole entstehen. Allerdings regen Patente oft zur Erfindung von Konkurrenzprodukten an, z. B. Farbfilme, Kameras;
- **vertragliche Monopole,** Bildung von Großunternehmen (Konzernen) durch Zusammenschluß von Konkurrenzunternehmen. Hier besteht u. U. die Gefahr, gegen das Kartellgesetz zu verstoßen; vgl. Gesetz gegen Wettbewerbsbeschränkungen (GWB) § 22.

5.3.3.2 Die Monopolarten nach dem Grade des Wettbewerbs

Für die Stellung des Monopolisten am Markt und für die Entwicklung seiner *Preis- und Absatzstrategie* ist es wichtig zu wissen, wievielen Marktteilnehmern er gegenübersteht.

- **Angebotsmonopol:** Eine *Vielzahl von Nachfragern* steht einem *Monopolisten* gegenüber. Die Nachfrager können nur darüber entscheiden, ob sie das Gut zum gegebenen Preis kaufen, ob sie sich einschränken oder – wenn möglich – auf Substitutionsgüter ausweichen, z. B. Heizöl ↔ Gas, Kohle.
- **beschränktes Angebotsmonopol:** *Wenige Nachfrager* und der *Monopolist* bilden den Markt, z. B. Hersteller einer patentierten Einspritzpumpe ↔ Automobilhersteller, patentierte Fahrradgangschaltung ↔ Fahrradfabriken.
- **Nachfragemonopol:** Einem *Monopolisten* bieten *viele Marktteilnehmer* Güter an, z. B. Zuckerfabrik ↔ viele Zuckerrüben anbauende Bauern.
- **beschränktes Nachfragemonopol:** Ein nachfragender *Monopolist* erhält *Angebote von Oligopolisten,* z. B. Bundeswehr braucht Geländewagen und erhält Angebote verschiedener Autofirmen.
- **bilaterales Monopol:** Ein *Monopolist* steht als Anbieter einem nachfragenden *Monopolisten* gegenüber. Dieser Fall ist in Wirklichkeit sehr selten, z. B. Hersteller des Kampfpanzers „Leopard" ↔ Bundeswehr.

Wesentliche Lerninhalte

- Die wichtigsten Marktformen sind
  - → Polypol
  - → Oligopol
  - → Monopol
- Monopole können entstehen als
  - → natürliche Monopole
  - → staatliche Monopole
  - → gesetzliche Monopole
  - → vertragliche Monopole

Aufgaben zur Sicherung des Lernerfolgs

1 Beantworten Sie die Fragen beim Problem auf Seite 323!

2 a) Erklären Sie den Begriff Angebotsmonopol!

b) Suchen Sie nach Beispielen für Angebotsmonopole!

3 Nennen Sie Ersatzgüter für die unter Aufgabe 2 b) genannten Monopole!

4 Weshalb können selbst gleichartige Erzeugnisse als heterogen angesehen werden?

5 Erklären Sie: „bilaterales Oligopol“!

6 Bilden Sie Definitionen für „Polypol“, „Oligopol“ und „Monopol“!

7 Weshalb haben wir es normalerweise mit unvollkommenen Märkten zu tun?

8 Welche Marktformen im Hinblick auf die Zahl der Marktteilnehmer liegen vor
a) auf dem Blumengroßmarkt
b) beim Telefonverkehr
c) beim Paketverkehr
d) beim Markt für Eigentumswohnungen? Begründen Sie jeweils Ihre Ansicht!

9 Warum duldet der Staat die z. T. monopolartige Stellung öffentlicher Betriebe, z. B. in der Energieversorgung?

10 Welche Gefahren liegen in der starken Konzentration wirtschaftlicher Macht?

5.4 Die Preispolitik bei verschiedenen Marktsituationen

Problem

„Eine Preiserhöhung ist unvermeidlich. Der Benzinpreis muß um 3 Pfennig erhöht werden“ erklärt der Sprecher einer führenden Mineralölgesellschaft. In der Regel ist dies ein Signal für die Konkurrenz nachzuziehen. Welche Auswirkungen hätte es, wenn eine Gesellschaft nicht erhöhen, sondern beim alten Preis bleiben würde?

Sachdarstellung

Bei der **Preispolitik** wird *der* Preis festgesetzt, zu dem diejenige Menge abgesetzt wird, die den höchsten *Gesamtgewinn* erbringt. Deshalb ist jede *Preispolitik* stets mit *Mengenpolitik gekoppelt.* Es kommt lediglich auf den jeweiligen Grad des Wettbewerbs an, d. h. ob *vollkommene Konkurrenz* oder ein *Monopol* oder eine der *oligopolistischen Zwischenformen* besteht.

5.4.1 Die Preispolitik beim Polypol

Bei der Darstellung des Gleichgewichtspreises auf dem *vollkommenen Markt* (siehe Seite 321!) wurde gezeigt, daß dieser Preis eine vom einzelnen Anbieter *nicht* änderbare feste Größe ist.

Es kann also bei vollkommener Konkurrenz *keine Preispolitik,* sondern in beschränktem Rahmen **Mengenpolitik** betrieben werden.

Setzt z. B. ein Anbieter seinen *Preis* herauf, so verliert er alle Kunden, da die Konkurrenz nicht mitzieht. Setzt er seinen Preis herab, wird er seine angebotene – kleine – Menge reißend los. Da aber die Konkurrenten den Preis nicht verändern, hat er zwar alles verkauft; sein Gesamtgewinn ist jedoch durch den niedrigeren Preis bei unveränderter Angebotsmenge kleiner geworden.
Der *Anbieter* kann demnach seinen Gewinn nur über eine Erhöhung seiner Angebotsmenge vergrößern. Er ist **Mengenanpasser.** Die eventuelle Erhöhung seiner Angebotsmenge wirkt sich wegen seines geringen Marktanteils nicht aus.

Beim *Polypol* auf dem *unvollkommenen Markt* kann der Anbieter aufgrund von Präferenzen, z.B. günstige Geschäftslage, Parkmöglichkeit, Kundendienst in der Lage sein, für einzelne Artikel höhere Preise als die Konkurrenz zu erzielen. Der Polypolist setzt also u.U. die Preise innerhalb eines Spielraums – wie ein Monopolist – selbst fest. Man bezeichnet deshalb das Polypol auf dem unvollkommenen Markt als *monopolistische Konkurrenz.* Überzieht der Polypolist die Preisforderung, so nützen auch die Präferenzen nichts. Die Kunden wandern ab.

5.4.2 Die Preispolitik beim Monopol

Beim *Angebotsmonopol* z. B. stehen einem Anbieter viele Abnehmer gegenüber. Der Monopolist ist daher in der **Preisfestsetzung frei.** Allerdings wird die nachgefragte Menge um so geringer, je höher der Preis steigt. Bei maßlosen Preisforderungen kann unter Umständen die Nachfrage sogar ganz ausbleiben.

Andererseits kann der Monopolist auch die **Absatzmenge festlegen,** z. B. Fördermengen beim Erdöl. Er wird soviel verkaufen, daß sein *Gewinn am größten* ist. Dies ist dann gegeben, wenn der *Unterschied* zwischen dem **Umsatzerlös** (= Produkt aus Menge mal Preis) und den dabei anfallenden **Gesamtkosten** am *größten* ist. Hier liegt eine Begründung dafür, daß bei sehr großen Ernten oft ein Teil vernichtet wird, damit die Preise nicht zu sehr absinken, z. B. bei Kaffee, Aprikosen, Tomaten.

Ist das Produkt des Monopolisten *vermehrbar,* wird rasch Konkurrenz entstehen. Bei Bodenschätzen, z. B. Erdöl, oder durch Patent geschützten Produkten bildet sich Konkurrenz, die *Substitutionsgüter* (Ersatzgüter) herstellt.

Die Erdölkrise z. B. brachte einerseits eine Einschränkung des Verbrauchers und bewirkte gleichzeitig erhöhte Anstrengungen, die fehlende Energie durch neue Quellen, z. B. Kernkraftwerke, zu ersetzen.

5.4.3 Die Preispolitik beim Oligopol

Beim *Angebotsoligopol* stehen mehrere Anbieter in Konkurrenz mit vielen Abnehmern. Diese Situation kann ein Unternehmen veranlassen, *passive* oder *aktive Preispolitik* zu betreiben.

- Bei der **passiven Preispolitik** reagiert der Anbieter lediglich auf die jeweiligen Marktsituationen. *Gründe* für passive Preispolitik können sein:
  - keine Unterscheidung zu einem stärkeren Konkurrenten
  - starke Stellung der Abnehmer
  - angespannte Kostenlage
  - unelastische Unternehmungsführung
- Die **aktive Preispolitik** ermöglicht es einem Unternehmen, die eigenen Preisvorstellungen durchzusetzen. *Voraussetzungen* hierfür sind unter anderem:
  - Differenzierung im Angebot zur Konkurrenz
  - schwache Stellung der Abnehmer, z. B. viele Kleinkunden
  - günstige Kostensituation
  - dynamische Unternehmensleitung

Jeder Oligopolist muß bei seiner Preisfestsetzung genau die *Reaktion der Nachfrager* und natürlich auch die *Reaktion seiner Mitbewerber* beobachten. Um den eigenen Marktanteil zu vergrößern, kann ein Oligopolist versuchen, die Konkurrenz so lange zu unterbieten, bis sie aufgeben muß.

Unternehmen mit ausgeprägter Preispolitik übernehmen oft die Aufgabe des **Preisführers,** d. h. ihre Preiserhöhung oder -herabsetzung löst bei den übrigen Oligopolisten das gleiche Vorgehen aus, z. B. Preisänderungen bei Autos, Benzin, Fernsehgeräten, Süßwaren, Spirituosen. Diese Situation ist besonders bei Herstellern konkurrierender Markenartikel zu beobachten.

Die *Aufhebung der Preisbindung* – Ausnahme bei Verlagserzeugnissen – und der Übergang zu *Preisempfehlungen* hat sich nicht in allen Fällen bewährt. Viele Hersteller setzen die empfohlenen Preise viel zu hoch an – **Mondpreise** –, damit der Handel dem Käufer durch einen entsprechenden Nachlaß ein besonders günstiges Angebot vortäuschen kann. Gegen solche Mißbräuche schreitet das Bundeskartellamt auf Grund des § 38a KartG ein. Immer mehr Markenartikelhersteller geben die Preisempfehlung ganz auf.

5.4.4 Preispolitik durch Preisdifferenzierung

Oft wird das gleiche Produkt zu *verschiedenen* Preisen angeboten. Es sind dabei zu unterscheiden:

- **räumliche Preisdifferenzierung:** Die Produkte werden auf räumlich getrennten Märkten zu verschiedenen Preisen abgesetzt, z. B. Inlandsmarkt – Auslandsmarkt. Es war lange Zeit günstig, deutsche Autos im Ausland zu kaufen und zu importieren.
- **zeitliche Differenzierung:** Zweck ist, die Produktionskapazität gleichmäßig auszulasten; z. B. Winterpreise bei Wohnwagen, Sommerpreise bei Pelzen, Kohle; Nachtstromtarif; Nachttarif beim Telefon.
- **Preisdifferenzierung nach der Menge:** z. B. Rabattstaffeln für Großabnehmer; Umsatzbonus; Gruppenfahrten bei der Bundesbahn; Strom-, Gas- und Wassertarife für Großverbraucher.
- **Preisdifferenzierung nach der Verwendung:** z. B. Steuerbelastung leichtes Heizöl – Dieselöl; Kochsalz – Streusalz; getrennte Stromzähler für Haushalts- und Gewerbetarife.

Wesentliche Lerninhalte

- **Preispolitik bei vollkommener Konkurrenz** = Mengenpolitik;

  viele Anbieter → [vollkommener Markt: Gleichgewichtspreis] ← viele Nachfrager

- **Preispolitik beim Monopol** = freie Preisgestaltung;
  bei überhöhten Preisforderungen
  - ▶ Konkurrenz durch Produktion gleicher Güter
  - ▶ Konkurrenz durch Produktion von Substitutionsgütern
- **Preispolitik beim Oligopol** = abhängig von der Konkurrenz und den Abnehmern.
  Der *Preisführer* leitet Preisänderungen ein.
- Preisbindung ist durch Preisempfehlung ersetzt.
- *Mondpreise* sind stark überhöhte *empfohlene Preise.*
- **aktive Preispolitik:** *eigene* Preisvorstellungen werden durchgesetzt.
  passive Preispolitik: *Reaktion* auf die jeweilige Marktlage.
- *Preisdifferenzierung* kann durchgeführt werden:
  - ▶ räumlich
  - ▶ zeitlich
  - ▶ nach der Menge
  - ▶ nach der Verwendung

Aufgaben zur Sicherung des Lernerfolgs

1 Weshalb hängt Preispolitik als Mittel des Absatzes von der Stellung des Verkäufers am Markt ab?

2 Erklären Sie, was Sie unter monopolistischer Konkurrenz verstehen!

3 Was ist ein „Mengenanpasser"?

4 Welche Preis-Mengen-Politik sollte ein Monopolist zweckmäßigerweise betreiben?

5 Wann ist das Gewinnmaximum für den Monopolisten erreicht?

6 Suchen Sie nach Beispielen für Preisführerschaft!

7 Vergleichen Sie empfohlene Preise mit tatsächlich bezahlten! In welchen Fällen betrug die Differenz mehr als 20 %? Geben Sie jeweils Warenart, Preise und Prozentsatz an!

8 Diskutieren Sie mit Ihren Geschäftskollegen über Vor- und Nachteile der Preisbindung!

9 Geben Sie jeweils mindestens zwei Beispiele für die verschiedenen Arten der Preisdifferenzierung an!

5.5 Kooperation und Konzentration in der Wirtschaft

5.5.1 Marktbeeinflussung durch Unternehmungszusammenschlüsse

Problem

In der Wirtschaft geht es nicht selten zu wie in der Natur: Die Großen fressen die Kleinen. Ob durch Kauf, Beteiligung oder Gründung von Gemeinschaftsfirmen – die Zahl der Unternehmenszusammenschlüsse in der Bundesrepublik Deutschland hat sich im letzten Jahrzehnt verdreifacht. Die Marktmacht der Großen steigt dadurch ständig, denn Unternehmungszusammenschlüsse machen die Starken noch stärker. Dies geht in der Regel zu Lasten des freien Wettbewerbs und des Verbrauchers. Am stärksten war der Sog zur Konzentration im Handelsbereich, wo eine große Zahl von Unternehmen aufgekauft oder fusioniert wurden. Die hohe Zunahme der Zusammenschlüsse bedeutet aber nicht eine Beschleunigung des Konzentrationsprozesses. Etwa bei jeder dritten angezeigten Unternehmenshochzeit waren nach Angaben der Kartellbehörde ostdeutsche Unternehmen beteiligt; die Privatisierung der ehemals staatseigenen ostdeutschen Unternehmen hat somit zu dieser Fusionswelle beigetragen. Schaltet man diesen Sondereinfluß aus, zeigt sich, daß sich der Konzentrationsprozeß – wenn auch auf hohem Niveau – etwas beruhigt hat und inzwischen wieder auf das Niveau von 1990 gesunken ist.

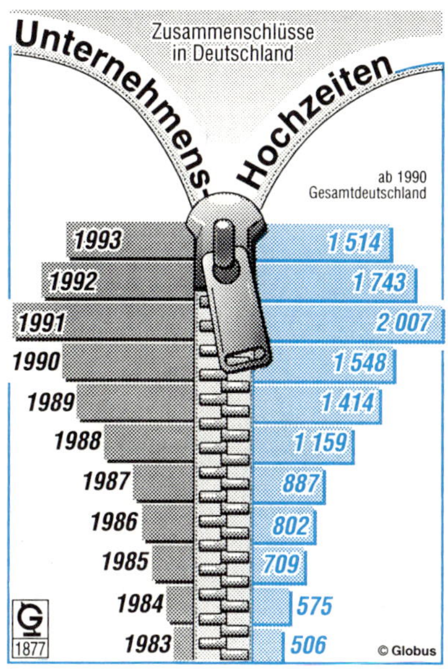

Was veranlaßt so viele Unternehmen, zunehmend enger zusammenzuarbeiten oder sich zusammenzuschließen?

Sachdarstellung

5.5.1.1 Beweggründe und Zielsetzungen für Unternehmungszusammenschlüsse

Der Konkurrenzdruck, insbesondere auf dem Weltmarkt, führt immer häufiger Unternehmer dazu, sich mit anderen in der lockeren Form von Arbeitsgemeinschaften, Interessengemeinschaften (z. B. Einkaufsverbände des Handels) oder durch vertraglich geregelte, oft sehr straffe wirtschaftliche Bindungen zusammenzuschließen (z. B. Zusammenschluß des größten europäischen Schreibmaschinenherstellers mit dem namhaftesten Schweizer

Schreib- und Büromaschinenhersteller), um dadurch ihre **Stellung am Markt entscheidend zu verbessern.** Man spricht im ersten Fall von **Kooperation,** im zweiten Fall von **Konzentration.**

Die Konzentration innerhalb der Gesamtwirtschaft kann auf drei Grundtypen zurückgeführt werden:

1. **Die Betriebskonzentration.**
   Sie ist eine Veränderung der technisch-wirtschaftlichen Struktur in Richtung Großbetrieb auf Kosten von kleineren und mittleren Betrieben.
2. **Die Unternehmungskonzentration.**
   Sie ist eine Veränderung der rechtlichen Selbständigkeit in Richtung Groß- und Größtunternehmen, z. B. hin zum Konzern.
3. **Die Eigentums-, Vermögens- bzw. Kapitalkonzentration.**
   Sie ist eine Veränderung der Eigentumsverhältnisse durch Vermögens- oder Kapitalumschichtungen in Richtung Großeigentum auf Kosten kleinerer und mittlerer Eigentümer.

Die Übergänge zwischen den drei Typen sind fließend. In der Regel geht Betriebskonzentration einher mit Unternehmungskonzentration, die regelmäßig auch eine Eigentums-, Vermögens- oder Kapitalkonzentration bewirkt.

Die **Kooperation** im Handel übernehmen z. Z. rund 50 Einkaufsverbände, die über 50 Mrd. DM Umsatz erzielen und denen rund 17 000 Einzelhandelsunternehmen mit über 23 000 Vertriebsstellen angehören. Die Verbände sind in der Bundesvereinigung Deutscher Einkaufsverbände (BEV) zusammengefaßt. Diese Kooperationsgruppen, mit Marktanteilen zwischen 55 % im Möbelhandel und 19 % bei Elektrogeräten, sind zu einem wesentlichen Marktfaktor geworden.

In rechtlicher Hinsicht reichen solche Bindungen vom Vertrag (oft als e. V. oder Gesellschaft des bürgerlichen Rechts, z. B. Verband der Selbständigen und Gewerbetreibenden – VSG) bis zur Fusion, d. h. Verschmelzung von Unternehmen (z. B. Übernahme des Nährmittelherstellers Ulmer Spatz durch den Marktriesen Unilever); in betriebswirtschaftlicher Hinsicht geht dies von völlig freier Entscheidungsmöglichkeit der Beteiligten bis zur Unterordnung unter eine allein weisungsbefugte Zentralstelle. Binden sich gleichartige Firmen (Bergwerk A, B und C), so spricht man von **horizontalen** Zusammenschlüssen, sind es dagegen solche verschiedener Erzeugungsstufen (Bergwerk, Eisenhütte, Gießerei), so handelt es sich um **vertikale** Vereinigungen.

Dieses Bestreben kann im einzelnen bestimmt werden von folgenden gewinn- und nichtgewinnbezogenen Zielvorstellungen und Beweggründen:

Gewinnbezogene Zielsetzungen

• Erhöhen des Gewinnes

Der Unternehmer möchte seinen **Gewinn steigern,** d. h. er ist bestrebt, die Rentabilität seines Betriebes durch Verbesserung der Wirtschaftlichkeit, Änderung der Produktionsverhältnisse, Verbesserung der Kapitalausstattung zu erhöhen.

• Steigern des Umsatzes

Er möchte, weil er z. B. Unternehmermanager (Vorstand) und damit umsatzbeteiligt ist, den **Unternehmensumsatz steigern.** Wegen des scharfen Wettbewerbs sieht er dabei durch einen Zusammenschluß die Möglichkeit, sein Ziel zu erreichen. Im Großunternehmen kann in der Regel das Verhältnis von eingesetzten Mitteln und daraus sich ergebendem Ertrag günstiger gestaltet werden.

Nicht gewinnbezogene Zielsetzungen

Diese Beweggründe können noch ergänzt werden durch folgende unter Umständen entscheidende Faktoren (Leitmotive: größer, stärker, mächtiger):

- **Das Streben nach Prestige (Wertschätzung in der Öffentlichkeit)**
- **Der Wunsch nach größerer Macht (Stärkung der Machtposition)**

5.5.1.2 Auswirkungen der Unternehmungszusammenschlüsse

Positive Auswirkungen

- **Nutzung des technischen Fortschrittes in der Fertigung**

In großen Unternehmenseinheiten kann der technische Fortschritt schneller produktionskostensenkend und produktivitätssteigernd genutzt werden. Computergestützte Planungssysteme können zur Steuerung von automatischen Fertigungsstraßen eingesetzt werden. Die stärkere Arbeitsteilung erlaubt den Einsatz von Automaten am Fließband. Die Produktionsprogramme der zusammenarbeitenden oder vereinigten Unternehmen können aufeinander abgestimmt werden. Für die Forschung und Entwicklung neuer Produkte stehen ungleich größere Kapitalbeträge zur Verfügung als bei kleineren und mittleren Unternehmen. Die Kostenvorteile der Produktion in großen Serien können genutzt werden.

- **Verbesserung des Vertriebes**

Unternehmen, die sich zusammenschließen, können aus ihren bisher selbständig arbeitenden Vertriebsapparaten eine gemeinsame Vertriebsorganisation schaffen (gemeinsames Kundendienstnetz im In- und Ausland) und dadurch die Vertriebsmöglichkeiten ihrer erweiterten Produktpalette erheblich steigern, ohne daß sich die Kosten im selben Verhältnis erhöhen. Werbung und Marktforschung können wirksamer betrieben werden, die Vertriebsprogramme können so aufeinander abgestimmt werden, daß sie sich ergänzen, dadurch verkaufsfördernd wirken und so das Wachstum der Unternehmen beschleunigen.

- **Verbesserung der Finanzierung**

Zusammengeschlossene Unternehmen können größere Sicherheiten bieten. Sie bekommen deshalb leichter langfristige Kredite. Da sie in der Regel Kapitalgesellschaften sind, können sie auch an den Kapitalmarkt herantreten (z. B. eine Anleihe auflegen). Sie erhalten dadurch die Möglichkeit, langfristige und aufwendige Forschungs- und Entwicklungsvorhaben zu finanzieren. Sie können heute schon den Markt von morgen aufbauen.

- **Qualifizierte Fachkräfte**

Zusammengeschlossene Unternehmen können im Gegensatz zu selbständigen kleineren und mittleren Betrieben hochspezialisierte Fachkräfte für fast alle Teilbereiche des Unternehmens (z. B. Steuerrecht, Patentrecht, Verkaufspsychologie usw.) einstellen und auch auslasten. Dadurch können sie ihre Marktstellung, ihre Rentabilität und Zukunftsträchtigkeit gegenüber anderen spürbar steigern.

Negative Auswirkungen

- **Überhöhte Preise**

Die Marktmacht kann zu einer ungerechtfertigten Erhöhung der Preise mißbraucht werden. Diese Gefahr tritt besonders dann auf, wenn der Marktanteil zusammengeschlossener Unternehmen so groß ist (um 70 %), daß diese Gruppe nahezu Alleinverkäufer (Monopolist) wird. Wettbewerb und freie Preisbildung werden dadurch zum Schaden des Konsumenten erheblich eingeschränkt bzw. aufgehoben. Die durch Unternehmungszusammenschlüsse erzielbaren Größenvorteile werden nicht an den Verbraucher weitergegeben, sondern die über die hohen Preise erzielten Zusatzgewinne werden zu einer weiteren Festigung der Marktmacht benutzt. Der Monopolist[1] kann Angebotsmenge und Preis beliebig festsetzen.

[1] siehe auch Seite 324

- **Aufrechterhalten unwirtschaftlich arbeitender Betriebe**

Darüber hinaus besteht auch die Gefahr, daß unwirtschaftlich arbeitende Betriebe wegen der überhöhten Preise aufrechterhalten werden können, daß Produktivkräfte verschwendet werden, neue Erkenntnisse nicht angewendet werden, obwohl die Produkte dadurch verbessert werden könnten, weil der erhöhte Preis auch ohne Anstrengung die gewünschte Rendite erbringt.

- **Durchsetzung von Gruppeninteressen**

Die starke wirtschaftliche Machtstellung solcher Unternehmungskonzentrationen kann zu einer mißbräuchlichen Einwirkung auf politische und wirtschaftspolitische Entscheidungen benutzt werden. Damit wird unter Umständen eine einseitige Begünstigung dieser Unternehmungsgruppe bewirkt.

5.5.1.3 Notwendigkeit gesetzlicher Rahmenbedingungen

Die Konzentration bringt – wie sich gezeigt hat – nicht von der Hand zu weisende Vorteile für die Unternehmen sowohl auf dem Binnen- als auch auf dem Weltmarkt. Solange die Zusammenballung so verläuft, daß in jedem Produktionszweig mehrere große unabhängige, zusammengeschlossene Unternehmen übrigbleiben, die sich gegenseitig Konkurrenz machen, ist ein Zusammengehen positiv zu beurteilen. Die absolute Obergrenze einer sinnvollen Konzentration von Unternehmen liegt dort, wo durch eine noch weitergehende Zusammenfassung die Wirtschaftlichkeit des Unternehmens nicht mehr verbessert werden kann.

Es liegt deshalb am Gesetzgeber, den nötigen Rahmen zu schaffen, um einen geordneten Wettbewerb zu sichern (Verbot, Genehmigung, Anmeldung von Zusammenschlüssen, Fusionskontrolle u. a.) Dies wird durch das *„Gesetz gegen Wettbewerbsbeschränkungen“* (GWB), auch Kartellgesetz genannt, erreicht.

Wesentliche Lerninhalte

- Der Trend zur **Zusammenarbeit** und zum **Zusammenschluß** von Unternehmen hat sich in den letzten Jahren auf Grund des national wie international härter gewordenen Wettbewerbs erheblich verstärkt.
- Die **Kooperation** kann sich auf alle Bereiche der unternehmerischen Tätigkeit erstrecken, z. B. Forschung, Entwicklung, Beschaffung, Fertigung, Vertrieb, Verwaltung, Personalaus- und -weiterbildung u. a.
- Die **Beweggründe** für dieses Verhalten können *gewinnbezogen* sein, z. B. Verbessern der Rentabilität, der Wirtschaftlichkeit, Steigerung des Umsatzes oder *nicht gewinnbezogen,* z. B. Streben nach mehr Prestige, nach größerer Macht und mehr Einfluß.
- Zusammenarbeit und Zusammenschluß von Unternehmen haben **positive und negative Auswirkungen.** Die Auswirkungen können so lange als positiv beurteilt werden, als der Wettbewerb auf dem Markt dadurch nicht herabgesetzt wird.
- Der Gesetzgeber hat mit dem **Gesetz gegen Wettbewerbsbeschränkungen** den Rahmen geschaffen, um einen geordneten Wettbewerb zu sichern.

Aufgaben zur Sicherung des Lernerfolgs

1 Zeigen Sie an Beispielen der Wirtschaftspraxis, wie Unternehmen kooperieren! Suchen Sie mindestens fünf Beispiele!

2 Analysieren Sie die ermittelten Fälle unter betriebs- und volkswirtschaftlichen Gesichtspunkten!

3 Stellen Sie am Beispiel zweier multinationaler Unternehmen, z. B. einem aus der Mineralöl-, einem aus der Automobilbranche, die Vor- und Nachteile der Unternehmenskooperation dar!

4 Welche politischen – vor allem wirtschafts- und sozialpolitischen – Probleme kann eine zu starke Machtzusammenballung in der Hand einzelner, zusammenarbeitender oder zusammengeschlossener Unternehmen heraufbeschwören?

5.5.2 Formen der Kooperation und Konzentration

Problem

„Kartellamt rügt Preisabsprachen – Millionen-Bußgeld für acht Brauereien
Geldbußen über 1 073 800 DM hat die zweite Beschlußabteilung des Bundeskartellamtes gegen acht deutsche Brauereien sowie gegen zehn Vorstandsmitglieder und Geschäftsführer oder persönlich haftende Gesellschafter wegen Preisabsprache festgesetzt. Der Bußgeldbescheid ist rechtskräftig. Anhaltspunkte für die Preisabsprache hatten sich bei den Ermittlungen gegen die Brauereien ergeben, gegen die das Amt wegen zweier abgesprochener Preiserhöhungen Geldbußen von insgesamt 7 024 000 DM festgesetzt hatte."

Dieses Beispiel zeigt, daß Hersteller gleichartiger Produkte einen harten Konkurrenzkampf führen, sich aber auch einigen und zusammenschließen können. Welche Marktstellung können sie dann erringen? Welche Gefahren können sich aus dieser Marktstellung ergeben?

Sachdarstellung

Zusammenschlüsse von Unternehmen entstehen entweder auf der Grundlage von Verträgen, wie Kartell, Syndikat und Interessengemeinschaft, oder auf Grund von Kapitalbeteiligungen, wie Konzern und Trust.

5.5.2.1 Das Kartell

Kartell ist eine *Vereinbarung zwischen rechtlich und wirtschaftlich selbständig bleibenden Unternehmen* der gleichen Wirtschaftsstufe *mit dem Zweck, den Wettbewerb in Teilbereichen zu beschränken.* Es handelt sich um einen **horizontalen** (= gleiche Wirtschaftsstufe) **Zusammenschluß.** Grundlage ist ein **Kartellvertrag,** in dem die Rechte und Pflichten der beteiligten Unternehmen geregelt sind.

Hauptzweck von Kartellverträgen ist die Beherrschung des Marktes durch Erringen einer Monopol- oder monopolähnlichen Stellung. Die Kartellmitglieder wollen den Wettbewerb in ihrem Wirtschaftszweig völlig beseitigen bzw. so weit wie möglich beschränken, um die Preise erhöhen und dadurch den Gewinn steigern zu können.

Für den Fall einer Vertragsverletzung werden die Mitglieder mit einer **Konventionalstrafe** (= Vertragsstrafe) bedroht.

Ein Kartell ist bestrebt, die ganze betreffende Branche zu umfassen. Unternehmen, die diesem Zusammenschluß nicht angehören, werden entweder durch Einräumung erheblicher Sondervorteile für den Anschluß gewonnen oder als Außenseiter vom Kartell bekämpft. Das Streben jedes Mitglieds nach besonderen Vergünstigungen (z. B. hohen Produktionsquoten) kann zu Spannungen und Austritten oder sogar zur Auflösung des Zusammenschlusses führen.

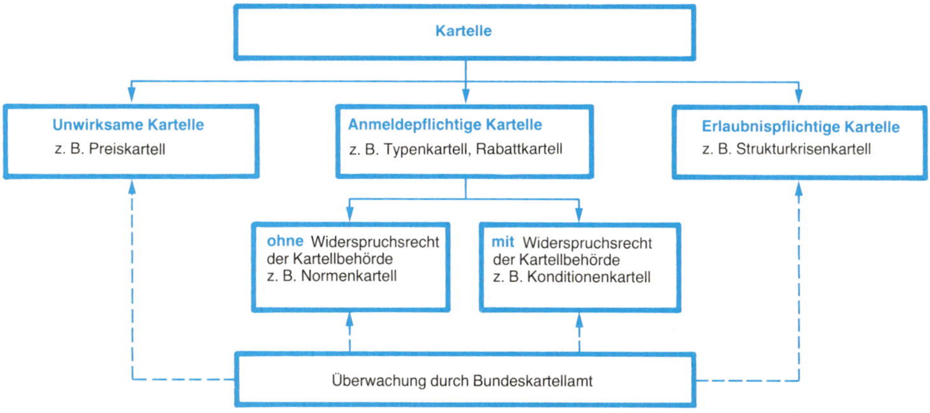

Kartelle widersprechen der wirtschafts- und gesellschaftspolitischen Zielsetzung unserer Wirtschaftsordnung. Sie sind deshalb bei fünf Ausnahmen grundsätzlich verboten. (Gesetz gegen Wettbewerbsbeschränkungen [GWB], EG-Vereinbarungen).

Das Kartellgesetz (GWB) geht vom Verbotsprinzip aus (Unwirksamkeit nach § 1 GWB) und sieht Ausnahmen für bestimmte Vereinbarungen vor.

Folgende **Kartellarten** werden nach dem Gesetz gegen Wettbewerbsbeschränkungen unterschieden:

Kartellarten

Bezeichnung	Von den Mitgliedern wird verlangt	gesetzliche Regelung
• **Preiskartell**	Einheitliche Preisstellung	grundsätzlich verboten
• **Produktionskontingentierungskartell**	Für jedes Mitglied festgesetzte Produktionsmenge (Quote)	grundsätzlich verboten
• **Kalkulationskartell**	Gleichartige Kalkulation	grundsätzlich verboten
• **Gebietskartell**	Absatz nur in dem für jedes Mitglied bestimmten Gebiet	grundsätzlich verboten
• **Syndikat**	Beschaffung oder Vertrieb von Waren über eine gemeinsame Einkaufs- bzw. Verkaufsstelle mit eigener Rechtsform	erlaubnispflichtig
• **Strukturkrisenkartell**	Gleichmäßige Produktionseinschränkung bzw. Anpassung an neue Marktlage	erlaubnispflichtig
• **Rationalisierungskartell**	Einheitliche Rationalisierungsmaßnahmen durch Spezialisierung bzw. Anwendung von Normen oder Typen in den angeschlossenen Betrieben	erlaubnispflichtig
• **Spezialisierungskartell**	Rationalisierung durch Spezialisierung, Wettbewerb muß erhalten bleiben	anmeldepflichtig
• **Konditionenkartell**	Einheitliche Geschäftsbedingungen	anmeldepflichtig
• **Rabattkartell**	Gleichmäßige Rabattgewährung usw.	anmeldepflichtig

(GWB §§ 1 bis 8)

Auch andere wirtschaftliche Zusammenschlüsse können die Preise entscheidend beeinflussen, wenn auch nicht so maßgeblich wie beim branchenumfassenden Kartell.

5.5.2.2 Das Syndikat

Mehrere Unternehmen derselben Branche können sich zusammenschließen, um ihren Absatz oder Einkauf durch Vertrag zu zentralisieren. Dieses Kartell, meist in die Form einer GmbH gekleidet, wird als Syndikat bezeichnet. Diese gemeinsamen Beschaffungs- oder Vertriebseinrichtungen (Einkaufs-, Verkaufskontore) sind Sonderformen des Rationalisierungskartells. Sie sind nur erlaubt, wenn die Rationalisierung auf andere Weise nicht erreicht werden kann und diese im Interesse der Allgemeinheit erwünscht ist [GWB § 5 (3)]. **Beispiele:** Kohlensyndikat, Kalisyndikat.

Syndikate treten oft als *Doppelgesellschaften* auf. Dabei schließen sich die Unternehmen zu einer *Gesellschaft des bürgerlichen Rechts* zusammen, die mit einer ihr als Organ nach außen dienenden *GmbH* verbunden ist. Das Syndikat verteilt die Aufträge nach festgelegten Quoten auf die Mitglieder. Diese Quoten können auch Grundlage für die Verteilung des Reingewinns sein.

Der *Vorteil* des Syndikats besteht darin, daß sich der Produzent auf die Herstellung konzentrieren kann und die Beschaffungs- bzw. Absatzprobleme vom Syndikat gelöst werden. Die Konkurrenz wird durch die starke Marktposition des Syndikats gemindert. Kostenvorteile werden durch gemeinsame Werbung, Absatzpolitik und zweckmäßige Auftragsverteilung erzielt. Nachteilig ist, daß die dem Syndikat angeschlossenen Betriebe den direkten Kontakt zum Abnehmer und damit zum Markt verlieren.

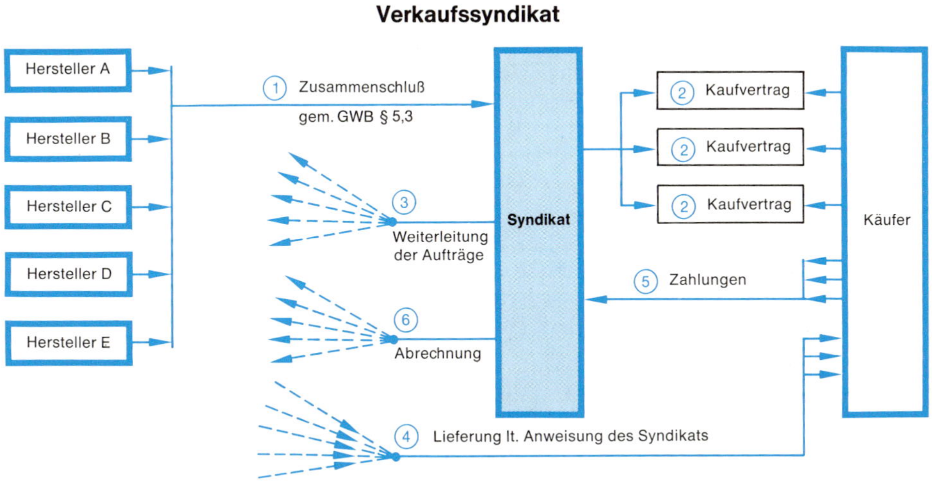

5.5.2.3 Die Interessengemeinschaft

Sie ist ein **horizontaler** Zusammenschluß rechtlich selbständig bleibender Unternehmen (meist als BGB-Gesellschaft), der die *wirtschaftliche Selbständigkeit in höherem Maße einschränkt als dies beim Kartell geschieht.* Nicht gegenseitiger Beteiligungsbesitz (wie beim Konzern, siehe unten!) steht hier im Vordergrund, sondern es geht um Vereinbarungen zwischen den Betrieben über gemeinsame Verwaltung, Produktion, Rationalisierung, Patentauswertung, gegenseitige Abnahme von Lieferungen u. a. Die beteiligten Unternehmen bilden häufig eine Gewinn- und Verlustgemeinschaft. Dies ist z. B. der Fall, wenn sie die erwirtschafteten Gewinne in einer gemeinsamen Kasse sammeln und dann vertragsgemäß nach festgelegten Schlüsseln verteilen (Gewinnpoolung).

5.5.2.4 Der Konzern

Konzern ist die Bezeichnung für die Zusammenfassung einer Gruppe juristisch selbständiger Unternehmen unter einer einheitlichen Leitung (AktG § 18). Die wirtschaftliche Eigenständigkeit der beteiligten Unternehmen wird völlig aufgegeben. Die Konzernleitung bestimmt allein.

Stehen Konzernunternehmen einander gleichberechtigt gegenüber, liegt ein *Gleichordnungskonzern* vor, bildet die Spitze eine Obergesellschaft, welche die Untergesellschaften beherrscht, handelt es sich um einen *Unterordnungskonzern.*

Ein **horizontaler** Konzern liegt vor, wenn die Konzernunternehmen der gleichen Produktionsstufe, ein **vertikaler** Konzern, wenn sie verschiedenen Produktionsstufen angehören. In der Praxis kommen meist Mischformen vor.

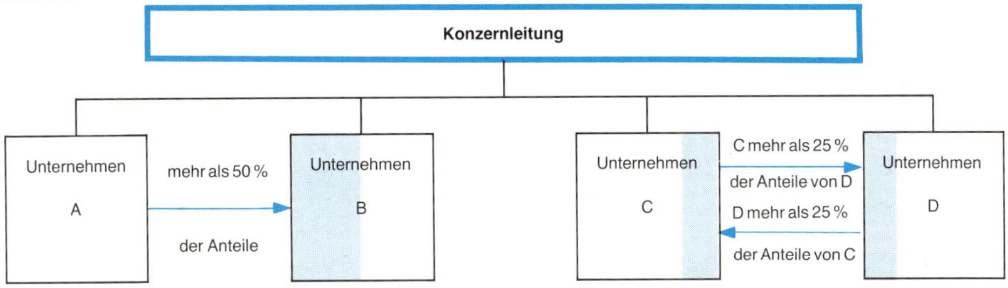

A ist mit Mehrheit an B beteiligt, B steht in Mehrheitsbeteiligung von A. C und D sind wechselseitig beteiligte Unternehmen. Sofern von den 15 Aufsichtsratsmitgliedern von D 8 im Aufsichtsrat von C sitzen, ist C, das von D abhängige und D das herrschende Unternehmen im Sinne des GWB.

Das Zusammengehen verfolgt im Gegensatz zum Kartell gewöhnlich nicht das Ziel, den Markt zu beherrschen, sondern den technischen Produktionsablauf so zu rationalisieren, daß die Wirtschaftlichkeit steigt. Die Konzernmitglieder sind durch Austausch von Aktien und Aufsichtsratsmitgliedern eng miteinander verbunden. Im Falle einer **Organschaft,** d. h. einer so starken Unterordnung, daß die angegliederten Firmen keinen eigenen Willen mehr haben, bleiben Konzernumsätze steuerfrei. Werden gegen eine entsprechende Beteiligung Aktien an eine Dachgesellschaft (oft in der Rechtsform einer GmbH) übertragen, so bezeichnet man diese als **Holding-Gesellschaft.** *Beispiel:* Deutsche Beteiligungsgesellschaft mbH.

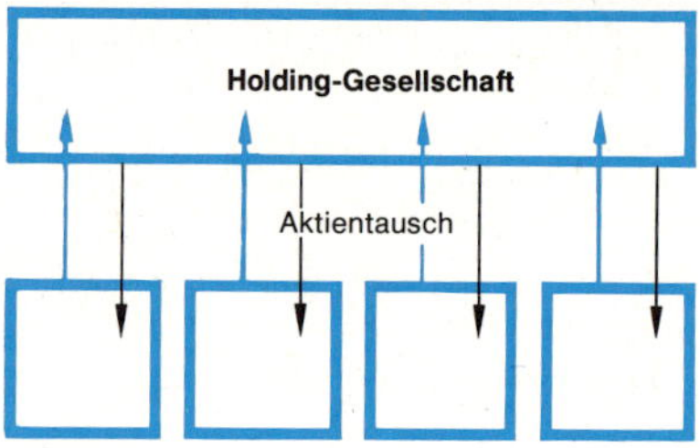

5.5.2.5 Der Trust

Der Trust ist ein Zusammenschluß von zwei oder mehreren Unternehmen bei Aufgabe ihrer wirtschaftlichen und rechtlichen Selbständigkeit unter einer gemeinsamen Unternehmensleitung. Das Aufgehen verschiedener Unternehmen in **einem** Unternehmen bezeichnet man als **Fusion** (= Verschmelzung AktG §§ 339–358). Fusionsziele sind in der Regel: Verbesserung der Marktstellung bis zur Marktbeherrschung, Rationalisierung, Kostensenkung und Wettbewerbsfähigkeit auf internationalen Märkten. Die Fusion kann erfolgen durch:

- **Aufnahme von Unternehmungen,** d. h. die anzugliedernden Unternehmen werden durch Vermögensübertragung als Ganzes in eine bestehende Gesellschaft (AG) gegen Überlassen von Aktien dieses Unternehmens aufgenommen.
- **Neubildung einer Unternehmung,** d. h. es wird eine neue Gesellschaft (AG) gebildet, auf die das ganze Vermögen der sich verschmelzenden Gesellschaften gegen Überlassen von Aktien der Dachgesellschaft übergeht.

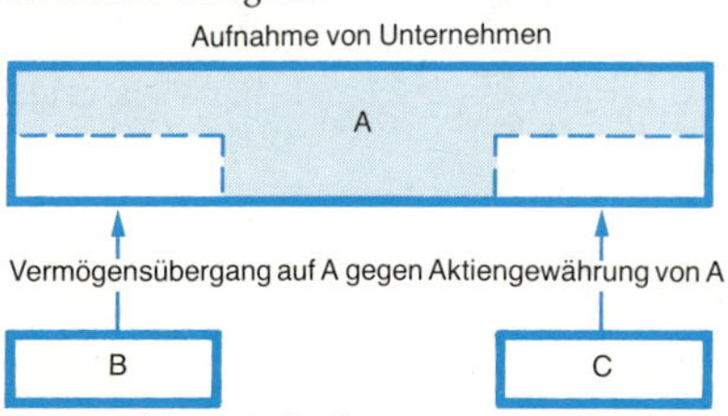

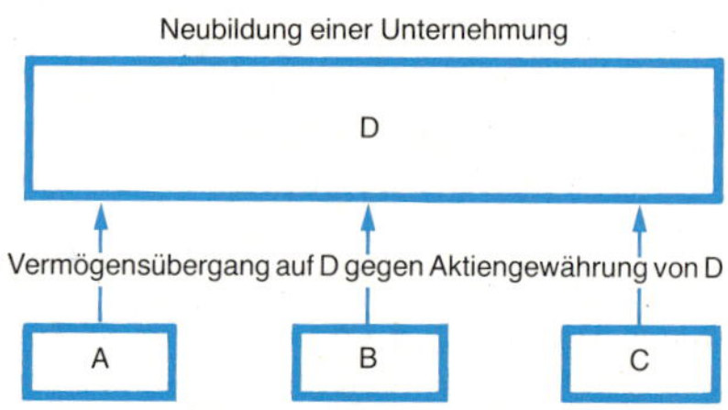

Dabei entsteht, meist in der Form der AG, eine einzige Riesenunternehmung, der Trust. Die für alle untergeordneten Teile (Betriebe) gemeinsame Leitung und finanzielle Führung hat häufig eine Holding-Gesellschaft inne. Der Trust kann **horizontal** (gleiche Produktionsstufe) oder **vertikal** (verschiedene Produktionsstufen) gegliedert sein.

Wesentliche Lerninhalte

- Unternehmen können durch **Zusammenschlüsse auf dem Markt** eine Monopol- oder monopolähnliche Stellung erzielen und dadurch besonders die Preise entscheidend beeinflussen.
- Die Zusammenschlüsse können auf **vertraglicher Grundlage unter Beibehaltung der wirtschaftlichen und rechtlichen Selbständigkeit** vereinbart werden, wie dies beim **Kartell** der Fall ist.
- Die Unternehmungszusammenschlüsse können aber auch durch **Kapitalbeteiligung unter teilweiser,** wie dies beim **Konzern** der Fall ist, oder **gänzlicher Aufgabe der rechtlichen und wirtschaftlichen Selbständigkeit** herbeigeführt werden, wie dies beim **Trust** geschieht.
- Das **Syndikat** zentralisiert Absatz oder Einkauf gleichartiger Betriebe in Form eines Kartells.
- Beim Syndikat ist unter Umständen die **Gefahr einer monopolistischen Marktbeherrschung** gegeben.

- Nach dem **Gesetz gegen Wettbewerbsbeschränkungen (Kartellgesetz)** sind Vereinbarungen zur Beschränkung des Wettbewerbs rechtsunwirksam, soweit sie das Gesetz nicht ausdrücklich erlaubt, z. B. Konditionenkartelle, Rabattkartelle, oder die Kartellbehörde auf Antrag dazu die Erlaubnis erteilt, z. B. bei Rationalisierungskartellen, Aus- oder Einfuhrkartellen.

- **Vergleichende Übersicht über Unternehmungszusammenschlüsse**

Art des Unternehmungszusammenschlusses	**Selbständigkeit der beteiligten Unternehmen**		**Richtung des Zusammenschlusses**	**Marktstellung**
	in wirtschaftlicher Hinsicht	in rechtlicher Hinsicht		
Kartell (z. B. Rabattkartell der Spirituosenindustrie)	wenig eingeschränkt	erhalten (vertragliche Bindung)	horizontal	Marktbeherrschung
Interessengemeinschaft (z. B. Pool von Schiffslinien)	stärker eingeschränkt	erhalten (vertragliche oder kapitalmäßige Bindung)	horizontal	verstärkter Markteinfluß bis zur Marktbeherrschung angestrebt
Konzern (z. B. Siemens AG)	aufgegeben	erhalten (kapitalmäßige Bindung)	vertikal (evtl. horizontal)	verstärkter Markteinfluß angestrebt
Trust (z. B. Schwedische Kugellagerfabriken)	aufgegeben	aufgegeben (kapitalmäßige Bindung)	horizontal – vertikal	Marktbeherrschung angestrebt

(AktG § 15 ff.; GWB § 23)

Aufgaben zur Sicherung des Lernerfolgs

1 Welche Gefahren drohen einer Volkswirtschaft durch Preis- und Gebietskartelle?

2 Was hat den Gesetzgeber dazu bewogen, Konditionenkartelle nur anmeldepflichtig, Rationalisierungskartelle aber erlaubnispflichtig zu machen?

3 a) Welche Konsequenzen ergeben sich aus folgender Zeitungsmeldung für Einzel-, Großhandel und Konsumgüterindustrie sowie für die Verbraucher?
„Der fortschreitenden Konzentration im Einzelhandel fallen in der Bundesrepublik jährlich ca. 10 000 Einzelhandelsunternehmen zum Opfer, meist mittelständige Unternehmen. Der Tante-Emma-Laden um die Ecke gibt auf, vor den Städten entstehen riesige Einkaufszentren!"
b) Welcher Trend zeichnet sich neuerdings ab?

4 Analysieren Sie die obige Meldung unter gesellschaftspolitischen Gesichtspunkten, z. B. der Strukturveränderung in den Städten!

5 Studieren Sie das GWB und stellen Sie fest:
a) Wer erteilt die Erlaubnis für Sonderkartelle?
b) Wann wird nach dem Gesetz vermutet, daß ein Unternehmen marktbeherrschend ist?

c) Was gilt nach dem GWB als Zusammenschluß?
d) Was sind Markenwaren nach dem GWB?

Siehe hierzu auch Kapitel 11.1 Marktbeeinflussung durch Zusammenarbeit und Zusammenschluß.

6 Suchen Sie jeweils drei Beispiele aus der Wirtschaft für einen Konzern, ein Kartell, einen Trust, eine Holding! Versuchen Sie sich durch das Studium der Wirtschaftsnachrichten ein ungefähres Bild der Marktstellung und der Macht dieser Unternehmen zu machen. Diskutieren Sie darüber mit Ihren Kollegen!

5.6 Aufgaben des Staates in der Sozialen Marktwirtschaft zur Erhaltung des Wettbewerbs (Staatliche Wettbewerbspolitik)

Problem

Wettbewerb darf nicht behindert werden

Der Wirtschaftsminister erwägt gesetzlich genau konkretisierte Vorkehrungen, um ein Vordringen von Großunternehmen auf mittelständische Märkte schon dann untersagen zu können, wenn durch Zusammenschlüsse marktbeherrschende Stellungen noch nicht unmittelbar erreicht werden. Man dürfe es, selbst wenn man die Notwendigkeit der Förderung der Marktchancen kleiner und mittlerer Unternehmen anerkennt, nicht zulassen, daß das Kartellgesetz in einen falsch verstandenen Mittelstandsschutz abgleitet.

Auch der bayerische Wirtschaftsminister Anton Jaumann meinte, die Mittelstandsförderung dürfe nicht Schutzzäune vor Wettbewerb oder Veränderungen errichten. Im Energiebereich dürften deshalb keine Maßnahmen getroffen werden, die die Flexibilität und die Anpassungsfähigkeit der Wirtschaft behindern. Die derzeitigen Probleme unserer Volkswirtschaft könnten am besten durch eine Steigerung der Produktivität bewältigt werden.

Welche Auswirkungen haben die erwogenen Maßnahmen auf den Wettbewerb? Wie wird der Staat überhaupt seiner Aufgabe als Hüter des Wettbewerbs in der sozialen Marktwirtschaft gerecht?

Sachdarstellung

Das Grundgesetz für die Bundesrepublik Deutschland bestimmt, daß unsere freiheitliche Ordnung geprägt wird von

- der Freiheit der Person (GG Art. 2) und
- der sozialen Gerechtigkeit (GG Art. 20, Art. 28.1).

Die Freiheit der Person umschließt die *Vertragsfreiheit* und das Recht auf *Privateigentum am Produktivvermögen.* Die soziale Gerechtigkeit zielt auf die Beseitigung gesellschaftlicher Benachteiligung, Förderung sozialer Vorsorge und Befriedigung gesellschaftlicher Gegensätze.

Die freiheitliche Ordnung ist aber davon bedroht, daß der Gebrauch der Freiheit und die Nutzung des eigenen Vermögens die Tendenz in sich bergen, daß einzelne allein oder zusammen mit anderen wirtschaftliche Machtstellungen aufbauen. Dadurch wollen sie sich Sondergewinne sichern, das Risiko des Wettbewerbs einschränken oder ganz ausschalten und u. U. sogar erheblichen politischen Einfluß gewinnen. Dieser könnte zu einer Gefährdung der freiheitlichen Ordnung selbst führen. *Beispiel:* Die Marktmacht der Großabnehmer mittelständischer Zulieferer bewirkt, daß der Abnehmer dem Lieferer seine Einkaufsbedingungen aufzwingen kann.

Deshalb bedarf die soziale Marktwirtschaft einer rechtlichen Absicherung durch den Staat. Öffentliche Meinung und völlig freier, ungehemmter Wettbewerb reichen als Kontroll- und Lenkmechanismen zur Aufrechterhaltung der freiheitlichen Ordnung mit sozialem Gepräge im Wirtschaftsleben nicht aus.

5.6.1 Ziele staatlicher Wettbewerbspolitik

Die Ziele unserer freiheitlichen, am Prinzip der sozialen Gerechtigkeit orientierten Wirtschafts- und Sozialordnung sind:

- Im **Bereich der Ordnungspolitik**
  - Leistungswettbewerb,
  - Sozialstaatlichkeit;
- Im **Bereich der Konjunkturpolitik**
  - Vollbeschäftigung,
  - Preisstabilität,
  - Wachstum,
  - außenwirtschaftliches Gleichgewicht;
- Im **Bereich der Strukturpolitik**
  - bestmögliches Zusammenspiel der Produktionsfaktoren der einzelnen Branchen und Räume der Wirtschaft.

Ziel der Wettbewerbspolitik kann deshalb nur sein: Dem Leistungswettbewerb, der in einer arbeitsteiligen Marktwirtschaft Unternehmer und Arbeitnehmer anspornen soll, um Initiativen freizusetzen, muß ein *möglichst großer Freiraum* gewährt werden.

Leistungswettbewerb sollte überall dort geduldet, ermöglicht und u. U. erzwungen werden, wo die Aufgaben der Gesellschaft dies zulassen.

Ziel der Sozialstaatlichkeit muß es deshalb sein, daß die Möglichkeiten und Gefahren, die im Gewähren größtmöglicher Freiheit und freien Wettbewerbs liegen, nicht dazu führen, daß einzelne Unternehmer oder ganze Gruppen von Unternehmen ungerechtfertigt begünstigt oder benachteiligt werden. Das bedeutet, daß der Staat durch entsprechende Maßnahmen dafür sorgen muß, daß die freie Preiskonkurrenz erhalten bleibt und der Wettbewerb nicht durch Tendenzen der Vermachtung ganz oder teilweise eingeschränkt wird. Hierzu gehören auch Maßnahmen, die gegebenenfalls den Wettbewerb verschärfen.

Die ordnungspolitischen Maßnahmen des Staates – auf die stets auch die konjunktur- und strukturpolitischen Ziele und Maßnahmen zurückwirken – zielen deshalb auf eine bestmögliche Abstimmung von

- marktwirtschaftlichen Freiheitsrechten und
- sozialen (= auf das Gesellschaftsganze bezogene) Bindungen

zur Aufrechterhaltung der angestrebten Ordnung ab.

5.6.2 Maßnahmen staatlicher Wettbewerbspolitik

Die Ordnung des Wettbewerbs ist in der Bundesrepublik Deutschland im **Gesetz gegen Wettbewerbsbeschränkungen (GWB = Kartellgesetz)** in der Fassung vom 20. Februar 1990 festgelegt.

Dieses Gesetz bestimmt die Maßnahmen, welche den Mißbrauch wirtschaftlicher Macht verhindern und einen lauteren, fairen, nach strengen Regeln ablaufenden Wettbewerb sichern sollen.

5.6.2.1 Horizontale Wettbewerbsbeschränkungen nach den Kartellrechtsregeln

Das Recht der horizontalen Wettbewerbsbeschränkungen erklärt Verträge zwischen Unternehmen für unwirksam, soweit sie geeignet sind, die Erzeugung oder die Marktverhältnisse für den Verkehr mit Waren oder gewerblichen Leistungen durch Beschränkung des Wettbewerbs zu beeinflussen (= Kartellverträge; GWB § 1). Dies gilt nicht, soweit in diesem Gesetz etwas anderes bestimmt ist (Kartellverbot).

Das Kartellverbot leitet seine Berechtigung aus der Tatsache her, daß Kartelle die Marktgegebenheiten und die Produktionsbedingungen in einer Weise beeinflussen können, die den Zielen der Ordnungspolitik widerspricht. Solche unerwünschten Einflüsse der Kartelle können z. B. sein:

- Verlangen und Durchsetzen überhöhter Preise auf Grund von Preisabsprachen,
- Beschränkung der Produktauswahl für den Verbraucher,
- Verminderung der Marktversorgung,
- Verzögerung der Durchsetzung des technischen Fortschritts,
- Aufrechterhaltung unwirtschaftlicher Betriebe,
- Aufbauen von Barrieren gegen neue Konkurrenten.

Kartelle sind zwar grundsätzlich verboten, aber Ausnahmen können erteilt werden (GWB §§ 2–8).

Unter diese Regelungen fallen

- die *anmeldepflichtigen Verträge,* z. b. Konditionen- und Rabattkartelle;
- die *erlaubnispflichtigen Verträge,* z. B. Rationalisierungskartelle;
- Verträge, die aus Gründen des Gemeinwohls und der Gesamtwirtschaft die Beschränkung des Wettbewerbs erfordern, z. B. Energiesicherungskartell.

Kartelle die unter den **Erlaubnisvorbehalt** fallen, werden, nachdem sie wirksam geworden sind, in das Kartellregister eingetragen (GWB §§ 2–8). Sie stehen ab dann unter der Mißbrauchsaufsicht des Kartellamts (GWB § 9).

Absprachen über Preise und Mengen angebotener Güter sind nach dem Gesetz Ordnungswidrigkeiten. Das Bundeskartellamt in Berlin überwacht die Einhaltung des Gesctzes, deckt Verstöße auf und verhängt entsprechende Geldbußen (GWB § 38). Zweck des Bußgeldes ist es, eine abschreckende Wirkung zu erzielen, indem einmal die Absprache zu einem unwirtschaftlichen Geschäft wird und zum anderen auch eine entsprechend negative Wirkung für die beteiligten Unternehmen in der Öffentlichkeit entsteht.

Anmeldungen und Anträge auf Genehmigung von Kartellen werden im Bundesanzeiger bekanntgemacht (GWB § 10).

5.6.2.2 Fusionskontrolle

Der Zusammenschluß von Großunternehmen, z. B. durch Vermögenserwerb, Erwerb von mindestens 25 % des Aktienkapitals, durch Unternehmensverträge oder personelle Verflechtungen, muß dem Bundeskartellamt unverzüglich angezeigt werden. Die Kontrolle bezieht sich auf Unternehmenszusammenschlüsse, bei denen der Umsatz aller beteiligten Betriebe 500 Millionen DM im Jahr beträgt oder übersteigt. Liegt der gemeinsame Umsatz über 2 Mrd.

DM, ist bereits das Fusionsvorhaben anzumelden. Ausgenommen sind allerdings Fälle, in denen sich Unternehmen bis zu 50 Millionen DM Jahresumsatz einem Großunternehmen unter 1 Milliarde DM Jahresumsatz anschließen (Mittelstandsklausel). Übersteigt der Jahresumsatz des Großunternehmens 1 Milliarde DM, so liegt die Grenze für die Freistellung von der Zusammenschlußkontrolle bei 4 Millionen DM (GWB § 24).

Solche Unternehmenszusammenschlüsse können untersagt werden, wenn

- dadurch eine marktbeherrschende Stellung des Unternehmens entsteht oder diese verstärkt wird,
- die beteiligten Unternehmen nicht nachweisen, daß durch den Zusammenschluß eine Verbesserung der Wettbewerbsstruktur am Markt eintritt.

Der Bundeswirtschaftsminister kann den Zusammenschluß dennoch genehmigen, wenn die Wettbewerbsbeschränkung durch gesamtwirtschaftliche Vorteile aufgewogen wird (Ausnahmeregelung).

Die Wirksamkeit der Fusionskontrolle besteht nicht bloß in der Untersagung von Zusammenschlüssen, sondern bereits im Vorfeld, indem fusionswillige Unternehmen abgeschreckt werden.

Andererseits ermöglicht es die Lücke, die die sogenannte *Mittelstandsklausel* im Gesetz bietet, großen Unternehmen, die Fusionskontrolle legal zu unterlaufen, indem sie nach und nach kleinere und mittlere Unternehmen mit Jahresumsätzen, die unter 50 Millionen liegen, aufkaufen.

Das Kartellgesetz legt deshalb die Kontrollfreigrenze in bestimmten Fällen auf 4 Mio. DM fest. Damit wurden rund 80% der früher kontrollfreien zu kontrollpflichtigen Übernahmen gemacht. Die Nachteile, die durch die bisherige Entwicklung der Serienaufkäufe für den Verbraucher eintraten, werden so weitgehend verhindert. Dazu gehören z.B. Verengung der Auswahlmöglichkeit bei Erzeugnissen, Mengen, Qualitäten und Preisen sowie Ausdehnung des Markt- und Einflußbereiches mit der Gefahr des Mißbrauchs durch die entstandenen Großunternehmen.

5.6.2.3 Mißbrauchsaufsicht über marktbeherrschende Unternehmen

Marktbeherrschende Unternehmen sind Unternehmen, die auf dem Markt für eine bestimmte Art von Waren oder gewerblichen Leistungen keinen oder keinen wesentlichen Konkurrenten haben oder auch eine überragende Marktstellung einnehmen. Sie können diese Stellung zum Fordern überhöhter Preise, zum Verdrängen von Mitwettbewerbern, zur Knebelung bei den Geschäftsbedingungen, zu Liefersperren u.a. mißbräuchlich ausnutzen. Der Besitz einer marktbeherrschenden Stellung ist in der Bundesrepublik Deutschland nach dem GWB erlaubt.

Das Kartellgesetz schreibt hier eine Mißbrauchsaufsicht vor und ermöglicht den Kartellbehörden, marktbeherrschenden Unternehmen ihr mißbräuchliches Verhalten zu untersagen und geschlossene Verträge erforderlichenfalls für unwirksam zu erklären (GWB § 22, Abs. 5).

Allerdings ist die Mißbrauchsaufsicht ausschließlich auf das zukünftige Verhalten abgestellt. Vergangenes kann nicht geahndet werden. Nur Verhalten, das die Zukunft betrifft, kann vorgeschrieben werden. Hier setzen auch die schärferen Maßnahmen der neu gefaßten Vorschriften des Gesetzes an, z. B. Vermutung einer marktbeherrschenden Stellung, Verbot der Beeinträchtigung durch Bezugs- oder Liefersperren, Verbot der Ausnutzung der Marktstellung für das Gewähren nicht berechtigter Vorzugsbedingungen (GWB §§ 23 a; 26,3).

- **Mißbrauch durch abgestimmtes Verhalten (Kartellersatz)**

Geheime Absprachen zwischen einzelnen Unternehmen zum Nachteil des Verbrauchers – die sog. „Frühstückskartelle" – sind verboten. Nicht erlaubt ist ferner, durch Androhen von Nachteilen oder Einräumen von Vorteilen Druck auszuüben, um solch gesetzwidriges Verhalten zu erreichen (GWB § 25, Verbot abgestimmten Verhaltens).

Ein solches Verhalten läge z. B. vor, wenn alle Friseure eines Innungsbezirks sich über den Preis für Haareschneiden, Waschen und Legen absprächen oder die Mineralölgesellschaften sich über den Preis für Normalbenzin verständigten.

In der Praxis ist es allerdings außerordentlich schwierig, daß das Kartellamt das Bestehen solcher Absprachen nachweisen bzw. es von einem durch den Wettbewerb erzwungenen Verhalten unterscheiden kann.

- **Mißbrauch der Preisbindung der „zweiten Hand" und der unverbindlichen Preisempfehlungen**

Im Falle der Preisbindung der zweiten Hand verpflichtet der Hersteller den Händler, die von ihm gelieferte Ware nur zu dem festgelegten Preis zu verkaufen. Solche vertikalen Preisbindungen sind nichtig (GWB § 15). Dem Hersteller ist es untersagt, dem Händler vorzuschreiben, zu welchem Preis er die Ware an den Verbraucher verkaufen soll. Eine Ausnahme besteht nur für Verlagserzeugnisse (bei Tabakwaren aus steuerlichen Gründen). Sie müssen, wenn sie der Preisbindung unterworfen werden sollen, beim Bundeskartellamt angemeldet werden (siehe auch S. 327).

Zulässig sind aber **unverbindliche Preisempfehlungen** für alle Waren. Sie treten auf als Verbraucher- und als Händlerpreisempfehlung (nicht für den Verbraucher bestimmt). Mit sogenannten Mondpreisen ist hier vielfach Mißbrauch getrieben worden. Das Kartellamt fordert in diesen Fällen die Hersteller auf, die festgestellten Mißbräuche durch Absenken der empfohlenen Preise und damit der Handelsspannen oder durch Aufgeben der Preisempfehlung ganz abzustellen. Allerdings konnte das Bundeskartellamt in den letzten Jahren über die Mißbrauchsaufsicht so viele Preisempfehlungen zu Fall bringen, daß viele Branchen diese Empfehlungen ganz aufgegeben haben. Dennoch bleibt die Preisempfehlung umstritten.

Kein Verstoß gegen das Verbot der Preisempfehlung sind allerdings die sogenannten *„Mittelstandsempfehlungen"* (GWB § 38 Abs. 2, Nr. 1). Diese verschaffen kleineren und mittleren Unternehmen die Möglichkeit, durch gemeinsame Werbeaktionen, bei denen auch einheitliche Preise, z. B. für Möbel, Schuhe u. a. genannt werden, ihre Leistungsfähigkeit gegenüber Großunternehmen unter Beweis zu stellen. Auch diese Preise sind unverbindlich, wenngleich nach außen häufig ein anderer Eindruck erweckt wird. Im Interesse der Förderung der mittelständischen Wirtschaft wird dies aber in Kauf genommen.

- **Mißbrauch von Konditionenempfehlungen**

Wirtschafts- und Berufsvereinigungen müssen Empfehlungen über die *einheitliche Anwendung Allgemeiner Geschäftsbedingungen* beim Bundeskartellamt anmelden.

Das Kartellamt prüft die vorgelegten Allgemeinen Geschäftsbedingungen auf ihre Vereinbarkeit mit dem Gesetz (GWB § 38 Abs. 2, Nr. 3). Es achtet ferner darauf, daß kein Mißbrauch in der Weise getrieben wird, daß ein Vertragspartner eine bessere Rechtsposition erhält. Es sorgt dafür, daß Ausgewogenheit der Rechte und Pflichten herrscht. Allerdings überprüft es nicht die generelle Vereinbarkeit mit dem „Gesetz zur Regelung des Rechts der Allgemeinen Geschäftsbedingungen" (AGBG). Nur offensichtliche Verstöße gegen Gesetze und Verordnungen zum Schutze des Verbrauchers werden beanstandet, z. B. Verstöße gegen UWG, Zugabeverordnung u. a.

- **Mißbrauch der Nachfragemacht**

Alle bisher erörterten Maßnahmen unterstellen den *Mißbrauch der Angebotsmacht.* Seit sich in der Bundesrepublik Deutschland aber viele Teilmärkte vom Verkäufer- zum Käufermarkt gewandelt haben, gewann die *Nachfrageseite erhebliche Marktmacht.* Insbesondere marktstarke Nachfrager im Handel, z. B. Kaufhausketten, wenden gegenüber der Industrie nicht selten Diskriminierungsmaßnahmen an, um zu Sonderbedingungen zu kommen.

Besonders wird die Marktmacht eingesetzt, um Sonderrabatte in unterschiedlicher Höhe und der verschiedensten Art, Verlängerung der Zahlungsziele, Zahlung von „Eintrittsgeldern" zur Aufnahme ins Sortiment, von Zuschüssen zu Werbefeldzügen u. a. zu erreichen und um kleinere und mittlere Wettbewerber zu behindern.

Die Marktmacht wird hier zur Ausbeutung des marktschwächeren Anbieters mißbraucht. Die Kartellbehörde kann aber die Mißbräuche machtbedingter Wettbewerbsbehinderungen unterbinden (GWB §§ 23a; 26,2; 26,3 u. a.). Für das Bundeskartellamt ist es hierbei besonders schwierig einzugreifen, weil nicht selten die unterdrückten Lieferanten aus Furcht, die Aufträge zu verlieren, nicht bereit sind, Beweismaterial vorzulegen.

Neben dem GWB, das die Existenz des Wettbewerbs sichern soll, gibt es noch weitere Gesetze, die den Wettbewerb schützen wollen:

- Gesetz gegen den unlauteren Wettbewerb,
- Rabattgesetz,
- Zugabeverordung,
- Warenzeichengesetz,
- Patentgesetz.

Sie sollen für einen fairen Wettbewerb sorgen.

Alle Maßnahmen des Staates in unserer sozialen Marktwirtschaft, den Wettbewerb zu erhalten, kommen mittelbar oder unmittelbar dem Verbraucher zugute; denn der wirksame Wettbewerb, in dem die wirtschaftliche Macht in vernünftigen Grenzen gehalten wird, sorgt für größtmögliche Leistungssteigerung und bestmögliche Versorgung des Verbrauchers.

Wesentliche Lerninhalte

Soziale Marktwirtschaft

↓

geprägt von

Freiheit der Person — sozialer Gerechtigkeit

↓

deshalb

↓

Ziele der staatlichen Wettbewerbspolitik

Leistungswettbewerb ← Ausgewogenheit → **Sozialstaatlichkeit**

↓

Maßnahmen:

- horizontale Wettbewerbsbeschränkungen (Kartellverbot mit Erlaubnisvorbehalt)
- Fusionskontrolle bei Großunternehmen
- Mißbrauchsaufsicht im Falle des Mißbrauchs der

Angebotsmacht
→ bei marktbeherrschenden Unternehmen,
→ bei abgestimmtem Verhalten (Kartellersatz),
→ bei Preisbindung und unverbindlicher Preisempfehlung,
→ bei Konditionenempfehlungen.

Nachfragemacht
→ bei Diskriminierungen
→ bei Behinderungen

↓

Überwachung: Kartellbehörden des Bundes und der Länder

↓

Zweck:

Sicherung eines wirksamen Wettbewerbs

Aufgaben zur Sicherung des Lernerfolgs

1 Welche Gründe rechtfertigen die Kontrolle wirtschaftlicher Macht durch den Staat?

2 Welche Ziele prägen die freiheitliche Grundordnung der Bundesrepublik Deutschland?

3 Welche Aufgaben übernimmt der Staat in der sozialen Marktwirtschaft, um den Wettbewerb aufrecht zu erhalten?

4 Warum ist man in unserer Wirtschaftsordnung so bemüht, einen fairen, lauteren, nach strengen Regeln ablaufenden Wettbewerb aufrechtzuerhalten?

5 Was bewirken Maßnahmen zur horizontalen Wettbewerbsbeschränkung?

6 Wie versucht das Bundeskartellamt, mißbräuchlich überhöhte Preise zu ermitteln, die sich aus der marktbeherrschenden Stellung eines Unternehmens ergeben? Welche Probleme treten dabei auf?

7 Wann wird nach dem Gesetz über Wettbewerbsbeschränkungen vermutet, daß ein Unternehmen eine marktbeherrschende Stellung hat (GWB § 22)?

8 Was will die staatliche Wettbewerbspolitik mit der Fusionskontrolle bewirken (GWB § 24)?

9 Was ist zu verstehen unter: abgestimmtem Verhalten, Diskriminierungsmaßnahmen?

10 Mit welchen Schwierigkeiten hat das Bundeskartellamt zu kämpfen, wenn es Maßnahmen gegen den Mißbrauch der Nachfragemacht ergreifen möchte?

11 Warum plädiert der Wirtschaftsminister (siehe Problem Seite 338) dafür, den Begriff der Marktbeherrschung nicht von der Fusionskontrolle „abzukoppeln"?

12 Welcher Konflikt besteht zwischen Mittelstandsförderung bzw. Mittelstandsschutz und den nach dem Kartellgesetz zu treffenden Maßnahmen (vgl. auch Problem Seite 338)?

5.7 Notwendigkeit besonderer Maßnahmen zum Schutz des Verbrauchers

Problem

1. Die Preisbindung für Markenartikel ist abgeschafft. Empfohlene Preise sind nicht mehr verbindlich. (Ausnahme: Bücher und Zeitschriften)
2. Alle Händler und Anbieter von Dienstleistungen müssen ihre Preise deutlich auszeichnen bzw. aushängen.
3. „Krumme Gewichte" und „Mogelpackungen", die „viel" vortäuschen, wo „wenig" drin ist, sind verboten, damit wir alle besser vergleichen und preisgünstig einkaufen können.
4. Geldinstitute sind verpflichtet, für alle angebotenen Kredite den „effektiven Jahreszins" zu nennen.

Inwiefern wird der Verbraucher durch diese und ähnliche Maßnahmen geschützt?

Sachdarstellung

5.7.1 Verbraucherschutz – Verbraucherberatung

5.7.1.1 Wesen des Verbraucherschutzes

Der Konsument nimmt in der freiheitlichen Ordnung der sozialen Marktwirtschaft eine besondere Stellung ein. Mehr als 50 % des Sozialproduktes geben die Verbraucher jährlich aus. Gebündelt stellt das eine gewaltige Wirtschaftsmacht dar. In der Praxis tritt der Verbraucher aber gegenüber Produzenten und Anbietern allein oder nur in kleineren Gruppen auf, so daß er häufig in der schwächeren Position ist und sich nicht nur über das fast unübersehbare Warenangebot orientieren, sondern sich auch vor vielfach praktizierten unlauteren Geschäftsmethoden bewahren muß.

Hier setzt die **Verbraucherpolitik** ein, die ihren Niederschlag in tatsächlichem **Verbraucherschutz** und in der vorbeugenden **Verbraucherinformation** und **Verbraucherberatung** findet.

Der Verbraucherschutz soll den Konsumenten unabhängig von seinen finanziellen Voraussetzungen und seiner Einbindung in unterschiedliche gesellschaftliche Gruppierungen als Nachfrager von Sachgütern und Dienstleistungen schützen; er soll dazu dienen, daß seine Interessen gewahrt und seine Stellung am Markt gegenüber den Anbietern gestärkt wird. Das schutzwürdige Interesse im Rahmen der Verbraucherpolitik einer funktionierenden sozialen Marktwirtschaft umfaßt heute nahezu alle Lebensbereiche. Es betrifft die Unübersehbarkeit des Warenangebots, die Preise, die gesundheitliche Zuträglichkeit von Nahrungs- und Genußmitteln, Medikamenten, Sprays, Luft und Wasser genauso wie die Kontrolle der Qualität, des Gewichts der Güter und ihrer Verpackung sowie die Abfallbeseitigung in Verbindung mit dem Umweltschutz.

Eine Vielzahl von Gesetzen, Institutionen, Verbänden, Bürgerinitiativen dienen diesem Schutz und der Aufklärung des Bürgers sowie dem Erzielen eines bewußten, kritischen Verbraucherverhaltens.

5.7.1.2 Verbraucherberatung

Die Verbraucherberatung hat zum Ziel, dem Verbraucher dabei zu helfen,

- als bewußt handelnder, sachlich abwägender, preis- und qualitätsbewußter Marktteilnehmer aufzutreten;
- seine Rechte zu kennen und gegenüber dem Anbieter auch wahrzunehmen;
- die Fähigkeit zu erwerben, aus verschiedenen Angeboten unter Zuhilfenahme von weiteren Produktinformationen, z. B. Tests, das für ihn günstigste auszuwählen;
- seine Rolle als Verbraucher im Gesamtzusammenhang des alltäglich erlebten Wirtschaftsablaufes zu erkennen, sich ein eigenständiges Urteil zu bilden und zur Durchsetzung seiner Interessen allein oder zusammen mit anderen zu handeln.

Diese Ziele durch Information zu erreichen, bemühen sich mit Unterstützung der Bundesregierung die *Verbraucherorganisationen,* die in der **Arbeitsgemeinschaft der Verbraucher (AGV)** auf Bundesebene zusammengeschlossen sind. Auf Landesebene und regional stehen die 11 Verbraucherzentralen mit ihren 24 Mitgliedsverbänden zur Verfügung. Darüber hinaus unterrichtet die Arbeitsgemeinschaft Hauswirtschaft (AGH) über die Möglichkeit einer wirtschaftlichen Haushaltsführung, der Bundesausschuß für volkswirtschaftliche Aufklärung (BAVA) mit Merkblättern über Verbraucherfragen, die Deutsche Gesellschaft für Ernährung (DGE) und der Auswertungs- und Informationsdienst für Ernährung, Landwirtschaft und Forsten (AID) e.V. über richtige Ernährung sowie die Stiftung „Warentest" in ihrer Zeitschrift „test" über die Sicherheit, Handhabung, Haltbarkeit, Materialbeschaffenheit u.a. getesteter Gebrauchsgegenstände.

5.7.2 Rechtsschutz des Verbrauchers

Der Verbraucher wird in der Bundesrepublik Deutschland durch eine Reihe von Gesetzen und Verordnungen geschützt. Sie lassen sich wie folgt einteilen:

5.7.2.1 Vorschriften zur Förderung des Wettbewerbs und zur Verbesserung der Marktübersicht

- **Gesetz gegen Wettbewerbsbeschränkungen (GWB)**

Mit dem GWB sind die Weichen für einen wirksamen Preis- und Qualitätswettbewerb gestellt worden. Die Preisbindung ist abgeschafft, die Mißbrauchsaufsicht über marktbeherrschende Unternehmen verschärft, die vorbeugende Fusionskontrolle eingeführt und die Kooperation kleinerer und mittlerer Unternehmen erleichtert worden (siehe auch Seite 329ff.).

- **Gesetz gegen den unlauteren Wettbewerb (UWG)**

Mit diesem Gesetz sollen Täuschungen und andere unlautere Wettbewerbshandlungen im geschäftlichen Verkehr verhindert werden. Das UWG dient gleichzeitig dazu, den Verbraucher vor Geschäftspraktiken unseriöser Unternehmen zu schützen und den Gefahren zu begegnen, die sich für den Verbraucher aus bedenklichen Werbemethoden ergeben. Es soll verhindert werden, daß der Verbraucher durch die Werbung irregeführt wird, daß Händler mit „Lockvogelangeboten" werben, die dann in nur einem Stück oder gar nicht im Geschäft vorrätig sind. Das Gesetz ermöglicht auch, Klage auf Unterlassung unlauterer Wettbewerbshandlungen einzureichen.

- **Gesetz über Preisnachlässe (Rabattgesetz) und Gesetz über Zugabewesen (Zugabeverordnung)**

Beide Rechtsregelungen sollen bewirken, daß der Wettbewerb zum Nutzen des Verbrauchers über den schnell vergleichbaren Preis und nicht über zusätzliche Leistungen (Ausnahme: handelsübliche Zugabe oder Nebenleistung) oder andere nicht ohne weiteres durchschaubare Nachlässe ausgetragen wird. Erlaubt sind 3 % Barzahlungsnachlaß an den Endverbraucher.

- **Gesetz über Meß- und Eichwerte (Eichgesetz und Fertigpackungsverordnung)**

Die Fertigpackungsverordnung beseitigt das Verpackungsdurcheinander.

Fertigpackungen dürfen gewerbsmäßig nur in den Verkehr gebracht werden, wenn auf ihnen leicht erkennbar und deutlich lesbar u. a. die *Nennfüllmenge* gekennzeichnet ist. Bei flüssigen Lebensmitteln ist die Kennzeichnung nach dem Volumen (Liter, Milliliter), bei anderen Lebensmitteln nach dem Gewicht (Kilogramm, Gramm) vorzunehmen. Nach dem **Eichgesetz** besteht darüber hinaus die Verpflichtung zur *Grundpreisangabe* ab 5 g bzw. 5 ml Füllmenge; das bedeutet, daß bei Packungen, die Gewichte enthalten, die von Standardangaben abweichen (sogenannte „krumme Gewichte") der Kilopreis zum Preisvergleich neben dem tatsächlichen Preis zusätzlich angegeben werden muß. „Mogelpackungen" sind darüber hinaus verboten.

- **Textilkennzeichnungsgesetz**

Alle Textilien müssen mit einer Angabe über Art und Gewichtsanteile der verwendeten textilen Rohstoffe versehen sein.

Der Verbraucher kann sich auch auf diese Weise eine bessere Übersicht über die Zusammensetzung der Textilien und die sich daraus ergebenden Trageeigenschaften machen. Durch die freiwillige Pflegekennzeichnung wird darüber hinaus ausgewiesen, welche Waschtemperatur ein textiles Stück verträgt, ob es chemisch gereinigt oder ob es bzw. unter welcher Temperatur es gebügelt werden darf.

- **Verordnung über Preisangaben (Preisangabenverordnung)**

Nach der Verordnung über Preisangaben (PAngV) vom 14. März 1985 sind alle **Anbieter von Waren oder Dienstleistungen** an Letztverbraucher **verpflichtet**, die **Preise** einschließlich Umsatzsteuer und sonstiger Bestandteile unabhängig von einer Rabattgewährung **anzugeben**.

Diese Pflicht zur Endpreisangabe gilt auch, wenn mit der Angabe von Preisen geworben wird. Mit den Preisen sind zugleich die verkehrsübliche Verkaufs- oder Leistungseinheit und die Gütebezeichnung anzugeben (PAngV § 1).

Zu solchen Preisangaben verpflichtet sind: alle Handels-, Handwerks-, Gaststättenbetriebe, Kreditinstitute, Tankstellen, sonstige Dienstleistungsbetriebe und staatliche Stellen. Letztere allerdings nur, soweit sie Benutzungsgebühren oder privatrechtliche Entgelte (z. B. Eintritt in Schwimmbäder) verlangen (PAngV §§ 1–5). Die Einhaltung der Vorschrift wird behördlich überwacht, kann nötigenfalls erzwungen werden und ein Verstoß wird als Ordnungswidrigkeit nach dem Wirtschaftsstrafgesetz geahndet (PAngV § 8).

Gewisse Waren und Dienstleistungen sind von der Verpflichtung zur Preisangabe **ausgenommen** (PAngV § 7). Dazu gehören unter anderem Kunstgegenstände, Sammlerstücke, Antiquitäten, Blumen und Pflanzen, soweit sie unmittelbar vom Freiland oder Treibhaus verkauft werden, künstlerische, wissenschaftliche, pädagogische Leistungen, soweit sie nicht in Konzertsälen, Theatern, Filmtheatern, Schulen, Instituten u. ä. erbracht werden und Leistungen, die üblicherweise auf Grund von schriftlichen Angeboten oder Voranschlägen erbracht werden (z. B. Bauwesen).

Waren im Schaufenster und in Schaukästen sind durch Preisschilder oder Beschriftung der Ware auszuzeichnen [PAngV § 2 (1)]. Es sind mindestens anzugeben [PAngV § 1 (1)]:

die handelsübliche **Waren-** oder **Leistungsbezeichnung;** die handelsübliche **Verkaufseinheit** (Menge und Maße) oder **Leistungseinheit;** der **Verkaufspreis** (= Endpreis einschließlich Umsatzsteuer und sonstiger Preisbestandteile, unabhängig von einer Rabattgewährung).

Bei der Preisauszeichnung **können** mit Rücksicht auf innerbetriebliche Belange (Lagerkontrolle, Inventur, Nachbestellung) darüber hinaus noch angegeben werden:

Die Artikel- und Lagernummer, der Zeitpunkt des Wareneingangs, der Lieferer, der Einkaufspreis.

Dieser wird meist verschlüsselt, in dem man z. B. ein „Schlüsselwort" mit zehn Buchstaben, die dann den Ziffern 0 bis 9 entsprechen, verwendet.

Beispiel	V-e-r-p-a-c-k-u-n-g 0-1-2-3-4-5-6-7-8-9	Der Vermerk p, rc oder P RC würde also 3,25 bedeuten.

In kleineren Betrieben wird die Ware gewöhnlich von Hand ausgezeichnet; größere Betriebe verwenden dafür Maschinen. Diese sind mit Zählwerken ausgerüstet, so daß sie Unterlagen für die Betriebsstatistik liefern können. Sie erledigen sogar Verschlüsselungen automatisch.

Werden Waren nur im Verkaufsraum angeboten, so genügt es, wenn die Behälter oder Regale, in denen sie sich befinden, beschriftet sind oder Preisverzeichnisse aufliegen [PAngV § 2 (2)].

Auf Fertigpackungen ist der Preis für ein Kilo oder einen Liter, der **Grundpreis**, anzugeben (Eichgesetz § 14). Lose Waren sind entsprechend auszuzeichnen, d. h. der Preis ist ebenfalls auf ein Kilogramm, 100 g, 1 Liter u. a. zu beziehen.

Beim Angebot von Leistungen (z. B. Handwerk, Kreditinstitute u. a.) müssen die Preise für die wesentlichen Leistungen bzw. die Verrechnungssätze im Geschäftslokal ausgehängt werden. Bei Krediten (PAngV § 4) ist als Preis die Gesamtbelastung je Jahr in einem Prozentsatz des Kredits anzugeben (= effektiver Jahreszins). Alle angegebenen Preise müssen leicht erkennbar, deutlich lesbar oder sonst gut wahrnehmbar sein [PAngV § 1 (6)].

Als **oberstes Gebot** für die Preisangabe gilt: Die Angaben müssen der **allgemeinen Verkehrsauffassung** und den Grundsätzen von **Preisklarheit** und **Preiswahrheit** entsprechen. Damit sollen für den Endverbraucher möglichst günstige Voraussetzungen für Preisvergleiche geschaffen werden.

- **Lebensmittelrecht**

Das Lebensmittelgesetz und zahlreiche Gesetze über einzelne Lebensmittel (z. B. Weingesetz) regeln die Herstellung, den Vertrieb und das Angebot von Nahrungsmitteln. Außerdem bestehen auf dem Ernährungssektor zahlreiche Verordnungen. Fremde Stoffe (z. B. Farbstoffe, Zusatzstoffe) müssen kenntlich gemacht werden. Sie dürfen nur verwendet werden, wenn sie gesundheitlich unbedenklich und zur Herstellung unentbehrlich sind. Sie müssen zugelassen sein.

Das Lebensmittelrecht ist ein wesentlicher Schritt auf dem Wege zu einem verbesserten Verbraucherschutz und umfaßt nicht nur Lebensmittel, sondern auch Tabakwaren, Kosmetika und sonstige Bedarfsgegenstände (z. B. Zahnbürsten, Insektensprays, Reinigungs- und Pflegemittel). Es zielt darauf ab, den Gesundheitsschutz des Verbrauchers sowie dessen Schutz vor Täuschung, z. B. durch nicht nachweisbare Werbeaussagen, zu verbessern.

- **Gewerbeordnung**

Die Gewerbeordnung regelt das Gewerberecht. Sie enthält Bestimmungen über die Zulassung, den Umfang und die Ausübung eines Gewerbes sowie über den Schutz der Arbeitnehmer. Zahlreiche Vorschriften der Gewerbeordnung dienen dem Verbraucherschutz. Sie erlauben es, in vielen Fällen wirksam und schnell gegen unzuverlässige Gewerbetreibende vorzugehen und derartigen Gewerbetreibenden die Ausübung ihres Gewerbes zu untersagen. Im Gewerbezentralregister werden alle Vergehen und Ordnungswidrigkeiten erfaßt, die sich Gewerbetreibende bei der Ausübung ihres Gewerbes zuschulden kommen lassen.

Durch eine Änderung der Gewerbeordnung (das sogenannte Maklergesetz) wurde z. B. für Grundstücks- und Wohnungsmakler, Darlehens- und Anlagenvermittler sowie Bauträger und Baubetreuer eine Zulassungspflicht eingeführt, und in der Makler- und Bauträgerverordnung wurden Vorschriften für deren Berufsausübung erlassen.

5.7.2.2 Vorschriften zur Stärkung der Rechtsposition des Verbrauchers

- **Gesetz über den Widerruf von Haustür- und ähnlichen Geschäften**

Das Gesetz über den *Widerruf von Haustür- und ähnlichen Geschäften* räumt dem Kunden bei allen *entgeltlichen Verträgen*, z. B. Zeitschriftenabonnement, einschließlich der Barzahlungsgeschäfte ein *einwöchiges Widerrufsrecht* ein, sofern sie durch Verhandlungen:

- am Arbeitsplatz oder in der Privatwohnung oder
- bei Freizeitveranstaltungen (z. B. Kaffeefahrten) oder
- in öffentlichen Verkehrsmitteln bzw. auf der Straße

zustande gekommen sind. In jedem Fall ist bei Raten- und Barzahlungskäufen der Kunde über sein *Widerrufsrecht zu belehren* (Schriftform), sonst erlischt das Widerrufsrecht erst nach der beiderseitigen Leistungserbringung. Bagatellgeschäfte bis zu 80 DM und Versicherungsverträge sind ebenso wie Kaufverträge, die auf Grund der von Kunden gewünschten Verhandlungen abgeschlossen wurden, vom Haustürwiderrufsrecht ausgenommen.

Die Wochenfrist beginnt nicht bei Abschluß des Kaufvertrags, sondern erst dann, wenn der Käufer das Vertragsformular in Händen hat. Beim Versandhandel wird das Widerrufsrecht durch das Recht auf Rückgabe ersetzt. In Teilzahlungsverträgen muß auch der tatsächliche *Jahreszinssatz* angegeben sein.

- **Verbraucherkreditgesetz**

Das *Verbraucherkreditgesetz* regelt die *Rechtsbeziehungen zwischen gewerblichen Kreditgebern*, z. B. Banken, *privaten Kreditnehmern* einschließlich Kleingewerbetreibenden. Der schriftlich abzuschließende Kreditvertrag muß mindestens enthalten: Nennbetrag (Auszahlungsbetrag), kreditierter Betrag, Zinssatz, effektiver Jahreszins und Rückzahlungsbedingungen. Der Kreditnehmer hat ein Widerrufsrecht von einer Woche, über das er im Vertragsvordruck belehrt werden muß (Bestätigung durch 2. Unterschrift). Im Vertrag nicht genannte Nebenkosten kann der Kreditgeber nicht fordern. Das Gesetz gilt auch für mit Kreditverträgen verbundene *Abzahlungsgeschäfte* und Kredite, die im Versandhandel gewährt werden.

- **Gesetz zur Regelung des Rechts der Allgemeinen Geschäftsbedingungen**

Dieses Gesetz bekämpft die Fußangeln, die die Anbieter häufig im „Kleingedruckten“ für den Verbraucher auslegen (Näheres hierzu siehe S. 81, 350).

- **Gerichtsstand für Privatleute**

Gerichtsvereinbarungen zwischen einem Kaufmann und einem Privatmann, dem Verbraucher, sind grundsätzlich verboten. Damit erhält der Verbraucher im Rechtsstreit die Möglichkeit, stets vor dem für seinen Wohnort zuständigen Gericht klagen zu können und verklagt werden zu müssen (ZPO §§ 13, 29, 38, 696).

- **Gesetz zum Schutze der Teilnehmer am Fernunterricht**

Das Fernunterrichtsschutzgesetz erlaubt dem Teilnehmer noch zwei Wochen, nachdem er das erste Lehrgangsmaterial bekommen hat, den Vertrag ohne jede weitere Verpflichtung zu widerrufen. Auch später wird dem Teilnehmer, frühestens erstmals nach einem halben Jahr, eine Kündigungsmöglichkeit eingeräumt, die mit einer Dreimonatsfrist nach diesem halben Jahr jederzeit möglich ist. Auch der Schutz des Interessenten vor unseriöser Werbung und dem Vertretereinsatz sowie eine staatliche Qualitätsprüfung der Lehrgänge bestehen.

- **Gesetz über die Haftung für fehlerhafte Produkte**

Hersteller haften nach dem Produkthaftungsgesetz (ProduktHaftG) unabhängig vom Verschulden für Schäden, die ein fehlerhaftes Erzeugnis beim Verbraucher verursacht. Die Haftung erstreckt sich sowohl auf Schadenersatz bei Todesfällen und Verletzungen als auch bei Sachschäden. Bei letzteren ist allerdings der Anspruch auf private Gebrauchs- und Verbrauchsgüter beschränkt. Eine Selbstbeteiligung in Höhe von 1 125 DM des Geschädigten bei Sachschäden soll eine Flut von Verfahren bei kleineren Schäden verhindern (siehe auch S. 69!). Bei Tod und Körperverletzung liegt die Haftungshöchstgrenze bei 160 Mio. DM (ProdHafG §§ 1–19).

- **Weitere Schutzbestimmungen**

Eine Vielzahl weiterer Bestimmungen schützt den Verbraucher und stärkt seine Rechtsposition, z. B. Arzneimittelgesetz, Maschinenschutzgesetz, Abfallbeseitigungsgesetz, Bundes-Immissionsschutzgesetz, Waschmittelgesetz, Benzinbleigesetz, Gesetz über den Widerruf von Haustürgeschäften und ähnlichen Geschäften, Gesetz zur Stärkung des Schutzes des geistigen Eigentums und zur Bekämpfung der Produktpiraterie u. a.

Die Fülle der Maßnahmen zur Beratung, Aufklärung und zum gesetzlichen Schutz des Verbrauchers beweist, daß dafür ein echtes Bedürfnis besteht und die systematische Verbraucherpolitik eine Notwendigkeit in der sozialen Marktwirtschaft ist.

5.7.3 Durchsetzung der Verbraucherschutzrechte

Die Durchsetzung der Rechtsvorschriften obliegt Behörden und Gerichten.

Der Verbraucher kann vor den ordentlichen Gerichten klagen und die Klage bei dem für seinen Wohnsitz zuständigen Amtsgericht einreichen.

Ferner kann er sich bei den für den Vollzug des Verbraucherschutzes zuständigen Behörden beschweren.

Das **Gesetz zur Regelung des Rechts der Allgemeinen Geschäftsbedingung**[1] (AGBG) regelt im wesentlichen die Beziehungen zwischen dem Kaufmann und dem Verbraucher. Es bietet diesem einen ausreichend guten Schutz vor Machtmißbrauch. Das AGBG erhält eine Reihe von früher beliebten Bestimmungen in Allgemeinen Geschäftsbedinungen für **unzulässig,** z. B.:

- Der Kunde kann auch dann nicht die Zahlung verweigern, wenn die Gegenleistung nicht oder nicht ordnungsgemäß erbracht wird.
- Dem Kunden werden alle Gewährleistungsansprüche einschließlich etwaiger Nachbesserungs- und Ersatzlieferungsansprüche entzogen.
- Der Kaufmann lehnt jeglichen gegen ihn gerichteten Gewährleistungsanspruch ab und gewährt dem Kunden nur das Recht zur Inanspruchnahme Dritter (z. B. Vorlieferanten oder Hersteller).
- Die Beseitigung des Mangels oder der Ersatzlieferung einer mangelhaften Sache wird von der vorhergehenden Zahlung abhängig gemacht.
- Klauseln, die eine Preiserhöhung innerhalb der ersten vier Monate nach Vertragsabschluß vorsehen.
- Klauseln, die Aufwendungen für die Nachbesserung einer mangelhaften Sache, z. B. Transport, Materialkosten, dem Kunden auferlegen.

[1] Siehe auch Kapitel 2.7.3 Die Allgemeinen Geschäftsbedingungen.

Wesentliche Lerninhalte

Verbraucherschutz

Verbraucherberatung

Ziele

- Preis- und qualitätsbewußter Marktteilnehmer werden
- Richtige Auswahl treffen
- Interessen durchsetzen können

Maßnahmen

- *Aufklärung in Wort und Bild durch*
  - Verbraucherorganisationen (AGV)
  - Stiftung „Warentest"
  - Sonstige Beratungsdienste, z. B. AGH, BAVA, DGE, AID

Rechtsschutz des Verbrauchers

Ziele

- Rechtssicherheit
- Gesicherte Rechtsposition für den Verbraucher

Maßnahmen

- *Gesetze und Verordnungen, wie*
  - Kartellgesetz
  - UWG
  - Eichgesetz
  - Fertigpackungsverordnung
  - Textilkennzeichnungsgesetz
  - Preisangabenverordnung
  - Lebensmittelrecht
  - Gewerbeordnung
  - Anzahlungsgesetz
  - Haustürgeschäftewiderrufsgesetz
  - AGBG
  - Zivilprozeßordnung
  - Fernunterrichtsgesetz
  - Produkthaftungsgesetz
  - sonstige Gesetze

Rechtsdurchsetzung

Klage bei Gericht

Beschwerde bei zuständiger Behörde

Aufgaben zur Sicherung des Lernerfolgs

1 Welche Aufgaben haben
a) der Verbraucherschutz, b) die Verbraucherberatung?

2 Wie beurteilen Sie folgenden Fall?

Bei einem Haustürkauf in Höhe von 75,00 DM wird zunächst Barzahlung schriftlich vereinbart. Nach Abschluß des Kaufvertrags bietet der Vertreter Zahlung in 3 Monatsraten an, auf die der Kunde eingeht. Zwei Tage später hat es sich der Kunde anders überlegt und möchte von dem Kaufvertrag wieder loskommen.

a) Kann er nach den Bestimmungen des Gesetzes über „Haustürgeschäfte“ oder nach denen des Abzahlungsgesetzes widerrufen?

b) Wenn ja, worauf ist der Widerruf zu stützen? Wenn nein, wie wurden die Bestimmungen des Abzahlungsgesetzes umgangen?

3 Wie beurteilen Sie folgenden Fall?
Herr Meier kaufte beim Besuch einer Ausstellung eine 24bändige Lexikonreihe. Zwei Jahre sollte jeden Monat ein Lexikon zum Preis von 68,00 DM geliefert werden. Der Betrag war fällig jeweils bei Lieferung. Zwei Tage nach Eingang der Vertragsbestätigung bereute Meier seinen Entschluß und widerrief sofort seine Bestellung. Dennoch drohte die Lieferbuchhandlung damit, daß mindestens 12 Bände abzunehmen seien und die Kosten einschließlich der Vertreterprovision in Höhe von 300,00 DM umgehend zu zahlen sind.

Wie ist die Rechtslage? Ziehen Sie die einschlägigen Vorschriften zu Rate.

4 Welche Stellen helfen dem Verbraucher, seine Rechte zu kennen, sie gegenüber den Anbietern wahrzunehmen und die für einen wirtschaftlichen Kauf erforderliche Marktübersicht zu erhalten?

5 Wie sind nach der Preisangabenverordnung die Preise anzugeben a) in Handelsbetrieben für Waren im Schaufenster und für Waren im Selbstbedienungsregal, b) in Gaststättenbetrieben, c) im Beherbergungsgewerbe, d) im Kreditgewerbe bei Ratenkrediten?

6 Beurteilen Sie folgende Fälle im Hinblick auf ihre rechtliche Zulässigkeit!

a) Ihr Vater kauft einen neuen Mittelklassewagen für 18 000 DM, der in zwei Monaten geliefert werden soll. Am Lieferungstag verlangt der Händler 480 DM mehr als vereinbart und begründet sein Handeln damit, daß der Lieferer zwischenzeitlich die Preise erhöht und ihr Vater außerdem die Geschäftsbedingungen unterschrieben habe. In diesen steht: „Kaufpreis ist der am Lieferungstag gültige Listenpreis.“ Wie ist die Rechtslage?

b) Das vor vierzehn Tagen gelieferte, neu gekaufte Fernsehgerät ist defekt. Der Kundendienst des Händlers wechselt „auf Garantie“ ein ganzes Bauteil kostenlos aus, verrechnet aber für Anfahrt, Arbeitszeit und allgemeine Kosten 79 DM. Wie ist die Rechtslage?

c) Ihr Mofa wird in der Werkstatt von einem Kfz.-Mechaniker repariert. Dabei wird auch die Vorderbremse erneuert. Durch Nachlässigkeit werden die Radmuttern nicht angezogen. Bei der Probefahrt stürzen Sie deshalb in einer scharfen Rechtskurve, verletzen sich leicht, beschädigen aber das Mofa erheblich. Die Mofa-Werkstatt verweigert Schadenersatz, weil nach den Geschäftsbedingungen die Haftung für Gehilfen ausgeschlossen ist. Wie ist die Rechtslage?

7 Sie haben eine Dose Fisch gekauft, bei der das Verbrauchsdatum, wie Sie erst zu Hause feststellten, bereits abgelaufen ist. Der Fisch ist Ihrer Ansicht nach verdorben. Dennoch erklärt sich der Händler nicht bereit, ihn umzutauschen. Er sagt, er habe die Lieferung heute frisch bekommen. Sie sollen sich an die Fischfabrik wenden, er könne nichts dafür, außerdem könne man den Fisch durchaus noch essen. Wie ist die Rechtslage? Wo können Sie sich beschweren? Wer veranlaßt eine Untersuchung der beanstandeten Ware?

8 Welche Verbraucherberatungs- und welche Schlichtungsstellen gibt es in Ihrer näheren oder weiteren Umgebung, an die Sie sich im Bedarfsfalle wenden können?

6 Steuern

6.1 Überblick über die Steuern

Problem

„Steuererhöhung zur Deckung des Bundeshaushaltes unvermeidlich" – „Keine Änderung der Kilometerpauschale" – „Krankenhausbau kostet 8 Millionen mehr". Wenn Herr Müller morgens zur Arbeit fährt, nimmt er schon „kostenlos" Leistungen der Öffentlichkeit in Anspruch: Straßen, Beleuchtung, Verkehrsregelung durch Ampeln oder Polizisten usw. Seine Kinder gehen kostenlos zur Schule.

Weshalb erhebt der Staat Steuern, wie verwendet er sie?

Sachdarstellung

6.1.1 Einteilung nach dem Steuergegenstand[1]

Steuergegenstand und damit Besteuerungsgrundlage können sein

• der Besitz	⟶	Besitzsteuern
• ein Verkehrsvorgang	⟶	Verkehrssteuern
• der Verbrauch	⟶	Verbrauchssteuern
• die Ein- und Ausfuhr	⟶	Zölle

6.1.1.1 Die Besitzsteuern

Die **Besitzsteuern** werden in

- Personensteuern und
- Real-(Objekt-)Steuern[2]

untergliedert.

Personensteuern sind normalerweise aus dem *Gewinn* bzw. den *Einkünften* zu zahlen. Dabei wird oft der Familienstand, auch das Alter bei der Festsetzung der Höhe der Steuer berücksichtigt, z. B. bei der *Einkommen-* und der *Vermögensteuer.* Es werden sowohl natürliche als auch juristische Personen *(Körperschaftsteuer)* besteuert.

Bei der **Realsteuer** ist eine *Sache* Besteuerungsgrundlage, z. B. der Gewerbebetrieb *(Gewerbesteuer)* oder Grundstücke und land- und forstwirtschaftliche Betriebe *(Grundsteuer).*

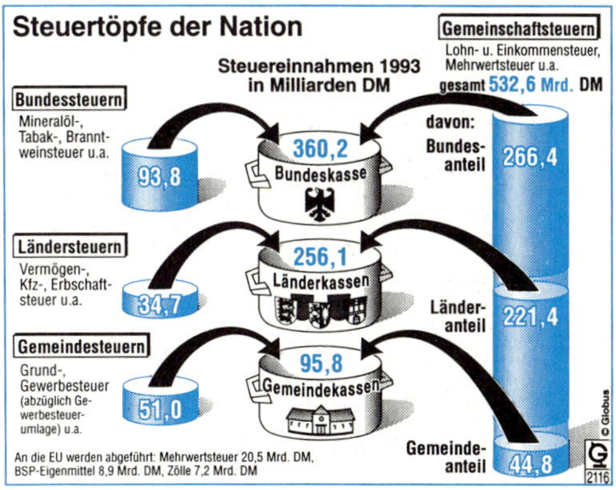

[1] Wesen der Steuern, vgl. Seite 356!
[2] Objekt = Gegenstand

Die wichtigsten Steuern nach dem Steuergegenstand und der Finanzhoheit sind:

Besitzsteuern		Verkehrsteuern	Verbrauchsteuern und Zölle
Personensteuern	Realsteuern		
Einkommensteuer, Lohnsteuer, Aufsichtsratsteuer: B 42,5%, L 42,5%, G 15 % Körperschaftsteuer, Kapitalertragsteuer: B 50%, L 50% Vermögensteuer L Erbschaftsteuer (Schenkungsteuer) L Kirchensteuer	Grundsteuer G Gewerbesteuer: B 20%, L 20%, G 60% Hundesteuer G	Umsatzsteuer: B 56%, L 44% Grunderwerbsteuer: L 43%, G 57% Kraftfahrzeugsteuer L	Biersteuer L Kaffeesteuer B Mineralölsteuer B Branntweinabgaben B Schaumweinsteuer B Tabaksteuer B .... Zölle B Einfuhrumsatzsteuer B

(B = Bundessteuern, L = Landessteuern, G = Gemeindesteuern)

6.1.1.2 Die Verkehrsteuern

Durch die **Verkehrsteuern** werden *Rechtsvorgänge,* das sind Übertragungen von Rechten oder Vermögenswerten erfaßt; z. B. notarieller Kaufvertrag über ein Grundstück, der den Anspruch auf Eigentumsübertragung begründet *(Grunderwerbsteuer),* Entnahme von Waren aus dem Unternehmen für den privaten Verbrauch *(Umsatzsteuer).*

6.1.1.3 Die Verbrauchsteuern

Die **Verbrauchsteuern** belasten bestimmte Verbrauchs- und Gebrauchsgüter, z.B. *Genußmittel* – Schaumweinsteuer, Kaffeesteuer, Branntweinabgaben usw. – und *sonstige Gebrauchs- und Verbrauchsgüter* – Mineralölsteuer.

Verbrauchersteuern werden bereits beim Hersteller erhoben und von den *Zollämtern* verwaltet.

Die Einfuhrumsatzsteuer gilt ebenfalls als Verbrauchsteuer [UStG § 21 (1)].

6.1.2 Einteilung nach der Erhebungsart

6.1.2.1 Direkte Steuern

Direkte Steuern sind unmittelbar von demjenigen abzuführen, der sie auch tragen soll, z. B. Vermögensteuer ist vom Eigentümer des Vermögens zu bezahlen. Steuerzahler und Steuerträger sind dieselbe Person.

6.1.2.2 Indirekte Steuern

Bei den indirekten Steuern sind Steuerträger und Steuerzahler nicht dieselbe Person. Die Steuer wird durch einen Preisaufschlag in der Kalkulation abgewälzt; z. B. Umsatzsteuer: der Verbraucher zahlt sie, der Unternehmer führt sie ab. Insbesondere die Verbrauchsteuern sind indirekte Steuern.

6.1.3 Einteilung nach der Abzugsfähigkeit

6.1.3.1 Die Betriebsteuern

Unter **Betriebsteuern** sind die Steuerarten zu verstehen, welche als *Kosten* in die Kalkulation *gewinnmindernd* eingehen. Dazu gehören z. B. die Grundsteuer (für Betriebsgrundstükke), die Hundesteuer (für Wachhund), die Kraftfahrzeugsteuer (für Geschäftsfahrzeug), die Versicherungsteuer (für Betriebsversicherungen).

6.1.3.2 Die Personensteuern

Die **Personensteuern** können *nicht vom Gewinn abgezogen* werden, um so die Besteuerungsgrundlage zu verringern. Sie werden aus dem Betriebsgewinn bzw. dem Überschuß der Einnahmen über die Werbungskosten[1] berechnet.

Bei *Kapitalgesellschaften,* z. B. einer AG, wird aus dem Gewinn Körperschaftsteuer (= Einkommensteuer der juristischen Person) bezahlt. Der Aktionär muß jedoch seine Dividende bei der Einkommensteuer nochmals versteuern. Um solche *Doppelbesteuerungen* zu vermeiden, wird die einbehaltene Kapitalertragsteuer auf die Einkommensteuerschuld angerechnet. Außerdem erhält der Steuerschuldner eine **Steuergutschrift** für die auf seine Dividende angefallene Körperschaftsteuer. Diese Gutschrift mindert ebenfalls die Einkommensteuerschuld.

6.1.4 Einteilung nach dem Steuerempfänger

Das Grundgesetz regelt im Artikel 106 genau die **Finanzhoheit,**

d. h. welche Steuern

- dem **Bund**
- den **Ländern** und
- den **Gemeinden**

zustehen; für Einzelheiten siehe GG Art. 106!

Es wird dort auch festgelegt, auf wen **Gemeinschaftsteuern** zu verteilen sind. Gemeinschaftsteuern sind solche Steuern, die insbesondere Bund und Länder gemeinsam erhalten, z. B. Einkommensteuer, Körperschaftsteuer, Umsatzsteuer (vgl. Tabelle S. 354!).

Die *Kirchen* erheben von ihren Gläubigen **Kirchensteuer.** Diese wird über die Finanzämter eingezogen und an die Kirchen weitergeleitet.

Wesentliche Lerninhalte

- Steuerarten
  - nach dem Steuergegenstand
    - Besitzsteuern
      - Personensteuern
      - Realsteuern
    - Verkehrsteuern
    - Verbrauchsteuern
  - nach der Erhebungsart
    - direkte Steuern
    - indirekte Steuern
  - nach der Abzugsfähigkeit
    - Betriebsteuern
    - Personensteuern
  - nach dem Steuerempfänger
    - Bundessteuern
    - Ländersteuern
    - Gemeindesteuern
    - Kirchensteuer
    - (Gemeinschaftsteuern)

[1] Siehe Einkommensteuer S. 361!

Aufgaben zur Sicherung des Lernerfolgs

1 Ordnen Sie die 15 wichtigsten Steuern (vergleiche Steuerspirale S. 357!) nach dem Steuergegenstand und nach der Erhebungsart in einer von Ihnen entworfenen Tabelle!

2 Wie können die Besitzsteuern unterteilt werden? Nennen Sie dazu Beispiele!

3 Welche Steuern fallen bei folgenden Vorfällen an? Unterscheiden Sie dabei nach Erhebungsart, Steuergegenstand und Steuerempfänger!

a) Fritz Grüner tankt mit seinem Pkw 35 l Super bleifrei.

b) Frau Scholz erhält einen Zwergpudel geschenkt.

c) Für einen gemütlichen Abend kauft Xaver Huber zwei Packungen Zigaretten, fünf Flaschen Bier und eine Flasche Obstler.

d) Franz Hofmann kauft sich eine Eigentumswohnung zum Preis von 335 000 DM.

e) Herbert Müller verdient monatlich brutto 4 600 DM; er ist katholisch.

f) Hans Meindl erhält für seine BMW-Aktien Dividende gutgeschrieben.

6.2 Einnahmen und Ausgaben des Staates

Problem

Zeitungsnotiz: „Der Bundesfinanzminister will zur Finanzierung des Haushalts weniger Schulden machen als im Vorjahr, nämlich „nur" 54,2 Milliarden DM statt 68,4 Milliarden im Vorjahr." GG Artikel 110 (1): „Der Haushaltsplan ist in Einnahmen und Ausgaben auszugleichen."

Sind diese Tatbestände miteinander vereinbar?

Sachdarstellung

6.2.1 Die Staatseinnahmen

Bund, Länder und Gemeinden decken den Hauptanteil ihrer Ausgaben durch **Abgaben,** *(Steuern),* die sie aufgrund ihrer Finanzhoheit von den Steuerpflichtigen erheben. Außerdem erhalten sie noch *Gebühren* und *Beiträge.*

Wirtschaftsunternehmen der öffentlichen Hand, z. B. Versorgungsbetriebe wie Gas- und Elektrizitätswerke tragen ebenfalls zu den Einnahmen bei. Geplante, durch Einnahmen nicht gedeckte Ausgaben müssen ggf. über Kredite, z. B. Kommunalanleihen, Bundesanleihen finanziert werden; vergleiche aber GG Art. 115!

6.2.1.1 Steuern

Nach der **Abgabenordnung** vom 16. März 1976 **(AO)** § 3 sind Steuern „Geldleistungen, die *nicht* eine *Gegenleistung* für eine besondere Leistung darstellen und von einem öffentlich-rechtlichen Gemeinwesen zur Erzielung von Einnahmen allen auferlegt werden, bei denen der Tatbestand zutrifft, an den das Gesetz die Leistungspflicht knüpft." Dies bedeutet z. B.: Jeder Unternehmer, der Waren umsetzt, muß Umsatzsteuer bezahlen; jeder Kfz-Halter, dessen Wagen zugelassen ist, muß Kraftfahrzeugsteuer entrichten.

Zu den Steuern zählen auch die Zölle.

Das **Steueraufkommen** des Bundes, der Länder und der Gemeinden betrug 1993 rund 749,2 Milliarden DM. Umsatzsteuer, Lohnsteuer und Einkommensteuer erbrachten mit 507,5 Milliarden DM rund zwei Drittel aller Steuereinnahmen.

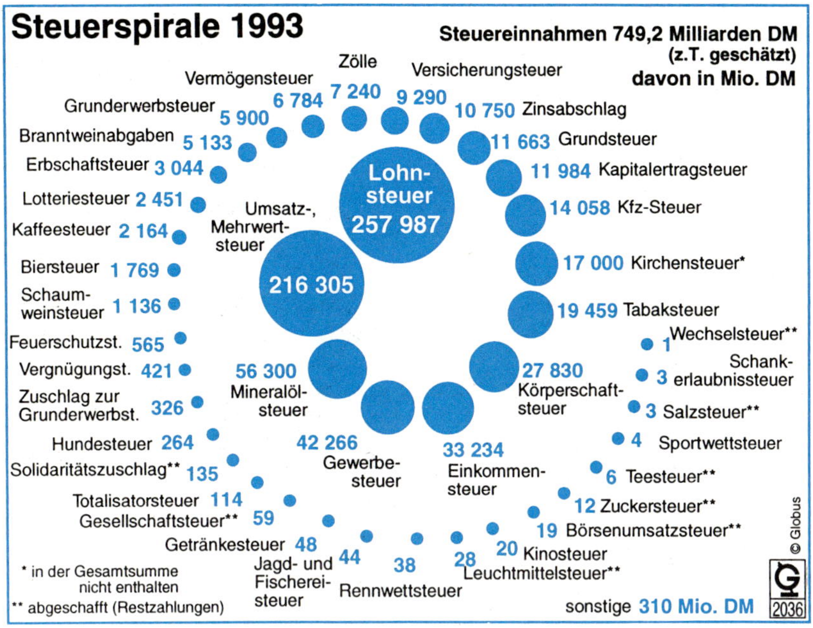

6.2.1.2 Gebühren

Beansprucht der einzelne staatliche Einrichtungen, so muß er dafür **Gebühren** als *Entgelt für eine öffentliche Dienstleistung* bezahlen. Es besteht dabei ein unmittelbarer Zusammenhang zwischen Leistung und Gegenleistung.

Beispiele: Gebühr für das Ausstellen eines Reisepasses, Gebühr für die Beglaubigung von Urkunden, Gerichtsgebühr für die Inanspruchnahme von Gerichten, Müllabfuhrgebühr.

6.2.1.3 Beiträge

Bei den **Beiträgen** wird der Bürger zur *Deckung* oder zumindest zur Beteiligung an von ihm *verursachten Kosten* herangezogen; z. B. Erschließungsbeiträge für Grundstücke.

6.2.2 Die Staatsausgaben

Die Anforderungen der Allgemeinheit an den Staat sind in den letzten Jahren ständig gestiegen. Dies zeigt sich in einer laufenden Vergrößerung des *Haushaltsvolumens.*

Für 1995 sind z. B. Ausgaben in Höhe von 484,1 Milliarden DM zur Finanzierung der Aufgaben des Bundes geplant. Daneben stellen Länder, Kreise und Gemeinden ihre Haushaltspläne zur Bewältigung der ihnen übertragenen Aufgaben auf.

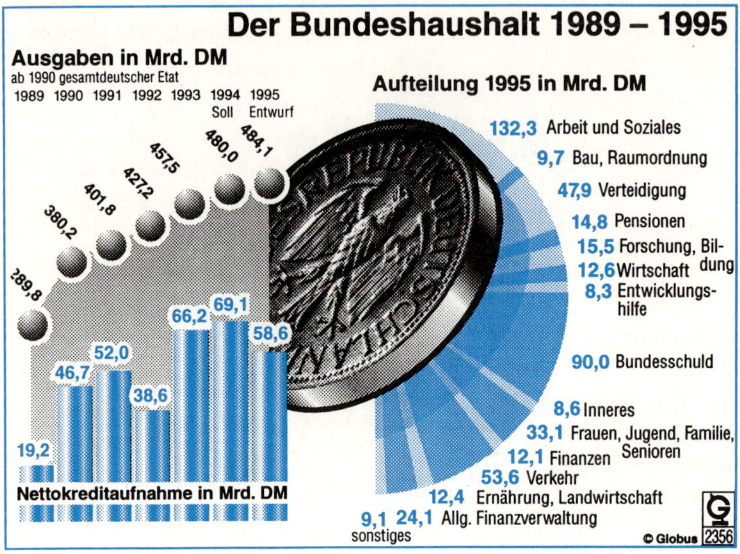

Die **Ausgaben der öffentlichen Hand** können wie folgt unterteilt werden:

Sachaufwand	Personalaufwand	Sozialleistungen	Subventionen

- **Sachaufwand:**
  Hier handelt es sich insbesondere um nicht personell verursachte Ausgaben; z. B. Straßenbau, Umrüstung der Bundeswehr, allgemeine Ausgaben der Verwaltung.
- **Personalaufwand:**
  Der gestiegene Umfang der Staatsaufgaben bewirkt ein starkes Ansteigen des Personalbedarfs im öffentlichen Dienst. Die Personalaufwendungen werden bei den einzelnen Ausgabeposten des Haushalts erfaßt. 1992 waren 6,65 Millionen Beschäftigte im öffentlichen Dienst.
- **Sozialleistungen:**
  Der größte Ausgabeposten im Bundesetat ist der für Arbeit und Soziales (1995: 132,3 Mrd. DM).
  Die Sozialleistungen ermöglichen es bis zu einem gewissen Grad, die Umverteilung von Einkommen und Vermögen zu verwirklichen.
- **Subventionen:**[1]
  Ein Teil der Staatseinnahmen wird in Form von Finanzhilfen und Steuervergünstigungen an einzelne Wirtschaftszweige und an Privatpersonen umverteilt (z. B. „Grüner Plan“ für die Landwirtschaft, Sparprämie).
  1993 flossen 113,8 Mrd. DM als direkte Finanzhilfen und Steuervergünstigungen an bestimmte Steuerpflichtige zurück.

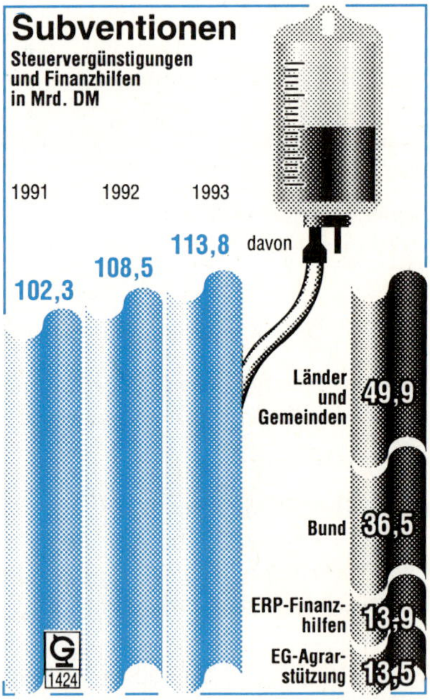

[1] Subvention = zweckgebundene Unterstützung aus öffentlichen Mitteln, siehe auch Seite 431 f.!

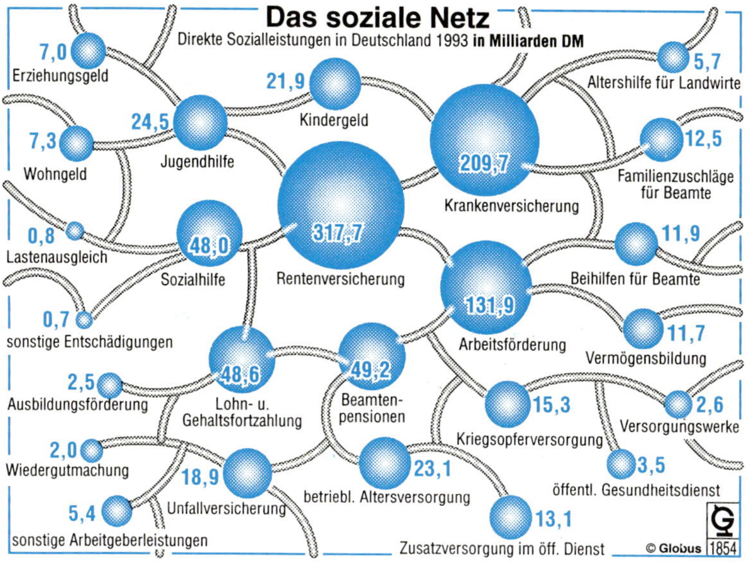

Wesentliche Lerninhalte

- **Öffentliche Einnahmen** sind im wesentlichen
  - → Steuern und Zölle
  - → Gebühren
  - → Beiträge
- **Öffentliche Ausgaben** erfolgen insbesondere als
  - → Sachaufwand
  - → Personalaufwand
  - → Sozialleistungen
  - → Subventionen

Aufgaben zur Sicherung des Lernerfolgs

1 Nennen Sie Aufgaben, die mit Steuern finanziert werden:
a) im Bund,
b) in den Ländern,
c) in den Gemeinden.

2 Was verstehen Sie unter einer „Subvention“?

3 Wie kann durch die Steuerpolitik eine Umverteilung der Einkommen erreicht werden?

4 Welche Gefahren bestehen wirtschaftlich, wenn die Steuersätze sehr hoch sind?

5 ★ Warum ist eine Erhöhung der Umsatzsteuer oder der Verbrauchsteuern nicht sozial?

6 Beantworten Sie die Frage des Eingangsbeispiels (S. 356) unter Beachtung des GG Art. 115!

7 Klären Sie, ob und welche Subventionen Sie oder Ihre Eltern (z. B. Sparprämien, BaföG) erhalten. Klären Sie dazu Einzelheiten, indem Sie sich Prospekte oder Merkblätter – z. B. bei Kreditinstituten – verschaffen!

6.3 Besteuerung und wichtige Steuerarten

Problem

① Herr Mayer muß im Jahr 30 000 DM, Herr Schulze 60 000 DM Einkommen versteuern. Herr Mayer muß dafür 5 354 DM, Herr Schulze 14 423 DM Einkommensteuer (ESt-Grundtabelle 1990) bezahlen.

Kommentar von Herrn S.: „Ich sehe nicht ein, daß ich das 2,7fache von Herrn M. bezahlen soll, obwohl ich nur das Doppelte von Herrn M. verdiene. Ich werde also für meine Tüchtigkeit bestraft. Das ist doch ungerecht. Im übrigen brauche ich vom Staat nicht mehr an Leistungen, z. B. Straßen, als Herr M."

Kommentar von Herrn M.: „Ich kann zwar Herrn S. verstehen, aber bei seinem hohen Einkommen fallen ihm die 14 432 DM wesentlich leichter zu zahlen, als mir 5 354 DM. Ich meine, man sollte Gut- und Schlechterverdienende nicht gleichstark besteuern."

Suchen Sie weitere Argumente, und überlegen Sie, wem Sie zustimmen könnten!

② Herr Huber verdient als selbständiger Handelsvertreter jährlich etwa 80 000 bis 100 000 DM. Sein Geld legte er zum Teil in einer Ferienwohnung, die er vermietet, zum Teil in Wertpapieren an. Aus beiden Geldanlagen bezieht er zusätzliche Einkünfte. Wie muß er sein Einkommen versteuern?

Sachdarstellung

6.3.1 Die Besteuerung

Wie oben dargestellt, besorgt sich der Staat den Hauptanteil des Geldes zur Erfüllung seiner Aufgaben durch Einzug von Steuern. Es erhebt sich dabei die Frage: Nach welchen Grundsätzen ist die *Steuerbelastung* festzulegen? Was ist gerecht?

Je nach dem Standpunkt kann unter **Steuergerechtigkeit** zweierlei verstanden werden:

- Jeder Steuerpflichtige hat unabhängig von allen Umständen die *gleiche Steuerbelastung* zu tragen.
- Der einzelne bzw. das einzelne Unternehmen soll *nach seiner Leistungsfähigkeit,* d. h. seiner wirtschaftlichen Kraft zur Steuerzahlung herangezogen werden.

Im *deutschen Steuerrecht* geht man im allgemeinen – Ausnahmen sind z. B. die Umsatz- und die Verbrauchsteuern – davon aus, daß der Steuerpflichtige nach seiner *wirtschaftlichen Fähigkeit* Steuern zu zahlen hat. Die Steuer muß jedoch auf alle Fälle ohne wirtschaftliche Gefährdung leistbar sein.

So braucht z. B. bei der Vermögensteuer die Vermögenssubstanz nicht angegriffen zu werden. Der Steuersatz ist so angesetzt, daß die Steuer im allgemeinen aus dem Ertrag beglichen werden kann. Bei steigendem Einkommen nimmt die Einkommensteuer geradlinig zu *(Steuerprogression),* bis 53 % erreicht sind. Dann jedoch steigt der Steuersatz prozentual nicht mehr weiter. Seit 01.01.95 wird zur Einkommensteuer und zur Körperschaftsteuer ein Solidaritätszuschlag als Ergänzungsabgabe von 7,5 % erhoben.

Wer viel verdient, muß also mehr Steuern zahlen. Das Steuerrecht nimmt jedoch auch Rücksicht auf *persönliche Verhältnisse*[1], wie Familienstand und Zahl der Kinder (Steuerklassen), besondere persönliche Verhältnisse (außergewöhnliche Belastung).

6.3.2 Wichtige Steuern

Die für Unternehmen, Unternehmer und Mitarbeiter wichtigsten Steuerarten sind:

- Einkommensteuer
- Lohnsteuer
- Körperschaftsteuer

} Steuern vom Einkommen

- Gewerbesteuer
- Vermögensteuer
- Umsatzsteuer

[1] Siehe unter: Einkommensteuer, Lohnsteuer

6.3.2.1 Die Einkommensteuer

Die Ermittlung des Einkommens

Unbeschränkt einkommensteuerpflichtig sind natürliche Personen, wenn sie im Inland einen Wohnsitz haben (EStG § 1).

Der Einkommensteuer unterliegen die **Einkünfte,** die aus verschiedenen Quellen stammen können:

Einkunftsarten:	**Einkünfte sind:**
1. Einkünfte aus Land- und Forstwirtschaft; 2. Einkünfte aus Gewerbebetrieb; 3. Einkünfte aus selbständiger Arbeit;	der jeweilige *Gewinn*
4. Einkünfte aus nichtselbständiger Arbeit; 5. Einkünfte aus Kapitalvermögen; 6. Einkünfte aus Vermietung und Verpachtung; 7. sonstige Einkünfte, z.B. Renten, Spekulationsgewinne (EStG § 2).	der jeweilige *Überschuß* der Einnahmen über die Werbungskosten

Diese **Einkünfte** wurden jeweils um die *abzugsfähigen Beträge,* das sind die *Betriebsausgaben* bzw. die *Werbungskosten,* gekürzt.

Betriebsausgaben: Die **Einnahmen** zu den Einkünften 1.–3. können jeweils um die Betriebsausgaben *(durch den Betrieb veranlaßte Aufwendungen,* EStG § 4) gekürzt werden. Zu den Betriebsausgaben gehört auch die **Absetzung für Abnutzung** (AfA) für der Abnutzung unterliegende Wirtschaftsgüter des Anlagevermögens. Geringwertige Anlagegüter können im Jahr der Anschaffung voll als Betriebsausgaben abgesetzt werden, wenn die Anschaffungs- oder Herstellungskosten 800,00 DM zuzüglich Umsatzsteuer nicht übersteigen, (z.B. Kaufpreis einer Schreibmaschine einschließlich 15 % Umsatzsteuer höchstens 920,00 DM [EStG § 6]).

Werbungskosten: Die **Einnahmen** zu den Einkünften 4. – 7. können um die Werbungskosten *(Aufwendungen zur Erwerbung, Sicherung und Erhaltung der Einnahmen,* EStG § 9) gekürzt werden (siehe S. 365!)

Die *Summe der Einkünfte* eines Steuerpflichtigen, eventuell vermindert um den Altersentlastungsbetrag, ist der **Gesamtbetrag der Einkünfte.** Dieser darf noch um die **Sonderausgaben** und die **außergewöhnlichen Belastungen** gekürzt werden. Daraus ergibt sich das **Einkommen** (EStG § 2).

Den **Altersentlastungsbetrag** erhält der Steuerpflichtige für die auf die Vollendung des 64. Lebensjahrs folgenden Jahre. Er beträgt 40 % des Arbeitslohns und der übrigen Einkünfte, höchstens 3 720 DM im Jahr (EStG § 24 a).

Sonderausgaben sind vom Staat aus sozial-, wirtschafts- und finanzpolitischen Gründen steuerbegünstigte Ausgaben, die im Kalenderjahr bezahlt wurden und weder Betriebsausgaben noch Werbungskosten sind (EStG § 10).

Dazu gehören:

- Unterhaltsleistungen an geschiedene oder getrennt lebende Ehegatten bis jährlich 27 000 DM
- Renten, die auf besonderen Verpflichtungsgründen beruhen (z. B. auf rechtskräftigem Urteil).
- Beiträge zu Kranken-, Pflege-, Unfall- und Haftpflichtversicherungen, den gesetzlichen Rentenversicherungen und der Arbeitslosenversicherung, außerdem Beiträge für Versicherungen auf den Erlebens- oder Todesfall (Vertragsdauer mindestens 12 Jahre), Risiko- und Rentenversicherungen.
- 50 % der Beiträge an Bausparkassen zur Erlangung von Baudarlehen,
- gezahlte Kirchensteuer,
- Steuerberatungskosten,
- Aufwendungen für Berufsbildung oder Weiterbildung in einem nicht ausgeübten Beruf bis 900 DM jährlich, bei auswärtiger Unterbringung bis zu 1200 DM.
- 30 % des Schuldgeldes an Ersatz- oder Ergänzungsschulen, wenn ein Kinderfreibetrag gewährt wird.

Vorsorgeaufwendungen (Beiträge zu den obengenannten Versicherungen und an Bausparkassen) können nur bis zu 2 610 DM je Ehegatten abgezogen werden. Darüber hinausgehende Zahlungen können nur noch zur Hälfte, höchstens jedoch bis 50 % der obengenannten Höchstbeträge abgezogen werden. Vor Anwendung der oben angeführten Sätze können für die oben erwähnten Versicherungen je Ehegatten 6 000 DM voll abgesetzt werden (EStG § 10).

- **Spenden** für mildtätige, kirchliche, religiöse, wissenschaftliche und gemeinnützige Zwecke sind bis zur Höhe von insgesamt 5 % des Gesamtbetrags der Einkünfte abzugsfähig (für Einzelheiten vgl. EStG § 10 b). Beiträge und Spenden an politische Parteien können bis zur Höhe von insgesamt 3 000 DM[1] abgezogen werden (EStG § 10 b Abs. 2).

Ohne Einzelnachweis – also auch wenn keine Sonderausgaben angefallen sind – werden bei jedem Steuerpflichtigen 108 DM[1] als **Sonderausgaben-Pauschbetrag** berücksichtigt. Hat der Steuerpflichtige *Arbeitslohn*[2] bezogen, so wird für Vorsorgeaufwendungen (z. B. Kranken-, Lebensversicherungen; Bausparbeiträge) eine **Vorsorgepauschale**[3] abgezogen. Sie beträgt:

1. 18 % des Arbeitslohns, höchstens 6 000 DM[1] abzüglich 16 % des Arbeitslohns *zuzüglich*
2. höchstens 2 610 DM[1], soweit der Teilbetrag nach Nummer 1 überschritten wird, *zuzüglich*
3. höchstens die Hälfte bis zu 1 305 DM[1], soweit die Teilbeträge nach den Nummern 1 und 2 überschritten werden (EStG § 10 c).

Pauschbeträge sind steuerfreie Beträge, die jedem Steuerpflichtigen zustehen, auch wenn er überhaupt keine Aufwendungen z. B. für Werbungskosten oder Sonderausgaben hatte.

Außergewöhnliche Belastungen sind dann gegeben, wenn einem Steuerpflichtigen zwangsläufig größere Aufwendungen erwachsen als der überwiegenden Mehrzahl der Steuerpflichtigen gleicher Einkommens- und Vermögensverhältnisse, z. B. bei Krankheit, Tod, Beschäftigung einer Hausgehilfin, Aussteuer (EStG §§ 33, 33 a). Wenn die Aufwendungen einen nach der Höhe des Einkommens und dem Familienstand gestaffelten Vomhundertsatz übersteigen *(zumutbare Eigenbelastung)*, wird auf Antrag der übersteigende Betrag vom Gesamtbetrag der Einkünfte abgezogen. In besonderen Fällen sind DM-Beträge festgesetzt, die abgezogen werden können.

[1] Bei Zusammenveranlagung von Ehegatten verdoppelt sich dieser Betrag.
[2] = Arbeitslohn abzüglich Versorgungsfreibetrag und Altersentlastungsbetrag.
[3] In bestimmten Fällen verringert sich die Vorsorgepauschale auf höchstens 2 000 DM [vgl. EStG § 10 c (3) und (4)].

Steuerpflichtige erhalten für Kinder in Berufsausbildung auf Antrag *Ausbildungsfreibeträge*, vgl. EStG § 33 a:

	bis 18 Jahre	über 18 Jahre
Unterbringung im Haushalt des Steuerpflichtigen	—	2 400
auswärtige Unterbringung	1 800	4 200

Alleinstehende können **Kinderbetreuungskosten** für unter 16jährige bis jährlich 4 000 DM[1] geltend machen (Pauschbetrag 480 DM[1]), EStG § 33 c.

Die Berechnung des zu versteuernden Einkommens

Herr Huber muß nicht sein ganzes *Einkommen* versteuern. Es stehen ihm vielmehr **Sonderfreibeträge** zu, die abgezogen werden (EStG §§ 32). Hierbei werden persönliche Verhältnisse berücksichtigt.

	Sonderfreibeträge (EStG § 32)	
Haushaltsfreibetrag	Alleinstehende mit mindestens einem Kind	5 616 DM
Kinderfreibetrag	je Kind	2 052 DM[2]

Außerdem stehen dem Steuerpflichtigen *Freibeträge* bei den *einzelnen Einkunftsarten* zu, die dort jeweils abgezogen werden, z. B.:

bei Einkünften aus nichtselbständiger Arbeit
- **Versorgungsfreibetrag:** 40 % der Versorgungsbezüge, z. B. Beamtenpension, höchstens 6 000 DM
- **Arbeitnehmerpauschbetrag:** 2 000 DM (EStG §§ 9 a, 19)

bei Einkünften aus Kapitalvermögen
- **Sparerfreibetrag:** 6 000 DM[2] (neben einem Pauschbetrag für Werbungskosten von 100 DM[2]; EStG §§ 9 a, 20)

Die Berechnung der Einkommensteuerschuld

Nach Ablauf des Kalenderjahres setzt das Finanzamt auf Grund des von Herrn Huber in der **Steuererklärung** angegebenen Einkommens[3] die Steuer fest **(Veranlagung,** EStG § 25, AO § 166). Herr Huber erhält vom Finanzamt einen **Steuerbescheid** mit Angaben über Restschuld **(Abschlußzahlung)** oder Überzahlung durch zu hohe **Vorauszahlungen** und über künftige Vorauszahlungen zum 10.03., 10.06., 10.09. und 10.12. (EStG §§ 36, 37).

Er kann bei seinem Finanzamt gegen den Steuerbescheid und gegen die Festsetzung der Vorauszahlungen innerhalb eines Monats **Einspruch** einlegen (AO §§ 348, 355).

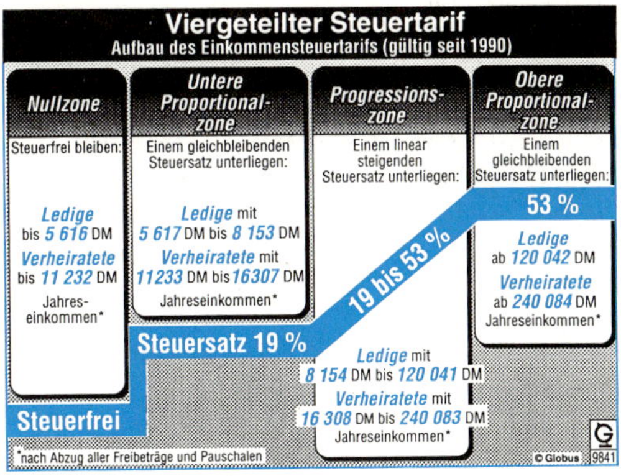

[1] Für jedes weitere Kind 2 000 DM bzw. 480 DM.
[2] Bei Zusammenveranlagung verdoppelt sich dieser Betrag.
[3] Nach einem Urteil des Bundesverfassungsgerichts muß der Grundfreibetrag bis 1996 auf das Existenzminimum (Sozialhilfesatz) angehoben werden; Übergangslösung für 1994: Ledige 11 069 DM, Verheiratete 22 139 DM Grundfreibetrag; 1995: 11 555 DM/23 111 DM.

Ehegatten, die beide beschränkt steuerpflichtig sind, werden im allgemeinen *zusammen veranlagt.* Dabei wird das **Splittingverfahren** angewandt:

Das gesamte Einkommen wird halbiert, daraus die Steuer berechnet und diese dann verdoppelt (EStG § 32 a, vgl. Beispiel unten).

Steuertermine: 10.03., 10.06., 10.09. und 10.12.

Beispiel für die Berechnung der Einkommensteuer

Ein verheirateter Steuerpflichtiger hat 3 Kinder unter 18 Jahren. Er hat 82 400 DM Einkünfte aus Gewerbebetrieb, 1 490 DM aus Kapitalvermögen. Seine Sonderausgaben betragen 28 900 DM (davon 4 200 DM Krankenversicherung, 8 500 DM Lebensversicherung, 15 000 DM Bausparkassenbeiträge, 1 200 DM Kirchensteuer).

Einkünfte aus Gewerbebetrieb			82 400 DM
+ Einkünfte aus Kapitalvermögen			1 490 DM
Gesamtbetrag der Einkünfte			83 890 DM
– Sonderausgaben:			
unbegrenzt abzugsfähig		1 200	
vorab für Versicherung abzugsfähig:			
2 × 6000 =	12 000		
im Rahmen der Höchstbeträge voll abzugsfähig:			
2 610 + 2 610 =	5 220		
(20 200[1] – 17 200) = 2 980 die Hälfte[2]	1 490	18 710	19 910 DM
Einkommen			63 980 DM
– Kinderfreibeträge 3 × 4 104			12 312 DM
zu versteuerndes Einkommen			51 668 DM
Steuer lt. Splittingtabelle aus 51 668			
= Einkommensteuerschuld			8 626 DM[3]

Stand: 01.01.1995

6.3.2.2 Die Lohnsteuer

Walter Schulze ist kaufmännischer Angestellter. Sein Gehalt sind steuerliche *Einkünfte aus nichtselbständiger Arbeit.* Die Einkommensteuer wird ihm monatlich im Form von **Lohnsteuer** vom Arbeitgeber *abgezogen* und bis zum 10. des nächsten Monats an das Finanzamt abgeführt. Hat Herr Schulze z. B. neben seinem Gehalt noch Mieteinnahmen, so muß er u. U. nachträglich eine Einkommensteuererklärung abgeben, damit auch diese Einnahmen von der Steuer erfaßt werden.

Lohnsteuerpflichtige müssen u. a. eine Einkommensteuererklärung abgeben,

- wenn das Einkommen mehr als 27 000 DM[4] beträgt;
- wenn die Nebeneinkünfte höher als 800 DM sind;
- wenn der Steuerpflichtige nebeneinander von mehreren Arbeitgebern Arbeitslohn bezogen hat;
- wenn beide Ehegatten Arbeitslohn bezogen haben und einer Steuerklasse V oder VI hatte (EStG § 46).

Die Grundlage für den Lohnsteuerabzug

Grundlage ist das jeweilige Bruttoentgelt des Arbeitnehmers.

Lohnsteuerfrei sind z. B. Arbeitslosengeld, Krankengeld, Abfindungen des Arbeitgebers bis 24 000 DM bei Kündigung, Heiratsbeihilfen bis 700 DM (für Einzelheiten siehe EStG § 3).

[1] 20 200 DM = Krankenversicherung 4 200 DM + Lebensversicherung 8 500 DM + 50 % der Bausparraten 7 500 DM.
[2] Höchstens aber 50 % der Höchstbeträge, also höchstens ½ von 5 220 DM = 2 610 DM.
[3] Ab 01.01.1995 wird ein Solidaritätszuschlag von 7,5 % als Ergänzungsabgabe auf die Einkommen-, Lohn- und Körperschaftsteuer erhoben.
[4] Bei Zusammenveranlagung 54 000 DM.

Der Arbeitnehmer erhält von der Gemeindebehörde seines Wohnsitzes eine **Lohnsteuerkarte.** Sie enthält neben dem Namen und der Wohnung des Arbeitnehmers alle für die Steuerberechnung zu berücksichtigenden Angaben, wie Geburtstag, Religionszugehörigkeit und die Steuerklasse.

Die Lohnsteuerpflichtigen (Arbeiter, Angestellte und Beamte) werden in Steuerklassen eingeteilt (genauer Wortlaut siehe EStG § 38 b!):

Steuerklasse I:	Arbeitnehmer, die ledig sind, verheiratet, verwitwet oder geschieden sind, und bei denen die Voraussetzungen für Steuerklasse III oder IV nicht erfüllt sind;
Steuerklasse II:	Arbeitnehmer wie Steuerklasse I mit mindestens einem Kind;
Steuerklasse III:	verheiratete Arbeitnehmer, wenn Ehegatte keinen Arbeitslohn bezieht oder auf Antrag in Steuerklasse V ist. Verwitwete und geschiedene unter bestimmten Voraussetzungen, s. EStG § 38 b (3) b) und c)!;
Steuerklasse IV:	Verheiratete, wenn beide Ehegatten Arbeitslohn beziehen;
Steuerklasse V:	(auf Antrag): Wenn beide Ehegatten Arbeitslohn beziehen; der andere Ehegatte erhält dann Steuerklasse III;
Steuerklasse VI:	(bei mehreren Dienstverhältnissen): für jedes zweite und weitere gleichzeitig bestehende Dienstverhältnis.

Auf der Lohnsteuerkarte werden vom Finanzamt *auf Antrag* Werbungskosten, Sonderausgaben und außergewöhnliche Belastungen als **steuerfreie Beträge** eingetragen, wenn der Arbeitnehmer-Pauschbetrag (2 000 DM) und/oder die anrechbaren Sonderausgaben[1] und außergewöhnlichen Belastungen um mehr als 1 200 DM überschritten werden [EStG § 39 a (2)].

Werbungskosten sind u. a.:

- Beiträge zu Berufsständen und Berufsverbänden, z. B. Gewerkschaftsbeiträge;
- Fahrtkosten zwischen Wohnung und Arbeitsstätte, z. B. mit eigenem Kraftfahrzeug (Pauschbeträge je km Entfernung: Pkw 0,70 DM, Motorrad 0,33 DM);
- Aufwendungen für Arbeitsmittel, z. B. Werkzeuge, typische Berufskleidung, Fachliteratur;
- Aufwendungen für doppelte Haushaltsführung aus beruflichen Gründen (EStG § 9).

Sonderausgaben und **außergewöhnliche Belastungen** kann ein lohnsteuerpflichtiger Arbeitnehmer in der gleichen Art wie der Einkommensteuerpflichtige geltend machen (vgl. Seite 362).

Erstattung zuviel bezahlter Lohnsteuer – Antragsveranlagung durch das Finanzamt bzw. Lohnsteuerjahresausgleich durch den Arbeitgeber –

Übersteigt die im Laufe des Kalenderjahres *einbehaltene Lohnsteuer* bei einem Steuerpflichtigen die Steuer, die auf den gesamten Jahreslohn entfällt *(Jahreslohnsteuer)*, so wird die zuviel bezahlte Lohnsteuer im Wege der **Antragsveranlagung** durch das Finanzamt erstattet. Dieser Fall kann z. B. gegeben sein bei schwankendem Arbeitslohn, bei Arbeitslosigkeit (dann wird der für einen Teil des Jahres gezahlte Lohn als Jahreslohn angesehen), bei Geburt eines Kindes, bei erhöhten Werbungskosten und Sonderausgaben.

[1] Vorsorgeaufwendungen werden nicht mitgerechnet, da sie in der Lohnsteuertabelle bereits als Vorsorgepauschale eingerechnet sind.

Das **Finanzamt** führt die *Antragsveranlagung* durch – Antragsfrist: Ablauf des auf das Ausgleichsjahr folgenden zweiten Kalenderjahrs (z. B. Ausgleichsjahr 1994, Antragsfrist bis 31.12.1996) – und erteilt darüber dem Antragsteller einen Steuerbescheid.

Der **Arbeitgeber** ist *berechtigt,* wenn er mindestens 10 Arbeitnehmer am 31. Dezember beschäftigt, *verpflichtet,* seinen unbeschränkt einkommensteuerpflichtigen Arbeitnehmern, die während des abgelaufenen Kalenderjahres (Ausgleichsjahr) **ständig** beschäftigt waren, die für das Ausgleichsjahr einbehaltene Lohnsteuer insoweit zu erstatten, als sie die auf den *Jahresarbeitslohn* entfallende *Jahreslohnsteuer* übersteigt **(Lohnsteuerjahresausgleich);** für Ausnahmen siehe EStG § 42 b!

Der Arbeitgeber führt also den Lohnsteuerjahresausgleich dann durch, wenn die Sachverhalte klar und keine Entscheidungen notwendig sind.

6.3.2.3 Die Körperschaftsteuer

Juristische Personen, wie Aktiengesellschaften, Kommanditgesellschaften und Aktien, Gesellschaften mit beschränkter Haftung, eingetragene Genossenschaften und Vereine unterliegen ebenfalls einer *Einkommensteuer,* der **Körperschaftsteuer.** Befreit davon sind die im Gesetz genannten Unternehmen, z. B. die Deutsche Bundespost, das Bundeseisenbahnvermögen, die Deutsche Bundesbank, die staatlichen Lotterien (KStG §§ 1 und 5).

Die Sätze der Körperschaftsteuer werden teilweise nach der Art der Unternehmung und der Höhe des Vermögens gestaffelt. Bei unbeschränkt steuerpflichtigen Kapitalgesellschaften beträgt die Steuer 45 % des nicht ausgeschütteten Gewinns. Für Gewinnausschüttungen ermäßigt sie sich auf 30 %. Der Anteilseigner erhält für die bezahlte Körperschaftsteuer eine *Steuergutschrift,* die er zur Begleichung seiner Einkommensteuerschuld verwenden kann. Muß er keine Einkommensteuer bezahlen, so erhält er die Körperschaftsteuer auf Antrag ausbezahlt.

Wesentliche Lerninhalte

- Die Besteuerung erfolgt i. a. nach der wirtschaftlichen Leistungsfähigkeit.
- Steuern müssen ohne wirtschaftliche Gefährdung leistbar sein.
- Steuern vom Einkommen sind
  - → Einkommensteuer
  - → Lohnsteuer
  - → Körperschaftsteuer
- Unbeschränkt steuerpflichtig sind alle natürlichen Personen mit einem Wohnsitz in der Bundesrepublik Deutschland
- **Berechnung des steuerpflichtigen Einkommens:**

Einnahmen – Betriebsausgaben	→ Einkünfte
+	+
Einnahmen – Werbungskosten	→ Einkünfte
	Summe der Einkünfte
– Altersentlastungsbetrag	→ Gesamtbetrag der Einkünfte
– Sonderausgaben – außergewöhnliche Belastung	→ Einkommen
– Kinderfreibeträge, Haushaltsfreibetrag	→ zu versteuerndes Einkommen

- **Betriebsausgaben** sind durch den Betrieb verursachte Aufwendungen.
- **Werbungskosten** sind Aufwendungen zur Erwerbung, Sicherung und Erhaltung der Einnahmen.
- **Sonderausgaben** sind vom Staat steuerbegünstigte Ausgaben, die weder Betriebsausgaben noch Werbungskosten sind.
- **Freibeträge** stehen dem Steuerpflichtigen aufgrund seiner persönlichen Verhältnisse zu.
- Aufgrund der Steuererklärung veranlagt das Finanzamt den Steuerpflichtigen und erläßt einen Steuerbescheid.
- Proportionaltarif = gleichbleibender Steuersatz.
  Progressionstarif = ansteigender Steuersatz.
- Bei der gemeinsamen Veranlagung wird das Splittingverfahren angewandt.
- Die Lohnsteuer wird im Abzugsverfahren erhoben.
- Die Lohnsteuerpflichtigen werden in Steuerklassen eingeteilt.
- Bei der **Antragsveranlagung** wird zuviel bezahlte Lohnsteuer auf Antrag durch das Finanzamt erstattet.
- Die **Körperschaftsteuer** ist die Einkommensteuer der juristischen Personen.

Aufgaben zur Sicherung des Lernerfolgs

1 Zu welchen Einkunftsarten gehören
a) die Gewinne eines Fabrikanten,
b) das Gehalt eines Buchhalters,
c) die Mieteinnahme eines Hauseigentümers,
d) die Provision eines selbständigen Handelsvertreters,
e) das Gehalt eines Lehrers,
f) die Dividende für Aktien,
g) das Honorar eines Arztes?

2 Worin besteht der Unterschied zwischen Einnahmen und Einkünften?

3 Was sind Betriebsausgaben (mit Beispielen)?

4 Was sind Werbungskosten (mit Beispielen)?

5 Inwiefern ist es für den Staat von Vorteil, wenn er z. B. Kranken- und Lebensversicherungsbeiträge steuerlich als Sonderausgaben begünstigt?

6 Warum dürfen z. B. Zahlungen an Bausparkassen nicht in unbegrenzter Höhe steuerbegünstigt abgezogen werden?

7 Wie hilft der Staat einem Steuerpflichtigen, der z. B. hohe Krankenhauskosten bezahlen muß?

8 Wovon ist die Höhe der Einkommensteuer abhängig?

9 Berechnen Sie die Einkommensteuer für den Handwerksmeister Braun: verheiratet, 1 Kind, Gewinn 75 970 DM, Mieteinkünfte 14 880 DM, Krankenversicherung 6 200 DM, Lebensversicherung 9 100 DM, Bausparen 9 800 DM, Kirchensteuer 980 DM. Besorgen Sie sich eine Einkommensteuertabelle!

10 Wie erfährt das Finanzamt, welches Einkommen ein Steuerpflichtiger hat?

11 Inwiefern ist für die Finanzverwaltung das Abzugsverfahren günstiger?

12 a) Geben Sie Beispiele für einkommensteuer- und lohnsteuerfreie Einnahmen! Schlagen Sie im EStG nach!
b) Weshalb verzichtet der Staat wohl auf Besteuerung dieser Einnahmen?

13 Erklären Sie, was Sie unter einem Pauschbetrag verstehen?

14 Warum hat wohl der Staat Pauschbeträge für Werbungskosten und Sonderausgaben bei der Lohnsteuer festgelegt?

15 Welche Wirkung hat die Vorsorgepauschale?

16 Wie können Sie zu hohe Lohnsteuerabzüge vermeiden, wenn Sie schon im voraus nachweisen können, daß die Pauschbeträge überschritten werden?

17 Wozu zählen folgende Ausgaben:

a) Fahrtkosten ins Geschäft,
b) Sozialversicherungsbeiträge,
c) Bausparkassenraten,
d) weiße Kittelschürze eines Laboranten?

18 Warum sind Unterschiede bei der Einstufung der Lohnsteuerpflichtigen in die Lohnsteuerklassen gerechtfertigt?

19 Was verstehen Sie unter der Antragsveranlagung?

6.3.2.4 Die Gewerbesteuer

Problem

Der Maschinengroßhandlung Holzer & Co. werden die gemieteten Lagerräume zu eng. Eigene Lagerhallen sollen gebaut werden; aber in welchem Ort? Da liest Herr Holzer in der Tageszeitung: ,,Aufstrebende Gemeinde bietet wirtschaftlich gesunden Unternehmen günstige Bedingungen zur Ansiedlung. Anfragen an das Bürgermeisteramt der Stadt Grünberg.“ – Was erhofft sich Herr Holzer neben günstigen Grundstückspreisen?

Sachdarstellung

Grundlagen der Gewerbesteuer

Die Gewerbesteuer, der jeder ortsansässige Gewerbebetrieb unterliegt, ist eine der wichtigsten Einnahmequellen der Gemeinden.

Die Steuer richtet sich nach dem **Gewerbeertrag** und dem **Gewerbekapital.**

- **Der Gewerbeertrag** ist der Gewinn aus dem Gewerbebetrieb zuzüglich 50 % der Zinsen für Dauerschulden, Gewinnanteile eines stillen Gesellschafters, die Hälfte der Miete und Pacht für fremde bewegliche Wirtschaftsgüter usw. Abzuziehen sind insbesondere 1,2 % des Einheitswerts der betrieblichen Grundstücke und die Gewinnanteile bei anderen Gesellschaften (für Einzelheiten siehe GewStG § 7 ff.!).
- **Das Gewerbekapital** ist der *Einheitswert* des gewerblichen Betriebes. Hinzuzurechnen ist z. B. die Hälfte der 50 000 DM übersteigenden Dauerschulden, zu kürzen ist z. B. um den Einheitswert der Betriebsgrundstücke (für Einzelheiten siehe GewStG § 12).

Steuermeßzahl und Steuermeßbetrag

Mit Hilfe der **Steuermeßzahlen** wird der **Steuermeßbetrag** errechnet.

Die Steuermeßzahl für den **Gewerbeertrag ist 5 %** des auf volle 100 DM abgerundeten Gewerbeertrags. Bei **Einzelunternehmen und Personengesellschaften** sind jährlich 48 000 DM Gewerbeertrag steuerfrei. Die *Steuermeßzahl* beträgt für die nächsten 24 000 DM 1 % und steigert sich je 24 000 DM um 1 % bis 5 % erreicht sind (vgl. Beispiel!), GewStG § 11.

Gewerbeertrag x Steuermeßzahl ergibt den **Steuermeßbetrag.**

Beim **Gewerbekapital** beträgt die **Steuermeßzahl 2 ‰** des auf volle 1 000 DM abgerundeten Kapitals. 120 000 DM des Gewerbekapitals sind steuerfrei. Gewerbekapital × Steuermeßzahl ist ebenfalls ein Steuermeßbetrag (GewStG § 13).

Beide Meßbeträge werden zum **einheitlichen Steuermeßbetrag** zusammengefaßt und mit dem von den einzelnen Gemeinden in % festgelegten **Hebesatz** multipliziert. Dadurch erhält man die fällige Gewerbesteuer.

Steuertermine: 15.02., 15.05., 15.08. und 15.11.

OHG: Gewinn 148 166 DM, Einheitswert des Gewerbebetriebs 402 800 DM (Einheitswert der darin enthaltenen Betriebsgrundstücke 120 500 DM), Zinsen für Dauerschulden 900 DM, Dauerschulden 12 000 DM, Hebesatz 300 %

				DM
Gewinn aus Gewerbebetrieb	148 166			
+ Zins für Dauerschulden	450			
	148 616			
– 1,2 % des Einheitswerts der Betriebsgrundstücke	1 466			
Gewerbeertrag	147 170			
auf **100 DM abgerundet**	147 100			
– Freibetrag	48 000			
steuerpfl. Gewerbeertrag	99 100			
davon:	24 000	× 1 %; Steuermeßbetrag =	240	
	24 000	× 2 %; Steuermeßbetrag =	480	
	24 000	× 3 %; Steuermeßbetrag =	720	
	24 000	× 4 %; Steuermeßbetrag =	960	
	3 100	× 5 %; Steuermeßbetrag =	155	2 555
	99 100			
Einheitswert des gewerbl. Betriebs	402 800			
+ Dauerschulden	0	(vgl. GewStG § 12!)		
	402 800			
– Einheitswert der Betriebsgrundstücke	120 500			
Gewerbekapital	282 300			
auf **1 000 DM abgerundet**	282 000			
– Freibetrag	120 000			
Steuerpfl. Gewerbekapital	162 000	× 2 ‰ = Steuermeßbetrag =		324
einheitlicher Meßbetrag				2 879
28,79 × Hebesatz = Gewerbesteuerschuld (28,79 × 300)				8 637

Stand: 01.01.95

Wesentliche Lerninhalte

- Gewerbesteuerpflichtig ist jeder inländische Gewerbebetrieb
- **Berechnung der Gewerbesteuerschuld**
  Gewinn aus Gewerbebetrieb + Hinzurechnungen – Kürzungen
  = **Gewerbeertrag** × Steuermeßzahl = Steuermeßbetrag
  Einheitswert des gewerbl. Betriebs + Hinzurechnungen – Kürzungen
  = **Gewerbekapital** × Steuermeßzahl = Steuermeßbetrag
  einheitlicher Steuermeßbetrag × Hebesatz
  = Gewerbesteuerschuld
- Die Gewerbesteuer ist ein wichtiger Einnahme-Posten des Gemeindehaushalts.

Aufgaben zur Sicherung des Lernerfolgs

1 Warum müssen z. B. dem Gewinn 50 % der Zinsen für Dauerschulden dazugeschlagen werden, um zum Gewerbeertrag zu gelangen?

2 ★Orientieren Sie sich über die Hinzurechnungen und Kürzungen im GewStG und überlegen Sie sich die Gründe für diese Maßnahmen!

3 a) Wie kann eine Gemeinde Industrieansiedlung steuerlich fördern oder drosseln?

b) Welche Probleme können sich für eine Gemeinde bei der Abhängigkeit von einem Großbetrieb ergeben?

4 Wie hoch sind die Hebesätze in Ihrem Wohnort, wie hoch sind die der Nachbargemeinden? Ziehen Sie daraus Schlüsse!

5 Berechnen Sie die Gewerbesteuerschuld der Firma Händel OHG für das Jahr 19..!

Gewinn aus Gewerbebetrieb 128 940 DM, Einheitswert des gewerblichen Betriebes 880 000 DM (Einheitswert der darin enthaltenen Betriebsgrundstücke 240 000 DM), Zinsen für Dauerschulden 26 810 DM, Miete für Maschinen 17 300 DM (GewStG § 8 Ziffer 7!), Dauerschulden 145 000 DM, Hebesatz 310 %.

6.3.2.5 Die Vermögensteuer

Problem

Herr Braun hat ein Zweifamilienhaus gebaut. Da erhält er vom Finanzamt die Aufforderung zur Abgabe einer Vermögensteuererklärung. Er schimpft: „Kaum ist das Haus fertig, so soll ich neben meinen monatlichen Bausparraten noch Vermögensteuer für mein Haus bezahlen!“ Sein Freund beruhigt ihn: „Du brauchst Dich nicht aufzuregen! Erstens darfst Du Deine Schulden abziehen und zweitens verlangt der Staat bei einem kleinen Vermögen sowieso nichts.“ Hat der Freund recht?

Sachdarstellung

Unbeschränkt steuerpflichtig sind natürliche und juristische Personen mit dem auf volle 1 000 DM abgerundeten *Gesamtvermögen* (VStG §§ 1, 4). Das Gesamtvermögen ist nach den Vorschriften des *Bewertungsgesetzes* zu berechnen (siehe ggf. dort Einzelheiten!).

Von der Vermögensteuer befreit sind u. a. die Deutsche Post AG, die Deutsche Postbank AG, die Deutsche Telekom AG, das Bundeseisenbahnvermögen, die Deutsche Bundesbank, Pensions-, Sterbe- und Krankenkassen, politische Parteien (vgl. VStG § 3).

Natürliche Personen erhalten **Freibeträge,** um die das Gesamtvermögen zu kürzen ist:

- je 120 000 DM für den Steuerpflichtigen; für die Ehefrau; für jedes Kind unter 18 Jahren, auf Antrag bis zur Vollendung des 27. Lebensjahres.
- 50 000 DM Freibetrag; Voraussetzung: 60 Jahre alt oder 100 % schwerbehindert.[1]

[1] Diese Beträge verdoppeln sich, wenn beide Ehegatten das 60. Lebensjahr vollendet haben.

Bei Aktiengesellschaften, Kommanditgesellschaften auf Aktien, bergrechtlichen Gewerkschaften, bei Gesellschaften mit beschränkter Haftung wird Vermögensteuer nur erhoben, wenn das Gesamtvermögen mindestens 20 000 DM beträgt (VStG §§ 1, 6, 8).

Der Steuersatz beträgt für natürliche Personen 1 %, für juristische Personen 0,6 % des steuerpflichtigen Vermögens (Gesamtvermögen – nach Abzug der Schulden – abzüglich Freibeträge).

Die Vermögensteuer beträgt 0,5 % auf Betriebsvermögen, Aktien, Fondsanteile, Geschäftsguthaben bei Genossenschaften usw. (vgl. VStG § 10 in Verbindung mit BewG § 110!).

Steuertermine: 10.02., 10.05., 10.08. und 10.11.

Wesentliche Lerninhalte

- **Vermögensteuerpflichtig** sind natürliche und juristische Personen.
- Das Vermögen natürlicher Personen wird um Schulden und Freibeträge gekürzt.
- Bei **Kapitalgesellschaften** wird erst ab einem **Mindestvermögen** Vermögensteuer erhoben.

Aufgaben zur Sicherung des Lernerfolgs

1 Welchen Freibetrag erhält bei der Vermögensteuer eine Familie mit zwei Kindern im Alter von sechs und zwölf Jahren?

2 ★Halten Sie die Vermögensteuer insbesondere bei Privatpersonen für gerecht, nachdem doch vorher Einkommensteuer bezahlt wurde? Könnte ein Unterschied zwischen Privat- und Geschäftsvermögen gemacht werden? Was ist Ihre Meinung?

3 ★Eine mögliche Erhöhung der Vermögensteuer wird als ,,Kalte Sozialisierung" bezeichnet. Was verstehen Sie darunter? Nehmen Sie zu dem Vorwurf Stellung!

6.3.2.6 Die Umsatzsteuer

Problem

Kauft Herr Schulze sich z. B. einen neuen Anzug, so sind im Kaufpreis 15 % Umsatzsteuer enthalten, die er als Endverbraucher tragen muß. Dieser Steuersatz ist vom Einkommen des Herrn Schulze unabhängig. Weshalb wird die Umsatzsteuer oft als unsozial bezeichnet?

Sachdarstellung

Steuerpflicht und Besteuerungsgrundlage

Beim einzelnen Unternehmer wird von jedem Umsatz nur die *Wertschöpfung*, der **Mehrwert**, besteuert. Dieser ist der Unterschied zwischen dem Einkaufs- und dem Verkaufspreis jeweils ohne Umsatzsteuer. Die Umsatzsteuer ist *wettbewerbsneutral*, in der Höhe unabhängig von der Zahl der Umsätze und damit für den Geschäftsmann ein *durchlaufender Posten*. Erst beim Endverbraucher ist sie Bestandteil des Preises (siehe Beispiel S. 373).

Der Umsatzsteuer unterliegen u. a. folgende Umsätze:

- Die Lieferungen und sonstigen Leistungen eines Unternehmens im Inland (Erhebungsgebiet) gegen Entgelt;
- der Eigenverbrauch im Inland durch Entnahme von Gegenständen und sonstigen Leistungen für private Zwecke;
- die Einfuhr von Gegenständen aus dem Drittlandsgebiet in das Zollgebiet – Gebiet der EU – *(Einfuhrumsatzsteuer* [UStG § 1]).
- der *innergemeinschaftliche Erwerb im Inland* gegen Entgelt **(Erwerbsteuer);** dabei ersetzt die Steuer auf den Erwerb innerhalb der EU die Besteuerung der Einfuhr an der Grenze.

Auch Geschäfte auf **Gegenrechnung,** z. B. ein Büroeinrichtungsgroßhändler bezieht Schreibtische und liefert dem Hersteller dafür einen Buchungsautomaten, und **Hilfsumsätze,** z. B. der Verkauf einer alten Schreibmaschine, sind steuerpflichtig.

Unternehmer und damit **steuerpflichtig** ist jeder, der eine *gewerbliche* oder *berufliche Tätigkeit selbständig* ausübt (UStG § 2).

Besteuerungsgrundlage sind grundsätzlich die **vereinbarten,** nur um die Umsatzsteuer gekürzten **Entgelte (Sollbesteuerung).**

Hat sich die Bemessungsgrundlage für einen steuerpflichtigen Umsatz geändert, z. B. durch Gewährung von Boni, Rabatten, Skonti, so **muß**

- der Lieferer den geschuldeten Mehrwertsteuerbetrag berichtigen,
- der Käufer den in Anspruch genommenen Vorsteuerabzug entsprechend korrigieren.

Entsprechendes gilt bei uneinbringlichen Forderungen (UStG § 17).

Auf Antrag kann das Finanzamt gestatten, die Besteuerung nach **vereinnahmten Entgelten (Istbesteuerung)** vorzunehmen, wenn der Umsatz im alten Geschäftsjahr nicht mehr als 250 000 DM war (UStG § 20).

Steuersätze und Abrechnungsverfahren

Steuersätze und Steuerbefreiungen	
allgemeiner Umsatzsteuersatz 15 % (UStG § 12)	
ermäßigter Umsatzsteuersatz 7 %, z. B.:	**von der Umsatzsteuer befreit** sind z. B.:
• bei den meisten Lebensmitteln (beim Verzehr in Gaststätten wird die volle Umsatzsteuer erhoben); • für Haltung und Aufzucht von Vieh; • für Bücher, Zeitungen, Zeitschriften und Noten; • für Personenbeförderung im Kfz-Linienverkehr und in Taxis; • für Theateraufführungen, Konzerte; • für Kunstgegenstände (Gemälde, Zeichnungen) • für Umsätze in Schwimm- und Heilbädern (vgl. UStG § 12).	• Ausfuhrlieferungen; • Beförderung auf Wasserstraßen; • Umsätze öffentlicher kultureller Einrichtungen, z. B. Theater • Bankumsätze; • private Schulen (als Ersatzschulen) • Verpachtung und Vermietung von Grundstücken; • Umsätze von Bausparkassen- und Versicherungsvertretern; • Umsätze von Ärzten, Zahnärzten, Krankengymnasten; • Umsätze von öffentlichen botanischen und zoologischen Gärten (vgl. UStG § 4; insgesamt 28 Ziffern).

Vorsteuerabzug: Jeder Unternehmer wendet den vollen Umsatzsteuersatz auf seine Umsätze an *(Vorumsätze* zuzüglich eigener Mehrwert). Die dabei entstehende Steuerschuld wird um den Betrag der vom Vorlieferanten bereits bezahlten Umsatzsteuer gekürzt (Vorsteuerabzug). Dies ist möglich, da die Umsatzsteuer – mit Ausnahme beim Endverbraucher – auf der Rechnung **offen ausgewiesen** werden muß (UStG §§ 14, 15).

Beispiel für die Entwicklung einer Umsatzsteuerschuld

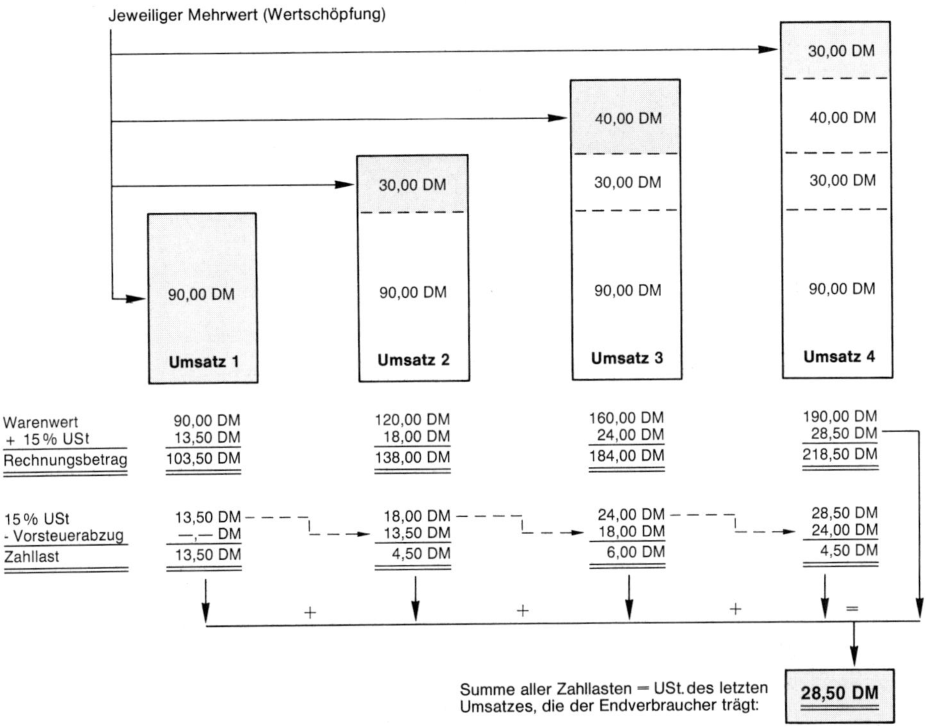

Umsatzsteuervoranmeldungen und **-vorauszahlungen** sind innerhalb der ersten 10 Tage jedes Vierteljahres an das Finanzamt zu senden, wenn die Umsatzsteuerschuld im Vorjahr nicht mehr als 6 000 DM betrug. War sie höher, so ist bis zum 10. jedes folgenden Monats anzumelden und zu bezahlen. Betrug sie im Vorjahr nicht mehr als 1 000 DM, so kann auf die Voranmeldung und die Vorauszahlungen verzichtet werden. Jährlich einmal muß eine Umsatzsteuererklärung abgegeben werden (UStG § 18).

Im **Umsatzsteuerbescheid** wird die zu wenig gezahlte Steuer als **Abschlußzahlung** angefordert, überzahlte Beträge werden zurückerstattet oder mit anderen Steuern verrechnet.

Besteuerung bei niedrigem Gesamtumsatz

Keine Umsatzsteuer ist zu bezahlen, wenn der Umsatz im vorangegangenen Kalenderjahr 25 000 DM nicht überstiegen hat und im laufenden Kalenderjahr voraussichtlich 100 000 DM nicht übersteigen wird (UStG § 19).

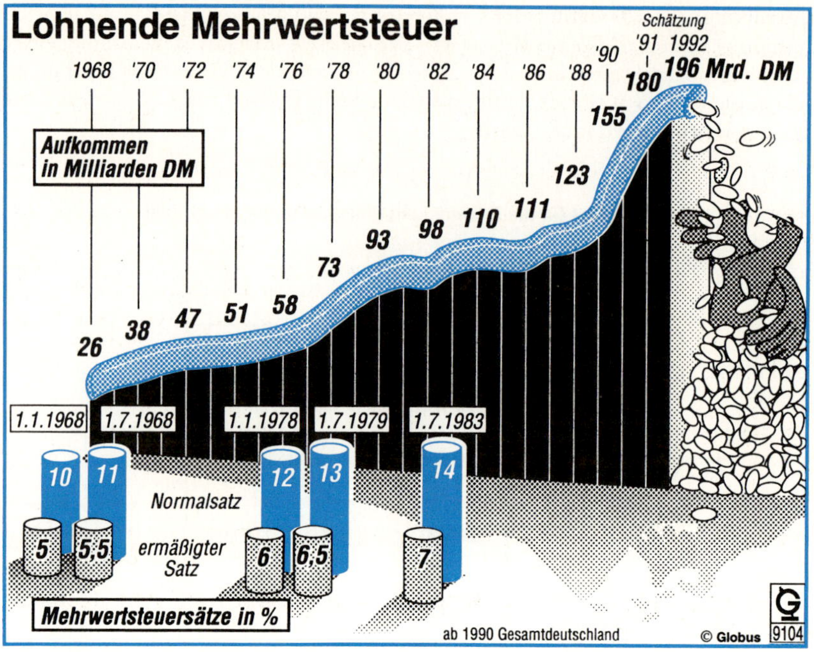

Wesentliche Lerninhalte

- Bei jedem Umsatz wird der Mehrwert besteuert.
- Die Umsatzsteuer ist wettbewerbsneutral.
- Steuerpflichtig ist jeder Unternehmer, also wer eine gewerbliche oder berufliche Tätigkeit selbständig ausübt.
- **Sollbesteuerung** = versteuert werden **vereinbarte** Entgelte.
- **Istbesteuerung,** d. h. Versteuerung der **vereinnahmten** Entgelte ist auf Antrag möglich.
- Steuersätze → 15 %
→ 7 % ermäßigter Satz.
- **Vorsteuerabzug:** Die an die Lieferer bezahlte Umsatzsteuer (Vorsteuer) wird von der eigenen Umsatzsteuerschuld abgezogen.
- **Zahllast** → der an das Finanzamt abzuführende Betrag.
→ Umsatzsteuerschuld abzüglich Vorsteuer.

Aufgaben zur Sicherung des Lernerfolgs

1 Erklären Sie Ist- und Sollbesteuerung!

2 Warum ist auch der Eigenverbrauch (Privatentnahme von Waren) umsatzsteuerpflichtig (UStG § 1)?

[1] Der Jahresumsatz ist auf einen durch 500 teilbaren Betrag aufzurunden.

3 Begründen Sie, warum Geschäfte auf Gegenrechnung umsatzsteuerpflichtig sind!

4 Entwerfen Sie eine Rechnung nach den Anforderungen des § 14 UStG mit Waren, die Sie selbst wählen können!

5 Wie groß ist die Zahllast in folgendem Fall: Nettoverkaufspreis 75,00 DM einschließlich 15,00 DM eigene Wertschöpfung; Steuersatz 15 %?

6 Warum wurde wohl der Umsatzsteuersatz für bestimmte Waren ermäßigt, z. B. für Lebensmittel?

7 Besorgen Sie sich ein Formular USt 1 A von Ihrem Finanzamt, und füllen Sie es nach folgenden Angaben aus:

Finanzamt Schweinfurt, Postfach 40 01, 97408 Schweinfurt, Steuernummer 16338/29480; Lebensmittelgroßhandlung Peter Müller, Kerschensteinerstr. 112, 97422 Schweinfurt, Telefon 0 97 21 / 2 36 52; USt-Voranmeldung Oktober 19..; umsatzsteuerfrei: –; umsatzsteuerpflichtig: 15 % 146 755,00 DM, 7 % 344 269,00 DM; Vorsteuerbeträge 26 745,75 DM; Schweinfurt, den 08.11.19..; Peter Müller. Wie hoch ist die Vorauszahlung für Oktober 19..?

8 Wieviel DM Steuermehreinnahmen hätte die Anhebung des Umsatzsteuersatzes um 1 % ergeben (vgl. S. 357)?

6.4 Ermittlung des zu versteuernden Einkommens und der Steuerschuld eines Arbeitnehmers

Wie in den Abschnitten 6.3.2.1 ‚Die Einkommensteuer' und 6.3.2.2 ‚Die Lohnsteuer' bereits dargestellt wurde, vermindern sich die Einnahmen um abzugsfähige Ausgaben und Freibeträge.

An einem ausführlichen Beispiel soll zusammenfassend die Berechnung der Einkommensteuerschuld eines Arbeitnehmers dargestellt werden.

Sachverhalt

Hermann Müller, kfm. Angestellter, 45 Jahre alt, evangelisch, verheiratet, Ehefrau nicht berufstätig, zwei Kinder (Fritz 12 Jahre, Schüler, und Hermann, 19 Jahre, Schüler im auswärtigen Internat); Bruttogehalt monatlich 4 760,00 DM; Werbungskosten im Jahr 1 835,00 DM für Fahrtkosten, Fachliteratur usw.; einbehaltene Lohnsteuer im Jahr 6 057,96 DM; einbehaltener Solidaritätszuschlag 454,34 DM[1]; einbehaltene Kirchensteuer im Jahr 484,64 DM; Spenden für soziale Zwecke 250,00 DM; Einkünfte aus Vermietung im Jahr aus dem der Ehefrau gehörenden Zweifamilienhaus 3 633,00 DM;

bezahlte Versicherungsbeiträge:

gesetzliche Sozialversicherung (Arbeitnehmeranteil)	10 938,48 DM
Lebensversicherung 12 × 85,00 DM	
Autohaftpflicht	482,00 DM
Familienhaftpflicht	98,00 DM

[1] Ab 1995.

Antrag gemäß EStG § 32 a (2) auf Ausbildungsfreibetrag.

Aufgabe

Die Einkommensteuer (Erstattungsbetrag oder Abschlußzahlung) kann aufgrund der untenstehenden Aufstellung berechnet werden.

(Diese Aufstellung enthält alle zur Lösung der obigen Aufgabe benötigten Posten mit Angabe der Fundstelle im EStG. Nicht Benötigtes, z. B. Haushaltsfreibetrag wurde bewußt weggelassen. Diese Einzelheiten sind in der benützten „Anleitung ESt/LSt" – vgl. S. 377/378! – enthalten.)

Lösungsschema:

Arbeitslohn			....
– Werbungskosten oder Arbeitnehmer-Pauschbetrag	EStG § 9 a		....
Einkünfte aus nichtselbständiger Arbeit	EStG § 19		....
+ Einkünfte aus Vermietung und Verpachtung	EStG § 21		....
Summe der Einkünfte	EStG § 2 (1)		....
= Gesamtbetrag der Einkünfte	EStG § 2 (3)		
– Sonderausgaben	EStG §§ 10, 10 b, 10 c.	....	
– außergewöhnliche Belastung	EStG § 33 a (2)	....	....
Einkommen	EStG § 2 (4)		....
– Kinderfreibeträge	EStG § 32 (6)		....
zu versteuerndes Einkommen	EStG § 2 (5)		....
daraus Einkommensteuer lt. Splittingtabelle			....
– einbehaltene Lohnsteuer			....
Abschlußzahlung/Erstattungsbetrag			....

Zur Berechnung ist es jedoch vorteilhafter, das beim Finanzamt kostenlos (in der folgenden Lösung benutzte) Schema[1] zu verwenden – am besten in Verbindung mit dem Vordruck ESt/LSt 1A der Finanzämter.

[1] Enthalten in der „Anleitung ESt/LSt".

Über die Höhe der Steuer für 1994 erteilt Ihnen das Finanzamt einen Bescheid. Wenn Sie jedoch Ihre Steuer vorab selbst berechnen wollen, so können Sie das vereinfachte Schema verwenden:

	Stpfl./Ehemann DM	Ehefrau DM	Stpfl./Ehemann DM	Ehefrau DM	Zeile
1. Einkünfte aus Land- und Forstwirtschaft					1
2. Einkünfte aus Gewerbebetrieb			+	+	2
3. Einkünfte aus selbständiger Arbeit			+	+	3
4. Einkünfte aus nichtselbständiger Arbeit					
Arbeitslohn lt. Zeile 2, 11 und 13 der Anlage N	57120				4
Versorgungs-Freibetrag (40 v.H. d. Versorgungsbezüge, höchst. 6 000 DM je Pers.)	–	–			5
verbleiben	57120				6
Werbungskosten (ggf. Pauschbetrag von je 2 000 DM)	– 2000	–	▸+ 55120	▸+	7
5. Einkünfte aus Kapitalvermögen					
Einnahmen					8
Werbungskosten (ggf. Pauschbetrag von 100 DM; bei Ehegatten 200 DM)	–	–			9
Sparer-Freibetrag (6 000 DM; bei Ehegatten 12 000 DM)	–	–	▸+	▸+	10
6. Einkünfte aus Vermietung und Verpachtung			+	+ 3633	11
7. Sonstige Einkünfte					
Einnahmen (bei Leibrenten nur Ertragsanteil)					12
Werbungskosten (ggf. Pauschbetrag von 200 DM)	–	–	▸+	▸+	13
Zwischensumme			55120	3633	14
Altersentlastungsbetrag für vor dem 2. 1. 1930 Geborene Bruttoarbeitslohn, **ohne** Versorgungsbezüge				+ 55120	15
Positive Summe der Einkünfte lt. Nummern 1 bis 3 und 5 bis 7 (jedoch ohne Einkünfte aus Leibrenten)	+	+	**Summe der Einkünfte**	58753	16
zusammen					17
Davon 40 v. H., höchstens je 3 720 DM		+		–	18
Freibetrag für Land- und Forstwirte (ggf. 2 000 DM, bei Ehegatten 4 000 DM)				–	19
			Gesamtbetrag der Einkünfte	58753	20
Sonderausgaben, die nicht Vorsorgeaufwendungen sind:			DM		
Sonderausgaben lt. Zeilen 71 bis 78 des Vordrucks ESt 1 A			485		21
Aufwendungen für die eigene Berufsausbildung lt. Zeile 79 des Vordrucks ESt 1 A			+		22
30 v.H. des Schulgeldes (Zeile 80 des Vordrucks ESt 1 A)			+		23
Abziehbarer Betrag der Spenden und Beiträge (Zeilen 81, 82, 83 des Vordrucks ESt 1 A, soweit nicht in Zeile 40 des Schemas zu berücksichtigen)			+ 250		24
Abziehbar (mindestens Pauschbetrag von 108 DM, bei Anwendung der Splittingtabelle 216 DM)			735	▸– 735	25
				58018	26
Abziehbarer Betrag für Vorsorgeaufwendungen					
– Vorsorgeaufwendungen aus Zeile 65		10310			27
– Vorsorgepauschale aus Zeile 76, 79 oder 96		9182			28
Höherer Betrag der Zeile 27 oder 28 (Vorspalte)			10310		29
Außergewöhnliche Belastungen nach §§ 33 bis 33 c EStG			+ 4200		30
Steuerbegünstigung zur Förderung des Wohneigentums			+		31
			+	▸– 14510	32
			Einkommen	43508	33
Kinderfreibetrag je Kind 4 104 DM / 2 052 DM bzw. ein oder zwei Drittel davon			8208		34
Haushaltsfreibetrag (5 616 DM)			+		35
Härteausgleich nach § 46 Abs. 3 EStG, § 70 EStDV			+		36
			+	▸– 8208	37
			Zu versteuerndes Einkommen	35300	38
Steuer 1994 (ggf. Sonderberechnung, z. B. bei Bezug bestimmter Lohnersatzleistungen)				4830	39
Steuerermäßigungen (z. B. für Kinder nach § 34 f EStG, Mitgliedsbeiträge und Spenden an politische Parteien und unabhängige Wählervereinigungen)				–	40
Davon ab: Lohnsteuer 6058 DM + Kapitalertragsteuer/Zinsabschlag ______ DM + Körperschaftsteuer ______ DM				– 6058	41
Geleistete Vorauszahlungen				–	42
			Erstattungsbetrag/~~Abschlußzahlung~~	1228	43

15

Vereinfachtes Schema zur Berechnung der abziehbaren Vorsorgeaufwendungen

Vorsorgeaufwendungen (Versicherungsbeiträge und Bausparbeiträge)	DM	DM	DM	Zeile
Versicherungsbeiträge (Zeilen 63 bis 68 des Vordrucks ESt 1 A)		12 539		52
Vorweg abziehbar (6000 DM/bei Ehegatten 12 000 DM)	12000			53
Davon ab: 16 v.H. des Arbeitslohns (ohne Versorgungsbezüge), höchstens 6 000 DM (bei Ehegatten: 16 v.H. der Summe der Arbeitslöhne, höchstens 12 000 DM)	- 9139	= 2861		54
verbleiben (nicht negativ)		9678		55
Niedrigerer Betrag der Zeile 52 oder 54 (2. Spalte)			2861	56
50 v.H. der Beiträge an Bausparkassen (Zeile 70 des Vordrucks ESt 1 A)		+		57
Summe		9678		58
Höchstbetrag (2 610 DM, bei Ehegatten 5 220 DM)		- 5220		59
Niedrigerer Betrag der Zeile 58 oder 59			+ 5220	60
Übersteigender Betrag		4458		61
Hälfte des Betrags aus Zeile 61		2229		62
Höchstens 50 v. H. des Betrags aus Zeile 59		2610		63
Niedrigerer Betrag der Zeile 62 oder 63			+ 2229	64
Summe			10310	65

Bemessungsgrundlage für Vorsorgepauschale	Stpfl./Ehemann DM	Ehefrau DM	Summe	Zeile
Maßgebender Arbeitslohn lt. Zeile 6	57120			66
Abzüglich 40 v. H. des Betrags aus Zeile 15 (Vorspalten), höchstens je 3 720 DM	-	-		67
Maßgebender Betrag	57120	+	57120	68

Berechnung der ungekürzten Vorsorgepauschale (Personenkreis A) [1]		niedrigerer Betrag	Zeile
18 v.H. des Betrags aus Zeile 68 (bei Ehegatten: Summe)	10282		69
Höchstens 6 000 DM/bei Ehegatten 12 000 DM abzüglich 16 v.H. des Betrags aus Zeile 68	- 2861	2861	70
Übersteigender Betrag	7421	niedrigerer Betrag	71
Höchstens 2 610 DM/bei Ehegatten 5 220 DM	- 5220	5220	72
Übersteigender Betrag	2201		73
50 v.H. des Betrags aus Zeile 73, höchstens 1 305 DM/bei Ehegatten 2 610 DM		1101	74
Summe			75
Abgerundet auf den nächsten durch 54 ohne Rest teilbaren vollen DM-Betrag		9182	76

Berechnung der gekürzten Vorsorgepauschale (Personenkreis B) [2]		niedrigerer Betrag	Zeile
18 v.H. des Betrags aus Zeile 68			77
Höchstens 2 000 DM/bei Ehegatten 4 000 DM			78
Abgerundet auf den nächsten durch 54 ohne Rest teilbaren vollen DM-Betrag			79

Berechnung der Vorsorgepauschale für Ehegatten, die beide Arbeitslohn beziehen und von denen einer zum Personenkreis A [1] und der andere zum Personenkreis B [2] gehört

			Zeile
1. Für den Ehegatten, der zum Personenkreis A [1] gehört: 18 v. H. seines maßgebenden Betrags aus Zeile 68			80
2. Für den Ehegatten, der zum Personenkreis B [2] gehört: 18 v. H. seines maßgebenden Betrags aus Zeile 68			81
Höchstens	2000		82
Niedrigerer Betrag der Zeile 81 oder 82		+	83
Summe			84
3. Höchstbetragsberechnung — Betrag aus Zeile 84		niedrigerer Betrag	85
Höchstens 12 000 DM abzüglich 16 v.H. des Betrags aus Zeile 68	-		86
Übersteigender Betrag		niedrigerer Betrag	87
Höchstens	- 5220		88
Übersteigender Betrag			89
50 v.H. des Betrags aus Zeile 89, höchstens 2 610 DM			90
4. Mindestbetragsberechnung — Summe			91
Für den Ehegatten, der zum Personenkreis B [2] gehört: Betrag aus Zeile 81			92
Höchstens	4000		93
Niedrigerer Betrag der Zeile 92 oder 93			94
5. Maßgebende Vorsorgepauschale: Höherer Betrag der Zeile 91 oder 94			95
Abgerundet auf den nächsten durch 54 ohne Rest teilbaren vollen DM-Betrag			96

1) Arbeitnehmer und ggf. Ehegatte sind rentenversicherungspflichtig.
2) Arbeitnehmer und ggf. Ehegatte gehören zum Personenkreis des § 10 c Abs. 3 EStG (vgl. Erläuterungen zu Zeilen 31 als 35 der Anlage N).

16 01.01.1995

Aufgabe

Stellen Sie nach folgenden Angaben den Einkommensteuererstattungsbetrag bzw. die Abschlußzahlung für Herrn Ferdinand Schmieder fest! Besorgen Sie sich die entsprechenden Vordrucke!

Herr Schmieder ist 52 Jahre alt, seit drei Jahren verwitwet, Tochter Susanne ist 17 Jahre, Schülerin in einem Internat.

Bruttogehalt monatlich	4 980,00 DM
Sozialversicherung (Arbeitnehmeranteil) monatlich	953,67 DM
einbehaltene Lohnsteuer monatlich	771,16 DM
einbehaltener Solidaritätszuschlag monatlich	57,84 DM[1]
einbehaltene Kirchensteuer monatlich	61,69 DM
Werbungskosten jährlich	1 880,00 DM
Einkünfte aus einer vermieteten Eigentumswohnung jährlich	3 650,00 DM
Autohaftpflicht jährlich	435,00 DM
Unfallversicherung jährlich	145,00 DM

Beachten Sie auch hier nicht angegebene, jedoch in Frage kommende Pausch- und Freibeträge!

6.5 Die Antragsveranlagung[2]

Die Kenntnisse über die Einkommen- und Lohnsteuer, besonders auch über die Antragsveranlagung, aus Seite 361 ff. ermöglichen es, nach Ablauf des Kalenderjahres die Rückzahlung zuviel bezahlter Lohnsteuer bis zum Ende des auf das Ausgleichsjahr folgenden zweiten Kalenderjahres auf den dafür vom Finanzamt vorgesehenen Vordrucken „ESt/LSt 1A", „Anlage N" und „Anlage KSO" zu beantragen.

Aufgabe

Stellen Sie den Antrag auf Veranlagung wegen zuviel bezahlter Lohnsteuer am 15.06. des laufenden Jahres!

Sachverhalt

Antrag beim Finanzamt Starnberg (Kenn-Nr. des Vorjahres 62805-13227) auf Veranlagung wegen zuviel bezahlter Lohnsteuer (die Angaben beziehen sich immer auf das Vorjahr):

Ehemann

Manfred Loibl, Mechaniker, röm.-kath., geb. 16.05.44, Andechser Straße 38, 82319 Starnberg, verheiratet seit 18.08.68

Ehefrau

Luise, geb. Huber, Büroangestellte, röm.-kath., geb. 05.11.46

Gemeinsame Kinder

1. Sabine L.; geb. 28.05.72, Studentin an der Universität Ulm, ledig, wohnhaft Neutorstraße 18, 89073 Ulm (von Januar bis Dezember 9.), eigene Einkünfte: Ferienarbeit 2 376 DM.
2. Andreas L.; Schüler im Goethe-Gymnasium Starnberg, geb. 19.03.79, keine Einkünfte.

[1] Ab 1995.
[2] Früher Lohnsteuerjahresausgleich.

Bankverbindung: 623 571 Kreissparkasse Starnberg, BLZ 700 540 80
Telefon: 0 81 51 / 6 44 13

Ehemann	
Lohn lt. Lohnsteuerkarte (Steuerklasse drei/zwei) vom 01.01. bis 30.09.19..	41 212,00 DM
(vom 01.10. bis 31.12.19.. arbeitslos wegen Konkurs der Firma)	
einbehaltene Lohnsteuer	4 195,44 DM
einbehaltener Solidaritätszuschlag	314,66 DM[1]
einbehaltene Kirchensteuer	335,63 DM
vermögenswirksame Leistungen auf Ratensparvertrag	468,00 DM
(Konto 07 426 653 Kreissparkasse Starnberg, abgeschlossen: 15.12.85)	
gesetzliche Sozialversicherungsbeiträge (Arbeitnehmeranteil)	8 098,16 DM
Fahrtkosten ins Geschäft nach 80335 München,	
Dachauer Straße 96 mit Pkw STA-M 633 an 147 Tagen	
(einfache Fahrt 22 km, 5-Tage-Woche, Urlaub 28 Tage)	
Gewerkschaftsbeitrag monatlich	26,00 DM
Arbeitskleidung einschl. Reinigung	238,00 DM
Arbeitslosengeld 01.10. bis 31.12.19..	6 685,00 DM
Ehefrau	
Gehalt lt. Steuerkarte (Steuerklasse fünf)	
vom 01.01. bis 31.12.19.. (Halbtagsarbeit)	18 264,00 DM
einbehaltene Lohnsteuer	3 492,00 DM
einbehaltener Solidaritätszuschlag	261,90 DM[1]
einbehaltene Kirchensteuer	279,36 DM
vermögenswirksame Leistungen auf Ratensparvertrag	624,00 DM
(Konto 6 110 567 Raiffeisenbank eG Starnberg, abgeschlossen: 20.01.83)	
gesetzliche Sozialversicherungsbeiträge (Arbeitnehmeranteil)	3 588,88 DM
Buskosten ins Geschäft Monatskarte	85,50 DM
Arbeitsschürzen	185,00 DM
Sonstiges	
Kfz.-Haftpflichtversicherung	416,00 DM
(Erstattung 199.: 46,00 DM)	
Unfallversicherung jährlich	129,00 DM
Lebensversicherung für Ehemann monatlich	148,00 DM
199. erstattete Kirchensteuer	35,00 DM
Spende für politische Partei	30,00 DM
Spende für Flüchtlingshilfe	80,00 DM
Zinserträge aus vermögenswirksamen Anlagen und Sparbüchern	
Ehemann	193,00 DM
Ehefrau	212,00 DM

[1] Ab 1995.

Lösung:[1]

Name und Vorname: Loibl, Manfred

Steuernummer: 62805 - 13227

Anlage N

Jeder Ehegatte mit Einkünften aus nichtselbständiger Arbeit hat eine eigene Anlage N abzugeben

1994

99	4	Stpfl./Ehem. = 7 Ehefr. = 8
89		

Einkünfte aus nichtselbständiger Arbeit

Zeile	Angaben zum Arbeitslohn	Erste Lohnsteuerkarte DM | Pf	Weitere Lohnsteuerkarte(n) DM | Pf	
1				85 Veranlagungsgrund
2	Bruttoarbeitslohn	10 41212 | —	11 | —	10
3	Lohnsteuer	40 4195 | 44	41	40 / 42
4	Kirchensteuer des Arbeitnehmers	42 335 | 63	43	44
5	Nur bei konfessionsverschiedener Ehe: Kirchensteuer für den Ehegatten	44	45	11
6	Kurzarbeiter- u. Schlechtwettergeld, Zuschuß z. Mutterschaftsgeld, Verdienstausfallentschädigung nach d. Bundes-Seuchengesetz, Aufstockungsbeträge nach d. Altersteilzeitgesetz (lt. Lohnsteuerkarte)		19 | —	41 / 43
7	Andere Lohnersatzleistungen (z.B. Arbeitslosengeld, Arbeitslosenhilfe, Altersübergangsgeld, Überbrückungsgeld lt. Bescheinigung d. Arbeitsamts u. Krankengeld, Mutterschaftsgeld lt. Leistungsnachweis)		20 6685 | —	45
8	Angaben über Zeiten und Gründe der Nichtbeschäftigung (Nachweise bitte beifügen): 01.10. – 31.12. Konkurs der Firma			19
9	Steuerfreier Arbeitslohn nach Doppelbesteuerungsabkommen (DBA), zwischenstaatlichen Übereinkommen (ZÜ), Auslandstätigkeitserlaß (ATE)	Staat/Organisation; 39 DBA/ZÜ | —	36 ATE | —	20
10	Versorgungsbezüge (in Zeile 2 enthalten)	32 | —	In den Versorgungsbezügen lt. Zeilen 10 und 11 enthaltene Bezüge mit ausgezahlter Berlin-Zulage	32
11	Arbeitslohn und Versorgungsbezüge für mehrere Jahre: 13 Arbeitslohn | —	33 Versorgungsbezüge | —	23 | —	13 / 33
12	Entschädigungen, die ermäßigt zu besteuern sind		66 Arbeitslohn | —	23
13	Steuerabzugsbeträge zu Zeilen 11 und 12	46 Lohnsteuer; 48 Kirchenst. Arbeitn.	49 Kirchenst. Ehegatte	24 / 37 Einkünfte zu Kz 66
14	Berlinvergünstigung: Nach dem Berlinförderungsgesetz ausgezahlte Arbeitnehmerzulagen lt. Lohnsteuerkarte		26	26
15	Berlinvergünstigung: Nur ausfüllen bei Abgabe des Vordrucks in Berlin (West)	In Zeilen 2, 11 und 12 enthaltene Arbeitslöhne (ohne Versorgungsbezüge), die nicht aus Berlin (West) sind	22 | —	22
16	Berlinvergünstigung: Nur ausfüllen bei Abgabe des Vordrucks außerhalb von Berlin (West)	In Zeilen 2, 11 und 12 enthaltene Arbeitslöhne, für die Berlin-Zulagen ausgezahlt worden sind	21 | —	Kz | Wert
17	Grenzgänger nach (Beschäftigungsland)	Arbeitslohn ▶	16 in ausländ. Währung | —	
18	Steuerpflichtiger Arbeitslohn, von dem kein Steuerabzug vorgenommen worden ist		15 | —	
19	Steuerfrei erhaltene Aufwandsentschädigung	aus der Tätigkeit als	Betrag	

Zeile	Vermögenswirksame Leistungen	Bitte stets Bescheinigung des Anlageinstituts usw. beifügen.		
20			99 5 Stpfl./Ehemann = 7 Ehefrau = 8	89
21	Art der Anlage (1. Vertrag): ☐ Sparvertrag / Vermögensbeteiligung ☐ Wertpapier-Kaufvertrag ☐ Beteiligungs-vertrag ☐ Bauspar-vertrag			40 Anlageart
22	☐ Lebens-versicherung ☒ Konten-sparvertrag ☐ Besonderer Wert-papiersparvertrag ☐ Wohnungsbau (z.B. Entschuldung)	41 Institutsschlüssel für Sparzulage	41	
23	Anlageinstitut, Unternehmen, Empfänger: Kreissparkasse	42 Vertrags-Nummer 07 426 653	42	
24	Starnberg	Vermögenswirksame Leistungen: 43 DM 468	43	Kz | Wert
25	Ende der Sperrfrist (bei vorzeitiger Verfügung über Wertpapier-Kaufverträge und Beteiligungsverträge bitte Begründung auf besonderem Blatt)	44 Datum	44	
26	Art der Anlage (2. Vertrag): ☐ Sparvertrag / Vermögensbeteiligung ☐ Wertpapier-Kaufvertrag ☐ Beteiligungs-vertrag ☐ Bauspar-vertrag			45 Anlageart
27	☐ Lebens-versicherung ☐ Konten-sparvertrag ☐ Besonderer Wert-papiersparvertrag ☐ Wohnungsbau (z.B. Entschuldung)	46 Institutsschlüssel für Sparzulage	46	
28	Anlageinstitut, Unternehmen, Empfänger	47 Vertrags-Nummer	47	
29		Vermögenswirksame Leistungen: 48 DM	48	Kz | Wert
30	Ende der Sperrfrist (bei vorzeitiger Verfügung über Wertpapier-Kaufverträge und Beteiligungsverträge bitte Begründung auf besonderem Blatt)	49 Datum	49	

Anlage N für Einkünfte aus nichtselbständiger Arbeit – Aug. 94

[1] Es muß für **jeden** Arbeitnehmer eine Anlage N abgegeben werden. Es wäre also für Frau Loibl eine gesonderte Anlage N auszufüllen. Außerdem ist gegebenenfalls eine gemeinsame „Anlage KSO" abzugeben.

Zeile			
31	Es bestand 1994 **keine gesetzliche Rentenversicherungspflicht,** jedoch eine Anwartschaft auf Altersversorgung (ganz oder teilweise ohne eigene Beitragsleistung) aus dem aktiven Dienstverhältnis		99 8 Stpfl./Ehem. = 7 Ehefr. = 8
32	☐ als Beamter ☐ als Vorstandsmitglied/GmbH-Gesellschafter-Geschäftsführer	als	89
33	Es bestand 1994 **keine gesetzliche Rentenversicherungspflicht** und auch keine Anwartschaft auf Altersversorgung oder eine Anwartschaft nur aufgrund eigener Beitragsleistung aus der Tätigkeit		Vorsorgepauschale gekürzt = 1 ungekürzt = 2 35
34	☐ als Vorstandsmitglied/GmbH-Gesellschafter-Geschäftsführer ☐ im Rahmen von Ehegatten-arbeitsverträgen, die vor dem 1.1.1967 abgeschloss. wurden	als (z.B. Praktikant, Student)	Bemessungsgrundlg. für Vorwegabzug ohne Kürz. 15
35	Ich habe 1994 bezogen ☐ beamtenrechtliche od. gleichgestellte Versorgungsbezüge	☐ Altersruhegeld aus der gesetzlichen Rentenversicherung	40 Tage

Werbungskosten

Zeile					
36	**Fahrten zwischen Wohnung und Arbeitsstätte** Aufwendungen für Fahrten mit eigenem oder zur Nutzung überlassenem				41 km
37	☒ privatem Pkw ☐ Firmenwagen ☐ Motorrad/Motorroller	Letztes amtl. Kennzeichen STA-M 633	☐ Moped/Mofa ☐ Fahrrad		43 Tage
38	Arbeitstage je Woche 5 — Urlaubs- und Krankheitstage 28	**Erhöhter Kilometersatz wegen Behinderung** ☐ Behinderungsgrad mindestens 70 ☐ Behinderungsgrad mindestens 50 und erhebliche Gehbehinderung			44 km / 46 Tage / 47 km
39	Arbeitsstätte in (Ort und Straße) – ggf. nach besonderer Aufstellung – 80335 München, Dachauer Str. 96	Einsatzwechseltätigkeit vom – bis	40 benutzt an 147 Tagen	41 einfache Entfernung 22 km	61 Schlüsselz. zu Kz 41
40			43 Tagen	44 km	62 Schlüsselz. zu Kz 44
41			46 Tagen	47 km	63 Schlüsselz. zu Kz 47
42	Aufwendungen für Fahrten mit öffentlichen Verkehrsmitteln	DM	steuerfrei ersetzt DM –	49 DM	49
43	Fahrtkostenersatz, der vom Arbeitgeber pauschal besteuert oder bei Einsatzwechseltätigkeit steuerfrei gezahlt wurde			50	50
44	**Beiträge zu Berufsverbänden** (Bezeichnung der Verbände) Gewerkschaft			51 312	51
45	**Aufwendungen für Arbeitsmittel** – soweit nicht steuerfrei ersetzt – (Art der Arbeitsmittel bitte einzeln angeben) Arbeitskleidung einschl. Reinigung	DM 238			
46		+		52 238	52
47	**Weitere Werbungskosten** (z.B. Fortbildungskosten, Reisekosten bei Dienstreisen und Dienstgängen) – soweit nicht steuerfrei ersetzt –				
48		+			
49		+			
50		+		53	53
51	**Pauschbeträge für Mehraufwendungen für Verpflegung**				
52	bei Einsatzwechseltätigkeit über 6 Stunden — Zahl der Tage × 8 DM	DM	Vom Arbeitgeber steuerfrei ersetzt		
53	bei Fahrtätigkeit — über 6 Stunden Zahl der Tage × 8 DM — über 12 Stunden Zahl der Tage × 16 DM	DM			
54	Art der Tätigkeit	Summe Zeilen 52 und 53 DM	DM –	54	54
55	**Mehraufwendungen für doppelte Haushaltsführung** Der doppelte Haushalt wurde aus beruflichem Anlaß begründet	Beschäftigungsort			Werbungskosten zu Zeile 9 57
56	Grund — am — und hat seitdem ununterbrochen bestanden bis 1994	Mein Ehegatte hat sich an meinem Beschäftigungsort aufgehalten	vom – bis		
57	Eigener Hausstand ☐ Nein ☐ Ja, in — seit	Falls nein, wurde Unterkunft am bisherigen Ort beibehalten? ☐ Nein ☐ Ja			Werbungskosten zu Zeile 16 85
58	**Kosten d. ersten Fahrt zum Beschäftigungsort u. d. letzten Fahrt zum eigenen Hausstand** ☐ mit öffentlichen Verkehrsmitteln ☐ mit eigenem Kfz Entfernung km × DM	= DM			
59	**Fahrtkosten für Heimfahrten** ☐ mit öffentlichen Verkehrsmitteln ☐ m. eigenem Kfz (Entfernung km) — Einzelfahrt DM × Anzahl	= DM			Werbungskosten zu Zeile 15 86
60	**Kosten der Unterkunft am Arbeitsort** (lt. Nachweis)	DM	Vom Arbeitgeber steuerfrei ersetzt		Werbungskosten zu Versorgungsbezügen 87
61	**Mehraufwendungen für Verpflegung** täglich DM — Zahl der Tage ×	= DM			
62	Summe der Zeilen 58 bis 61	DM	DM –	55	55
63	**Besondere Pauschbeträge für bestimmte Berufsgruppen** (Bitte die Berufsgruppe genau bezeichnen und Aufstellung über steuerfreien Ersatz des Arbeitgebers beifügen)			56	56

Grüne Felder nur vom Finanzamt auszufüllen

12	Nummer	10	94	11	StNr.	10	94	Vorg.	Fallgruppe

1994

Eingangsstempel

☒ **Einkommensteuererklärung**

☒ **Antrag auf Festsetzung der Arbeitnehmer-Sparzulage**

☐ **Erklärung zur Feststellung des verbleibenden Verlustabzugs**

An das Finanzamt
STARNBERG

Steuernummer 62805 – 13227 — bei Wohnsitzwechsel: bisheriges Finanzamt

☒ Ich rechne mit einer Einkommensteuererstattung

Zeile	99 10	**Allgemeine Angaben**	
		Steuerpflichtige Person (Stpfl.), bei Ehegatten: **Ehemann**	Telefonische Rückfragen tagsüber unter Nr. 08151/64413
2	11	Name: LOIBL	
3	13	Vorname: MANFRED	
4	72	Geburtsdatum (Tag Monat Jahr): 16 05 44 — Religion: rk	Ausgeübter Beruf: MECHANIKER
5	22	Straße und Hausnummer: ANDECHSER STR. 38	
6	20	Postleitzahl, derzeitiger Wohnort: 82319 STARNBERG	
7		Verheiratet seit dem: 18.08.68 — Verwitwet seit dem — Geschieden seit dem	Dauernd getrennt lebend seit dem
8			
9	15	**Ehefrau:** Vorname: LUISE	
10	16	ggf. von Zeile 2 abweichender Name	
11	73	Geburtsdatum (Tag Monat Jahr): 05 11 46 — Religion: rk	Ausgeübter Beruf: BÜROANGESTELLTE
12		Straße und Hausnummer, Postleitzahl, derzeitiger Wohnort (falls von Zeilen 5 und 6 abweichend)	
13		**Nur von Ehegatten auszufüllen:** ☐ Zusammenveranlagung ☐ Getrennte Veranlagung ☐ Besondere Veranlagung für das Jahr der Eheschließung	Wir haben Gütergemeinschaft vereinbart ☐ Nein ☐ Ja
14		**Bankverbindung** Bitte stets angeben!	Konto wie zuletzt mitgeteilt? ☐ Ja ☐ Nein
15	31	Nummer des Bankkontos, Postgirokontos, Sparbuchs, Postsparbuchs: 623571	Bankleitzahl 30 70054080
16	34	Geldinstitut (Zweigstelle) und Ort: KREISSPARKASSE STARNBERG	
17		Kontoinhaber ☒ lt. Zeilen 2 u. 3 oder: 32 Name (im Fall der Abtretung bitte amtlichen Abtretungsvordruck beifügen)	
18		**Der Steuerbescheid soll nicht mir/uns zugesandt werden, sondern**	
19	41	Name	
20	42	Vorname	
21	43	Straße und Hausnummer oder Postfach	
22	45	Postleitzahl, Wohnort	

Rechte Spalte (vom Finanzamt auszufüllen):

68	Ordnungsmerkmal des Vorjahrs		
69	Anschrift		
14	Titel d. Stpfl./Ehemanns	18	Titel d. Ehefrau
10	Anrede Steuerpflichtige Person	40	Postempfänger
27	Nr. der AN-Stelle	29	Steuerlich beraten = 1
28	Bei Abgabe: Bisherige Str.-Nr.		
99 17	Kz Wert		
10	Art der Steuerfestsetzung		
11	KFB 1		Alter A B — Religion A B
24	KFB 0,5	14	Kinderzahl für Berlin-Zulage
64	⅔ KFB 1	65	⅓ KFB 1
68	⅔ KFB 0,5	69	⅓ KFB 0,5
86	Haushaltsfreibetrag Ja = 1		Kz Wert
77	von — bis		A Dauer der KiSt.-Pflicht von Monat
78	von — bis		B bis Monat
73	Angaben zur Erstattung	83	Bescheid ohne Anschrift Ja = 1
74	Veranlagungsart	75	Zahl d. zusätzl. Bescheide
KSO 22	N 19 (Anzahl)	FW 53	
GSE 21	L 20	V 23	
AUS 55 (Anzahl)	E 54	GV 51	
FO 57	Kz Wert		
NBL 56			

Unterschrift — Die mit der Steuererklärung angeforderten Daten werden aufgrund der §§ 149 ff. der Abgabenordnung und der §§ 25, 46 des Einkommensteuergesetzes erhoben.

Ich versichere, daß ich die Angaben in diesem Vordruck und den Anlagen wahrheitsgemäß nach bestem Wissen und Gewissen gemacht habe. Mir ist bekannt, daß Angaben über Kindschaftsverhältnisse erforderlichenfalls der für die Ausstellung von Lohnsteuerkarten zuständigen Gemeinde mitgeteilt werden.
Wir sind damit einverstanden, daß die Bescheide einschließlich etwaiger Änderungsbescheide einem der unterzeichnenden Ehegatten zugleich mit Wirkung für und gegen den anderen Ehegatten bekanntgegeben werden.

Bei der Anfertigung dieser Steuererklärung/dieses Antrags und der Anlagen hat mitgewirkt:

15.06.95 Manfred Loibl Luise Loibl

Datum, Unterschrift(en) Anträge/Steuererklärungen sind eigenhändig – bei Ehegatten von beiden – zu unterschreiben.

ESt 1 A – Aug. 94

Die Anlage KSO braucht nicht abgegeben werden, da die Einnahmen aus Kapitalvermögen nicht mehr als 12 200 DM betrugen; es wurde kein Steuerabzug vorgenommen (vgl. Zeile 51 des Vordrucks ESt 1 A!).

Zeile	**Angaben zu Kindern** Vorname des Kindes (ggf. auch abweichender Familienname)	Geboren am	bei Wohnsitz im Ausland: Staat eintragen	Kindschaftsverhältnis zur/zum Stpfl./Ehemann: leibliches Kind/Adoptivkind	Stpfl./Ehemann: Pflegekind	Ehefrau: leibliches Kind/Adoptivkind	Ehefrau: Pflegekind	Bei Pflegekindern: Empfangene Unterhaltsleistungen/Pflegegelder DM
29–30	1 SABINE	28.05.72	Ulm	X		X		
31	2 ANDREAS	19.03.79	Starnberg	X		X		
32	3							
33	4							

34 **Von diesen Kindern sind vor dem 2. 1. 1976 – bei a bis d nach dem 1. 1. 1967 – geboren und**
a) standen in Berufsausbildung (Angabe der Schule, der Ausbildungsstelle usw.; Hinweis auf Zeilen 101 bis 110)
35 b) konnten eine Berufsausbildung mangels Ausbildungsplatzes nicht beginnen oder fortsetzen
c) leisteten Grundwehrdienst, Zivildienst, befreienden Dienst (nur bei Unterbrechung der Berufsausbildung; bitte erläutern)
d) leisteten ein freiwilliges soziales oder ökologisches Jahr
e) konnten sich wegen körperlicher, geistiger oder seelischer Behinderung nicht selbst unterhalten
36 (Hinweis auf Zeilen 87 bis 90)

Zeile	zu Nr.		vom – bis
37	1	a) Studium Universität Ulm	01.01.–31.12.
38			
39			

Zeile	**Kindschaftsverhältnis zu weiteren Personen** zu Nr.	Ist durch Tod des anderen Elternteils vor dem 1.1.94 erloschen	hat bestanden zu (Name, letztbekannte Anschrift u. Geburtsdatum dieser Personen, Art des Kindschaftsverhältnisses)	Angaben nur bei leiblichen Eltern (Elternteil) eines Pflegekindes, falls das Pflegekindschaftsverhältnis am 1. 1. 1994 bestand: Höhe der Unterhaltsverpflichtung DM	Geleisteter Unterhalt DM
40					
41		☐			
42		☐			
43		☐			

Zeile	zu Nr.	Ich beantrage den vollen Kinderfreibetrag, weil der andere Elternteil seine Unterhaltsverpflichtung nicht mind. zu 75 v.H. erfüllt hat	im Ausland lebte	der Übertragung lt. **Anlage K** zugestimmt hat	Ich habe der Übertragung des Kinderfreibetrags auf den anderen Elternteil zugestimmt
44					
45		☐ Ja	☐ Ja	☐ Ja	☐ Ja
46		☐ Ja	☐ Ja	☐ Ja	☐ Ja
47		☐ Ja	☐ Ja	☐ Ja	☐ Ja

48 Die Kinder lt. Zeilen 41 bis 43 waren am 1. 1. 1994 (oder erstmals 1994) mit Wohnung im Inland gemeldet

zu Nr.	bei der Stpfl. / dem nicht dauernd getrennt lebenden Ehegatten	und / oder bei sonstigen Personen (Name und Anschrift, ggfs. Verwandtschaftsverhältnis zum Kind) oder in (Anschrift)
49	☐	
50	☐	

Bei Kindern, die bei beiden Elternteilen gemeldet sind:
☐ Ich beantrage die Zuordnung der Kinder. Die Mutter hat lt. **Anlage K** zugestimmt.
☐ Ich habe zugestimmt, daß die Kinder dem Vater zugeordnet werden.

Einkünfte im Kalenderjahr 1994 aus

51 **Kapitalvermögen** ☐ lt. **Anlage KSO** (Seite 1) ☒ Die Einnahmen aus Kapitalvermögen betragen nicht mehr als **6 100 DM**, bei Zusammenveranlagung **12 200 DM**. Zur Anrechnung des **Steuerabzugs Anlage** KSO abgeben.

52 **Sonstige Einkünfte** ☐ lt. **Anlage KSO** (Seite 2) — 99 | 18 (Kz | Wert)

53 **nichtselbständiger Arbeit** ☒ lt. **Anlage N** für steuerpflichtige Person (bei Ehegatten: Ehemann) ☒ lt. **Anlage N** für Ehefrau

54 **Gewerbebetrieb/selbständiger Arbeit** ☐ lt. **Anlage GSE** **Land- und Forstwirtschaft** ☐ lt. **Anlage L**

55 **Vermietung und Verpachtung** ☐ lt. **Anlage(n) V** Anzahl — **Ausländische Einkünfte** ☐ lt. **Anlage(n) AUS** Anzahl

Förderung des Wohneigentums

56 ☐ lt. **Anlage(n) FW** Anzahl

Angaben zum Existenzminimum

57 **Anlage E** ☐ ist beigefügt ☒ ist nicht beigefügt, weil die Höhe der Erwerbsbezüge die Anwendung der ESt-Zusatztabelle ausschließt ☐ ist nicht beigefügt, weil keine der auf Seite 4 der Anleitung ESt aufgeführten Erwerbsbezüge zugeflossen sind — 14 (1 = keine Erwerbsbezüge, 2 = hohe Erwerbsbezüge) Kz Wert

Sonstige Angaben

58 **Einkommensersatzleistungen,** die dem Progressionsvorbehalt unterliegen, z.B. Krankengeld, Mutterschaftsgeld (soweit nicht in Zeile 7 der Anlage N eingetragen)
59 lt. beigefügter Bescheinigung — 20 Stpfl./Ehemann DM | 21 Ehefrau DM

Nur bei geschiedenen oder dauernd getrennt lebenden Elternpaaren oder bei Eltern nichtehelicher Kinder:
60 ☐ Laut beigefügtem gemeinsamen Antrag sind die Ausbildungsfreibeträge auf einen Elternteil zu übertragen und/oder die für Kinder zu gewährenden Pauschbeträge für Behinderte/Hinterbliebene in einem anderen Verhältnis als je zur Hälfte aufzuteilen.

Nur bei getrennter Veranlagung von Ehegatten ausfüllen:
61 ☐ Laut beigefügtem gemeinsamen Antrag beträgt der bei mir zu berücksichtigende Anteil an den Aufwendungen für ein hauswirtschaftliches Beschäftigungsverhältnis und den außergewöhnlichen Belastungen v.H.

Zeile				
	Sonderausgaben	DM	DM	99 13
62	**Arbeitnehmeranteil am Gesamtsozialversicherungsbeitrag** und/oder befreiende Lebensversicherung sowie andere gleichgestellte Aufwendungen			30
63	(ohne steuerfreie Zuschüsse des Arbeitgebers) – In der Regel auf der Lohnsteuerkarte bescheinigt –	30 Stpfl./Ehemann 7893	31 Ehefrau 3498	31
64	**Freiwillige** Angestellten-, Arbeiterrenten-, Höher**versicherung** (abzüglich steuerfreier Arbeitgeberzuschuß) sowie Beiträge von Nichtarbeitnehmern zur gesetzlichen Altersversorgung		41 Stpfl./Ehegatten	41
65	**Krankenversicherung** (freiwillige Beiträge sowie Beiträge von Nichtarbeitnehmern zur gesetzl. Krankenversicherung – abzüglich steuerfreie Zuschüsse, z. B. des Arbeitgebers –)	in 1994 gezahlte Beiträge / in 1994 erstattete Beiträge –	40	40 / 42
66	**Unfallversicherung**	129 –	42 129	44
67	**Lebensversicherung** ohne vermögenswirksame Leistungen (einschl. Sterbekasse u. Zusatzversorgung; ohne Beträge in Zeile 63)	1776 –	44 1776	43
68	**Haftpflichtversicherung** (ohne Kasko-, Hausrat- und Rechtsschutzversicherung)	416 – 46	43 370	35
69	**Bausparbeiträge,** die als Sonderausgaben geltend gemacht werden – ohne vermögenswirksame Leistungen –	Für 1994 habe(n) ich/wir und die nach dem 1. 1. 1977 geborenen Kinder eine **Wohnungsbauprämie beantragt:**	Nein / Ja	Eingangsdatum
70	Institut, Vertrags-Nr. und Vertragsbeginn	Bescheinigte Beiträge	35	38 / 11
71	**Renten** (Rechtsgrund, Datum des Vertrags)	11 tatsächlich gezahlt	12 abziehbar v. H.	12 v. H.
72	**Dauernde Lasten** (Rechtsgrund, Datum des Vertrags)		10	10
73	**Unterhaltsleistungen** an den geschiedenen/dauernd getrennt lebenden Ehegatten lt. **Anlage U**		39	39
74	**Kirchensteuer**	13 in 1994 gezahlt 615	14 in 1994 erstattet 35	13 / 14
75	**Zinsen** für Nachforderung und Stundung von Steuern, Aussetzung der Vollziehung		78	78
76	**Aufwendungen für ein hauswirtschaftliches Beschäftigungsverhältnis,** für das Pflichtbeiträge zur gesetzlichen Rentenversicherung entrichtet wurden		22	22 / 16
77	Zum Haushalt gehörten nach dem 1. 1. 1984 geborene Kinder lt. Zeile(n) Nr.	hilflose Person(en)	vom – bis	17
78	**Steuerberatungskosten**		16	71
79	Aufwendungen für die eigene **Berufsausbildung** oder die Weiterbildung in einem nicht ausgeübten Beruf	Art der Aus-/Weiterbildung	17	18
80	**Schulgeld** an Ersatz- oder Ergänzungsschulen für das Kind lt. Zeile	Bezeichnung der Schule	71	19 / 20
81	**Spenden** und Beiträge für wissenschaftliche, mildtätige und kulturelle Zwecke	lt. beigef. Bestätigungen / lt. Nachweis Betriebsfinanzamt +	18	70
82	für kirchliche, religiöse und gemeinnützige Zwecke	80 +	19 80	Summe der Umsätze, Gehälter und Löhne 21
83	**Mitgliedsbeiträge und Spenden** an politische Parteien (§§ 34 g, 10 b EStG)	30 +	20 30	72
84	an unabhängige Wählervereinigungen (§ 34 g EStG)	+	70	Verlustrücktrag A aus 96 74
85	**Verlustabzug** nach § 10 d EStG lt. Feststellungsbescheid zum 31. 12. 1993 (Bitte weder in Rot noch mit Minuszeichen eintragen)	72 Stpfl./Ehemann	73 Ehefrau	Verlustrücktrag A aus 95 76
86	**Nicht ausgeglichene Verluste 1994** Antrag auf Verlustrücktrag	nach 1992	nach 1993	73 / Verlustrücktrag B aus 96 75
	Außergewöhnliche Belastungen			Verlustrücktrag B aus 95
87	**Behinderte und Hinterbliebene**	Nachweis ist beigefügt.	hat bereits vorgelegen.	77
88	Name / Ausweis/Rentenbescheid/Bescheinigung ausgestellt am / gültig bis	hinterblieben / behindert / blind / ständig hilflos	geh- und stehbehindert / Grad der Behinderung	56 1. Person*)
89			56	57 2. Person*)
90			57	*) bei Blinden und ständig Pflegebedürftigen: „300" eintragen
91	**Beschäftigung** einer Hilfe im Haushalt / Aufwendungen DM / **Heimunterbringung** ohne Pflegebedürftigkeit / zur dauernden Pflege	Unterbringung: Art der Dienstleistungskosten		Hinterblieb. Pauschbetrag 58 Anzahl
92	vom – bis / Antragsgrund, Name und Anschrift der beschäftigten / der untergebrachten Person			Hilfe im Haushalt/Unterbr. 60
93	**Pflege-Pauschbetrag** wegen persönlicher Pflege einer ständig hilflosen Person in deren oder in meiner Wohnung im Inland	Nachweis der Hilflosigkeit ist beigefügt.	hat bereits vorgelegen.	Pflege-Pauschbetrag 79
94	Name, Anschrift u. Verwandtschaftsverhältnis der hilflosen Person(en)	Name anderer Pflegekräfte		

Zeile					
95	**Unterhalt für bedürftige Personen**	Name und Anschrift der unterhaltenen Person, Beruf, Familienstand			
96	Hatte jemand Anspruch auf einen Kinderfreibetrag für diese Person? ☐ Nein ☐ Ja	Verwandtschaftsverhältnis zu dieser Person		Geburtsdatum	
97	Aufwand für diese Person	vom – bis	DM	Art und Grund der Unterhaltsleistung	
98	Diese Person hatte im Unterhaltszeitraum	Bruttoarbeitslohn DM	Öffentl. Ausbildungshilfen DM	Renten und andere Einkünfte/Bezüge sowie Vermögen (Art und Höhe)	
99	außerhalb des Unterhaltszeitraums	Einnahmen ☐ (Art und Höhe auf bes. Blatt erläutern)	Diese Person lebte ☐ in meinem Haushalt	☐ im eigenen/anderen Haushalt	zusammen mit folgenden Angehörigen
100	Zum Unterhalt dieser Person haben auch beigetragen (Name, Anschrift, Zeitraum und Höhe der Unterhaltsleistungen)				
101	**Ausbildungsfreibetrag** (1. Kind)	Vorname und Familienstand des Kindes: SABINE, ledig			
102	Aufwendungen für die Berufsausbildung entstanden	vom – bis: 01.01. – 31.12.	Nur bei vor dem 2. 1. 1967 geborenen Kindern: Das Kind hat den Grundwehrdienst/Zivildienst geleistet und ist geboren		am
103	Einnahmen d. Kindes im maßgeb. Ausbildungszeitraum	Bruttoarbeitslohn 2376 DM	Öfftl. Ausbildungshilfen DM	andere Einkünfte/Bezüge (Art und Höhe)	
104	außerhalb des maßgebenden Ausbildungszeitraums	Bruttoarbeitslohn DM	Öfftl. Ausbildungshilfen DM	andere Einkünfte/Bezüge (Art und Höhe)	
105	Bei auswärtiger Unterbringung	auswärtige Anschrift des Kindes: Neutorstr. 18, 89073 Ulm			vom – bis: 01.01. – 31.12.
106	**Ausbildungsfreibetrag** (2. Kind)	Vorname und Familienstand des Kindes			
107	Aufwendungen für die Berufsausbildung entstanden	vom – bis	Nur bei vor dem 2. 1. 1967 geborenen Kindern: Das Kind hat den Grundwehrdienst/Zivildienst geleistet und ist geboren		am
108	Einnahmen d. Kindes im maßgeb. Ausbildungszeitraum	Bruttoarbeitslohn DM	Öfftl. Ausbildungshilfen DM	andere Einkünfte/Bezüge (Art und Höhe)	
109	außerhalb des maßgebenden Ausbildungszeitraums	Bruttoarbeitslohn DM	Öfftl. Ausbildungshilfen DM	andere Einkünfte/Bezüge (Art und Höhe)	
110	Bei auswärtiger Unterbringung	auswärtige Anschrift des Kindes			vom – bis
111	**Kinderbetreuungskosten** für zum inländischen Haushalt gehörende Kinder bis 16 Jahre		Bei Alleinstehenden: Es bestand ein gemeinsamer Haushalt der Elternteile		vom – bis
112	Ich war	vom – bis	erwerbstätig	behindert	krank
113	Der Ehegatte oder bei gemeinsamem Haushalt der andere Elternteil war	vom – bis	erwerbstätig	behindert	krank
114	Vorname und Anschrift des Kindes			Das Kind gehörte zu meinem Haushalt	vom – bis
115	Pauschbetrag ☐	oder Art und Höhe der Aufwendungen		Dienstleistungen	vom – bis
116	**Andere außergewöhnliche Belastungen** Art der Belastung		Gesamtaufwand im Kalenderjahr DM	Erhaltene/zu erwartende Versicherungsleistungen, Beihilfen, Unterstützungen; Wert des Nachlasses usw. DM	
117					
118					
119					

Summe der Unterhaltszeiträume in Monaten insgesamt	50
Eigene Einnahmen der unterhaltenen Person(en), ggf. „0"	51
Betriebsausgaben, Werbungskosten/Kostenpauschale	52
Unterhaltsleistungen Dritter	53
Tatsächl. Unterhaltsleistungen d. Stpfl.	54
Ausbildungsfreibeträge	65
Kz	Wert
Kinderbetreuungskosten Aufwendungen	84
Höchstbetrag	85
Pauschbetrag	86
Personell berechneter Betrag (§§ 33a, 33b EStG)	61
Anerkannte außergewöhnliche Belastung – vor Abzug der zumutbaren Belastung –	62
Kz	Wert
99	12
Nr.	Wert

99 30	12 ESt	14 KiSt A DM Pf	15 KiSt B DM Pf	18 Sparzulage A	31 Sparzulage B	Kz Wert
Bisher festgesetzte Beträge – ggf. in Rot –	11 Versp. Zuschl. in DM	45 Dauer der Verspätung in Monaten	38 Vorauszahlungen	Kz Wert	Kz Wert	

Verfügung 1. Die aufgeführten Daten sind mit Hilfe des geprüften und genehmigten Programms sowie unter Berücksichtigung der ggf. gespeicherten Daten maschinell zu verarbeiten. In Höhe des maschinell ermittelten Ergebnisses werden die Steuern, die Zinsen, die Arbeitnehmer-Sparzulagen, der Verspätungszuschlag und die Vorauszahlungen festgesetzt oder es wird die Nichtveranlagung verfügt. Der verbleibende Verlustabzug wird festgestellt. Das Ergebnis ist bekanntzugeben.

Erledigt (Namensz., Datum)

2. ☐ Grunddaten prüfen . . . . ______
3. ☐ KM fertigen . . . . . . ______
4. ☐ Belege zurückgeben . . . ______
5. ☐ Änderung/Berichtigung vermerken . . . . . . ______

6. Von der Steuererklärung wurde abgewichen ☐ nein ☐ ja
Stpfl. wurde(n) vorher angehört ☐ ja ☐ nein
Die Abweichung wurde im Bescheid erläutert ☐ ja ☐ nein

Erledigt (Namensz., Datum)

7. Zur Datenerfassung/Bearbeitereingabe . . ______
8. ☐ Bescheid ergänzen (Anlage beifügen) . . ______
9. ☐ LSt-Karte(n) entwerten . . . . . . ______
10. Z. d. A.

Erfaßt

Sachgebietsleiter | Datum | Bearbeiter

Kontrollzahl

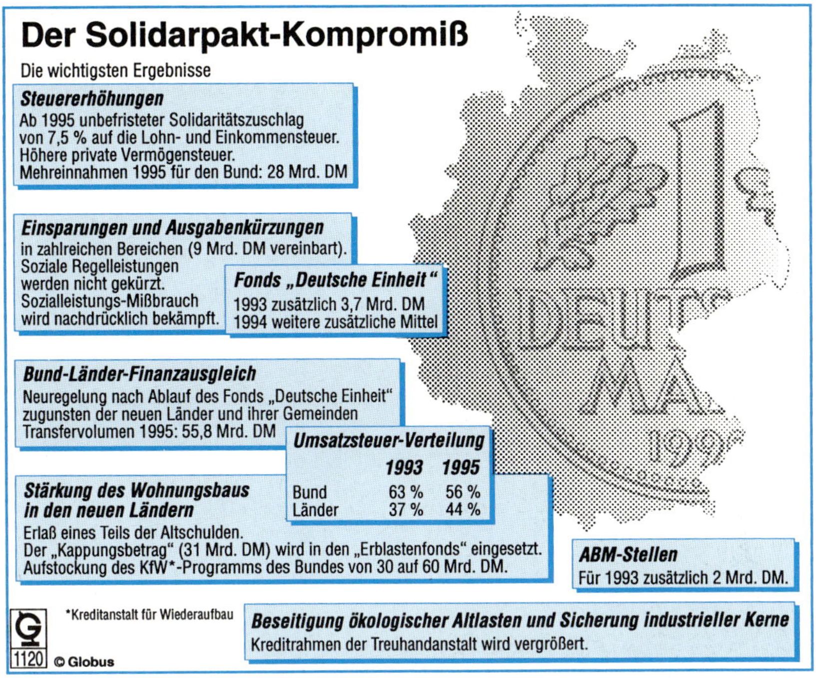
Der Solidarpakt-Kompromiß
Die wichtigsten Ergebnisse
Steuererhöhungen
Ab 1995 unbefristeter Solidaritätszuschlag von 7,5 % auf die Lohn- und Einkommensteuer.
Höhere private Vermögensteuer.
Mehreinnahmen 1995 für den Bund: 28 Mrd. DM
Einsparungen und Ausgabenkürzungen
in zahlreichen Bereichen (9 Mrd. DM vereinbart).
Soziale Regelleistungen werden nicht gekürzt.
Sozialleistungs-Mißbrauch wird nachdrücklich bekämpft.
Fonds „Deutsche Einheit"
1993 zusätzlich 3,7 Mrd. DM
1994 weitere zusätzliche Mittel
Bund-Länder-Finanzausgleich
Neuregelung nach Ablauf des Fonds „Deutsche Einheit" zugunsten der neuen Länder und ihrer Gemeinden
Transfervolumen 1995: 55,8 Mrd. DM
Umsatzsteuer-Verteilung
1993 1995
Bund 63 % 56 %
Länder 37 % 44 %
Stärkung des Wohnungsbaus in den neuen Ländern
Erlaß eines Teils der Altschulden.
Der „Kappungsbetrag" (31 Mrd. DM) wird in den „Erblastenfonds" eingesetzt.
Aufstockung des KfW*-Programms des Bundes von 30 auf 60 Mrd. DM.
ABM-Stellen
Für 1993 zusätzlich 2 Mrd. DM.
*Kreditanstalt für Wiederaufbau
Beseitigung ökologischer Altlasten und Sicherung industrieller Kerne
Kreditrahmen der Treuhandanstalt wird vergrößert.
1120
© Globus

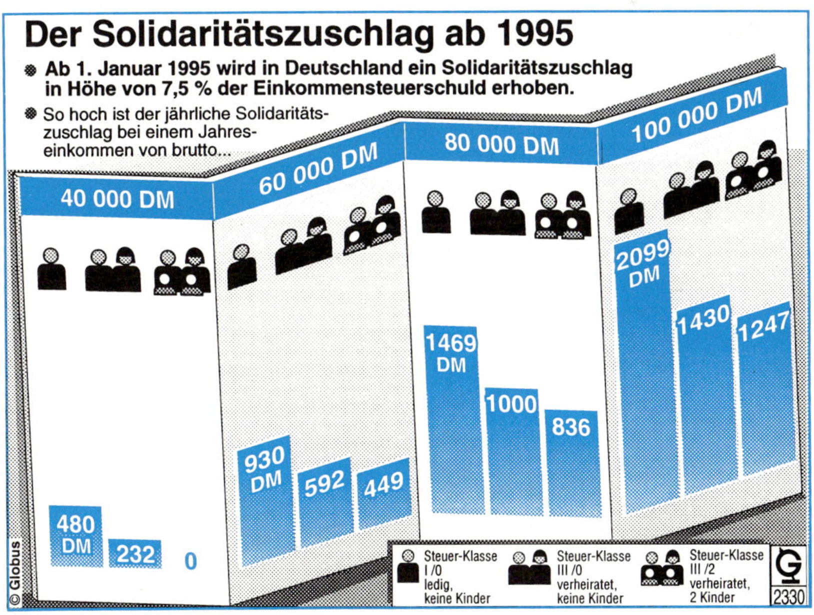
Der Solidaritätszuschlag ab 1995
Ab 1. Januar 1995 wird in Deutschland ein Solidaritätszuschlag in Höhe von 7,5 % der Einkommensteuerschuld erhoben.
So hoch ist der jährliche Solidaritätszuschlag bei einem Jahreseinkommen von brutto...
40 000 DM
480 DM
232
0
60 000 DM
930 DM
592
449
80 000 DM
1469 DM
1000
836
100 000 DM
2099 DM
1430
1247
Steuer-Klasse I/0 ledig, keine Kinder
Steuer-Klasse III/0 verheiratet, keine Kinder
Steuer-Klasse III/2 verheiratet, 2 Kinder
© Globus
2330

Übungsaufgabe

Stellen Sie beim Finanzamt Ingolstadt einen Antrag auf Veranlagung nach den folgenden Angaben und benützen Sie dazu ein gültiges Antragsformular des Finanzamtes!

Sachverhalt

Kenn-Nr. des Vorjahres: 42610/26101

Ehemann:

Hans Stober, kaufmännischer Angestellter, Münzbergstraße 17, 85049 Ingolstadt, evangelisch, geb. 18.07.63, verheiratet seit 30. September 1988.

Ehefrau:

Adelheid S., geb. Fischer, kaufmännische Angestellte, evangelisch, geb. 07.04.65.

Gemeinsame Kinder:

1. Barbara S., geb. 10.12. des Jahres, für welches die Lohnsteuerrückzahlung beantragt wird
2. Gabriele S., geb. 10.12. (Zwillinge)

Bankverbindung: Postbank München (BLZ 700 100 80) 3765 07-806

Telefon: 08 41 / 5 82 67

Ehemann:

Gehalt lt. Lohnsteuerkarte (Steuerklasse drei/null)[1]	
vom 01.01. bis 31.12.19..	83 600,00 DM
einbehaltene Lohnsteuer	14 338,00 DM
einbehaltener Solidaritätszuschlag	1 075,35 DM[2]
einbehaltene Kirchensteuer	1 147,04 DM
vermögenswirksame Leistungen auf Ratensparvertrag	624,00 DM
(Konto 1 137 620 Städt. Sparkasse Ingolstadt, abgeschlossen am 25.03.86)	
private Krankenversicherung, private Pflegeversicherung	4 413,20 DM
gesetzliche Sozialversicherung	10 491,80 DM
(nur Arbeitnehmeranteil Renten- und Arbeitslosenversicherung)	
Fahrtkosten zur Arbeitsstelle nach 86633 Neuburg (Donau), Dammstraße 44 mit Pkw IN-SL 606 an 212 Tagen (einfache Fahrt 24 km, 5-Tage-Woche, Urlaub 30 Tage)	
Fachbücher und Fachzeitschriften	1 288,00 DM
Managementlehrgang	650,00 DM

Ehefrau:

Gehalt lt. Lohnsteuerkarte (Steuerklasse fünf)	
vom 01.01. bis 28.02.19..	4 400,00 DM
ab 01.03. Berufstätigkeit freiwillig aufgegeben, keine Anwartschaft auf Arbeitslosengeld	
einbehaltene Lohnsteuer	971,66 DM
einbehaltener Solidaritätszuschlag	72,87 DM[2]
einbehaltene Kirchensteuer	77,73 DM
gesetzliche Sozialversicherung (nur Arbeitnehmeranteil)	864,60 DM
Fahrtkosten zur Arbeit mit öffentlichen Verkehrsmitteln	152,00 DM

Sonstiges:

Kfz.-Haftpflichtversicherung 488,00 DM, Erstattung 15,00 DM	
Privathaftpflicht	135,00 DM
Lebensversicherung	1 720,00 DM
Spende für kirchliches Hilfswerk	150,00 DM
Zinseinnahmen	812,00 DM
Krankheitskosten lt. Aufstellung	12 210,00 DM
(davon von der Krankenkasse erstattet: 3 950,00 DM)	

[1] Die Geburt der Zwillinge ist nicht berücksichtigt.
[2] Ab 1995.

7 Die Wirtschaftsordnung

7.1 Idealtypische Wirtschaftsordnungen

7.1.1 Gesellschaftspolitische Grundentscheidungen

Problem

GG Art. 14: „Das Eigentum und das Erbrecht werden gewährleistet ..." – GG Art. 15: „... Produktionsmittel können zum Zwecke der Vergesellschaftung durch ein Gesetz, das Art und Ausmaß der Entschädigung regelt, in Gemeineigentum ... überführt werden." Steht der Artikel 15 GG nicht im Widerspruch zu unserer demokratisch-freiheitlichen Grundordnung?

Sachdarstellung

7.1.1.1 Individualismus – Kollektivismus

Die Stellung des einzelnen zum Staat ist im wesentlichen mitentscheidend für die Wirtschaft eines Volkes. Dabei kann im Extremfall der einzelne sein wirtschaftliches Handeln nach dem Individuum oder nach der Gesellschaft, dem Kollektiv, ausrichten:

- **Individualismus:** Hier steht der Mensch, das *Individuum,* als freies, selbständiges und vernunftbegabtes Wesen im Mittelpunkt. Alle diese Einzelwesen bilden zusammengefaßt den Staat.

Der einzelne ist in seinen Entscheidungen frei und unabhängig. Der Individualismus ist deshalb ohne den **Liberalismus**[1] nicht denkbar. Es wird davon ausgegangen, daß die freie Entscheidung und Entfaltung des Individuums gleichzeitig einen gesamtgesellschaftlichen Idealzustand herbeiführt. Durch die Vernunft werde das Erwerbsstreben des einzelnen durch den freien Wettbewerb in solche Bahnen gelenkt, daß es gleichzeitig trotz der egoistischen Grundhaltung auch dem Gemeinwohl am besten dienen muß. Es wird also der Hersteller eine Ware möglichst billig herstellen und möglichst teuer verkaufen, um einen entsprechenden Nutzen zu erzielen. Der Käufer hingegen wird möglichst billig kaufen wollen. Angebot und Nachfrage werden sich dort einpendeln, wo die umgesetzte Menge maximal ist. Deshalb ist der **Eigennutz gleichzeitig Gemeinnutz.**

- Der **Kollektivismus** steht im Gegensatz zum Individualismus. Die Gesellschaft hat Vorrang vor dem einzelnen Individuum. Das Denken und Handeln des Menschen wird ausschließlich vom Kollektiv (Staat, Partei, Gemeinde, Gruppe) bestimmt, in das er sich ein- bzw. dem er sich unterordnen muß. Im Nationalsozialismus wurde dies durch die Parole „Du bist nichts, dein Volk ist alles" ausgedrückt.

Im wirtschaftlichen Bereich bedeutet dies, daß, da sich die Einzelinteressen nicht mit den Gruppeninteressen decken, von zentraler Stelle aus geplant werden muß. Das Privateigentum an Produktionsmitteln wird vielfach aufgehoben und in das Eigentum des Staates übernommen (z. B. im Sozialismus und Kommunismus). Es gilt der Grundsatz: **Gemeinnutz geht vor Eigennutz.**

7.1.1.2 Marktwirtschaft – Zentralverwaltungswirtschaft

Die oben genannten gesellschaftlichen Gegensätze spiegeln sich in zwei Wirtschaftsformen bzw. -systemen wider:

[1] lat. liber = frei

- der **Marktwirtschaft** mit dem Individualismus als geistiger Grundlage.
- der **Zentralverwaltungswirtschaft** (siehe S. 393!) mit dem Kollektivismus als geistiger Grundlage.

Gesellschaftliche Grundentscheidungen	wirtschaftliche Konsequenzen
Individualismus →	Marktwirtschaft
Kollektivismus →	Zentralverwaltungswirtschaft

In den folgenden Kapiteln werden die Merkmale und auch die Schwächen dieser Wirtschaftsformen aufgezeigt.

Wesentliche Lerninhalte

- **Individualismus:** Einzelinteressen stehen im Vordergrund.
- **Marktwirtschaft:** Wirtschaftsordnung des Individualismus.
- **Kollektivismus:** Die Einzelinteressen müssen dem Gesamtinteresse untergeordnet werden.
- **Zentralverwaltungswirtschaft:** Wirtschaftsordnung des Kollektivismus.

Aufgaben zur Sicherung des Lernerfolgs

1 Weshalb ist mit dem Individualismus die Idee des Liberalismus verbunden?

2 Erklären Sie: „Gemeinnutz geht vor Eigennutz!“

3 Haben im Individualismus alle Menschen gleiche wirtschaftliche Chancen? Begründen Sie Ihre Meinung!

7.1.2 Die freie Marktwirtschaft

Problem

„Angebot und Nachfrage regeln den Preis!“ – In der Bundesrepublik Deutschland gibt es z. Z. mehr als 2 Millionen Arbeitslose. Wie würde diese Tatsache sich auf das Lohnniveau des einzelnen auswirken, wenn alles dem freien Spiel der Kräfte überlassen bliebe? Ziehen Sie daraus Ihre Schlüsse!

Sachdarstellung

7.1.2.1 Merkmale der freien Marktwirtschaft

Die Vertreter der **freien (liberalen) Marktwirtschaft** sind der Meinung, daß die *natürliche Ordnung der Wirtschaft* sich einstellt, wenn jede staatliche Beeinflussung unterbleibt.

Die wesentlichen **Merkmale der freien Marktwirtschaft** sind

Preisbildung	liberale Rechtsordnung	Anpassung an Datenveränderungen	keine Beeinflussung der Wirtschaft durch den Staat

- **Preisbildung**[1]**:** Viele Anbieter und viele Nachfrager stehen sich am Markt gegenüber. Angebot und Nachfrage gleichen sich beim *größtmöglichen Umsatz* zum *höchstmöglichen* Preis aus (**Marktautomatismus**). Steigt der Bedarf und damit die Nachfrage, führt der erhöhte Preis zu einer Steigerung der Produktion. Sie bewirkt ein Sinken des Preises und damit wieder eine größere Nachfrage.

  So werden die *individuellen* Pläne der Unternehmen und Haushalte, z. B. Produktions-, Investitions- und Konsumpläne, über die **freie Preisbildung** koordiniert.

- **Liberale Rechtsordnung:** Eine freie Marktwirtschaft ist nur dort möglich, wo die Rechte des einzelnen Bürgers besonders stark ausgeprägt sind und die Ansprüche der Gesellschaft in den Hintergrund treten.

  Unabdingbare Voraussetzungen sind insbesondere:

  - **Privateigentum:** Das uneingeschränkte Recht auf Eigentum, insbesondere an Produktionsmitteln, gewährleistet dem Unternehmer, die Produktion unabhängig zu planen. Er kann damit sein Eigentum nach seinem Dafürhalten optimal einsetzen.

  - **Vertragsfreiheit:** Jeder Teilnehmer am Wirtschaftsleben muß vom Staat ungehindert Verträge abschließen können (vgl. auch S. 75!).

  - **Freie wirtschaftliche Betätigung:** Neben der Freiheit, ohne Beschränkung einen Gewerbebetrieb gründen und die Art der produzierten Güter autonom bestimmen zu können *(Gewerbefreiheit)*, muß auch die freie Wahl des betrieblichen Standorts gewährleistet sein *(Niederlassungsfreiheit)*. Export und Import müssen ohne Beschränkung erlaubt sein *(Freihandel)*. Ebenso darf der Arbeitnehmer in der *freien Berufswahl* und der *freien Wahl des Arbeitsplatzes* nicht beschränkt werden. Zum Zwecke der optimalen Güterversorgung herrscht also ein *uneingeschränkter Wettbewerb* auf dem Kapital-, dem Sachgüter-, dem Dienstleistungs- und dem Arbeitsmarkt.

- **Anpassung an Datenveränderungen:** Der einzelne Unternehmer reagiert rasch, dank seiner Entscheidungsmöglichkeit, auf veränderte Marktdaten. Die Anpassungsgeschwindigkeit ist sehr hoch. Dies bezieht sich sowohl auf die Einführung neuer Produktionstechniken, z. B. neues Schweißverfahren, als auch auf die Anpassung der Produktionsmenge, z. B. bei einer Änderung der Einkommenshöhe.

- **Keine Beeinflussung der Wirtschaft durch den Staat:** In der freien Marktwirtschaft hat der Staat lediglich die Aufgabe, die Person und das Eigentum zu schützen und die bestehende Ordnung zu garantieren. Alle staatlichen Eingriffe, insbesondere in die Wirtschaft, werden abgelehnt. Dieses Staatsideal wurde von Ferdinand Lassalle (1825–1864) spöttisch als „Nachtwächterstaat" bezeichnet.

[1] Vergleiche Kapitel 5.2 Preisbildung

Marktwirtschaft

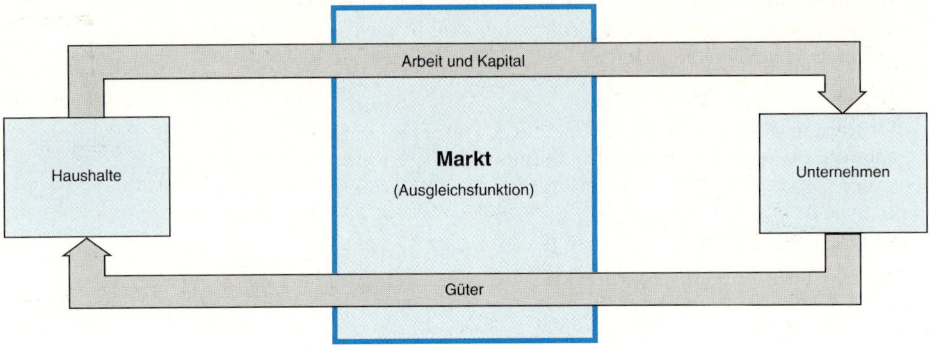

7.1.2.2 Mängel der freien Marktwirtschaft

Das Modell der freien Marktwirtschaft ist in der Praxis nicht verwirklicht. Von der Grundeinstellung her wurde im **Kapitalismus** des 19. Jahrhunderts bis ins 20. Jahrhundert nach den Grundsätzen der freien Marktwirtschaft gewirtschaftet. Trotz großer wirtschaftlicher Erfolge traten auch die starken Mängel zutage, die diesem System anhaften. Insbesondere Karl Marx (1818–1883) und Friedrich Engels (1820–1895) griffen in ihren Schriften diese Mißstände an.

Der freien Marktwirtschaft haften im wesentlichen folgende Mängel an:

- **Güterproduktion nur nach Rentabilitätsgesichtspunkten:** Die Produktion ist nicht nur von der *individuellen* Nachfrage abhängig. Wird nur im Hinblick auf Rentabilität produziert, können bestimmte Aufgaben der Gesellschaft nicht erfüllt werden, z. B. Waffenbedarf des Staates zum Schutz der Bürger.

- **Tendenz zur Einschränkung des freien Wettbewerbs:** Die unkontrollierte, freie Entfaltung der Wirtschaftssubjekte bringt es mit sich, daß der *Marktmechanismus* gestört wird. Ungleichheit in Intelligenz, Fähigkeiten, Kenntnissen, Durchsetzungsvermögen, aber auch Skrupellosigkeit und Gebrauch der Ellenbogen führen dazu, Mitbewerber auszuschalten und die Konkurrenz dadurch zu beschränken. Auch ist durch hohen Investitionsbedarf in einer fortentwickelten Industriegesellschaft keine uneingeschränkte Konkurrenz vieler kleiner Betriebe möglich. Dies bezieht sich insbesondere auf die Produktion von Großgütern, z. B. Lokomotiven, Dampfschiffe.

  Dadurch kommt es zu einer *Konzentration* wirtschaftlicher Macht, da jetzt beim Oligopol oder gar beim Monopol der Preis nicht mehr vom Markt bestimmt, sondern gegebenenfalls z. B. vom Monopolisten diktiert wird.

- **Einkommensverteilung nur nach Leistung:** Wenn Einkommen leistungsgerecht verteilt wird, wird diese Verteilung häufig sozial ungerecht. Am Arbeitsmarkt herrscht ebenfalls das Prinzip, daß Angebot und Nachfrage den Preis, hier Lohn, bestimmen. Dieser liegt, besonders bei bestehender Arbeitslosigkeit, beim Existenzminimum und kann nicht als „leistungsgerecht" empfunden werden. Dagegen fließt ohne Rücksicht auf soziale Momente der gesamte „Mehrwert" der Arbeit dem Unternehmer zu, dem ja die übrigen Produktionsfaktoren gehören.

- **Vermögenskonzentration:** Aufgrund der in den obigen Abschnitten dargelegten Fakten kommt es zu einer Vermögenskonzentration, da die überschüssigen Gewinne wieder investiert werden. Weniger finanzkräftige Konkurrenten werden ausgeschaltet.

- **Starke Abhängigkeit der Arbeitnehmerschaft:** Da weder tarifliche noch staatlich garantierte Mindestlöhne festgelegt sind, wird der Lohn (vgl. oben) nach marktwirtschaftlichen Gesichtspunkten aufgrund von Angebot und Nachfrage gebildet. Da durch die steigende Bevölkerungszahl eine „industrielle Reservearmee" (Marx) von Arbeitslosen existiert, pendelt sich das Lohnniveau höchstens beim Existenzminimum ein, da es sonst sofort von Arbeitslosen unterboten würde. Kinderarbeit, Hunger und Krankheit bewirken eine allgemeine Verelendung des Proletariats, das – ohne soziale Sicherheit, Krankenversorgung usw. – völlig vom Unternehmer abhängig ist.

Wesentliche Lerninhalte

- In der freien Marktwirtschaft gilt uneingeschränkte Konkurrenz.
- Die freie Marktwirtschaft ist ein Modell, das in seiner Form nicht zu verwirklichen ist.
- Beim Gleichgewichtspreis entsprechen sich Angebot und Nachfrage.
- Eine liberale Rechtsordnung gewährleistet das Privateigentum, Vertragsfreiheit und freie wirtschaftliche Betätigung.
- Der Staat hat in der freien Marktwirtschaft „Nachtwächterfunktion".
- Mängel der freien Marktwirtschaft sind:
  - Güterproduktion nur unter Rentabilitätsgesichtspunkten,
  - Tendenz zur Einschränkung des freien Wettbewerbs,
  - Einkommensverteilung nur nach Leistung ohne soziale Gesichtspunkte,
  - Vermögenskonzentration,
  - starke Abhängigkeit der Arbeitnehmerschaft.

Aufgaben zur Sicherung des Lernerfolgs

1. Wie kommt auf dem vollkommenen Markt der Gleichgewichtspreis zustande?
2. Begründen Sie: Der Preis beeinflußt die Höhe von Angebot und Nachfrage!
3. Welche Gefahr beinhaltet ein uneingeschränkter Wettbewerb auf dem Arbeitsmarkt?
4. Weshalb wird der Staat bei der freien Marktwirtschaft in die Rolle des „Nachtwächters" gedrängt?
5. Einer der Kritikpunkte der freien Marktwirtschaft ist, daß das Einkommen nur nach der Leistung verteilt wird. Nehmen Sie dazu Stellung!
6. Wie kommt es zur Vermögenskonzentration?

7.1.3 Die Zentralverwaltungswirtschaft

Problem

Selbst die schärfsten Kritiker der westlichen Unternehmerwirtschaft geben heute zu: „In der unzweifelhaft ungerechten Ordnung der kapitalistischen Welt ist mehr konkrete Menschlichkeit und individuelle Freiheit realisiert worden als in der gerechteren des Kommunismus" (Sczesny) . . . Noch knapper drückt dies Dilemma der russische Volkswitz aus, wenn er den Sender Eriwan auf die Frage nach dem Unterschied zwischen der sozialistischen und der kapitalistischen Praxis antworten läßt: „Im Kapitalismus wird der Mensch durch den Menschen ausgebeutet. Im Sozialismus ist es umgekehrt!"[1]

Worauf basiert nun die Zentralverwaltungswirtschaft?

[1] Wurm, Franz F., Wirtschaft und Gesellschaft heute; Leske Verlag und Budrich GmbH, Opladen, 1976, S. 177.

Sachdarstellung

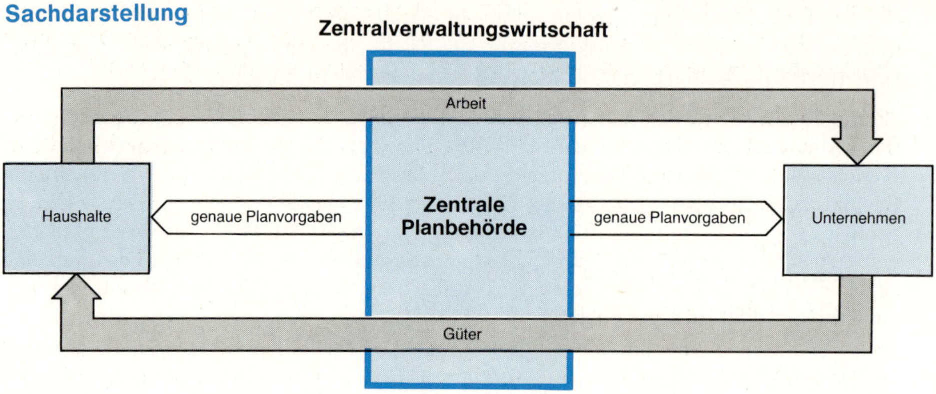

7.1.3.1 Merkmale der Zentralverwaltungswirtschaft

Hatte die freie Marktwirtschaft den Individualismus und uneingeschränkten Liberalismus als Ideal, so gründet sich die Zentralverwaltungswirtschaft in ihrer Modellform auf dem Prinzip der absoluten *Unterstellung des einzelnen* unter einen **Gesamtplan** und damit auch unter die absolute Kontrolle durch den Staat. Man meint, am „grünen Tisch" unter Ausschaltung der Einzelinteressen durch Funktionäre die wirtschaftlichen Probleme genau so gut, ja besser lösen zu können als unter marktwirtschaftlichen Gegebenheiten.

Die wesentlichen **Merkmale der Zentralverwaltungswirtschaft** sind:

- **Zentrale Planung:** Die Pläne werden vom **Staat** als oberster Planungsbehörde **zentral** festgelegt. Er entscheidet, was *produziert* wird und was dementsprechend *verbraucht* werden kann. Die Informationen über vorhandene Rohstoffe, Halbfabrikate, Produktionsmittel und Arbeitskräfte müssen von den Betrieben an die Zentrale gemeldet werden. Diese Informationen werden zu einem **zentralen Plan** verarbeitet und den Betrieben als **Plan-Soll** vorgegeben. Die **Koordination** der Einzelpläne erfolgt nicht – wie in der Marktwirtschaft – durch die Märkte, sondern **durch Befehl.**

  Bei der Abstimmung der einzelnen betrieblichen Pläne zum Gesamtplan müssen die *Produktionsstufen* vom Konsumgut für den öffentlichen, gesellschaftlichen oder privaten Bedarf *(Güter 1. Ordnung)* über die dazu notwendige Arbeit, Halbfabrikate, Produktionseinrichtungen *(Güter 2. Ordnung)* über Güter 3. und weiterer Ordnungen bis hin zu den letzten Einheiten, den Engpaßgütern und Rohstoffen *(Güter letzter Ordnung)* verfolgt werden. Die Differenziertheit etwa eines Autos, eines Flugzeugs, eines Fernsehgeräts macht die Schwierigkeit, ja die Unmöglichkeit deutlich, ohne Leerlauf und Lücken zentral planen zu können.

  Jeder Plan ist zunächst ein **Mengenplan.** Die politische Führung hat bei der Zielvorgabe großes Interesse, möglichst große Produktionsziffern mit dem vorhanden Produktionsapparat zu erreichen. Sie wird deshalb das Ziel **(Soll-Planung)** möglichst hoch ansetzen **(harte Pläne).** Demgegenüber liegt es im Bestreben der Leitungen der Einzelbetriebe, die Anforderungen in den Einzelplänen nicht zu hoch anzusetzen, damit sie leichter erfüllbar sind. Die Regulierung der Produktionsmenge über den Preis entfällt.

  „Die einzelwirtschaftlichen und die individuellen Interessen tendieren also dahin, möglichst solche **‚weichen' Pläne** auszuarbeiten und von den zentralen Instanzen genehmigen zu lassen. Hierbei sind sie darauf aus, die Kosten möglichst hoch anzugeben, möglichst große Reserven an Materialien, aber auch an Arbeitskräften zu haben und die Leistungsnormen nicht zu hart werden zu lassen. Die betrieblichen Interessen tendieren in dieser Wirtschaftsordnung zur Unwirtschaftlichkeit im gesamtwirtschaftlichen Sinn."[1]

- **Planperioden:** Die zentrale Planung muß einerseits einen möglichst langen Zeitraum umfassen, andererseits aber genügend flexibel zur Anpassung an veränderte wirtschaftliche Daten sein.

  Als **Planungsperioden** können deshalb z. B. unterschieden werden:
  - *langfristige Planung* → z. B. Prognose für 20 Jahre
  - *mittelfristige Planung* → z. B. 5 Jahre
  - *kurzfristige Planung* → z. B. Volkswirtschaftsplan für 1 Jahr.

  Die Weiterentwicklung der Wirtschaft verlangt die Festlegung von Grundtendenzen und Schwerpunktbildung. So kann z. B. die Förderung der Konsumgüterindustrie oder der Ausbau der Rüstungsindustrie in den Vordergrund gestellt werden.

  Wachstumsziele können dabei durch *prozentuale Steigerungsraten* dargestellt werden, z. B. Ausbau der Investitionsgüterindustrie um 5 %. Es können auch gegebenenfalls *negative* Wachstumsziele bei der Festlegung der entsprechenden Schwerpunkte genannt werden, z. B. Herabsetzung der Produktion von Luxusgütern um 2 %.

- **Plankontrolle:** Über die Staatliche Planrevision werden die Produktionsergebnisse durch einen Soll-Ist-Vergleich kontrolliert. Kontrollinstrumente sind die verschiedenen Kennziffern (z. B. Bruttoproduktion, Selbstkostensenkung, Arbeitsproduktivität).

  Damit ein *Leistungsanreiz* zur *Erfüllung* oder gar *Überfüllung des Plan-Solls* gegeben ist, werden *Prämien* gewährt. Auch werden besondere Arbeitsleistungen, z. B. durch Orden und Ehrenzeichen, Berichte in Zeitungen, Rundfunk und Fernsehen hervorgehoben. *Nichterfüllung* von Plänen kann als *Sabotage* ausgelegt werden und mit Strafen, z. B. Versetzung, bedroht sein.

- **Kollektiveigentum an Produktionsmitteln:** Das System der Zentralverwaltungswirtschaft setzt voraus, daß mindestens bei den Produktionsmitteln das Privateigentum abgeschafft ist. Dadurch gibt es auch keine privaten Unternehmer, sondern ausschließlich Staatsbetriebe.

- **Zentral gelenkter Arbeitskräfteeinsatz:** Zentrale Planung der Produktion bedingt auch zentrale Planung des Arbeitseinsatzes in der Zentralverwaltungswirtschaft. In reiner Form wird dabei jedem Arbeitnehmer sein Arbeitsplatz zugeteilt **(Arbeitsplatzgarantie).** Wegen des *Arbeitszwangs* herrscht zwar keine Arbeitslosigkeit, andererseits braucht auf die Produktivität der eingesetzten Arbeitskräfte keine große Rücksicht genommen werden.

  Die schulische und die berufliche Ausbildung wird so gelenkt, daß jeweils entsprechend dem **voraussichtlichen Arbeitskräftebedarf** ausgebildet wird, also z. B. nur soviele Ingenieure, wie tatsächlich benötigt werden. Dieses Verfahren löst die Arbeitsplatzsituation zwar quantitativ, aber keinesfalls qualitativ.

- **Gelenkter Verbrauch:** Genau wie die Produktion festgelegt ist, wird auch vom Staat bestimmt, was der einzelne verbrauchen darf. Er teilt jedem genau seine ihm zustehenden Güter zu. In der strengsten Form der Zuteilung muß das zugeteilte Gut vom Empfänger gebraucht bzw. verbraucht werden. Es darf nicht getauscht werden, um sich dadurch u. U. einen Nutzen zu verschaffen. Die einzige Möglichkeit des Einflusses wäre, auf die Zuteilung zu verzichten.

[1] Hensel, K. Paul, Grundformen der Wirtschaftsordnung, Verlag C. H. Beck München, 2. Aufl., 1974, S. 139.

In etwas gelockerter Form kann auch freie Konsumauswahl gestattet sein. Jedoch nimmt der Staat Einfluß auf die Festsetzung des Arbeitslohnes und die Einkommensverteilung.

- **Staatlich festgesetzter Preis.** Eine echte Preisfindung wird erschwert, wenn nicht gar unmöglich, da kein Wettbewerb besteht. Die Preise werden staatlich festgesetzt, sie sind vielfach lediglich Verrechnungspreise. Beim Export werden die Güter oft unter den Herstellungskosten angeboten *(Dumping)*.

7.1.3.2 Mängel der Zentralverwaltungswirtschaft

In einer modernen Volkswirtschaft werden viele Millionen verschiedener Güter und Dienstleistungen erzeugt. Während in der freien Wirtschaft die Planung dezentralisiert von Millionen am Wirtschaftsleben verantwortlich Beteiligter vorgenommen wird, müssen in der Zentralverwaltungswirtschaft diese Aufgaben von einer weitaus geringeren Zahl von Planern bewältigt werden. Dies kann zu schwerwiegenden Mängeln bei der Planung führen.

- **Falsche Prioritätensetzung und unrealistische Planziele durch die oberste Planbehörde.** Jeder Jahreswirtschaftsplan setzt bestimmte Schwerpunkte. So kann z. B. die Produktionsgüterindustrie zu Lasten der Konsumgüterindustrie im Hinblick auf künftige bessere Versorgung bevorzugt werden. Dies kann jedoch nur geschehen, wenn genügend Vorräte und eine gedrosselte Erzeugung von Konsumgütern vorhanden sind, um die notwendigsten Bedürfnisse zu erfüllen. Ist dies nicht gewährleistet bzw. stößt das Verlangen der Regierung nach zu starkem Konsumverzicht in der Gegenwart im Hinblick auf die Zukunft auf den Widerstand der Bürger, so kann dies leicht zu politischen Unruhen führen. Dasselbe gilt für zu hoch angesetzte Planziele.

  Auch außergewöhnliche Ereignisse können Pläne illusorisch machen, wobei sich dann der Mangel an Flexibilität zeigt. Wird z. B. in einer Planungsperiode der Technisierung der Landwirtschaft Priorität eingeräumt, so können ungünstige Witterungsverhältnisse die Plandurchführung unmöglich machen.

  Die Zentrale und nicht das Individuum bestimmt den Bedarf. Damit muß jede Abweichung zwischen Plan (Konsumerwartung) und Konsumverhalten Korrekturen der Pläne auslösen.

  Diese Korrekturen erfolgen jedoch (systemnotwendig) mit einer solch großen zeitlichen Verzögerung, daß sie u. U. ohne Wirkung sind. Ist die Nachfrage nach einem Gut, z. B. Taschenrechner, größer als die geplante Produktion, so entscheiden staatliche Stellen, ob die Produktion erhöht wird, da die dafür benötigten Arbeitskräfte, Maschinen, Rohstoffe und Halberzeugnisse in anderen Bereichen eingespart werden müssen. Ist die Nachfrage geringer als die geplante Produktion, so sind die Verhältnisse umgekehrt.

  Der Tendenz zur Maximalplanung durch die Zentrale in Form der *harten Pläne* steht die Tendenz der Einzelbetriebe entgegeben, durch *weiche Pläne* den Druck von oben aufzufangen.

- **Schwerfällige Anpassung an Datenveränderungen.** Die durch die Pläne starr festgelegte Produktion und die Bindung der Betriebe verhindern eine rasche Anpassung an veränderte Verhältnisse. Die Betriebe haben keine eigene Entscheidungsfreiheit. Außerdem würde die Änderung eines einzelnen Produktionsplans wiederum fächerartig Änderung anderer Produktionspläne nach sich ziehen.

- **Hemmung technischen Fortschritts.** Die Erfüllung des Plan-Solls ist Ziel der Produktion. Dieses Ziel soll zwar mit dem geringsten Einsatz an Produktionsfaktoren erreicht werden. Da jedoch *Mengendenken (Planerfüllung)* und *nicht Gewinndenken* vorherrscht, besteht kein Anlaß und kein Anreiz, den Produktionsablauf zu rationalisieren.

„In den öffentlichen Verlautbarungen der sozialistischen Länder wird erstaunlich oft darüber geklagt, daß die Betriebe sich gegen den wirtschaftlichen Fortschritt stemmen. ‚Es war für die Betriebe vorteilhafter, mit der alten Technik weiterzuproduzieren.' ‚Die Betriebe sind materiell ungenügend an der Durchsetzung des wissenschaftlich-technischen Fortschritts interessiert ... Fassen wir die Mängel unseres jetzigen Systems der Planung und Bewertung der Arbeit der Betriebe zusammen, so müssen wir feststellen, daß sie unseren Kampf um den technisch-wissenschaftlichen Höchststand der Produktion ernsthaft behindern.' "[1]

Werden in einem Betrieb größere *Rationalisierungsinvestitionen* durchgeführt, so werden auch die *Produktionsnormen neu* festgelegt. Bei dem bereits erwähnten Hang des Einzelbetriebs zu weichen Plänen können so Produktionsreserven verloren gehen und damit die Möglichkeit wegfallen, Prämien zu erhalten.

- **Geringe Eigeninitiative der Wirtschaftssubjekte.** Infolge der Fremdbestimmung der einzelnen Wirtschafssubjekte durch den Zentralplan wird die Eigeninitiative nicht gefördert: Ziel ist nicht Rationalisierung, sondern Planerfüllung.

  Anreize zur Eigeninitiative können jedoch in der Prämiengewährung und den öffentlichen Auszeichnungen liegen.

  Eigeninitiative wird auch gezeigt, wenn es darum geht, durch geschicktes Taktieren den Plan zu erfüllen oder sogar ein Über-Soll zu erzielen. „So neigte man in einer Schraubenfabrik, deren Produktionsauflage in Tonnen vorgeschrieben war, dazu, möglichst schwere Schrauben herzustellen; lautet die Auflage in Stück Schrauben, so konnte dieser Plan am einfachsten mit möglichst vielen und kleinen Schrauben erfüllt werden; wurde die Auflage der Bruttoproduktion gerechnet in Umsatz zu Planpreisen, neigte der Betrieb dazu, die Produktion auf diejenige Schraubenart zu spezialisieren, bei der das Produkt aus Menge mal Preis am günstigsten schien."[2]

Der *Grundtyp* der *total gelenkten Zentralverwaltungswirtschaft* kann durch Mischformen *aufgelockert* werden. Solche **Auflockerungsformen** können z. B. sein:

- freie Konsumwahl;
- freie Wahl des Berufes und des Arbeitsplatzes;
- freies Sparen von Geldvermögen;
- Marktorientierung der Konsumindustrie;
- private Kleinbetriebe in Handwerk, Handel und in der Landwirtschaft.

Wesentliche Lerninhalte

- **Zentralverwaltungswirtschaft:** Produktion, Verteilung, Konsum und Arbeitskräfteeinsatz werden durch den Staat geplant.
- Merkmale der Zentralverwaltungswirtschaft:
  - Zentrale Planung,
  - Festlegung der Planperioden,
  - Plankontrolle,
  - Kollektiveigentum an Produktionsmitteln,
  - Zentral gelenkter Arbeitskräfteeinsatz,
  - Gelenkter Verbrauch,
  - Staatlich festgesetzter Preis.
- Anreize zur Planerfüllung sind Prämien und öffentliche Ehrungen.

[1] Zitiert nach: Hensel, K. Paul, a.a.O., S. 153.
[2] Hensel, K. Paul, a.a.O., S. 142.

- Mängel der Zentralverwaltungswirtschaft können sein:
  - Falsche Prioritätensetzung und unrealistische Planziele,
  - schwerfällige Anpassung an Datenveränderungen,
  - Hemmnisse bei der Realisierung technischen Fortschritts,
  - geringe Eigeninitiative der Wirtschaftssubjekte.

Aufgaben zur Sicherung des Lernerfolgs

1 Welche Nachteile hat die Einschränkung der freien Berufswahl für den einzelnen und für die Gesellschaft?

2 Warum ist eine reine Zentralverwaltungswirtschaft nur in einer Diktatur möglich?

3 Wie unterscheiden sich die Pläne der freien Wirtschaft von denen der Zentralverwaltungswirtschaft?

4 Weshalb ist es den sozialistischen Wirtschaftssystemen möglich, auf dem Weltmarkt starke Konkurrenz zu bilden?

5 Weshalb kann in einer Zentralverwaltungswirtschaft auf Marktveränderungen nicht rasch reagiert werden?

6 Warum wird in der Zentralverwaltungswirtschaft die technische Weiterentwicklung beim Einzelbetrieb weniger gefördert als in der Marktwirtschaft?

7.2 Die Soziale Marktwirtschaft

Problem

GG Art. 20 „Die Bundesrepublik Deutschland ist ein demokratischer und sozialer Bundesstaat." – Der schrankenlose Gebrauch wirtschaftlicher Macht in der freien Marktwirtschaft führt zwangsläufig zur Ausnützung der wirtschaftlich Schwachen, insbesondere der Arbeitnehmer. Es wäre unmenschlich, z. B. einen kranken oder alten Arbeitnehmer sich selbst ohne irgendein Einkommen zu überlassen.

Weshalb ist dies mit dem o. a. Artikel des GG nicht zu vereinbaren? Welcher Grundsatz steht entgegen?

Sachdarstellung

7.2.1 Begriff und Elemente der Sozialen Marktwirtschaft

Alfred Müller-Armack[1] prägte den Begriff der Sozialen Marktwirtschaft und versteht darunter die Verbindung des Freiheitsprinzips auf dem Markt mit dem sozialen Ausgleich. Dies entspricht auch der Zielsetzung des Grundgesetzes.

Die wesentlichen **Merkmale der sozialen Marktwirtschaft** sind:

Privateigentum an Produktionsmitteln	Leistungswettbewerb	Dezentrale Planung	Preisbildung am Markt	Tarifautonomie der Sozialpartner	Wirtschafts- und sozialpolitische Maßnahmen des Staates

[1] Nationalökonom und Soziologe, war unter Ludwig Erhard Leiter der Abteilung Wirtschaftspolitik im Bundesministerium für Wirtschaft.

- **Privateigentum an Produktionsmitteln:** Das Privateigentum, auch das an Produktionsmitteln ist im GG garantiert. Allerdings sind in der Bundesrepublik Deutschland der Staat und auch Verbände, z. B. Gewerkschaften, Eigentümer von Produktionsmitteln. Diese werden nach marktwirtschaftlichen Grundsätzen verwaltet und den Spielregeln des Wettbewerbs unterworfen.

  Durch Ausgabe von „Volks"-Aktien, Volkswagenwerk, Veba-Konzern, wurden Teile der staatlichen Produktionsmittel wieder privatisiert.

- **Leistungswettbewerb:** Auf den Märkten der Bundesrepublik Deutschland herrscht i.a. *unvollständige Konkurrenz*, da sie in vielen Fällen von Oligopolen beherrscht werden. Die modernen Technologien ermöglichen es jedoch oft, ein Gut gegen ein anderes zu tauschen (substituieren), so daß auf vielen Teilmärkten *Substitutionskonkurrenz* besteht.

- **Dezentrale Planung:** Die am Wirtschaftsgeschehen beteiligten Unternehmen und Haushalte entscheiden jeweils in eigener Verantwortung.

  Das einzelne **Unternehmen** plant seine Produktion *(Produktionsplan)* aufgrund der Absatzerwartung *(Absatzplan)*. Es entscheidet, wie die Ware dem Kunden nahe gebracht wird *(Werbeplan)*.

  Die einzelnen **Haushalte** planen den Einsatz ihrer Produktionsfaktoren (Arbeit, Geldanlage) und entscheiden souverän über die Verwendung ihres Einkommens.

- **Marktpreisbildung:** Zur Förderung des Wettbewerbs wurde bis auf wenige Ausnahmen, z. B. Druckerzeugnisse, die *Preisbindung der zweiten Hand* aufgehoben. Es sind lediglich empfohlene Verkaufspreise erlaubt.

  Dadurch wird der Wettbewerb entscheidend gefördert, der allerdings im negativen Fall bis zur Verdrängung des wirtschaftlich Schwächeren vom Markt führen kann *(Verdrängungswettbewerb)*. Auf dem Arbeitsmarkt sind durch tarifrechtliche Grenzen ruinösen Auswüchsen Grenzen gesetzt; so ist z. B. ein Mindestlohn garantiert.

- **Tarifautonomie der Sozialpartner:** Die Arbeitnehmervertreter (Gewerkschaften) und die Arbeitgebervertreter (Arbeitgeberverbände) handeln Löhne und Arbeitsbedingungen im Rahmen ihrer *Tarifhoheit* aus. Zur Durchsetzung ihrer Ziele stehen als Kampfmaßnahmen Streik und Aussperrung zur Verfügung.

7.2.2 Wirtschafts- und sozialpolitische Maßnahmen des Staates

Der Staat greift durch ein Bündel von Maßnahmen dann ein,

- wenn die freiheitliche Wirtschaftsordnung gefährdet erscheint,
- wenn zum Schutze des einzelnen und des Gesamtwohls Maßnahmen notwendig werden.

7.2.2.1 Gesetzliche Maßnahmen

Durch **Gesetze** versucht der Staat, Auswüchse in der Wirtschaft zu vermeiden und seiner sozialen Verpflichtung gerecht zu werden.

▶ Das **Gesetz gegen Wettbewerbsbeschränkungen** *(Kartellgesetz)* vom 20. Februar 1990 verbietet u. a. Machtmißbrauch durch wirtschaftliche Zusammenschlüsse (vergleiche Seite 339!). Die Preisbindung der zweiten Hand, also durch den Hersteller, ist nur noch bei Druckerzeugnissen erlaubt.

▶ Das **Gesetz gegen den unlauteren Wettbewerb** vom 7. Juni 1909 verbietet alle geschäftlichen Maßnahmen, die gegen die guten Sitten verstoßen und die den Wettbewerb verfälschen.

- ▶ Der **Schutz des geistigen Eigentums** ist in verschiedenen Gesetzen gesichert, z. B. im **Patentgesetz** vom 16. Dezember 1980, im **Gebrauchsmustergesetz** vom 28. August 1986, im **Urheberrechtsgesetz** vom 9. September 1965. Durch solche Bestimmungen wird die wirtschaftliche Nutzung eines Erzeugnisses nicht allgemein freigegeben, sondern auf den jeweils Berechtigten beschränkt.

- ▶ Eine Reihe weiterer Gesetze schränken die absolute wirtschaftliche Freiheit in der sozialen Marktwirtschaft ein, z. B. Betriebsverfassungsgesetz, Ladenschlußgesetz, Jugendarbeitsschutzgesetz, Mutterschutzgesetz.

7.2.2.2 Marktkonforme Maßnahmen

Der Staat ergreift außerdem Maßnahmen, die dem Marktablauf angepaßt sind **(marktkonforme Maßnahmen)**, um wirtschaftliche Schwierigkeiten auszuräumen (siehe auch Abschn. 8.6). Dazu gehören u. a.

- Steuerung von Angebot und Nachfrage durch **Einfuhren** oder **Einfuhrverbote.** Diese Wirkung kann auch durch Senkung oder Erhöhung von Zöllen oder durch Einfuhrabgaben (Abschöpfungen) oder Exportprämien erreicht werden.

- Bei lebenswichtigen Gütern, insbesondere bei Gütern des täglichen Bedarfs, werden bei Überangebot **Waren** vom Staat **eingelagert** und bei Bedarf wieder auf den Markt gebracht (Rindfleisch; Butterberg!). Zu starker Preisverfall oder Preisauftrieb werden vermieden. Allerdings besteht die Gefahr, daß wegen evtl. garantierter Mindestpreise der Produktionsanreiz so stark sein kann, daß die Bestände zweckentfremdet verwertet werden müssen, z. B. Butter → Schmierfett, Getreide → Viehfutter. Es kann selbst zur Vernichtung von Vorräten kommen, z. B. Aprikosen und Tomaten in Südfrankreich.

- Um Problemen einzelner Wirtschaftszweige zu begegnen und grundsätzliche Aufgaben zu fördern, gibt der Staat **Subventionen**. Nach dem Bundeshaushalt sind dies z. B. Finanzierungshilfen für die Werftindustrie, Zuschüsse zur Sicherung des Steinkohleneinsatzes in der Elektrizitätswirtschaft, Förderung des deutschen Messewesens im Ausland, Förderung der auf technisch-wirtschaftliche Zwecke gerichteten Forschung und Entwicklung, Ausgaben für Investitionen an Unternehmen des Steinkohlebergbaus, Förderung der technischen Entwicklung der EDV, Förderung der Luftfahrttechnik u. a. (siehe auch S. 358).

  Bei unrentabler Produktion gibt der Staat u. U. auch Subventionen unter der Auflage der Produktionseinschränkung bzw. -stillegung **(Stillegungsprämien).** Man spricht hier vom *Anpassungs-Interventionismus.*

  Außerdem übernimmt die Bundesrepublik Deutschland besonders bei Ausfuhrgeschäften und für Finanzierung der Kapitalhilfe an Entwicklungsländer **Bundesbürgschaften** in Milliardenhöhe.

- **Steuerliche Vorteile,** wie Steuersenkungen, Steuervergünstigungen[1] (z. B. Einkommensteuergesetz, Umsatzsteuergesetz, Grunderwerbsteuergesetz, Berlinförderungsgesetz, Investitionszulagengesetz, Fördergebietsgesetz; für den einzelnen Steuerpflichtigen besonders wichtig: Wohnungsbauprämiengesetz, Sparprämiengesetz, 5. Vermögensbildungsgesetz, 2. Wohnungsbaugesetz, Einkommensteuergesetz – Sonderabschreibungen).

  Durch Prämien und Steuervorteile wird Kapital gebildet, das einerseits in den Konsum fließen kann und dadurch die Konjunktur belebt, andererseits aber zu Investitionen zur Verfügung steht.

- Der einzelne ist nicht mehr – wie in der freien Marktwirtschaft – schutzlos dem Marktmechanismus von Angebot und Nachfrage preisgegeben, sondern durch die Tarifautonomie der Sozialpartner und ein – im Vergleich zu vielen anderen Ländern – hohes Maß an **Sozialleistungen des Staates** abgesichert (siehe auch S. 359!).

[1] Für Einzelheiten s. die jeweiligen Steuergesetze!

Die staatlichen Sozialleistungen setzen i. a. ein, sobald die *Notlage* gegeben ist, z. B.
- Krankenversicherung im Krankheitsfall,
- Pflegeversicherung bei Pflegebedürftigkeit
- Arbeitslosenversicherung bei Arbeitslosigkeit,
- Wohngeld bei Unterschreiten einer bestimmten Einkommenshöhe,
- Sozialhilfe bei entsprechender Bedürftigkeit,
- Sozialtarife (z. B. Bundesbahn) bei Schülern, Rentnern.

Eine Reihe von *vorbeugenden Maßnahmen* sollen die Notwendigkeit staatlichen Eingriffs vermeiden oder verzögern helfen. Dazu zählen z. B. Umschulung bei Arbeitslosen, Vorsorgeuntersuchungen zur Früherkennung von Krankheiten, Kuraufenthalte zur Erhaltung der Gesundheit, Maßnahmen zur Unfallverhütung.

Einer freiheitlich-demokratischen Grundhaltung entspricht es jedoch, daß sich der einzelne nicht auf den Staat allein verläßt, sondern durch **individuelle Vorsorge** zu seiner persönlichen Sicherung beiträgt. Dazu zählen z. B. Lebensversicherung, sonstige Versicherungen (wie Hausrat-, Haftpflichtversicherung), Erwerb von Wohnungseigentum. Der Staat hilft auch hier mit Steuervergünstigungen.

- Die Sozialleistungen, Steuervergünstigungen und die Steuerprogression (bei der Einkommensteuer bis 53 %) sind Ansatzpunkte für die besonders auch von den Gewerkschaften geforderte *Umverteilung des Einkommens*, um Ansammlung von Riesenvermögen zu vermeiden. Für den einzelnen besteht die Möglichkeit, durch Wertpapiersparen (z. B. Investmentzertifikate) sich am Produktionsvermögen der Wirtschaft zu beteiligen.

- Auch die Deutsche Bundesbank wirkt durch die **Geldpolitik** auf die soziale Marktwirtschaft ein (s. Seite 445!)

Wesentliche Lerninhalte

- Die soziale Marktwirtschaft ist eine Kombination des freiheitlichen Wirtschaftssystems mit der Verpflichtung zum sozialen Ausgleich.
- Auch staats- und gewerkschaftseigene Unternehmen werden nach marktwirtschaftlichen Gesichtspunkten verwaltet.
- Auf den Märkten der Bundesrepublik Deutschland herrscht i. a. unvollständige Konkurrenz.
- Unternehmen und Haushalte planen dezentralisiert und eigenverantwortlich.
- Die Aufhebung der Preisbindung ermöglicht die Bildung eines Marktpreises.
- Der Staat greift zum Schutz der Wirtschaft und der sozialen Sicherung des einzelnen in Form von
  - Gesetzen und
  - marktkonformen Maßnahmen

  in das Wirtschaftsgeschehen ein.
- Maßnahmen des Staates sind z. B.
  - Steuerung der Einfuhren,
  - Eingriffe bei Überangebot lebenswichtiger Güter,
  - steuerliche Vorteile,
  - Subventionen,
  - Sozialleistungen.
- Maßnahmen der Bundesbank sind z. B.
  - Mindestreservepolitik
  - Offenmarktpolitik
  - Diskontpolitik

Aufgaben zur Sicherung des Lernerfolgs

1 Wie stehen Sie zu der Behauptung, daß ein Volk politisch so frei wie seine Wirtschaft sei.

2 Viele Versorgungsbetriebe (Gas, Wasser, Strom) mit Monopolcharakter sind in öffentlichem Besitz. Läßt sich dies mit der sozialen Marktwirtschaft vereinbaren? Denken Sie daran, daß u. U. verschiedene Tarife gewährt werden!

3 In der sozialen Marktwirtschaft soll u. a. der Verbraucher geschützt werden. Was kann dieser selbst tun, um seine Stellung zu stärken?

4 Inwiefern kann unsere Wirtschaft vom Ausland gefährdet werden?

5 Was verstehen Sie unter „Verdrängungswettbewerb"?

6 Ist nach dem Grundgesetz die Einschränkung oder Aufhebung des Eigentums an Produktionsmitteln möglich? Begründen Sie Ihre Meinung!

7 Die Gewerkschaften streben eine Umverteilung des Einkommens an. Wie könnte sich die u. U. auf die Wirtschaft auswirken?

8 Wie können sich Arbeitnehmer am Produktivvermögen beteiligen?

8 Grundzüge der Wirtschaftspolitik in der Sozialen Marktwirtschaft

8.1 Erweiterter Wirtschaftskreislauf: Einbeziehung von Staat und Außenhandel

Problem

Im Kapitel 1.2 haben wir den einfachen Wirtschaftskreislauf zwischen Unternehmungen und Haushalten kennengelernt. Dabei sind die grundlegenden Zusammenhänge zwischen *Produktion* und *Konsum* verdeutlicht worden, also zwischen *Einkommensbildung* und *Einkommensverwendung*. Der Güter- und Geldkreislauf wurde auch unter Einbeziehung von *Sparen* und *Investieren* aufgezeigt. Die Sektoren **Staat** und **Außenhandel** sind aber noch nicht in das Kreislaufgeschehen einbezogen worden. Über 600 Mrd. DM Staatseinnahmen und -ausgaben sowie ein Außenhandelsvolumen von jährlich 350 Mrd. DM müssen in den Wirtschaftskreislauf einbezogen werden, um noch stärker der wirtschaftlichen Realität Rechnung zu tragen. Wie wirkt sich dies auf den volkswirtschaftlichen Kreislauf im einzelnen aus?

Sachdarstellung

8.1.1 Der Staat im Wirtschaftskreislauf

8.1.1.1 Staatseinnahmen und Staatsausgaben[1]

Der Staat ist in vielfältiger Weise mit den Wirtschaftssubjekten verbunden. Er verlangt von den Einkommensbeziehern (Haushalten) **Steuern.** Dies sind in erster Linie die *direkten Steuern*, wie die Einkommen-, Vermögen-, Schenkung- und Erbschaftsteuer. Bei den Unternehmungen wird *direkt* der Gewinn besteuert und *indirekt* der Umsatz und Verbrauch (siehe auch S. 354). Weiterlaufende Einnahmen des Staates sind die von den Arbeitnehmern und Arbeitgebern zu entrichtenden **Sozialversicherungsbeiträge** sowie Zölle, Gebühren und sonstige Beiträge. Der Staat verwendet diese Einnahmen zu folgenden Zwecken:

1. Einkommenszahlungen für die privaten Haushalte der Staatsbediensteten (Beamte, Angestellte, Arbeiter). Sie zählen zum **Staatsverbrauch.**
2. Kauf von Gütern und Dienstleistungen von den Unternehmungen zum **Staatsverbrauch,** z. B. Unterhaltung des verzweigten Straßennetzes.
3. Bezahlung von Gütern und Dienstleistungen für öffentliche **Investitionen,** z. B. Straßenbau, öffentliche Gebäude, Waffen und Ausrüstung der Bundeswehr.
4. Zahlungen an Haushalte und Unternehmungen. Dies ist die **Einkommensverteilung** für Renten, Pensionen, Unterstützungsgelder vom Wohngeld bis zur Unterstützung Ausbildungswilliger (BAFöG).

   Da hierdurch Einkommen umverteilt wird, z. B. von einkommensstarken zu einkommensschwachen Wirtschaftssubjekten, werden diese Zahlungen auch *Transferzahlungen* genannt.
5. Subventionen an Haushalte und private Unternehmungen.

   Auch diese staatlichen Zuschüsse (siehe Abb. S. 432) sind Transferzahlungen.

[1] Siehe Bildstatistiken auf S. 404!

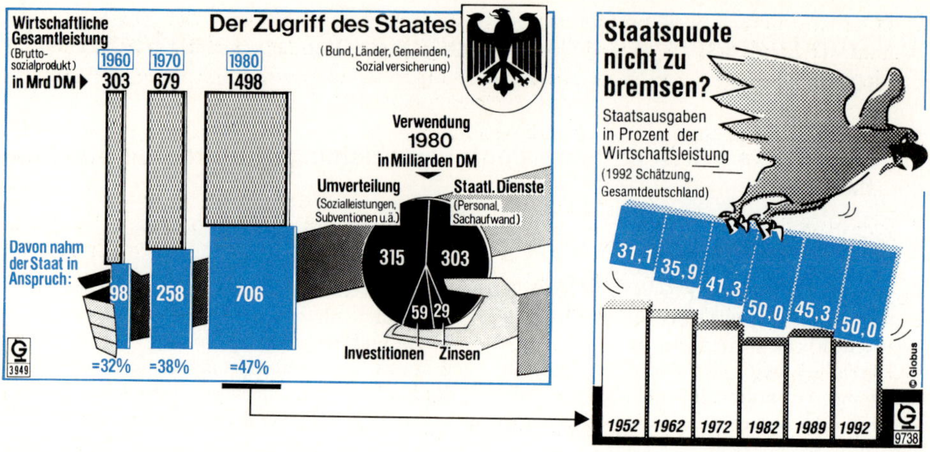

8.1.1.2 Auswirkung der Staatsausgaben auf das Sozialprodukt bzw. Volkseinkommen[1]

Die Staatsausgaben müssen danach unterschieden werden, ob sie Bestandteil des Sozialprodukts, also der Summe der in einer Volkswirtschaft produzierten Güter und Dienstleistungen sind, oder ob sie nicht dazugezählt werden können.

Der **Staatsverbrauch** und die **Staatsinvestitionen** sind Teile des Sozialprodukts, da der Staat hierfür eine *unmittelbare Gegenleistung* in Form von Gütern, z. B. einer Straße, oder Dienstleistungen, z. B. einer Unterrichtsstunde eines Lehrers oder der Arbeitsleistung eines Richters, erhält. Man nennt diese Staatsausgaben **Transformationsausgaben** oder auch **Realausgaben.** Sie betragen mehr als die Hälfte des Staatshaushalts.

Die **Staatsquote,** auch *Abgabenquote* genannt, ist der Prozentsatz für den Anteil der Staatsausgaben am Bruttosozialprodukt.

Die Staatsquote betrug 1960 32,9 %, stieg insbesondere während der sozial-liberalen Koalitionsregierungen Brandt und Schmidt auf 49,8 % und ist seither (CDU/CSU-F.D.P.-Regierung unter Bundeskanzler Kohl) bis Ende 1989 auf 46,8 % gesunken, aber durch die Finanzbelastung in Ostdeutschland 1992 auf 51,5 % gestiegen. (Die Bruttoleistungen der westdeutschen öffentlichen Haushalte für Ostdeutschland belaufen sich 1991 auf 170 Mrd. DM, 1992 auf 218 Mrd. DM. Zieht man davon die Steuereinnahmen des Bundes und der EU in Ostdeutschland ab, ergeben sich als Nettoleistungen 139 Mrd. DM 1991 und 180 Mrd. DM 1992).

Die laufenden Umverteilungsausgaben dagegen, die **Transferausgaben,** sind nicht Bestandteil des Bruttosozialprodukts. Wenn in den großen Topf der Sozialversicherung die Beiträge der Arbeitnehmer und Arbeitgeber einfließen und als Renten wieder abfließen, so ist dies lediglich ein Transferprozeß, eine *Einkommensumverteilung*. Der Staat erhält für diese Zahlungen keine Gegenleistung.

Gleiches gilt für **Subventionen an Privathaushalte,** wie Kinder- und Wohngeld, Sozial- und Arbeitslosenhilfe oder Ausgaben auf Grund des Ausbildungsförderungsgesetzes (BAFöG), als auch für Subventionen an die Privatwirtschaft, z. B. die Landwirtschaft, den Bergbau u. a.

8.1.1.3 Der Wirtschaftskreislauf mit den Sektoren Haushalte, Unternehmungen und Staat

Wird der Staat als Wirtschaftssubjekt in das Kreislaufgeschehen einbezogen, so ergeben sich folgende Veränderungen der Geld- und Güterströme:

[1] Siehe auch Abschn. 8.2.2 Entstehung des Sozialprodukts und Abschn. 8.2.4.4 Der Außenbeitrag.

1. Haushalte und Unternehmungen zahlen Steuern und Abgaben an den Staat. Ihr Einkommen kann nicht mehr für Konsum und Sparen verwendet werden, sondern wird um die Steuerleistung vermindert. Aus der Einkommensverwendungsgleichung *ohne* Staat

$$Y = C + S$$

wird bei Einbeziehung des Staates die Gleichung

$$Y = C + S + St$$

2. Zur Nachfrage nach Gütern und Dienstleistungen der Unternehmungen und Haushalte (Güterstrom) tritt nun der Anteil des Staates, der Bestandteil des Sozialproduktes wird. Bezeichnet man diese Transformationsausgaben mit T, so wird aus der Gleichung für die Entstehung des Einkommens *ohne* Staat

$$Y = C + I$$

die Gleichung

$$Y = C + I + T.$$

Im Schaubild ergibt sich folgende Darstellung:

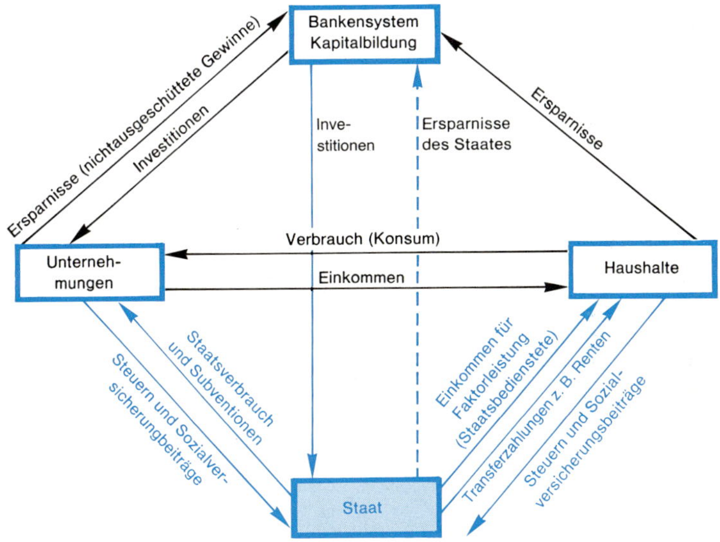

8.1.2 Der Außenhandel im Wirtschaftskreislauf

Dreifacher Rekord am Ende des Jahrzehnts. Die 80er Jahre endeten gleich mit einem dreifachen Rekord im bundesdeutschen Außenhandel. Die Werte der Ausfuhren und Einfuhren erreichten 1990 einen noch nie dagewesenen Höchststand. Und auch der Ausfuhrüberschuß fiel so hoch aus wie nie zuvor. Insgesamt verkauften deutsche Unternehmen Waren für 680,9 Milliarden DM ins Ausland. Im Gegenzug kauften sie dort für 573,5 Milliarden DM ein. Der Wert der Ausfuhr lag damit um 107,4 Milliarden DM über jenem der Einfuhr. Während sich die Exporte im Verlauf der 80er Jahre um 83 Prozent und die Importe um 48 Prozent erhöht haben, hat sich der Ausfuhrüberschuß verfünfzehnfacht. Er lag nämlich im Jahr 1980 bei nur 8,9 Milliarden DM. 1994 stieg die Ausfuhr auf 685,1 Milliarden DM, die Einfuhr stieg auf 611,2 Milliarden DM.

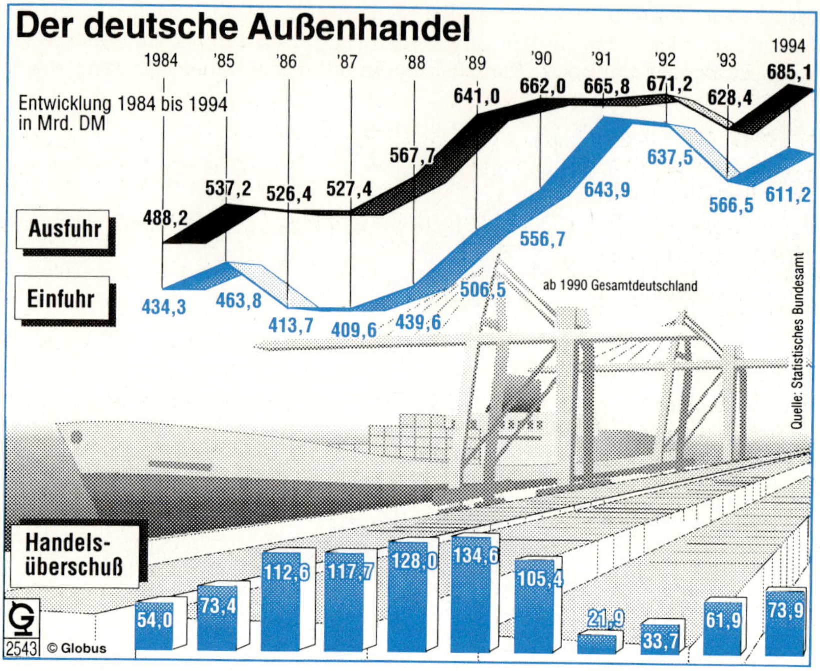

Unter Außenhandel versteht man die Wirtschaftsbeziehungen einer Volkswirtschaft zum Ausland. Es werden Güter eingeführt (Import) und Güter ausgeführt (Export). Die Größenverhältnisse des Außenhandels unseres Landes zeigt die obige Statistik.

Es ist nun zu überlegen, wie sich Import und Export auf das Sozialprodukt bzw. Volkseinkommen auswirken.

Von den durch die Wechselkursschwankungen entstehenden Probleme soll dabei abgesehen werden (vgl. dazu S. 463).

Importe sind Leistungen des Auslandes. Sie sind daher kein Teil des Bruttosozialprodukts und schaffen kein Volkseinkommen, sondern vermindern dieses. So wie die Ersparnisse und Steuerleistungen das der Nachfrage zur Verfügung stehende Einkommen vermindern, bedeuten auch Importe einen Ausfall der Nachfrage auf dem Binnenmarkt.

Exporte dagegen erhöhen das Volkseinkommen. Das zusätzliche Volkseinkommen erhöht die Nachfrage auf den Gütermärkten.

Insgesamt wird der Wirtschaftskreislauf mit seinen Strömen für die Einkommensentstehung und Einkommensverwendung von der Differenz (dem Saldo) zwischen Export und Import, dem **Außenbeitrag** beeinflußt. Bezeichnen wir den Export mit Ex, den Import mit Im, so ergibt sich folgende Gleichung für die *Einkommensentstehung*

$$Y = C + I + T + (Ex - Im)$$

Wesentliche Lerninhalte

- Die **Sektoren** des erweiterten Wirtschaftskreislaufs sind private Haushalte, Unternehmungen, der Staat und das Ausland.
- Die Ströme für die **Einkommensentstehung** (Bruttosozialprodukt) und für die **Einkommensverwendung** (Volkseinkommen) befinden sich in einer Volkswirtschaft in wechselseitiger Abhängigkeit. Die Gesamtnachfrage wird hierdurch beeinflußt.
- Der **Staat** erhält von Haushalten und Unternehmungen Steuern und Sozialversicherungsbeiträge (**Staatseinnahmen**).
- Die **Staatsausgaben** sind
  - der Staatsverbrauch (Einkommenszahlung für Staatsbedienstete, Kauf von Gütern und Dienstleistungen)
  - die Staatsinvestitionen
  - Transferzahlungen, z. B. Renten
  - Subventionen
- Nur der **Staatsverbrauch** und die Staatsinvestitionen tragen zum Bruttosozialprodukt bei, da der Staat eine direkte Gegenleistung erhält.
  Transferausgaben dagegen stellen nur eine **Einkommensumverteilung** dar. Sie haben keinen Einfluß auf das Sozialprodukt.
- **Importe** vermindern das Volkseinkommen, **Exporte** dagegen erhöhen das Sozialprodukt und damit das Volkseinkommen.
- Der **Außenbeitrag** ist der Saldo zwischen Exporten und Importen. Er geht als zu beachtende Größe in den Wirtschaftskreislauf ein.

Aufgaben zur Sicherung des Lernerfolgs

1 Wodurch unterscheiden sich direkte und indirekte Steuern?

2 In welcher Form sind Sie selbst Empfänger von Staatsausgaben?

3 Warum bezeichnet man die Sozialversicherungsbeiträge von Arbeitnehmern und Arbeitgebern als Transferzahlungen?

4 Weshalb können Transferzahlungen des Staates als Einkommensumverteilung bezeichnet werden?

5 Welche Staatsausgaben sind Bestandteile des Sozialprodukts? Begründen Sie Ihre Aussage!

6 Wie wirkt sich die Einkommensverwendung in Form der Steuerzahlungen auf die Nachfragesituation aus?

7 Es gelten bei Einbeziehung des Staates in den Wirtschaftskreislauf die Gleichungen $Y = C + S + St$ für die Einkommensverwendung und $Y = C + I + T$ für die Einkommensentstehung. Als Identitätsgleichung ergibt sich $S + St = I + T$.

a) Erklären Sie den volkswirtschaftlichen Sinn dieser Gleichung!

b) Wodurch werden Störungen dieses Gleichgewichts auftreten müssen?

8 Warum vermindern Importe das Volkseinkommen?

9 Wie hoch wäre das Sozialprodukt bzw. Volkseinkommen einer Volkswirtschaft, wenn der gesamte Bedarf an Gütern und Dienstleistungen durch Importe gedeckt werden würde?

10 Was wäre die Folge für eine Volkswirtschaft, wenn z. B.

a) der Import an Autos zu Lasten der Inlandsproduktion steigen würde?

b) der Export an Autos zu Lasten des Imports steigen würde?

11 ★ Es gelten bei der Einbeziehung des Staates und des Außenhandels für den Wirtschaftskreislauf folgende Gleichungen:

$Y = C + I + T + (Ex\text{-}Im)$ für die Einkommensentstehung und

$Y = C + S + St$ für die Einkommensverwendung.

Als Identitätsgleichung ergibt sich I + T + (Ex-Im) = S + St
Erklären Sie den volkswirtschaftlichen Sinn dieser Gleichung!

12 Welche volkswirtschaftlichen Folgen hätte ein Aufruf an die Bevölkerung, möglichst keine Importwaren zu kaufen?

13 Wie wirkt sich die vergleichsweise geringe Inflationsrate unseres Landes gegenüber anderen Staaten auf den Außenhandel (Export und Import) aus?

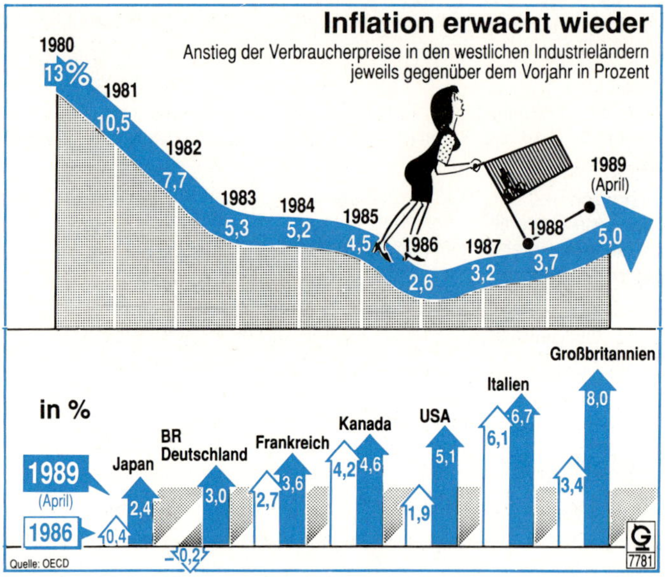

8.2 Die volkswirtschaftliche Gesamtrechnung

Problem

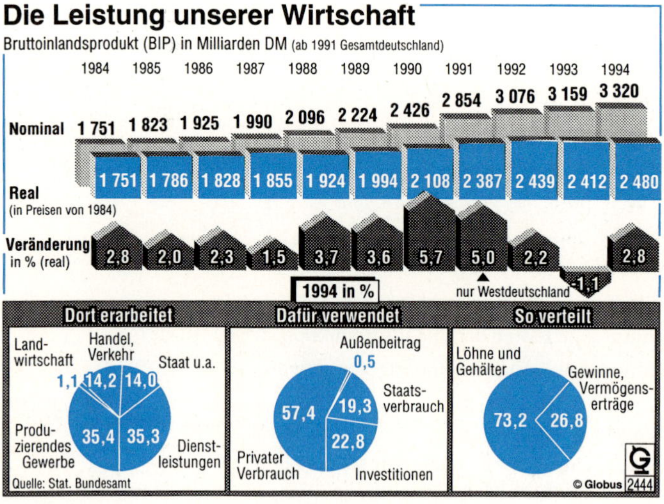

Das **Bruttoinlandsprodukt (BIP)** spiegelt die wirtschaftliche Gesamtleistung eines Landes wider (Inländische Wertschöpfung). In ihm wird der Wert aller innerhalb eines Jahres produzierten Waren und erbrachten Dienstleistungen in Mark und Pfennig zusammengefaßt. Die Produktion der großen Industrieunternehmen ist darin ebenso enthalten wie die Arbeit des kleinen Handwerksbetriebes; die Leistungen des Verkehrsbetriebes, des Handels, der Banken und der Landwirtschaft ebenso wie die des Staates. Nicht erfaßt, weil nicht erfaßbar, sind beispielsweise Hausarbeit oder Schwarzarbeit. Dieses offizielle, vom Statistischen Bundesamt errechnete Bruttoinlandsprodukt erreichte im Jahr 1994 in **Gesamtdeutschland einen Wert von 3 320 Milliarden Mark.** Doch in diesem „nominalen" Anstieg ist die Preissteigerung mit enthalten, die den Geldwert der erfaßten Leistungen aufbläht. Erst wenn man die Teuerung herausrechnet, erhält man die echte, reale Veränderung der Wirtschaftsleistung – das **Wirtschaftswachstum.**

Wer erzeugt die Güter und Dienstleistungen, die das Sozialprodukt ergeben? Wofür werden sie verwendet? Und wer hat den Lohn für ihre Erzeugung erhalten? Antworten auf diese drei Fragen gibt die volkswirtschaftliche Gesamtrechnung.

Sachdarstellung

8.2.1 Grundlagen der volkswirtschaftlichen Gesamtrechnung

So wie die Buchführung die Wertströme, das Vermögen und die Schulden einer Unternehmung in einem Jahr erfaßt, so dient die volkswirtschaftliche Gesamtrechnung zur Messung der in einem bestimmten Zeitraum, in der Regel einem Jahr, geschaffenen Werte eines Landes. Das Sozialprodukt, das Volkseinkommen, Spar- und Investitionsvolumen, Staatseinnahmen und Staatsausgaben, Export und Import sind Größen, welche die volkswirtschaftliche Gesamtrechnung ermittelt.

Ohne diese Meßergebnisse wäre es der Staatsführung, insbesondere den Wirtschaftsministerien, nicht möglich, die Volkswirtschaft zu überschauen und wirtschaftspolitische Maßnahmen rechtzeitig zu treffen. Konjunktur-, Steuer-, Sozial-, Struktur- und Wachstumspolitik wären nicht möglich ohne die volkswirtschaftliche Gesamtrechnung. So wie ein Arzt für die Diagnose und Therapie bei einem erkrankten Menschen Meßwerte des Blutes, der Atmung, des Kreislaufs usw. benötigt, so bedarf der Wirtschaftspolitiker und Wirtschaftswissenschaftler möglichst genaue Daten für seine Entscheidungen, die den Wohlstand und die politische Entwicklung eines Landes entscheidend beeinflussen können. Bei richtigen Maßnahmen gegen die Arbeitslosigkeit hätte es 1933 keine Hitler-Diktatur mit ihren katastrophalen Folgen für das deutsche Volk und die ganze Welt gegeben!

Die Beziehungen zwischen den einzelnen Wirtschaftssubjekten, Käufern und Verkäufern, Produzenten und Verbrauchern sind außerordentlich vielfältig. Den Wirtschaftskreislauf mit den Sektoren private Haushalte, Unternehmungen, Staat und Ausland haben wir bereits kennengelernt. Die Analyse der Wirtschaftskreisläufe ist der Kern der volkswirtschaftlichen Gesamtrechnung. Die Kreislaufbetrachtungen zeigten uns, daß die Wertschöpfung einer Volkswirtschaft, das **Sozialprodukt,** auf drei Arten betrachtet werden kann:

1. Die **Entstehung** (Wertschöpfung) des Sozialprodukts;
2. Die **Verteilung** des Sozialprodukts als Einkommen an die Produktionsfaktoren Boden, Arbeit und Kapital;
3. Die **Verwendung** des Sozialprodukts für den privaten und staatlichen Verbrauch, für Investitionen der Unternehmungen und des Staates, für den Außenbeitrag (Saldo zwischen Export und Import) usw.

Die volkswirtschaftlichen Stromgrößen werden **in DM zu Marktpreisen bewertet,** also zu dem Wert, zu dem Güter und Dienstleistungen gehandelt werden. Der Wert für Güter, die keinen Marktpreis haben, z. B. der Eigenverbrauch und Leistungen des Staates, muß geschätzt werden. Die Arbeit der Hausfrau oder die Leistung bei Freizeitbeschäftigungen, z. B. Malerarbeiten als Hobby, werden nicht erfaßt.

Probleme für die volkswirtschaftliche Gesamtrechnung bringen die *Einkommen von Ausländern im Inland bzw. von Inländern im Ausland.* Man unterscheidet:

Bruttosozialprodukt (BSP) = Inlandseinkommen von Inländern + Auslandseinkommen von Inländern

Bruttoinlandsprodukt (BIP) = Inlandseinkommen von Inländern + Inlandseinkommen von Ausländern

Seit 1992 wird das **BIP als Produktionsindikator** bei internationalen Vergleichen dem **BSP als Einkommensindikator** vorgezogen. Das BSP wird insbesondere für Berechnungen im Hinblick auf die Verteilung und Verwendung des Einkommens herangezogen. Die Differenz zwischen BIP und BSP ist geringfügig, rund 1 Prozent (1993).

Die volkswirtschaftliche Gesamtrechnung ist eine **Jahresrechnung für einen zurückliegenden Zeitraum.** Sie darf nicht mit der Berechnung der Vermögensbestände einer Volkswirtschaft verwechselt werden (Volksvermögensrechnung).

Die volkswirtschaftliche Gesamtrechnung wird vom **Statistischen Bundesamt** in Wiesbaden durchgeführt. Ohne exaktes statistisches Zahlenmaterial der Unternehmungen und Behörden des Staates, oft als leidige Pflicht und Kostenfaktor vom Kaufmann empfunden, wäre diese „Diagnose" einer Volkswirtschaft nicht möglich. Die Ergebnisse des Statistischen Bundesamts werden in einem umfangreichen Werk, dem „Statistischen Jahrbuch für die Bundesrepublik Deutschland", veröffentlicht.

8.2.2 Die Entstehung des Sozialprodukts (Berechnung der Wertschöpfung)

Das Statistische Bundesamt verwendet nachstehende Berechnungsweise, um das Volkseinkommen zu ermitteln:

Einkommensentstehungsrechnung

① Beiträge der Wirtschaftsbereiche zum Bruttoinlandsprodukt (Produktionswerte minus Vorleistungen):

Die Wirtschaftsbereiche sind:
1. Land- und Forstwirtschaft
2. Warenproduzierendes Gewerbe
3. Handel und Verkehr
4. Dienstleistungsbetriebe
5. Staat
6. Private Haushalte

} Produktionswert der Unternehmungen
+ Produktionswert des Staates
+ Produktionswert der privaten Haushalte
− Vorleistungen (Verbrauch)

= Bruttoinlandsprodukt zu Marktpreisen (BIP)

② − an das Ausland gezahlte Einkommen
+ aus dem Ausland empfangene Einkommen
(Saldo = F)

③ = Bruttosozialprodukt zu Marktpreisen (BSP)
− Abschreibungen (D)

④ = Nettosozialprodukt zu Marktpreisen (NSP)
− indirekte Steuern (T ind)

⑤ + Subventionen (Z)

= Nettosozialprodukt zu Faktorkosten, das dem Volkseinkommen (Y) entspricht

Erklärungen

Zu ①:

Man geht von den **Produktionswerten** der sechs Entstehungsbereiche im Inland aus. Es ist

1. **Produktionswert der Unternehmungen**
   = Umsatz
   \+ Bestandsveränderungen an Halb- und Fertigfabrikaten
   \+ Wert des Eigenverbrauchs und selbst hergestellter Anlagen

2. **Produktionswert des Staates**
   = alle Staatsausgaben, die Einkommen erzeugen (insbesondere Löhne und Gehälter der beim Staat Beschäftigten)

3. **Produktionswert der privaten Haushalte**
   = Entlohnung der im Haushalt beschäftigten Personen. Die Produktionsleistung der in den Haushalten lebenden Personen wird nicht eingerechnet.

Von der Summe der Produktionswerte werden die **Vorleistungen** abgezogen. Dies ist der gesamte Werteverzehr (Verbrauch, Kosten), der erforderlich ist, um den Produktionswert zu erstellen.

Die Berechnung ist mit dem Umsatzsteuersystem vergleichbar. Umsatzsteuer abzüglich Vorsteuer ergibt die Zahllast des Unternehmens an das Finanzamt.

Zu ②:

Der Saldo zwischen an das Ausland gezahlten und vom Ausland bezogenen Einkommen bereinigt das Bruttoinlandsprodukt zu Marktpreisen (BIP) zum Bruttosozialprodukt zu Marktpreisen (BSP).

Zu ③:

Abschreibungen (D) erfassen die jährlichen Wertänderungen der Anlagegüter. Staatliche Anlagegüter, deren Nutzungsdauer nicht bestimmbar ist, z. B. Straßen, Flughäfen, Kanäle, Brücken usw. werden nicht abgeschrieben.

Zu ④:

Indirekte Steuern (T ind) werden im Gegensatz zu den direkten Steuern nicht unmittelbar von der besteuerten Person bezahlt, sondern *auf den Preis der Güter abgewälzt*, z. B. Umsatzsteuer, Verbrauchsteuern, Zölle. Sie werden von den Unternehmungen an den Staat bezahlt. Sie müssen vom Nettosozialprodukt zu Marktpreisen (NSP) abgezogen werden, da die Marktpreise ja die indirekten Steuern enthalten. Sie sind Abgaben, denen keine Wertschöpfung entspricht (siehe auch S. 354!)

Zu ⑤:

Subventionen (Z) sind Zuschüsse des Staates zur Unterstützung bestimmter Wirtschaftsbereiche, z. B. der Landwirtschaft, der Bundesbahn, dem Kohlebergbau. Sie müssen zum Nettosozialprodukt zu Marktpreisen addiert werden, da sie als staatliche Zahlungen eine Wertschöpfung darstellen.

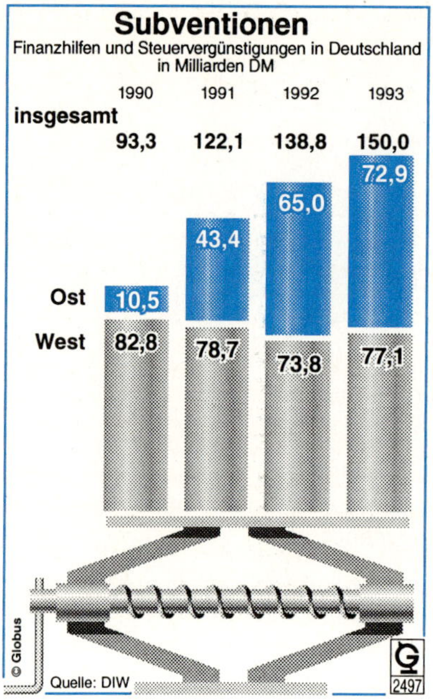

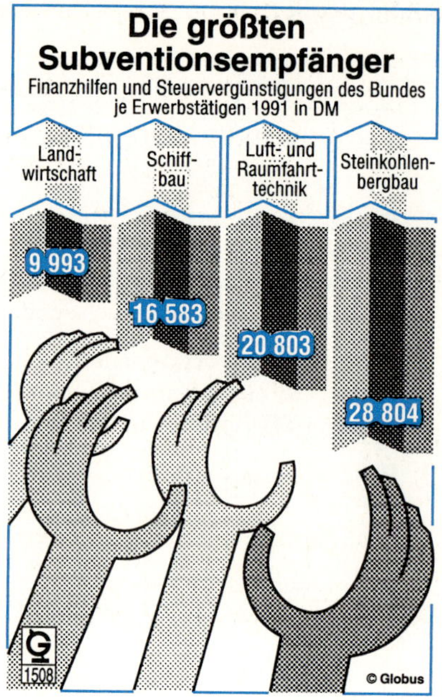

Entstehung des Bruttosozialprodukts und des Volkseinkommens (früheres Bundesgebiet)[1]
(in jeweiligen Preisen) in Milliarden DM

Jahr	Bruttoinlandsprodukt zu Marktpreisen	Saldo der Erwerbs- und Vermögenseinkommen mit dem Ausland[2] (–)	Bruttosozialprodukt zu Marktpreisen **(Sozialprodukt)**	Abschreibungen (–)	Nettosozialprodukt zu Marktpreisen	Indirekte Steuern (–)	Subventionen (+)	Nettosozialprodukt zu Faktorkosten **(Volkseinkommen)**
1980	1 472,0	5,4	1 477,4	175,0	1 302,4	193,5	30,7	1 139,6
1985	1 823,2	11,3	1 834,5	235,4	1 599,1	230,3	37,9	1 406,8
1987	1 990,5	12,5	2 003,0	252,3	1 750,7	245,5	44,8	1 550,0
1988	2 096,0	12,0	2 108,0	263,1	1 844,9	257,1	47,7	1 635,5
1989	2 224,4	24,7	2 249,1	279,5	1 969,7	278,3	46,8	1 738,1
1990[3]	2 417,8	23,0	2 339,1	300,4	2 138,7	302,2	48,7	1 885,3
1991[3]	2 612,6	18,7	2 631,2	327,0	2 304,2	342,1	46,7	2 008,8
1992[3]	2 772,0	4,5	2 774,9	352,9	2 422,9	369,9	46,7	2 099,7
1993[3]	2 832,0	12,0	2 820,0	379,6	2 440,4	378,1	45,7	2 108,0

(Quelle: Wirtschaft in Zahlen 94 – BMWI S. 40)

[1] Daten zur Entwicklung in den neuen Bundesländern siehe S. 419, 428 und 524!
[2] Zwischen Inländern und der übrigen Welt.
[3] Vorläufig

8.2.3 Die Verteilung des Nettosozialprodukts zu Faktorkosten (Volkseinkommen)

Bestandteile des Volkseinkommens (früheres Bundesgebiet)[1]					
Jahr	Volkseinkommen insgesamt	Bruttoeinkommen aus unselbständiger Arbeit		Bruttoeinkommen aus Unternehmertätigkeit und Vermögen	
	in Mrd. DM	in Mrd. DM	in vH des Volkseinkommens (Lohnquote)	in Mrd. DM	in vH des Volkseinkommens
1950	76,9	45,0	58,4 %	32,0	41,6 %
1960	240,1	144,9	60,4 %	95,2	39,6 %
1965	358,6	235,2	65,6 %	123,4	34,4 %
1970	530,3	360,6	68,0 %	169,8	32,0 %
1975	803,1	587,0	73,1 %	216,0	26,9 %
1980	1 149,4	842,1	73,3 %	307,3	26,7 %
1985	1 414,2	989,3	70,0 %	424,9	30,0 %
1990[2]	1 885,3	1 317,7	69,9 %	567,6	30,1 %
1991[2]	2 008,8	1 422,1	70,8 %	586,7	29,2 %
1992[2]	2 099,7	1 506,1	71,7 %	593,5	28,3 %
1993[2]	2 108,0	1 527,8	72,5 %	580,2	27,5 %

[1] Daten zur Entwicklung in den neuen Bundesländern siehe S. 419, 428, 524!
[2] Vorläufig
(Quelle: Wirtschaft in Zahlen 94 – BMWI S. 22)

Die Statistik „Bestandteile des Volkseinkommens" zeigt, daß sich das Volkseinkommen aus dem Bruttoeinkommen aus unselbständiger Arbeit + Bruttoeinkommen aus Unternehmertätigkeit und Vermögen zusammensetzt.

- **Bruttoeinkommen aus unselbständiger Arbeit (Erwerbseinkommen)**

Es ist das Einkommen der Arbeitnehmerhaushalte:
Bruttolöhne bzw. Gehälter + Sozialaufwendungen des Arbeitgebers (gesetzliche und freiwillige Beiträge)

Die **Lohnquote** ist der prozentuale Anteil des Erwerbseinkommens am Volkseinkommen.

- **Bruttoeinkommen aus Unternehmertätigkeit und Vermögen (Vermögenseinkommen).**

Es fließt an
- private Haushalte der Privatunternehmer (Einzelfirmen und Personengesellschaften, wie OHG, KG)
- Kapitalgesellschaften, z.B. AG, GmbH, und Genossenschaften (Unternehmungen mit eigener Rechtspersönlichkeit)
- den Staat (z.B. direkte und indirekte Steuern, Erträge aus Staatsunternehmungen).

Es umfaßt:
Gewinne (bei Unternehmungen mit eigener Rechtspersönlichkeit nur die an die Kapitalseigner ausgeschütteten Gewinne)
+
Zins-, Miet- und Pachterträge aus Kapitalvermögen
–
Zinsaufwendungen für Schulden

Werden hierzu die *Transferzahlungen des Staates* (Einkommensumverteilung, siehe S. 403) addiert, andererseits die Sozialversicherungsbeiträge der privaten Haushalte + direkte Steuern (z. B. Lohn- und Einkommensteuer) abgezogen, so ergibt sich das **verfügbare Einkommen der privaten Haushalte,** das in den Wirtschaftskreislauf einfließt und als Verbrauch und Sparen abfließt (Sektor Haushalt).

Verteilung des Volkseinkommens

Das **verfügbare Einkommen der privaten Haushalte** wird wie folgt ermittelt:

Bruttoeinkommen aus unselbständiger Arbeit (Erwerbseinkommen)
\+ Bruttoeinkommen aus Unternehmertätigkeit und Vermögen (Vermögenseinkommen)
= Volkseinkommen
− Anteil des Staates und Anteil der Unternehmungen am Bruttoeinkommen aus Unternehmertätigkeit und Vermögen
= Erwerbs- und Vermögenseinkommen der privaten Haushalte
\+ Transfereinkommen
= Gesamtes Bruttoeinkommen der privaten Haushalte
− Beiträge zur Sozialversicherung u. ä.
− direkte Steuern
= verfügbares Einkommen (privater Verbrauch + Sparen)

8.2.4 Die Verwendung des Sozialprodukts

Verwendung des Bruttosozialprodukts[1] in Milliarden DM (früheres Bundesgebiet)[2]

Jahr	Brutto-sozial-produkt insgesamt ①	Privater Verbrauch ②	Staats-verbrauch ③	Investitionen: zusammen ④	Investitionen: Brutto-anlage-investi-tionen ⑤	Investitionen: Vorrats-verände-rung ⑥	Außen-beitrag[3] ⑦
1970	675,7	368,9	106,5	186,3	172,1	+ 14,2	+ 14,1
1975	1 028,9	585,5	210,5	202,9	209,4	− 6,5	+ 29,9
1976	1 123,0	633,5	222,3	238,2	226,0	+ 12,2	+ 29,0
1977	1 196,3	680,9	234,7	251,9	243,0	+ 8,9	+ 28,8
1978	1 290,0	725,3	252,5	274,7	266,8	+ 7,9	+ 37,4
1979	1 395,3	779,3	273,5	331,4	304,8	+ 26,6	+ 11,1
1980	1 485,7	834,0	297,5	356,9	338,0	+ 18,9	− 3,1
1985[2]	1 837,9	1 027,3	365,7	373,5	359,3	+ 14,2	+ 71,4
1990[4]	2 417,8	1 321,1	444,4	509,9	506,8	3,1	142,3
1991[4]	2 612,6	1 420,7	468,1	556,5	565,1	− 8,6	167,5
1992[4]	2 772,0	1 492,7	499,1	590,5	596,3	− 5,9	189,7
1993[4]	2 832,0	1 560,5	506,3	540,4	566,6	− 26,1	224,8

[1] Ab 1990 Bruttoinlandsprodukt (siehe S. 223!).
[2] Daten zur Entwicklung in den neuen Bundesländern siehe S. 419, 428, 524!
[3] Saldo des Waren- und Dienstleistungsverkehrs mit der übrigen Welt einschließlich der Erwerbs- und Vermögenseinkommen.
[4] Vorläufig
(Quelle: Wirtschaft in Zahlen 94 – BMWI S. 45)

Jahr	insgesamt	Privater Verbrauch	Staats-verbrauch	Investitionen zusammen	Brutto-anlage-investi-tionen	Vorrats-verän-derung	Außen-beitrag[1]
Anteile in Prozent							
1970	100	54,6	15,8	27,6	25,5	+ 2,1	+ 2,1
1975	100	56,9	20,5	19,7	20,4	− 0,6	+ 2,9
1976	100	56,4	19,8	21,2	20,1	+ 1,1	+ 2,6
1977	100	56,9	19,6	21,1	20,3	+ 0,7	+ 2,4
1978	100	56,2	19,6	21,3	20,7	+ 0,6	+ 2,9
1979	100	55,8	19,6	23,8	21,8	+ 1,9	+ 0,8
1980	100	56,1	20,1	24,0	22,7	+ 1,3	− 0,2
1985[2]	100	55,9	19,9	19,6	20,3	+ 0,8	+ 3,9
1990[2]	100	54,6	18,4	21,1	21,0	0,1	5,9
1991[2]	100	54,4	17,9	21,3	21,6	− 0,3	6,4
1992[2]	100	53,9	18,0	21,3	20,4	− 0,2	6,8
1993[2]	100	55,1	17,9	19,1	20,0	− 0,9	7,9

[1] Saldo des Waren- und Dienstleistungsverkehrs mit der übrigen Welt einschließlich Erwerbs- und Vermögenseinkommen, einschließlich innerdeutscher Transaktionen.
[2] Vorläufig
(Quelle: Wirtschaft in Zahlen 94 – BMWI S. 45)

Die Statistik zeigt, daß das Bruttosozialprodukt zu Marktpreisen als privater Verbrauch, Staatsverbrauch, Investitionen, Vorratsveränderungen und als Außenbeitrag verwendet wird und in den Wirtschaftskreislauf als Stromgröße eingeht (siehe Kapitel 8.1.1).

Die DM-Beträge sind in „jeweiligen", d. h. nominalen oder tatsächlichen Preisen angegeben, nicht in realen oder konstanten Preisen. Diese Unterscheidung ist sehr wichtig, da nur die konstanten oder realen Preise die Wirklichkeit aufzeigen. Nominale Preise geben die Werte gemäß den Preisverhältnissen der jeweiligen Jahre an, bei den konstanten Preisen ist die Inflationsrate, also der Grad der Geldentwertung gegenüber dem Basisjahr (hier 1970) berücksichtigt.

8.2.4.1 Der private Verbrauch

Er umfaßt die Ausgaben der inländischen privaten Haushalte für den Konsum, also den Kauf von Gütern und Dienstleistungen. Nicht dazu gehören Käufe und Verkäufe zwischen privaten Haushalten, da sie statistisch nicht erfaßt werden können. Es muß aber der Eigenverbrauch der von den Unternehmungen hergestellten Güter und Dienstleistungen dazugezählt werden.

8.2.4.2 Der Staatsverbrauch

Zum Staatsverbrauch gehören alle Aufwendungen des Staates für zivile und militärische Verwaltungsleistungen, die der Allgemeinheit fast immer *ohne Entgelt (Gegenleistung)* zur Verfügung gestellt werden.

Es sind dies in erster Linie
- die Lohn- und Gehaltszahlungen sowie die sozialen Leistungen für die Staatsbediensteten vom Bundespräsidenten bis zum Wehrpflichtigen
- die Käufe von Gütern und Dienstleistungen vom Bleistift bis zum Düsen-Bomber
- der Mietwert der staatseigenen, von ihm genutzten Gebäude nach Abzug aller Kosten zur Erhaltung und Nutzung der Gebäude (Nettomietwert)
- Abschreibung auf Gebäude und Einrichtungen, womit der Wertminderung durch Abnutzung Rechnung getragen wird.

8.2.4.3 Investitionen und Vorratsänderungen

Dies sind die **Bruttoinvestitionen,** die sich aus den *Anlage- und den Vorratsinvestitionen* zusammensetzen (Vorratsinvestitionen werden auch Lagerinvestitionen genannt).

Die **Anlageinvestitionen** umfassen die **Erweiterungs- und die Ersatzinvestitionen (Reinvestitionen):**

Zu den **Erweiterungsinvestitionen** gehören alle Investitionen, die den Bestand an Produktionsmitteln erhöhen, z. B. Bauten aller Art, bewegliche Anlagegüter, wie Maschinen, maschinelle Anlagen, Betriebs- und Geschäftsausstattung usw.

Die **Ersatz- oder Reinvestitionenen** ersetzen die abgenutzten oder verbrauchten Produktionsmittel (Abschreibungen). Der Bestand an Produktionsmitteln wird hierdurch nicht erhöht.

Erweiterungs- und Vorratsinvestitionen ergeben die **Nettoinvestitionen.** Anders ausgedrückt sind die Nettoinvestitionen die um die Ersatzinvestitionen verminderten Bruttoinvestitionen (siehe Schaubild).

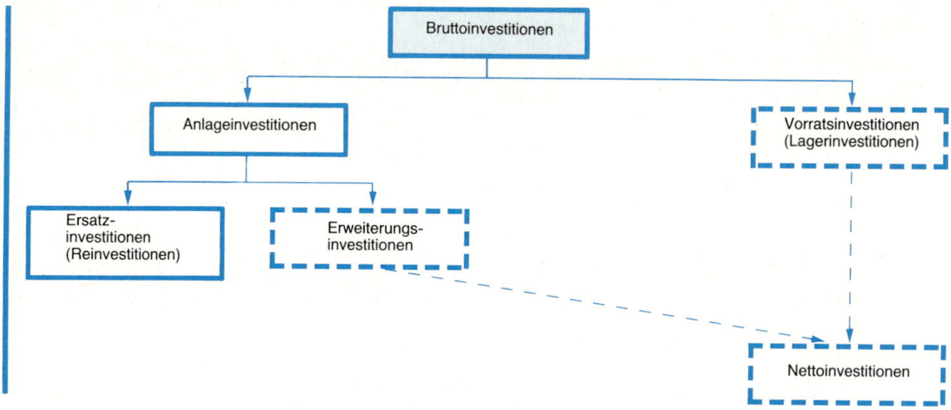

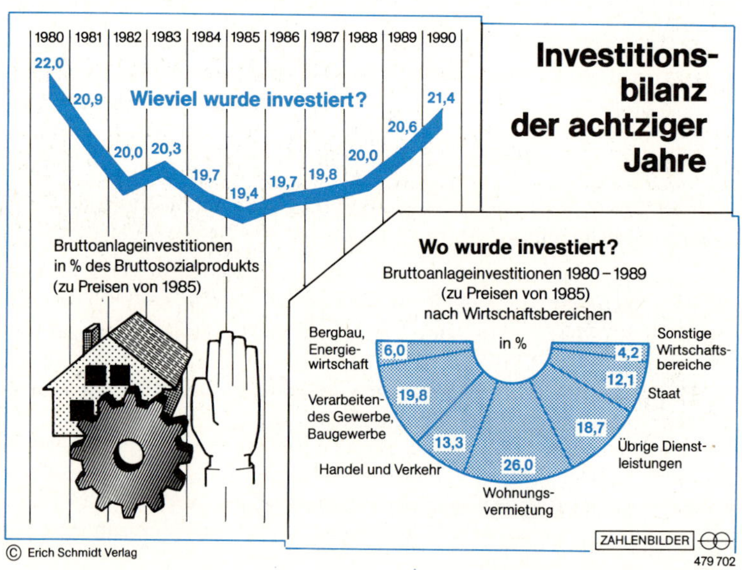

Die **Vorratsinvestitionen** umfassen den Verbrauch der Unternehmungen an Roh-, Hilfs- und Betriebsstoffen, an Halb- und Fertigfabrikaten sowie den Verkauf von Handelswaren.

Rohstoffe sind Hauptbestandteile eines Erzeugnisses, z. B. Holz eines Schrankes, Gummi eines Autoreifens, Glas eines Fensters;

Hilfsstoffe sind Nebenbestandteile eines Erzeugnisses. Sie gehen aber als *Zusatzstoffe* wie Farbe, Leim, Lötzinn, Dichtungsmaterial usw. oder als *Zusatzteile*, wie Schrauben, Draht usw., in das Erzeugnis ein;

Betriebsstoffe werden bei der Fertigung eines Erzeugnisses benötigt, gehen aber nicht als Bestandteil in das Erzeugnis ein, z. B. Schmiermittel, Putzmaterial, Kühlstoffe, Heizmaterial usw.;

Bezogene Fertigteile werden bei Zulieferern gekauft, z. B. die elektrische Ausrüstung eines Autos, Röhren und Transistoren für Rundfunk- und Fernsehgeräte, Motoren für Baumaschinen. Sie werden unverändert in das Erzeugnis eingebaut.

Der Verbrauch wird als **Lagerbestandsveränderung** (Endbestand abzüglich Anfangsbestand der Rechnungsperiode) erfaßt. Die Vorratsinvestition ist also die *Erhöhung der Lagerbestände in einer Volkswirtschaft.*

Diese Berechnung der Vorratsinvestitionen gilt auch für den Staat, soweit er als Unternehmer auftritt, also z. B. für Staatsbetriebe der Energieversorgung, Vorratsstellen für Lebensmittel und Erdöl usw.

8.2.4.4 Der Außenbeitrag

Dies ist der Unterschied zwischen Export und Import von Gütern und Dienstleistungen gegen Entgelt (siehe auch S. 406) und Seite 438 (Leistungsbilanz).

Verwendung des Bruttosozialprodukts
Privater Verbrauch + Staatsverbrauch + Bruttoinvestitionen + Außenbeitrag (Export-Import) = Bruttosozialprodukt zu Marktpreisen

Wesentliche Lerninhalte

- Die **volkswirtschaftliche Gesamtrechnung** ermittelt zahlenmäßig die Daten des Wirtschaftskreislaufs für einen bestimmten Zeitraum, meist ein Jahr.
- Bei der **Bewertung** der volkswirtschaftlichen Größen muß der *nominale* vom *realen* oder *konstanten* Wert unterschieden werden. Der Realwert ergibt sich nach Berücksichtigung der Preissteigerungen (Inflationsrate).
- Das Nettosozialprodukt zu Faktorkosten entspricht dem Volkseinkommen
- Es gibt drei Möglichkeiten, den Kreislaufzusammenhang darzustellen:

  1. Berechnung des Sozialprodukts von seiner **Entstehung** her.
  2. Berechnung des Volkseinkommens von seiner **Verteilung** her.
  3. Berechnung der **Verwendung** des Sozialprodukts
- **Entstehungsrechnung** für das Sozialprodukt: Siehe S. 412!

  Verteilungsrechnung für das Sozialprodukt: Siehe Seite 413!

  Verwendungsrechnung für das Sozialprodukt: Siehe Seite 414 f.!

Aufgaben zur Sicherung des Lernerfolgs

1 Was versteht man unter Lohnquote?

2 a) Wie verlief die Entwicklung der Lohnquote im Verhältnis zum Anteil des Bruttoeinkommens aus Unternehmertätigkeit und Vermögen am Volkseinkommen seit 1950 (siehe Statistik auf S. 413)?

b) Wie beurteilen Sie diese Entwicklung volkswirtschaftlich und sozialpolitisch?

3 Warum müssen zur Berechnung des verfügbaren Einkommens der Haushalte die Sozialversicherungsbeiträge und die direkten Steuern abgezogen werden?

4 a) Überlegen Sie, wie hoch der Wert der Hausfrauenarbeit und anderer von der volkswirtschaftlichen Gesamtrechnung nicht erfaßter Leistungen anzusetzen wäre! (Es gibt rund 25 Millionen Haushalte. Die durchschnittliche Wochenarbeitszeit beträgt etwa 50 Stunden. Nehmen Sie einen Stundenlohn von 17,00 DM für Ihre Schätzung!

b) Suchen Sie weitere wirtschaftliche Bereiche (Größen), welche in die Berechnung des Bruttosozialprodukts nicht eingehen!

5 Wie können Preisänderungen während der Jahresperiode für die volkswirtschaftliche Gesamtrechnung berücksichtigt werden?

6 Wodurch unterscheiden sich Bruttosozialprodukt (BSP) und Bruttoinlandsprodukt (BIP)?

7 Weshalb ist es wichtig, daß Unternehmungen und Behörden des Staates Statistiken für das Statistische Bundesamt möglichst genau ausfüllen?

Warum ist es zur Berechnung des Bruttoinlandsprodukts zu Marktpreisen erforderlich, daß die Vorleistungen von den Produktionswerten abgezogen werden?

Weshalb müssen Auslandseinkommen aus Exporten bei der Berechnung des Bruttosozialprodukts berücksichtigt werden?

10 Wodurch unterscheidet sich das Volkseinkommen vom Bruttosozialprodukt zu Marktpreisen?

11 Erklären Sie die Gleichung für das Volkseinkommen $Y = BI + F - D - T\,ind + Z$!

12 a) Untersuchen Sie die Statistik über das Entstehen des Bruttosozialprodukts und des Volkseinkommens (S. 412). Ermitteln Sie hierzu den prozentualen Anstieg von 1980 bis 1993! Vergleichen Sie dazu den prozentualen Anstieg der Steuern und Subventionen! Zu welchen Erkenntnissen gelangen Sie?

b) Stellen Sie die Entwicklung des Sozialprodukts, der Steuern, Subventionen und des Volkseinkommens zwischen 1980 und 1993 graphisch dar! Verwenden Sie dazu eine A4-Seite und wählen Sie einen geeigneten Maßstab, z. B. 1 cm für 50 Mrd. DM.

c) Worauf sind die starken Schwankungen des Außenbeitrags zurückzuführen?

13 a) Weshalb muß der Eigenverbrauch der Unternehmungen zur Ermittlung des privaten Verbrauchs dazugezählt werden?

b) Wie soll hierbei mit dem Mietwert der eigenen Wohnung bzw. des Eigenheims verfahren werden?

14 a) Suchen Sie Beispiele für staatliche Leistungen gegen Entgelt!

b) Warum dürfen diese nicht zum Staatsverbrauch dazugezählt werden?

15 Was sind Ersatz- oder Reinvestitionen?

16 Erklären Sie die Begriffe Brutto-, Netto-, Anlagen- und Vorratsinvestitionen, wie sie vom Statistischen Bundesamt für die Berechnung der Verwendung des Bruttosozialprodukts gebraucht werden!

17 Auf Seite 412 werden die Subventionen von Bund, Ländern und Gemeinden u. a. dargestellt, im Jahre 1993 fast 184 Mrd. DM.

a) Wozu dienen Subventionen ganz allgemein?

b) Weshalb werden die einzelnen Subventionsempfänger unterstützt?

18 Analysieren Sie die Entwicklung der vier Verwendungsarten des Sozialprodukts in der Statistik auf S. 414!

a) Stellen Sie die Entwicklung sowohl mit nominalen wie mit realen Preisen in einem Kurvendiagramm dar! Verwenden Sie verschiedene Farben für die einzelnen Verwendungsbereiche. Überlegen Sie zuvor den für ein A4-Blatt geeigneten Maßstab!

b) Um wieviel Prozent sind die Bereiche ①, ②, ③, ⑤ und ⑦ seit 1970 angestiegen?

c) Worauf ist dieser Anstieg volkswirtschaftlich zurückzuführen?

d) die Statistik weist die nominalen Preise der einzelnen Jahre aus. Welche Tatsachen verfälschen diese Aussage der Statistik?

c) In welchen Bereichen traten Schwankungen auf? Worauf sind diese zurückzuführen?

19 Überlegen Sie (oder diskutieren Sie in der Klasse darüber), ob das reale Wachstum des Bruttosozialprodukts dazu geeignet ist, die Vermehrung des Volkseinkommens zu messen. Überlegen Sie hierzu:

a) Was heißt Volkswohlstand?

b) Zusammensetzung der Güterarten des Sozialprodukts von der Zahnbürste über ein Fahrzeug um 65 000 DM bis zu den Milliardenausgaben für Werbung und Rüstung.

c) Marktmacht und dadurch Preisdiktatur von Großunternehmen (z. B. der Öl-Multis).

d) Vermehrung des Wohlstands auf Kosten der Umweltzerstörung. Dieser Wert wird als Negativposten im Bruttosozialprodukt nicht erfaßt.

e) Gleichmäßigkeit der Einkommensverteilung? Auf Leistung beruhende Einkommensgerechtigkeit?

20 Worauf ist die ständige Steigerung des Werts unserer Wirtschaft (Privates Nettovermögen) – siehe Abb. auf S. 416 – zurückzuführen?

8.3 Gesamtwirtschaftliches Gleichgewicht als Hauptziel der Wirtschaftspolitik

Problem

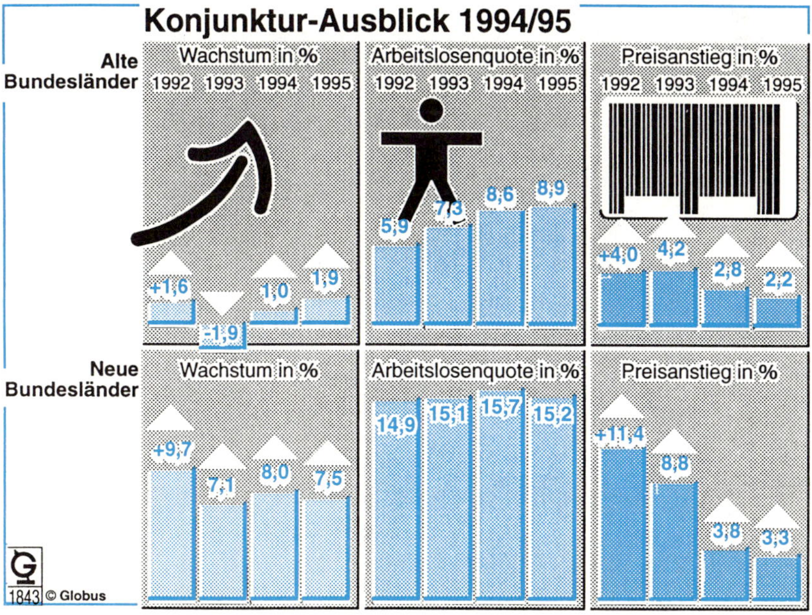

§ 1 des Gesetzes zur Förderung der Stabilität und des Wachstums der Wirtschaft (Stabilitätsgesetz vom 8. Juni 1967) lautet:

> **§ 1 Erfordernisse der Wirtschaftspolitik.** Bund und Länder haben bei ihren wirtschafts- und finanzpolitischen Maßnahmen die Erfordernisse des gesamtwirtschaftlichen Gleichgewichts zu beachten. Die Maßnahmen sind so zu treffen, daß sie im Rahmen der marktwirtschaftlichen Ordnung gleichzeitig zur Stabilität des Preisniveaus, zu einem hohen Beschäftigungsstand und außenwirtschaftlichem Gleichgewicht bei stetigem und angemessenem Wirtschaftswachstum beitragen.

Sie erkennen hieraus die Ziele der Wirtschaftspolitik: Gesamtwirtschaftliches Gleichgewicht durch stabiles Preisniveau, Vollbeschäftigung, außenwirtschaftliches Gleichgewicht und Wachstum der Wirtschaft. Wie können diese Ziele erreicht werden? Wie können Zielkonflikte bereinigt werden, z. B. übermäßiges Wachstum der Wirtschaft auf Kosten der Preisstabilität und Ökologie (Umwelt), stabile Preise auf Kosten der Vollbeschäftigung?

Sachdarstellung

8.3.1 Stabilität des Preisniveaus

Der Wert des Geldes ist abhängig von seiner Kaufkraft, d. h. von den Preisen der Güter und Dienstleistungen, die um eine Geldeinheit, z. B. um 100 DM gekauft werden können. Steigen die Preise, können weniger Güter gekauft werden, die Kaufkraft wird geringer, der Geldwert sinkt. Der umgekehrte Vorgang ergibt sich, wenn die Preise fallen.

Es geht hierbei nicht um die in einer Marktwirtschaft laufende Veränderung der Preise durch Anpassung an die Situation von Angebot und Nachfrage, sondern um das **Preisniveau,** also den Durchschnitt aller Preise für Güter und Dienstleistungen.

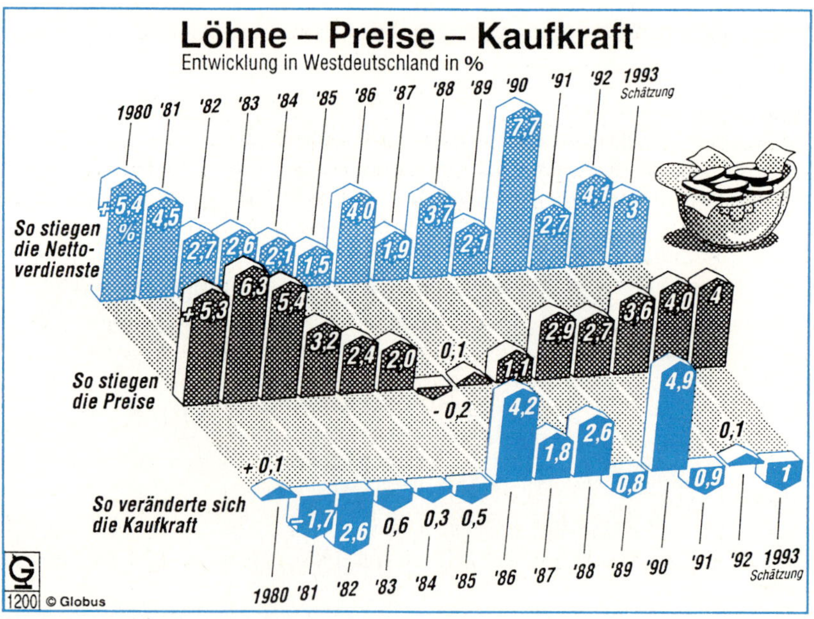

Die Entwicklung der Kaufkraft wird anhand von *Indexzahlen* gemessen. Hierbei wird der Durchschnittspreis für Güter, die nach bestimmten Gesichtspunkten ausgewählt wurden, unter Berücksichtigung der Mengen zu einem festgelegten Zeitpunkt ermittelt und mit

Arbeitszeit, die ein Industriearbeiter im Durchschnitt aufwenden muß, um diese Güter kaufen zu können:

	Mengen-einheiten	Preis DM	Arbeitszeit Std.	Min.
Mischbrot	1 kg	3,18	0	10
Butter	250 g	2,15	0	7
Zucker	1 kg	1,91	0	6
Vollmilch	1 l	1,20	0	4
Ei	1 Stck.	0,25	0	1
Rindfleisch	1 kg	9,79	0	32
Schweinekotelett	1 kg	10,67	0	35
Kartoffeln	2,5 kg	2,47	0	8
Käse	1 kg	11,98	0	39
Bohnenkaffee	250 g	4,47	0	15
Bier	0,5 l	0,95	0	3
Branntwein	0,7 l	14,62	0	48
Braunkohlebriketts	50 kg	20,55	1	7
Haushaltsstrom	1 kWh	0,31	0	1
Farbfernseher	1 Stck.	1 539,00	83	30
Kühlschrank	1 Stck.	559,00	30	20
Waschmaschine	1 Stck.	981,00	53	13
Briefporto	1 Brief	0,80	0	3
Rundfunkgebühr	1 Monat	5,16	0	17
Telefonortsgespräch	1 Einheit	0,23	0	1
Stundenlohn eines Industriearbeiters: 18,43 DM				

(Quelle: Deutscher Instituts-Verlag GmbH, Köln)

100 % angesetzt. Die für spätere Termine errechneten Durchschnittspreise derselben Güter werden auf diesen Ausgangswert bezogen und ebenfalls als Prozentsätze ausgedrückt. Am bekanntesten ist der *Lebenshaltungskostenindex,* durch den die Preisveränderungen bei den Gütern des täglichen Bedarfs festgestellt werden.

Hierbei wird ein Preisvergleich für den monatlichen Waren- und Dienstleistungskorb einer „typischen" Familie (vierköpfige Arbeitnehmerfamilie) aufgrund von Haushaltbüchern vorgenommen. Der Index wird vom Statistischen Bundesamt berechnet und veröffentlicht.

Ein sich über mehrere Jahre erstreckender Preisanstieg mit damit verbundenem Geldwertschwund wird als **Inflation** bezeichnet, der umgekehrte Vorgang als **Deflation.** Die Ursachen dieser Gleichgewichtsstörungen werden im Kapitel 8.4.1 ausführlich dargestellt.

8.3.2 Vollbeschäftigung (hoher Beschäftigungsgrad)

8.3.2.1 Der Arbeitsmarkt

Der Arbeitsmarkt ist wie der Gütermarkt eine Beziehung von Angebot und Nachfrage: Das **Arbeitsvolumen** sind die Milliarden Arbeitsstunden der arbeitswilligen Personen. Dieser Nachfrage nach Arbeit steht das Angebot an Arbeitsplätzen der Unternehmungen (und des Staates) gegenüber, das wiederum von der Güterproduktion und den Dienstleistungen abhängig ist, also von der gesamtwirtschaftlichen Nachfrage. Sie entscheidet letztlich über die Nachfrage nach Arbeit und damit über die Beschäftigungslage. Arbeitslosigkeit entsteht dann, wenn das Arbeitsvolumen größer ist als das Beschäftigungsangebot (= Nachfrage nach Arbeitskräften).

Vollbeschäftigung ist in einer Volkswirtschaft dann ereicht, wenn die vorhandenen Arbeitsplätze mit Arbeitswilligen besetzt sind. Die Unternehmungen nutzen dann ihre Betriebskapazität voll aus. Wenn mehr als 2% Arbeitslose vorhanden sind, gilt die Vollbeschäftigung als gefährdet.

8.3.2.2 Erscheinungsformen und Ursachen der Arbeitslosigkeit

Man unterscheidet:

- **Friktionelle Arbeitslosigkeit:** Sie entsteht durch den ständig sich vollziehenden Arbeitsplatzwechsel. Sie ist immer kurzfristig und zu einem geringen Prozentsatz stets vorhanden.
- **Strukturelle Arbeitslosigkeit:** Sie ist z. B. bedingt durch den technischen Fortschritt (Wegrationalisieren von Arbeitsplätzen) bei Ersatz des Menschen durch Maschinen, durch regionale Ursachen, z. B. in industriearmen Grenzgebieten, Strukturänderung eines Wirtschaftszweigs, z. B. Kohlebergbau.

• **Konjunkturelle Arbeitslosigkeit:** Konjunkturen sind Schwankungen des Wirtschaftsablaufs. Durch Rückgang der Produktion wird vielen Arbeitnehmern gekündigt. Es entsteht Arbeitslosigkeit.

• **Saisonale Arbeitslosigkeit:** Dies ist die jahreszeitlich bedingte Arbeitslosigkeit infolge Entlassung von Arbeitskräften z. B. nach der Ernte oder im Baugewerbe im Winter.

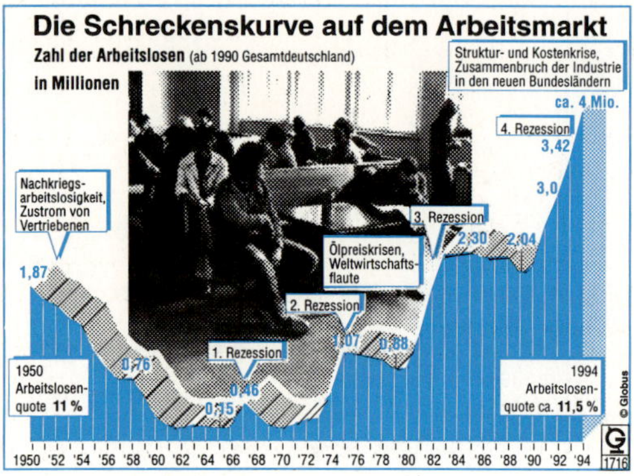

Die **Arbeitslosenquote** ist der Anteil der Arbeitslosen an den Arbeitnehmern.

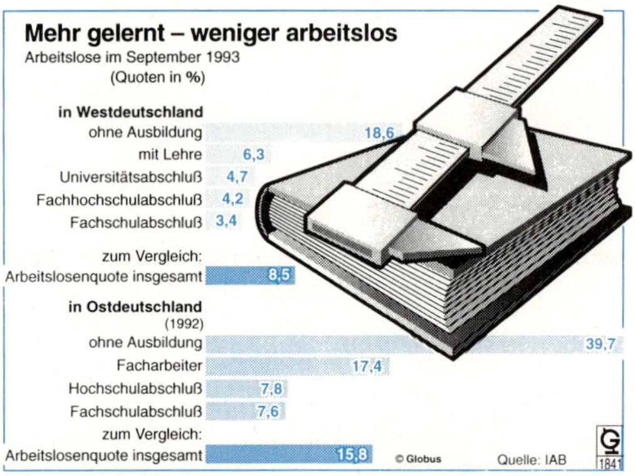

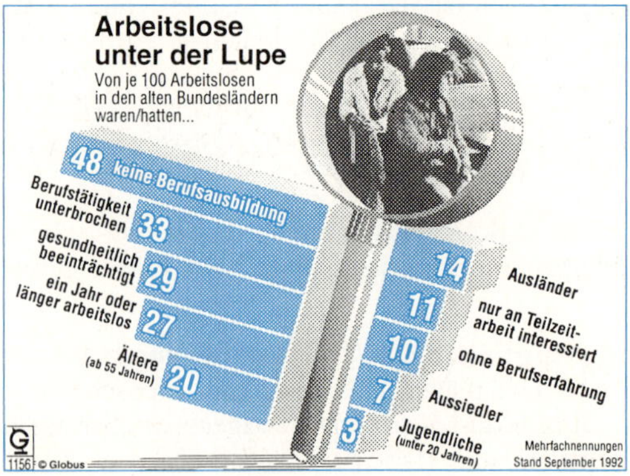

8.3.2.3 Maßnahmen des Staates zur Beseitigung der Arbeitslosigkeit

Ziel aller Maßnahmen zur Arbeitsbeschaffung muß sein, die gesamtwirtschaftliche Nachfrage zu beleben, was nur durch **Investitionen** geschehen kann.

Mehr Investitionen bedeuten höhere Produktion, wodurch Arbeitsplätze geschaffen werden. Anstieg der Beschäftigung erzeugt mehr Einkommen, das sich in größerer Nachfrage nach Gütern und Dienstleistungen niederschlägt. So wird das Konjunkturklima verbessert und Anreiz zu neuen Investitionen gegeben.

Der Staat versucht, Investitionsanreize für die Unternehmungen durch folgende Maßnahmen zu erreichen:

- **Steuererleichterungen,** entweder direkt oder durch höhere Abschreibungen auf Anlagegüter, insbesondere im Baubereich.
- **Investitionszulagen,** z. B. 10 Prozent Zulage des Staates für jede vom Unternehmer getroffene Investition, beispielsweise den Kauf von Maschinen, den Bau von Werksanlagen usw.;
- **öffentliche Aufträge,** meist für die Bauwirtschaft.

(Einzelheiten hierzu siehe Abschnitt 8.6 Möglichkeiten der staatlichen Konjunkturpolitik.)

Neben diesen finanz- und steuerpolitischen Maßnahmen des Staates zur Schaffung von Arbeitsplätzen stehen die Mittel der **Bundesanstalt für Arbeit** in Nürnberg. Grundlage dafür ist das **Arbeitsförderungsgesetz** aus dem Jahre 1969. Im einzelnen werden folgende Maßnahmen getroffen:

1. Zahlung von **Arbeitslosengeld, Arbeitslosenhilfe und Kurzarbeitergeld** (siehe Seite 163 ff.);
2. **Berufsberatung:** Vermittlung von Ausbildungsstellen und Orientierungshilfen zur Berufsfindung;
3. **Arbeitsvermittlung;**
4. **Förderung der Berufsbildung** durch Lehrgänge und Kurse zur Ausbildung, Fortbildung und Umschulung. Der beste Schutz vor Arbeitslosigkeit ist eine solide Berufsausbildung.
5. **Darlehen zur Industrieansiedlung** in wirtschaftlich unterentwickelten Gebieten, z. B. Zonenrandgebiet.

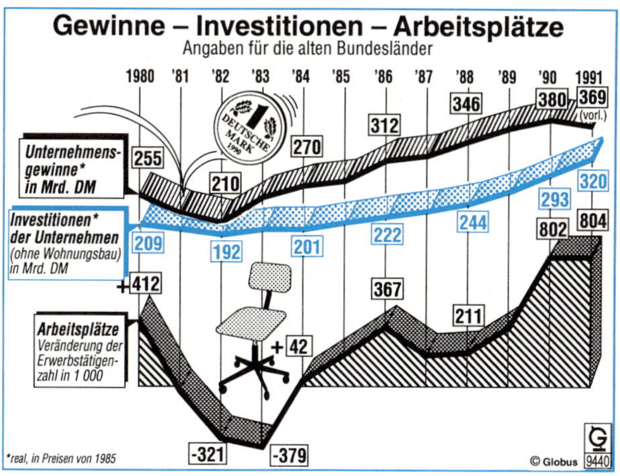

8.3.3 Außenwirtschaftliches Gleichgewicht

Außenwirtschaftliches Gleichgewicht liegt dann vor, wenn über mehrere Jahre hinweg der *Zufluß* an Gold und Devisen vom Ausland dem *Abfluß* an das Ausland entspricht.

Zahlungen aus dem Ausland fließen aus dem Exporthandel, Kreditaufnahmen im Ausland, Kapitalanlagen von Ausländern im Inland u. a. zu. Zahlungen an das Ausland entstehen durch Importgeschäfte, Kreditgewährungen an das Ausland, Kapitalanlagen im Ausland, Transfer der Gastarbeitereinkommen u. a...

Der gesamte Zahlungsverkehr in Gold und Devisen wird in der **Zahlungsbilanz** rechnerisch erfaßt (siehe Abschnitt 8.4.3.1).

8.3.4 Wirtschaftswachstum

Unter Wirtschaftswachstum versteht man ein fortwährendes Ansteigen des realen Bruttosozialprodukts bzw. Volkseinkommens. Es ist der Anstieg der Produktion von Gütern und Dienstleistungen von Jahr zu Jahr (siehe auch S. 412 und Abschnitt 8.11).

8.3.5 Zielsetzung der Bundesregierung: eine gesamtwirtschaftliche Gleichgewichtssituation

Die Bundesregierung forderte im Jahreswirtschaftsbericht 1969 folgende Bedingungen für das wirtschaftliche Gleichgewicht:

1. Für das Preisniveau:
Die Differenz zwischen der Zunahme des nominalen und realen Bruttosozialprodukts darf nicht größer als 1 % sein. Da sich diese Differenz praktisch aus Berechnungsungenauigkeiten der volkswirtschaftlichen Gesamtrechnung alleine schon ergibt, kommt diese Forderung einer völligen Stabilität der durchschnittlichen Marktpreise gleich.

2. Für die Vollbeschäftigung:
Die Arbeitslosenquote darf nicht mehr als 0,8 % betragen (bei normalem Winterwetter).

3. Für das Wirtschaftswachstum:
Anstieg des realen Bruttosozialprodukts um 4 %.

4. Für das außenwirtschaftliche Gleichgewicht:
Anteil des Außenbeitrags am Bruttosozialprodukt von 1,5 % (siehe S. 414).

Die wirtschaftspolitischen Instrumente, um sich diesen Zielen anzunähern oder sie zu erreichen, werden als **Globalsteuerung** bezeichnet. Grundsätzlich sollen diese Ziele in unserer Wettbewerbswirtschaft *marktwirtschaftlich* durch den Preismechanismus von Angebot und Nachfrage erreicht werden. Ist dies aber nicht gewährleistet, soll von staatlicher Seite oder durch die Bundesbank steuernd eingegriffen werden, z. B. durch Erhöhung des Diskontsatzes, wodurch die Kreditnachfrage erheblich beeinflußt wird. Im Vordergrund steht dabei die Einflußnahme auf die Nachfrage, weniger auf das Angebot.

Beispiel

Staatliche Zulagen oder Steuererleichterungen für bestimmte gezielte Investitionen, wie Investitionszulagen, Abschreibungsvergünstigungen, Baumaßnahmen des Staates.

8.3.6 Zielkonflikte

Die Hauptziele der Wirtschaftspolitik, nämlich stabiles Preisniveau, Vollbeschäftigung, Wachstum und außenwirtschaftliches Gleichgewicht können nicht voneinander getrennt betrachtet werden. Sie bedingen sich gegenseitig oft sehr stark und führen dann zu den sogenannten *Zielkonflikten.* Entwicklungen, die das eine Ziel begünstigen, erschweren es, ein anderes Ziel zu erreichen. Steuert man wiederum dieses an, wird dadurch ein anderes gefährdet.

Beispiele

1. Staatliche oder zentralbankpolitische Maßnahmen zur *Stabilität des Preisniveaus* bzw. um den Geldwert zu erhalten sind konjunktur- und damit wachstumshemmende Maßnahmen, wie die Erhöhung des Diskontsatzes oder andere nachfragehemmende Mittel. *Wachstumshemmung* hat aber eine Verringerung des Bruttosozialprodukts zur Folge, weniger Güter werden produziert, die *Vollbeschäftigung* schlägt in Arbeitslosigkeit um. Andererseits erhöhen sich bei gleichbleibenden Preisen die Exportchancen, was wiederum Zahlungsbilanzüberschüsse nach sich zieht und das *außenwirtschaftliche Gleichgewicht* in Frage stellt.

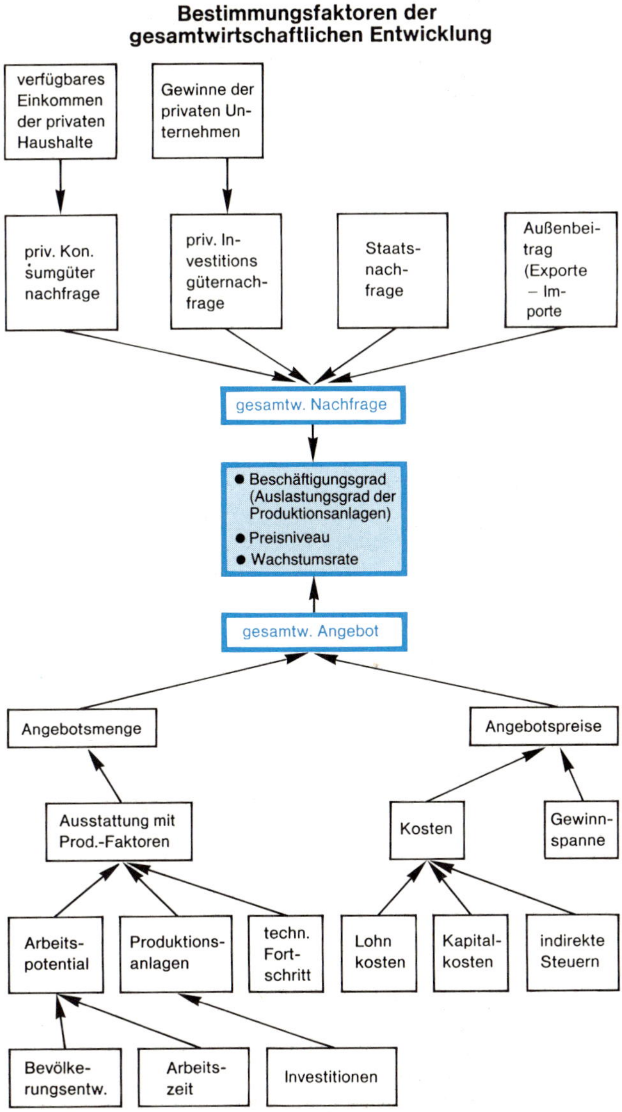

2. Fördert der Staat bzw. die Deutsche Bundesbank das *Wirtschaftswachstum* durch Ankurbelung der Konjunktur, z. B. durch Diskontsenkung, Investitionszulagen, Subventionen an die Wirtschaft, zusätzliche Kreditaufnahmen usw., so nimmt die Güterproduktion zu, das Bruttosozialprodukt steigt, vorhandene Arbeitslosigkeit verschwindet. Bei vorhandener Vollbeschäftigung entsteht Überbeschäftigung. Hierdurch erhöhte Einkommen wirken nachfragesteigernd und damit preiserhöhend. Der Geldwert sinkt. Das außenwirtschaftliche Gleichgewicht wird durch eine Verringerung des Exportvolumens beeinflußt, da erhöhte Preise die Nachfrage des Auslandes verringert.

3. Wenn bei stabilem Preisniveau der Geldwert des Auslands inflationiert bzw. der Grad der Preissteigerung im Inland erheblich geringer ist als im Ausland, so ergeben sich erhöhte Ausfuhrmöglichkeiten für den inländischen Exporteur. Die Einfuhr dagegen wird sinken, da die ausländische Ware zu teuer ist. Es wird ein Überschuß der Exporte über die Importe entstehen. Die inländische Beschäftigung wird zunehmen, das Bruttosozialprodukt wird steigen und preissteigernde Wirkung nach sich ziehen. Man nennt dies *importierte Inflation.* Dies kann so lange gehen, bis der inländische Preisanstieg den Inflationsgrad des Auslandes erreicht hat. Danach wird die umgekehrte Richtung eintreten: Exporte nehmen ab, Importe nehmen zu, das außenwirtschaftliche Gleichgewicht wird wieder hergestellt, das ursprüngliche Preisniveau besteht aber nicht mehr.

Zielkonflikte der Wirtschaftspolitik

Beachten Sie, daß es sich um *mögliche* Folgen handelt, nicht um zwangsläufig so verlaufende Entwicklungen.

1. **vorrangiges Ziel: stabiles Preisniveau**

mögliche Folgen:

kein Wirtschaftswachstum

↓

Vollbeschäftigung schlägt in Arbeitslosigkeit um

↓

Zahlungsbilanzüberschüsse infolge erhöhter Exporte

2. **vorrangiges Ziel: Wirtschaftswachstum**

mögliche Folgen:

Konjunkturbelebung
(Nachfrageerhöhung)

↓

Preissteigerung

↓

Geldwertverschlechterung

↓

Vollbeschäftigung bzw. Überbeschäftigung → sinkender Export

↓ (sinkender Export) ↓

erhöhte Nachfrage durch Lohnanstieg — unausgelichene Außenwirtschaft

↓

Lohn-Preis-Spirale

↓

erneuter Preisdruck

↓

Inflationsgefahr

3. **vorrangiges Ziel: Vollbeschäftigung**

mögliche Folgen:

Erhöhung der Güterproduktion

↓

Wachstum der Wirtschaft

↓

Preissteigerung → Geldwertverschlechterung

↓

Verringerung der Exportchancen durch überhöhte Exportpreise

↓

Verschlechterung der Zahlungsbilanz: Außenwirtschaftliches Ungleichgewicht

Wesentliche Lerninhalte

- **Oberstes Ziel der Wirtschaftspolitik unseres Landes ist ein gesamtwirtschaftliches Gleichgewicht**
- Eckpfeiler des Wirtschaftsgleichgewichts sind
  - **stabiles Preisniveau,** d. h. keine Geldwertverschlechterung
  - hoher Beschäftigungsgrad, d. h. **Vollbeschäftigung** (unter 0,8 % Arbeitslosigkeit)
  - **außenwirtschaftliches Gleichgewicht,** d. h. langfristig ausgeglichener Geld- und Devisenzufluß und Abfluß (ausgeglichene Zahlungsbilanz)
  - **Wirtschaftswachstum,** d. h. Erhöhung des realen Bruttosozialprodukts.
- Die Entwicklung der Kaufkraft wird mit Preisindizes (Einzahl: Preisindex) gemessen. Das Preisniveau (Durchschnittspreise) wird auf ein zurückliegendes Basisjahr = 100% bezogen. Hohe Aussagekraft hat der **Preisindex für Lebenshaltung.**
- Man unterscheidet strukturelle, konjunkturuelle, friktionelle und saisonbedingte Arbeitslosigkeit.
- Der **Jahreswirtschaftsbericht der Bundesregierung** stellt fest, inwieweit die Hauptziele der Wirtschaftspolitik erreicht worden sind.
- Unter **Globalsteuerung** versteht man Maßnahmen des Staates, um möglichst weitgehend die Hauptziele zu erreichen (wirtschaftspolitisches Instrumentarium). Die staatlichen Eingriffe dürfen den Marktmechanismus als Grundlage unserer Wirtschaftsordnung nicht beeinträchtigen, sie müssen *marktkonform* sein. Es wird hierbei in erster Linie die gesamtwirtschaftliche Nachfrage beeinflußt.
- Gesetzliche Grundlage für die Globalsteuerung der Bundesregierung ist das **„Gesetz zur Förderung der Stabilität und des Wachstums der Wirtschaft (Stabilitätsgesetz)"** vom 8. Juni 1967. Es hat sich bis heute für die Konjunkturpolitik unseres Landes bewährt.
- **Zielkonflikte** entstehen durch die Verflochtenheit der volkswirtschaftlichen Größen (Interdependenz). Sie lassen nicht zu, daß die Hauptziele der Wirtschaftspolitik optimal erreicht werden.

Aufgaben zur Sicherung des Lernerfolgs

1 Die Bundesregierung geht im Jahreswirtschaftsbericht 1992 , in dem sie jeweils ihre wichtigsten wirtschaftspolitischen Eckwerte für das laufende Jahr festlegt, von folgenden Zielen aus:

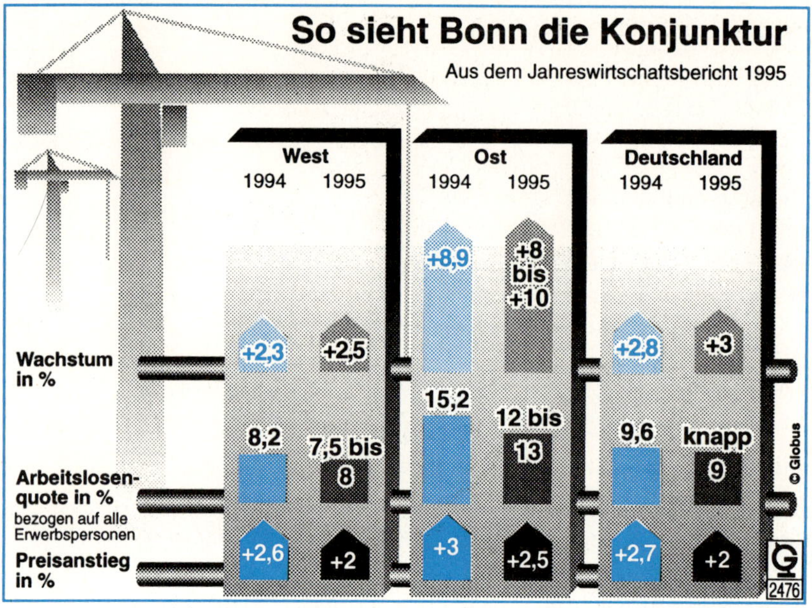

a) Vergleichen Sie die Entwicklung Gesamtdeutschlands bezüglich (1) des Wirtschaftswachstums, (2) der Arbeitslosigkeit, (3) des Preisanstiegs mit den Zielsetzungen des Jahresberichts 1969 (siehe S. 424)!

b) Wie beurteilen Sie die Entwicklung der (1) Investitionen und (2) des verfügbaren Einkommens der privaten Haushalte?

c) Wie beurteilen Sie Ursachen und Folgen der Entwicklung in Ostdeutschland?

2 a) Welche wirtschaftspolitischen Zielsetzungen fordert § 1 des Gesetzes zur Förderung der Stabilität und des Wachstums der Wirtschaft (Stabilitätsgesetz vom 8. Juni 1967) – siehe S. 420?

b) Wie ist die Entwicklung bei drei Zielsetzungen (siehe Abb. auf S. 419) verlaufen? Ursachen?

c) „Die Ziele der Wirtschaftspolitik gleichzeitig zu verwirklichen gleicht dem Bemühen, einem vierbeinigen Tisch auf unebenem Boden das Wackeln abzugewöhnen. Als die Wirtschaft in der Vergangenheit expandierte und Vollbeschäftigung erreichte, stimmte es meist mit den Preisen nicht. Wenn eine Dämpfung des Preisanstiegs gelang, gab es oft zu viele Arbeitslose, oder das Wachstum war nur gering. Was das außenwirtschaftliche Gleichgewicht betrifft, so war dieses nur deshalb lange Zeit keine dramatische Frage, weil permanente Überschüsse in der Zahlungsbilanz eher ein Problem für unsere Handelspartner waren als für uns."

Welche Zielkonflikte sind in diesem Text angesprochen?

3 a) Was versteht man unter Globalsteuerung?

b) Welches Gesetz berechtigt die Bundesregierung, Steuerungsmaßnahmen zu treffen, um die Wirtschaft im Gleichgewicht zu halten?

c) Was heißt wirtschaftliches Gleichgewicht?

d) Die marktwirtschaftliche Ordnung darf durch die Globalsteuerung der Bundesregierung nicht verletzt werden. Sie darf nur marktkonforme Maßnahmen treffen. Welche der nachstehend aufgeführten Steuerungsmaßnahmen sind marktkonform bzw. nicht marktkonform, also dirigistisch? (Siehe auch Abschnitt 7.2.2!)

1. Konjunkturzuschlag zur Einkommensteuer
2. Staatliche Festlegung von Höchstpreisen für Lebensmittel
3. Einschränkung der Butterproduktion auf die Hälfte der bisherigen Produktionsmenge
4. 5 Mrd. DM Kreditaufnahme des Bundes (Staatsverschuldung)
5. Investitionszulage durch direkte Geldzuwendung, z. B. für energiesparende Maßnahmen, oder durch Abzug von der Steuerschuld.
6. Erhöhung des Diskontsatzes durch die Deutsche Bundesbank
7. Wettbewerbsverbot für die Automobilindustrie, um die Typenvielfalt einzuschränken.

4 Welche Ursachen kann der Anstieg des Preisniveaus haben
a) kostenbedingt?
b) nachfragebedingt?
c) sozialpolitisch bedingt?
d) wettbewerbsbedingt (Öl-Multis, Tante-Emma-Läden)?

5 Welche Folgen hat Arbeitslosigkeit
a) für den einzelnen Arbeitslosen? b) gesamtwirtschaftlich? c) politisch?

6 Welche positiven und negativen Folgen haben die Leistungen der Arbeitslosenversicherung?

7 Welche Erkenntnisse gewinnen Sie aus den Abbildungen auf Seite 422 und 423?

8 Zur Skizze auf Seite 425: Nennen Sie die fehlenden Begriffe in den nachstehenden Aussagen:
a) Das gesamtwirtschaftliche Angebot wird durch die ① und die ② bestimmt.
b) Die private Konsumgüternachfrage wird durch das ③ bestimmt.
c) Kostenfaktoren sind ④ , ⑤ und ⑥.
d) Preisniveau, ⑦ und ⑧ werden durch die ⑨ Nachfrage und das ⑩ bestimmt.

9 Welche Folgen für die gesamtwirtschaftliche Entwicklung haben:
a) stark steigende Kapitalkosten (Zinsen)?
b) stark steigende Investitionsgüternachfrage?

8.4 Ursachen und Merkmale gesamtwirtschaftlicher Ungleichgewichte und Schwankungen

Werden auf Dauer die Hauptziele der Wirtschaftspolitik, nämlich Geldwertstabilität, Vollbeschäftigung, angemessenes, nicht überhitztes Wachstum und außenwirtschaftliches Gleichgewicht nicht erreicht, so gerät die Wirtschaft aus dem Gleichgewicht mit meist schwerwiegenden Folgen für die Bevölkerung. Politische Krisensituationen haben zumeist ökonomische Ursachen.

Hitlers Machtergreifung 1933 wäre ohne die vorausgegangene Weltwirtschaftskrise mit hoher Arbeitslosigkeit nicht möglich gewesen. Der völlige Zusammenbruch der osteuropäischen sozialistisch-kommunistischen Staaten sowie der Deutschen Demokratischen Republik (DDR) im Jahre 1989 wurde in erster Linie durch die für die Bevölkerung unerträgliche Mißwirtschaft dieser Diktaturen verursacht.

8.4.1 Inflation und Deflation

Problem

Überall in der Welt stehen Politiker und Bankiers am Krankenbett des Geldes. Franc und Dollar, Yen und Deutsche Mark leiden unter ständig fortschreitender Auszehrung. Keines der Heilmittel scheint zu wirken. Es bietet wenig Trost, daß Löhne und Gehälter Hand in Hand mit den Preisen marschieren. Denn zweistellige Inflationsraten enthalten den Keim von sozialer Ungerechtigkeit. Inflation ist eine Form des Bürgerkriegs: Die Ohnmächtigen bleiben auf der Strecke.

Wie sich der Geldwert in Deutschland und wie er sich weltweit seit 1948 verändert hat, zeigen die auf der nächsten Seite stehenden Abbildungen. Die Geldpolitik hat demnach ihre oberste Zielsetzung, nämlich den Geldwert stabil zu halten, nicht erreicht. Worin liegen die Ursachen?

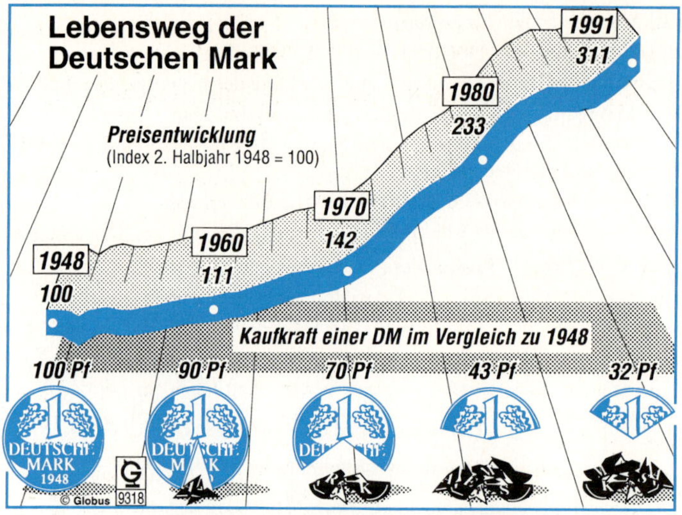

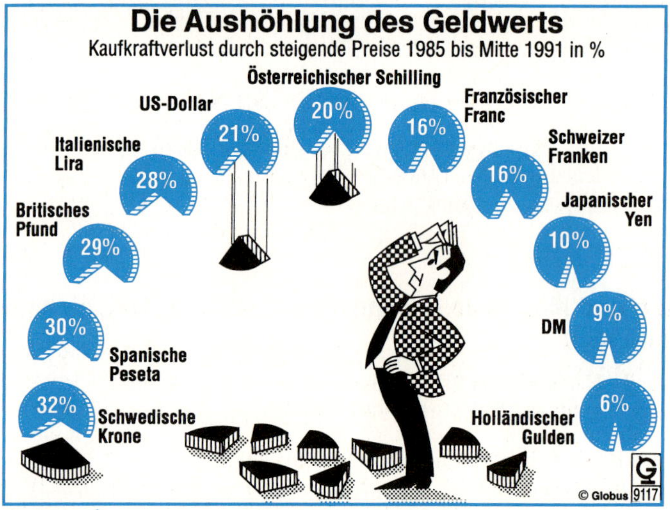

Sachdarstellung

8.4.1.1 Die Kaufkraft des Geldes – Geldwert

Durch die Entlohnung in Form von **Geld** erhält jeder, der zur Produktion beigetragen hat, einen seinem produktiven Beitrag entsprechenden Anteil an der Gesamtheit der hergestellten Güter. Er hat nun die Freiheit, aus der Masse der Güter diejenigen auszuwählen, die seinen Bedürfnissen am besten entsprechen. Dies gilt allerdings nur, solange er die Gewähr hat, daß er sich für sein Geld die benötigten Güter auch tatsächlich kaufen kann. Das hängt aber davon ab, ob andere den Erwerb von Geld so hoch schätzen, daß sie bereit sind, dafür Güter herzugeben. Die *allgemeine Wertschätzung* des Geldes beruht also auf seiner *Knappheit.*

Diese Knappheit wird im wesentlichen durch das *Verhältnis der vorhandenen Geldmenge zur Menge der produzierten Güter* bestimmt. Je kleiner die Geldmenge im Vergleich zur Gütermenge ist, desto mehr Güter kann man sich für eine bestimmte Geldeinheit kaufen, desto größer ist also der Wert des Geldes. Umgekehrt: Je mehr Geld im Vergleich zur Gütermenge im Umlauf ist, desto weniger Güter können wir für eine Geldeinheit erwerben, desto geringer ist also der Geldwert. Der Wert des Geldes wird ausschließlich von seinem *Tauschwert* bestimmt, d.h. von seiner *Kaufkraft.*

Kaufkraft der Lohnminute[1]) ausgewählter Güter von 1958 und 1990

		1958			1990		
	Mengen-einheit	Preis DM	Arbeitszeit Std.	Min.	Preis DM	Arbeitszeit Std.	Min.
Mischbrot	1 kg	0,85	0	22	3,37	0	10
Markenbutter	250 kg	1,73	0	45	2,12	0	06
Zucker	1 kg	1,24	0	32	1,90	0	06
Vollmilch	1 l	0,43	0	11	1,29	0	04
Eier	1 St.	0,21	0	05	0,27	0	01
Rindfleisch zum Kochen	1 kg	4,75	2	03	10,36	0	31
Schweinekotelett	1 kg	5,73	2	28	12,10	0	36
Kabeljau	1 kg	2,48	1	04	17,52	0	52
Speisekartoffeln	2,5 kg	0,56	0	14	2,98	0	09
Edamer	1 kg	3,21	1	23	12,69	0	38
Bohnenkaffee	250 g	4,85	2	05	4,04	0	12
Flaschenbier	0,5 l	0,63	0	16	0,97	0	03
Branntwein	0,7 l	12,26	5	17	14,56	0	43
Straßenanzug	1 St.	126,00	54	19	408,00	20	11
Damenkleid	1 St.	26,90	11	36	181,00	8	57
Herrenstraßenschuhe	1 Paar	27,10	11	41	108,00	5	20
Damenstraßenschuhe	1 Paar	32,00	13	47	137,00	6	47
Tageszeitung	1 Monat	4,09	1	46	22,70	1	07
Fernseher	1 St.	984,80	424	33	1552,00	76	45
Kühlschrank	1 St.	492,00	212	04	579,00	28	38
Waschmaschine	1 St.	570,00	245	00	1024,00	50	39
Heimcomputer	1 St.	–	–	–	625,00	30	55
Briefporto	1 Brief	0,20	0	05	1,00	0	03
Telefongespräch	1 St.	0,20	0	05	0,23	0	01

[1]) Berechnungsbasis ist der durchschnittliche Stundenlohn der Industriearbeiter(innen): 1958 = 2,32 DM, 1990 = 20,21 DM.

Quelle: Institut der deutschen Wirtschaft Köln.

Was macht nun eine Währung eigentlich hart? Nicht Gold und Naturschätze, sondern allein der Wille des Staatswesens, den Geldwert stabil zu halten. Das gelingt in der Praxis am besten, wenn die Regierung der Zentralbank nicht befehlen darf, noch mehr Geld zu drucken - etwa, um ein allzu großes Haushaltsdefizit zu schließen oder um die schwache Konjunktur aufzuputschen. Eine unabhängige Zentralbank, wie die Bundesbank Frankfurt, ist der sicherste Schutz vor Inflation. Deutschland ist mit einer Zentralbank, die keinem anderen Ziel verpflichtet ist als der Erhaltung des Geldwerts, gut gefahren, selbst in einer Zeit äußerster Anspannung wie jetzt (siehe auch Abschnitt 8.5 Geldpolitische Maßnahmen der Deutschen Bundesbank!

8.4.1.2 Das Wesen der Inflation

Unter Inflation versteht man einen Prozeß ständiger Preissteigerung mit sinkendem Geldwert, d. h. laufender Verringerung der Kaufkraft.

Dabei handelt es sich nicht um den Anstieg einzelner Preise, sondern um den des Preisniveaus, also der Preisindizes (siehe S. 420 f.). Anders ausgedrückt kann man definieren: Inflation liegt dann vor, wenn das nominelle Sozialprodukt innerhalb eines Jahres gegenüber dem realen Sozialprodukt um mehr als 1% steigt oder: Inflation entsteht, wenn innerhalb einer Periode die Gesamtnachfrage nach Gütern und Dienstleistungen größer ist als das reale, in Preisen der vorhergehenden Periode ausgedrückte Angebot.

8.4.1.3 Die Ursachen der Inflation

Monetäre, von der Geldmenge abhängige Ursachen

Wird die Gütermenge eines Jahres als *Handelsvolumen (H)* und der *durchschnittliche Preis dieser Güter mit P* bezeichnet, dann stellt das Produkt aus H × P den Gesamtpreis des Handelsvolumens dar, zu dessen Erwerb die entsprechende *Menge an Bar- und Buchgeld (G)* benötigt wird. Hieraus ergibt sich die Gleichung: G = H × P.

Hierbei wird davon ausgegangen, daß das Handelsvolumen *auf einmal* abgesetzt worden ist.

Tatsächlich wird aber die Güterproduktion *nach und nach* abgesetzt. Die Verkaufserlöse fließen in die Betriebe, wo das Geld erneut zur Vergütung der produktiven Beiträge der Haushalte verwendet wird. Die Empfänger können hierfür erneut Güter erwerben, deren Erlös dann wieder für produktive Zwecke verwendet wird usw. Je rascher das Geld wieder in Umlauf gebracht wird, je größer also die *Umlaufgeschwindigkeit (U)* des Geldes ist, desto kleiner kann die Geldmenge sein, die zum Umsatz des Handelsvolumens benötigt wird.

Aus dieser Überlegung ergibt sich die **Verkehrsgleichung** als wichtige Bestimmungsgröße für das allgemeine Preisniveau.

Geldmenge		Umlauf-geschwindigkeit		Handelsvolumen		Durchschnitts-preise
G	X	**U**	=	**H**	X	**P**

Die praktische Bedeutung der Verkehrsgleichung liegt in der Veranschaulichung der Zusammenhänge zwischen Kaufkraft und Preisniveau sowie der Beziehungen zwischen Güter- und Geldmenge in Verbindung mit der Umlaufgeschwindigkeit des Geldes. Steigendes Preisniveau bedeutet sinkende Kaufkraft des Geldes und umgekehrt. Das Preisniveau muß ansteigen, wenn die Geldmenge und/oder die Umlaufgeschwindigkeit des Geldes bei unverändertem Handelsvolumen zunehmen oder aber, wenn das Handelsvolumen abnimmt, nicht aber die Geldmenge oder die Umlaufgeschwindigkeit.

Da sich die Umlaufgeschwindigkeit des Geldes normalerweise nur wenig ändert, gilt: Der Geldwert, d. h. die Kaufkraft des Geldes, bleibt nur erhalten, wenn die Geldmenge rechtzeitig den Veränderungen des Handelsvolumens angepaßt wird.

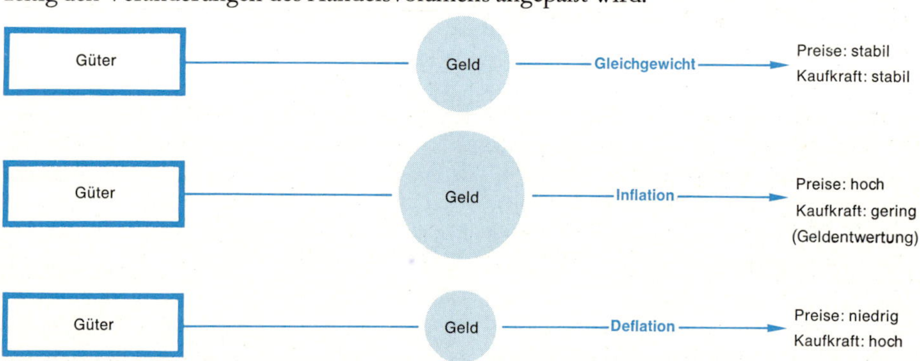

Nicht monetäre Ursachen

- **Die Nachfrageinflation**

Die gesamte Nachfrage besteht aus der Nachfrage der privaten Haushalte, der Unternehmungen und des Staates nach Konsum- und Investitionsgütern sowie Dienstleistungen.

Hinzu kommt die Nachfrage des Auslandes (= Export). Übersteigt diese Nachfrage das gesamtwirtschaftliche Angebot (einschließlich Import), so kommt es zu Preissteigerungen.

Eine besondere Art der Nachfrageinflation ist die **importierte Inflation.** Sie entsteht dann, wenn bei festen Wechselkursen die Nachfrage des Auslandes so stark ist, daß das inländische Preisniveau ansteigt (siehe auch S. 475!).

- **Die Angebotsinflation**

Von der Angebotsseite her können Preissteigerungen durch Kostendruck entstehen. Erhöhte Kosten treiben die Preise in die Höhe, erhöhte Preise verursachen wiederum höhere Kosten. Die *Lohn-Preis-Spirale* gerät in Bewegung.

Man unterscheidet folgende Ursachen für die Angebotsinflation:

– **Lohnkostendruck**

Durch Tarifverhandlungen der Gewerkschaften werden Lohn- und Gehaltserhöhungen durchgesetzt. Da die Unternehmer ihren Gewinn nicht schmälern wollen, werden die erhöhten Lohnkosten auf die Preise der Güter fortgewälzt.

– **Gewinndruck**

Die Unternehmer erhöhen die Gewinne durch Preiserhöhungen. Die gleiche Wirkung tritt ein, wenn Kostensenkungen durch Produktionssteigerungen sich nicht in den Preisen niederschlagen.

- **Die Anspruchsinflation**

Anspruch bezieht sich in diesem Zusammenhang auf die Verteilung des Sozialprodukts oder, von der anderen Seite her gesehen, des Volkseinkommens.

Dazu gehören die Ansprüche der Gewerkschaften, für die Arbeitnehmer höhere Einkommen zu schaffen wie auch der Anspruch der Unternehmer nach höheren Gewinnen.

Auch der Staat verursacht eine Anspruchsinflation, wenn er durch erhöhte Schulden seinen Anteil am Sozialprodukt vergrößert. Ein ganz besonderes, dem normalen Marktgeschehen völlig zuwiderlaufendes Beispiel sind die Willkürpreise der OPEC-Staaten (erdölproduzierende Länder).

8.4.1.4 Schleichende und galoppierende Inflation

Je nach der Geschwindigkeit des inflatorischen Prozesses spricht man von schleichender, trabender und galoppierender Inflation.

- **Schleichende Inflation**

Sie liegt dann vor, wenn die Preissteigerung sehr langsam, über Jahre hinweg verläuft, in Zahlen ausgedrückt: wenn der Preisindex von Jahr zu Jahr um 2,5 bis 5 % steigt. Viele Ökonomen sind darüber nicht besorgt, solange das Realeinkommen über der Inflationsrate liegt, d. h. also der reale Zuwachs des Sozialprodukts nach Abzug der Inflationsrate immer noch einen Zuwachs zeigt. Es kann aber auch darin eine große Gefahr gesehen werden, da sich aus der schleichenden rasch eine schneller anwachsende Inflation ergeben kann. (So zum Beispiel die Preisentwicklung in unserem Land.)

- **Galoppierende Inflation**

Das Preisniveau wird binnen kurzer Zeit auf ein Veilfaches der Ausgangssituation angehoben, z. B. mehr als 50 %, wie es bei der Inflation in Deutschland nach dem Ersten Weltkrieg der Fall war oder heute z. B. in Polen, Jugoslawien (bis 1990), Brasilien, Mexiko und zahlreichen Entwicklungsländern.

Der Geldwert sinkt rasch ab. Das Geld verliert seine Aufgabe als Wertaufbewahrungsmittel, da die Flucht in die Sachwerte (Edelmetalle, Edelsteine, Grundstücke, Antiquitäten usw.) beginnt.

8.4.1.5 Offene und gestoppte Inflation

Je nachdem, ob die Inflation sichtbar ist oder nicht, spricht man von einer *offenen* und einer *gestoppten* oder *zurückgestauten* Inflation.

- **Offene, sichtbare Inflation**

Sie liegt dann vor, wenn die Regierung die Ergebnisse der volkswirtschaftlichen Gesamtrechnung, insbesondere die Preisindizes, offenlegt. Dies ist in demokratischen Staaten gesetzlich verankert.

- **Gestoppte, zurückgestaute (unsichtbare) Inflation**

Bei ihr wird die Preissteigerung nicht ersichtlich, da der Staat durch dirigistische Maßnahmen, insbesondere Preisstop, die tatsächliche Entwicklung verschleiert. Güterrationierung, Zuteilungswesen mit Bezugsscheinen sind die Folge. Der Staat muß die Einhaltung des Preisstops kontrollieren. Sofort bildet sich ein „Grauer oder Schwarzer Markt", auf dem die Güter zu einem erheblich höheren als dem staatlich verordneten Preis gekauft werden können (Deutschland in und nach dem Zweiten Weltkrieg, kommunistische Staaten des Ostblocks).

Auf die Dauer läßt sich dieses Preissystem nicht durchhalten. Eines Tages werden entsprechend höhere Preise dirigiert (z. B. in Polen und Rumänien seit 1981, in den GUS-Staaten Osteuropas seit 1991 oder in Jugoslawien 1990).

8.4.1.6 Folgen der Inflation

- Eigentümer von Geldvermögen erleiden Verluste, wenn der Preisanstieg nicht durch höhere Zinserträge aufgefangen wird. 1 % Inflation jährlich bedeutet eine Geldentwertung in Höhe von 34 Milliarden DM (1994).
- Eigentümer von Grundvermögen (Grundstücke, Gebäude) erleiden Verluste, wenn die Preise für ihr Grundvermögen langsamer steigen, als das allgemeine Preisniveau.
- Die Schuldner (Staat, Unternehmungen, Bauherren) gewinnen entsprechend den Verlusten der Vermögensbesitzer. Am meisten profitiert der Staat, da er die größten Schuldenlast in unserem Land trägt. Die Folge sind riesige Vermögensumschichtungen.
- Lohn- und Gehalts-(Einkommens-)bezieher sowie Gewinneinkommen erleiden dann keine Inflationsverluste, wenn das Realeinkommen (Nominaleinkommen abzüglich Preissteigerungen) höher ist als in der Vorperiode.
- Einkommen aus Renten, Mieten und Kapital (Zinseinkommen) erleiden Verluste, wenn keine Indexbindung besteht (z. B. dynamische Rente, welche sich von Jahr zu Jahr dem Preisniveau anpaßt).
- Der Staat ist der größte Gewinner an einer Inflation, da seine Steuereinnahmen durch Preiserhöhungen auch ansteigen. Dies gilt insbesondere für die Umsatzsteuer und für die Verbrauchsteuern.

8.4.1.7 Deflation und Stagflation

Deflation

Wird die Geldmenge einseitig *in ungewöhnlichem Maße verringert,* z. B. durch Schwierigkeiten in der Kreditversorgung, so spricht man von einer **Deflation.** Die durch eine Deflation bewirkte Senkung des Preisniveaus führt zwar zu einem entsprechenden Ansteigen der Kaufkraft des Geldes. Dies nützt aber den meisten Menschen nur wenig, da die Deflation in aller Regel einen erheblichen Rückgang der Beschäftigung und damit des Einkommens zur Folge hat. Wer seinen Arbeitsplatz verliert, empfindet es als einen schwachen Trost, wenn gleichzeitig die Preise fallen. Bei einer hohen Arbeitslosigkeit besteht immer die Gefahr, daß radikale politische Kräfte die Oberhand gewinnen.

So kann z. B. eine Erhöhung der Preise für Brötchen durch einen Preisrückgang bei Gemüse ausgeglichen werden.

Inflation und Deflation sind Prozesse, welche die *gesamte Wirtschaft* erfassen. Es wäre daher voreilig, aus Preisveränderungen bei einzelnen Gütern zu schließen, daß eine Inflation oder Deflation im Gange sei.

Stagflation

Sind inflationäre Erscheinungen die Ursache für geringere Sparbereitschaft der Bevölkerung, derzufolge das Investitionsvolumen absinkt und Arbeitslosigkeit ausgelöst wird, so spricht man von **Stagflation,** d. h. also rückläufiges Wirtschaftswachstum (Stagnation) bei steigendem Preisniveau (**Stag**nation + In**flation** = **Stagflation.)**

8.4.2 Überbeschäftigung und Unterbeschäftigung (siehe Kapitel 8.3.2)

Wesentliche Lerninhalte

- Der Wert des Geldes wird durch seine **Kaufkraft** bestimmt.
- Unter Inflation versteht man eine ständige Verringerung der Kaufkraft des Geldes infolge steigendem Preisniveau.
- **Ursachen der Inflation**
  - ▶ *monetäre,* d. h. von der Geldmenge abhängige Faktoren. Die Verkehrsgleichung Geldmenge x Umlaufgeschwindigkeit = Handelsvolumen x Durchschnittspreis gerät aus dem Gleichgewicht.
  - ▶ *nicht monetäre Ursachen*
    1. *Nachfrageinflation,* wenn die gesamtwirtschaftliche Nachfrage das gesamtwirtschaftliche Angebot übersteigt
    2. *Angebotsinflation,* wenn Preissteigerungen durch Kostendruck entstehen
    3. *Anspruchsinflation,* wenn infolge erhöhter Ansprüche an die Verteilung des Volkseinkommens die Preise steigen.
- Nach der Geschwindigkeit des inflatorischen Prozesses unterscheidet man *schleichende* (sehr langsamer Preisanstieg) und *galoppierende* oder *Hyperinflation* (sehr schneller Preisanstieg).
- *Offene Inflation:* Der Staat veröffentlicht die Preisentwicklung. *Gestoppte oder zurückgestaute Inflation:* Der Staat verschleiert die tatsächliche Preisentwicklung durch dirigistische Maßnahmen, wie Preisstopp u. a.
- **Folgen der Inflation**
  Es entstehen Verluste für die Eigentümer von Geldvermögen und Grundvermögen. Gewinner sind die Schuldenbesitzer, in erster Linie der Staat. Der Staat profitiert auch durch höhere Steuereinnahmen infolge steigender Preise.

Aufgaben zur Sicherung des Lernerfolgs

1 Analysieren Sie die Abbildung „40 Jahre deutsche Mark" auf S. 430!

a) Weshalb zogen beide Weltkriege eine Inflation nach sich?

b) Um welche Arten von Inflation handelte es sich hierbei?

c) Welche Erkenntnisse ziehen Sie aus der Gesamtentwicklung des Geldwerts?

2 Welche Bedeutung hat das Verhältnis von Güter- und Geldmenge einschließlich der Umlaufgeschwindigkeit des Geldes in einer Volkswirtschaft?

3 a) Was versteht man unter Lohnkostendruckinflation?

b) Welche Folge hat sie, wenn die Lohnerhöhungen sich nicht als Nachfrageerhöhung niederschlagen?

4 a) Was versteht man unter Gewinndruckinflation?

b) Welche Voraussetzungen müssen hierfür vorliegen?

5 a) Bilden Sie ein Zahlenbeispiel für die Verluste von Geldvermögen als Auswirkung der Inflation! (Vgl. Abb. auf S. 430!)

b) Welche besonderen Probleme ergeben sich hierdurch für die Geldanlage in festverzinslichen Wertpapieren?

c) Wann tritt ein Substanzverlust des Geldvermögens durch inflatorische Prozesse ein?

d) Welche Personengruppen leiden am stärksten unter dem Verlust des Geldvermögens?

6

a) Weshalb entsprechen die Verluste der Geldvermögensbesitzer den Inflationsgewinnen der Schuldner?

b) Welche Folgen hat die Tatsache, daß der Staat als größter Schuldner durch die Inflation am meisten gewinnt? (Siehe Text und Abbildung auf der nächsten Seite!)

Im laufenden Jahr 1992 werden die Schulden von Bund, Ländern, Gemeinden, vom ERP-Sondervermögen, dem Fonds Deutsche Einheit sowie dem Kreditabwicklungsfonds zusammengenommen schätzungsweise 1 311 Milliarden DM (= 1,3 Billionen DM) erreichen; je Einwohner gerechnet sind das gut 16 000 DM. 42 Jahre zuvor, im ersten vollen Haushaltsjahr der gerade gegründeten Bundesrepublik, beliefen sich die staatlichen Schulden auf 18 Milliarden DM, was 340 DM je Einwohner entsprach. Gewiß, seit 1950 ist auch die Wirtschaftsleistung gestiegen und damit die Kraft, höhere Schulden zu tragen. Aber auch hier zeigt sich, daß die Schulden weit dynamischer wuchsen als die Wirtschaftsleistung. Das nominale Bruttosozialprodukt wird 1992 schätzungsweise 31 mal so hoch liegen wie 1950, die Schulden des Staates aber 73mal so hoch.

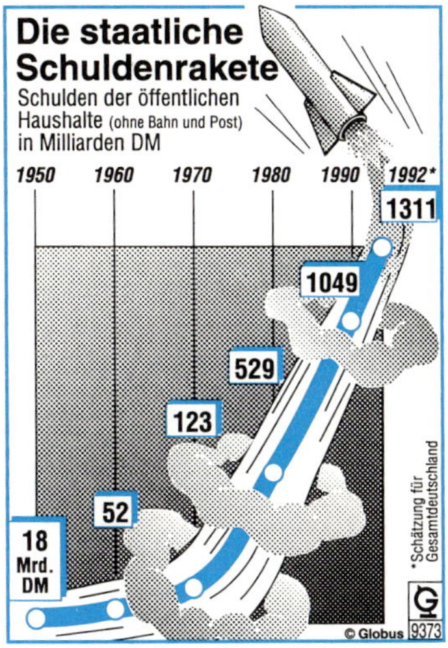

(ohne Bahn und Post)
(1989 über 1 Billion DM)

8.4.3 Unausgeglichene Zahlungsbilanz

Problem

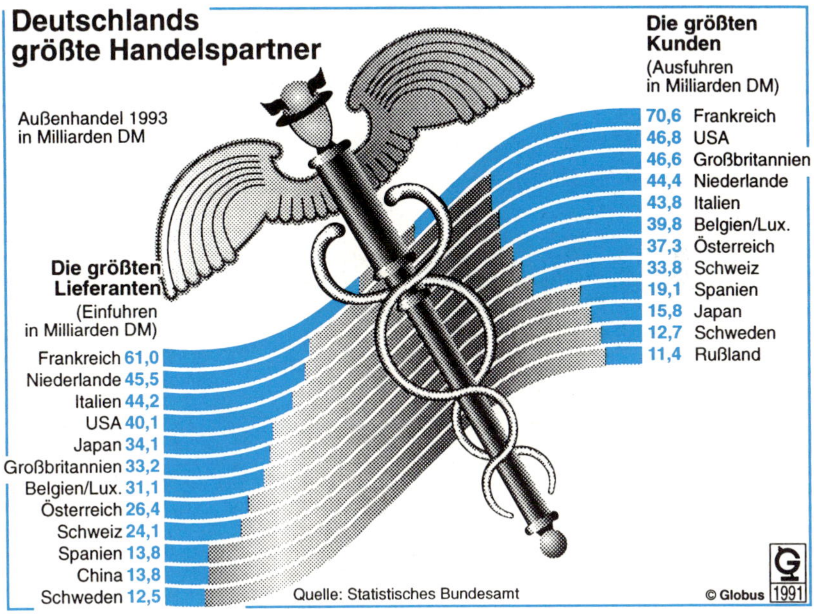

(Siehe auch Bildstatistik auf S. 406!)

Die Abbildung zeigt die internationale Handelsverflechtung der Bundesrepublik Deutschland. Zur Abrechnung der Ausfuhr und Einfuhr fließen riesige Geldströme, die in der *Handelsbilanz* erfaßt werden. Voraussetzung dafür ist die Austauschbarkeit der Währungen (Konvertibilität). Die Handelsbilanz ist aber nur ein Teil einer größeren Bilanz, der **Zahlungsbilanz,** die sämtliche Geldströme erfaßt.

Wie werden diese Geldströme rechnerisch erfaßt?

Sachdarstellung

8.4.3.1 Wesen und Inhalt der Zahlungsbilanz

Die Zahlungsbilanz ist die Gegenüberstellung sämtlicher Zahlungsforderungen und Zahlungsverpflichtungen eines Landes gegenüber dem Ausland innerhalb eines Jahres. Sie erfaßt also die gesamten grenzüberschreitenden Geld- und Kapitalströme.

Zahlungsbilanz[1] (Salden in Mio. DM)

Jahr	Leistungsbilanz					Kapitalbilanz			
	Handelsbilanz* cif/fob	Ergänzungen zum Warenverkehr[2] und Transithandel	Dienstleistungsbilanz	Bilanz der Übertragungen[3]	Saldo der Leistungsbilanz	langfristige Kapitalbewegungen	kurzfristige Kapitalbewegungen und Restposten[4]	Ausgleichsposten zur Auslandsposition der Bundesbank[5]	Veränderung der Netto-Auslandsaktiva der Bundesbank (Zunahme +)[6]
1975	+ 37 276	– 1 004	– 8 325	– 17 300	+ 10 647	– 18 231	+ 5 346	+ 5 528	+ 3 309
1980	+ 8 947	– 489	– 10 118	– 23 466	– 25 125	+ 5 807	– 8 576	+ 2 356	– 25 730
1985	+ 73 353	– 1 337	+ 5 402	– 29 091	+ 48 327	– 12 865	– 33 619	– 3 104	– 1 261
1989	+ 134 576	– 1 253	+ 8 503	– 33 710	+ 108 116	– 22 232	– 104 880	– 2 564	– 21 560
1990	+ 105 382	– 615	+ 8 249	– 36 652	+ 76 364	– 65 940	+ 552	– 5 105	+ 5 871
1991	+ 21 899	– 2 564	+ 1 613	– 59 169	– 33 093	– 25 369	+ 58 780	+ 504	+ 823
1992	+ 33 823	– 1 167	– 24 339	– 49 933	– 40 283	+ 46 630	+ 62 398	– 6 302	+ 62 442
1993	+ 59 130	– 4 092	– 38 605	– 51 682	– 35 249	+ 186 486	– 187 004	+ 1 530	– 34 237

* Die Handelsbilanz der Bundesrepublik Deutschland, die in den 80er Jahren von Jahr zu Jahr zunahm, nahm im Jahre 1991 – vorwiegend wiedervereinigungsbedingt – beträchtlich ab.

[1] Bis Juni 1990 Transaktionen der Bundesrepublik Deutschland einschließlich Berlin (West) mit dem Ausland, jedoch ohne Transaktionen zwischen der Bundesrepublik Deutschland und der DDR. Seit Juli 1990 einschließlich Transaktionen der ehemaligen DDR mit dem Ausland.

[2] Hauptsächlich: Lagerverkehr auf inländische Rechnung und Absetzung der Rückwaren und der Lohnveredelung.

[3] Hauptsächlich: Wiedergutmachungen; Überweisungen der ausländischen Arbeitskräfte; Beiträge an internationale Organisationen.

[4] Restposten: Salden der nicht erfaßten Posten und der statistischen Ermittlungsfehler.

[5] Gegenposten zu Veränderungen der Auslandsposition der Bundesbank (Devisenbilanz), die nicht auf den Leistungs- und Kapitalverkehr mit dem Ausland zurückgehen: Hauptsächlich Zuteilung von IWF-Sonderziehungsrechten und Änderungen des DM-Wertes der Auslandsposition der Bundesbank, seit 1985 auch Differenzen zwischen den Transaktionswerten und den im Wochenausweis zu Bilanzkursen ausgewiesenen Veränderungen der Auslandsposition.

[6] Seit 1985 bewertet zu Bilanzkursen.

(Quelle: Wirtschaft in Zahlen 1994 – BMWI S. 88)

Die Zahlungsbilanz gliedert sich in verschiedene **Teilbilanzen:**

- Die **Leistungsbilanz.** Sie besteht aus der Handelsbilanz, der Dienstleistungsbilanz und der Bilanz der Übertragungen (Schenkungsbilanz).
- Die **Handelsbilanz** stellt Einfuhr und Ausfuhr einander gegenüber.

  Die Zahl + 37 276 Mio. DM im Jahr 1975 kennzeichnet den positiven Saldo als einen Handelsbilanzüberschuß.
- Die **Dienstleistungsbilanz** erfaßt die Geldströme aus dem grenzüberschreitenden Reiseverkehr, aus Lizenzen, Gewinnen und Provisionen.

- Die **Bilanz der Übertragungen,** auch *Schenkungsbilanz* genannt, verrechnet die nicht aus Handelsgeschäften entstehenden Zahlungen zwischen Inland und Ausland.

  Hierzu gehören insbesondere die Transferzahlungen der Gastarbeiter an ihre Familien.

- Die **Kapitalverkehrsbilanz** erfaßt die Exporte und Importe von kurz- und langfristigem Kapital.

  Positive Salden zeigen den Zustrom langfristigen ausländischen Kapitals, das in der Volkswirtschaft der Bundesrepublik Deutschland hohe Gewinnchancen erwartete. Negative Salden zeigen erheblichen Kapitalabfluß, was insbesondere durch das hohe Zinsniveau in den USA gegenüber dem in der Bundesrepublik Deutschland verursacht wurde.

  Der Geldstrom der *öffentlichen Hand* ergibt sich zum größten Teil aus militärischen Gründen (z. B. Stationierungskosten für ausländische Truppen in der Bundesrepublik Deutschland).

- Unter *Restposten* weist die Zahlungsbilanz nicht erfaßte Posten auf Grund statistischer Fehler aus. Die Zahlungsbilanz wird dadurch rechnerisch ausgeglichen.

- Die **Auslandsposition (Devisenbilanz)** ist die Gegenüberstellung des Zustroms und Abstroms von Gold, Devisen und Sonderziehungsrechten bei der Deutschen Bundesbank.

Unter *Ausgleichsbedarf* und *Sonderziehungsrechten* werden Posten erfaßt, die z. B. durch Aufwertungsverluste der Deutschen Mark entstanden sind. Sonderziehungsrechte sind eine Art Kunstgeld oder „Papiergold", das der Internationale Währungsfonds im Jahre 1969 als zusätzliche Kreditmöglichkeit für seine Mitgliedsländer ins Leben rief. Dies wurde erforderlich, weil durch die starke Wirtschaftsexpansion in der westlichen Welt die Reservewährungen immer knapper geworden waren. So kann nun jedes Land, das beim Fonds die Zuteilung von Sonderziehungsrechten beantragt, von einem anderen Land Devisen zur Stützung seiner Zahlungsbilanz ausleihen. Sonderziehungsrechte werden immer mehr Nachfolger des Goldes als Reserveeinheit zum Zahlungsbilanzausgleich.

8.4.3.2 Unausgeglichenheit der Zahlungsbilanz

Zahlungsbilanzüberschüsse oder Zahlungsbilanzdefizite verursachen eine unausgeglichene Zahlungsbilanz.

Eine **aktive Zahlungsbilanz** stellt einen Zahlungsbilanzüberschuß dar, der sich durch eine Vermehrung des Devisenbestandes eines Landes ergibt. Umgekehrt ergibt sich eine **passive Zahlungsbilanz.**

Es ist durchaus möglich, daß bei einer *aktiven Handelsbilanz* die Zahlungsbilanz passiv ist. Die USA z. B. haben durch hohen Gold- und Devisenabfluß für Auslandshilfe, Militärausgaben und Kapitalexporte trotz Handelsbilanzüberschüssen meist eine passive Zahlungsbilanz. Durch die Geldüberweisungen der Gastarbeiter an ihre Familien entstand auch in der Bundesrepublik Deutschland schon ein Zahlungsbilanzdefizit.

Durch Gold- und Devisenreserven, seit 1969 auch durch die Sonderziehungsrechte, können Zahlungsbilanzdefizite ausgeglichen werden. Die Reserven müssen aber irgendwann einmal durch Zahlungsbilanzüberschüsse verdient worden sein. Zahlungsbilanzüberschüsse, insbesondere verursacht durch eine aktive Handels- und Dienstleistungsbilanz, bedeuten steigende Nachfrage nach Inlandsgütern, was wiederum zu Preissteigerungen führt (Inflationsgefahr).

Wesentliche Lerninhalte

- Die **Zahlungsbilanz ist die Gegenüberstellung aller Zahlungsforderungen und Zahlungsverpflichtungen eines Landes gegenüber dem Ausland** innerhalb eines Jahres.

- Teilbilanzen der Zahlungsbilanzen sind:
  - ▶ die **Leistungsbilanz.** Sie umfaßt
    - die Handelsbilanz = Gegenüberstellung der Einfuhr und Ausfuhr
    - die Dienstleistungsbilanz
    - die Schenkungsbilanz (Bilanz der Übertragungen)
  - ▶ die **Kapitalverkehrsbilanz**
  - ▶ die **Auslandsposition (Devisenbilanz)**
- **Aktive Zahlungsbilanz** heißt: Zahlungsforderungen an das Ausland sind *größer* als Zahlungsverpflichtungen.
- **Passive Zahlungsbilanz** heißt: Zahlungsforderungen an das Ausland sind *kleiner* als die Zahlungsverpflichtungen.
- Die Zahlungsbilanz kann durch Abbau oder Vermehrung der Reservewährungen (Gold, Devisen, Sonderziehungsrechte) ausgeglichen werden.

Aufgaben zur Sicherung des Lernerfolgs

1 Was beinhaltet die Handelsbilanz?

2 Auswertung der Statistik „Zahlungsbilanzen der Bundesrepublik Deutschland" auf S. 438:

a) Zeichnen Sie Kurvendiagramme für die Entwicklung der Teilbilanzen der Zahlungsbilanz (ohne D. und E.)!

b) Versuchen Sie, diese Entwicklungen volkswirtschaftlich zu beurteilen!

3 Welche Ursachen können

a) Zahlungsbilanzüberschüsse

b) Zahlungsbilanzdefizite haben?

4 Im Wirtschaftsteil der Zeitungen werden laufend Informationen über Außenhandels- und Zahlungsbilanzprobleme gebracht. Welche Probleme stehen gegenwärtig im Vordergrund?

5 In welchen Teilbilanzen der Zahlungsbilanz wirken sich folgende Vorgänge aus?

a) Gastarbeiter überweisen Geld in die Türkei.

b) Die Bundesrepublik Deutschland kauft Holz in der Republik Rußland.

c) Südafrika bezieht Landmaschinen aus Stuttgart.

d) Zahlung einer Reisegesellschaft an ein Hotel in Tunesien.

e) Die Daimler-Benz AG erhält Lizenzgebühren aus Japan.

f) Die BASF baut eine Produktionsstätte für Düngemittel in Brasilien.

g) England zahlt Stationierungskosten für Truppen in Norddeutschland.

h) ein Großverdiener kauft für 1 Million Dollar US-Anleihen.

i) Die Bundesbank verkauft Gold an die USA, um den DM-Kurs zu stützen.

8.4.4 Konjunkturpolitik

Problem

Das Auf und Ab der Konjunktur ist das Kennzeichen einer jeden Marktwirtschaft. Auf eine Phase mit zunehmenden Wachstumsraten folgt eine Phase mit abnehmenden Wachstumsraten. Bisweilen endet ein solcher Konjunkturzyklus auch in einer Rezession, also in einer Schrumpfung der Wirtschaftsleistung. Insoweit ist die Berg- und Talfahrt der deutschen Wirtschaft seit 1950 nichts Besonderes. Auffällig ist aber, daß nahezu jeder Konjunkturaufschwung schwächer ausfiel als der vorhergehende und daß sich die Konjunkturtäler immer tiefer einkerbten. Wachstumsraten wie in den 50er Jahren, den stürmischen Aufbaujahren der Bundesrepublik, gehören längst der Vergangenheit an. Der letzte Boom mit seinem Höhepunkt im Jahre 1969 hat bisher keinen Nachfolger gefunden, der diesen Namen verdiente. Zwar durchläuft die deutsche Wirtschaft derzeit eine Phase langen Wachstums. Doch die Anstiegsraten sind im Vergleich zu früheren Konjunkturzyklen bescheiden. Zu bedenken ist dabei freilich, daß ein Prozent Wachstum heute wesentlich gehaltvoller ist als früher. In Geld ausgedrückt bedeutet ein solcher Anstieg heute ein Plus von 22 Milliarden DM. Für dieses Ergebnis wäre Anfang der 60er Jahre noch eine Wachstumsrate von drei Prozent erforderlich gewesen.

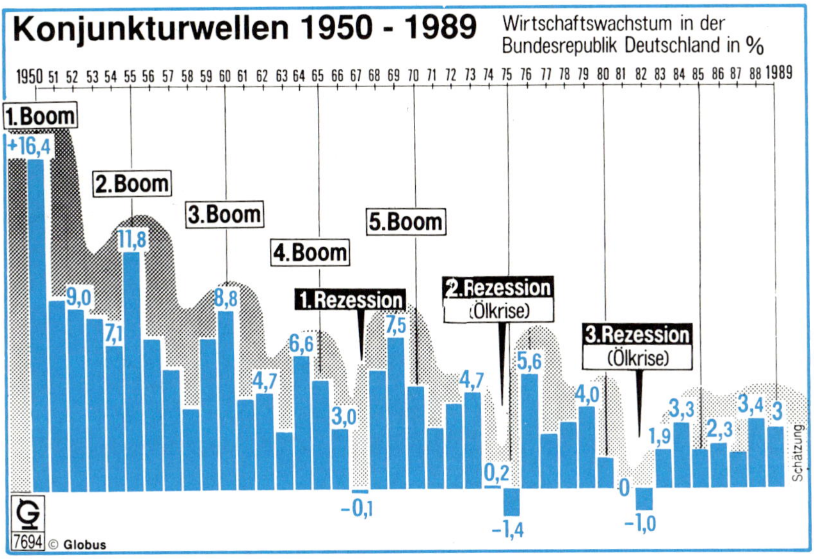

Welche Ursachen können Konjunkturwellen haben?

Sachdarstellung

8.4.4.1 Das Wesen der Konjunktur

Konjunkturen sind *Wirtschaftsschwankungen,* die verschiedene Ursachen haben können. In Zeiten ansteigenden Wirtschaftswachstums spricht man von „guter Konjunktur“, umgekehrt von „schlechter Konjunktur“. Wirtschaftswissenschaftlich genauer werden unterschieden:

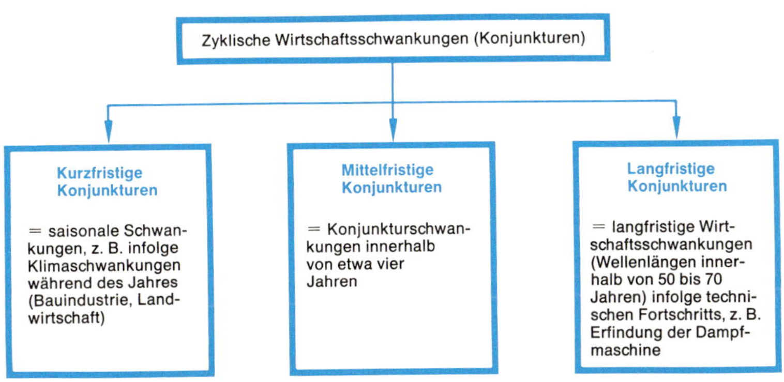

8.4.4.2 Der Konjunkturverlauf

In der Regel zeigen Konjunkturschwankungen folgende Verlaufsabschnitte (Phasen): *Tiefstand, Aufschwung, Hochkonjunktur (Boom), Abschwung.*

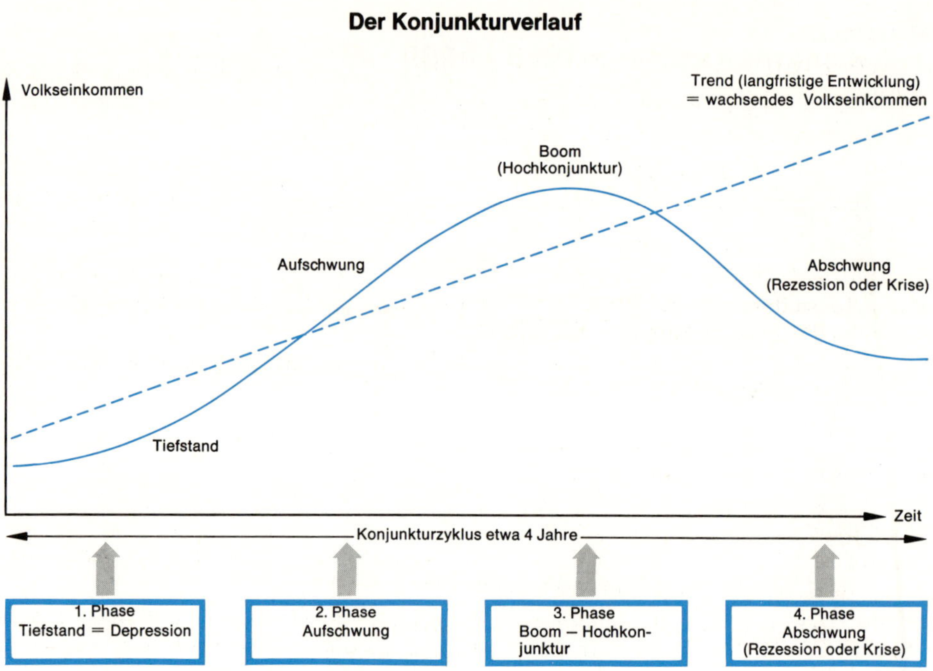

1. Phase: Tiefstand (Depression)

Merkmale:

- Tiefstand der Produktion, des Umsatzes und der Güterpreise

  Der geringere Bedarf an den Produktionsfaktoren Arbeit und Kapital hat *Arbeitslosigkeit* und *hohe Fixkosten* der Unternehmungen durch unausgenützte Kapazitäten zur Folge. Die wirtschaftlich schwächsten Unternehmungen (Grenzunternehmen) scheiden aus (Konkurse).

  Niedrige Güterpreise verursachen niedrige Gewinne, was sich wiederum auf das Lohn- und Zinsniveau auswirkt.

- depressive (= niedergedrückte) wirtschaftliche Stimmung der Produzenten und Konsumenten

  Infolge ihrer Existenzsorgen bzw. geringer Rentabilitätserwartungen sind die Unternehmer nicht investitionsfreudig. Diese geringe Investitionsneigung wird durch die zögernde Kaufhaltung der Konsumenten noch verstärkt, weil sie weitere Preissenkungen erwarten.

Starke Arbeitslosigkeit kann die Arbeitnehmer für politischen Radikalismus anfällig machen (z. B. starkes Anwachsen der Anhänger Adolf Hitlers durch die Wirtschaftskrise des Deutschen Reiches in den Jahren 1929 bis 1933).

2. Phase: Aufschwung

Merkmale:

- Anstieg der Produktion, des Umsatzes und (langsam) der Güterpreise
- Zunahme der Investitionen
- Ansteigen der Wertpapierkurse, insbesondere der Aktienkurse
- Rückgang der Arbeitslosigkeit
- optimistische Unternehmererwartungen und ansteigende Kaufhaltung der Konsumenten

Ursache für den Aufschwung **(expansive Entwicklung)** sind steigende Unternehmergewinne, da die Rohstoffpreise in der Depression stärker sinken als die Preise der Fertigprodukte. Dies stimuliert die Investitionsfreude der Unternehmer.

Geht der Aufschwung rasch vor sich, entsteht ein Boom (Konjunkturüberhitzung), der bereits die 3. Phase, die Hochkonjunktur, darstellt oder zumindest einleitet.

3. Phase: Hochkonjunktur (Boom)

Merkmale:

- große Produktion, hohe Umsätze, hohes, immer mehr steigendes Preis- und Lohnniveau (Lohn-Preis-Spirale), hohe Kapitalzinsen
- Vollbeschäftigung, meist Überbeschäftigung. Sie veranlaßt die Unternehmer, Arbeitskräfte durch Maschinen zu ersetzen (Automation), was Kapitalerweiterungen nötig macht.
- gedämpfte Erwartungen der Unternehmer. Inflationsangst beeinflußt das wirtschaftliche Handeln der Menschen.

4. Phase: Abschwung (Krise oder Rezession)

Die Hochkonjunktur beginnt dann wieder abzusinken, wenn die Produktion infolge der hohen Güterpreise nicht mehr voll nachgefragt wird. Dies führt zu einer **Rezession,** wenn die Industrieproduktion bis zu etwa 20 Prozent zurückgeht oder das Bruttosozialprodukt bis zu sechs Prozent sinkt. Was darüber noch hinausgeht, kennzeichnet die **Krise,** die zur Depression führt.

Merkmale:

- Rückgang der Produktion, des Umsatzes und der Güterpreise
- beginnende, steigende Arbeitslosigkeit
- Fallen der Wertpapierkurse
- sinkendes Zinsniveau
- rückläufige Lohnentwicklung
- pessimistische Stimmung der Produzenten und Konsumenten

Wesentliche Lerninhalte

- **Konjunkturen** sind kurzfristige, mittelfristige und langfristige Wirtschaftsschwankungen
- Der **Konjunkturverlauf** zeigt vier Phasen:
  1. Tiefstand = Depression
  2. Aufschwung
  3. Hochkonjunktur = Boom
  4. Abschwung = Rezession oder Krise

Aufgaben zur Sicherung des Lernerfolgs

1 Suchen Sie weitere Beispiele für kurzfristige Wirtschaftsschwankungen!

2 Suchen Sie nach weiteren Beispielen für umwälzende technische Neuerungen, die eine langfristige Konjunktur verursacht haben!

3 Versuchen Sie, die drei Arten der zyklischen Wirtschaftsschwankungen in jeweils einem Kurvendiagramm darzustellen! Überlegen Sie Beispiele hierzu!

4 Welcher Konjunkturphase kann die derzeitige Wirtschaftslage zugeordnet werden? Stellen Sie die einzelnen Merkmale dafür fest!

5 ★ „Die Depression birgt bereits die Ursachen für die Gesundung der Wirtschaft.“ Versuchen Sie, diesen Satz volkswirtschaftlich zu begründen!

6 a) Weshalb fallen in der Krise die Aktienkurse?

b) Weshalb sinken in der Krise die Zinsen?

7 In der Bundesrepublik Deutschland befinden sich über 1,782 Millionen Gastarbeiter (1990)[1]. Welche Probleme entstehen für sie in einer Krise?

8 Theoretisch müssen in einer Krise die Löhne sinken. Wer wird sich dagegen wehren? Welche volkswirtschaftlichen Folgen ergeben sich aus dieser Situation?

9 ★ Weshalb richtet sich staatliche Einnahmepolitik zur Konjunktursteuerung auf die direkten Steuern (Lohn-, Einkommen- und Körperschaftsteuer) und nicht auf die indirekten Steuern (Umsatzsteuer Verbrauchssteuern)?

10 **Der „Schwarze Freitag“ 1929**

Vor 50 Jahren, am 24. Oktober 1929, leitete der Schwarze Freitag an der New Yorker Börse die große Weltwirtschaftskrise ein.

Bei Kriegsende waren die USA zum Hauptgläubiger Europas aufgestiegen. Aber die in den zwanziger Jahren wiedererrichteten Zollmauern erschwerten den Europäern die Bezahlung der Schulden durch Exporte. Gleichzeitig ließen in Europa und besonders in Deutschland Geldentwertungen und Inflationen das Vertrauen ins Geld schwinden.

Dann – in Deutschland war inzwischen ein Währungsschnitt erfolgt – setzte in der zweiten Hälfte der zwanziger Jahre auch in Europa ein allgemeiner wirtschaftlicher Aufschwung, wie er in den USA längst wieder im Gange war, ein. Der Kapitalmangel in Deutschland wurde zum größten Teil durch zusätzliche Auslandsverschuldung, und vielfach mit kurzfristigen Geldern, ausgeglichen – ein Kardinalfehler, der sich später bitter rächte, als in der Weltwirtschaftskrise die Auslandskredite, hauptsächlich aus den USA, zurückgerufen wurden und faktisch die deutsche Bankenkrise 1931 auslöste. Zuvor aber waren in der neuen Aufschwungphase der Industrieländer, in Amerika als „Prosperity“ bezeichnet, überall neue Kapazitäten geschaffen worden. Neue Produkte eroberten neue Märkte. Autos und Flugzeuge, Radios, der Film und Kunstseide waren die Erzeugnisse, die die Fabrikation und das Leben veränderten.

Das Sozialprodukt ging in Deutschland von 1929 bis 1932 um 16 % zurück. Arbeitslosigkeit breitete sich aus: Im Februar 1928 waren 1,9 Millionen Menschen ohne Arbeit. Zwei Jahre später waren es bereits 3,4 Millionen. Im Februar 1932 standen über 6 Millionen Arbeitslose auf der Straße. Nur 11,9 Millionen Arbeitnehmer hatten noch eine Beschäftigung.

[1] nicht zu verwechseln mit den weit über 6 Millionen Ausländern, die insgesamt in Deutschland leben.

Dies waren die wirtschafts- und finanzpolitischen Rezepte, die damals zur Krisenbewältigung angewandt wurden:

- Lohnkostensenkungen
- Schutz des Inlandsmarktes vor ausländischer Konkurrenz
- strikte Kürzung der Staatsausgaben.

Diese Methoden erwiesen sich rückblickend als verhängnisvoll. Die Lohnsenkungen schwächten entscheidend die Verbrauchernachfrage und beraubten den Wirtschaftskreislauf damit seiner wichtigsten Stütze.

Der Versuch, auf Kosten anderer Länder Exporte zu steigern und Importe zu bremsen, konnte schon deshalb nicht erfolgreich sein, weil die anderen natürlich ähnlich vorgingen.

Die rigorosen Haushaltskürzungen bewirkten ebenfalls nichts Gutes: Die Staatsausgaben wurden sinkenden Steuereinnahmen angepaßt, die Kreditfinanzierung wurde eingeschränkt, die öffentlichen Investitionen wurden drastisch gekürzt. Dadurch gab es eine zusätzliche Schwächung der Nachfrage mit der Folge des Verlustes weiterer Arbeitsplätze und der Beseitigung weiterer Produktionskapazitäten.

Die Wirtschaft geriet in einen sich selbst verstärkenden Strudel, der sie immer tiefer in die Depression hineinriß. Nirgendwo in den Industriestaaten war die Arbeitslosigkeit höher als im Deutschland der 30er Jahre.

Analysieren Sie diesen Text und beantworten Sie kurz folgende Fragen:

a) Wodurch wurde der Börsenkurssturz am „Schwarzen Freitag" ausgelöst? Wie war die Entwicklung nach dem Ersten Weltkrieg?
b) Weshalb waren die volkswirtschaftlichen Rezepte gegen die Krise falsch?
c) Welche volkswirtschaftlichen Maßnahmen wären zur Bewältigung der Krise richtig gewesen?

8.5 Geldpolitische Maßnahmen der Deutschen Bundesbank[1]

Problem

Bundesbank senkt Leitzinsen deutlich um einen halben Prozentpunkt

Der Diskontsatz wurde vom Zentralbankrat am 30. März 1995 in Frankfurt von 4,5 auf 4,0 zurückgenommen. Damit befindet sich der Leitzins auf dem niedrigsten Niveau seit April 1989. Seit dem Zinshöhepunkt Mitte 1992 – Diskont 8,75 und Lombard 9,75 Prozent – haben die Währungshüter die Leitzinsen insgesamt zwölfmal reduziert. Der Lombardsatz blieb unverändert.

Hauptursache der Diskontsatzsenkung war die Stützung des stark gefallenen US-Dollars und die Bremsung der DM-Aufwertung.

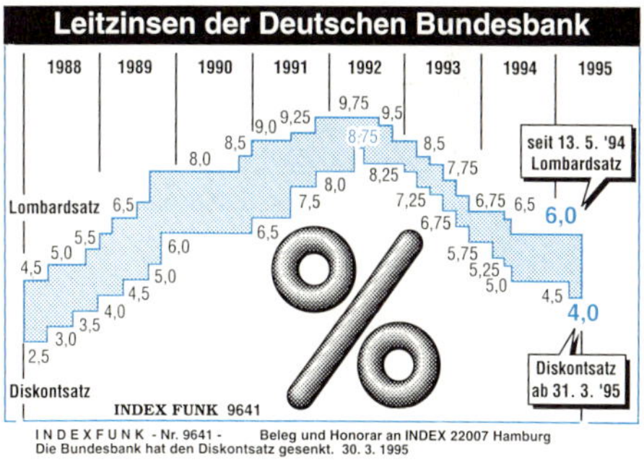

① Weshalb wurde der Diskontsatz gesenkt?

② Welche volkswirtschaftlichen Wirkungen werden von dieser Senkung der Bankrate erwartet?

[1] Siehe auch Statistik auf Seite 520!

Sachdarstellung

8.5.1 Grundbegriffe der Geldpolitik[1]

- **Wesen der Geldpolitik**

Unter Geldpolitik versteht man die Eingriffe der Deutschen Bundesbank und auch der Bundesregierung in die Geldversorgung der Wirtschaft.

Das alleinige Recht zur Ausgabe von Banknoten hat die Deutsche Bundesbank als öffentlich-rechtliche Einrichtung **(Zentralbank).**

Die Deutsche Bundesbank hat darüber hinaus als *Notenbank* dafür zu sorgen, daß der bankmäßige Zahlungsverkehr im Inland und mit dem Ausland funktioniert und daß durch eine entsprechende Regelung des Geldumlaufs und der Kreditversorgung der Wirtschaft die Kaufkraft erhalten bleibt (s. **Gesetz über die Deutsche Bundesbank** – BBankG – vom 26.07.1957 sowie die **Satzung der Deutschen Bundesbank** – BBK-Satzung – vom 27.11.1958). Sie wird daher auch als „Hüterin der Währung" bezeichnet. Hierbei ist es wichtig, daß sie bei der Ausübung ihrer Aufgaben von Weisungen der Bundesregierung *unabhängig* ist. Sie ist aber verpflichtet, die Wirtschaftspolitik der Bundesregierung zu unterstützen (siehe auch S. 449).

Das Recht Münzen zu prägen, hat in der Bundesrepublik Deutschland nur der **Bund.** Er setzt soviele Scheidemünzen in Umlauf, wie zur reibungslosen Abwicklung der Bargeschäfte des täglichen Lebens erforderlich sind. Die Münzen werden über die Banken in den Verkehr gebracht. Abgenutzte Münzen werden, ebenfalls über die Banken, wieder aus dem Verkehr gezogen. Der Münzumlauf betrug im März 1990 11,6 Mrd. DM, der Banknotenumlauf 157,9 Mrd. DM.

Zu den Aufgaben der Geldpolitik gehört die Sicherung des Geldwertes im Inland und gegenüber dem Ausland.

Beim modernen Münz-, Papier- und Buchgeld muß die Knappheit des Geldes im Interesse der **Stabilität des Geldwerts** *künstlich* geschaffen und erhalten werden. Dies wird u. a. dadurch erreicht, daß die **Bargeldschöpfung**, d. h. die Ausgabe von Münzen und Banknoten, durch strenge Vorschriften geregelt ist.

- **Kredit**

Unter Kredit versteht man die zeitweilige Überlassung einer Geldsumme an einen anderen, der die Rückzahlung und die Entrichtung von Zinsen verspricht. Der Preis für den überlassenen Geldbetrag ist der **Zins,** ausgedrückt in Prozent des Kreditbetrags pro Jahr, z. B. 6 Prozent Zinssatz oder Zinsfuß pro Jahr (pro anno).

- **Kreditinstitute**

Dies sind Unternehmen, die Bankgeschäfte betreiben. Bankgeschäfte sind gemäß § 1 Abs. 1 des *Kreditwesengesetzes* u. a.:

- das **Einlagengeschäft,** d. h. die Annahme fremder Gelder (Passivgeschäft)
- das **Kreditgeschäft,** d. h. die Gewährung von Darlehen (Aktivgeschäft)
- das **Diskontgeschäft,** d. h. der Ankauf von Wechseln und Schecks
- das **Effektengeschäft,** d. h. der Kauf und Verkauf von Wertpapieren, z. B. Aktien oder festverzinslichen Wertpapieren.
- das **Depotgeschäft,** d. h. die Verwahrung und Verwaltung von Wertpapieren für andere;
- das **Girogeschäft,** d. h. die Durchführung des bargeldlosen Zahlungsverkehrs;
- das **Garantiegeschäft,** d. h. die Übernahme z. B. von Bürgschaften.

[1] Überblick über Wesen und Aufgabe des Geldes siehe S. 245 ff.

- **Liquidität („Flüssigkeit")**

  Dies ist der Begriff für folgende Tatbestände:

  – die Eigenschaft von Vermögensgegenständen, z. B. Grundstücken, Gebäuden, Warenvorräten, Wertpapieren, Wechseln, Schecks, Forderungen, Bankguthaben, Bargeld, als *Zahlungsmittel* zu dienen und in eine gewünschte *Vermögensform umgewandelt* werden zu können;
  – die Fähigkeit eines Wirtschaftssubjektes, z. B. eines Kaufmanns oder einer Aktiengesellschaft, zu einem bestimmten Zeitpunkt vorhandene Zahlungsverpflichtungen erfüllen zu können.

- **Diskontsatz (Bankrate)**

  Dies ist der Zinssatz, zu dem die Zentralbank bereit ist, *Wechsel anzukaufen,* d. h. zu *diskontieren* oder von Kreditinstituten gekaufte Wechsel zu erwerben *(rediskontieren).*

- **Lombardsatz**

  Dies ist der Zinssatz, zu dem die Zentralbank den Kreditinstituten Darlehen gegen die Verpfändung von Wertpapieren gewährt (Lombardkredite). Der Lombardsatz ist in der Regel meist 1 % höher als der Diskontsatz.

- **Rediskontkontingente**

  Dies ist der von der Zentralbank festgelegte *Höchstbetrag an Wechseln,* bis zu dem die Kreditinstitute rediskontieren, d. h. erworbene Wechsel zur Geldbeschaffung an die Zentralbank verkaufen können. Dieser Höchstbetrag an Rediskonten darf nicht überschritten werden.

- **Mindestreserven**

  Dies sind die Beträge, welche die Kreditinstitute von ihren Einlagen (Verbindlichkeiten gegenüber ihren Kunden) bei der Zentralbank anlegen müssen. Der *Mindestreservesatz* ist der von der Deutschen Bundesbank (Zentralbank) hierfür vorgeschriebene Prozentsatz (§ 16 BBankG).

  Erhöhen sich die Einlagen der Bankkunden, so müssen die Mindestreserven entsprechend aufgestockt werden; ein Teil der Bankenliquidität wird hierdurch abgeschöpft (Liquiditätsbremse).

- **Zentralbank-Geldmenge**

  Dies ist die maßgebliche Größe für die Geldmengenpolitik der Bundesbank. Sie erfaßt das Bargeld und die Mindestreserven, die die Banken zinslos bei der Notenbank halten müssen. Man unterscheidet:

  - **M 1:** Bargeldumlauf und Sichteinlagen (Giroguthaben).
  - **M 2:** M 1 plus Termineinlagen mit einer Laufzeit von bis zu vier Jahren.
  - **M 3:** M 2 plus Spareinlagen mit gesetzlicher Kündigungsfrist. Dieser umfassende Geldmengenbegriff wird nun zur Grundlage für die Geldpolitik der Bundesbank.

8.5.2 Das geldpolitische Instrumentarium der Deutschen Bundesbank

8.5.2.1 Diskontpolitik

Dies ist die Veränderung des *Diskontsatzes,* zu dem die Bundesbank Wechsel von den Geschäftsbanken ankauft, d. h. rediskontiert. Eine Erhöhung der Bankrate verteuert den Rediskont, eine Herabsetzung verbilligt ihn. Da die Geschäftsbanken den Diskontsatz, zu welchem sie Wechsel von der übrigen Wirtschaft ankaufen, im allgemeinen den Veränderungen der Bankrate anpassen, wird durch die Diskontpolitik der Bundesbank letzten Endes auch der Diskontkredit der Geschäftsbanken verteuert oder verbilligt. Darüber hinaus gilt die Bankrate als „Leitzins" für alle anderen Bankkredite.

Stark vereinfacht läßt sich somit feststellen, daß durch die Diskontpolitik das allgemeine Zinsniveau für Bankkredite und damit die Bereitschaft zur Kreditaufnahme beeinflußt werden kann. Die Vorstellung, daß die durch eine Diskonterhöhung hervorgerufene Anhebung der Zinssätze die Investitionen der Wirtschaft, soweit sie durch Kredite finanziert werden, drosseln könnte, trifft kurzfristig allerdings nur für besonders zinsempfindliche Projekte zu, wie z. B. Bauvorhaben. Vor allem aber ist nicht zu erwarten, daß die durch eine Diskontsenkung bewirkte Zinssenkung ohne weiteres imstande ist, die Investitionen anzukurbeln. Die Investitionsneigung der Unternehmer wird in erster Linie von ihren Gewinnerwartungen bestimmt. Hierbei spielt aber der Zinsfuß nur eine untergeordnete Rolle.

Trotz dieser Einschränkungen ist die Diskontpolitik ein wichtiges Instrument der Geld- und Kreditpolitik der Bundesbank geblieben. Diskonterhöhungen gelten als *Signal* für eine Politik der Geldverknappung, Diskontsenkungen hingegen kündigen Maßnahmen zur Geldausweitung an.

Gleiche Wirkung erzielt die **Rediskontkontingentpolitik,** d. h. eine Veränderung des Höchstsatzes für die Rediskontierung der Kreditinstitute bei der Bundesbank. Durch eine Erhöhung vergrößert sich die Liquidität der Kreditinstitute, d. h. sie können zusätzliche Wechselkredite gewähren. Umgekehrt wird bei einer Senkung des Rediskontkontingents die Bankenliquidität eingeschränkt, also die Wechseldiskontierung erschwert.

8.5.2.2 Lombardpolitik

Dies ist die Erhöhung oder Senkung des Lombardsatzes, also des Zinssatzes, zu dem die Deutsche Bundesbank als Zentralbank bereit ist, Kreditinstituten Darlehen gegen Verpfändung von Wertpapieren zu gewähren. Veränderungen des Lombardsatzes haben ähnliche geldpolitische Wirkungen wie die Diskontpolitik. Diskont- und Lombardsatzveränderungen sind stets miteinander gekoppelt.

8.5.2.3 Offenmarktpolitik

Der An- und Verkauf von Wertpapieren, insbesondere Geldmarktpapieren durch die Zentralbank wird als Offenmarktpolitik bezeichnet.

Der **Geldmarkt** ist einmal der Markt für *Zentralbankguthaben,* zum anderen für *Geldmarktpapiere.* Dies sind

- **Schatzwechsel,** d. h. kurzfristige Verpflichtungen des Staates in Form von Wechseln (Laufzeit 30-90 Tage);
- **Unverzinsliche Schatzanweisungen,** d. h. Wertpapiere des Staates mit kurzen Laufzeiten (6 bis 24 Monate);
- **Privatdiskonten,** d. h. Wechselakzepten der Kreditinstitute zu besonderen Bedingungen. Sie werden zu dem speziellen Privatdiskontsatz auf dem Privatdiskontmarkt gehandelt.

Werden Offenmarktpapiere von der Zentralbank verkauft, so verringern sich die Zentralbankguthaben der Kreditinstitute bei der Deutschen Bundesbank. Hierdurch *verringert* sich die Geldmenge, die von den Geschäftsbanken dem Geldmarkt zur Verfügung gestellt werden kann. Bei unveränderter Nachfrage werden die Zinssätze am Geldmarkt steigen. Kauft dagegen die Zentralbank Offenmarktpapiere an, fließt den Geschäftsbanken Zentralbankgeld zu, d. h. der Geldmarkt wird flüssiger, das Geldangebot steigt, das Zinsniveau sinkt bei gleichbleibender Nachfrage.

Die Bankliquidität wird in beiden Fällen hierdurch nicht verändert, wohl aber die Zusammensetzung der liquiden Mittel.

Natürlich hängt die Wirkung der Offenmarktpolitik davon ab, ob die Geschäftsbanken auch bereit sind, die Offenmarktpapiere zu handeln oder nicht. Es muß ihnen von der Zentralbank eine hierzu anreizende Rendite geboten werden. Ein weiterer Anreiz für die Banken, mit Offenmarktpapieren zu handeln, besteht darin, daß sie damit ihre Mindestreserven erhöhen und senken können.

8.5.2.4 Mindestreservepolitik

Dies ist das Instrument der Deutschen Bundesbank, um die Liquidität des Bankensystems zu beeinflussen und hierdurch das Kreditvolumen auszudehnen oder zu verringern.

- **Erhöhung der Mindestreservesätze:**

  Danach müssen die Kreditinstitute *höhere* unverzinsliche Guthaben bei der Zentralbank unterhalten. Hierdurch verringert sich die Möglichkeit, dem Geldmarkt Mittel zuzuführen, was zu **Zinserhöhungen** führt. So kann die Deutsche Bundesbank indirekt das Konjunkturklima dämpfen (kontraktive Wirkung), denn bei Verringerung der Kreditvergabe wird die Nachfrage entspannt oder vermindert, das Produktionsvolumen gesenkt.

- **Senkung der Mindestreservesätze**

  Hierdurch verfügen die Kreditinstitute über freie Guthaben, die sie zuvor bei der Zentralbank als Mindestreserve unterhalten mußten. Die Banken werden bestrebt sein, diese freien Mittel am Geldmarkt als Kredite unterzubringen, wodurch die Zinssätze gesenkt werden können. Macht die Wirtschaft Gebrauch von dem verbilligten Kreditangebot, wird die Investitionstätigkeit angekurbelt, die Nachfrage belebt, das Produktionsvolumen ausgedehnt (expansive Wirkung).

  Die Mindestreservepolitik ist das wirksamste geldpolitische Instrument der Deutschen Bundesbank, da sie hiermit unmittelbar auf die Liquidität der Kreditinstitute einwirken kann. Sie kann zwar nicht direkt die Nachfrage beeinflussen, aber doch Voraussetzungen dafür schaffen.

Die wichtigsten geld- und kreditpolitischen Mittel der Deutschen Bundesbank

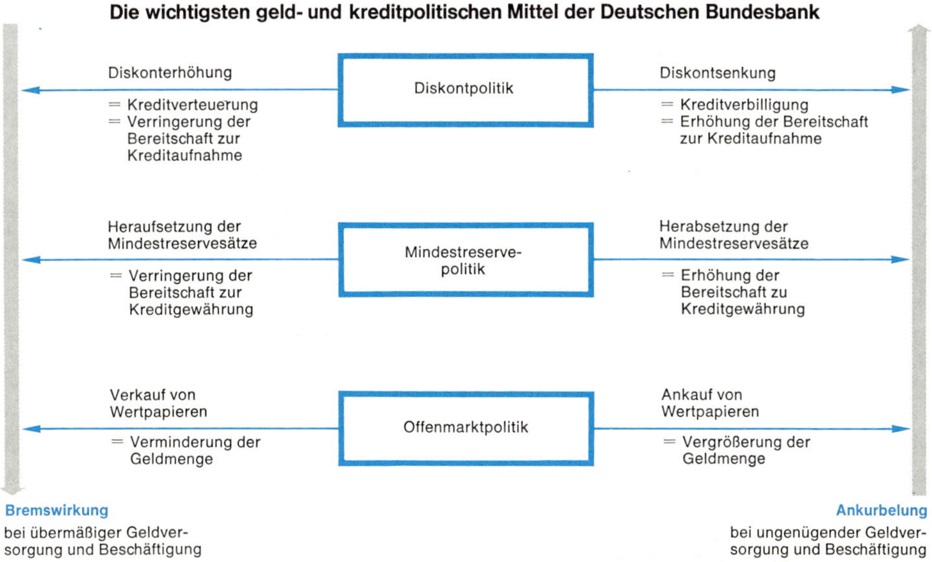

8.5.3 Der Aufbau der Deutschen Bundesbank (Zentralbank)

- **Organe** der Deutschen Bundesbank sind der Zentralbankrat, das Direktorium und die Vorstände der Landeszentralbanken (BBankG § 5).

- **Der Zentralbankrat**

  Er besteht aus dem Präsidenten und dem Vizepräsidenten der Deutschen Bundesbank, den Mitgliedern des Direktoriums (siehe unten) und den Präsidenten der Landeszentralbanken.

  Der Zentralbankrat bestimmt die Währungs- und Kreditpolitik der Bank. Er kann dem Direktorium und den Landeszentralbanken Weisungen erteilen.

- **Das Direktorium**

  Es besteht neben dem Präsidenten und dem Vizepräsidenten der Bundesbank aus höchstens acht Mitgliedern, welche eine besondere fachliche Eignung für dieses Amt besitzen müssen.

  Aufgabe des Direktoriums ist, die Beschlüsse des Zentralbankrats durchzuführen, insbesondere
  - Geschäfte mit dem Bund,
  - Geschäfte mit Kreditinstituten, soweit sie das ganze Bundesgebiet betreffen,
  - Devisengeschäfte und sonstige Auslandsgeschäfte,
  - Offenmarktpolitik.

  Das Direktorium leitet und verwaltet die Deutsche Bundesbank.

- **Die Landeszentralbanken**

  Landeszentralbanken sind Hauptverwaltungen der Deutschen Bundesbank in jedem Land der Bundesrepublik Deutschland. Sie führen insbesondere Geldgeschäfte mit dem Land und öffentliche Verwaltungen des Landes durch, aber auch Geldgeschäfte mit Kreditinstituten (Banken) in ihrem Bereich.

(Siehe auch S. 446!)

Aufbau der Deutschen Bundesbank („Hüterin der Währung")

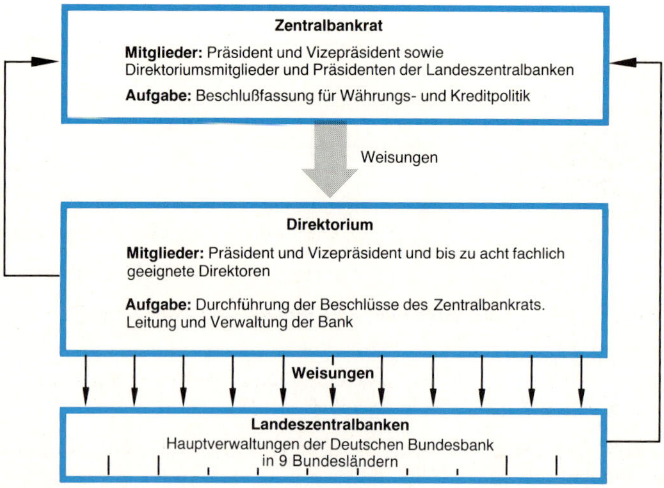

Wesentliche Lerninhalte

- **Oberstes Ziel der Geldpolitik** ist die Erhaltung der Kaufkraft des Geldes (Währungsstabilität).
- Bei edelmetallgebundenen Währungen ergibt sich die Knappheit des Geldes durch die Seltenheit der betreffenden Metalle, bei *freien Währungen muß sie durch Beschränkung der Geldschöpfung* erreicht werden.
- **Das alleinige Recht zur Ausgabe von Scheidemünzen** hat der *Bund.*
- **Banknoten** dürfen nur von der *Deutschen Bundesbank* ausgegeben werden.
- Die Fähigkeit der Geschäftsbanken zur Buchgeldschöpfung wird nur durch die Notwendigkeit zur Unterhaltung von Barreserven beschränkt.
- Infolge der gewaltigen Zunahme des Buchgeldes ist die Beeinflussung der Geldschöpfung das wichtigste Mittel zur Regulierung der Geldmenge. Die Deutsche Bundesbank bedient sich hierzu der **Mindestreservepolitik,** der **Offenmarktpolitik** sowie der **Diskontpolitik.**
- Die **Deutsche Bundesbank** regelt mit Hilfe ihrer währungs- und kreditpolitischen Mittel den Geldumlauf und die Kreditversorgung der Wirtschaft. Sie ist Kassenhalterin für Bund und Länder und sorgt für den Zahlungsverkehr im Inland und mit dem Ausland. Ihr oberstes Ziel ist, die Währung stabil zu halten. Deshalb wird sie auch als die „Hüterin der Währung" bezeichnet.
  Die Deutsche Bundesbank ist **unabhängig von Weisungen der Bundesregierung,** aber verpflichtet, die Bundesregierung bei ihren währungspolitischen Entscheidungen zu unterstützen.
- **Organe der Deutschen Bundesbank** sind der Zentralbankrat, das Direktorium und die Vorstände der Landeszentralbanken.

Aufgaben zur Sicherung des Lernerfolgs

1 Erklären Sie **kurz** die Begriffe

a) Geldpolitik
b) Geldwert
c) Deutsche Bundesbank (Zentralbank)
d) Kreditinstitut (Geschäftsbank)
e) Kredit
f) Diskontsatz
g) Lombardsatz
h) Rediskontierung
i) Rediskontingent
k) Mindestreserven
l) Zentralbankgeldmenge

2 Inwiefern kann man sagen, die Bundesbank könnte den Geldumlauf nur mittelbar steuern?

3 Wie wirken sich a) eine Erhöhung; b) eine Senkung der Bankrate (Diskontsatz) aus?

4 Nennen Sie mögliche Ursachen a) für eine Erhöhung der Bankrate; b) für eine Senkung der Mindestreservesätze!

5 Wie wirkten sich Maßnahmen der Offenmarktpolitik der Deutschen Bundesbank a) auf die Wirtschaft allgemein; b) auf die Wertpapierkurse aus?

6 ★ Wo liegen die Grenzen der wirtschaftspolitischen Steuerung durch die Diskontpolitik der Deutschen Bundesbank?

7 Volkswirtschaftliches Situationsbeispiel:

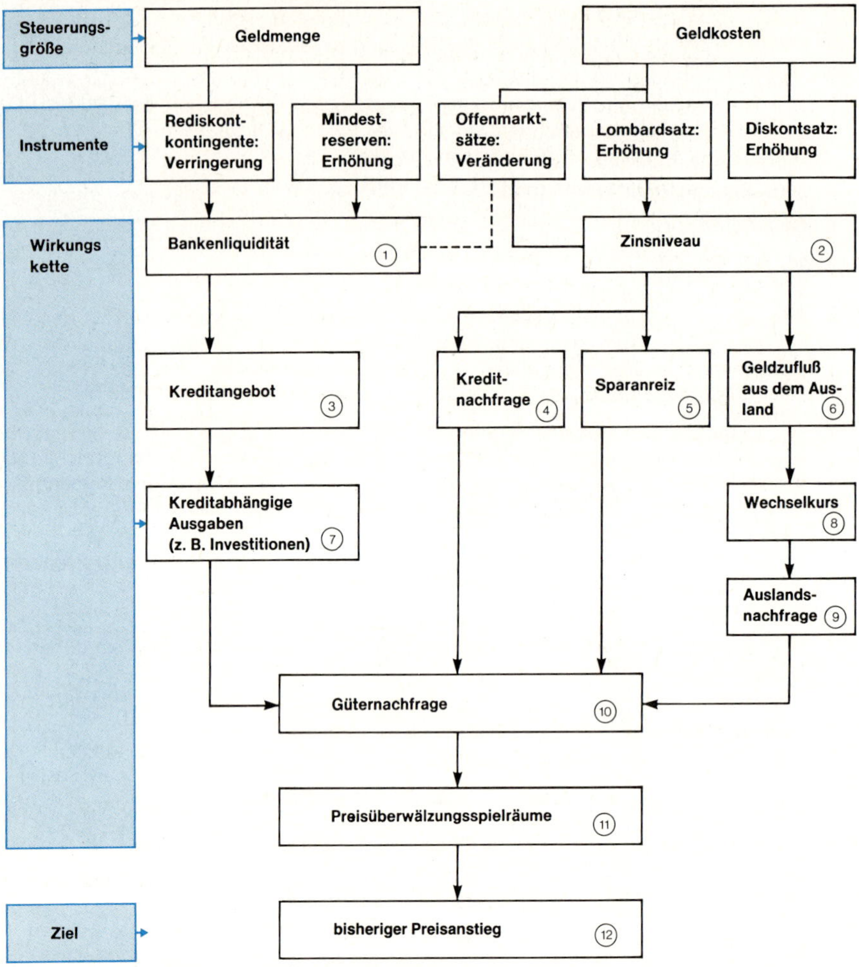

Übertragen Sie das Ablaufdiagramm in Ihr Heft, wenn Ihnen das Lehrbuch nicht gehört! Beurteilen Sie dann die Auswirkungen bei Anwendung der genannten geldpolitischen Instrumente! Es steht Ihnen hierzu die Begriffe sinken, steigen, Verknappung, dämpfen und verringern für die Lösung zur Verfügung. Ordnen Sie die richtigen Begriffe den Ziffern ① bis ⑫ zu!

8 Welche Folgen könnten sich ergeben, wenn die Deutsche Bundesbank von Weisungen der Bundesregierung nicht unabhängig wäre?

9 Stellen Sie anhand der Graphik „Deutsche Aktienkurse und wichtige volkswirtschaftliche Daten“ auf S. 523 Wirkungszusammenhänge zwischen

a) Diskontsatz,
b) Kapitalzins,
c) Verbraucherpreisen und
d) Aktienkursen fest!

10 Verfolgen Sie im Wirtschaftsteil der von Ihnen gelesenen Tageszeitung Informationen über Maßnahmen der Deutschen Bundesbank! Halten Sie in Ihrem Heft das Wichtigste fest (Kurzbericht)!

11

Wirtschaftspolitik: Der Strategie-Wechsel

In den großen westlichen Industrieländern – so in den USA, Großbritannien und der Bundesrepublik Deutschland – vollzieht sich ein wirtschaftspolitischer Strategie-Wechsel: Die nachfrage-orientierte Konjunkturpolitik à la Keynes wird von einer Politik der Stärkung der „Angebotsseite“ abgelöst. Das Funktions-Schema verdeutlicht die unterschiedlichen Ansätze.

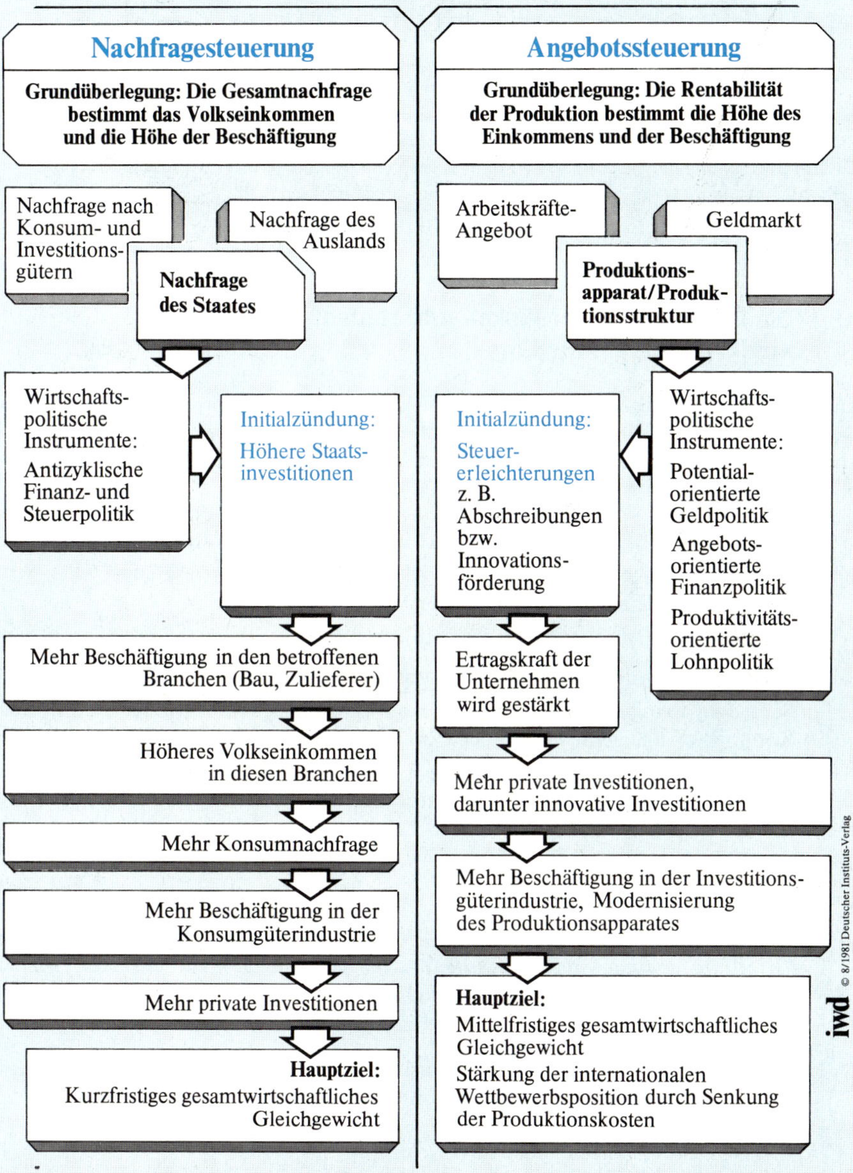

a) Lesen Sie das Schema genau durch! Prüfen Sie, ob Sie alle Begriffe verstehen und die wirtschaftspolitischen Folgerungen begreifen!

b) Worin liegen die Hauptunterschiede der beiden Steuerungsmaßnahmen?

c) Was veranlaßte die Wirtschaftspolitiker für diesen Strategie-Wechsel?

d) Versuchen Sie die Angebotssteuerung zu kritisieren. Immerhin ist die Nachfragesteuerung für die vergangenen 30 Jahre eine sehr erfolgreiche Wirtschaftspolitik gewesen!

8.6 Möglichkeiten der staatlichen Konjunkturpolitik

Problem

Das wirtschaftliche Wachstum unterliegt Schwankungen (vgl. Abb. auf S. 441). Neben den geldpolitischen Maßnahmen der Deutschen Bundesbank ist es Aufgabe der staatlichen Konjunkturpolitik, die Konjunkturschwankungen möglichst gering zu halten. Welche Möglichkeiten zur Konjunkturbeeinflussung und -steuerung hat der Staat?

Sachdarstellung

8.6.1 Die Instrumente der Fiskal- und Haushaltspolitik zur Konjunkturbeeinflussung

Zur Verwirklichung der in § 1 des Stabilitätsgesetzes gesetzten Ziele der Konjunkturpolitik, nämlich der Preisstabilität, der Vollbeschäftigung, dem außerwirtschaftlichen Gleichgewicht und dem Wirtschaftswachstum, stehen dem Staat folgende **Instrumente** der **Fiskal- und Haushaltspolitik** zur Verfügung:

1. Die **Beeinflussung des privatwirtschaftlichen Bereichs,** also der privaten Konsum- und Investitionsnachfrage durch
   - Änderung der Einkommen- und Körperschaftsteuersätze,
   - Änderung der Abschreibungsmöglichkeiten;
2. Die **Beeinflussung der öffentlichen Ausgaben durch antizyklische Haushaltspolitik,** d. h.
   - Schuldentilgung durch Bilden einer Konjunkturausgleichsrücklage zum Bremsen der Konjunktur über eine verminderte Staatsnachfrage;
   - vorübergehende Kreditfinanzierung staatlicher Ausgaben (deficit spending) und das Auflösen einer bestehenden Konjunkturausgleichsrücklage zum Anregen der Konjunktur über das Ausweiten der Staatsnachfrage.

Beispiele

- ▸ Die Einführung einer Ergänzungsabgabe von 6 % zur Einkommensteuer entzieht dem Wirtschaftskreislauf rund 2,5 Milliarden DM, falls dieser Betrag bei der Bundesbank stillgelegt wird.
- ▸ Unter der gleichen Bedingung schlägt ein 10prozentiger Zuschlag zur Lohn-, Einkommen- und Körperschaftsteuer mit rund 29 Milliarden DM zu Buche.
- ▸ Im Bereich der Einkommenspolitik „bringt" die Senkung der Steigerungsrate der Effektivlöhne und -gehälter der Staatsbediensteten um 1 Prozentpunkt etwa 5 Milliarden DM.

8.6.1.1 Die Beeinflussung des privatwirtschaftlichen Bereichs

Änderung der Einkommen- bzw. Körperschaftsteuersätze

Die Bundesregierung kann durch Rechtsverordnung verfügen, daß Einkommen-, Lohn-, Körperschaft-, Kapitalertrag- und Gewerbesteuer um höchstens 10 % erhöht oder gesenkt werden, um eine **Nachfragedämpfung** oder **Nachfragebelebung** zu bewirken. Die Maßnahme darf nur für längstens 1 Jahr verordnet werden. Auch die Vorauszahlungen auf die voraussichtliche Einkommensteuerschuld können zur Nachfragedämpfung erhöht bzw. zur Nachfragebelebung gesenkt werden.

Das Stabilitätsgesetz ermöglicht ferner, auf die Einkommensteuerschuld einen **Stabilitätszuschlag** von max. 10 % zu erheben, der erst nach dem Erreichen bestimmter Einkommensuntergrenzen fällig wird.

Für die staatliche Konjunkturpolitik besteht auch die Möglichkeit, den obengenannten Zuschlag so zu fordern, daß der Fiskus ihn zurückzahlen muß (= **Konjunkturzuschlag).** Zur Nachfragedämpfung wird der Zuschlag erhoben, zur Nachfragebelebung in Zeiten einer abbröckelnden Konjunkturlage zurückgezahlt.

Änderung der Abschreibungsmöglichkeiten

Das Nachfrageverhalten der Unternehmen kann auch über die **Abschreibungsmöglichkeiten beeinflußt werden,** d. h. die steuerliche *Absetzung für Abnutzung (AfA)* auf Güter des Anlagevermögens wird konjunkturpolitisch eingesetzt.

Zur *Nachfragebelebung* kann die Bundesregierung **Sonderabschreibungen,** z. B. nach § 7 d EStG zur Förderung des Umweltschutzes erlassen und zur *Nachfragedämpfung* diese erhöhten oder degressiven (= Absetzung in fallenden Jahresbeträgen) Abschreibungen wieder zurücknehmen oder einschränken.

Umgekehrt kann die Regierung zur *Konjunkturbelebung* den Investitionsgüterbereich dadurch begünstigen, daß Unternehmen für längstens 1 Jahr eine **Investitionsprämie** in der Weise gewährt wird, daß z. B. bis zu 7,5 % der Investitionsaufwendungen von der Einkommen- oder Körperschaftsteuerschuld abgezogen werden dürfen.

Dies kann auch durch die Gewährung einer **Investitionszulage** fiskalisch angeregt werden.

In diesem Falle gewährt der Staat unabhängig von der Einkommen- oder Körperschaftsteuerschuld einen bestimmten Prozentsatz der Investitionsaufwendungen als Zuschuß (z. B. Investitionszulage von 7,5 % der Anschaffungs- und Herstellungskosten für Anlageinvestitionen in der Zeit vom 30.11.19.. bis 01.07.19.. oder von 10 % für Investitionen, die im Jahre 19.. vorgenommen werden.

Alle diese Maßnahmen zielen darauf ab, im Falle des *Konjunkturtiefs* eine zu schwache Nachfrage der Konsumenten durch zusätzlich verfügbares Einkommen anzuregen, den Pessimismus der Unternehmer zu überwinden und die nachlassende Investitionsneigung zu beleben, um das Wirtschaftswachstum wieder anzukurbeln.

Im Falle eines *Booms, einer überschäumenden Konjuktur,* sollen die Maßnahmen verfügbares Einkommen entziehen, die Erträge durch Staatseinnahmen schmälern, damit das Wachstum auf ein gesamtwirtschaftliches wünschenswertes Maß zurückgeführt werden kann.

8.6.1.2 Die antizyklische Haushaltspolitik

Das Stabilitätsgesetz regelt die Anpassung der öffentlichen Finanzwirtschaft an die jeweilige Wirtschaftslage, um eine **aktive Konjunkturpolitik** betreiben zu können. Der Anteil der gesamten öffentlichen Ausgaben liegt bei 45,7 % des Bruttosozialprodukts. Diese Ausgaben wirken damit entscheidend auf den Konjunkturverlauf ein. Länder und Gemeinden können bei *abgestimmtem Verhalten* deshalb gezielte konjunktur- und wachstumspolitische Entscheidungen treffen. Solche Maßnahmen heißen antizyklische Finanzpolitik.

Konjunkturausgleichsrücklage

Eine *Nachfragedämpfung* kann erreicht werden, wenn die Bundesregierung verfügt, daß der Bund und die Länder bis zu 3 % der jährlich erzielten **Steuereinnahmen bei der Bundesbank zinslos anzusammeln** haben (Konjunkturausgleichsrücklage). Damit werden diese Mittel dem Wirtschaftskreislauf entzogen.

Umgekehrt bewirkt die **Auflösung der Konjunkturausgleichsrücklage** bei einer Abschwächung der Konjunktur die Zuführung zusätzlicher Mittel in den Wirtschaftskreislauf. Sofern die Konsumenten diese ausgeben bzw. der Staat sie investiv einsetzt, kann daraus eine *Nachfragebelebung* entstehen (Initialzündung), die dann zu einem Sich-selbst-Tragen des Aufschwunges überleitet.

Folgende Eingriffsmöglichkeiten sind vom Gesetz vorgesehen:

Staatliche Schuldenpolitik

Durch gezielten Umgang mit **Ausgabenkürzungen** in den Bundes-, Länder- und Gemeindehaushalten sowie durch **Stillegung dieser Mittel bei der Bundesbank** und Verwendung zur **Schuldentilgung** kann genauso wie durch Beschränkung der Kreditaufnahme in Form eines Kredithöchstbetrages (Kreditplafondierung durch Rechtsverordnung = Schuldendeckelverordnung bis zu 20 % der gesamten öffentlichen Verschuldung) fiskalisch eine ähnliche Wirkung wie mit der Konjunkturausgleichsrücklage erzielt werden.

Die **Kreditplafondierung** ist dabei das schärfste Instrument zur Nachfragedämpfung. Damit wird erzwungen, daß die öffentlichen Ausgaben der allgemeinen Konjunkturentwicklung gegenläufig sind.

In der umgekehrten Situation, also bei einer das Wirtschaftswachstum gefährdenden Nachfrageabschwächung, sollen entsprechend der im Stabilitätsgesetz verankerten antizyklischen Haushaltspolitik die öffentlichen Haushalte ihre Ausgaben vergrößern, um die Wirtschaftstätigkeit anzuregen.

Dies kann geschehen, indem durch **Kreditaufnahme** zusätzliche Mittel in den Wirtschaftskreislauf fließen. Das Stabilitätsgesetz räumt dem Bund eine **Kreditaufnahmeermächtigung** für diesen Zweck bis zu 5 Milliarden DM ein. Die Wirkung neugebildeter oder vergrößerter Haushaltsdefizite ist um so größer, je mehr die Mittel direkt von der Bundesbank kommen und nicht durch Aufnahme auf dem Kreditmarkt dem privaten Sektor entzogen werden.

Eine ähnlich anregende Wirkung wird auch erzielt, wenn Investitionsvorhaben, die für einen späteren Zeitpunkt vorgesehen waren, vorgezogen, beschleunigt geplant und vergeben werden.

Die **Einnahmen- und Ausgabenpolitik** der öffentlichen Haushalte wird wegen des großen Anteils der Mittel, die durch die Hände des Staates fließen, zu einem *wesentlichen konjunkturpolitischen Steuerungsmittel,* um ein gesundes, gleichmäßiges Wachstum der Wirtschaft zu erreichen.

8.6.2 Die Grenzen der Konjunkturbeeinflussung

Die **Grenzen der Konjunktursteuerung** durch fiskalpolitische Maßnahmen liegen zum einen darin, daß mit ihr die Auslandsnachfrage fast nicht zu beeinflussen ist, die internationalen Zwänge ein allzu eigenmächtiges Gegensteuern nicht erlauben und zum anderen, daß, wie bei allen wirtschaftspolitischen Instrumenten, Wirkungsverzögerungen, sogenannte „time lags", auftreten. Diese führen oft dazu, daß die Maßnahmen erst greifen, wenn bereits eine andere Konjunkturlage eingetreten ist. Dann verschärfen sie u. U. die Situation prozyklisch. Deshalb ist der Umgang mit diesem Instrumentarium behutsam und in Abgewogenheit mit anderen wirtschaftspolitischen und sozialpolitischen sowie außenwirtschaftlichen Maßnahmen nötig. Neuerdings wird das Schwergewicht konjunkturpolitischer Einwirkung von der Nachfragesteuerung mehr auf die **Angebotssteuerung** verlagert. Als Instrumente dienen: Erleichterung der Abschreibungen, Investitionszuschüsse, Forschungsförderung, sonstige steuerliche Fördermaßnahmen, aber nicht breite Ausgaben zur Hebung der Masseneinkommen.

Alle staatlichen Konjunkturmaßnahmen müssen in die Gesamtheit aller Maßnahmen eingeordnet sein, die auf eine ausgewogene konjunkturelle Entwicklung abzielen, nämlich die **Stabilitätspolitik des Landes**.

Wesentliche Lerninhalte

Möglichkeiten staatlicher Konjunkturpolitik
Beeinflussung des privatwirtschaftlichen Bereichs

Nachfragedämpfung

- Erhöhung der Einkommen-, Körperschaft-, Gewerbesteuervorauszahlungen
- Erhöhung der Einkommen- und Körperschaftsteuerschuld um 10 % für höchstens 1 Jahr
- Erheben eines Stabilitätszuschlags
- Erheben eines Konjunkturzuschlags
- Aufheben von Sonderabschreibungen von erhöhter und degressiver AfA für längstens 1 Jahr

Nachfragebelebung

- Senkung der Einkommen-, Körperschaft- und Gewerbesteuervorauszahlungen
- Senkung der Einkommen- und Körperschaftsteuerschuld um 10 % für höchstens 1 Jahr
- Rückzahlung des Konjunkturzuschlags
- Gewährung von Abschreibungserleichterungen
- Gewähren einer Investitionsprämie
- Gewähren einer Investitionszulage

Beeinflussung der öffentliche Ausgaben durch antizyklische Haushaltspolitik

Nachfragedämpfung

- Bildung einer Konjunkturausgleichsrücklage
- Zusätzliche Schuldentilgung des Staates bei der Bundesbank (Ausgabenkürzung der Haushalte)
- Kreditplafondierung (Schuldendeckel)

Nachfragebelebung

- Auflösen der Konjunkturausgleichsrücklage
- Zusätzliche Schuldenaufnahme bis 5 Milliarden DM (deficit spending)
- Vorziehen von Investitionsvorhaben der öffentlichen Hand

Erforderlich: **Abstimmung mit allen anderen Maßnahmen der Stabilitätspolitik nach dem Stabilitätsgesetz.**

Aufgaben zur Sicherung des Lernerfolgs

1 Welches Gesetz enthält die Zielvorstellungen der Wirtschaftspolitik und ist damit auch Richtschnur der Konjunkturpolitik?

2 Erklären Sie folgende Begriffe:

a) Haushaltspolitik
b) Steuerpolitik
c) aktive Fiskalpolitik
d) antizyklische Finanzpolitik
e) deficit spending

3 Wie kann mit Hilfe des Instruments der Steuerpolitik eine Nachfragedämpfung im Falle einer drohenden Überkonjunktur bewirkt werden?

4 Begründen Sie folgende konjunkturpolitische Maßnahmen des Staates!

a) Konjunkturzuschlag auf die Einkommen- und Körperschaftsteuer im Haushaltsjahr 19..
b) Auflösung der Konjunkturausgleichsrücklage im Haushaltsjahr 19..
c) Zusätzliches Haushaltsdefizit, finanziert über Schuldenaufnahme von z. B. 30 Milliarden DM.
d) Steuererleichterungen, Abschreibungserleichterungen und Mehrausgaben des Staates in zwei aufeinander folgenden Haushaltsjahren
e) Erhöhung der Investitionszulage für Forschungs- und Entwicklungsprojekte von 7,5 auf 15 % im Haushaltsjahr 19..

5 Wann sind Haushaltsüberschüsse vom Staat konjunkturpolitisch zweckmäßigerweise zur vermehrten Schuldentilgung zu verwenden?

6 Wie können Abschreibungen auf das Anlagevermögen, z. B. auf Fahrzeuge, Gebäude

a) konjunkturbelebend,
b) konjunkturdämpfend

eingesetzt werden?

Bilden Sie jeweils ein Beispiel!

7 Warum ist bei einer sinnvollen und wirksamen staatlichen Konjunkturpolitik eine Koordination der Wirtschafts- und Finanzpolitik zwischen Bund, Ländern und Gemeinden notwendig?

8 Wo liegen die Grenzen staatlicher Konjunktursteuerungsmöglichkeiten?

9 Das **„Gesetz zur Förderung der Stabilität und des Wachstums der Wirtschaft“ (Stabilitätsgesetz)** vom 9. Juni 1967 ermöglicht dem Staat zur Steuerung der Konjunktur folgende Einzelmaßnahmen zu ergreifen, die auf eine Erhöhung oder Dämpfung der Beschäftigung und des Wirtschaftswachstums sowie der Gesamtnachfrage zielen. Fünf Maßnahmen sind aber in der Tabelle **falsch** dargestellt. Welche sind es?

Konjunkturlage / Mittel	In der Hochkonjunktur	In der Rezession
Ausgabenpolitik des Staates	• Einfrieren von Mitteln in der Konjunkturausgleichsrücklage • Ausgabensperre	• Entnahme von Mitteln aus der Konjunkturausgleichsrücklage • Beschleunigung der Investitionen • Bausperre
Staatliche Verschuldung	• Zusätzliche Schuldentilgung bei der Deutschen Bundesbank • Aussetzung des Zeitplans für Kreditaufnahmen • Beschränkung der Kreditermächtigungen von Bund, Ländern und Gemeinden • Bestimmung der Reihenfolge der Kreditaufnahme und der Konditionen	• Zusätzliche Kreditaufnahme bis zu 5 Mrd. DM • Festlegung von Höchstgrenzen und der Art der Verschuldung
Steuerliche Maßnahmen	• Investitionssonderabschreibungen als Abzug von der Einkommen- und Körperschaftsteuer bis zu 7,5 % • Erhöhung der Einkommen-, Körperschaft- und Gewerbesteuervorauszahlungen • Erhöhung der Lohn-, Einkommen- und Körperschaftsteuer bis zu 10 Prozent	• Tarifsenkung der Lohn-, Einkommen- und Körperschaftsteuer bis zu 10 % • Aussetzung der degressiven und der Sonderabschreibung

8.7 Arten, Ursachen und Aufgaben des Außenhandels

Problem

Die Bundesrepublik Deutschland gehört zu den am dichtesten besiedelten Staaten der Erde. Die deutsche Landwirtschaft kann trotz der gewaltigen Steigerungen der Erträge je ha nur rund 80 % des heimischen Bedarfs an Nahrungsmitteln decken. Kaffee, Tee, Kakao, Apfelsinen, Tabak usw. müssen ohnehin von südlichen Ländern bezogen werden. Vor allem aber sind viele wichtige Rohmaterialien und Energiestoffe für die gewerbliche Produktion bei uns nur in geringen Mengen vorhanden, oder sie fehlen ganz. Andererseits ist in Deutschland dank des fachlichen Könnens und des Fleißes der Arbeiter und Angestellten sowie der Umsicht und Tatkraft der Unternehmer eine außerordentlich leistungsfähige Industrie entstanden, die weit mehr Güter produziert, als der inländische Markt aufnehmen kann.

Die Bundesrepublik Deutschland ist somit in erheblichem Maße auf den Außenhandel angewiesen[1]

[1] Siehe auch Statistik über den Außenhandel unseres Landes auf den Seiten 406 und 437!

Sachdarstellung

Als **Außenhandel** wird der gewerbsmäßige Warenaustausch mit anderen Volkswirtschaften bezeichnet. Hierbei sind folgende **Arten** zu unterscheiden:

1. der *Import,* d. h. Einfuhr von Waren
2. der *Export,* d. h. Ausfuhr von Waren
3. der *Transithandel,* d. h. Durchfuhrhandel

Die **Ursachen** für den Güteraustausch zwischen den Volkswirtschaften sind mannigfaltig:

- *Wichtige Rohstoffe* und *Energiequellen,* z. B. Eisenerz, Buntmetalle, Kohle, Erdöl und Uran sind *ungleich verteilt.* Dazu weichen die Qualität der Vorkommen und die Gewinnungskosten in den einzelnen Ländern oft erheblich voneinander ab, so daß sich für manche Staaten die Nutzung ihrer Rohstoffvorkommen und ihrer Energiequellen nicht lohnt.
- Die *klimatischen Bedingungen* und die *Bodenbeschaffenheit* schließen in vielen Ländern den großflächigen Anbau bestimmter Pflanzen, z. B. von Teesträuchern, Bananenstauden, Reisgräsern, von vornherein aus.
- Die besonderen *Fertigkeiten* der Bevölkerung bei der Verarbeitung heimischer Rohstoffe sind die Grundlage für die Entwicklung vieler Handwerks- und Industriebetriebe gewesen, deren Erzeugnisse in der ganzen Welt begehrt sind. Beispiele: Orientteppiche oder Schwarzwälder Uhren.
- Die *Wirtschaftsstruktur* der Staaten hat sich unterschiedlich entwickelt. Auf der einen Seite gibt es hochindustrialisierte Staaten, wie die Bundesrepublik Deutschland, England und Japan, auf der anderen Seite reine Rohstoff- und Agrarländer etwa in Südamerika und Afrika, die sich häufig auf bestimmte Produkte, wie Kupfer, Kakao, Kaffee usw., spezialisiert haben. Gerade diese Länder sind wirtschaftlich und technisch noch sehr wenig entwickelt.
- Der *technische Fortschritt* vollzieht sich in den Industrienationen wesentlich rascher als in den übrigen Ländern. Dies hat in Verbindung mit bestimmten *Standortvorteilen* zur Entstehung besonders leistungsfähiger Industriezweige geführt, deren Produktionsausstoß weit über dem heimischen Bedarf liegt. In der Bundesrepublik Deutschland gilt dies z. B. für den Fahrzeug- und Maschinenbau, für die chemische und pharmazeutische Industrie oder für die Herstellung hochwertiger Kameras und Meßgeräte.

Die **Aufgaben des Außenhandels** sind daher folgende:

- **Ausgleich von Mangel und Überfluß**

  Industrienationen führen vor allem Fertigerzeugnisse aus, sind aber häufig auf die Einfuhr von Rohstoffen und Nahrungsmitteln angewiesen. Agrar- und Rohstoffländer hingegen exportieren ihre Ernte- und Abbauüberschüsse und importieren dafür Fertigwaren, die sie nicht selbst herstellen können.

- **Förderung der internationalen Arbeitsteilung**

  Die Staaten können ihre Produktion auf solche Erzeugnisse ausrichten, die sie durch ihre Standortvorteile besonders gut und preisgünstig herstellen können.

  Die Spezialisierung ermöglicht auch einen intensiven Güteraustausch zwischen hochentwickelten Industrienationen, wie es sich z. B. im Rahmen der Europäischen Union (EU) vollzieht.

- **Teilnahme aller Länder am allgemeinen Fortschritt**

  Ein möglichst ungehinderter Güteraustausch hebt nicht nur den Wohlstand in den gut entwickelten Volkswirtschaften, sondern führt auch in wirtschaftlich zurückgebliebenen Staaten zum Angebot solcher Güter, für deren Herstellung in diesen Ländern die technischen und personellen Voraussetzungen noch fehlen. Allerdings besitzt die Masse der Bevölkerung in den unterentwickelten Ländern häufig nicht die Kaufkraft zum Erwerb hochwertiger Güter, so daß die Gefahr besteht, daß der zivilisatorische Abstand zwischen den Industrienationen und der übrigen Welt immer noch größer wird.

- **Verbesserung der menschlichen Beziehungen zwischen den Völkern**

  Der Außenhandel bewirkt nicht nur eine engere Verflechtung der Volkswirtschaften, sondern vermag auch einen Beitrag zu einer besseren Völkerverständigung zu leisten.

Allgemein gilt: Der **Export** vergrößert die Zahl der Arbeitsplätze. Er erhöht die Beschäftigung und das Volkseinkommen. Ausfuhrerlöse bilden die Voraussetzung zur Bezahlung notwendiger Einfuhren. Der **Import** führt zu einem reichhaltigeren Güterangebot. Soweit Importgüter in Konkurrenz zu heimischen Erzeugnissen stehen, können sie eine Verbilligung des Angebots und damit eine Steigerung der Kaufkraft des Geldes herbeiführen.

Aus macht- und militärpolitischen Erwägungen versuchten – und versuchen – Regierungen immer wieder, eine Politik der **Autarkie,** d. h. der Selbstversorgung, zu betreiben. Die Folgen sind eine unzureichende Güterversorgung und oft auch große Fehlinvestitionen. Der **Freihandel,** also ein ungehinderter Güteraustausch auf der Grundlage einer internationalen Arbeitsteilung, bringt allen Beteiligten weit größere wirtschaftliche Vorteile. Allerdings vermag er allein nicht alle weltwirtschaftlichen Probleme zu lösen, nicht zuletzt, weil die Ausgangsbedingungen der Staaten für einen freien Wettbewerb zu ungleich sind.

Wesentliche Lerninhalte

- **Außenhandel** = gewerbsmäßiger **Warenaustausch** mit anderen Volkswirtschaften

  → **Import (Einfuhr)** | **Export (Ausfuhr)** | **Transithandel (Durchfuhrhandel)**

- **Ursachen des Außenhandels**
  - ▶ ungleiche Verteilung der Rohstoffe und Energiequellen
  - ▶ unterschiedliche klimatische Bedingungen und Bodenbeschaffenheit
  - ▶ spezielle Fertigkeiten der Bevölkerung
  - ▶ verschiedenartige Wirtschaftsstruktur der Staaten
  - ▶ unterschiedliches Tempo des technischen Fortschritts in Verbindung mit Standortvorteilen
- **Aufgaben des Außenhandels**
  - ▶ Ausgleich von Mangel und Überfluß
  - ▶ Förderung der internationalen Arbeitsteilung
  - ▶ Verbreitung des allgemeinen Fortschritts
  - ▶ Verbesserung der zwischenstaatlichen und menschlichen Beziehungen

Aufgaben zur Sicherung des Lernerfolgs

1 Obwohl die USA im Welthandel an erster Stelle stehen, macht dort der Export mit 447 Mrd. US-Dollar (1993) etwas über 7 % des Sozialprodukts von 5 880 Mrd. US-Dollar aus, in der Bundesrepublik Deutschland mit einem Exportvolumen von 429 Mrd. US-Dollar und einem Bruttoinlandsprodukt von 1 410 Mrd. US-Dollar hingegen etwa 30 %. Wie erklärt sich dieser Unterschied?

2 Japan nimmt nach den GUS-Staaten und vor den USA den zweiten Platz unter den Stahlproduzenten ein, obwohl dort weder Eisenerz noch Kohle vorkommen. Wie ist diese Entwicklung möglich gewesen?

3 Weshalb machen in Japan Massenartikel einen Großteil der Exporte aus, in Deutschland hingegen hochwertige Qualitätserzeugnisse?

4 Die Bundesrepublik Deutschland ist zwar auf die Einfuhren von Lebens- und Genußmitteln angewiesen, exportierte jedoch 1991 selbst für rund 36 Mrd. DM Agrarerzeugnisse (einschließlich Nahrungsmittel und Tabakwaren). Wie erklärt sich dieser scheinbare Widerspruch?

5 Trotz zunehmender internationaler Handelshemmnisse erzielte die Bundesrepublik Deutschland seit Kriegende laufend Exportüberschüsse (siehe S. 437 und 438). Worauf ist diese Entwicklung zurückzuführen?

6 Weshalb ist der Freihandel keine ausreichende Lösung für die Probleme der Entwicklungsländer?

7 Inwiefern nehmen die USA und die GUS-Staaten in Osteuropa (frühere Sowjetunion) unter den Industrienationen eine Sonderstellung ein?

8 Warum strebte die Führung des Hitler-Reichs (1933–1945) nach der Machtübernahme die absolute Autarkie an?

9 Weshalb hat der Export der Bundesrepublik Deutschland in andere Industrienationen einen größeren Umfang als die Ausfuhr in reine Agrar- und Rohstoffländer?

10

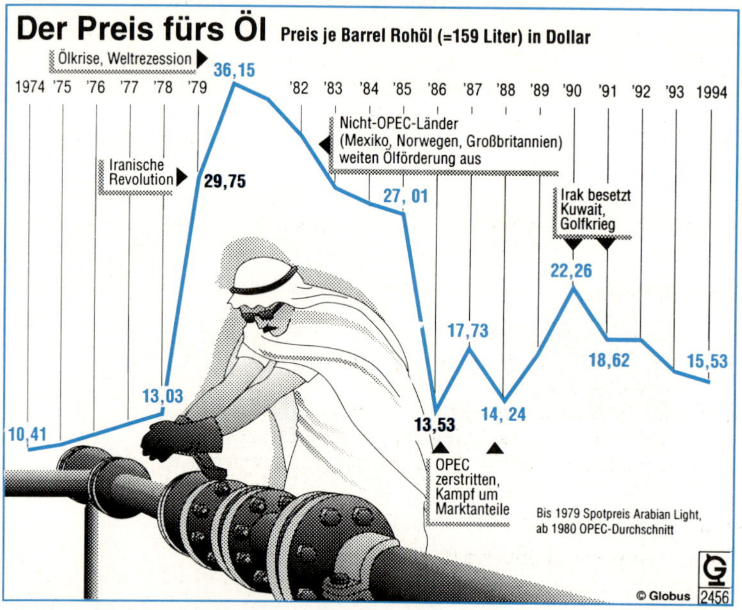

Die erste Erdölkrise 1973/74 führte kaum zu einem Umdenkungsprozeß bezüglich der Gewinnung neuer Energiequellen. 1979/80 brachte die zweite Erdölkrise, verschärft durch die Revolution im Hauptförderland Iran und die Unruhen in Afghanistan (Invasion sowjetischer Truppen) mehr als eine Verdoppelung der Ölpreise.

a) Diskutieren Sie über die (1) volkswirtschaftlichen und (6) politischen Auswirkungen der Ölpreisexplosion!

b) Wie ist die Entwicklung seit 1972 verlaufen?

c) Sammeln Sie eine Woche lang die Nachrichten in der von ihnen gelesenen Zeitung zum Energieproblem. Werten Sie diese aus und fassen Sie das Ergebnis zusammen!

11 Welche Erkenntnisse ziehen Sie aus der Statistik über die Rohstoffreserven (auf der nächsten Seite)?

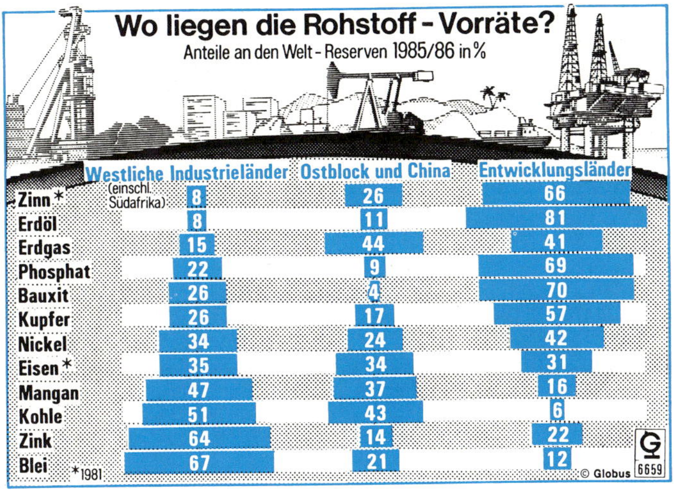

8.8 Wechselkurssysteme

Problem

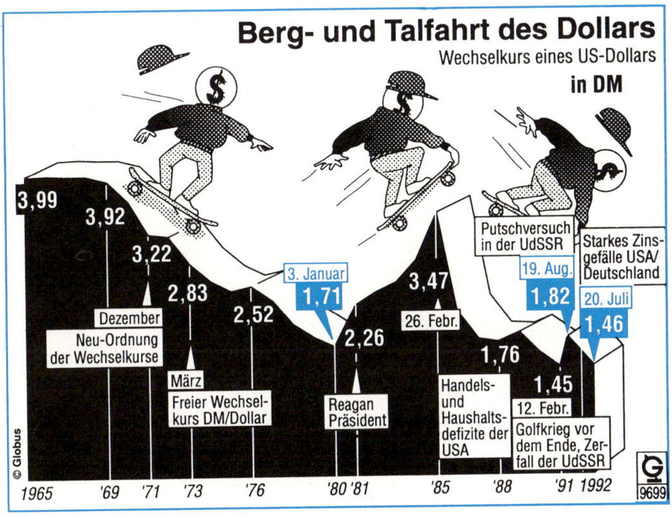

(Stand am 08. März 1995: 1 US-Dollar = 1,3755 DM)

Wodurch entstehen solche Preisbewegungen an den Devisenmärkten?

Sachdarstellung

8.8.1 Devisenmarkt, Devisen- oder Wechselkurs

Devisen sind ausländische Zahlungsmittel, z. B. Guthaben bei ausländischen Banken, Schecks auf ausländische Kreditinstitute, Wechsel auf ausländische Bezogene, kurzfristige Kredite an Ausländer. Der Ort, an dem *Angebot und Nachfrage nach ausländischen Zahlungsmitteln* aufeinander treffen, ist der **Devisenmarkt** (Devisenbörse). Ausländische Banknoten und Münzen heißen **Sorten.**

Das Angebot an Devisen wird vor allem durch den Export von Gütern und Dienstleistungen, durch Kapitaleinfuhr u. a. bestimmt; die Nachfrage nach Devisen hängt u. a. ab von den Einfuhren an Gütern und Dienstleistungen sowie von den Kapitalexporten.

Der Preis, der sich aus Angebot und Nachfrage nach Devisen am Devisenmarkt bildet, heißt **Wechsel-** oder **Devisenkurs.** Er ist der Preis z. B. für 100 Einheiten der ausländischen Währung, ausgedrückt in inländischer Währung. Der Wechselkurs ist die Maßgröße für den **Außenwert des Geldes.** Er hängt von den Handels- und Kapitalströmen ab, die von der Inflationsrate, der Einkommensentwicklung, der internationalen Wettbewerbsfähigkeit, der Zinsniveauhöhe der Welthandelsländer und den Wechselkursänderungserwartungen beeinflußt werden.

Nachdem Warengeschäfte und Kapitaltransaktionen mit dem Ausland in der Regel in Devisen abgewickelt werden, beeinflußt der Wechselkurs auch die Preise der Importe und Exporte.

Die tatsächlichen Austauschverhältnisse geben die **Terms of trade** wider. Dabei werden die Preise für Importwaren zu denen für Exportwaren in Beziehung gesetzt, z. B. ein exportierter Pkw (Preis 20 000 DM) entspricht real 6 000 kg Bananen.

Das wirkliche Austauschverhältnis hängt sowohl von den Marktpreisen als auch vom Wechselkurs ab. Die Terms of trade verbessern sich, wenn die Preise im Ausland langsamer als in der Bundesrepublik Deutschland steigen, oder wenn die DM gegenüber ausländischen Währungen aufgewertet wird; sie verschlechtern sich, wenn die Preise in der Bundesrepublik Deutschland langsamer als im Ausland steigen oder die DM abgewertet wird.

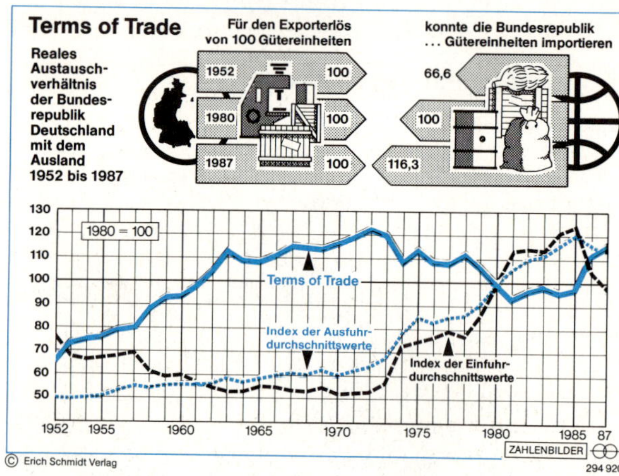

8.8.2 Feste und flexible Wechselkurse

Das Wechselkurssystem ist das Ordnungsprinzip, nach dem das Austauschverhältnis zwischen zwei Ländern geregelt ist. Man unterscheidet zwischen

- **festen** und
- **flexiblen Wechselkursen.**

8.8.2.1 Feste Wechselkurse

Wesen des festen Wechselkurses

Bei festen (fixierten) Wechselkursen wird der Preis für die ausländische Währung in inländischer Währung vom Staat oder der Zentralnotenbank festgesetzt **(Parität).** Durch An- und Verkäufe ausländischer Währungen durch die Notenbank wird die festgesetzte Parität am Devisenmarkt sicherzustellen versucht.

Feste Wechselkurse sind für die Weltwirtschaft nach wie vor von großer Bedeutung. Sie kommen vor:

- Bei **gebundenen Währungen,** wie z. B. im internationalen Goldstandard, dem vor dem Ersten Weltkrieg fast alle handeltreibenden Länder angehörten.

Der Wert der Währung der verschiedenen Länder war in Gramm Feingold, der Goldparität, definiert (1 kg Feingold = 2 790 Reichsmark). Daraus ergaben sich von selbst die festen Wechselkurse der einzelnen Währungen zueinander. Die außenhandelsbedingten, geringfügigen Schwankungen der

Wechselkurse wurden automatisch durch die internationalen Goldbewegungen im Rahmen der Goldkonvertibilität (Austauschbarkeit) ausgeglichen. Dieses System konnte aber größere Krisen nicht bewältigen und brach 1931 in Zusammenhang mit der Weltwirtschaftskrise zusammen.

- Bei **manipulierten Währungen,** wie z.B. im Gold-Devisen-Standard des Währungssystems des internationalen Währungsfonds (IWF) von 1940–1970, im Europäischen Währungsverbund (Währungsschlange) der damaligen EG-Länder von 1972 und dem Europäischen Währungssystem (EWS oder ECU) von 1979 und den Wechselkursfixierungen einzelner Staaten des ehemaligen Ostblocks gegenüber den Währungen der westlichen Welt.

Bei den manipulierten Währungen der westlichen Welt werden die Wechselkurse der Währungen zueinander, die *Kursparitäten,* im Rahmen eines Währungsabkommens der Mitgliedsländer festgesetzt.

Die Zentralnotenbanken verpflichten sich, durch **Eingreifen am Devisenmarkt (Intervention)** mittels Kauf und Verkauf von Devisen die Einhaltung des festgesetzten Kurses zu stützen. Dabei werden in der Regel **Bandbreiten** vereinbart, um die die Wechselkurse in Abweichung von der Parität nach oben und unten schwanken können, z.B. im IWF-System bis 1971 + – 1 %, danach + – 2,5 %, im EWS bis + – 15 % (Ausnahme: DM–Gulden 2,25 %). Es handelt sich hier also um *bedingt feste Wechselkurse.*

Die Unsicherheit auf den Währungsmärkten, die nach der Aufhebung der Umtauschbarkeit des Dollars in Gold entstanden war, führte dazu, daß im Dezember 1971 im sogenannten „Smithonian-Abkommen" festgelegt wurde, daß der Kurs einer Währung nur um 4,5 %, also innerhalb enger Grenzen, schwanken darf. Die obere und untere Grenze sind die sogenannten **Interventionspunkte,** an denen die Zentralbanken der einzelnen Länder durch An- und Verkäufe fremder Währung den Kurs der eigenen Währung stabil halten müssen. Dieses System brachte zwar eine stabile Preisordnung in den Welthandel, ließ jedoch das Verhältnis zwischen den einzelnen Währungen immer mehr ins Ungleichgewicht geraten und förderte damit die Spekulation auf solche Währungen, die zwangsläufig aus diesem System auszubrechen drohen. Die Länder der Europäischen Union hatten in ihrem Bestreben, ihre Wirtschaft zu harmonisieren, unter sich diese Bandbreite auf 2,25 % eingeengt. Marktungleichgewichte erzwangen schließlich die seit 1./2.8.93 gültige Bandbreite von Leitkursabweichungen um 15 % nach oben und unten, was letztlich eine „Fluktuationsweite" von 30 % bedeutet.

Wird der Wechselkurs einer Währung vom Staat willkürlich nach Gesichtspunkten der Macht, des Prestiges mit relativ wenig ökonomischer Rücksichtnahme, meist die eigene Währung überbewertend festgesetzt, führt dies dazu, daß diese Währung am freien Devisenmarkt nicht zu dem künstlichen Kurs, sondern meist niedriger gehandelt werden. Deshalb entstehen auf Grund des Nachfrageüberhangs nach Devisen im Inland schwarze Devisenmärkte, und es ergibt sich die Notwendigkeit zur *Devisenzwangswirtschaft,* wie dies für die Staaten im Einflußbereich der ehemaligen UdSSR bezeichnend war.

Auswirkungen fester Wechselkurse

Feste bzw. bedingt feste Wechselkurse haben vor allem den Vorteil, daß sie den internationalen **Handelsaustausch** durch Beschränken des Währungsrisikos auf die Bandbreitenschwankung erheblich **fördern** und so für Export und Import klare Kalkulationsgrundlagen schaffen.

Dieser Garantie bedingt fester Wechselkurse, die durch die Interventionspflicht der Zentralbanken erreicht wird, stehen aber erhebliche Nachteile gegenüber.

Ein dauernder Überschuß der Handelsbilanz, also ein Überschuß an exportierten Gütern und Dienstleistungen, führt genauso wie ständige Kapitalimporte auf Grund einer Währungsspekulation über den Umtausch der Devisen in DM zu einer *importierten Inflation* (siehe auch Seite 433). Ein fundamentales Ungleichgewicht der Zahlungsbilanz wird hervorgerufen. Diese unerwünschte Störung kann bei festen Wechselkursen nur durch *Paritätsänderung* bereinigt werden.

Aufwertung und Abwertung

Paritätsänderung bedeutet Herauf- oder Herabsetzen des Wertverhältnisses zwischen zwei Währungen. Eine Wechselkursänderung zur *Erhöhung des Außenwertes der heimischen Währung* (= eine *Herabsetzung des Preises* für ausländische Währungen, z. B. im System des IWF für die Leitwährung oder im EWS für die Währungen aller oder einiger Mitgliedsländer!) heißt *Aufwertung* (Revalvation). Sie bewirkt, daß Importe und Auslandsreisen für die Bewohner des aufwertenden Landes billiger, Exporte teurer werden. In der Tendenz werden damit, sofern die Stabilitätspolitik des aufwertenden Landes voll darauf abgestimmt ist, Einfuhren gefördert und Ausfuhren behindert. Die Exportbremse tritt nur dann ein, wenn nicht andere Vorzüge, z. B. kurze Lieferzeiten, Zuverlässigkeit und hohe Qualität der exportierten Waren den Auftraggebern mehr bedeuten als die Preiserhöhung.

Eine Wechselkursänderung zur *Herabsetzung des Außenwertes der heimischen Währung* (= eine *Heraufsetzung des Preises für ausländische Währungen* gegenüber einer anderen Währung oder mehreren anderen Währungen durch Änderung des Wechselkurses) heißt *Abwertung* (Devalvation). Sie hat zur Folge, daß Importe und Reisen der Bürger des abwertenden Landes ins Ausland teurer, Exporte jedoch billiger werden. Tendenziell werden damit Exporte gefördert und Importe gehemmt.

Ein System fester Wechselkurse funktioniert zusammen mit unumgänglich notwendigen Paritätsänderungen solange relativ gut, als in den Mitgliedsländern der Währungsvereinbarung keine zu großen von einander abweichenden Inflationsraten auftreten, und die *Konjunktur und Stabilitätspolitik dieser Länder einigermaßen im Gleichschritt* vorgeht.

Ist dies nicht der Fall, wie das im Rahmen des IWF ab etwa 1970 eintrat, so kommt es zur Flucht in sogenannte *Hartwährungsländer* mit der Folge hoher Kapitalzuflüsse, die *fundamentale Ungleichgewichte der Zahlungsbilanzen* hervorrufen. Sie sind mit Mitteln der Paritätsänderung nicht mehr ohne weiteres zu steuern, weil diese zu hoch ausfallen müßten und sich die Vorgänge zudem zu schnell wiederholen. Außer Devisenkontrollmaßnahmen verschaffen hier flexible Wechselkurse am ehesten Abhilfe, damit die fundamentalen Ungleichgewichte auf Dauer abgebaut werden können, so z.B. im August 1971 am Ende des Gold-Dollar-Standards des IWF und im September 1992, als Pfund und Lira aus dem EWS ausscherten, um durch zeitweises Floaten einen marktgerechten Kurs herauszufinden, der als neuer Leitkurs festgelegt werden kann. Die Folge war die Erweiterung der Bandbreite im EWS ab August 1993 auf + – 15 %, was eine Abkehr vom bisherigen Festkurssystem und eine Hinwendung zum System weitgehend freier Wechselkurse bedeutet.

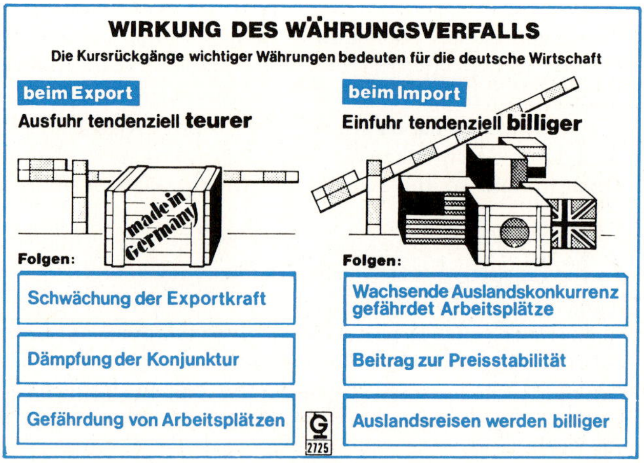

8.8.2.2 Flexible Wechselkurse

Wesen des flexiblen Wechselkurses

Bei frei schwankenden, flexiblen Wechselkursen ist die *Preisentwicklung für Devisen dem freien Spiel der Kräfte von Angebot und Nachfrage auf dem Devisenmarkt* überlassen. Die Notenbanken garantieren dabei keinen bestimmten Kurs. Angebot und Nachfrage sind stets ausgeglichen, allerdings unter Inkaufnahme starker Schwankungen der Wechselkurse.

Sind die Schwankungen weder nach oben noch nach unten begrenzt, spricht man vom **Floaten** der Wechselkurse. Die Zentralbank muß hier nicht intervenieren. Interveniert die Zentralbank dennoch durch Kauf und Verkauf von Devisen von Zeit zu Zeit, so spricht man von *„schmutzigem Floaten"*.

Auswirkungen flexibler Wechselkurse

Das freie Schwanken von Wechselkursen hat für eine Volkswirtschaft Vor- und Nachteile.

- **vorteilhafte Auswirkungen**

Unterschiedliche Inflationsraten und eine voneinander abweichende Konjunktur- und Stabilitätspolitik einzelner Länder, die miteinander Güter- und Dienstleistungen austauschen, werden durch flexible Wechselkurse nicht von einem auf das andere Land übertragen, sondern abgewehrt.

Hinzu kommt, daß die Notenbank durch Veränderung der Zinssätze die internationalen Kapitalströme und damit die internationalen Güterströme steuern kann. Denn hohe Zinssätze in einem Land führen zu verstärktem Kapitalzustrom (weil die Anlage lohnend wird) und damit über den freien Wechselkurs zu einer erwünschten Aufwertung dieser Währung. Die Exporte vermindern sich, die Importe nehmen erwünscht zu. Diese Einwirkung der Notenbank über die Geldpolitik auf die Güterströme fehlt bei festen Wechselkursen völlig.

Flexible Wechselkurse wirken in Richtung des **Ausgleichs der Zahlungsbilanz** und verhindern, daß außenwirtschaftliche Einflüsse die inländische Stabilitätspolitik unterlaufen. Die enge Verknüpfung zwischen in- und ausländischem Preisniveau, die bei festen Wechselkursen, z. B. zur importierten Inflation führt, wird durch flexible Kurse abgekoppelt.

Der wirtschaftspolitische Handelsspielraum eines Landes wird durch flexible Wechselkurse stark erweitert. Ein völliges Abschirmen gegen ausländische Einflüsse ist aber dennoch nicht immer möglich, weil häufig inflatorische Impulse aus dem Ausland nicht rechtzeitig abgefangen werden können und außerdem eine völlige Lösung von der Konjunkturpolitik des Auslandes meist aus übergeordneten politischen Gründen nicht möglich ist.

- **nachteilige Auswirkungen**

Als wesentlichster Nachteil flexibler Wechselkurse gilt die Erschwerung der Export- und Importgeschäfte, weil die Kalkulationsgrundlage der Produzenten, Händler und Konsumenten unsicher ist. Eine stark exportorientierte Wirtschaft wie die der Bundesrepublik Deutschland ist davon besonders betroffen. Deshalb wird heute, trotz flexibler Wechselkurse, bei den meisten Industriestaaten kein reines, sondern ein „schmutziges oder kontrolliertes" Floating betrieben, um übermäßige Kursschwankungen auszuschalten.

In Europa wird dabei das **Blockfloating** praktiziert. Bei diesem System sind die Haupthandelspartner im Rahmen eines Währungsverbundes durch *feste Wechselkurse* und *Bandbreitenflexibilität* miteinander verbunden. Sie lassen nach außen, *gegenüber Drittländern,* ihre Währung floaten. Es bestehen im europäischen Währungsverbund also nach außen flexible, nach innen bedingt feste Wechselkurse mit einer relativ weiten Bandbreite.

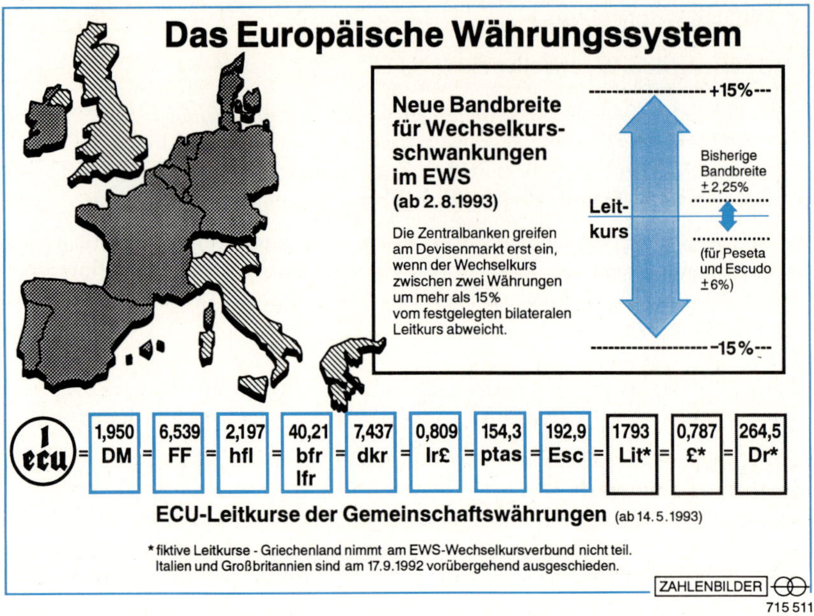

Im Mittelpunkt des Europäischen Währungssystems steht die Europäische Währungseinheit, der ECU (= European Currency Unit), der als Bezugsgröße für die Wechselkurse, als Indikator für Wechselkursabweichungen, als Rechengröße für Forderungen und Verbindlichkeiten im EWS und schließlich als Zahlungsmittel und Reserveinstrument der EU-Zentralbanken dient. Er ist als Währungskorb definiert, der sich aus festen Beträgen der am EWS beteiligten Währungen zusammensetzt. Die Höhe der Beträge bzw. ihr Anteil am Währungskorb wurde bei Inkrafttreten des EWS nach der wirtschaftlichen Bedeutung der einzelnen Länder festgelegt. Durch Umrechnung der im ECU enthaltenen Beträge in jeweils eine Währung wurde dann ein ECU-Wert für jede Teilnehmerwährung, der ECU-Leitkurs, berechnet. Mit Hilfe dieser Leitkurse lassen sich die Paritäten von jeweils zwei Währungen bestimmen, die bilateralen Leitkurse. Die täglich an den nationalen Devisenbörsen ermittelten Kurse dürfen von den bilateralen Leitkursen um höchstens 15 % nach oben oder nach unten abweichen. Erreicht eine Währung gegenüber einer anderen den oberen oder unteren Rand der Bandbreite, so sind die beiden beteiligten Notenbanken zu betragsmäßig unbegrenzten Interventionen verpflichtet, um den Wechselkurs wieder zu stabilisieren (Wechselkursmechanismus). Dazu wird das Angebot der starken Währung am Devisenmarkt erhöht, das der schwachen verknappt. Diesen Interventionsregeln kommt im Europäischen Währungssystem die größte praktische Bedeutung zu. Die griechische Drachme nimmt noch nicht am EWS teil. Die Teilnahme von Lit und £ ist vorübergehend ausgesetzt; das Irische Pfund wurde am 31.01.93 um 10 %, Peseta und Escudo wurden am 06.03.95 um 7 % bzw. 3,5 %. abgewertet. Seit 09.01.95 nimmt der österreichische Schilling am Wechselkursmechanismus teil.

Wesentliche Lerninhalte

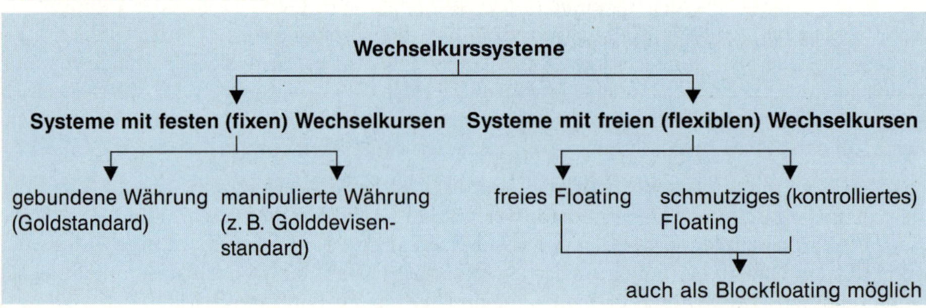

- **Devisen** sind ausländische Zahlungsmittel. Von ihnen sind die **Sorten**, nämlich die ausländischen Banknoten und Münzen, zu unterscheiden.
- Der **Wechselkurs** ist der Preis für die ausländische Währung, ausgedrückt in inländischer Währung.
- Das **Wechselkurssystem** ist das Ordnungssystem, nach dem das Austauschverhältnis von Währungen verschiedener Länder geregelt ist.
- Bei **festen Wechselkursen** wird der Preis der Währung gegenüber einer oder mehreren anderen Währungen vom Staat oder durch *Vereinbarung* – u. U. innerhalb einer gewissen *Bandbreite* – festgesetzt. Bei **flexiblen Kursen** bildet sich der Preis an den Devisenmärkten durch das *freie Spiel von Angebot und Nachfrage.*
- **Feste Wechselkurse senken das Währungsrisiko** und begünstigen den internationalen Handel. Sie bergen aber die Gefahr der *importierten Inflation* und fundamentaler *Zahlungsbilanzungleichgewichte* in sich.
- **Flexible Wechselkurse** tendieren zu einem **Zahlungsbilanzausgleich,** bergen aber die Behinderung des internationalen Warenaustausches durch das erhöhte **Währungsrisiko** in sich.
- **Aufwertung** bedeutet **Erhöhung des Außenwertes der heimischen Währung** durch Änderung des Wechselkurses, d. h. Senken des Preises für die ausländische Währung im Inland.
- **Abwertung** bedeutet **Herabsetzung des Außenwertes der heimischen Währung** durch Änderung des Wechselkurses, d. h. Erhöhung des Preises für die ausländische Währung im Inland.
- Mit Auf- und Abwertungen werden **fundamentale Ungleichgewichte** der Zahlungsbilanz **beseitigt.**
- **Floaten** heißt das freie Schwanken der Wechselkurse, *„schmutziges Floaten"* bezeichnet das freie Schwanken mit Intervention der Zentralbank.
- **Blockfloating** bedeutet, daß die an einem Währungsverbund beteiligten Länder untereinander feste Wechselkurse mit Bandbreitenschwankung vereinbart haben, gegenüber Drittländern aber ihre Währungen floaten lassen, also flexible Wechselkurse haben.

Aufgaben zur Sicherung des Lernerfolgs

1 Welcher Unterschied besteht zwischen festen und flexiblen Wechselkursen?

2 Wann muß bei festen Wechselkursen und vereinbarter Bandbreitenschwankung von ± 2,25 %, wie z. B. aufgrund zweiseitiger Vereinbarung zwischen DM und Gulden, die Bundesbank intervenieren?

3 Wie unterscheiden sich flexible Wechselkurse mit schmutzigem Floating und feste Wechselkurse mit vereinbarter Bandbreitenschwankung?

4 Welche Auswirkungen hat ein andauernder Exportüberschuß verbunden mit spekulativen Kapitalzuflüssen auf eine Volkswirtschaft,
a) bei festen Wechselkursen mit Bandbreitenvereinbarung,
b) bei flexiblen Wechselkursen?

5 Wie wirken sich
a) Aufwertung
b) Abwertung auf die Volkswirtschaft eines Landes aus?

6 Welche Auswirkung hat es, wenn bei flexiblen Wechselkursen die Preise im Inland stärker als im Ausland steigen?

7 Welche Risiken haben Importeure und Exporteure bei flexiblen Wechselkursen zu tragen, insbesondere bei langfristig verpflichtenden Verträgen?

8 Welche Gründe sprechen für weitgehend feste Wechselkurse in Europa, also für das Europäische Währungssystem (EWS)?

8.9 Maßnahmen zur Beeinflussung des Außenwirtschaftsverkehrs

Problem

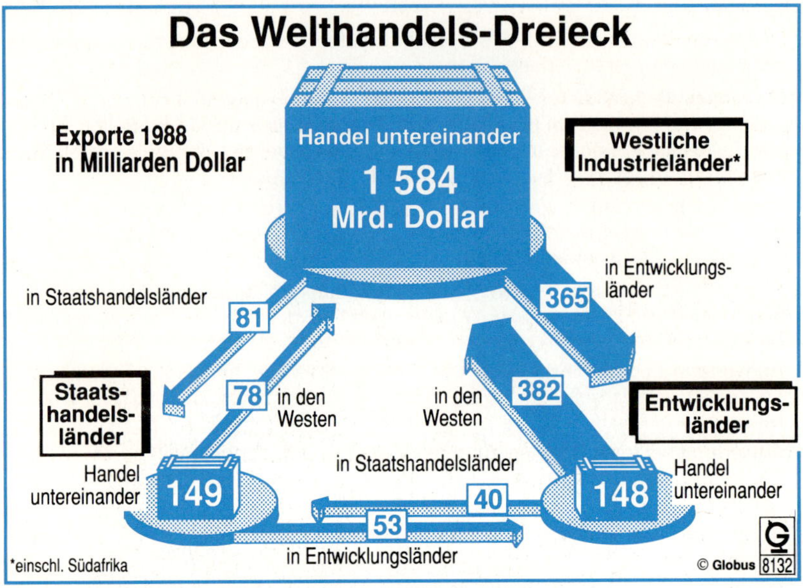

Die Abbildung zeigt die jeweilige wirtschaftliche Verflechtung der Welthandelsländer. Was sind die Ursachen für dieses „Ringen der Handelsriesen"?

Sachdarstellung

8.9.1 Arten der außenwirtschaftlichen Beziehungen

Die Wirtschaftsbeziehungen der Länder untereinander können wie folgt eingeteilt werden. In der Zahlungsbilanz eines Landes werden die Summen dieser Transaktionen verzeichnet (siehe S. 438).

- **Warenverkehr (Außenhandel)**
  - Import (Einfuhr)
  - Export (Ausfuhr)
- **Dienstleistungsverkehr**
  - Transportleistung
  - Tourismus
  - Kapitalerträge, z. B. Zinsen, Dividenden
  - Lizenzgebühren
- **unentgeltliche Leistungen**
  - Geldzahlungen von Gastarbeitern an ihre Angehörigen im Ausland, Leistungen für die Entwicklungshilfe
  - Wiedergutmachungsleistungen, z. B. unseres Landes an Israel
- **Kapitalverkehr**

  z. B.
  - Gewährung und Inanspruchnahme von Krediten
  - An- und Verkauf von Wertpapieren
- **Gold- und Devisenverkehr** zwischen den Zentralbanken bzw. den Währungsbehörden.

8.9.2 Ursachen für die internationale wirtschaftliche Zusammenarbeit

Die volkswirtschaftliche Zielsetzung internationaler Handelspolitik ist, das Volkseinkommen der am internationalen Handel beteiligten Länder zu erhöhen. Möglichkeiten hierzu beruhen auf den folgenden Ursachen:

- **Notwendiger internationaler Güteraustausch.** Die meisten Länder der Welt sind nicht *autark, d. h. wirtschaftliche unabhängig,* also so mit Rohstoffen und vielfach auch Arbeitskräften versorgt, daß ihr Güterkreislauf ohne Export und Import verlaufen könnte (siehe auch S. 405). Das untenstehende Schaubild verdeutlicht diese Tatsache.

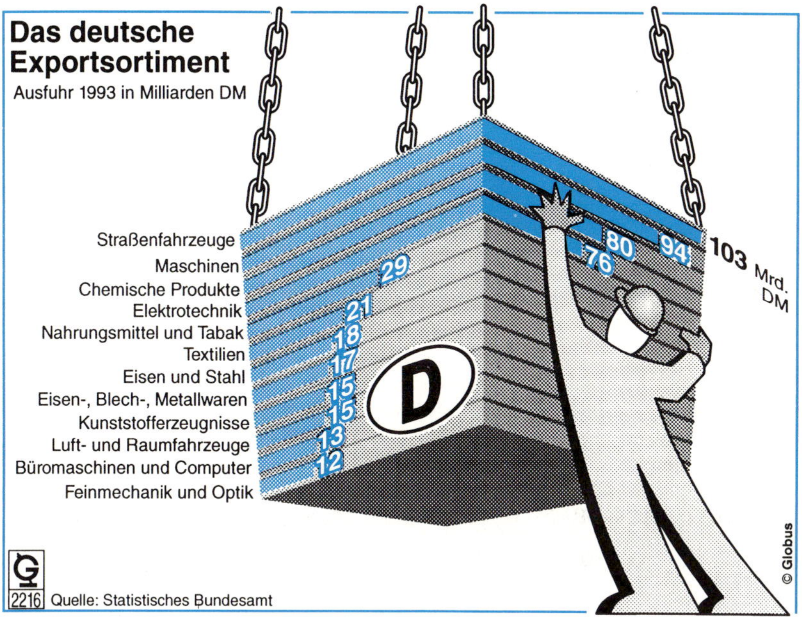

- **Kostenvorteile durch Austausch von Konkurrenzgütern.** Wenn zwei Länder gleiche Güter herstellen, kann das Gut in einem Lande billiger sein, z. B. durch niedrigeres Lohnniveau, günstigeren Standort zu den Rohstoffquellen, besseren technischen Entwicklungsstand, Spezialisierung eines Landes auf bestimmte Produkte. Die Produktion großer Mengen gleichartiger Produkte vermindert die Produktionskosten und bringt bei internationalem Austausch Vorteile für die beteiligten Länder (Gesetz der Massenproduktion).

Typisches Beispiel hierfür sind viele Produkte der japanischen und chinesischen Industrie.

- Eine maximale **internationale Arbeitsteilung** setzt aber uneingeschränkten *Freihandel* voraus. Dies bedeutet, daß die einzelnen Länder bereit sind, wirtschaftlich – und dadurch auch meist politisch – von einem anderen Land abhängig zu werden. Dies ist aber wiederum nur dann möglich, wenn der Entwicklungsstand und die Leistungen der einzelnen Volkswirtschaften einigermaßen ausgeglichen sind.

Ein Land, das z. B. keine Ausfuhrmöglichkeiten hat, verfügt auch über keine Zahlungsmittel (Devisen), um die notwendigen Einfuhren bezahlen zu können.

Daher beeinträchtigt eine ganze Reihe von Handelshemmnissen den internationalen Freihandel.

8.9.3 Hemmnisse für den internationalen Güteraustausch

Ursachen für die Behinderung des internationalen Warenhandels sind:

- Schutz der eigenen Wirtschaft vor der ausländischen Konkurrenz, insbesondere in Ländern, deren Industrie sich im Aufbaustadium befindet, z. B. in Entwicklungsländern. Dies nennt man *Protektionismus.*

- Verhinderung zu starker wirtschaftlicher Abhängigkeit vom Ausland, was bei politischen Auseinandersetzungen von entscheidender Bedeutung sein kann, z. B. Ölkrise 1973/74 und 1979/80/81.

Adolf Hitler strebte sofort nach seiner Machtübernahme 1933 Autarkie für das Deutsche Reich an, um für die geplante Expansion (2. Weltkrieg 1939—1945) gewappnet zu sein.

- Furcht vor Wirtschaftskrisen infolge zu starker internationaler wirtschaftlicher Verflechtungen.

So weitete sich z. B. die Weltwirtschaftskrise 1929—1933, ausgehend von den USA, sofort auf alle miteinander verbundenen Handelspartner aus, am stärksten auf Deutschland.

- Politisch verursachte Maßnahmen, wie z. B. Verhinderung des Exports in ein mißliebiges Land, um dieses wirtschaftlich zu schädigen.

Aktuelle Beispiele hierfür sind Maßnahmen gegen Israel und bestimmte arabische Staaten, z. B. den Irak, aber auch Schwierigkeiten beim Güteraustausch zwischen Ländern mit verschiedenen Gesellschaftssystemen.

8.9.4 Handels- und zollpolitische Maßnahmen des Außenwirtschaftsverkehrs

Hierunter werden alle Maßnahmen verstanden, um den Außenhandel eines Staates zu beeinflussen und zu gestalten. Diese können sein:

- **marktkonform:** ohne Verletzung marktwirtschaftlicher Grundsätze;
- **marktkonträr:** dirigistische Maßnahmen des Staates, also Gebote und Verbote für den Außenhandel und die Banken;
- **autonom:** ohne Rücksicht auf ausländische Volkswirtschaften;
- **vertraglich:** Vereinbarungen zwischen den beteiligten Handelsstaaten.

Die meisten außenhandelspolitischen Maßnahmen dienen der **Exportförderung** und der Erhaltung des **außenwirtschaftlichen** Gleichgewichts.

8.9.4.1 Mittel der Außenwirtschaftspolitik

Die Mittel der Außenwirtschaftspolitik lassen sich wie folgt einteilen:

- **Preispolitische Maßnahmen,**
  z.B.
  - Zölle
  - Ausfuhrgarantien

- Steuerbegünstigungen
- Subventionen
- Krediterleichterungen
- Staatliche Stützungskäufe oder Verkäufe

- **mengenpolitische Maßnahmen,**
  z. B.
  - Außenhandelskontingente
  - Ein- und Ausfuhrverbote
  - Außenhandelsgenehmigungen
  - Produktionsvorschriften, z. B. Zusatzmengen von Zellwolle zu Schafwolle, von Alkohol zu Benzin

- **währungspolitische Maßnahmen,**
  z. B.
  - Wechselkurspolitik (vgl. S. 463 ff.)
  - Devisenbewirtschaftung

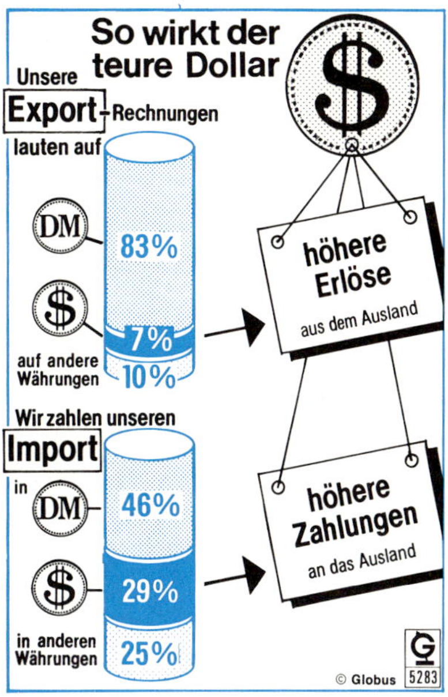

8.9.4.2 Wirksame Instrumente staatlicher Außenhandelspolitik

Handelsverträge (internationale Warenabkommen)

Dies sind für lange Zeiträume geltende Verträge zur Regelung von Wirtschaftsbeziehungen. *Bilaterale Handelsverträge* werden zwischen zwei Staaten abgeschlossen, bei *multilateralen Handelsverträgen* sind mehrere Staaten an dem Vertragswerk beteiligt.

Wesentlicher Bestandteil solcher Handelsverträge ist in der Regel die **Meistbegünstigungsklausel.** Sie verpflichtet die Vertragspartner, sich gegenseitig alle Handelsvorteile zu gewähren, die *gleichzeitig oder später* auch einem anderen Handelspartner eingeräumt werden. Zweiseitige Handelsvorteile müssen also automatisch für alle anderen Länder gelten.

Vereinbart z. B. die Bundesrepublik Deutschland mit Japan eine bestimmte Zollermäßigung für bestimmte Güter, so zwingt die Meistbegünstigungsklausel die Bundesrepublik Deutschland, diesen Zollsatz auch an Indien zu gewähren. Dies gilt umgekehrt aber auch für Japan, so daß weltweit günstige internationale Austauschbedingungen die Folge sein müssen. Durch diese Verallgemeinerung der Handelsbedingungen wird der internationale Wettbewerb verbessert.

Kontingentierung der Warenein- und -ausfuhr

Der Staat erlaubt Einfuhr nur bis zu gewissen Höchstgrenzen und gibt dafür *Einfuhrlizenzen* aus. Staatliche Maßnahmen dieser Art können bis zu *Einfuhr- und Ausfuhrverboten* gehen.

Durch **Einfuhrkontingentierung** kann die *inländische Wirtschaft geschützt,* z. B. die einheimische Beschäftigungslage verbessert oder gesichert werden. Die Konkurrenz des Auslandes wird ausgeschaltet und der Absatz der Waren des betroffenen Wirtschaftszweiges erleichtert.

Auch *Zahlungsbilanzschwierigkeiten* können durch Einfuhrkontingentierung verringert werden, wenn vorhandene Defizite hierdurch vermindert oder ganz beseitigt werden. So kann auch verhindert werden, daß *Auslandsschulden* zu sehr anwachsen.

Ausfuhrkontingente sind möglich, wenn die Versorgung der einheimischen Wirtschaft mit wichtigen Rohstoffen und Nahrungsmitteln gesichert werden soll.

Kontingentierungen der Ein- und Ausfuhr verringern den internationalen Warenaustausch und beeinträchtigen die internationale Arbeitsteilung. Preissteigerungen können die Folge sein. Der für die Einhaltung der Vorschriften erforderliche Behördenapparat erhöht die Staatsausgaben, die aus Steuereinnahmen bestritten werden. Man unterscheidet folgende **Arten der Ein- und Ausfuhrkontingentierung:**

- **Mengenkontingente,** d. h. mengenmäßige Beschränkung für einen bestimmten Zeitraum im Hinblick auf bestimmte Maßeinheiten, wie Stückzahl, Gewicht, Rauminhalt usw.
- **Wertkontingente,** d. h. wertmäßige Festlegung in Währungseinheiten für ein bestimmtes Gut, z. B. 25 Millionen Währungseinheiten für Personenkraftwagen. Über die Typen der Fahrzeuge können dann die Importeure frei entscheiden.
- **Globalkontingente:** Ein- und Ausfuhrmengen eines Landes werden für eine Ware und für einen bestimmten Zeitraum festgelegt. Es bleibt dann den Importeuren überlassen, in welchem Land sie welche Menge kaufen wollen.
- **Länderkontingente,** d. h. Festlegung der Ein- und Ausfuhrmengen für ein bestimmtes einzelnes Land.
- **Individualkontingente:** Jedem Importeur oder Exporteur wird eine bestimmte Warenmenge für einen bestimmten Zeitraum für die Ein- oder Ausfuhr zugeteilt.
- **Zollkontingente:** ermäßigter Zoll oder Zollfreiheit oder beides für eine bestimmte Warenmenge. Die darüber hinausgehenden Mengen müssen dann zum vollen Satz verzollt werden.

Ein- und Ausfuhrverbote

Dies sind die strengsten Mittel zur Unterbindung des internationalen Güteraustauschs. Sie können für einzelne oder für alle Güter angeordnet werden. Man spricht von **Sanktionen,** wenn solche Zwangsmaßnahmen gegen ein Land oder eine Gruppe von Ländern gerichtet sind. Der **GATT-Vertrag (Allgemeines internationales Zoll- und Handelsabkommen)** – siehe S. 477 – untersagt grundsätzlich Ein- und Ausfuhrverbote. Es gibt aber eine ganze Reihe von **Ausnahmen von der GATT-Verpflichtung:**

- **Einfuhrverbote**

  Beispiele

  – aus wettbewerbspolitischen Gründen, wenn durch den Import den inländischen Erzeugern ernsthafter Schaden zugefügt wird. Von **Dumping** spricht man, wenn Güter zu Exportpreisen verkauft werden, die unter den tatsächlichen volkswirtschaftlichen Kosten liegen und auf diese Weise rücksichtslos ein Absatzmarkt erobert werden soll;

  – zum Schutz des Lebens und der Gesundheit von Menschen und Tieren, z. B. zur Verhinderung des Einschleppens von pflanzlichen oder tierischen Schädlingen oder von Seuchen durch die Einfuhr nicht einwandfreier Lebensmittel;

  – zum Schutz der öffentlichen Sittlichkeit, z. B. Verbot der Einfuhr pornographischer Filme und Schriften;

- zur Wahrung der nationalen Sicherheit, indem die Einfuhr von Waffen, Munition und Kriegsmaterial verhindert wird;
- zur Wahrung von Inlandsmonopolen des Staates, z. B. bei Streichhölzern, alkoholischen Getränken, Tabakwaren;
- um den Aufbau von Schlüsselindustrien, z. B. der Chemieindustrie, zu ermöglichen.

- **Ausfuhrverbote**

Beispiele

- um einen kritischen Mangel an Lebensmitteln oder anderen wichtigen Waren zu verhüten oder zu beheben;
- um erschöpfliche Naturschätze zu erhalten;
- um Rohstoffe zur inländischen Produktion zur Verfügung zu haben, die bei Ausfuhr die Inlandsproduktion gefährden würde;
- Unterbindung der Ausfuhr von Waffen, Munition und Kriegsmaterial, um die Sicherheit des eigenen Landes nicht zu gefährden. Ein solches **Embargo** hat stets politische Ursachen.
- um nationale Kulturgüter, z. B. archäologische Funde zu schützen (Länder des Mittelmeerraums, insbesondere Ägypten und Griechenland sowie Italien).

Devisenbewirtschaftung

Bei der *Devisenzwangswirtschaft* müssen Exporteure erhaltene Auslandszahlungen sofort gegen Inlandswährung umtauschen, also z. B. US-Dollar in DM. Importeure unterliegen der Devisenkontingentierung, d. h. sie erhalten Devisen nur für staatlich genehmigte Einfuhren zugeteilt.

Nicht *marktkonträr* wie die devisenzwangswirtschaftlichen Maßnahmen sind die *marktkonformen* währungspolitischen Mittel eines Staates, insbesondere zur Steuerung des *Wechselkurses,* also des Preises für ausländische Währungen (siehe auch S. 466).

Die volkswirtschaftlichen Auswirkungen der Devisenbewirtschaftung hängen davon ab, ob eine volle oder nur eine teilweise Bewirtschaftung eingeführt worden ist. Meist wird zuerst der **Kapitalverkehr** eingeschränkt. Kapitalfluchtbewegungen entstehen gerne, wenn eine Abwertung oder wenn Preissteigerungen zu erwarten sind oder Unsicherheit bezüglich der politischen Entwicklung besteht. Die *Kapitalausfuhr* kann dann beschränkt werden. Ähnliches kann mit der *Kapitaleinfuhr* geschehen.

Wenn z. B. in unserem Land eine Aufwertung der Währung zu erwarten ist, d. h. für den Ausländer eine Wertsteigerung zu erwarten ist, wenn er Geld in die Bundesrepublik transferiert, so können große Geldmengen in unser Land aus dem Ausland einströmen. Die Folge ist eine erhebliche Liquiditätszunahme, die wiederum das Preisniveau anhebt (siehe auch importierte Inflation auf S. 433!) Ist diese Gefahr tatsächlich vorhandenen, wird man durch Kapitaleinfuhrbeschränkungen dem Kapitalstrom entgegenwirken. Verzinsungsverbote (z. B. in der Schweiz schon praktiziert) sind oft schon allein eine wirksame Maßnahme.

Reichen diese Maßnahmen für den Kapitalverkehr noch nicht aus, um die Zahlungsbilanzsituation zu verbessern, müssen Beschränkungen im *Dienstleistungsverkehr,* z. B. im Reiseverkehr sowie im Handelsverkehr erwogen werden.

Pro Person und Jahr stehen dann nur eine bestimmte Menge an Reise- bzw. Importdevisen zur Verfügung.

Niedrigere Zahlungen für Reisen und Importe verringern dann den Abfluß von Gold und Devisen.

Dies kann so weit gehen, daß aus der Unterdeckung der Zahlungsein- und -ausgänge eine Überdeckung wird und sich der Gold- und Devisenbestand vergrößert. Dies kann aber nur zu Lasten anderer Länder gehen, deren Währungsreserven sich verringern. Diese Länder werden Gegenmaßnahmen ergreifen, wodurch dann der Erfolg der Devisenbewirtschaftung in Frage gestellt wird.

Zollpolitik[1]

Mit Schutzzöllen z. B. werden Waren künstlich so verteuert, daß die ausländische Nachfrage zurückgeht oder ganz verschwindet (Importzölle). Unter **Zoll-Disparität** versteht man die Differenz in der Zollbelastung einzelner Waren.

Subventionen (Exportprämien)

Dies sind Vergünstigungen des Staates zur Exportförderung oder Importerschwerung. Bei der Exportförderung z. B. wird der nationale Hersteller dadurch mit dem Ausland konkurrenzfähig, daß er vom Staat Vergünstigungen durch billige Kredite, Steuervorteile, Zollrückvergütungen, Risikoübernahme usw. erhält.

Administrative Vorschriften (Protektionismus)

Unter Administration versteht man die Verwaltungsbehörden eines Staates. Alle Maßnahmen dieser Behörden, die zum Ziel haben, den internationalen Handel zu erschweren, ohne dabei gegen internationale Abmachungen zu verstoßen, sind „administrativer Protektionismus"

Beispiele

- Festsetzung von bestimmten Einfuhrplätzen und Transportwegen für Importe. Hierdurch können sich die Transportkosten und damit die Einfuhr wesentlich verteuern;
- unangemessen hohe Gebühren für Ursprungszeugnisse (amtliches Nachweis der Herkunft einer Ware);
- lange Wartezeiten für die Zollabfertigung;
- nicht eindeutige Zollvorschriften.

So wurden z. B. an der italienischen Grenze Fischkonserven abgewiesen, weil sie nach dem Gesetz aus dem Jahre 1926 die Aufschrift „Hergestellt mit Samenöl" tragen sollten, tatsächlich aber die Aufschrift „Hergestellt mit Öl aus verschiedenen Samen" trug. Für die Ausfuhr von Würstchen nach Italien wurden drei chemische Untersuchungen angestellt, wobei die gesamte Sendung 38 Tage lang an der Grenze lagerte, bis sie abgefertigt wurde.

8.10 Internationale wirtschaftliche Abkommen und Zusammenschlüsse

8.10.1 GATT (General Agreement on Tariffs and Trade)

Dieses *„Allgemeine Zoll- und Handelsabkommen"* ist ein im Jahre 1947 geschlossener multinationaler Handelsvertrag zwischen heute 125 Staaten der Erde.

GATT ist die für den Warenhandel zuständige Teilorganisation der ab 1. Januar 1995 tätigen **WTO (Welthandelsorganisation – World Trade Organization),** welche mit GATT nicht nur für Einhaltung der Regeln im Warenhandel, sondern auch für den Dienstleistungsbereich (z. B. Banken, Versicherungen, Transportwesen) sorgt. Auch der Schutz des geistigen Eigentums steht unter Kontrolle der WTO.

[1] Siehe auch Seite 472. f.

Die meisten Entwicklungsländer wie auch kommunistische Staaten mit staatlicher Zentralverwaltungswirtschaft gehören dem GATT nicht an.

Grundsätze und Zielsetzungen des GATT sind:

- Abbau der *Zölle* und anderer Handelshemmnisse.
- Alle Mitglieder gewähren sich gegenseitig die *Meistbegünstigungsklausel* (siehe S. 493). Das ist das Hauptanliegen des Abkommens. Jeder Handelsvorteil, den ein GATT-Partner einem anderen gewährt, steht allen zu.
- Die Produktion eines Landes soll nicht durch Kontingentierung und andere handelshemmende Maßnahmen, sondern durch Zölle geschützt werden.
- *Importbeschränkungen* eines Landes sollen nur nach gemeinsamer Beratung getroffen werden.

Das GATT hat wesentlich zur Liberalisierung des internationalen Handels durch den Abbau vieler bilateraler Handelsverträge beigetragen. Rund 85 % des Welthandelsvolumens werden durch dieses Abkommen geregelt.

Die **Welthandelsorganisation WTO** ist das Ergebnis der sieben Jahre lang dauernden Verhandlungen der Mitgliedstaaten (Uruguay-Runde). Die WTO soll die Einhaltung der Handelsregeln viel strenger als bisher überwachen, Sanktionen (Zwangsmaßnahmen) ergreifen können und Schlichtungsinstanz für Rechtsstreitigkeiten sein. Sie erhält damit den gleichen Rang wie die *Weltbank* für monetäre Probleme und der *Internationale Währungsfonds* für finanzielle Fragen.

Das WTO besteht aus *drei Teilorganisationen:* Dem bisherigen **GATT,** das für den Warenhandel zuständig bleibt, dem **GATS** für den Handel mit Dienstleistungen (Banken, Versicherungen usw.) und dem **TRIPS** für den Schutz geistiger Eigentumsrechte.

8.10.2 Wirtschaftliche Zusammenarbeit Westeuropas: Die Europäische Union und die Organisation für wirtschaftliche Zusammenarbeit und Entwicklung

8.10.2.1 Übersicht

Die wichtigsten wirtschaftlichen Zusammenschlüsse Westeuropas sind die *Europäische Union (EU)* und die *Organisation für wirtschaftliche Zusammenarbeit und Entwicklung (OECD).*

In der **Europäischen Union** sind die Verträge über die Europäische Wirtschaftsgemeinschaft (EWG), die Europäische Atomgemeinschaft (EAG oder EURATOM) und die Montanunion (EGKS = Europäische Gemeinschaft für Kohle und Stahl) miteinander verschmolzen.

Die **Organisation für wirtschaftliche Zusammenarbeit und Entwicklung (OECD)** umfaßte bei ihrer Gründung 1961 18 europäische Länder und hat darüber hinaus die USA und Kanada als Mitglieder (siehe Karte auf S. 479). Später traten bei: Japan 1964, Finnland 1969, Australien 1972 und Neuseeland 1973. Hauptaufgabe der OECD (engl.: Organization for Economic Cooperation and Development) ist, zur bestmöglichen Wirtschaftsentwicklung ihrer Mitgliedstaaten beizutragen, insbesondere für Beschäftigung, höheren Lebensstandard und Stabilität des Geldwerts.

Neben der EWG gab es seit 1958 noch die **Europäische Freihandelszone** (European Free Trade Association = EFTA), der damals 11 westeuropäische Länder angehörten. Die heutigen 4 Mitgliedsländer der Europäischen Freihandelszone (Island, Liechtenstein, Norwegen, Schweiz) haben mit der EU ein Abkommen geschlossen, das ab 1993 den gemeinsamen Europäischen Wirtschaftsraum (EWR) für die vier EFTA-Länder und die fünfzehn EU-Länder vorsieht. In diesem Wirtschaftsraum sollen mit wenigen Einschränkungen die gleichen vier Freiheiten gelten, die ab 1993 für den EU-Binnenmarkt vorgesehen sind: Freier Warenverkehr, freier Dienstleistungsverkehr, freier Kapitalverkehr, freier Personenverkehr.

Ziele der Europäischen Union

Gründung: 25.03.57 Sitz Brüssel

Zweck:

- **Errichtung eines allgemeinen gemeinsamen Marktes für alle Wirtschaftszweige** durch schrittweise Abschaffung der Zölle und der mengenmäßigen Beschränkungen zwischen den sechs Staaten.
- **Schaffung eines gemeinsamen Zolltarifs gegenüber Drittländern.**
- **Bildung eines wirtschaftlichen Großraums, in dem die gleichen Wettbewerbsbedingungen gelten sollen (EU-Binnenmarkt).**

  Hierzu ist insbesondere erforderlich:
  1. Freizügigkeit der Arbeitnehmer;
  2. Niederlassungsfreiheit der Unternehmer;
  3. Freier Dienstleistungsverkehr;
  4. Freizügiger Kapitalverkehr (keine Devisenbeschränkung);
- **Schaffung gemeinsamer Regelungen (Harmonisierung) für:**
  1. den wirtschaftlichen Wettbewerb;
  2. die Steuersysteme;
  3. die Rechtsvorschriften;
  4. die Wirtschaftspolitik, also die Konjunktur-, Währungs-, Handels-, Verkehrs- und Sozialversicherung, Umsiedlung u. a.)
- **Assoziierung der überseeischen Länder und Hoheitsgebiete.**

8.10.2.2 Stand der EU-Integration

- *Integriert sind:* Agrarpolitik, Zollpolitik, teilweise das Wettbewerbsrecht, die Handelspolitik und der Arbeitsmarkt;
- *Noch nicht integriert sind:* Außen- und Sozialpolitik, teilweise die Wirtschaftspolitik, wie z. B. die Währungs- und Konjunkturpolitik, die Bildungspolitik und die Verkehrspolitik.[1]

Nicht nur der Handel innerhalb der Gemeinschaftsländer, sondern auch der Handel mit Drittländern hat durch die EU einen starken Aufschwung, mehr als eine Verdoppelung erhalten.

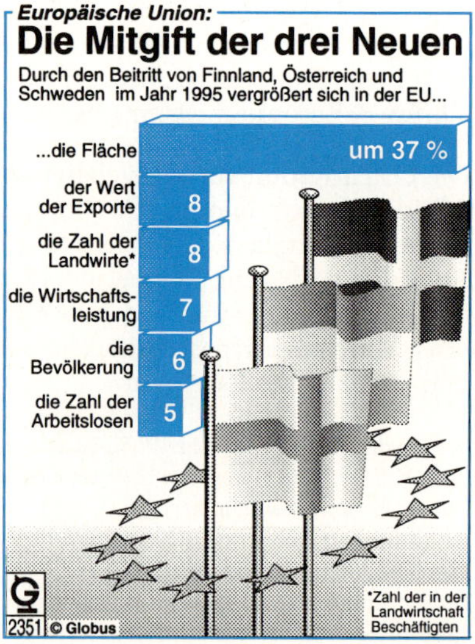

[1] 1991 haben die EU-Mitglieder beschlossen, bis Ende 1999 die nationalen Währungen durch eine gemeinsame EU-Währung, den **ECU** (engl. European Currency Unit) zu ersetzen (Maastrichter EU-Beschluß).

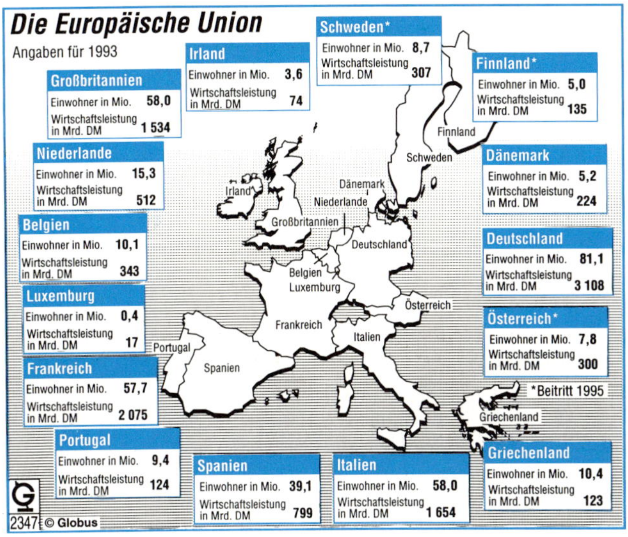

8.10.3 Hauptprobleme der gegenwärtigen internationalen Handelspolitik

Die wichtigsten Probleme ergeben sich hauptsächlich aus folgenden Ursachen:

- **Interessengegensatz zwischen den reichen Industrieländern und den armen Entwicklungsländern.**

Das Welt-Bruttosozialprodukt ist außerordentlich ungleichmäßig verteilt. In den westlichen Industrieländern wohnen 843 Millionen Menschen; das sind 16 Prozent der Weltbevölkerung von rund 5,2 Milliarden Menschen. Aber sie haben weit über die Hälfte – 57 Prozent – des Welt-Einkommens zu ihrer Verfügung. Die fast vier Milliarden Menschen in den Entwicklungsländern – 76 Prozent der Weltbevölkerung – müssen mit 30 Prozent des Welt-Einkommens vorliebnehmen. Freilich, die Reichen der Welt verzehren nicht nur den größten Teil des Welt-Einkommens, sie produzieren es auch. Sie verfügen über technisches

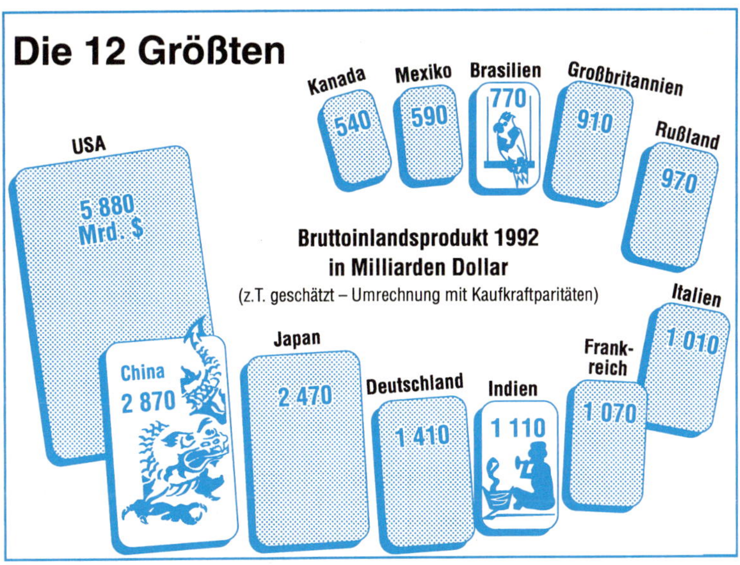

Können, Ausbildung, funktionierende Verwaltung, über Produktionseinrichtungen und Infrastrukturen, die die menschliche Arbeit weit überdurchschnittlich ergiebig machen. Ihr Reichtum ist also ein Reichtum des Könnens und des Fleißes, nicht des Besitzens. Dennoch liegt in der Kluft zwischen arm und reich Sprengstoff. Denn Armut ist ein Nährboden für Konflikte, die auch den Weltfrieden bedrohen können.

- **Interessenkonflikt zwischen den verschiedenen Gesellschafts- und Wirtschaftssystemen der westlichen kapitalistischen Länder und der östlichen kommunistisch-sozialistischen Länder**[1]

Die Wirtschaftsordnung der kommunistischen Staaten war bis 1985 ausnahmslos die *Zentralverwaltungswirtschaft.* Der Staat verfügte über ein Außenhandelsmonopol und legte gemäß Wirtschaftsplan Export und Import mengen- und preismäßig fest. 1989/90 offenbarte sich das Ergebnis der sozialistisch-kommunistischen Planwirtschaft: Völlige Unterversorgung der Bevölkerung, Armut, Verschuldung, Geldentwertung und technische Rückständigkeit, von Rüstungsprodukten abgesehen. Die Einführung marktwirtschaftlicher Wirtschaftsordnung in den ehemaligen Ostblockländern ist nur dann möglich, wenn konsequent die kommunistische Gesellschaftsordnung durch eine freiheitlich-demokratische ersetzt wird. Hierzu müssen aber als erstes Privateigentum, Vertragsfreiheit und Preisbildung am Markt durch Angebot und Nachfrage ohne Einmischung des Staates eingeführt werden. Ungarn, die Tschechische und die Slowakische Republik sowie Polen scheinen bisher die besten Fortschritte in diese Richtung gemacht zu haben.

- **Bestreben nach wirtschaftlicher Integration**

Dazu gehört die Verschmelzung einzelner Volkswirtschaften zu einem einheitlichen Wirtschaftsgebiet, wie z. B. der Europäischen Union (EU).

Die wirtschaftliche Übermacht eines derartigen Großwirtschaftsraumes kann gegenüber Drittländern eine Handelspolitik zur Folge haben, die den internationalen Wettbewerb verzerrt und dadurch das Wachstum des gesamten Welthandels hemmt. Die handelspolitischen Auseinandersetzungen zwischen der Europäischen Union und den USA innerhalb des GATT haben hierin ihre Ursache.

- **Übergewicht und Überlegenheit wirtschaftlich starker Länder**

Ein wirtschaftlich starkes Land wird stets versuchen, seine wirtschaftliche Machtstellung zu seinem Vorteil zu nutzen. Dies führt letztlich zu Wettbewerbsverzerrungen und Handelshemmnissen. Die zunehmende Stärke der Europäischen Union wird, so gesehen, einen positiven Machtausgleich zur Folge haben.

Wesentliche Lerninhalte

- **Internationale wirtschaftliche Zusammenarbeit** soll das Volkseinkommen und damit den Lebensstandard der Völker erhöhen. Diese Zusammenarbeit hat folgende wirtschaftlichen Ursachen:
  - notwendiger internationaler Güteraustausch
  - Kostenvorteile durch internationalen Güteraustausch
  - internationale Arbeitsteilung; sie setzt Freihandel (Liberalisierung) voraus.
- **Außenhandelspolitische Maßnahmen** eines Landes dienen meist der *Exportförderung.* Solche Maßnahmen können sein:
  - Zollpolitik
  - Handelsverträge (bilateral zwischen zwei Staaten, multilateral zwischen mehreren Staaten)
  - Kontingentierung der Wareneinfuhr (Einfuhrlizenzen, Ein- und Ausfuhrverbote)

[1] Wesentlich entschärft durch die demokratischen Entwicklungen und marktwirtschaftliche Orientierung dieser Staaten seit 1989, insbesondere durch die Revolution in der DDR am 9. November 1989. Die UdSSR wurde Ende Dezember 1991 in über 20 unabhängige Republiken aufgelöst. Rußland, Ukraine und Kasachstan sind die größten und wirtschaftlich stabilsten Staaten.

- ▶ Devisenbewirtschaftung
- ▶ Subventionen, z. B. Exportprämien
- ▶ Dumping-Abkommen (durch GATT international verboten)
- ▶ Handelsembargo = Ausfuhrverbot für bestimmte Waren in bestimmte Länder, meist für Rüstungsgüter

- Eine **Meistbegünstigungsklausel** in internationalen Handelsverträgen verpflichtet die Vertragspartner, sich gegenseitig alle Handelsvorteile zu gewähren, die gleichzeitig oder später auch anderen Handelspartnern gewährt werden.
- **GATT** ist ein internationales Zoll- und Handelsabkommen zur Beseitigung von Handelshemmnissen und zur optimalen Ausgestaltung der internationalen Handelsbeziehungen der daran beteiligten 125 Länder (1994). GATT ist eine Teilorganisation der 1994 gegründeten **WTO (Welthandelsorganisation).**
- Hauptprobleme der internationalen Handelspolitik ergeben sich aus:
  - ▶ dem Interessengegensatz zwischen reichen Industrieländern und armen Entwicklungsländern
  - ▶ aus wirtschaftlichen Integrationsbestrebungen
  - ▶ aus dem Übergewicht wirtschaftlich starker Länder
- Die **Europäische Union (EU)** ist der Zusammenschluß von fünfzehn westeuropäischen Ländern zur wirtschaftlichen Zusammenarbeit (Integration).

  Ihre *Zielsetzungen* sind:
  - ▶ Abschaffung von Zöllen und Kontingenten zwischen den Mitgliedstaaten;
  - ▶ gemeinsamer Zolltarif und gegenseitig abgestimmte Handelspolitik gegenüber Drittländern;
  - ▶ Bildung eines wirtschaftlichen Großraums mit gleichen Wettbewerbsbedingungen (freier Dienstleistungs- und Kapitalverkehr, Harmonisierung, d. h. Angleichung des Handels- und Steuerrechts.

Aufgaben zur Sicherung des Lernerfolgs

1 Warum ist der Außenhandel für die Bundesrepublik Deutschland lebensnotwendig!

2 Welche Erkenntnisse gewinnen Sie aus den Statistiken auf den Seiten 406, 437 und 471 über den Außenhandel der Bundesrepublik Deutschland?

3 Was könnten Ursachen für Autarkiebestrebungen eines Landes sein?

4 Suchen Sie Beispiele für Güter, die internationale Kostenvorteile bringen und beschreiben Sie die Ursachen dafür!

5 a) Welche Hemmnisse verhindern eine maximale internationale Arbeitsteilung?

b) Suchen Sie nach Beispielen, die solche Hemmnisse für den internationalen Güteraustausch rechtfertigen!

6 Suchen Sie je ein Beispiel für marktkonforme, marktkonträre, autonome und vertragliche Maßnahmen der Außenhandelspolitik!

7 Überlegen Sie Probleme, die durch Herabsetzung von Einfuhrzöllen entstehen!

8 Wann halten Sie a) Einfuhrkontingentierung und b) Devisenzwangswirtschaft für volkswirtschaftlich gerechtfertigt?

9 Wodurch kann der Export a) eines modernen Industrielandes und b) eines Entwicklungslandes gefördert werden?

10 Welche Folgen hat die Meistbegünstigungsklausel in Handelsverträgen? Denken Sie den Sachverhalt mit Hilfe eines Beispiels (Baumaschinen zwischen den USA und der Bundesrepublik Deutschland) durch!

11 Weshalb entstehen durch unterschiedliche Wirtschaftsordnungen einzelner Staaten Schwierigkeiten für die Liberalisierung des Außenhandels?

12 Welche Abstimmungen oder Harmonisierungen halten Sie für unerläßlich, wenn mehrere Länder eine Wirtschaftsintegration anstreben wollen? Es geht dabei in erster Linie um Verminderung und Abbau vorhandener Wettbewerbsverzerrungen.

13 a) Welche Zielsetzung hat die Europäische Union?
b) Welche Probleme verhindern oft das reibungslose Funktionieren des Gemeinsamen Marktes?

14 Sammeln Sie vier Wochen lang die Pressemeldungen über die Europäische Union (aus der von Ihnen gelesenen Zeitung), und werten Sie diese volkswirtschaftlich aus!

15 Weshalb und unter welchen Umständen führen Einfuhrkontingentierungen zu Preissteigerungen?

16 Welche Nachteile bringt die Devisenbewirtschaftung?

17 Sammeln Sie zwei Monate lang aus Zeitungen Nachrichten über die Demokratisierung und marktwirtschaftliche Orientierung der osteuropäischen Staaten. Beschreiben Sie die Hauptprobleme!

8.11 Ursachen des Wirtschaftswachstums

Problem

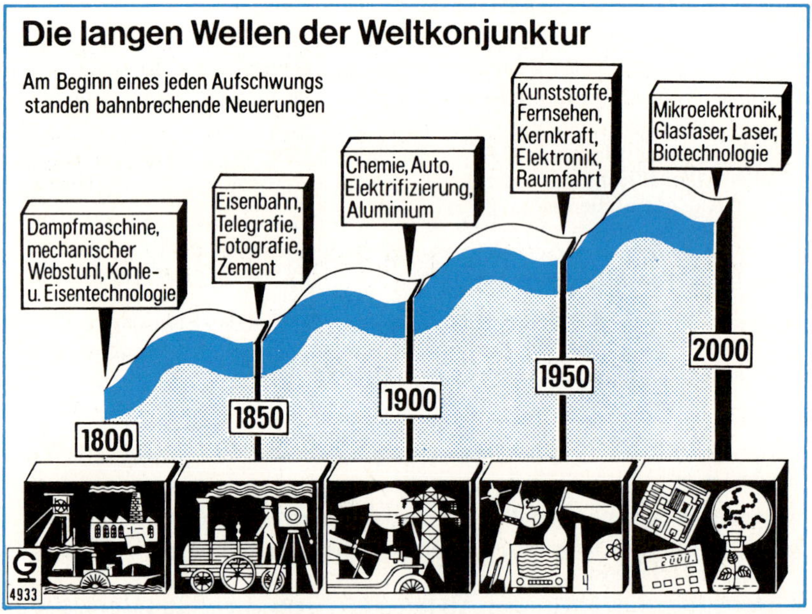

Bahnbrechende Neuerungen haben die Wirtschaftsentwicklung stets vorangetrieben. Mit den Umsetzungen der Erfindungen der gedanklichen Vorarbeit, in technischen Nutzen, wird nicht nur das Leben des einzelnen und der Gemeinschaft wesentlich verändert. Sie beflügeln den ökonomischen Fortschritt, lösen Investitionswellen aus, schaffen Arbeitsplätze, ermöglichen eine Gewinnerzielung, tragen so zur Kapitalbildung bei, die wiederum Grundlage für weiteren Wohlstand ist. Erkennbar werden diese Wachtumswellen erst in der historischen Betrachtung. Offen bleibt deswegen, ob Elektronik und Computer, Kernkraft oder Kunststoffe, Fernsehen oder Raumfahrt die treibenden Innovationen im letzten Teil dieses Jahrhunderts sind. Vielleicht wird der große Schub erst durch die Neubesinnung im Energiebereich ausgelöst, die Abkehr vom Öl, oder sind wir am Ende des Wachstums angelangt? Was sind die Bestimmungsgründe des Wachstums?

Sachdarstellung

Angemessenes Wachstum ist neben Preisstabilität, hohem Beschäftigungsstand und außenwirtschaftlichem Gleichgewicht eines der wirtschaftspolitischen Ziele, das die Bundesregierung nach dem Stabilitätsgesetz zu verfolgen hat. (Siehe auch Abschnitt 8.4.4!)

Wachstum der Wirtschaft wird in der Regel als *Zunahme des Volkseinkommens* definiert. Nachdem aber Sozialprodukt (Nettosozialprodukt zu Faktorkosten) und Volkseinkommen dasselbe sind, allerdings auf Grund unterschiedlicher Betrachtungsweisen, kann auch gesagt werden: Wirtschaftliches Wachstum ist *Anstieg des Sozialproduktes.*

Häufig wird diese Begriffsbestimmung noch in der Weise eingeengt, daß hinzugefügt wird:... „pro Kopf der Bevölkerung".

Auf die Einheit „pro Kopf der Bevölkerung" wird deshalb bezogen, weil

1. der Vergleich der Wachstumsraten verschiedener Volkswirtschaften damit am besten möglich ist;
2. umstritten ist, ob Wachstum auch dann vorliegt, wenn das Sozialprodukt im gleichen Ausmaß wie die Bevölkerung zunimmt (bzw. bei unverändertem Wachstum die Bevölkerungszahl abnimmt) und deshalb der Pro-Kopf-Anteil ebenfalls gleich bleibt.

Es gibt drei Hauptursachen für das Wachstum der Wirtschaft:

1. Der mengenmäßige (quantitative) Einsatz der Produktionsfaktoren wurde erweitert („ = input – Erhöhung"), z. B. eine neue, vollautomatische Fertigungsstraße wird in Betrieb genommen.
2. Die Qualität der Produktionsfaktoren (= technischer Fortschritt), die eingesetzt werden, wurde verbessert (= „output – Erhöhung pro input – Einheit"), z. B. durch Umstellen der Fertigung auf Industrieroboter.
3. Die Struktur der ökonomischen Leistungsfähigkeit wurde verbessert, z. B. durch Schwerpunktförderungsmaßnahmen des Staates zur Investitionssteigerung und Arbeitsplatzbeschaffung.

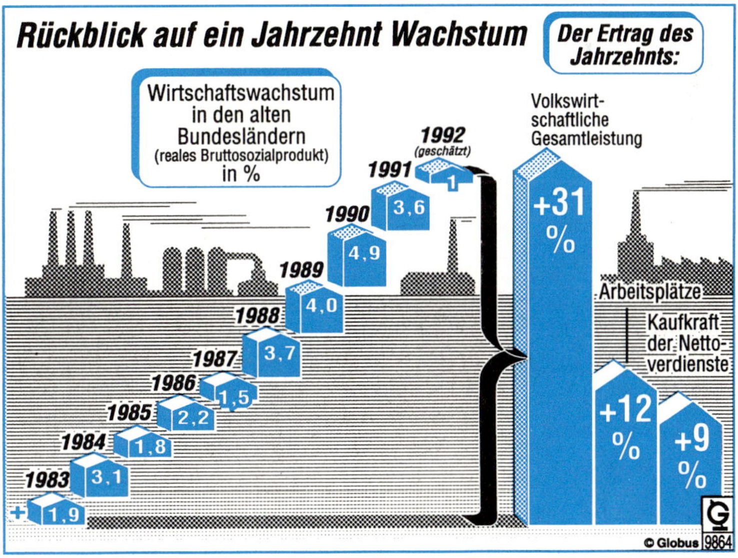

8.11.1 Der mengenmäßige Einsatz der Produktionsfaktoren

Die Höhe des Sozialprodukts ist abhängig von den eingesetzten Produktionsfaktoren Arbeit, Kapital und Boden. Faßt man den Boden mit den sonstigen Produktionsanlagen, den Vorräten und Ausrüstungen zusammen, so hängt das **Wachstum von der Zunahme von Arbeit und Kapital ab.**

8.11.1.1 Der Produktionsfaktor Arbeit

Dem vermehrten mengenmäßigen Einsatz des Faktors Arbeit sind Grenzen gesetzt, weil der Anteil der Erwerbspersonen in einer Volkswirtschaft abhängig ist von der Altersstruktur der Bevölkerung, dem Eintrittsalter (Schulabgang) in das Erwerbsleben, dem Ausscheiden aus dem Produktionsprozeß (Rentenalter), dem Anteil der Erwerbstätigkeit der Frauen und von der gesellschaftspolitisch verkraftbaren Aufnahme von Gastarbeitern u. a.

Bei angenommenem Gleichbleiben des Produktionsfaktors Kapital wächst das Sozialprodukt, wenn der Produktionsfaktor Arbeit vermehrt eingesetzt wird. In der Praxis der Bundesrepublik Deutschland wurde aber der vom Produktionsfaktor Arbeit ausgehende Wachstumsimpuls in den letzten Jahrzehnten weitgehend wieder durch zunehmende Arbeitszeitverkürzung aufgesogen. Der **entscheidende Wachstumsfaktor** ist in modernen Industriestaaten das **Kapital.**

8.11.1.2 Der Produktionsfaktor Kapital

Die **Produktivität** (= Produktmenge je Arbeitsstunde) der Arbeit steigt durch den Einsatz zusätzlicher Maschinen, Anlagen und Ausrüstungen, also durch vermehrten Kapitaleinsatz in Produktivgüter. Diese Investitionen (Neuinvestitionen, nicht Ersatzinvestitionen) bestimmen auf zweifache Art und Weise die Größe des Wirtschaftswachstums:

1. Für die Dauer der Durchführung der Investition erzeugt diese als Teil der volkswirtschaftlichen Gesamtnachfrage zusätzliche Beschäftigung und zusätzliches Einkommen, sowohl direkt in der Investitionsgüterindustrie als auch indirekt in der Konsumgüterindustrie. Beispiel: Neuinvestitionen in Industrieroboter (= Werkzeug- und Werkstückhandhabungsautomaten) in Milliardenhöhe durch die Automobilindustrie.

   Dieser Vorgang läßt das Volkseinkommen insgesamt um ein Vielfaches der Investitionsausgaben steigen. Hinzu kommt, daß Mehrausgaben in einem Wirtschaftsbereich zu einer überproportionalen Mehrnachfrage in anderen Bereichen führen und so den Wachstumsprozeß zusätzlich beschleunigen. Beide Effekte verstärken einen eingeleiteten Wachstumsanstieg. Beispiel: Verstärkte Investitionstätigkeit in der Maschinenbauindustrie auf Grund der starken Nachfrage nach Handhabungsautomaten.

2. Nach Durchführung der Investitionen, hat sich in der Regel der Produktionsapparat vergrößert. Damit ist die Kapazität, die Ausbringungsmöglichkeit von Erzeugnissen, gestiegen (= *Kapazitätswirkung der Investitionen*). Diese Wirkung tritt auf, sobald die Investition beendet, die Produktionsanlage fertiggestellt ist. Beispiel: Qualitative und quantitative Steigerung der Ausbringung in der Automobilindustrie auf Grund der Investitionen in Handhabungsautomaten.

Investitionen kommen nur durch Kapitaleinsatz zustande. Die Kapitalbildung für Produktivzwecke verlangt eine Einschränkung des Konsums, d. h. erforderlich ist Sparen zugunsten der Investitionen (vgl. Abschnitt 1.5 Die Kapitalbindung).

Investieren muß sich lohnen. Wenn die Investitionsbereitschaft nachläßt, wächst auch die Wirtschaft langsamer, und wenn die Investitionen gar ins Minus rutschen, dann bedeutet dies Schrumpfung der Wirtschaftsleitung und Verlust von Arbeitsplätzen. In der Marktwirtschaft kommt deshalb den Investitionen – also dem Kauf neuer Maschinen und Anlagen, der Errichtung neuer Gebäude, dem Bau von Kraftwerken, der Erweiterung des Fuhrparks u. ä. – eine Schlüsselrolle zu. Mehr investieren bedeutet, die Leistungsfähigkeit der Wirtschaft zu erhöhen. Kein Unternehmer investiert freilich nur mit dem Ziel, neue Arbeitsplätze zu schaffen, sondern er kalkuliert genau die Erfolgschance dieser Investition. Die Investitionsbereitschaft hängt deshalb davon ab, ob sich die Investitionen auszahlen, ob also das eingesetzte Kapital eine ausreichende Rendite abwirft.

Wenn der Austoß aus zusätzlichen Investitionen voll abgesetzt werden soll, sind wieder neue Investitionen nötig, die einen *Einkommenseffekt* hervorrufen, weil stets ein Teil des Einkommens aus einer Investition nicht die volle Produktion, die durch die Neuinvestition entstanden ist, gekauft werden. Investitionen erfordern deshalb immer neue Investitionen in einer ganz bestimmten Höhe, damit die Wirtschaft stetig weiterwächst.

Allgemein kann gesagt werden, daß jede mengenmäßige Erweiterung des Einsatzes („input – Erhöhung") der Produktionsfaktoren tendenziell Wachstumsimpulse bewirkt.

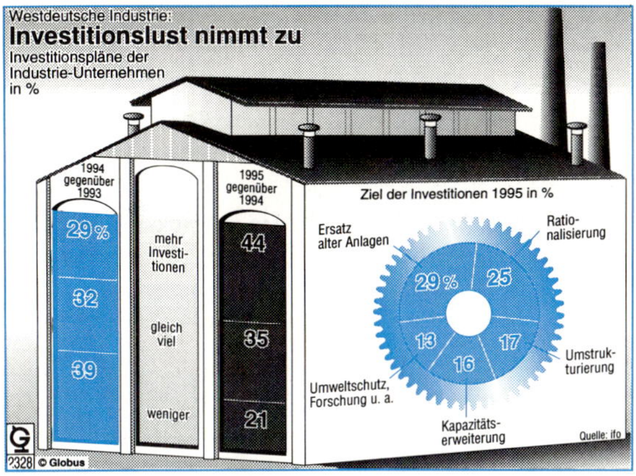

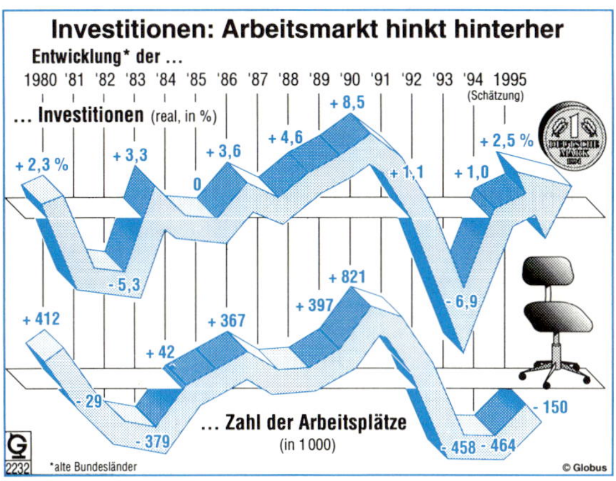

8.11.2 Die Qualitätsverbesserung der Produktionsfaktoren

Hand in Hand mit der *mengenmäßigen Verbesserung* der Produktionsfaktoren geht in der Regel auch eine **Verbesserung der Faktorqualitäten und Faktorkombinationen.**

Die **Höherqualifizierung des Produktionsfaktors Arbeit,** Investitionen in das Arbeitskräftepotential (= *Humankapital*), z. B. durch verbesserte Allgemeinbildung, gezielte Schulung und Ausbildung sowie besondere Fort- bzw. Weiterbildung, steigern die Produktivität ganz erheblich. Die Erfahrung zeigt, daß die Steigerung der Qualität des Produktionsfaktors Arbeit u. U. einen größeren Wachstumsimpuls bewirkt, als die Erhöhung der Quantität dieses Produktionsfaktors.

Freilich kommt der Wachstumsimpuls, der durch die Qualitätssteigerung des Humankapitals ausgelöst wird, nur voll zum Tragen, wenn einerseits die Qualität des Sachkapitals, also die Zuverlässigkeit und geringe Störanfälligkeit der Anlage und Ausrüstungen, ihre präzise Arbeit bei möglichst geringem Ausschuß u. a., gesteigert werden kann und andererseits aber gleichzeitig auch die **gesamte Faktorkombination** verbessert wird, z. B. beidseitige Werkstückbearbeitung mit einer mit einem Motorreitstock ausgerüsteten CNC-Drehmaschine durch einen qualifizierten Facharbeiter.

Wesentlich ist einmal die *Verbesserung des Zusammenspiels* von Menschen mit Menschen, von Menschen mit Maschinen und von Maschinen mit Maschinen, also der *Produktionsfaktoren untereinander;* aber auch die Arbeitsaufteilung mit Hilfe einer genauen Arbeitsorganisation ist von Bedeutung, um stetige Wachstumsimpulse auszulösen.

Zum anderen gehen mit der mengenmäßigen Vermehrung des Produktionsfaktors Kapital stets die Erzeugung neuer und verbesserter Produkte mit neuen oder technisch verbesserten Produktionsverfahren einher, z. B. bei der Umstellung der Produktion von Halbautomaten auf Vollautomation.

Neue oder verbesserte **Einsatztechniken**, ausgelöst durch Lernvorgänge und Ausgaben für systematische, wissenschaftliche Forschung und Entwicklung geben Impulse, welche über die Steigerung der Arbeitsproduktivität und/oder Kapitalrentabilität bestimmend auf die Wachstumsrate einwirken, z. B. Einsatz der Mikroprozessoren in elektronischen Geräten der Produktion und Verwaltung.

Der **Hauptträger des Wachstums** einer Volkswirtschaft ist der **technische Fortschritt** mit zukunftsträchtigen *Innovationen* (= Verwirklichung neuer wirtschaftlicher Konzepte). Er bestimmt langfristig entscheidend die Wachstumsrate der Volkswirtschaft.

8.11.3 Strukturveränderungen

Die Struktur, also das Verhältnis der Teile einer Volkswirtschaft zum Ganzen, ändert sich in einer dynamischen Wirtschaft fortwährend. Die Ursachen liegen z. T. im Wirtschaftswachstum selbst. Es zieht laufend einen *Wandel der Produktionsstruktur* (Veränderung der Produktionsmethoden, Veränderung des Werkstoffeinsatzes, des Fertigungsprogramms u. a.) und einen *Wandel der Bedarfsstruktur,* (Änderung des Konsumentenverhaltens, Verschiebung der Dringlichkeit der Bedürfnisse und des Bedarfs an neuen Gütern und Leistungen) nach sich.

Häufig wirken sich diese Veränderungen auch regional aus, z. B. im Ruhrgebiet oder in Regionen an den Grenzen zu den osteuropäischen Reformländern. Der Staat ist aufgerufen, in diesen Fällen marktkonform zu intervenieren. **Maßnahmen des Staates** zur Verbesserung der Struktur schlagen sich in Wachstumsimpulsen nieder. Solche Maßnahmen sind: Räumlich und sachlich genau abgegrenzte Schwerpunktfördermaßnahmen, z. B. Förderung des Errichtens, des Ausbaus, des Umstellens, des Rationalisierens von Gewerbebetrieben unter bestimmten Voraussetzungen, Ausbau der Infrastruktur durch Erschließen von Industriegelände, Ausbauen von Verkehrswegen, Energie- und sonstigen Ver- und Entsorgungsanlagen, Abbau struktureller Arbeitslosigkeit durch Fortbildung, Umschulung, Ausbildung mit dem Ziel, die benötigte Arbeitskräftequalifikation zu erreichen.

Die Verbesserungen der Struktur führen zu einer erheblichen **Steigerung der wirtschaftlichen Leistungsfähigkeit** der Privatwirtschaft, zur Verbesserung von Arbeitsproduktivität und Kapitalrentabilität, zu größerer Investitionsneigung und zum Auslösen von Wachstumsimpulsen.

Wachstum und Strukturwandel sind eng **miteinander verbunden**. Der Staat hat es in der Hand, durch eine geeignete Strukturpolitik die Veränderungen so zu beeinflussen, daß das Wachstum in Teilbereichen der Wirtschaft nicht zum Erliegen kommt, sondern durch Übergangshilfen gestärkt und gefördert wird, so daß sich neue Wachstumsmöglichkeiten eröffnen.

8.11.4 Außerökonomische Bestimmungsgründe für das Wirtschaftswachstum

Auch außerökonomische Faktoren beeinflussen das Wachstum. Dazu gehören u. a.: Beweggründe der Wirtschaftssubjekte, ihr Leben zu gestalten (Bedürfnisstruktur), Arbeitsamkeit der Bevölkerung eines Gebietes, Rechts- und Wirtschaftsordnung (Freiheit der Person, des Wettbewerbs, der Wirtschaftsplangestaltung oder Unfreiheit), Bodenvorkommen (Ressourcen), Dichte der Besiedlung, Bevölkerungsstruktur, klimatische Verhältnisse u. a.

Wachstum ist demnach stets das komplexe Ergebnis einer Vielzahl verwickelter, ineinandergreifender Vorgänge, die zeit- und raumabhängig sind. Sie können sowohl wirtschaftlich als auch außerwirtschaftlich bestimmt sein.

Wesentliche Lerninhalte

Bestimmungsgründe des Wachstums

→ **1. Quantitative Erweiterung der Produktionsfaktoren**

- Vergrößerung des Arbeitskräftepotentials
- Vergrößerung des Kapitalbestands

→ **2. Qualitative Verbesserung der Produktionsfaktoren**

Fortschritt im „Know how"

- Verbesserte Qualität des Produktionsfaktors
  - ► Höherqualifizierung der Arbeitskräfte durch Erziehung und Ausbildung (Humankapitalfortschritt)
  - ► Verbesserung der Sachkapitalqualität (Qualitätsfortschritt)
- Verbesserte Qualität der Faktorkombination
  - ► Verbesserte Faktororganisation (organisatorischer Fortschritt)
  - ► Verbesserter Produktionsapparat (technischer Fortschritt)

→ **3. Strukturverbesserungen**

- Infrastrukturverbesserungen
- Gewerbebetriebsstrukturverbesserungen
- Arbeitskräftestrukturverbesserungen

→ **4. Nicht ökonomische Determinanten**

→ **Ziel: Steigerung der Zunahme des Sozialprodukts = Wachstum**

Aufgaben zur Sicherung des Lernerfolgs

1 Was versteht man unter wirtschaftlichem Wachstum?

2 Welche Gründe sprechen dafür, Wachstum in einer „Pro-Kopf-Einheit" zu definieren?

3 Welche Bestimmungsgründe sind für das Wirtschaftswachstum entscheidend?

4 Welcher Zusammenhang besteht zwischen den überwiegend ökonomisch bestimmten Determinanten und den überwiegend nicht wirtschaftlichen Einflußfaktoren?

5 Welche Wirkungen haben Investitionen auf das Wachstum?

6 Wo liegen die Grenzen des vermehrten Einsatzes des Produktionsfaktors Arbeit als Wachstumsträger?

7 Wie kann eine Verbesserung der Organisation der Faktorkombination zu Wachstumssteigerung führen?

8 Welche Bedeutung haben Innovationen für das Wachstum?

9 Welche Möglichkeiten zur Erzielung von Wachstumsimpulsen sehen Sie in der besseren Qualifikation der Arbeitskräfte?

10 Welche Strukturveränderungen führen zu Wachstumsimpulsen? Begründen Sie Ihre Auffassung!

11 Warum gilt Wachstum als Ergebnis komplexer Prozesse? Begründen Sie Ihre Meinung!

12 Erläutern Sie die Aussagen: „Investitionen verkörpern technischen Fortschritt", „Investitionen sind ein Barometer der Konjunktur".

8.12 Die Notwendigkeit angemessenen, langfristigen Wachstums

Problem

„Ist Nullwachstum möglich? Wo soll das ewige Wachstum enden? Ist Stillstand gefährlich? Wir brauchen kein Wachstum. Wir sind mit unserem Leben so zufrieden wie es ist. Wir wollen zurück zum einfachen Leben. Dann brauchen wir keine Kernkraft und nicht mal neue Kohle-Kraftwerke".

Solche Schlagzeilen finden sich heute, mehr oder weniger abgewandelt, in vielen Tageszeitungen. Brauchen wir wirklich kein Wachstum unserer Wirtschaft mehr?

Sachdarstellung

Nullwachstum, also kein weiteres Wachstum, führt nicht nur dazu, daß der Lebensstandard nicht gleich bleibt, sondern hat zur Folge, daß krisenhafte und chaotische wirtschaftliche Zustände mit gleichzeitiger Verarmung der Bevölkerung eintreten. Die Gründe sind vielfältig.[1]

Beispiel: In Frankreich verharrte die Jugendarbeitslosigkeit bei einem Wirtschaftswachstum von 1,9 % bei über 20 %, in Großbritannien ging sie bei einem Wachstum von 3,5 % von ursprünglich 20,5 % auf 8,8 % zurück.

8.12.1 Sicherung eines hohen Beschäftigungsgrades

Die *Beschäftigungsschwelle* (siehe Abb. S. 489) gibt die Höhe jenes Wirtschaftswachstums an, bei dem die Beschäftigung gerade gehalten werden kann. Es ist der Punkt, bei dem Unternehmen im Aufschwung Arbeitskräfte einstellen und ab dem sie im Abschwung Personal entlassen. Die Abbildung zeigt, daß seit den 70er Jahren immer weniger Wirtschaftswachstum erforderlich ist, um die Beschäftigung stabil halten zu können. Waren in den Jahren 1960 bis 1973 noch 3,7 % Wachstumsrate des Bruttoinlandsproduktes erforderlich, um einen Beschäftigungsrückgang zu vermeiden, so waren es 1973 bis 1980 nur noch 2,2 % und 1980 bis 1992 0,7 %. Allerdings hängt auch zukünftig die Beschäftigung vom Wirtschaftswachstum ab, wobei der Produktivitätsfortschritt dafür sorgt, daß die Beschäftigungsschwankungen abgepuffert werden. Im Aufschwung nimmt die Zahl der Beschäftigten zunächst nicht oder mäßig zu, weil ein Teil der Wachstumsanstöße durch einen höheren Produktivitätszuwachs aufgesogen wird, im Abschwung bewirkt das Zurückgehen des Produktivitätszuwachses einen zeitverzögerten Belegschaftsabbau. Es besteht eine enge Wechselwirkung zwischen Beschäftigung, Wachstum, Produktivität und Kapitalstock.

[1] Siehe hierzu aber auch Abschnitt 8.15 Die Grenzen der Sachgüterproduktion.

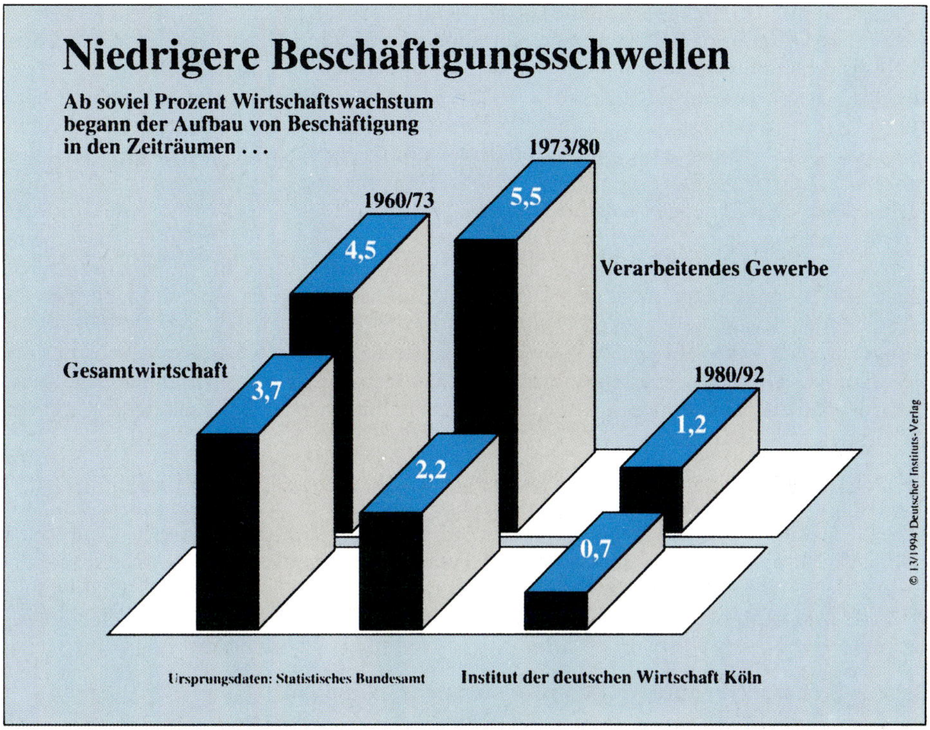

Die Beschäftigungs-Kette

Jährliche Veränderungen in Prozent

	Kapitalstock	Kapital-intensität	Bruttowert-schöpfung	Arbeits-produktivität	Erwerbstätige
1960/73	+5,5	+5,2	+4,3	+4,0	+0,3
1973/80	+3,5	+3,5	+2,2	+2,2	–0,1
1980/92	+2,7	+1,9	+2,4	+1,6	+0,7

Bruttowertschöpfung: in Preisen von 1991; Arbeitsproduktivität: Bruttowertschöpfung je Erwerbstätigen; Kapitalstock: in Preisen von 1991; Kapitalintensität: Kapitalstock je Erwerbstätigen

Ursprungsdaten: Statistisches Bundesamt

Nach den Berechnungen von Wissenschaftlern des Instituts der Deutschen Wirtschaft (IW) ist die Entwicklung in der Bundesrepublik Deutschland auch in den kommenden Jahren von einer starken Zunahme der Erwerbsbevölkerung geprägt, die am Arbeitsmarkt untergebracht werden muß. Erst gegen Ende der neunziger Jahre wird diese Zahl deutlich abnehmen.

Eine hohe Beschäftigung kann allein durch stetiges, angemessenes Wachstum gesichert werden. Bei Nullwachstum würde die Beschäftigungsschwelle sinken und die voraussichtliche Arbeitslosenzahl erheblich ansteigen.

Hinzu kommt, daß durch technische Erfindungen Arbeitsplätze einerseits wegrationalisiert werden, z. B. durch die Mikroprozessoren, andererseits aber auch neue aufgebaut werden; zugleich gehen aber auch durch Produktionsverlagerungen an kostengünstigere Industriestandorte Beschäftigungsmöglichkeiten verloren, z. B. bei Textilien und Bekleidung nach Fernost, Tschechien oder Ungarn. Nur in einer wachsenden Wirtschaft, in der das Bruttoinlandsprodukt ständig zunimmt, Kapitalstock und Produktivität angemessen wachsen, lassen sich die freigesetzten Arbeitskräfte in andere Wirtschaftszweige eingliedern und werden nicht arbeitslos, weil neue Arbeitsplätze anstelle der vernichteten geschaffen werden können. So entstanden zwischen 1960 und 1973 130 000, zwischen 1980 und 1992 160 000 neue Arbeitsplätze je 1 % *Wachstum.* Der Produktivitätsfortschritt verlief ruhig, ohne besondere Sprünge. Der enge Zusammenhang zwischen Wachstum, Produktivität und Beschäftigung, der die Höhe der Beschäftigungsschwelle zwischen 1980 und 1992 bestimmte (vgl. Abb. S. 489), wurde maßgeblich von folgenden Ursachen bestimmt: mehr Teilzeitarbeit, Strukturverschiebungen zugunsten des Dienstleistungssektors und von maßvoller Lohnpolitik. Der Lohnkostendruck wirkt ein auf die Kapitalintensität und entscheidet damit über die Geschwindigkeit, mit der Arbeit durch Kapital ersetzt wird.

Aus der Fortschreibung des langfristigen Trends (1960 bis 1992) hat das Institut der Deutschen Wirtschaft folgende Prognose abgeleitet: steigt bis zum Jahr 2000 der Kapitalstock um jährlich 2,8 %, wächst das Bruttoinlandsprodukt um 2 % pro Jahr, dann nimmt – sofern die Lohnentwicklung im Rahmen des Produktivitätsfortschritts bleibt (1,6 % jährlich) – die Beschäftigung um 0,4 % (= 1 Mio. Arbeitsplätze bis 2000) jährlich zu. Die Beschäftigungsschwelle liegt dann bei 1,3 %. Eng damit verbunden sind die Auswirkungen auf den Sozialbereich.

8.12.2 Sicherung und Ausweitung der sozialen Leistungen

Nur Wachstum ermöglicht es, daß wir unser *Netz der sozialen Sicherheit* bezahlen und für die Rentner, die um die Jahrtausendwende aus dem Erwerbsleben ausscheiden, absichern können.

Das Schaubild zeigt in stark vereinfachter Weise die Gegenläufigkeit von Konjunktur und Sozialleistungsquote. Dargestellt werden die Sozialleistungsquote, d. i. der Anteil der Sozialleistungen am Bruttosozialprodukt pro Jahr, sowie der Konjunkturverlauf als abgerundete und um Extremwerte grob bereinigte Kurve der Veränderungswerte des nominellen Bruttosozialprodukts von Jahr zu Jahr. Ein Wirtschaftsaufschwung mit Wachstumsimpulsen wirkt auf die Sozialleistungsquote bremsend, eine Wachstumsflaute dagegen steigernd.

Mehr Wachstum – weniger Sorgen

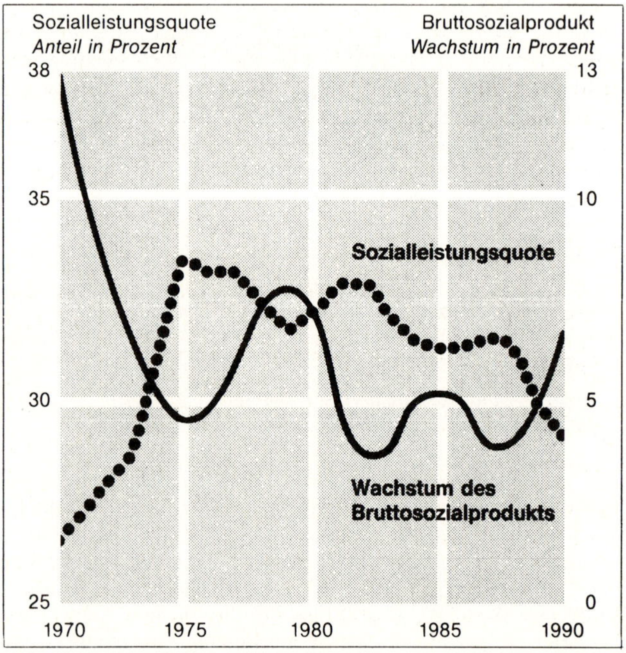

(Quelle: sozialpolitische informationen Nr. 9, v. 07.08.90, S. 2)

Die enormen finanziellen Belastungen, die auf die Sozialversicherung zukommen, wenn das Wachstum auf null Prozent sänke, wären nur durch höhere Steuern, Beiträge und sonstige Abgaben aus der Staatskasse zu erbringen. Zwangsläufig müßte der Lebensstandard der arbeitenden Bevölkerung sinken. Die Renten müßten darüber hinaus unzumutbar gekürzt werden.

Die sozialen Spannungen, die sich aus der zwangsweisen staatlichen Mittelumverteilung ergäben, sind in ihren Folgen überhaupt nicht abzuschätzen. Nur ein angemessenes Wirtschaftswachstum[1] von deutlich mehr als 1 % (2 bis 4 %) des Sozialproduktes (Beschäftigungsschwelle = 1 %) sichert mehr Beschäftigung und ermöglicht die Absicherung des bisherigen Geflechts der sozialen Leistungen.

8.12.3 Erweiterung der persönlichen Gestaltungsfreiheit

Wachstum schafft Beschäftigung, angemessenes Einkommen und soziale Sicherheit. Diese Faktoren sind die wirtschaftliche Grundlage dafür, daß der persönliche Freiheitsspielraum jedes einzelnen von uns nicht nur erhalten bleibt, sondern zunimmt. Neben die reine Existenzsicherung und die Sicherung gegen die materiellen Folgen der Unwägbarkeiten des Lebens ist auf Grund der steigenden Einkommen die Möglichkeit getreten, sich vermehrt Güter zu beschaffen und Dienstleistungen in Anspruch zu nehmen, die ein hohes Maß an persönlicher Freiheit zur Gestaltung des eigenen Lebens erlauben (z. B. Urlaubsreisen in alle Welt u. a.).

Nur Wachstum erlaubt auch mehr Freizeit und damit persönliche Freiheit. Die Arbeitszeit sank in den letzten 25 Jahren um mehr als 10 Stunden in der Woche (Urlaubszeitenvermehrung eingerechnet) und der Samstag wurde weitgehend zum arbeitsfreien Tag. Damit ist die Möglichkeit der persönlichen Freiraumgestaltung erheblich gestiegen.

Nullwachstum bringt hingegen – über die materiellen Folgen hinaus – Ausfall des Erwerbseinkommens, Arbeitslosigkeit, höhere Belastung mit Steuern und Abgaben bei den Erwerbstätigen – eine Beschränkung der persönlichen Gestaltungsfreiheit, wie sie niemand befürworten kann. Der persönliche Gestaltungsspielraum würde bei Nullwachstum auch dadurch noch erheblich beeinträchtigt, daß der Staat seine öffentlichen Ausgaben reduzieren müßte, weil er sie nicht mehr voll finanzieren könnte, z. B. durch Abbau des Personals bei der Polizei und damit des Schutzes des Bürgers, durch Abbau des Angebots an Bildungseinrichtungen und Einstellung weniger Lehrer, durch Beschränkung der Straßenreinigung und der öffentlichen Verkehrsmittel durch Personalverminderung u. a. Wachstum in angemessenem Maß sichert persönliche Gestaltungsfreiheit. Darauf kann nicht verzichtet werden.[1]

8.12.4 Erhöhung der Güterversorgung

Wirtschaftswachstum ermöglicht mehr Produktion, mehr Konsum und mehr an Wohlstand. Qualitativ und quantitativ erhöht Wachstum die Güterversorgung. Vom *quantitativen* Wachstum wird man in den Industrienationen in Zukunft zunehmend mehr auf **qualitatives** Wachstum umsteigen müssen, z. B. energiesparendere, technisch höherwertige Pkw statt immer mehr Fahrzeuge. Wachstum ermöglicht ferner erst eine erhöhte Übernahme von Gemeinschaftsaufgaben durch den Staat, also eine vermehrte Versorgung mit staatlichen Gütern und Dienstleistungen.

Eine erhöhte bzw. eine qualitativ verbesserte Güterproduktion ist nicht nur nötig, damit wir einen höheren Lebensstandard halten können, sondern damit wir über unsere Exporte auch die steigenden Rohstoffrechnungen, z. B. für Mineralöl, Edelmetalle zahlen können. Auch die Energieknappheit ist nur durch Wachstum zu bewältigen. Nur so sind alternative Energiequellen zu erschließen, weil sonst die nötigen Investitionen nicht aufzubringen sind.

[1] siehe hierzu aber auch Abschnitt 8.15, Die Grenzen des Wachstums der Sachgüterproduktion.

Schließlich, so paradox es klingt, brauchen wir auch Wachstum, um die Probleme des Umweltschutzes zu lösen. Man rechnet damit, daß in Zukunft 3–5 % des Bruttoinlandsprodukts dafür ausgegeben werden müssen, um dem jahrhundertelangen Raubbau, der mit der Natur getrieben wurde, Einhalt gebieten zu können. Neue, andersartige Güter müssen produziert werden, um Schäden von der Umwelt abzuwenden und sie wo immer möglich, zu reparieren.

Qualitatives Wachstum ist hier von großer Bedeutung, z. B. Entwicklung von Produktionsmethoden, die weniger Rohstoffe verbrauchen und umweltverträglich sind, Umstellung auf „Langzeit-Automobile" statt Herstellung immer größerer Stückzahlen kurzlebiger Fahrzeuge, Produktion schadstoffarmer Kfz und Heizungsanlagen, Herstellung geräuschlos arbeitender Preßlufthämmer, stromsparender Haushaltsgeräte, Schaffen neuer Kommunikationsmöglichkeiten (z. B. Datex, Telefax, City-Ruf), Einsatz der Lasertechnik zur Materialbearbeitung (z. B. Schneiden, Schweißen), in der Medizin (z. B. Augenchirurgie) bis zur Unterhaltungselektronik (z. B. Compact-Disc) u. a. Auf diese Weise können neue Märkte erschlossen und Zukunftsprobleme leichter gelöst werden.

Auch der Nord-Süd-Konflikt, der Konflikt zwischen den reichen und den armen Ländern, ist nur durch vermehrte Güterproduktion in diesen Ländern zu mildern und zu lösen. Diese Länder sollten problemslose Waren herstellen, die bisher die Industrienationen produzieren. Qualitativ hochwertige, problembehaftete, hochkomplizierte Güter sollten in den Unternehmen der Industrienationen erzeugt werden. Nur dann kann eine verstärkte Arbeitsteilung und ein verstärkter Handelsaustausch zur Wohlstandsübertragung führen.

Ein angemessenes, ausreichendes Wirtschaftswachstum mit einer Hinwendung zu mehr qualitativem Wachstum, ist die unabdingbare Voraussetzung dafür, daß die sozialen, wirtschaftlichen und politischen Probleme der zukünftigen Jahre weltweit gelöst werden können. Diesem Wachstum sind allerdings in der Zukunft Grenzen gesetzt, deren Überwindung die Anstrengung aller Völker erfordert.

Wesentliche Lerninhalte

- **Nullwachstum** führt zu unübersehbaren wirtschaftlichen, sozialen, politischen Folgen und zieht **Krisen, Verarmung** und **Chaos** nach sich.
- **Stetiges**, langfristiges, **angemessenes Wachstum** ist erforderlich
  - ▶ zur Sicherung eines hohen Beschäftigungsgrades und Verhinderung von Arbeitsplatzvernichtung und Massenarbeitslosigkeit;
  - ▶ zur Sicherung und Ausweitung der sozialen Leistungen;
  - ▶ zur Erweiterung des persönlichen Gestaltungsraumes durch mehr Freizeit und mehr Freiheit durch wirtschaftliche und soziale Absicherung.
  - ▶ zur Erhöhung und qualitativen Verbesserung der Güterversorgung für mehr Wohlstand, mehr staatliche Güter und Dienstleistungen, mehr Güter-, Einkommens- und Technologietransfer in Entwicklungsländer.
- Langfristiges Wachstum ist zur **Bewältigung der Probleme der Zukunft** unter Beachtung der gesetzten Grenzen in allen Ländern der Welt unabdingbar notwendig.

Aufgaben zur Sicherung des Lernerfolgs

1 Warum ist wirtschaftliches Wachstum notwendig?

2 Bringt wirtschaftliches Wachstum auch Wohlstand?

3 Legen Sie dar, weshalb Nullwachstum zu unübersehbaren Folgen führt!

4 Inwiefern sorgt Wirtschaftswachstum für eine Erweiterung des persönlichen Gestaltungsraumes.

5 Welcher Zusammenhang besteht zwischen Wirtschaftswachstum und Entwicklungshilfe?

6 Welche Möglichkeiten sehen Sie, Wohlstand für immer mehr Menschen auf der Welt zu erreichen?

7 Analysieren und interpretieren Sie den folgenden Zeitungsbeitrag!

Bewährungsprobe für sinnvolles Wachstum

So wird das kommende Jahr die eigentliche Bewährungsprobe für ein sinnvolles Wachstum bringen, auf das aus vielen Gründen nicht verzichtet werden kann. Dieses auf steigende Produktivität basierende Wachstum brauchen wir nicht nur, um angesichts der knapper und teurer werdenden Ressourcen unseren Lebensstandard zu halten – auf den ja ernsthaft niemand verzichten will; auch die Sicherung unseres sozialen Systems, dessen Leistungsfähigkeit jetzt bereits an Grenzen stößt, kann nur durch wirtschaftliches Wachstum bewältigt werden. Das bedeutet ein Bekenntnis zum technisch-ökonomischen Prozeß fortschrittlicher Industrialisierung, der dann auch die einzige Chance bietet, die Verpflichtung der wirtschaftlich hochentwickelten Länder zur Versorgung der Weltbevölkerung und zum Ausgleich des säkularen Nord-Süd-Konfliktes verantwortungsbewußt mit Aussicht auf Erfolg wahrzunehmen. In diesem Verständnis ist sich die bayerische Industrie mit dem Bayerischen Staatsminister für Wirtschaft und Verkehr einig: Die Industriestaaten werden sich in Zukunft mehr als bisher auf die Produktion hochentwickelter Technik verlegen müssen, um für sich und die übrige Welt das Überleben zu sichern. Gefahren und Probleme der Technik müssen durch weiterentwickelte Technik überwunden und gelöst werden.

von Eberhard von Kuenheim

(Quelle: Unsere Wirtschaft in Rückblick und Ausschau, Beilage zur Bayerischen Staatszeitung).

a) Worin sieht der Verfasser mögliche Störeinflüsse für ein langfristiges Wachstum?
b) Was ist seiner Ansicht nach die entscheidende Größe, um Wachstum zu sichern?
c) Wie begründet er die Notwendigkeit von Wachstum?
d) Welche Folgerungen zieht er aus seinem Bekenntnis zum Wachstum?

8.13 Grenzen des Wachstums der Sachgüterproduktion – Schutz der Umwelt

Problem

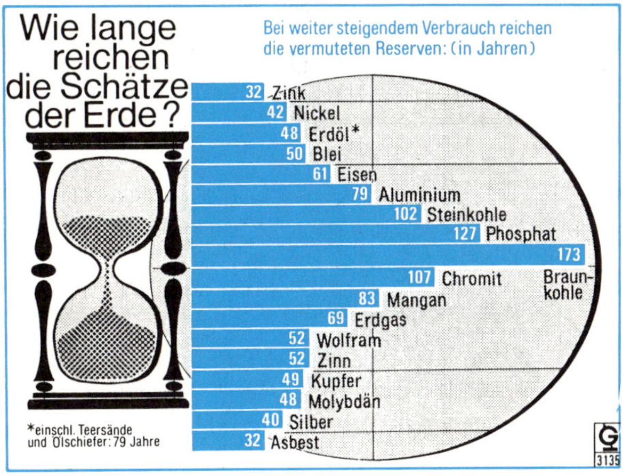

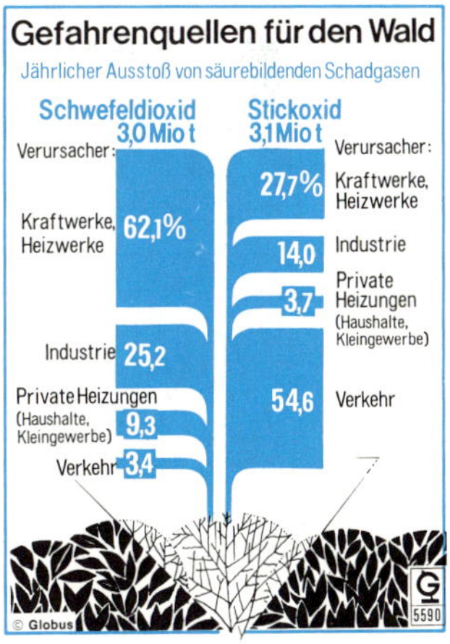

Grenzen des Wirtschaftswachstums kommen in Sicht. Auch wenn man nicht nur die sicheren Rohstoffreserven, sondern auch die vermuteten (soweit technisch gewinnbar) mit einbezieht, ist es in zwei, höchstens drei Generationen vorbei mit den meisten Schätzen der Erde. Jedenfalls wenn es beim stetig wachsenden Verbrauch bleibt. Auch die Umwelt ist in höchster Gefahr. Luft, Wasser und Böden werden zunehmend verschmutzt, es entstehen Gefahren für Mensch, Tier und natürlichen Lebensraum.

Die Ausbeutung der Rohstoffvorräte kommt bei Beibehaltung der bisherigen Abbauweisen genauso an Grenzen wie die Belastungsfähigkeit der Natur bei Beibehaltung des bisherigen Umgangs mit ihr.

Wo aber liegen die endgültigen Grenzen des Wachstums der Wirtschaft, wo die der Belastbarkeit der Natur? Welche Strategien müssen entwickelt werden, daß die Menschheit auch im Jahre 2040 noch überleben kann?

Sachdarstellung

8.13.1 Knappe Rohstoffvorräte – Engpässe in der Energieversorgung

Die Bundesrepublik Deutschland ist reich an Sachgütern, aber arm an Rohstoffen. Vollkommen vom Ausland abhängig ist sie bei Aluminium, Nickel, Zinn, Wolfram, Kupfer, Asbest, Platin (siehe auch Abb. S. 463).

Die Versorgung ist z. Zt. durch Verträge mit einer Vielzahl von Rohstoffländern gesichert. Was ist aber, wenn die im Schaubild dargestellten Grenzen erreicht sind oder die Verträge nicht eingehalten werden? Muß die Fortschrittsbremse heute gezogen werden, damit unser Planet nicht ganz ausgeplündert wird? Hat das Wirtschaftswachstum hier seine Grenzen?

Es ist sicher richtig, daß Wachstumsgrenzen gesetzt sind, nachdem die *natürlichen Vorräte* unvermehrbar sind, ihre **Erschöpfbarkeit** also weitgehend absehbar ist. Dies gilt aber nur, wenn man davon ausgeht, daß die bisher bekannten und genutzten mineralischen Rohstoffe auch die einzigen zukünftigen Rohstoffe sein werden. Die Wachstumsgrenze wäre dann vorprogrammiert, die Stagnation in Sicht und die Verarmung vor der Tür.

Forschung und Entwicklung haben aber schon nachgewiesen, daß es möglich ist, *natürliche Rohstoffe durch künstliche zu ersetzen*, *gebrauchte Rohstoffe wieder aufzubereiten* sowie *alten Energieträgern neue Energiequellen* entgegenzustellen. Wachstum ist heute wesentlich weniger energieabhängig als früher. Der Energieverbrauch ist von Wirtschaftswachstum abgekoppelt.

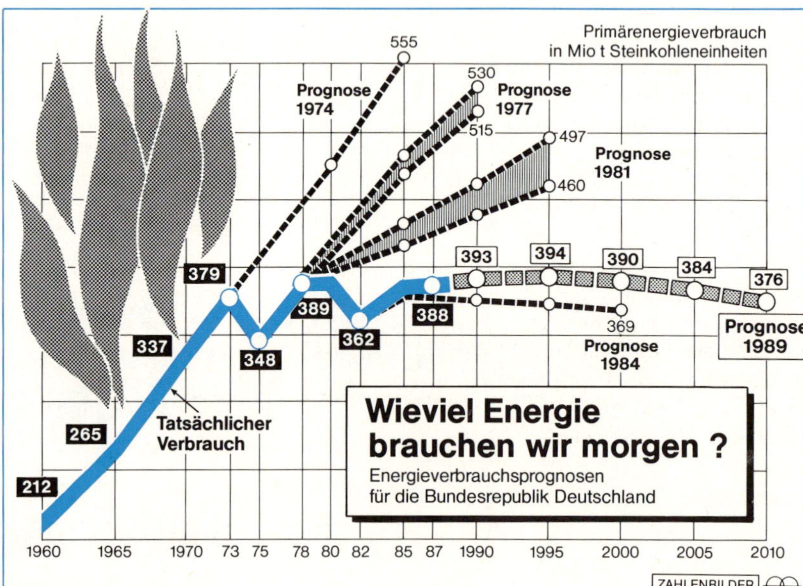

 370 436

Beispiel für neue Energiequellen: Konstruktion von Wasserstoffkernfusions-Reaktoren, in denen Atomkerne statt gespalten, verschmolzen werden. In ihnen kann als Brennstoff schwerer Wasserstoff verwandt werden, der in allen vorkommenden Gewässern vorhanden ist. Eine Lösung des Energieproblems zeichnet sich daraus langfristig ab. Aber enorme Entwicklungskosten von z. Zt. 25 Milliarden DM sind für einen 1000 Megawattfusions-Reaktor nötig. Dies kann nur in einer wachsenden Wirtschaft finanziert werden.

Dieses Wachstum wird in Zukunft immer mehr ein *qualitatives* statt ein quantitatives (auf Verschwendung, Überfluß ausgerichtetes) sein müssen. Neue, bessere, umweltfreundlichere, rohstoffsparendere, energiesparendere, kostengünstigere Produkte und Verfahren lösen zunehmend minderwertige, überflüssige, nicht reparaturfähige Güter ab, weil die Verbraucher in den Industriestaaten immer umweltbewußter werden.

Dabei darf aber nicht übersehen werden, daß insbesondere die jahrzehntelange Hinwendung zum Öl als Hauptenergieträger und als wesentlicher Rohstoff moderner Industriegesellschaften nicht von heute auf morgen geändert werden kann.

Ersatzenergieträger müssen für die Nutzenenergiewirtschaft erst aufgebaut werden. Drei **Anforderungen** sind dabei zu stellen. Die neuen Energieträger müssen **sicher, preiswert** und **umweltfreundlich** sein.

Eine grundlegende Umstrukturierung der Energieverbrauchsgeräte und -anlagen, die nur langfristig erfolgen kann, ist notwendig (z. B. Umstellung der Heizungen von Öl auf Strom aus Wasserstoff-Kernfusionsreaktoren oder aus anderen Energiequellen, z. B. „Freie Energie" aus dem Weltraum, die mit Hilfe der Konvertertechnik gewonnen wird, Energie aus gebündeltem Sonnenlicht, die mit Wasserstoff-Energiespeichern verlustlos aufbewahrt werden kann, Energie aus Biomasse. Ersatz- und Ergänzungsenergieverbrauchsgeräte sind zu schaffen und zu installieren (z. B. Solarzellen, Wärmepumpen, Windkraftanlagen). Nur so ist der Verbrauch an Rohstoffen zu senken, und es können die Vorräte geschont werden, damit die Übergangsphase bis zur Lösung der Probleme mit neuen Energieträgern durchgestanden werden kann. Nach bisheriger Erkenntnis können bis zum Jahr 2000 höchstens 7 % des Energiebedarfs in Europa aus der Nutzung „Sanfter Energien" gedeckt werden.

Nutzenergiewirtschaft des 21. Jahrhunderts

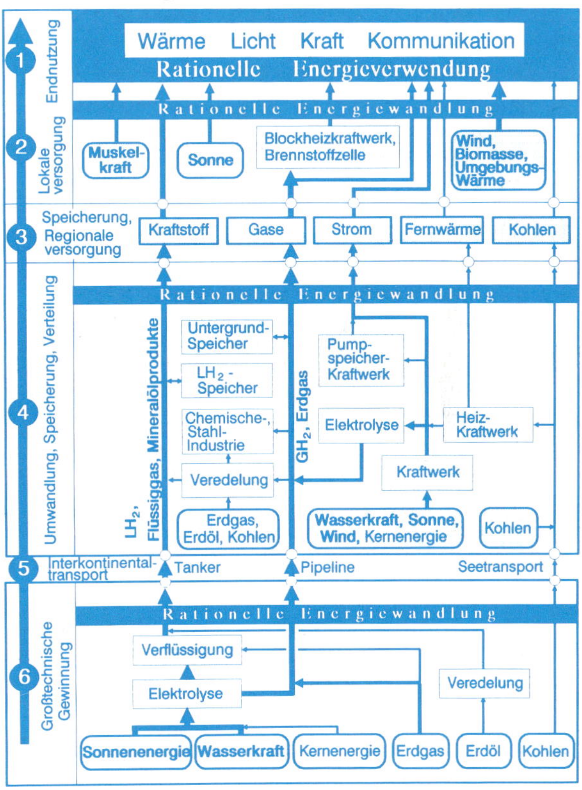

(Quelle: DLR, Stuttgart)

Sparmaßnahmen sind deshalb wegen der mittelfristig zu erwartenden Energieengpässe unerläßlich. Eine **Umstellung des Lebensstils** wird unabweisbar notwendig werden. Eine **weltweite Zusammenarbeit aller Länder** wird auf dem Rohstoffsektor erforderlich, damit mit den knappen Gütern sinnvoller umgegangen wird.

Einen ersten Niederschlag fand diese Forderung in dem geplanten *gemeinsamen Rohstoff-Fonds der Industrie- und Entwicklungsländer*.

Eine „Bank für Rohstoffe“ soll der zwischen den Industrie- und den Entwicklungsländern vereinbarte Rohstoff-Fonds werden. Der Fonds wird zum Teil Rohstofflager finanzieren, diese aber nicht selber unterhalten, zum Teil allgemeinen Zielen der Rohstoffpolitik dienen, wie der Verbesserung des Absatzes, der Qualität und der Weiterverarbeitung. Mit Hilfe der Rohstofflager sollen starke Preisschwankungen dadurch vermieden werden, daß sie bei sinkenden Preisen Rohstoffe aus dem Markt aufnehmen und bei steigenden wieder abgeben.

Das **„Recycling“**, d. h. die Wiederverwendung bereits genutzter Rohstoffe, ist eine weitere, technisch-wirtschaftliche Aufgabe der nächsten Jahrzehnte, um mit den begrenzten Rohstoffen auszukommen. *Beispiel:* Abfälle aus Eisen und Stahl werden heute zu 90 %, aus Blei zu 52 %, Verpackungsmaterialien aus Glas zu 55 %, aus Papier, Pappe, Karton zu 66 %, aus Weißblech zu 48 %, aus Aluminium zu 20 % und aus Kunststoff zu 25 % wieder zu neuen Rohstoffen aufgearbeitet.

Die von der Verpackungsverordnung vorgegebenen Mindestverwertungsquoten für Verpackungsmüll werden dadurch teilweise schon erfüllt. Je nach Material sollen ab 01.01.96 50–70 % des Mülls „stofflich verwertet“ werden. Das bedeutet, das Material wird für den ursprünglichen Zweck gewonnen oder genutzt *(= direktes Recycling)* oder für andere Zwecke eingesetzt (z. B. für Herstellungsprozesse). Was über die Quoten hinaus gesammelt wird, darf zur Stromerzeugung verbrannt werden *(= energetische Verwertung)*.

Die Energiekrise als Teilbereich der weltweiten Verknappung der Rohstoffe hat gezeigt, wo die Grenzen des materiellen Wohlstandes und des Wachstums liegen und daß die *Wegwerf-Gesellschaft keine Überlebenschancen* hat. Nur mittels enormer Aufwendungen für Forschung und Entwicklung zur Erschließung neuer umweltschonender Techniken für Rohstoffersatz und Rohstoffwiedergewinnung und -verwendung ist das Erreichte zu sichern und die Zukunft zu bewältigen.

Die Übergangszeiten bis zur Bildung eines neuen, zeitgerechten Lebensstils werden dabei von Engpässen, sozialen Spannungen und der Notwendigkeit geprägt sein, dennoch ein angemessenes qualitatives Wachstum der Wirtschaft zu erzielen.

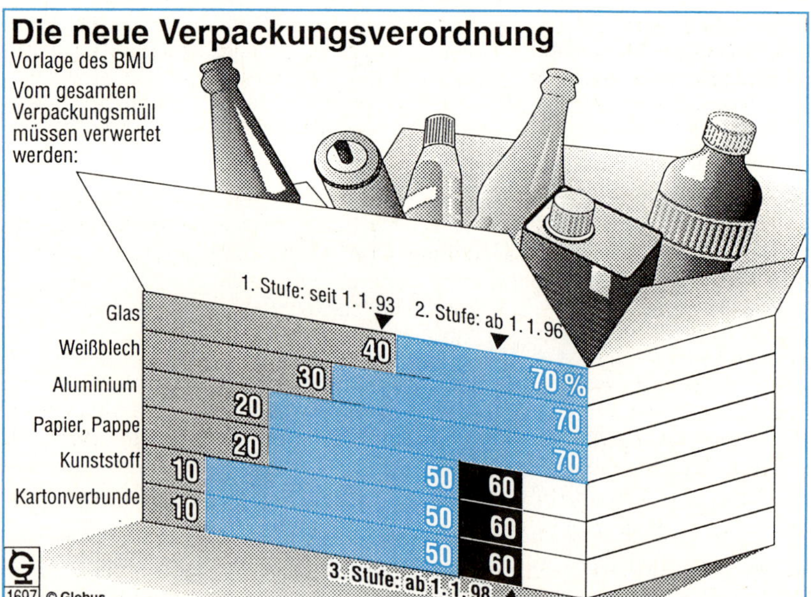

8.13.2 Umweltbelastung

Bereits im Jahre 1972 veröffentlichte der *„Club of Rome"* den Bericht: „Die Grenzen des Wachstums. Bericht des Club of Rome zur Lage der Menschheit". Kern der Analyse war:

Wenn die Weltbevölkerung, die Industrialisierung, die Umweltverschmutzung, die Nahrungsmittelproduktion und die Ausbeutung der natürlichen Rohstoffe so unvermindert wie bisher zunehmen, werden die materiellen *Wachstumsgrenzen auf der Erde im Laufe der nächsten hundert Jahre erreicht* sein. Deshalb sollten die Wachstumstendenzen so geändert werden, daß ein ökologischer und wirtschaftlicher Gleichgewichtszustand entsteht.

Auch die am 24. Juli 1980 vorgelegte Studie „Global 2000 Report" kommt zu dem Schluß, daß, wenn die gegenwärtigen Trends anhalten, die Welt im Jahre 2000 dichtbesiedelter, verschmutzter, ökologisch weniger stabil und das Leben für die meisten Menschen schwieriger als heute sein wird.

Die jüngste Studie (1991) „Die neuen Grenzen des Wachstums" kommt zu dem Ergebnis, daß die Schlußfolgerungen der Analyse des Club of Rome von 1972 noch immer gültig sind, aber entschiedenes Handeln nötig ist. „Nachdruck muß auf ausreichende Versorgung, gerechte Verteilung, Lebensqualität und weniger auf Produktionsausstoß gelegt werden", wenn die Menschheit dauerhaft überleben will, meinen die Autoren Meadows und Randers.

Notwendig ist, daß Umweltschonung und Umweltentlastung mit neuen, einfallsreichen Ideen und genügendem Nachdruck angestrebt werden. Nicht die Einschränkung, sondern die Umgestaltung der Produktion ist der Schlüssel für ein umweltverträgliches Wachstum. Allerdings sind die zu bewältigenden Probleme außerordentlichen vielseitig und nur langfristig lösbar. Der Einsatz der natürlichen Ressourcen und die Freisetzung schlecht abbaubarer Schadstoffe muß drastisch gesenkt, der Energiewirkungsgrad, der Nutzeffekt der eingesetzten Stoffe, wirkungsvoll erhöht werden. Auch ist nach dem *Vermeidungsprinzip* jeder Abfallerzeuger (Industrie, Handel, Haushalt u. a.) aufgefordert, so wenig Abfall wie möglich zu produzieren. Die *Abfallverwertung* kommt nur dann zum Tragen, wenn trotz Bemühens um Vermeidung Abfälle entstehen.

Beispiele: Im Rahmen des Konzepts der „dualen Abfallwirtschaft" werden verwertbare Materialien von den Haushalten in einer Wertstofftonne gesammelt, von der gewerblichen Wirtschaft abgeholt, sortiert und dann wiederverwertet, Rotschlamm, der bei der Aluminiumherstellung abfällt, ist als Füllstoff im Straßenbau geeignet, Altkunststoffe werden zu Stoßfängern für Pkw recycelt, Altreifen von Autos werden in Gas, Öl und Ruß zur Umweltentlastung rückverwandelt und zu 25 % von der Reifenindustrie als runderneuerte Reifen wieder auf den Markt gebracht u. a.

Umweltschutzmaßnahmen bringen nicht nur Lasten (1,7 % des Bruttoinlandsprodukts 1994 in Deutschland), sondern auch Gewinn. Nach Schätzungen ist an der Beseitigung eines Umweltschadens von 3 bis 4 Millionen DM mindestens 1 Million DM zu verdienen. Fast 700 000 Arbeitnehmer sind 1994 im Umweltschutz beschäftigt, im Jahr 2000 rechnet man mit 1,2 Mio. Sie arbeiten an unmittelbaren Umweltschutzaufgaben oder stellen Umweltschutzgüter her.

Auch für den Umweltschutz gilt, daß neue Aufgaben zu neuen Lösungen führen und neue Lösungen schließlich zu neuen Märkten. So haben viele Unternehmen inzwischen abfallarme Produktionsverfahren entwickelt und gestalten Produkte von vornherein umwelt- und recyclinggerecht, z. B. schadstoffarme, wasserlösliche Lacke, Erzeugnisse ohne Asbest, Tauschteilesystem einzelner Automobilhersteller. Deutschland wurde so mit 2 500 Unternehmen und 55,5 Mrd. DM Umsatz 1994 größter Anbieter von Umweltschutztechnik auf dem Weltmarkt (20,5 % Welthandelsanteil).

Die **Kosten der Umweltverschmutzung** sollte in einem marktwirtschaftlichen System grundsätzlich der übernehmen, der sie verursacht hat (= vorbeugender Umweltschutz).

Allerdings muß dieses **Verursachungsprinzip** bei der Sanierung bestehender Umweltbelastungen und bei der Entwicklung und Förderung neuer umweltfreundlicher Technologien durch das Prinzip der gemeinschaftlich durch die Gesellschaft getragenen Last *(= Gemeinlastprinzip)* ergänzt werden, damit sich Wachstum gleichmäßig vollziehen kann.

Der Gesetzgeber hat darüber hinaus entsprechend den gesetzten Umweltzielen die erforderlichen Rahmenbedingungen (Umweltabgaben, Umwelthaftungsrecht, Kreislaufwirtschaftsbestimmungen, Herstellungs- und Verwendungsverbote) zu schaffen, so daß zuverlässig entschieden werden kann, was unter dem Gesichtspunkt des Umweltschutzes an Produktion und Konsum noch vertretbar ist und was verboten werden muß. Nach dem neuen Umwelthaftungsrecht besteht für Umweltschäden eine vom Verschulden des Betreibers einer Anlage unabhängige Gefährdungshaftung für die Bereiche Luft, Gewässer und Boden. Der Bedarf an Umweltschutztechnik wird in der EU bis 1995 auf 130 Mrd. DM jährlich geschätzt. Dazu kommen noch die Sanierungsmaßnahmen für die Umwelt in den neuen Bundesländern mit einem Investitionsvolumen bis zum Jahre 2005 von voraussichtlich 250 Mrd. DM.

Unter diesen Voraussetzungen sind Umweltschutz und Wirtschaftswachstum keine sich gegenseitig ausschließenden, sondern sich ergänzende Faktoren. Der ökologische Umbau zu einer Marktwirtschaft mit *vorsorgendem Umweltschutz* ist in Deutschland in vollem Gang.

Vorbeugender Umweltschutz sichert auch in Zukunft Wachstum, weil die natürlichen Ressourcen nur so geschont und sichergestellt werden können. Angemessenes, qualitatives Wirtschaftswachstum ist andererseits für den Umweltschutz unabdingbar, weil nur eine leistungsfähige Wirtschaft die finanziellen Belastungen des Umweltschutzes verkraften, die erforderlichen Technologien zur Umweltentlastung entwickeln und die umweltschutzbedingte Umstrukturierung von Einzelbetrieben und Wirtschaftszweigen finanzieren kann.

Bei Beachtung der **Ausgewogenheit zwischen den ökologischen Grundvoraussetzungen,** also Beachtung der Naturgesetze, und den **ökonomischen Notwendigkeiten,** also sinnvolles Haushalten, um die Erde als Lebensraum zu bewahren, ist der Umweltschutz nur kurzfristig als Wachstumsgrenze von Bedeutung, langfristig aber stellt er keine Wachstumsgrenze dar, sondern ist Voraussetzung für verwindungsfreies Wirtschaftswachstum. Umwelttechnologische Investitionen sichern den technischen Vorsprung und eröffnen so neue, weltweite Marktchancen.

So sichtbar teilweise Wachstumseinschränkungen im Bereich der Sachgüterproduktion sind, so wenig sind Wachstumsgrenzen im Bereich der Dienstleistungen in absehbarer Zukunft erkennbar, z. B. im Markt für Kommunikationstechnik und Multimedia, im Gesundheitswesen, auf dem Markt für Finanzdienstleistungen, auf dem Gebiet des Tourismus u. a.

Wesentliche Lerninhalte

- Die **Forderungen** nach einem **Wachstumsstop** sind stark umstritten und werden von der Mehrheit der Wissenschaftler abgelehnt. Gefordert wird aber eine Abkehr von der Überflußgesellschaft mit Weg-Werf-Mentalität und die Hinwendung zu einem, auf Erhaltung der natürlichen Lebensgrundlagen bedachten Lebensstil mit Betonung der Lebensqualität bei **angemessenem, qualitativem Wachstum** der Wirtschaft.
- Knapper werdende Rohstoffvorräte, vorübergehende Engpässe in der Energieversorgung und Belastungen der Umwelt setzen einem **quantitativen Wachstum der Sachgüterproduktion Grenzen.**
- **Ersatz natürlicher durch künstliche Rohstoffe**, alle Formen des „Recyclings", also der Wiederaufbereitung und -verwendung gebrauchter Rohstoffe, Einsatz von neuen alternativen Energiequellen (Wasserstoff-Kernfusionsreaktoren, Sonne, Erdwärme, Wind, Wellen u. a.), Änderung des Lebensstils, Sparen von Rohstoffen und Energien, setzen eine qualitativ angemessen wachsende Wirtschaft voraus, die Milliarden DM in Forschung und Entwicklung investieren kann.

- Umweltbelastung, Umweltschutz sind nur **bei kurzfristiger Betrachtung Wachstumsgrenzen.** Langfristig stellen sie einen Wachstumsfaktor dar.
- Innovationen, Förderprogramme und Kreativität in Verbindung mit einem geschärften allgemeinen Umweltbewußtsein, schaffen Voraussetzungen, daß **Teile der Sozialkosten** der Umweltbelastung über neue Technologien **als Gewinne wieder hereinkommen** und daß die Probleme der Umweltbelastung in den Griff zu bekommen sind.
- Die öffentliche Hand muß **Rahmenbedingungen** setzen, damit Umweltschutz auch zwangsweise durchgesetzt werden kann, um **Ökonomie** und **Ökologie in Einklang** zu bringen; denn richtig betriebene **Ökonomie muß** in ihrem Kern **ökologisch sein.**
- Bei **Dienstleistungen sind Wachstumsgrenzen z. Zt. nicht erkennbar.**

Aufgaben zur Sicherung des Lernerfolgs

1 Analysieren Sie den untenstehenden, ausschnittsweise wiedergegebenen Zeitungsbeitrag nach folgenden Gesichtspunkten:

a) Welche Art von Umgang mit den Naturvorkommen beeinträchtigt auf die Dauer die Existenz der Menschheit?

b) Welche Entscheidungsmöglichkeiten hat ein Betrieb, um auf die Umweltherausforderungen reagieren zu können?

c) Welcher Zusammenhang besteht zwischen Wachstum und Innovation?

d) Durch welche Maßnahmen kann eine umweltbewußte Betriebsführung jungen Menschen im Betrieb die Notwendigkeit zu positiver Umweltgestaltung nahe bringen?

e) Welche Ziele sollte eine umweltorientierte Unternehmungsführung ansteuern?

f) Wie können diese Ziele in die Praxis umgesetzt werden?

Ernst Zander

Ein Maßstab für die Ökonomie ist die Umweltschonung

Die wachsende Knappheit vieler Güter bürdet uns die Verantwortung auf, die natürlichen Lebensgrundlagen in intakter Verfassung weiterzuvererben. Eine über die Regenerationsfähigkeit hinausgehende Verminderung der Ressourcen beeinträchtigt die zukünftige Existenz der Menschen. Darum ist langfristiges Denken verstärkt notwendig.

Auf die Umweltherausforderung gibt es vor allem drei Entscheidungsmöglichkeiten. Ein Produkt, das nicht umweltverträglich ist, sollte nicht mehr auf den Markt gebracht werden, wie wir es heute praktisch auch aufgrund der Kundenwünsche bei zahlreichen Produkten, z. B. 2-Takt-Motoren oder PCB-haltigen Holzschutzmitteln, kennen. Die zweite Entscheidung wäre, wenn die Belastung nach Möglichkeit begrenzt wird. Das gilt für die Produktion wie für die fertigen Produkte. Eine dritte, in Zukunft stärker in den Vordergrund kommende Entscheidung wäre, die Chancen zur Innovation viel mehr auszunutzen.

Die Bereitschaft für umweltrelevante erfolgreiche Innovationen ist um so größer, je besser die wirtschaftlichen Voraussetzungen dafür sind. Dabei ist Wachstum eine Voraussetzung für langfristig erfolgreiche Innovation. Natürlich brauchen wir auch besonders in der Anfangsphase eine staatliche Förderung, die durch Rahmensetzung die Innovation begünstigt.

Umweltbewußte Führung

Verbände und Staat müssen darauf hinwirken, daß in den Unternehmen das Umweltbewußtsein bei Führungskräften und Mitarbeitern gefördert wird. Das Vorbild des Chefs hat dabei besonderes Gewicht.

Sehr wichtig ist auch die Aufnahme der Ideen durch junge Menschen, die in erstaunlich großem Maße der Förderung des Umweltgedankens positiv gegenüberstehen. Broschüren von verschiedenen Einrichtungen wie dem Bundesdeutschen Arbeitskreis für umweltbewußtes Management e.V. (B.A.U.M.) stehen zur Verfügung. Wettbewerb, Motivation zu Verbesserungsvorschlägen durch Plakate und andere Anschläge bis hin zu Preisen im Rahmen des betrieblichen Vorschlagwesens können dabei helfen. Es geht aber nicht nur um die Mitarbeiter selbst, sondern ihr Verhalten strahlt auch auf die Familien aus. Nachahmenswerte Maßnahmen können auch über die Medien Anregungen geben.

Umweltorientierte Unternehmensführung setzt voraus, daß Führungskräfte und Mitarbeiter mit umweltorientiertem Denken und Handeln vertraut gemacht werden. Dazu gehört, das Umwelt- und Qualitätsbewußtsein durch Aus- und Weiterbildungsmaßnahmen entsprechend zu fördern. Ein Schwerpunkt muß sein, schon beim Marketing darauf zu achten, umweltschonende Produkte anzustreben. Gute betriebliche Umweltarbeit erhält oder verbessert auch das Image des Unternehmens. Dabei darf nicht unerwähnt bleiben, daß oft neue Techniken gerade die Triebkräfte für Mehrbeschäftigung und saubere Umwelt sind.

Nicht nur die Produkte, die ein Unternehmen selbst erzeugt, sollten hohen Anforderungen an den Umweltschutz genügen, sondern auch schon das zu beschaffende Material muß entsprechend ausgewählt werden. Der Einkauf hat sehr starken Einfluß auf umweltfreundliche Materialberatung. Umweltschonende Vorprodukte erleichtern die Umweltschutzmaßnahmen des Unternehmens.

So sollte z. B. für umweltorientierten Einkauf eine ökologieorientierte Materialbewirtschaftung darauf achten, nicht umweltfreundliche Produkte durch andere Einkaufsgüter zu ersetzen, die keine schädlichen Inhaltsstoffe haben, keine schädlichen Emissionen bei der Produktion hervorrufen und keine Abfälle erzeugen, weniger Chemikalieneinsatz benötigen und umschließlich zu einem geringeren Wasser- und Energieverbrauch führen.

Oft werden die Qualitätsansprüche an kurzlebige Verbrauchsgüter so überzogen, daß z. B. umweltfreundliches Papier nur sehr schwer verwendet werden kann. Häufig ist die Beschaffung teurerer, umweltfreundlicher Materialien im Endeffekt billiger, wenn die Entsorgungskosten berücksichtigt werden.

Einkauf und Produktion müssen deshalb unter Entsorgungsgesichtspunkten gesehen werden; denn diese können einen theoretischen Preisvorteil langfristig zunichte machen. Um die Entsorgungsprobleme zu vermindern, müssen auch die Beschäftigten über den Energiebedarf bei unterschiedlichen Einsatzbereichen und über die notwendige rationelle Energienutzung informiert werden.

So sind z. B. eine Verringerung des Wasserverbrauchs, eine vernünftige Wassertemperatur und eine wirtschaftliche Warmwasserbereitung genauso anzustreben wie eine Begrenzung der Kühlwassermengen. Wenn der Beschaffer auch für die Entsorgung verantwortlich ist, wird er vernünftiger einkaufen.

Alle diese Anregungen sind schon aus Gewohnheitsgründen nur allmählich umzusetzen. Darum ist immer wieder Motivation und Beratung auch von außen notwendig, damit umweltbewußte Unternehmensführung verstärkt werden kann und so der oft beschworene Gegensatz zwischen Ökologie und Ökonomie geringer wird.

Zahlreiche Untersuchungen zeigen, daß in der Bevölkerung das Umweltbewußtsein immer stärker ausgeprägt ist und die Sensibilisierung der Konsumenten für umweltproblematische Produkte ansteigt. Um so wichtiger ist aktives umweltorientiertes Verhalten der Unternehmen, denn der Kunde belohnt immer stärker umweltfreundliche Unternehmen. Eine umweltorientierte Unternehmensführung ist keine leichte Aufgabe.

2 Was bedeutet folgende Aussage für die Unternehmungsführung: „Ein Maßstab für die Ökonomie ist die Umweltschonung".

3 Was versteht man beim Umweltschutz unter

a) Verursachungsprinzip und
b) Gemeinlastprinzip?

4 Welche Rahmenbedingungen muß der Gesetzgeber setzen, damit die Umweltbelastung nicht zur Wachstumsgrenze wird?

5 In welchen Bereichen sehen Sie eine fast unbeschränkte Wachstumsmöglichkeit des Dienstleistungssektors?

6 Worin liegen die Grenzen der Sachgüterproduktion in unserer Wirtschaft? Stellen Sie den Sachverhalt dar

a) am Beispiel der Bundesrepublik Deutschland,
b) unter Berücksichtigung eines weltweiten Zusammenhangs!

7 Analysieren Sie den nachstehenden Beitrag von Franz Thoma nach folgenden Gesichtspunkten!

a) Weshalb ist es notwendig, über die Grenzen des Wachstums verstärkt nachzudenken?
b) „Die jungen Menschen sind nicht mehr bereit, die von ihren Eltern vorgelebte Arbeitsfreude und Leistungsbereitschaft zu übernehmen." Was halten Sie von dem Satz?
c) Für das laufende Jahrzehnt wird ein Wachstum von 2 bis 2,5 % prognostiziert: Von welchen einschränkenden Bedingungen wird dabei in dem Beitrag ausgegangen?
d) Was sieht der Verfasser als das Beunruhigende der kommenden Jahre an, und welche Konsequenzen sieht er bei dessen Verwirklichung auf die Volkswirtschaft zukommen!

Arbeiten, um zu leben

Eine veränderte Einstellung wird das Wachstum begrenzen

VON FRANZ THOMA

Es ist Zeit für Nachdenkliches. Für ein schlichtes „Es wird schon alles gut werden" haben sich nämlich zu viele Rahmenbedingungen verändert. Das gilt für den weltwirtschaftlichen Warenaustausch, wo sich die Zahl der Überschuß- und damit letztlich der leistungsfähigen Gläubigerländer immer mehr lichtet; das gilt für das Finanzpolitische, wo mit dem wachsenden Schuldenberg ständig Wechsel auf die Zukunft gezogen werden. Und das gilt vor allem für die menschliche Einstellung zu Leistung und Arbeit. Aus den zahlreichen Vorhersagen für dieses Jahrzehnt sticht ein Satz ins Auge: Die jungen Menschen sind nicht mehr bereit, die von ihren Eltern vorgelebte Arbeitsfreude und Leistungsbereichtschaft zu übernehmen.

Das stimmt. Es ist allerdings auch kein Naturereignis, vielmehr die beinahe natürliche Folge des Generationswechsels. Man denke nur an große industrielle Gründerfamilien, die meistens in der dritten Generation unternehmerisch zu degenerieren beginnen. Arbeiten, um zu leben, nicht umgekehrt – das ist doch ein Grundsatz mit durchaus sympathischen Zügen. Nur bricht er sich in einer Zeit Bahn, in der die Ansprüche groß sind und die ökonomischen Wachstumsreserven klein werden – Sättigung gewisser Märkte und Ölprobleme seien nur als zwei Stichworte dafür genannt. Dies bedeutet, daß jedes Prozent zusätzlichen Wachstums mit ungleich größerer Kraftanstrengung als bisher erkauft werden müßte. Doch die Bereitschaft dazu sinkt. In dieser Diskrepanz zwischen Anspruch und Leistung liegt das große Zukunftsproblem.

Es hat sich bereits in den siebziger Jahren gezeigt, als die Volkswirtschaft der Bundesrepublik Deutschland ihre Wachstumsjugend längst hinter sich hatte. Die reale Zunahme des Sozialprokukts hat viel von ihrem Schwung verloren – und am Schluß war sie nur noch mit künstlicher Medizin möglich. In den letzten drei Jahrzehnten hat sich das Wachstum von Dekade zu Dekade abgeschwächt, von real 9 % in den fünfziger Jahren auf 4,9 % in den sechziger und 3,2 % in den siebziger und 2,3 in den achtziger Jahren. Und in diesen letzten zehn Jahren mußte – die rasante Staatsverschuldung beweist es – ein großer Prozentteil des Wachstums durch öffentliche Nachfrage produziert werden, für die freilich lange Zeit auch ein Bedarf vorlag. Heute ist er – Beispiel Krankenhausbau – weitgehend gedeckt. Für das Jahrzehnt bis zum Jahr 2000 eine Zunahme des realen Sozialprodukts um zwischen 2 und 2,5 % zu unterstellen, riecht sicherlich etwas nach Weissagung aus dem Kaffeesatz. Dennoch dürfte diese Zahl nicht unrealistisch und sehr wohl auch ein Ausdruck von Zuversicht sein, wie sie von den meisten Unternehmungen heute im Zusammenhang mit der deutschen Einheit zur Schau getragen wird.

Eine derartige Zukunftsprognose muß nämlich vier Hypotheken in Rechnung stellen: die Ölkalamität mit der damit verbundenen Übertragung von Wohlstand an die OPEC-Länder, die Vorbelastung der Zukunft durch eine relativ hohe Staatsverschuldung, die Bedarfsdeckung in öffentlichen und auch in etlichen privatwirtschaftlichen Bereichen; die nachlassende Leistungsbereitschaft der Menschen. Gerade dieser Hang zum bequemeren Leben macht eine Steigerung der Produktivität künftig im wesentlichen von einem verstärkten Einsatz der Maschinen und Apparate abhängig. Dazu wird die Bundesrepublik Deutschland übrigens eines nicht mehr allzu fernen Tages auch durch die Abnahme der Erwerbsbevölkerung gezwungen sein (auch wenn diese gegenwärtig noch zunimmt).

Nun wird es sich auch mit 2 bis 3 % Wachstum leben lassen, ja, selbst ein Bewahren des jetzt erreichten Wohlstandes wäre schließlich kein Mißerfolg. Das Beunruhigende sind, nochmals sei's betont, Ansprüche, womit nicht allein Lohnprozente gemeint sind. Diejenigen nehmen vielmehr rapide zu, die Sozialprodukt verbrauchen – oder verteilen – wollen, wogegen diejenigen weniger zu werden drohen, die es produzieren, erarbeiten. (In den sich mehrenden Existenzgründungen namentlich im mittelständischen Bereich werden allerdings auch Silberstreifen am Horizont sichtbar.)

Fremdworterklärungen[1]

Absolut: unbeschränkt, unbedingt; völlig

Akkord: (1) vereinbarter Stücklohnsatz; (2) wirtschaftliches Übereinkommen zwischen Schuldner und Gläubiger; (3) Zusammenklang von mehr als zwei Tönen

alternativ: wahlweise

Analyse: Zergliederung in die einzelnen Bestandteile, Zerlegung, Untersuchung

analysieren: zergliedern, zerlegen, untersuchen

anonym: ungenannt, namenlos

antizyklisch: in unregelmäßiger Folge wiederkehrend; wirtschaftlich: gegen den Konjunkturzyklus ansteuernd, z. B. antizyklische Finanzpolitik

Automat: Maschine, die selbsttätig nach vorgegebenen Befehlen arbeitet

Automatismus: unbewußter Ablauf von Handlungen

autoritär: auf Autorität z. B. Leistung beruhend, mit Autorität herrschend oder führend

Autorität: auf Leistung oder Überlieferung (Tradition) beruhender maßgebender Einfluß und das aus ihm erwachsende Ansehen

blanko: weiß, leer, unausgefüllt

Börse: Treffpunkte, an denen zugelassene Kaufleute regelmäßig zusammenkommen, um Handelsgeschäfte in abwesenden, vertretbaren Waren oder Wertpapieren abzuschließen

Defizit: Fehlbetrag

degressiv: abfallend, sich stufenweise oder fortlaufend vermindernd (z. B. von Schulden)

Delkredere: (1) Gewährleistung für den Eingang einer Forderung; (2) Wertberichtigung für voraussichtliche Ausfälle von Außenständen

deponieren: aufbewahren, hinterlegen, niederlegen

Depot: (1) Aufbewahrungsort für Wertgegenstände bei einer Bank, (2) aufbewahrte Gegenstände

dezentralisiert: vom Mittelpunkt entfernt

Diagramm: zeichnerische Darstellung errechneter Werte in einem Koordinationssystem

Differenzierung: Herausbildung von Verschiedenheiten aus einem gleichartigen Ganzen, Unterscheidung, Sonderung, Abstufung, Abweichung

dimensional: die Ausdehnung betreffend

Disagio: Abschlag

Disposition: Anordnung, Gliederung, Verfügung

Distribution: Güterverteilung

Diversifikation: (amerikanischer Begriff der Unternehmenspolitik); bewußte, gezielte Ausweitung des Produktionsprogrammes auf Produktfelder, die zwar für das Unternehmen neu sind, aber doch in irgendeinem Zusammenhang mit der bisherigen Leistungserstellung stehen.

dual: eine Zweiheit bildend

Effekt: Wirkung

elektronisch: die Steuerung freier Elektronen im Raum und deren Wirkungen betreffend

Element: Grundbestandteil

emotional: dem Gefühl zugehörig, gefühlsmäßig

ethisch: sittlich, moralisch

Existenzminimum: Einkommen, das zum bloßen Vorhandensein gerade ausreicht

Exkursion: wissenschaftlicher Ausflug, Lehrfahrt, Streifzug

expandieren: ausdehnen

expansiv: sich ausdehnend

extrem: ungewöhnlich, äußerst, übertrieben

Faktor: (1) Umstand, mitbestimmende Ursache, (2) eine Zahl, die mit einer anderen multipliziert wird.

feed-back: Rückkopplung

Finanzierung: Kapitalbeschaffung

fiskalpolitisch: den → Fiskus betreffende Politik, Auswirkung politischer Maßnahmen auf den Staathaushalt und die Steuergesetzgebung

Fiskus: Staatskasse, Staatshaushalt

fix: unbeweglich, feststehend

flexibel: biegsam, geschmeidig

Fluktuation: Schwanken, Schwankung, Wechsel

Funktion: Tätigkeit, Leistung; Aufgaben, die eine Person oder eine Gruppe zu erfüllen hat; Gesetzmäßige Abhängigkeit einer Größe von einer anderen

Funktionär: Beauftragter von Verbänden und Parteien

Garantie: Gewährleistung, Sicherheit

genormt: einheitlich gestaltet (→ Normung)

Giro: latein. Kreis, (1) Überweisung im bargeldlosen Zahlungsverkehr, (2) Übertragungsvermerk eines Orderpapiers (Indossament)

grafisch: durch Schrift oder Zeichnung dargestellt, Schrift oder Zeichnung betreffend

gravierend: schwerwiegend

[1] Ohne Fremdwörter, die im Text des Lehrbuchs erklärt sind.

Harmonie: Gleichklang, Übereinstimmung
human: menschlich, menschenfreundlich

Ideal: Musterbild, Inbegriff der Vollkommenheit
Idee: Bild, Leitgedanke
ideell: nur in Gedanken, geistig, in der Vorstellung
Image: (1) Abbild, Ebenbild; (2) Vorstellung, Idee, (Leit-)Bild
improvisieren: etwas ohne Vorbereitung aus dem Stegreif tun
individuell: vereinzelt; besonders geartet
ineffizient: unwirksam, wenig wirksam
Information: Nachricht, Auskunft, Belehrung, Aufklärung
Infrastruktur: Gesamtheit der langlebigen Grundeinrichtungen eines Wirtschaftsraums. Dazu gehören insbesondere Verkehrswesen, Nachrichtenübermittlung, Technische Ver- und Entsorgung, Bildungswesen, Gesundheits- und Sozialwesen, Allgemeine Verwaltung und Rechtsordnung
Initiative: Entschlußkraft, Unternehmungsgeist
Input (in der Produktionstheorie); mengenmäßiger Einsatz von Produktionsfaktoren im betrieblichen Umsatzprozeß
Integration: hier: wirtschaftliche I.: Angleichung und Verflechtung von zwei oder mehr Volkswirtschaften durch Abbau der zwischen ihnen bestehenden Zölle und Handelsbeschränkungen. Bereits die Errichtung einer Freihandelszone – z. B. Rest-EFTA-Länder – kann als Integration bezeichnet werden. Ihre höchste Stufe wäre die Verschmelzung zu einem einzigen Wirtschaftsraum mit einheitlicher Wirtschaftspolitik (Wirtschaftsunion). Dies ist die Zielsetzung der EG
integrieren: zusammenschließen (in ein übergeordnetes Ganzes)
Intensität: Stärke, Kraft, Gewalt
Intensivierung: Steigerung, Verstärkung
Interventionismus: unsystematisches Eingreifen des Staates in die (private) Wirtschaft
Intuition: Erkennung des Wesens eines Gegenstandes in einem Vorgang ohne Nachdenken
Investition: langfristige Anlage von Kapital in Sachgütern
Investitionsgüter: Güter, die zur Produktionsausrüstung gehören

Kapazität: (1) Aufnahmefähigkeit, Fassungskraft, Fassungsvermögen; (2) hervorragender Fachmann; (3) Leistungskraft eines Betriebes
kapitalintensiv: Fertigungsweise, bei der die Kosten für den Kapitaleinsatz gegenüber den Lohnkosten überwiegen
Kaskoversicherung: Versicherung gegen Schäden an Transportmitteln
Klausel: vertraglicher Vorbehalt, Sondervereinbarung
kollektiv: gemeinsam, gemeinschaftlich
Kombination: Verbindung, Verknüpfung
Kompetenz: Zuständigkeit
komplementär: ergänzend
Kompromiß: Übereinkunft, Ausgleich
konfrontieren: gegenüberstellen
Konsequenz: Folgerichtigkeit, Beharrlichkeit, Zielstrebigkeit, Folge
konstant: unveränderlich; ständig, beharrlich
Kontrakt: Vertrag, Abmachung, Handelsabkommen
Konzentration: Zusammenballung; Anspannung, Aufmerksamkeit
Konzentrationsprozeß: Vorgang der Zusammenfassung und Verschmelzung von Unternehmungen zu einer größeren Einheit. Kleine Unternehmen werden durch große Unternehmen aufgesogen
Konzession: Zugeständnis, Erlaubnis; insbesonders die befristete Genehmigung durch eine Behörde zur Ausübung eines konzessionspflichtigen Gewerbes
konzipieren: eine Grundidee von etwas gewinnen
kooperativ: (auf wirtschaftlichem Gebiet) zusammenarbeitend
Koordination: reibungslose Abstimmung aufeinander, z. B. von Verwaltungsstellen, Befugnissen
koordinieren: aufeinander abstimmen
Kybernetik: zusammenfassende Bezeichnung für eine Forschungsrichtung, die vergleichende Betrachtungen über die Steuerungs- und Regelungsvorgänge in Technik, Wirtschaft, Biologie, Soziologie u. a. anstellt.
Kybernetik im organisatorischen Sinne beschreibt und erläutert die Steuerung und Regelung betrieblicher Informationsvorgänge.

liberal: vorurteilslos; freiheitlich
Limit: Preisgrenze
liquid: flüssig
Liquidation: (1) freiwillige Auflösung einer Unternehmung; (2) Abwicklung der Rechtsgeschäfte eines aufgelösten Unternehmens.
Lizenz: [behördl.] Erlaubnis, Genehmigung; insbes. zur Nutzung eines Patentes.

Manipulation: Handhabung, Verfahren, Steuerung, unmerkliche Beeinflussung, Machenschaft
materiell: stofflich, körperlich, greifbar
maximal: sehr groß, größt..., höchst...
Medium: (1) Mittel, Mittelglied; Mittler; (2) Versuchsperson bei Hypnose

minimal: sehr klein, niedrigst, winzig
Minorität: Minderheit, Minderzahl
Mobilität: Beweglichkeit
Monopol: Vorrecht; Marktform, bei der sich Warenangebot oder/und Warennachfrage in einer Hand konzentrieren.
multilateral: mehr- bzw. vielseitig

Naturallohn: unmittelbare Entlohnung in Form von Gütern und Leistungen
Niveau: Stufe oder Höhe, auf der sich etwas befindet
nominieren: benennen, bezeichnen; ernennen
Norm: Regel, Gesetz, Einheit
Normung: einheitliche Gestaltung von Einzelteilen eines Erzeugnisses, z. B. Maßnormen, Farbnormen u. a.
Nostalgie: Heimweh, Sehnsucht (nach Vergangenem)

objektiv: gegenständlich, sachlich, nicht persönlich gesehen
Obligo: Verbindlichkeit, Verpflichtung
Ökologie: Lehre von den Wechselbeziehungen zwischen Lebewesen und natürlicher Umwelt
ökologisch: die Naturgesetze beachtend
Ökonomie: Wirtschaft
ökonomisch: wirtschaftlich, sparsam
Oligopol: Marktform, bei der sich Warenangebot und/oder Warennachfrage auf wenige beschränkt
optimal: bestmöglich, sehr gut
Option: Voranwartschaft auf Erwerb einer Sache oder das Recht zur zukünftigen Lieferung einer Sache
optisch: die Lehre vom Licht betreffend
Order: Benennung eines Empfängers auf einem Wertpapier (Orderpapier)
orientieren: jemanden von etwas unterrichten; etwas auf etwas einstellen, nach etwas ausrichten
Output (i. d. Produktionstheorie): mengenmäßiger Ertrag, Ausbringung, Ausstoß

pauschal: alles zusammen; rund
Pensum: Aufgabe, Arbeit, Abschnitt, Lehrstoff
Phase: Abschnitt einer Entwicklung, Zustand, Stufe
physisch: körperlich
plastisch: anschaulich, deutlich hervortretend, bildhaft, einprägsam; knetbar, verformbar
positiv: bejahend, zutreffend; gewiß
praktikabel: brauchbar, benutzbar, zweckmäßig
Prestige: Ansehen
Prinzip: Grundsatz
Problem: zu lösende Aufgabe, Schwierigkeit, Fragestellung
Produkt: Erzeugnis, Multiplikationsergebnis
Produktionskapazität: Erzeugungsmenge wirtschaftlicher Güter je Herstellungszeitraum
Produktkonzeption: Entwurf, der die Grundlage für die Erscheinungsformen eines oder mehrerer Erzeugnisse darstellt.
produktiv: schöpferisch, ertragsreich, ergiebig
Produktvariation: Abwandlung eines Erzeugnisses
Programm: Verzeichnis, Plan, Befehlsfolge
progressiv: fortschrittlich, stufenweise fortschreitend
proportional: verhältnismäßig, in gleichem Verhältnis stehend
Prototyp: Urbild, Muster
Provision: Vergütung, in Prozenten vom Umsatz gerechnet
psychisch: seelisch
psychologisch: seelenwissenschaftlich, die Lehre von den Erscheinungen und Zuständen des bewußten und unbewußten Seelenlebens betreffend
Publizitätspflicht: Veröffentlichungspflicht der AG für ihre Jahresabschlüsse

Quote: in einem bestimmten Verhältnis festgelegter Anteil

rationell: zweckmäßig, vernünftig
real: tatsächlich, wirklich, sachlich, güterbezogen
realisierbar: zu verwirklichen
Reallohn: der in Kaufkraft ausgedrückte Lohn; entscheidend ist hier nicht die Geldsumme, sondern die Menge der Güter, die dafür erworben werden kann
Referenz: Empfehlung, Beziehung
Regelkreis: geschlossener Wirkungskreis zwischen Regler und Regelstrecke, in dem durch laufende Auswertung der zwischen Soll- und Istgröße festgestellten Abweichungen aufgrund von Steuerungen und Rückkopplung die Zielannäherung erreicht werden soll.
regulieren: regeln, ordnen
relativ: verhältnismäßig, je nach dem Standpunkt verschieden
Repräsention: (1) standesgemäßes, würdiges Auftreten; gesellschaftlicher Aufwand, (2) Vertretung des Volkes durch frei gewählte Abgeordnete.
revolvieren: zurückdrehen. Revolving-System bei Krediten: Finanzierung langfristiger Investitionen über fortlaufend kurzfristige Anschlußfinanzierungen. (Typisch im Wohnungsbau vieler

Baugesellschaften in der Bundesrepublik Deutschland; soll zur Finanzierung des Wohnungsbaus verboten werden).

Risiko: Wagnis, Gefahr, Verlustmöglichkeit

Saison: Jahreszeit mit dem regsten Betrieb

simultan: gemeinsam, gleichzeitig

sozial: (1) die Ordnung der menschlichen Gemeinschaft, Gesellschaft betreffend; (2) gemeinnützig, hilfsbereit, menschenfreundlich.

Sozialismus: Gesellschafts- und Wirtschaftsordnung, welche die menschliche Freiheit im demokratischen Staat sichert und die bedeutendsten Produktionsmittel in das Gemeineigentum überführen will.

Sozialpolitik: Gesamtheit der Maßnahmen, durch die dem Arbeitnehmer Rechtssicherheit und bestmögliche Arbeits- und Lebensbedingungen gegeben werden sollen.

Spekulation: (1) Geschäftsabschlüsse, die auf Gewinne aus künftigen Preisveränderungen abzielen, (2) bloße Einbildung, vage Berechnung.

Spezialisierung: Beschränkung auf bestimmte Fachgebiete bzw. Arbeiten.

spezifisch: arteigen, eine bestimmte Eigenart betreffend

splitten: aufspalten

Splitting: Form der Besteuerung, bei der das Einkommen der Ehegatten zusammengezählt, halbiert und jeder Ehegatte mit der Hälfte des Gesamteinkommens bei der Steuerberechnung berücksichtigt wird.

Stabilität: Beständigkeit, Dauerhaftigkeit

Standard: Normalmaß, Durchschnittsmuster

Status: Zustand, Stand, Bestand

stimulieren: anregen, anreizen, ermuntern

Struktur: inneres Gefüge, Aufbau

subjektiv: persönlich, einseitig, parteiisch

subsidiär: unterstützend, hilfeleistend

Subvention: zweckgebundener öffentlicher Zuschuß

suggestiv: beeinflussend, (den anderen) bestimmend, einwirkend; verfänglich

sukzessiv: allmählich, nach und nach eintretend

Superlativ: zweite Steigerungsstufe, Höchststufe

Suspendierung: (einstweilig) Dienstenthebung; zeitweilige Aufhebung

System: Gliederung, Aufbau, Ordnungsprinzip, einheitlich geordnetes Ganzes

Tendenz: Streben nach bestimmtem Zweck; Neigung, Richtung

Toleranz: in der Fertigung: zulässiges Abweichungsmaß von der vorgeschriebenen Maßgröße

Transfer: Übertragung, Überführung; hier: Zahlung ins Ausland in fremder Währung

Typ: Erscheinungsform mit bestimmten Merkmalen, durch Serienfertigung vereinheitlichte Industrieerzeugnisse (s. Pkw)

Usance: Brauch, Gepflogenheit im Geschäftsverkehr

Variation: Abwechslung, Abänderung, Abwandlung

zentral: im Mittelpunkt stehend

zentralisieren: zusammenziehen, in einem (Mittel-)Punkt vereinigen

Zivilprozeßverfahren: Gerichtsverfahren zur Rechtsprechung für privatrechtliche Streitigkeiten (also nicht Strafverfahren)

zyklisch: kreisförmig; regelmäßig wiederkehrend

Sachwortverzeichnis

Verzeichnis der Gesetzesabkürzungen

AGBG	=	Gesetz zur Regelung des Rechts der Allgemeinen Geschäftsbedingungen
AktG	=	Aktiengesetz
AO	=	Abgabenordnung
ArbGG	=	Arbeitsgerichtsgesetz
ArbZG	=	Arbeitszeitgesetz
BbankG	=	Gesetz über die Deutsche Bundesbank
BBiG	=	Berufsbildungsgesetz
BDSG	=	Bundesdatenschutzgesetz
BErzGG	=	Bundeserziehungsgeldgesetz
BewG	=	Bewertungsgesetz
BGB	=	Bürgerliches Gesetzbuch
BundUrlG	=	Bundesurlaubsgesetz
BetrVerfG	=	Betriebsverfassungsgesetz
DepotG	=	Depotgesetz
EntgeltfortzG	=	Entgeltfortzahlungsgesetz
EStG	=	Einkommensteuergesetz
EVO	=	Eisenbahnverkehrsordnung
GebrMG	=	Gebrauchsmustergesetz
GenG	=	Genossenschaftsgesetz
GeschmMG	=	Geschmacksmustergesetz
GewStG	=	Gewerbesteuergesetz
GG	=	Grundgesetz für die Bundesrepublik Deutschland
GmbHG	=	Gesetz, betreffend die Gesellschaften mit beschränkter Haftung
GewO	=	Gewerbeordnung
GrStG	=	Grundsteuergesetz
GüKG	=	Güterkraftverkehrsgesetz
GWB	=	Gesetz gegen Wettbewerbsbeschränkungen
HandwO	=	Handwerksordnung
HaustürGeschG	=	Haustürgeschäftsgesetz
HGB	=	Handelsgesetzbuch
JArbSchG	=	Jugendarbeitsschutzgesetz
KO	=	Konkursordnung
KSchG	=	Kündigungsschutzgesetz
KStG	=	Körperschaftsteuergesetz
KWG	=	Gesetz über das Kreditwesen
LadschlG	=	Ladenschlußgesetz
LStDV	=	Lohnsteuer-Durchführungsverordnung
MarkenG	=	Markengesetz
MitbestG	=	Mitbestimmungsgesetz (für Großbetriebe und Konzerne)
MontanMG	=	Gesetz über die Mitbestimmung der Arbeitnehmer in den Aufsichtsräten und Vorständen der Unternehmen des Bergbaus und der Eisen und Stahl erzeugenden Industrie
PAngV	=	Preisangabenverordnung
PatG	=	Patentgesetz
PostG	=	Postgesetz
PostO	=	Postordnung
PublG	=	Publizitätsgesetz
ProdHaftG	=	Produkthaftungsgesetz (Gesetz über die Haftung für fehlerhafte Produkte)
RabattG	=	Rabattgesetz
RabattGDV	=	Rabattgesetz-Durchführungsverordnung
SchG	=	Scheckgesetz
SG	=	Sozialgesetzbuch
StabG	=	Stabilitätsgesetz
StGB	=	Strafgesetzbuch
StPO	=	Strafprozeßordnung
TVG	=	Tarifvertragsgesetz
UmweltHG	=	Umwelthaftungsgesetz
UStDV	=	Durchführungsverordnung zum Umsatzsteuergesetz
UStG	=	Umsatzsteuergesetz
UWG	=	Gesetz gegen den unlauteren Wettbewerb
VerbrKrG	=	Verbraucherkreditgesetz
VerglO	=	Vergleichsordnung
VerpackV	=	Verordnung über die Vermeidung von Verpackungsabfällen
VStG	=	Vermögensteuergesetz
VVG	=	Gesetz über den Versicherungsvertrag
WG	=	Wechselgesetz
ZPO	=	Zivilprozeßordnung
ZugabeVO	=	Zugabeverordnung

Unterscheidungs-merkmale	**Einzel-unternehmung** HGB §§ 1–104	**Offene Handels-gesellschaft** HGB §§ 105–160	**Kommandit-gesellschaft** HGB §§ 161–177
Gründung (Mindestgründer-zahl)	allein	2 und mehr Personen	2 und mehr Personen
Firma Register	Personenfirma; Handelsregister	Personenfirma; Name der Gesellschafter (evtl. mit Zusatz); Handelsregister	Personenfirma; Name der Vollhafter (evtl. mit Zusatz); Handelsregister
Kapitalaufbringung (Eigen- und Fremd-finanzierungsmög-lichkeiten)	aus Privatvermögen; Selbstfinanzierung; begrenzte Kreditbasis	aus Privatvermögen der Gesellschafter; Selbstfinanzierung; Neuaufnahme von Gesellschaftern; breitere Kreditbasis	wie OHG, aber bessere Möglichkeit der Eigenfinanzierung durch Aufnahme weiterer Kommanditisten
Mindestkapital und Kapitalbezeichnung	keines; Kapitaleinlage	keines; Kapitaleinlage	keines; Kapitaleinlage
Haftung	allein unbeschränkt	jeder Gesellschafter haftet unmittelbar, unbeschränkt, solidarisch	**Vollhafter** (Komplementär) wie OHG; **Teilhafter** (Kommanditist) bis zur Höhe der Einlage, danach nicht mehr
Geschäftsführung und Vertretung	Einzelkaufmann allein	jeder Gesellschafter	nur Vollhafter; Widerspruchs- und Kontrollrecht des Kommanditisten
Ergebnisbeteiligung Gewinn	allein	4 % der Kapitaleinlage, Rest nach Köpfen	4 % der Kapitaleinlage, Rest in angemessenem Verhältnis
Verlust	allein	nach Köpfen oder Gesellschaftsvertrag	angemessene Anteile oder Gesellschaftsvertrag
Auflösungsanteil	allein	jeder Gesellschafter nach seinem Anteil	angemessene Anteile
Auflösungsgrund	Liquidation, Konkurs, Tod des Inhabers	Zeitablauf, Liquidation, Konkurs, Kündigung, Tod des Vollhafters	Zeitablauf, Liquidation, Konkurs, Kündigung, Tod des Vollhafters

wichtigsten Unternehmungsformen

Stille Gesellschaft HGB §§ 230 ff.	Aktiengesellschaft AktG §§ 1 ff.	Gesellschaft mit beschränkter Haftung GmbHG §§ 1 ff.	Genossenschaften GenG §§ 1 ff.
Stiller Gesellschafter beteiligt sich am Handelsgewerbe des Inhabers mit einer Vermögenseinlage	Ein Gründer oder mehrere; Übernahmegründung	ein oder mehrere Gesellschafter	7 Personen und mehr
ohne Kennzeichen; keine Eintragung	Personen- oder Sachfirma mit Zusatz „Aktiengesellschaft", Handelsregister	Personen- oder Sachfirma mit Zusatz „GmbH"; Handelsregister	Sachfirma mit Zusatz „eG"; Genossenschaftsregister
wie Einzelunternehmung, doch bessere Möglichkeit der Eigenfinanzierung durch Aufnahme stiller Gesellschafter	aus Vermögen der Aktionäre; Eigenfinanzierung über Kapitalmarkt; große Kreditwürdigkeit wegen Gläubigerschutzes	aus Vermögen der Anteilseigner; Selbstfinanzierung durch Aufnahme weiterer Gesellschafter; aber gegenüber AG wegen fehlender Börsenzulassung begrenzt; beschränkte Kreditwürdigkeit	aus Einlagen der Genossen; Finanzierungsmöglichkeiten ansonsten wegen Stimmrechtsbegrenzung und Mitgliederwechsel beschränkt.
keines; Kapitaleinlage	100 000 DM; Grundkapital (= Gezeichnetes Kapital) (Mindesteinzahlung 25 % des Nennwertes)	50 000 DM; Stammkapital (= Gez. Kapital; Mindesteinzahlung 25 % der Stammeinlage), mind. 25 000 DM	keines; Geschäftsanteil
Stiller Gesellschafter bis zur Höhe der Einlage (Konkursforderung!) Geschäftsinhaber unbeschränkt	Gesellschaftsvermögen der AG	Gesellschaftsvermögen der GmbH, ggf. mindestens mit Geschäftsanteil, ansonsten je nach Status (Nachschußpflicht)	mindestens mit Geschäftsanteil, ansonsten je nach Statut; keine Nachschußpflicht oder Nachschußpflicht beschränkt auf Haftsumme oder unbeschränkt mit Gesamtvermögen
Geschäftsinhaber	Vorstand; Kontrolle durch AR und HV	Geschäftsführer; Kontrolle durch Gesellschaftsversammlung und ggf. AR	Vorstand; Kontrolle durch Generalversammlung und ggf. AR
angemessene Anteile	anteilsmäßiger Gewinnbetrag (Dividende)	anteilsmäßiger Gewinnbetrag oder nach Gesellschaftsvertrag	im Verhältnis der Geschäftsguthaben oder lt. Statut
Verlustanteil nach Vereinbarung	keinen Anteil, außer bei Konkurs	beschränkte Haftpflicht mit Geschäftsanteil; Nachschußpflicht	Abzug vom Geschäftsguthaben; Geschäftsguthaben oder lt. Statut
Zurückzahlung der Einlage	Aktienbetrag	jeder Gesellschafter nach Anteil	Geschäftsguthaben
Zeitablauf, Liquidation, Konkurs, Kündigung	Zeitablauf, Beschluß, Konkurs	Zeitablauf, Beschluß, Konkurs	Zeitablauf, Beschluß, weniger als 7 Genossen

Weitere Bildstatistiken

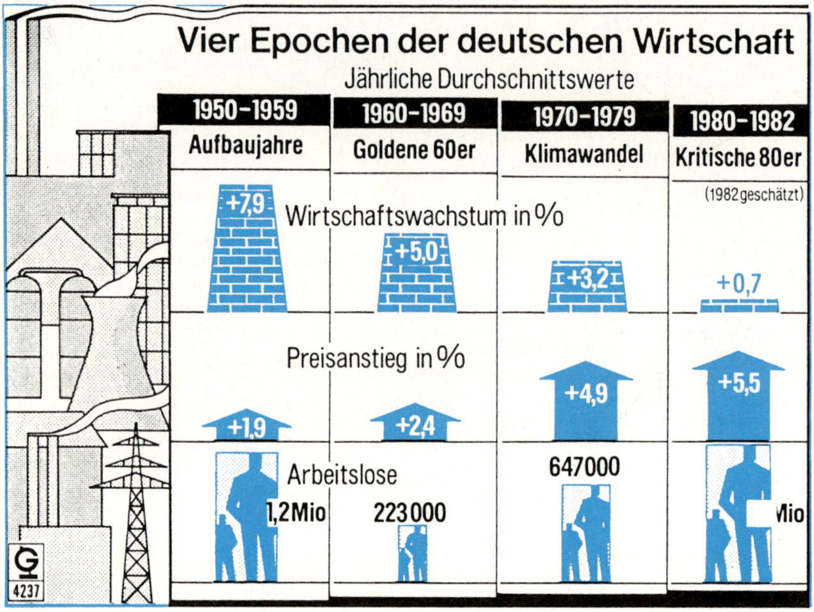

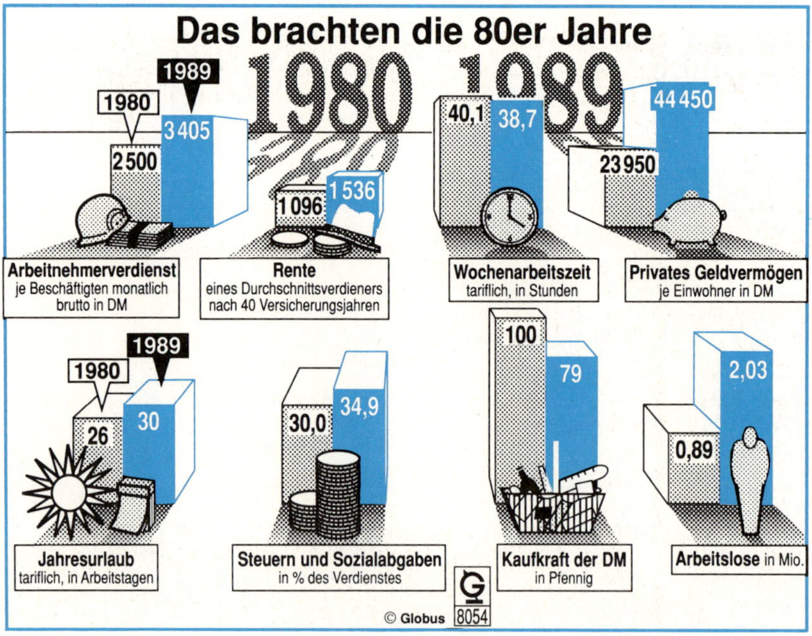

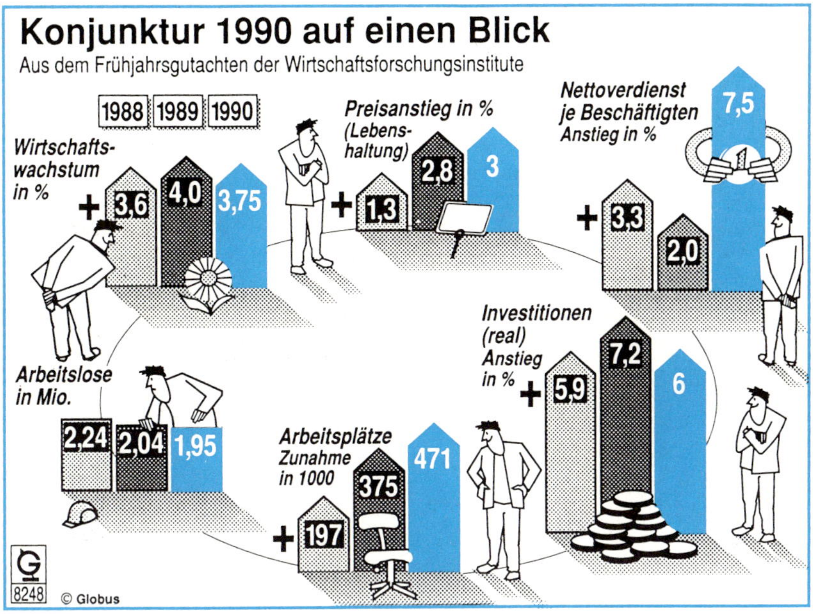
Konjunktur 1990 auf einen Blick
Aus dem Frühjahrsgutachten der Wirtschaftsforschungsinstitute
1988 1989 1990
Wirtschafts-wachstum in %
+ 3,6 4,0 3,75
Preisanstieg in % (Lebens-haltung)
+ 1,3 2,8 3
Nettoverdienst je Beschäftigten Anstieg in %
+ 3,3 2,0 7,5
Arbeitslose in Mio.
2,24 2,04 1,95
Arbeitsplätze Zunahme in 1000
+ 197 375 471
Investitionen (real) Anstieg in %
+ 5,9 7,2 6
8248
© Globus

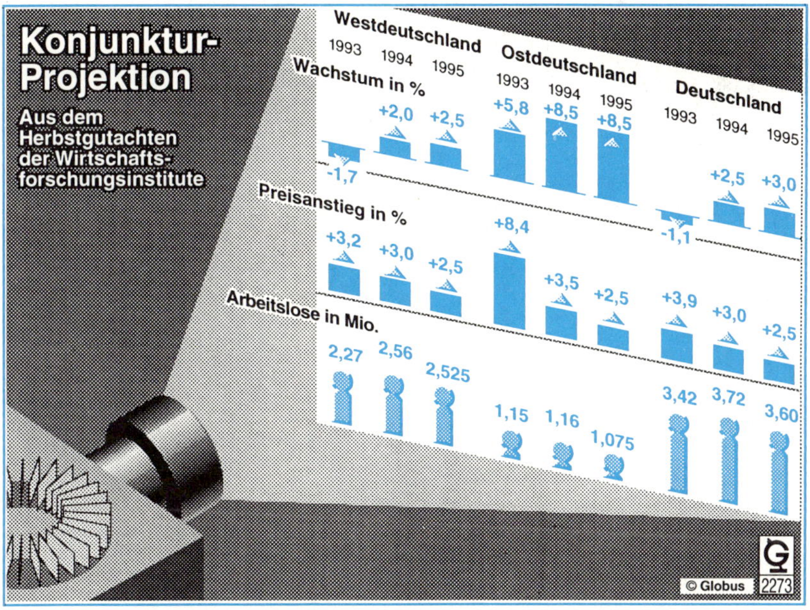
Konjunktur-Projektion
Aus dem Herbstgutachten der Wirtschafts-forschungsinstitute
Westdeutschland
1993 1994 1995
Ostdeutschland
1993 1994 1995
Deutschland
1993 1994 1995
Wachstum in %
-1,7 +2,0 +2,5
+5,8 +8,5 +8,5
-1,1 +2,5 +3,0
Preisanstieg in %
+3,2 +3,0 +2,5
+8,4 +3,5 +2,5
+3,9 +3,0 +2,5
Arbeitslose in Mio.
2,27 2,56 2,525
1,15 1,16 1,075
3,42 3,72 3,60
© Globus 2273

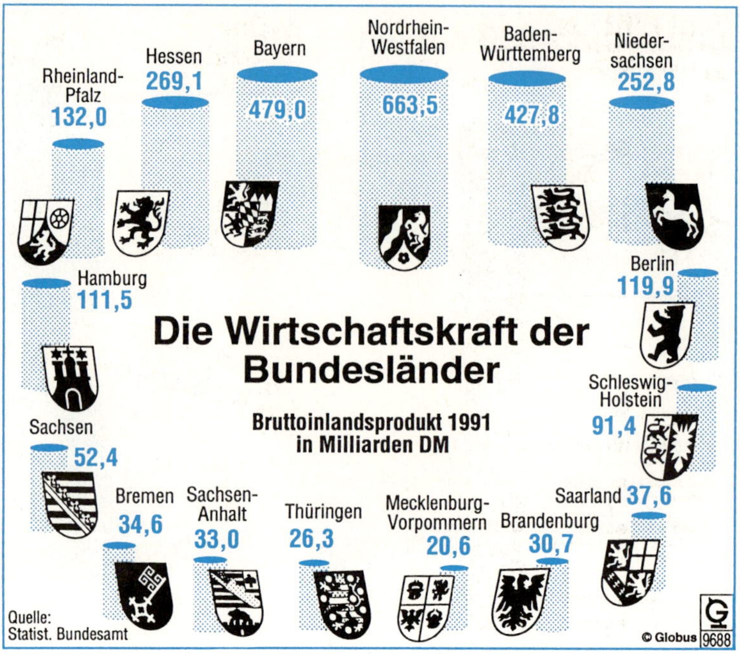
Die Wirtschaftskraft der Bundesländer
Bruttoinlandsprodukt 1991 in Milliarden DM
Rheinland-Pfalz 132,0
Hessen 269,1
Bayern 479,0
Nordrhein-Westfalen 663,5
Baden-Württemberg 427,8
Niedersachsen 252,8
Hamburg 111,5
Berlin 119,9
Schleswig-Holstein 91,4
Sachsen 52,4
Bremen 34,6
Sachsen-Anhalt 33,0
Thüringen 26,3
Mecklenburg-Vorpommern 20,6
Brandenburg 30,7
Saarland 37,6
Quelle: Statist. Bundesamt
© Globus 9688

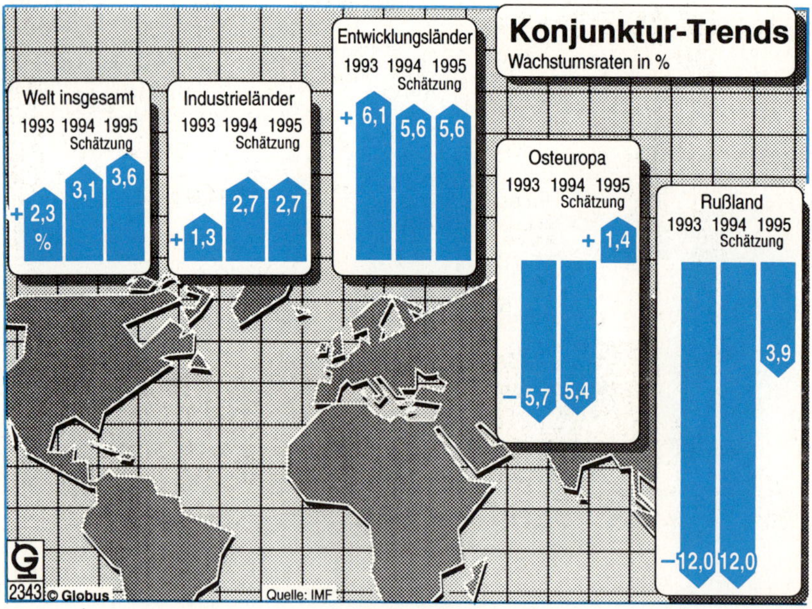
Konjunktur-Trends
Wachstumsraten in %
Welt insgesamt
1993 1994 1995 Schätzung
+ 2,3 % 3,1 3,6
Industrieländer
1993 1994 1995 Schätzung
+ 1,3 2,7 2,7
Entwicklungsländer
1993 1994 1995 Schätzung
+ 6,1 5,6 5,6
Osteuropa
1993 1994 1995 Schätzung
– 5,7 5,4 + 1,4
Rußland
1993 1994 1995 Schätzung
– 12,0 12,0 3,9
2343 © Globus
Quelle: IMF

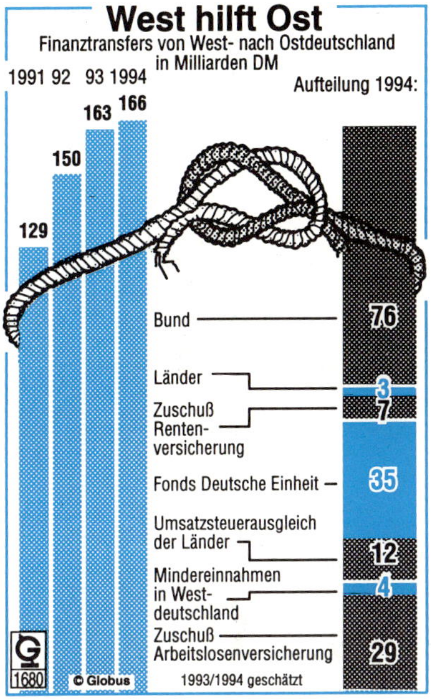
West hilft Ost
Finanztransfers von West- nach Ostdeutschland in Milliarden DM
1991 92 93 1994
129
150
163
166
Aufteilung 1994:
Bund 76
Länder 3
Zuschuß Renten-versicherung 7
Fonds Deutsche Einheit 35
Umsatzsteuerausgleich der Länder 12
Mindereinnahmen in West-deutschland 4
Zuschuß Arbeitslosenversicherung 29
1680
© Globus
1993/1994 geschätzt

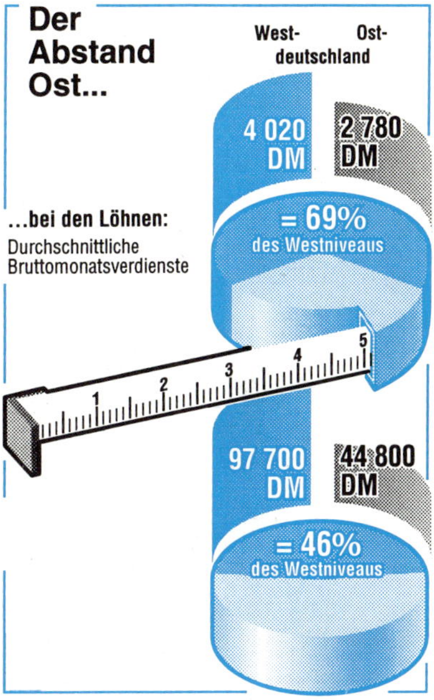
Der Abstand Ost...
West- Ost-
deutschland
4 020 DM
2 780 DM
= 69% des Westniveaus
...bei den Löhnen:
Durchschnittliche Bruttomonatsverdienste
1 2 3 4 5
97 700 DM
44 800 DM
= 46% des Westniveaus

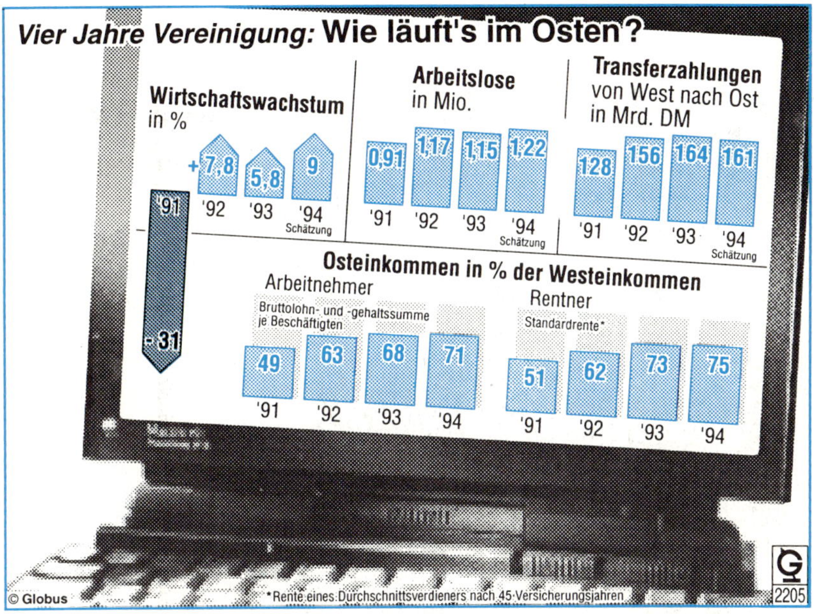
Vier Jahre Vereinigung: Wie läuft's im Osten?
Wirtschaftswachstum in %
'91 -31
'92 +7,8
'93 5,8
'94 9 Schätzung
Arbeitslose in Mio.
'91 0,91
'92 1,17
'93 1,15
'94 1,22 Schätzung
Transferzahlungen von West nach Ost in Mrd. DM
'91 128
'92 156
'93 164
'94 161 Schätzung
Osteinkommen in % der Westeinkommen
Arbeitnehmer
Bruttolohn- und -gehaltssumme je Beschäftigten
'91 49
'92 63
'93 68
'94 71
Rentner
Standardrente*
'91 51
'92 62
'93 73
'94 75
© Globus
*Rente eines Durchschnittsverdieners nach 45 Versicherungsjahren
2205

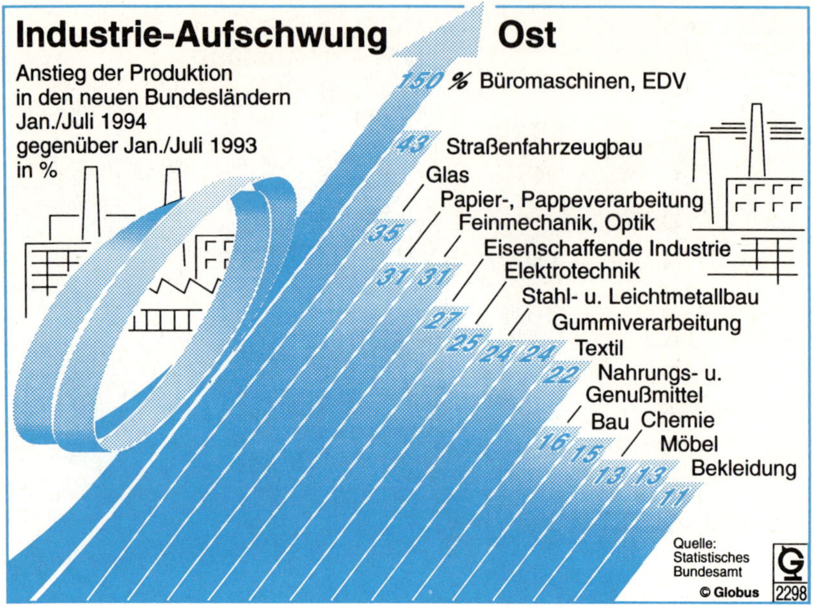
Industrie-Aufschwung Ost
Anstieg der Produktion in den neuen Bundesländern Jan./Juli 1994 gegenüber Jan./Juli 1993 in %
150 % Büromaschinen, EDV
43 Straßenfahrzeugbau
35 Glas
31 Papier-, Pappeverarbeitung
31 Feinmechanik, Optik
27 Eisenschaffende Industrie
25 Elektrotechnik
24 Stahl- u. Leichtmetallbau
24 Gummiverarbeitung
22 Textil
Nahrungs- u. Genußmittel
16 Bau
15 Chemie
13 Möbel
13 Bekleidung
11
Quelle: Statistisches Bundesamt
© Globus
2298

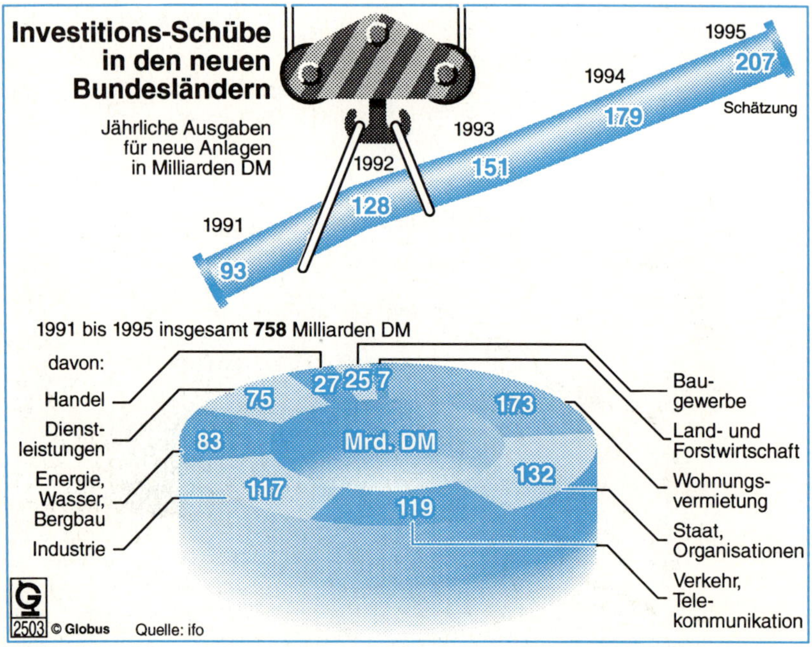
Investitions-Schübe in den neuen Bundesländern
Jährliche Ausgaben für neue Anlagen in Milliarden DM
1991 93
1992 128
1993 151
1994 179
1995 207
Schätzung
1991 bis 1995 insgesamt 758 Milliarden DM
davon:
Handel 27
Dienstleistungen 75
Energie, Wasser, Bergbau 83
Industrie 117
Baugewerbe 7
Land- und Forstwirtschaft 25
Wohnungsvermietung 173
Staat, Organisationen 132
Verkehr, Telekommunikation 119
Mrd. DM
2503 © Globus
Quelle: ifo